Cognitieve Sociale Psychologie
Psychologie van het dagelijks denken en doen

Met dank aan Dancker Daamen voor zijn bijdrage aan dit hele boek en aan Hans Knegtmans voor zijn bijdrage aan hoofdstuk 3.

Cognitieve Sociale Psychologie
Psychologie van het dagelijks denken en doen

Prof.dr. Roos Vonk (redactie)

Tweede druk, tweede oplaag

 Uitgeverij LEMMA BV – Utrecht – 2003

Aan de totstandkoming van deze uitgave is de uiterste zorg besteed. Voor informatie die nochtans onvolledig of onjuist is opgenomen, aanvaarden auteur(s), redactie en uitgever geen aansprakelijkheid. Voor eventuele verbeteringen van de opgenomen gegevens houden zij zich gaarne aanbevolen.

ISBN 90 5931 001 2
NUGI 714

http://www.lemma.nl
infodesk@lemma.nl

Eerste druk: 1999

© 2001 Uitgeverij LEMMA BV, Postbus 3320, 3502 GH UTRECHT

Alle rechten voorbehouden. Niets uit deze uitgave mag worden verveelvoudigd, opgeslagen in een geautomatiseerd gegevensbestand of openbaar gemaakt in enige vorm of op enige wijze, hetzij elektronisch, mechanisch, door fotokopieën, opnamen of enige andere manier, zonder voorafgaande schriftelijke toestemming van de uitgever. Voorzover het maken van kopieën uit deze uitgave is toegestaan op grond van artikel 16b Auteurswet 1912 j° het Besluit van 20 juni 1974, Stb. 351 zoals gewijzigd bij Besluit van 23 augustus 1985, Stb. 471 en artikel 17 Auteurswet 1912, dient men de daarvoor wettelijk verschuldigde vergoedingen te voldoen aan de Stichting Reprorecht, Postbus 3060, 2130 KB Hoofddorp. Voor het overnemen van één of meer gedeelten uit deze uitgave in bloemlezingen, readers en andere compilatiewerken (artikel 16 Auteurswet 1912) dient men zich tot de uitgever te wenden.

Omslagontwerp en typografie: Twin Design BV, Culemborg

Inhoudsopgave

1	**Sociale psychologie en sociale cognitie**	11
	Roos Vonk	
1.1	Inleiding	11
1.2	Uitgangspunten van de sociale psychologie	13
1.2.1	De actieve waarnemer	13
1.2.2	Cognities: tussen stimulus en respons	14
1.2.3	De persoon en de situatie	16
1.3	De cognitieve benadering in de sociale psychologie	17
1.3.1	Asch: persoonlijkheidsindrukken	18
1.3.2	Festinger: cognitieve dissonantie	20
1.3.3	Heider: attributie	23
1.4	Cognitieve sociale psychologie	25
1.4.1	Specialisatie	25
1.4.2	Invloed van de functieleer	26
1.4.3	Sociale cognitie	27
1.4.4	Overzicht van de overige hoofdstukken	28
2	**Onderzoeksmethoden: tussen de oren van de sociale waarnemer**	31
	Roos Vonk en Ad van Knippenberg	
2.1	Inleiding	31
2.1.1	Introspectie	31
2.1.2	De sociale waarnemer in het laboratorium	33
2.2	Experimenteel laboratoriumonderzoek	34
2.2.1	Ecologische versus experimentele validiteit	34
2.2.2	Het lab versus de sociale werkelijkheid	37
2.2.3	Experimenteren: manipuleren en meten	39
2.3	Manipuleren	39
2.3.1	Doelstellingen en verwachtingen	40
2.3.2	Informatieverwerkingscapaciteit	41

2.3.3	De toestand van de proefpersoon	42
2.3.4	De stimulusinformatie	44
2.3.5	Contextuele informatie	45
2.3.6	Tijdsintervallen en volgorde	46
2.3.7	Van theorie naar manipulaties	47
2.4	Het meten van cognities	49
2.4.1	Informatieverwerking en mentale representaties	49
2.4.2	Categorisatie	53
2.4.3	Identificatie: spontane gevolgtrekking	54
2.4.4	Aandacht en elaboratie	61
2.4.5	Oordelen en cognitieve representaties	68
2.4.6	Ten slotte	75
3	**Attributie**	**77**
	Roos Vonk	
3.1	Inleiding	77
3.2	Jones en Davis' theorie van correspondente gevolgtrekkingen	79
3.2.1	Van gedrag naar eigenschap	79
3.2.2	Sociale wenselijkheid	81
3.2.3	Keuzevrijheid	83
3.2.4	Analyse van effecten	84
3.2.5	Hedonische relevantie	86
3.2.6	Slotopmerkingen	88
3.3	Kelley's attributietheorie	88
3.3.1	Drie attributiedimensies	89
3.3.2	Verwerking van onvolledige of tegenstrijdige informatie	94
3.3.3	Causale schema's	94
3.3.4	Faciliterende versus remmende oorzaken	96
3.3.5	Slotopmerkingen	97
3.4	Weiners prestatie-attributie-theorie	97
3.4.1	Verschillende soorten oorzaken	99
3.4.2	Attributies en affect	102
3.4.3	Attributies en verwachtingen	104
3.4.4	Attributies en gedrag	104
3.4.5	Individuele verschillen	105
3.4.6	Slotopmerkingen	106
3.5	Zelfwaarnemingstheorie	107
3.5.1	Zelf-attributie van motivatie en voorkeuren	108
3.5.2	Zelf-attributie van attitudes	109
3.5.3	Zelf-attributie van emoties	112
3.6	Spontane attributies	115
3.6.1	Wanneer mensen waaromvragen stellen	115

3.6.2	Spontane gevolgtrekkingen	118
3.6.3	Meerfasetheorieën over attributie	119
3.6.4	Associaties tussen STI en persoon	122
3.7	Vertekeningen in attributies	124
3.7.1	De correspondentie-vertekening	124
3.7.2	Het *actor-observer*-verschil	131
3.7.3	Het *false-consensus*-effect	133
3.7.4	Overschatting door saillantie	135
3.7.5	Zelf-dienende attributies	136
3.7.6	De egocentrische vertekening	138
3.7.7	Defensieve attributies en uitkomst-vertekeningen	139
3.7.8	Ten slotte	141

4 Schema's 143
Roos Vonk

4.1	Inleiding	143
4.2	Wat zijn schema's?	144
4.2.1	Scripts	147
4.2.2	Stereotypen	149
4.2.3	Individu-schema's: impressies	151
4.2.4	Zelf-schema	152
4.2.5	Schema's over persoonlijkheidseigenschappen	154
4.2.6	Toegankelijke constructen	155
4.3	Kenmerken van schema's	159
4.3.1	Schema's hebben een inhoudsdomein	159
4.3.2	Schema's zijn georganiseerd	162
4.3.3	Schema's hebben effecten	165
4.4	Wat doen schema's?	166
4.4.1	Aandacht	166
4.4.2	Encoderen	168
4.4.3	Elaboratie	174
4.4.4	Herinnering	176
4.4.5	Beoordeling	184
4.4.6	Gedrag	187
4.4.7	Ten slotte	193

5 Stereotypen 195
Roos Vonk en Ap Dijksterhuis

5.1	Inleiding	195
5.2	Categorisatie: de oorsprong van stereotypen	196

5.2.1	Wij versus zij	199
5.2.2	De illusoire correlatie	207
5.3	Activatie van stereotypen	209
5.3.1	Automatische activatie	209
5.3.2	Meerdere categorieën of één tegelijk?	213
5.3.3	Wat activeren we precies?	214
5.3.4	De activatie van vooroordelen	216
5.4	Het gebruik van stereotypen	218
5.4.1	Assimilatie: wanneer stereotypen overheersen	219
5.4.2	Contrast: wanneer stereotype-inconsistente informatie het oordeel overheerst	223
5.4.3	Wanneer stereotypen geen invloed hebben	227
5.4.4	Conclusies	233
5.5	Stereotypen-verandering	235
5.5.1	De contact-hypothese	235
5.5.2	De hardnekkigheid van stereotypen	236
5.5.3	Effecten van stereotype-inconsistente informatie	237
5.5.4	Het bevorderen van generalisatie	240
5.5.5	De ontkrachtbaarheid van stereotypen	243
5.5.6	Het onderdrukken van stereotypen	243
5.5.7	Ten slotte: verborgen vooroordeel en discriminatie	246

6   De waarneming van personen   249
Roos Vonk

6.1	Inleiding	249
6.2	Impressievorming	250
6.2.1	Verandering van betekenis	252
6.2.2	Impliciete persoonlijkheidstheorieën	252
6.2.3	Het halo-effect en het primacy-effect	255
6.2.4	Het geheel versus de som der delen	256
6.2.5	Het dilution-effect	258
6.2.6	Specificatie en differentiatie van impressies	259
6.2.7	Impressie-verandering	260
6.3	Asymmetrieën in impressievorming	262
6.3.1	Negativiteitseffecten	262
6.3.2	Extremiteitseffecten	263
6.3.3	Het psychologische middelpunt	264
6.3.4	Automatische waakzaamheid	265
6.3.5	Ambiguïteit van eigenschappen	267
6.3.6	Ambiguïteit van gedrag	268
6.3.7	Impressie-verandering	272
6.3.8	Positiviteitseffecten	273

6.3.9	Gemotiveerde gedachten	276
6.4	**Zelfpresentatie**	278
6.4.1	Motieven voor zelfpresentatie	279
6.4.2	Persoonswaarneming en zelfpresentatie	281
6.4.3	De waarneming van zelfpresentatie-gedrag	283
6.4.4	Ten slotte	284
7	**Automaticiteit en controle**	**287**
	Ap Dijksterhuis	
7.1	Inleiding	287
7.2	Automaticiteit	289
7.2.1	Geschiedenis van automaticiteitsonderzoek	289
7.2.2	Drie soorten automaticiteit	293
7.2.3	Vier criteria voor automaticiteit	296
7.2.4	Automaticiteit in evaluatie en affect	301
7.2.5	Automaticiteit in gedrag	304
7.2.6	Samenvatting	308
7.3	Controle	309
7.3.1	Geschiedenis van onderzoek naar controle	310
7.3.2	Het onderdrukken van cognities, gevoelens en gedrag	312
7.3.3	Zelfregulatie als beperkte bron	316
7.3.4	Zelfregulatie en zelfbewustzijn	317
7.3.5	Samenvatting	319
7.3.6	Ten slotte	319
8	**Beslissen en kiezen**	**321**
	Henk Aarts en Marcel Zeelenberg	
8.1	Inleiding	321
8.2	De psychologie van beslissen	322
8.2.1	Het beslisproces: van doelactivatie naar keuze-implementatie	323
8.3	De fundamenten van beslissingen: verwachte waarden van uitkomsten	327
8.3.1	Verwachte waarde: kans x waarde	327
8.3.2	Prospect-theorie	329
8.4	Frequentie- en kansschattingen	336
8.4.1	Inleiding	336
8.4.2	De representativiteitsheuristiek	338
8.4.3	De beschikbaarheidsheuristiek	345
8.4.4	Ankering en aanpassing	349
8.5	Beslisstrategieën: kiezen uit verschillende mogelijkheden	354

8.5.1	Het traceren van beslisstrategieën	354
8.5.2	Weloverwogen beslissen: de compensatorische beslisstrategie	358
8.5.3	Een vluchtige analyse van het keuzeprobleem: de non-compensatorische beslisstrategie	359
8.5.4	Wanneer welke strategie?	362
8.5.5	Kiezen zonder nadenken: de habituele beslissing	363
8.5.6	Ten slotte	364

9 Affect en cognitie 367
Marcel Zeelenberg en Henk Aarts

9.1	Inleiding	367
9.1.1	De relatie tussen gevoel en verstand	369
9.2	Wat is affect?	370
9.2.1	Emoties	370
9.2.2	Stemmingen	374
9.3	De invloed van cognitie op affect	375
9.3.1	Appraisal	375
9.3.2	Schachters cognitieve emotietheorie	377
9.3.3	Moderne appraisaltheorieën	378
9.3.4	Contrafeitelijk denken	379
9.4.	De invloed van affect op op cognitie	383
9.4.1	Stemmingsinductiemethoden	381
9.4.2	Affect-priming	386
9.4.3	Affect als bron van informatie	387
9.4.4	Invloed van affect op diepte van informatieverwerking	388
9.4.5	Effecten van stemming versus emotie	390
9.4.6	Het beheersen van doodsangst	391
9.4.7	Samenvatting	393
9.5	De invloed van affect op gedrag	393
9.5.1	Affect en hulpvaardigheid	393
9.5.2	Affect en beslissingen	394
9.5.3	Effecten van geanticipeerde emoties: spijt	395
9.5.4	Het voorspellen van toekomstig affect	398
9.5.5	Samenvatting	402
9.5.6	Ten slotte	402

Literatuur	405
Auteursregister	463
Zakenregister	471
Over de auteurs	477

1 Sociale psychologie en sociale cognitie

Roos Vonk

1.1 Inleiding

> *De liften van het Laboratorium voor Experimentele Fysica in Utrecht zijn plaatselijk beroemd. Geregeld staan ze allevier op de begane grond uitnodigend open. Schijn bedriegt: er is er altijd maar één die ook echt naar boven wil. Wie in een andere stapt, kan op de knoppen drukken tot hij een ons weegt.*
> *Anderen voegen zich zonder nadenken bij het gezelschap in de immers al bezette lift. Tevergeefs. Het wachten is tot de geheime eerste keus van het systeem naar boven is vertrokken, ook al is die dankzij het kuddegedrag meestal nog leeg ook.*

Dit korte krantenknipsel bevat veel meer informatie dan er feitelijk staat. Zo kan uit de eerste alinea worden afgeleid wat het probleem is met de liften van het laboratorium. Het centrale besturingssysteem zorgt ervoor dat slechts één lift tegelijk omhoog kan gaan. Pas als die weg is, kan een volgende lift naar boven. Een goede zaak, want op die manier wordt efficiënt gebruikgemaakt van de liften en is de kans groot dat er beneden altijd een lift klaarstaat voor de volgende bezoeker. Het probleem is dat het besturingssysteem zelf lijkt te bepalen welke lift op een gegeven moment de eerstvolgende is om naar boven te gaan, en dat deze 'geheime eerste keus' onbekend is aan de liftgebruikers. Deze eerste keus wordt in veel gevallen pas duidelijk op het moment dat er kennelijk op een hogere etage iemand op de knop heeft gedrukt, zodat er een lift naar boven vertrekt. Al deze dingen kunnen we afleiden uit de tekst terwijl het nergens expliciet staat.

De tweede alinea geeft informatie over de mensen die gebruikmaken van de liften: als er eenmaal iemand in een lift staat, gaan anderen er gedachteloos bij staan in de veronderstelling dat een lift waar iemand in staat naar boven zal gaan. Maar de kans dat de eerste gebruiker de 'verkeerde' lift heeft gekozen is 75%, want drie van de vier liften zijn op dat moment niet 'voorbestemd' om naar boven te gaan. Je kunt je de situatie voorstellen die hiervan het gevolg is: een groep mensen staat in de lift te wachten om naar boven te gaan, en ondertussen vertrekt daarnaast een lift waar niemand in zit.

Hierover doordenkend zijn er nog meer aspecten aan het verhaal waarvan we ons een voorstelling kunnen maken. We weten bijvoorbeeld dat de sociale situatie die in een lift ontstaat vaak als ongemakkelijk wordt ervaren. We mogen dus aannemen dat de mensen in de niet-vertrekkende lift er wat gespannen bij staan. Ze kijken elkaar niet aan, ze praten niet met elkaar. Iemand drukt wat onbeholpen op de knoppen, anderen kijken vol verwachting naar de nummertjes boven de deur die worden verlicht als de lift een nieuwe etage heeft bereikt. We weten ook dat een dergelijke sociale spanning vaak wordt doorbroken als er een gemeenschappelijk probleem optreedt (denk aan treinreizigers die opeens met elkaar gaan praten als de trein onverwacht stilstaat). Als de lift maar lang genoeg blijft staan, of als iemand merkt dat een andere lift is vertrokken, zullen de wachtenden zich waarschijnlijk aan collectieve verwondering of verontwaardiging overgeven, waardoor het opeens heel gezellig kan worden in de lift.

Het krantenbericht laat zien dat wij vaak aan een half woord genoeg hebben. We kunnen uit een paar zinnen afleiden wat er met de liften mis is en we kunnen ons de gevolgen daarvan voor de geest halen. Dat komt doordat we zelf kennis hebben over liften en over mensen: we weten zo ongeveer hoe liftbesturingssystemen normaliter werken. En we weten hoe mensen vaak gedachteloos andere mensen volgen (bijvoorbeeld als ze een trein zijn uitgestapt). Als we deze kennis niet hadden, zou het krantenbericht volstrekt onbegrijpelijk zijn. We moeten de informatie die in de tekst wordt gegeven aanvullen met onze eigen kennis om tot een beeld van de beschreven situatie te komen. Dit leidt ertoe dat we, zonder dat we erbij stilstaan, veel meer waarnemen dan wat feitelijk waarneembaar is: we gaan 'beyond the information given' (Bruner, 1957a).

Daarnaast is het zo dat we bepaalde informatie uit de tekst juist niet gebruiken. De mededeling dat het laboratorium in Utrecht is gelokaliseerd, is irrelevant voor de lezer die probeert zich voor te stellen wat er mis is met de liften in dit verhaal. Deze informatie zal door veel lezers dan ook genegeerd worden. Voor een belangrijk deel is dit natuurlijk wel afhankelijk van de doelstellingen en verwachtingen van de lezer: de lezer die aan het artikel begint omdat uit de kop blijkt dat het over liften gaat, probeert een beeld te krijgen van de situatie, en daarbij vormt informatie over de precieze locatie en de naam van het laboratorium overbodige ballast. Maar deze informatie zal juist wél worden gebruikt door de lezer die verwacht dat het artikel over het betreffende laboratorium gaat (en die daar misschien toevallig de volgende dag naartoe moet). Anders gezegd: als we iets waarnemen, maken we een selectie uit de beschikbare informatie. Die selectie is vaak gebaseerd op wat onze doelstelling of verwachting van dat moment is.

1.2 Uitgangspunten van de sociale psychologie

1.2.1 De actieve waarnemer

Het voorafgaande illustreert een belangrijk uitgangspunt binnen de sociale psychologie, namelijk dat *wij een actieve rol spelen bij het waarnemen (zien, horen, voelen, enzovoort) van onze omgeving.*[1] We geven zelf betekenis aan wat we waarnemen. Daartoe nemen we bepaalde stukken informatie helemaal niet op (*selectie*), terwijl we in andere opzichten de informatie juist *aanvullen* met onze eigen kennis. Dit betekent dat er bij informatieverwerking sprake is van een wisselwerking tussen de waarnemer en datgene wat wordt waargenomen: de stimulus. Deze wisselwerking is schematisch weergegeven in figuur 1.1. De rechterkant van de figuur vertegenwoordigt de doelstellingen, verwachtingen en kennis van de waarnemer waarmee informatie wordt geselecteerd en aangevuld. Terzijde: we spreken hier van kennis zonder een uitspraak te doen over de vraag of die kennis accuraat is. Dat doet er namelijk niet toe. Als je bijvoorbeeld denkt dat vrouwen niet kunnen autorijden, leidt deze veronderstelling tot bepaalde verwachtingen die je waarnemingen beïnvloeden, ongeacht of het waar is of niet waar.

De kennis van de waarnemer is opgeslagen in het langetermijngeheugen in de vorm van zogenoemde *cognitieve schema's*; we hebben schema's over liften, over mensen die bang zijn voor liften, over films, over fysici, over laboratoria, kortom: over alle domeinen van stimuli waarmee we in ons leven te maken hebben. Wanneer we iets waarnemen, roepen we een cognitief schema op dat op dat moment relevant is. In dit geval een schema over liften, een schema over 'kuddegedrag' en eventueel een schema over hoe mensen in liften zich tegenover elkaar gedragen. In hoofdstuk 4 wordt uitvoeriger beschreven wat schema's zijn en hoe ze werken. Welke schema's we precies toepassen in een bepaalde situatie is onder meer afhankelijk van onze *doelstellingen*: iemand

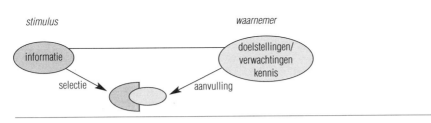

Figuur 1.1

---

[1] Met het woord 'actief' wordt niet bedoeld dat waarnemers de hele dag druk bezig zijn met denken en betekenis geven. Zoals in dit boek nog zal blijken (met name in hoofdstuk 7), verloopt veel informatieverwerking volledig automatisch, zonder dat de waarnemer zelfs maar het idee heeft dat hij zelf een actieve rol heeft. Mensen ervaren hun waarnemingen hierdoor vaak alsof ze er zelf geen aandeel in hebben. Ongemerkt en vaak zonder enige inspanning, wordt informatie van buiten echter in belangrijke mate actief bewerkt.

die een krantenbericht leest met het doel geïnformeerd te worden over liften, hanteert andere schema's dan iemand die bijvoorbeeld tot doel heeft grammaticale en stilistische fouten in de krant te inventariseren.

De kennis en de doelstellingen in figuur 1.1 bevinden zich 'binnen' de waarnemer, terwijl de stimulus (weergegeven aan de linkerkant) zich 'buiten' de waarnemer bevindt. Het uiteindelijke resultaat van informatieverwerking is dat de waarnemer zich een beeld heeft gevormd van de gebeurtenissen of de dingen die zijn waargenomen: in het 'hoofd' van de waarnemer bevindt zich nu een *mentale representatie* van die gebeurtenissen (een uitvoeriger behandeling van wat dit begrip inhoudt wordt gegeven in paragraaf 2.4.1, p.51).

Dat wil zeggen, de waargenomen informatie is in geselecteerde en aangevulde vorm 'binnen' de waarnemer terechtgekomen. Het gevolg daarvan is dat, wanneer de stimulus niet meer aanwezig is, de waarnemer nog steeds een mentaal beeld daarvan kan oproepen: hij hoeft het krantenknipsel er niet meer bij te pakken om zich een voorstelling te maken van wat daarin beschreven stond.

De gevormde mentale representatie wordt deel van de kennis die de waarnemer over de wereld heeft. In dit voorbeeld wordt de kennis van de waarnemer over liften uitgebreid met de kennis dat er liftsystemen zijn die aan het beschreven euvel lijden. Ook op die manier is informatieverwerking een wisselwerking tussen waarnemer en omgeving, want de vergaarde kennis kan bij een volgende gelegenheid worden aangewend om weer nieuwe informatie te verwerken. Wanneer men nu bijvoorbeeld een lift instapt die niet blijkt te vertrekken, zal men zich op grond van de vergaarde kennis snel een hypothese vormen over de oorzaak daarvan. Dat wil zeggen, de manier waarop de informatie over de niet-vertrekkende lift wordt verwerkt, wordt beïnvloed door de kennis die men heeft verkregen over dit specifieke liftprobleem. Datgene wat waarneembaar is (namelijk dat de lift niet vertrekt) wordt nu aangevuld met kennis over falende liftbesturingssystemen. Bovendien zal deze nieuwe kennis ook weer leiden tot een bepaalde selectie van informatie over de situatie waarin men zich bevindt. Men zal bijvoorbeeld eerder de lift verlaten om te zien of er een andere lift klaarstaat. Daardoor zal men minder oog hebben voor informatie die bínnen de weigerachtige lift aanwezig is (bijvoorbeeld een brandend pijltje dat aangeeft dat deze lift op weg is naar beneden).

1.2.2 Cognities: tussen stimulus en respons

We zagen hiervoor dat de manier waarop informatie wordt verwerkt in veel gevallen van invloed is op het gedrag van de waarnemer. Iemand die het krantenbericht niet heeft gelezen en in een lift staat die niet omhoog wil, zal langer op de knoppen blijven drukken dan iemand die het wél heeft gelezen: de informatie over de niet-vertrekkende lift wordt door beide personen verschillend verwerkt. De één denkt: ik heb zeker niet goed op het knopje gedrukt. De ander denkt: aha, dit is net als in het artikel, dus er is vast een andere lift die wél naar boven wil. De cognities die zich tussen de stimulus (de niet-vertrekkende lift) en de respons (de gedragsreactie van iemand die naar boven wil) bevinden, zijn bij beide personen heel verschillend. Dat leidt ook tot verschillende gedragsreacties. We zijn nu aangekomen bij een tweede uitgangspunt van de sociale psychologie, namelijk dat *gedrag van mensen wordt bepaald door de cognities die zij hebben over hun omgeving*. Mensen reageren dus niet op 'objectieve' kenmerken van een stimulus, maar op hun interpretatie daarvan. Dit betekent dat sociaal psychologen niet veel op hebben met de behavioristische 'black box', die in figuur 1.2 is weergegeven.

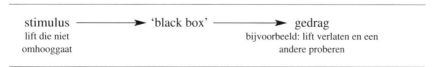

Figuur 1.2

Volgens behavioristen hebben wetenschappers geen toegang tot datgene wat zich tussen de stimulus en de respons (het gedrag) afspeelt. Dat is immers niet direct observeerbaar. De meeste sociaal-psychologen daarentegen vinden dat als iets niet direct observeerbaar is, dat nog geen reden is om het niet te onderzoeken. Er zijn immers methoden om uit andere gegevens af te leiden wat zich in de 'black box' afspeelt. (Die methoden worden in hoofdstuk 2 beschreven.) Bovendien zijn juist de niet-observeerbare processen van essentieel belang om het gedrag van mensen te kunnen begrijpen, want het zijn die onzichtbare cognities die het gedrag van mensen bepalen. Dit wordt geïllustreerd door figuur 1.3: juist datgene wat zich afspeelt bínnen de 'black box', de informatieverwerking van de waarnemer en de mentale representatie die de waarnemer zich vormt van een stimulus, is bepalend voor het uiteindelijke gedrag.

Figuur 1.3

Een heel ander voorbeeld om dit uitgangspunt te illustreren: stel dat een medestudent in een werkgroep wegloopt als jij net een betoog houdt. Je kunt dan denken dat die persoon misschien net even nodig naar het toilet moest. In dat geval heeft het weinig invloed op je gedrag. Je kunt ook denken dat jouw betoog kennelijk heel saai en vervelend is voor anderen. Je zult je dan bij een volgende gelegenheid wel twee keer bedenken voordat je weer het woord neemt. In het extreme geval kan dat er uiteindelijk toe leiden dat de anderen je inderdaad als saai gaan zien omdat je nooit iets zegt. Of je kunt denken dat die medestudent een hekel aan je heeft, of dat je iets hebt gezegd waar hij of zij boos over is geworden. In dat geval ga je terughoudend of misschien zelfs vijandig doen tegen die persoon, met als mogelijk gevolg dat hij of zij inderdaad

een hekel aan je krijgt. (Dit verschijnsel, de zogenoemde *self-fulfilling prophecy*, wordt uitvoerig behandeld in paragraaf 4.4.6, p.188).
Je ziet hier dat verschillende interpretaties van dezelfde gebeurtenis tot heel verschillende gedragsreacties kunnen leiden: mensen reageren niet op de gebeurtenis zelf, maar op hun cognities daarover. In veel gevallen roept dat gedrag weer nieuwe gebeurtenissen op (anderen gaan je saai vinden of iemand krijgt een hekel aan je) die de oorspronkelijke interpretatie bevestigen. Vandaar de klassieke uitspraak: 'If people define situations as real, they are real in their consequences' (Thomas & Thomas, 1928).

1.2.3 De persoon en de situatie

In het voorafgaande zijn twee uitgangspunten genoemd van de sociale psychologie: de mens wordt beschouwd als een actieve informatieverwerker en als iemand die reageert op zijn cognities over de sociale situatie waarin hij zich bevindt. De sociale psychologie kan dan ook worden gezien als een deelgebied van de psychologie waarin kennis wordt vergaard over de vraag (a) hoe mensen informatie verwerken over hun sociale omgeving en (b) hoe dit vervolgens hun gedrag beïnvloedt. Met 'sociale omgeving' wordt hier bedoeld: alle stimuli die sociaal betekenisvol zijn. Dit zijn in de eerste plaats andere mensen: een zeer groot deel van onze sociale omgeving wordt gevormd door andere personen, variërend van personen die we nauwelijks opmerken (zoals de ober in een restaurant) tot personen die we bijna even goed kennen als onszelf (zoals een partner of familielid). Maar bij sociale stimuli kan het ook gaan om 'dingen' en gebeurtenissen die gedachten oproepen aan andere mensen. Als je bijvoorbeeld gaat stemmen bij de landelijke verkiezingen, sta je helemaal alleen in het stemhokje of achter de computer, maar je kunt dan wel denken aan uitspraken van de politieke kandidaten tussen wie je twijfelt, of aan een gesprek dat je met iemand hebt gevoerd over politiek, of aan wat je vriend of vriendin ervan zal vinden als je later vertelt waar je op hebt gestemd. Op zo'n moment is het verkiezingsformulier een sociaal betekenisvolle stimulus.
In het dagelijks leven hebben mensen vrijwel voortdurend te maken met andere mensen of met stimuli die gedachten aan andere mensen oproepen. Op die manier bekeken lijkt sociale psychologie dan ook over bijna alles te gaan dat zich in het leven van alledag voordoet. In zekere zin is dat ook zo, maar sociaal-psychologen hanteren hierbij een bepaald perspectief. Daarmee komen we bij een derde uitgangspunt: sociaal-psychologen gaan ervan uit dat het *gedrag, het denken en het voelen van mensen sterk onderhevig is aan situationele invloeden* (Bem, 1979). Dit kan geïllustreerd worden aan de hand van het klassieke gehoorzaamheidsexperiment van Milgram (1963). Hieruit bleek dat 100% van de proefpersonen bereid was om, op verzoek van een onderzoeker, een persoon in een aangrenzend vertrek een schok toe te dienen die ertoe leidde dat deze persoon schreeuwend tegen de muur bonkte, terwijl 65% bereid was door te gaan met het toedienen van schokken nadat het slachtoffer kenne-

lijk buiten bewustzijn was geraakt (voor de goede orde: in werkelijkheid werd er natuurlijk helemaal niet geschokt en werden de reacties van het slachtoffer gefingeerd).
Een ontwikkelingspsycholoog zou zich op grond van dit resultaat kunnen afvragen wat er in de hedendaagse opvoeding gebeurt, waardoor mensen geneigd zijn een autoriteit (in dit geval de onderzoeker) blindelings te gehoorzamen. Een persoonlijkheidspsycholoog zou willen weten of de mensen die bereid waren een levensgevaarlijk voltage toe te dienen, bepaalde persoonlijkheidstrekken hebben waarin ze zich onderscheiden van degenen die weigerden nog meer schokken te geven. Een sociaal-psycholoog daarentegen is primair geïnteresseerd in de situatie waarin de proefpersonen zich bevonden. Zo bleek bijvoorbeeld uit later onderzoek (zie Milgram, 1974) dat de lijfelijke aanwezigheid van de onderzoeker een belangrijke situationele factor was: de proefpersonen voelden zich kennelijk onder druk gezet doordat de onderzoeker er steeds bij bleef, want de bereidheid om een levensgevaarlijke schok toe te dienen nam af tot ongeveer 20% wanneer de onderzoeker niet in hetzelfde vertrek aanwezig was. Een andere situationele factor was dat de onderzoeker een officieel uitziende wetenschapper was van een prestigieuze universiteit, en dat hij zeer zelfverzekerd overkwam en geen tegenspraak leek te dulden. Hierdoor dachten proefpersonen waarschijnlijk dat deze persoon wel wist wat hij deed en geen onderzoek uitvoerde dat tot een dodelijke afloop kon leiden. De gehoorzaamheid aan de onderzoeker bleek inderdaad drastisch af te nemen (tot ca. 10%) wanneer de onderzoeker zich onzeker gedroeg.
Ook hier wordt weer geïllustreerd dat mensen reageren op hun cognities over de situatie: de zelfverzekerdheid en vastbeslotenheid van de onderzoeker werden kennelijk door de meeste mensen geïnterpreteerd als een teken dat het experiment geen kwaad kon. Hierdoor ging men zich minder verantwoordelijk voelen, hetgeen van invloed was op het gedrag. De resultaten van de experimenten van Milgram worden weleens aangehaald als evidentie voor de neiging van mensen om klakkeloos te doen wat een autoriteit hun opdraagt. Wie echter weleens goed gekeken heeft naar de film waarop de experimenten zijn vastgelegd, en heeft gezien hoe sterk de proefpersonen onder druk werden gezet, staat versteld dat er überhaupt nog proefpersonen waren die weigerden om door te gaan met het toedienen van schokken.

1.3 De cognitieve benadering in de sociale psychologie

Op grond van de drie uitgangspunten die nu beschreven zijn, kunnen we het volgende concluderen: sociaal-psychologen gaan ervan uit dat mensen actief betekenis geven aan hun omgeving en dat hun gedrag sterk wordt beïnvloed door de cognities die op deze wijze ontstaan over de sociale situatie waarin zij zich bevinden. Dit betekent dat dezelfde persoon zich heel verschillend kan gedragen, afhankelijk van de situatie en van de manier waarop hij die situatie interpreteert.

Hierbij moet worden opgemerkt dat er wel grenzen zijn aan de variatie van het gedrag van een persoon in verschillende situaties, doordat mensen een bepaald beeld hebben van zichzelf en streven naar enige consistentie tussen hun gedrag en dat zelfbeeld. (Wanneer je bijvoorbeeld vindt dat je zelfstandig bent, zul je op grond daarvan ook vaker zelfstandige dingen doen dan iemand die zichzelf als afhankelijk ziet.) Maar in tegenstelling tot een persoonlijkheidspsycholoog zal een sociaal-psycholoog de consistentie in iemands gedrag eerder toeschrijven aan diens zelfbeeld dan aan vastliggende persoonlijkheidstrekken. Ook hier geldt dus weer dat het gedrag van mensen in belangrijke mate wordt bepaald door hun cognities, in dit geval de cognities die ze over zichzelf hebben.

Aangezien de sociale psychologie zo de nadruk legt op de rol van cognities, is er binnen het vakgebied van oudsher een sterke cognitieve benadering (hetgeen overigens niet wil zeggen dat er in de sociale psychologie geen andere stromingen zijn, die meer gericht zijn op gedrag of op affect en motivatie, maar die komen hier niet aan de orde). Om deze cognitieve benadering te illustreren worden hierna in vogelvlucht drie bekende sociaal-psychologische theorieën besproken, die zijn ontwikkeld in de jaren veertig en vijftig. Vervolgens zal worden beschreven hoe aan het eind van de jaren zeventig de afzonderlijke tak 'cognitieve sociale psychologie' is ontstaan.

1.3.1 Asch: persoonlijkheidsindrukken

In 1946 publiceerde Asch het artikel 'Forming impressions of personality'. De centrale vraag in dit artikel was hoe mensen zich, op grond van losse stukjes informatie, een totaalindruk vormen van iemands persoonlijkheid. Iemand wordt bijvoorbeeld beschreven als: *intelligent, ijverig, impulsief, kritisch, koppig, jaloers*. Asch noemde in zijn artikel twee opvattingen over de vraag hoe je dan tot een oordeel over die persoon komt. De eerste is dat je per eigenschap bepaalt hoe positief of negatief deze is en dan ongeveer het gemiddelde neemt van de verschillende eigenschappen (*averaging* model). 'Intelligent' en 'ijverig' zijn tamelijk positief, 'impulsief' en 'kritisch' zijn neutraal (kunnen zowel positief als negatief uitgelegd worden) en 'koppig' en 'jaloers' zijn negatief. Je eindoordeel zou dan ongeveer neutraal zijn (het gemiddelde van 2 x plus, 2 x min en 2 x neutraal). De tweede opvatting is dat je de verschillende eigenschappen niet afzonderlijk weegt, maar dat je kijkt naar hoe ze met elkaar in verband staan. 'Kritisch' kan bijvoorbeeld betekenen dat de persoon goed nadenkt en niet alles voor zoete koek slikt, hetgeen positief is. Met name in combinatie met 'intelligent' krijgt de eigenschap 'kritisch' deze positieve betekenis. Maar dezelfde eigenschap kan ook een beeld oproepen van iemand die anderen veroordeelt, of iemand die gauw aan het mopperen slaat. In combinatie met 'koppig' en 'jaloers' zou kritisch eerder deze negatieve betekenis krijgen. Volgens deze opvatting beïnvloeden de eigenschappen elkaars betekenis (*change-of-meaning* model). Hetzelfde geldt voor impulsief, dat in de ene context 'spontaan' en in de andere 'onnadenkend' of 'roekeloos' kan betekenen.

Asch vond in een reeks van twaalf experimenten ondersteuning voor deze laatste opvatting. Zo bleek dat eigenschappen die als eerste worden genoemd meer invloed hebben op het oordeel dan eigenschappen die achteraan staan. Dat wil zeggen: in het rijtje hierboven (dat begint met positieve eigenschappen) oordeelden proefpersonen positiever over de beschreven persoon dan wanneer precies dezelfde eigenschappen werden gepresenteerd in omgekeerde volgorde (zodat het rijtje begon met de negatieve eigenschappen). Dit zogenoemde *primacy*-effect wijst erop dat de eerste eigenschappen de betekenis beïnvloeden van latere eigenschappen. Kennelijk is het zo dat de eerste eigenschappen de toon zetten, en dat de betekenis van latere eigenschappen wordt beïnvloed door het beeld dat is ontstaan.

Een ander experiment van Asch was het beroemde 'warm-koud'-experiment. De helft van de proefpersonen las het volgende rijtje eigenschappen van een persoon: *intelligent, bekwaam, ijverig, warm, vasthoudend, praktisch, voorzichtig*. De andere helft las: *intelligent, bekwaam, ijverig, koud, vasthoudend, praktisch, voorzichtig*. De woorden 'koud' versus 'warm' bleken sterk van invloed te zijn op de betekenis van de andere eigenschappen. De beschreven persoon in de 'koude' groep werd gezien als sluw en manipulerend, waardoor het eindoordeel vaak negatief was (ondanks het feit dat de andere eigenschappen op zichzelf redelijk positief zijn).

Asch concludeerde dat we de verschillende eigenschappen van een persoon waarnemen als één geheel; een geheel dat meer is dan de som der delen (of, zo men wil, meer dan het gemiddelde der delen). Zodra we weten dat twee of meer kenmerken bij dezelfde persoon horen, vormen die kenmerken in onze waarneming onmiddellijk een 'dynamische interactie' en bestaan ze niet meer afzonderlijk. Als we zeggen dat we een persoon kennen, bedoelen we ook veel meer dan dat we de verschillende kenmerken van die persoon kunnen noemen: we hebben dan inzicht in hoe die kenmerken onderling met elkaar samenhangen binnen de persoon.

Deze conclusies sluiten aan bij de Gestalt-psychologische gedachte (bijv. Köhler, 1929; Koffka, 1935) dat we op een constructieve manier betekenis geven aan wat we waarnemen (vgl. het eerder beschreven uitgangspunt van de actieve waarnemer). Gevolg daarvan is dat wat we waarnemen afhankelijk is van de context. Zo werd in een eerdere zin van dit hoofdstuk gesproken over een 'brandend pijltje' in de lift. Je hebt je daarbij waarschijnlijk geen moment afgevraagd of het pijltje vlam had gevat: het woord 'brandend' had in deze context een andere betekenis dan in bijvoorbeeld een 'brandend huis' (of, weer iets anders, een 'brandend verlangen'). Op een vergelijkbare manier heeft 'intelligent', 'bekwaam', enzovoort, een andere betekenis in de context van 'warm' dan in de context van 'koud'. Dit idee, dat een stimulus en de context waarin deze zich bevindt tezamen een specifieke *Gestalt* vormen in onze waarneming, ligt ook ten grondslag aan de hedendaagse cognitieve sociale psychologie. En hoewel de opvattingen van Asch in de jaren zestig en zeventig hevig zijn bekritiseerd (met name door Anderson, bijv. 1965, 1967, 1968,

1971), worden ze in het huidige onderzoek naar de waarneming van personen nog altijd als uitgangspunt gehanteerd (zoals we in hoofdstuk 6 zullen zien, paragraaf 6.2).

1.3.2 Festinger: cognitieve dissonantie

In 1957 verscheen het boek *A theory of cognitive dissonance* van Festinger. Deze theorie is bij uitstek cognitief, want ze gaat over de onderlinge relaties tussen de verschillende cognities die een persoon op een bepaald moment kan hebben. Laten we nog eens denken aan de persoon die in de lift tevergeefs op een knop heeft gedrukt: de lift blijft staan. Deze persoon heeft nu een bepaalde cognitie, bijvoorbeeld: deze lift gaat niet omhoog. Deze cognitie kan op verschillende manieren gerelateerd zijn aan andere cognities die de persoon op dat moment heeft. Misschien denkt de persoon tijdens het wachten aan de vergadering waar hij vandaan komt, bijvoorbeeld: de voorzitter was erg humeurig vandaag. Die cognitie is *irrelevant* ten opzichte van de cognitie 'deze lift gaat niet omhoog'.

Het is ook mogelijk dat de persoon nog eens naar de knoppen kijkt en ziet dat er een pijltje brandt dat naar beneden wijst. Op dat moment ontstaat de cognitie 'deze lift is op weg naar beneden'. Die cognitie is *consonant* met de cognitie 'deze lift gaat niet omhoog'.

Vervelender wordt het als de persoon de lift uiteindelijk maar verlaat, en ziet dat hij net te laat is om in een andere lift te stappen die juist op dat moment omhooggaat. De cognitie 'de lift waar ik niet in stond is omhooggegaan' is *dissonant* met de cognitie 'de lift waar ik wel in stond ging niet omhoog' (aangenomen dat de persoon inderdaad gauw naar boven wilde; als hij niet naar boven wilde en alleen voor de lol in de lift stond, zijn de cognities irrelevant ten opzichte van elkaar). Je kunt je voorstellen dat het een onaangenaam gevoel geeft een lift te zien opstijgen als je zojuist in een andere lift tevergeefs hebt staan wachten (analoog aan het gevoel dat je hebt als je bij de supermarkt in de 'verkeerde' rij bent gaan staan en ziet dat de mensen in een andere rij veel sneller aan de beurt komen). Dat komt volgens Festinger doordat de twee beschreven cognities dissonant zijn. Men ervaart dan *cognitieve dissonantie*: een onaangename toestand van spanning (*arousal*).

In het voorbeeld hierboven valt het nogal mee met die onaangename toestand, aangezien de keuze voor de 'verkeerde' lift makkelijk ongedaan kan worden gemaakt. Maar dat is lang niet altijd het geval. Denk maar eens aan het onaangename gevoel dat je kunt hebben als je iets gekocht hebt (bijvoorbeeld een televisie) en je ziet datzelfde product korte tijd later voor een veel lager bedrag in een winkel staan. Het gevoel van 'balen' dat je dan ervaart, is in feite de dissonantie tussen de cognities 'ik heb veel geld betaald voor dit product' en 'ik had dit product voor veel minder geld kunnen kopen'. Gezien de prijsontwikkelingen op de computermarkt, zullen er vandaag de dag heel wat mensen zijn die kort na de aanschaf van een computer cognitieve dissonantie ervaren.

Festinger stelt dat mensen ernaar streven de spanning die wordt veroorzaakt door dissonantie te reduceren (*dissonantie-reductie*). Dat kunnen ze op verschillende manieren doen. Om te beginnen kunnen ze hun gedrag veranderen. In het voorbeeld van de lift is dat makkelijk te doen door simpelweg in een andere lift te stappen. Op analoge wijze kan iemand stoppen met roken op het moment dat de dissonantie tussen het rookgedrag en de cognities over de gevaren daarvan erg groot wordt.

Ten tweede kunnen mensen cognities toevoegen die de relatie tussen de dissonante cognities beïnvloeden. Een illustratie hiervan zien we in een ingezonden brief in *de Volkskrant* over de aanschaf van een mobiele telefoon.

> *Na enige dagen krijg ik mijn toestel thuisbezorgd door de bode, die echter wel even handje contantje 299 gulden van mij wil ontvangen. Mijn vrouw, die net de krant zit te lezen, merkt schamper op: 'Dat toestel van jou kost hier maar 1 gulden als je er een abonnement bij neemt.' Ik onderdruk dat akelige gevoel dat je krijgt als je genept bent, en antwoord: 'Ja, maar dan krijg je niet de service die ík krijg.'*

Hier wordt een cognitie over betere service toegevoegd om de dissonantie te reduceren. In het geval van de computer die snel in prijs daalt, kan men bijvoorbeeld denken: ik heb nu langer plezier van mijn aanschaf dan als ik had gewacht op een prijsdaling. Een heel andere illustratie van deze strategie wordt geleverd door een religieuze sekte in Amerika, die lange tijd proclameerde dat op een bepaalde datum de wereld zou vergaan. Toen op de bewuste dag de zon gewoon weer opkwam, besloot men dat de wereld was ontsnapt aan de aangekondigde stormvloed dankzij het feit dat de sekteleden hun geloof zo sterk hadden uitgedragen.

Een derde manier om dissonantie te reduceren is door één van de twee strijdige cognities zodanig aan te passen dat deze niet meer dissonant is. Iemand die een bontjas heeft gekocht en wordt aangesproken op het dierenleed dat daardoor is veroorzaakt, kan bijvoorbeeld besluiten dat het erg meevalt met dat dierenleed en dat dieren in pelsdierfokkerijen best een goed leven hebben.

Tenslotte is het ook nog mogelijk om één van de cognities te trivialiseren (Simon, Greenberg & Brehm, 1995), dat wil zeggen een minder belangrijke plaats te geven in het eigen stelsel van opvattingen of in het zelfbeeld. De mevrouw met de bontjas zou in dat geval wel erkennen dat er veel dierenleed gemoeid is met zo'n jas, maar ze zou tevens het belang dat ze hecht aan dierenwelzijn reduceren. (Bijvoorbeeld: 'Dierenleed is voor mij niet belangrijk'. Of: 'Ik hou eigenlijk niet zo van dieren'.) De cognitie blijft dus wel dissonant, maar krijgt een triviale plaats.

Een experiment dat de theorie van Festinger demonstreert, staat bekend als het '1 en 20 dollar'-experiment (Festinger & Carlsmith, 1959). Alle proefpersonen voerden een uur lang een saaie taak uit, waarna de onderzoeker elke proefpersoon vroeg om aan een volgende proefpersoon te vertellen dat de taak heel interessant, plezierig en spannend was. Tegen een deel van de proefpersonen werd gezegd dat ze $ 1,- kregen als ze de onderzoeker op die manier wilden helpen; tegen een ander deel dat ze daarvoor $ 20,- kregen. (Gezien de eerder beschreven resultaten van Milgram, hoeft het geen verbazing te wekken dat iedereen instemde met het verzoek.) Een uur later werden alle proefpersonen ondervraagd door een andere onderzoeker, die ogenschijnlijk niets met de eerdere taak van doen had en die van alles wilde weten over psychologische experimenten. Daarbij werden ook vragen gesteld over het laatste experiment waaraan men had meegedaan.

Uit de resultaten bleek dat de proefpersonen die $ 1,- hadden gekregen om te zeggen dat de taak leuk was, de uitgevoerde taak aanmerkelijk positiever beoordeelden dan de proefpersonen die $ 20,- hadden gekregen. Volgens Festingers theorie kan dit verklaard worden door de verschillende cognities die men in de twee groepen had. Beide groepen proefpersonen hadden twee cognities, namelijk: (1) ik heb een saaie taak uitgevoerd en (2) ik heb tegen iemand anders gezegd dat het leuk was. Gecombineerd met het feit dat de meeste mensen zichzelf zien als eerlijk, zijn deze twee cognities dissonant. In de '20 dollar'-groep kon de dissonantie echter worden opgeheven door er een derde cognitie aan toe te voegen, namelijk: (3) ik heb een leugen verteld omdat ik daar 20 dollar voor kreeg. In de '1 dollar'-groep zette een dergelijke cognitie niet veel zoden aan de dijk, omdat 1 dollar voor de meeste mensen te weinig is om een leugen te rechtvaardigen. In deze groep kon men het onaangename gevoel van dissonantie dus alleen kwijtraken door de eerste cognitie (ik heb een saaie taak uitgevoerd) bij te stellen: de taak wás ook eigenlijk best leuk. We zien aan dit experiment dat mensen niet alleen actief, maar soms ook 'creatief' betekenis geven aan de situatie waarin ze zich bevinden, zodanig dat ze onaangename gevoelens reduceren.

Merk op dat het resultaat van dit onderzoek in zekere zin contra-intuïtief is: je zou misschien verwachten dat mensen sterker overtuigd raken van een bepaalde mening als ze een hoge beloning hebben gekregen om die mening te verdedigen, maar het is juist omgekeerd, doordat er alleen bij een kleine beloning (of bij geen beloning) dissonantie ontstaat. Vandaar dat dit verschijnsel ook wel eens het 'less leads to more'-effect wordt genoemd (Baron, Byrne & Johnson, 1998): een kleinere beloning leidt tot meer effect. Dat de theorie van Festinger sterk gericht is op cognities hoeft geen betoog. Daarnaast bevat de theorie een belangrijke motivationele/affectieve component, namelijk de veronderstelling dat mensen gemotiveerd zijn cognitieve dissonantie en de daarmee gepaard gaande toestand van spanning te vermijden. De motiverende rol van deze onaangename spanning is cruciaal in de theorie van Festinger, omdat alleen dit 'nare gevoel' ertoe leidt dat men de dissonante cognities met elkaar probeert te verenigen. Er is ook een andere interpretatie van het 'less leads to more'-effect, die uitsluitend cognitief is en geen mediërende rol van 'arousal' of motivatie veronderstelt (Bem, 1967). Deze wordt beschreven in paragraaf 3.5.2, p.109 e.v.

Hoewel er in de huidige cognitieve sociale psychologie steeds meer aandacht ontstaat voor de relatie tussen cognitie en motivatie, wordt er niet veel onderzoek meer gedaan naar de cognitieve dissonantie-theorie. Dat is wel eens anders geweest: de jaren zestig en zeventig kenden een stortvloed aan studies die gebaseerd waren op Festingers ideeën. Juist daardoor kwamen enkele beperkingen van de theorie aan het licht (zie Berkowitz, 1986), bijvoorbeeld dat mensen vaak niet zoveel last hebben van dissonante cognities in situaties waar Festinger dat wel zou voorspellen. Dat is met name het geval wanneer ze zich niet zelf verantwoordelijk voelen voor het ontstaan van de dissonantie (bijvoorbeeld als men een bontjas cadeau krijgt in plaats van er zelf een aan te schaffen; zie Cooper & Fazio, 1984) of wanneer ze de betreffende cognities niet zo belangrijk vinden (bijvoorbeeld als de bontjasdrager toch al niets om dieren gaf; merk op dat er wel een verschil is tussen iemand die niets om dieren geeft en daardoor om te beginnen geen dissonantie ervaart bij het dragen van een bontjas, en iemand die aanvankelijk wel om dieren gaf, maar de eigen dierenliefde heeft getrivialiseerd om de dissonantie te reduceren).

1.3.3 Heider: attributie

In 1958 publiceerde Heider het invloedrijke boek *The psychology of interpersonal relations* (zie ook Malle & Ickes, 1999). Naast een uiteenzetting van zijn balanstheorie (net als Festingers theorie een theorie over het streven naar cognitieve consistentie, die hier echter niet wordt behandeld), beschreef Heider in dit boek zijn ideeën over de vraag hoe mensen bepalen wat de oorzaak van een gebeurtenis is, dat wil zeggen, hoe ze attributies maken (attribueren betekent: oorzaken toeschrijven aan gebeurtenissen). Een 'gebeurtenis' kan bijvoorbeeld een bedrijfsongeval zijn, maar het kan ook gaan om iemands gedrag, bijvoorbeeld het maken van een hatelijke opmerking, of het resultaat van gedrag, bijvoorbeeld een onvoldoende halen voor een tentamen.

Stel dat een van je medestudenten een slecht referaat houdt in een werkgroep. Volgens Heider zijn er drie mogelijke oorzaken te onderscheiden waaraan je het falen van die student kunt toeschrijven: (1) het zelf, dat wil zeggen, de persoon die het gedrag heeft uitgevoerd (bijvoorbeeld: hij is niet goed in dit vak), (2) een andere persoon (bijvoorbeeld: iemand anders in de groep zat hem steeds af te leiden) en (3) toeval of, zoals Heider het in een eerdere publicatie (1944) noemde, 'het lot'. Deze laatste factor kan van alles zijn, bijvoorbeeld een klapperend raam waardoor de persoon werd afgeleid, of het feit dat er toevallig vragen werden gesteld over dingen waar hij minder van wist, of een sterfgeval in de familie waardoor hij het referaat niet had kunnen voorbereiden.

Wat betreft de eerste oorzaak (het zelf), merkte Heider op dat het uitvoeren van een bepaalde handeling twee dingen vereist, namelijk 'ability' (de student moet een bepaalde intelligentie hebben om een goed referaat te kunnen houden) en 'effort' (hij moet zich inspannen om een goede prestatie te kunnen leveren). Dit onderscheid is in later onderzoek naar attributie belangrijk

geworden: 'ability' verwijst naar een stabiele, oncontroleerbare oorzaak (je kunt er niet veel aan veranderen als je dom bent), terwijl inspanning meestal een instabiele en controleerbare oorzaak is (zie verder paragraaf 3.4.1, p.99).
Een andere observatie van Heider was dat mensen geneigd zijn de oorzaken van gebeurtenissen bij de handelende persoon te leggen en de invloed van factoren buiten die persoon te onderschatten. Dat komt doordat mensen zich sterk laten beïnvloeden door het gedrag dat ze waarnemen en niet door de situatie waarin dat gedrag totstandkomt. Heider vatte dit mechanisme samen in de beroemd geworden uitspraak 'Behavior engulfs the field' (gedrag overspoelt het [waarnemings-]veld), dat wil zeggen: in de totale configuratie van persoon en situatie zal de handelende persoon de waarneming beheersen. In het voorbeeld heb je tijdens het referaat vooral gelet op de student die het referaat hield. Als het referaat niet goed is gegaan, zul je geneigd zijn de oorzaak daarvan te zoeken bij datgene waar je aandacht op was gericht: de betreffende student. Deze neiging om de invloed van de situatie te onderschatten is in de sociale psychologie zeer vaak gedemonstreerd, en staat vandaag de dag bekend onder de namen *correspondentie-vertekening* of *fundamentele attributiefout* (zie paragraaf 3.7.1, p.124).
Doordat mensen de oorzaak van gedrag vaak leggen bij degene die het gedrag vertoonde, trekken ze ook tal van conclusies over hoe anderen in elkaar zitten. In het voorbeeld hierboven zou je kunnen afleiden dat de student dom is, of dat hij lui is, of dat hij zenuwachtig wordt als hij in het openbaar moet spreken. Mensen zijn er voortdurend op gericht eigenschappen af te leiden uit het gedrag van anderen. Dat betekent dat ze op basis van een voorbijgaande gebeurtenis – iemands gedrag – conclusies trekken over stabiele, vastliggende disposities van de betrokkene. Op die manier scheppen ze continuïteit in allerlei losse waarnemingen die ze dagelijks doen. Deze veronderstelling vormt nog altijd een belangrijk uitgangspunt in het onderzoek naar de vraag hoe mensen het gedrag van anderen interpreteren.
Net als Asch en Festinger, beschrijft ook Heider de mens als iemand die actief betekenis geeft aan zijn waarnemingen, in dit geval door een causale analyse te plegen: volgens Heider krijgen gebeurtenissen pas betekenis als we hun oorzaken hebben vastgesteld. Heider ziet de mens als een 'naïeve wetenschapper', dat wil zeggen, als iemand die zijn omgeving analyseert op een weliswaar onvolkomen manier, maar niet wezenlijk anders dan 'echte' wetenschappers dat doen. Merk overigens op dat deze 'naïeve wetenschapper' meer weg heeft van een persoonlijkheidspsycholoog dan van een sociaal-psycholoog: hij is geneigd de oorzaak van het gedrag van anderen te zoeken in hun persoonlijkheid en onderschat daardoor vaak de invloed van situationele factoren (terwijl sociaal-psychologen daaraan juist veel gewicht toekennen, zoals we eerder hebben gezien).
Laten we, om deze neiging te illustreren, nog eens terugdenken aan het experiment van Milgram en aan dat van Festinger en Carlsmith. In beide experimenten bleken proefpersonen bereid om iets immoreels te doen (iemand een schok geven respectievelijk tegen iemand liegen). Als leek (dat wil zeggen als: 'naïe-

ve wetenschapper') ben je geneigd om te denken dat die proefpersonen ofwel immoreel waren, ofwel meegaand en beïnvloedbaar, dat ze met een dergelijk verzoek instemden (Bierbrauer, 1979). De meeste mensen gaan ervan uit dat zij anders zouden reageren, want ze zien zichzelf als moreel en gewetensvol en ze nemen aan dat hun gedrag daarmee overeenstemt. De praktijk wijst heel anders uit: proefpersonen stemmen vrijwel altijd in met verzoeken van de onderzoeker, ook als deze immoreel zijn. Ze reageren primair op de situatie waarmee ze door de onderzoeker worden geconfronteerd. Wanneer je denkt dat zulk gedrag iets zegt over de persoonlijkheid van de betrokkenen, maak je dus precies de vergissing die Heider bedoelde: je laat je waarnemingsveld overspoelen door het gedrag, waardoor je te weinig oog hebt voor de situatie die tot dat gedrag heeft geleid.

1.4 Cognitieve sociale psychologie

Uit de beschreven theorieën van Asch, Festinger en Heider blijkt dat sociaal-psychologen al lange tijd geïnteresseerd zijn in de cognities van sociale waarnemers. Toch is in de jaren zeventig een aparte tak 'cognitieve sociale psychologie' ontstaan. Er zijn twee ontwikkelingen die daaraan hebben bijgedragen.

1.4.1 Specialisatie

Eén factor is dat, naarmate het vakgebied groeide, onderzoekers zich meer gingen specialiseren. Asch, Festinger en Heider richtten hun aandacht op veel verschillende onderwerpen binnen de sociale psychologie (zo is Asch ook bekend van zijn onderzoek naar conformisme in groepen, Festinger van zijn theorie over sociale vergelijking, en Heider van de reeds genoemde balanstheorie), maar vandaag de dag kan een sociaal-psycholoog zelfs binnen zijn eigen vakgebied niet meer van alle markten thuis zijn. Zoals er ooit één wetenschap was (de filosofie) waaruit de verschillende takken ontstonden die we nu kennen (psychologie, natuurkunde, biologie, enzovoort), en zoals die takken zich weer verder opsplitsten in vakgebieden (sociale psychologie, klinische psychologie, enzovoort), zo zijn ook die vakgebieden verder opgesplitst geraakt.

Binnen de sociale psychologie zijn de belangrijkste deelgebieden: (1) groepsdynamica, waarin de nadruk ligt op het gedrag van mensen in groepen en op wederzijdse beïnvloeding; (2) interpersoonlijke relaties, waarin de belangrijkste vraag is hoe dyadische relaties (bijvoorbeeld tussen vrienden of partners) ontstaan, verlopen en eindigen; (3) attitudes, waarin het gaat om de evaluatieve grondhouding (goed–slecht, voor–tegen) van mensen ten opzichte van bepaalde objecten of gebeurtenissen, hoe die houding kan worden beïnvloed middels overredende boodschappen (bijvoorbeeld reclame) en hoe die houding zich uit in gedrag; en (4) sociale cognitie of cognitieve sociale psychologie (deze twee termen worden hierna als onderling uitwisselbaar beschouwd), waarin de vraag centraal staat hoe mensen informatie verwerken over hun sociale omgeving. (Merk op dat de term 'sociale cognitie' meestal verwijst naar een subdiscipline van de sociale psychologie en niet, zoals je misschien zou denken, naar cognities van mensen over sociale stimuli.) In alle deelgebieden wordt verondersteld dat het gedrag van mensen wordt gemedieerd door hun cognities. De sociale cognitie is specifiek gericht op de vraag hoe die cognities ontstaan en hoe bestaande cognities veranderen, dat wil zeggen, op het informatieverwerkingsproces zoals dat eerder is beschreven.

1.4.2 Invloed van de functieleer

Een tweede belangrijke ontwikkeling die bijdroeg aan het ontstaan van de cognitieve sociale psychologie deed zich voor in een ander vakgebied, namelijk de functieleer/psychonomie. In de jaren zestig ontstond er onder functieleerpsychologen onvrede met de *black box*-benadering die op dat moment nog prevaleerde. Men merkte dat proefpersonen, bijvoorbeeld in experimenten waarin ze woorden moesten leren, systematische vergissingen maakten door woorden te vergeten of juist toe te voegen aan de reeks aangeboden woorden. Om de patronen in deze vergissingen te verklaren raakte men meer geïnteresseerd in de cognities die klaarblijkelijk een intermediërende rol speelden tussen stimulus en respons. Deze aandacht voor de rol van cognitie was zo groot dat wel eens wordt gesproken van een cognitieve revolutie. Verondersteld werd dat proefpersonen gebruikmaakten van bepaalde cognitieve structuren om de binnenkomende informatie te ordenen. Om deze structuren aan te duiden werd de term *schema's* gebruikt. De cognitieve benadering die binnen de functieleer ontstond (bijv. Neisser, 1967, 1976) kende een essentiële rol toe aan deze schema's. Zoals Neisser het uitdrukte: 'Perceivers pick up only what they have schemas for and willy-nilly ignore the rest' (1976, p. 80).

Dit was natuurlijk koren op de molen van sociaal-psychologen, die er eveneens van uitgingen dat mensen, op basis van verwachtingen over hun omgeving, perceptueel georiënteerd zijn op bepaalde aspecten van die omgeving ('perceptual readiness' of 'tuning'; Bruner, 1957b) en dat ze uit de gegeven informatie over een stimulus weer nieuwe informatie afleiden (Bruner, 1957a). Door de cognitieve benadering binnen de functieleer en de daarmee gepaard gaande ontwikkeling van schema-theorieën en nieuwe onderzoeksmethoden werd dat vakgebied dan ook interessanter voor sociaal psychologen. Het gevolg was dat sociaal-psychologen verschillende theorieën, concepten en methodes uit de functieleer gingen gebruiken. Het begrip 'schema' werd dankbaar overgenomen om te verwijzen naar de cognitieve structuren die voorheen diverse benamingen hadden, zoals 'hypothesen' (Bruner, 1957), 'impliciete persoonlijkheidstheorieën' (Bruner & Tagiuri, 1954), 'inferential sets' (Jones & Thibaut, 1958), 'theorieën' (Epstein, 1973), 'frames' (Minsky, 1975), 'scripts' (Abelson, 1976) en 'prototypen' (Cantor & Mischel, 1977). Daarmee werd ook vaker gebruikgemaakt van methoden die functieleer-psychologen hanteerden om de rol van schema's in de waarneming te onderzoeken: het onderzoek van sociaal-psychologen werd steeds meer gekenmerkt door 'harde' laboratoriumexperimenten in een sterk gecontroleerde omgeving, waarbij ook geheugenmaten en reactietijden werden geïntroduceerd om cognitieve processen te meten. Een hiermee samenhangende ontwikkeling was dat computerapparatuur steeds meer mogelijkheden bood om bijvoorbeeld de precieze tijd te registreren tussen de aanbieding van een stimulus en een respons van de proefpersoon. Ook al kun je niet direct in de *black box* kijken als wetenschapper, je kunt in elk geval wel kijken hoeveel tijd er overheen gaat voordat er een respons uit komt, hetgeen een aanwijzing kan geven over wat daarbinnen gebeurd is (zie paragraaf 2.4.3, p.55: over het gebruik van reactietijden).

Met de overname van bepaalde methoden werden tegelijkertijd ook vaker theorieën uit de functieleer toegepast. Immers, wanneer men bijvoorbeeld de herinnering van de proefpersoon aan de aangeboden informatie als centrale afhankelijke variabele hanteert (zoals in veel onderzoek gebeurt), heeft men ook een theorie nodig over het geheugen.

Zoals we in hoofdstuk 2 zullen zien, zijn veel aan de functieleer ontleende methoden bruikbaar om inzicht te krijgen in de cognitieve processen die zich tussen stimulus en respons afspelen. Wanneer we kijken naar het eerdere onderzoek van bijvoorbeeld Asch, zien we dat er veel veronderstellingen werden gemaakt over wat proefpersonen denken terwijl ze een rijtje met woorden (in dit geval persoonlijkheidseigenschappen) lezen. De afhankelijke variabele in dit type onderzoek, bijvoorbeeld het antwoord op de vraag of de stimuluspersoon aardig is, is in feite het resultaat van een cognitief proces. Uit deze respons kunnen gevolgtrekkingen worden gemaakt over wat zich precies heeft afgespeeld tussen de stimulus en de respons, maar het proces zelf is niet waarneembaar. En dat is toch eigenlijk wat sociaal-psychologen het liefst zouden willen: directe toegang tot de *black box*. Helaas is dat niet mogelijk zonder in de schedel van de proefpersoon te gaan snijden, maar verschillende maten die uit de functieleer afkomstig zijn brengen de onderzoeker wel veel dichter bij het cognitieve proces zelf vergeleken met vroegere maten, zoals de populaire antwoordschaal.

1.4.3 Sociale cognitie

Uit de overname van functieleertheorieën en -methoden ontstond het vakgebied van de sociale cognitie. Uit het voorafgaande kan worden afgeleid wat de belangrijkste kenmerken zijn waarin dit vakgebied zich onderscheidt van andere gebieden in de sociale psychologie.

1 De centrale vraag is hoe mensen zich cognities vormen over hun sociale omgeving. Daarbij speelt het begrip 'schema' een centrale rol, omdat wordt verondersteld dat schema's (waarin kennis over de wereld is opgeslagen) de waarneming van de omgeving structureren.
2 Aangezien cognities 'gelokaliseerd' zijn binnen het individu, ligt er een sterke nadruk op de mens als denkend individu en minder op de groep of de samenleving.

3 De aandacht van de onderzoekers gaat primair uit naar de cognitieve processen die zich tussen stimulus en respons afspelen.
4 Om deze cognitieve processen te kunnen onderzoeken wordt overwegend gebruik gemaakt van experimenteel laboratoriumonderzoek en vaak van specifieke theorieën en methodes die zijn ontleend aan de functieleer. (De meeste daarvan komen in hoofdstuk 2 aan de orde.)

Concluderend zouden we kunnen zeggen dat de cognitieve sociale psychologie enerzijds is ontstaan door verdergaande specialisatie, anderzijds juist door integratie met een heel ander vakgebied, de functieleer. Ondanks de tamelijk turbulente ontwikkelingen die het gevolg zijn geweest van deze integratie, zijn de belangrijkste vragen niet wezenlijk veranderd sinds Asch, Festinger en Heider, namelijk (vgl. Sherman, Judd & Park, 1989):
– hoe wordt informatie over de sociale omgeving waargenomen en georganiseerd;
– hoe beïnvloeden de cognitieve representaties die hieruit ontstaan nieuwe waarnemingen en gevolgtrekkingen;
– en hoe kunnen deze representaties worden veranderd door nieuwe informatie?

1.4.4 Overzicht van de overige hoofdstukken

Met deze vragen zijn we weer terug bij de eerder beschreven wisselwerking tussen de sociale waarnemer en de omgeving. Die wisselwerking komt bijvoorbeeld tot uiting in het attributieproces: wat de waarnemer ziet, wat feitelijk 'daar buiten' in de omgeving is, is een voorbijgaande gedraging of gebeurtenis, bijvoorbeeld: 'Piet zit op zijn stoel te wippen en op zijn nagels te bijten'. De waarnemer koppelt daar allerlei gevolgtrekkingen aan. Dit kan leiden tot een mentale representatie van de persoonlijkheid van een ander ('Piet is een zenuwachtig persoon'), terwijl die persoonlijkheid op zichzelf helemaal niet waarneembaar is. Dit attributieproces wordt beschreven in hoofdstuk 3, als we verschillende theorieën en onderzoeksresultaten gaan bespreken die inzicht verschaffen in de manier waarop de 'naïeve wetenschapper' te werk gaat bij het toeschrijven van oorzaken.
Een ander aspect van de wisselwerking tussen de waarnemer en de omgeving betreft de vraag in hoeverre waarnemers zich laten leiden door de feiten, dan wel door hun eigen kennis en verwachtingen. Enerzijds is er de sociale stimulus die zich buiten de waarnemer bevindt, anderzijds heeft de waarnemer zelf al vooropgezette ideeën (schema's) over hoe de wereld in elkaar zit. Leidt dat ertoe dat mensen de werkelijkheid soms geweld aandoen om hun bestaande schema's in stand te kunnen houden? Of veranderen hun schema's telkens wanneer ze een stimulus waarnemen die er niet in past? Deze vragen komen aan bod in hoofdstuk 4, waar wordt besproken wat schema's precies zijn, hoe en wanneer ze worden gebruikt, en onder welke omstandigheden ze veranderen.
Ook in hoofdstuk 5 komen deze vragen aan de orde, als we specifiek gaan kij-

ken naar een bepaald type schema, namelijk stereotypen: schema's over sociale groepen. Deze schema's gebruiken we onder meer om andere personen in hokjes en vakjes te plaatsen zodat we ons snel en makkelijk een eerste indruk kunnen vormen. Dat bespaart ons veel denkwerk, maar er zit uiteraard ook een keerzijde aan, die zich met name uit in de vorm van discriminatie en vooroordeel.

In sommige gevallen nemen we andere personen niet waar als lid van een groep, maar als uniek individu. We proberen ons dan een beeld te vormen van de ander op basis van de verschillende gedragingen van die persoon. Dat betekent dat we niet alleen attributies moeten maken bij dit gedrag, maar ook dat we de verschillende stukjes informatie die we krijgen moeten combineren tot een coherent beeld. Het eerder beschreven onderzoek van Asch (1946) ging over de vraag hoe we dit doen. In hoofdstuk 6 wordt besproken wat sociaal-psychologen in latere jaren te weten zijn gekomen over dit onderwerp.

Hoofdstuk 7 is gewijd aan automatische versus gecontroleerde processen. Veel van ons denken, voelen en handelen vindt automatisch plaats, dat wil zeggen, zonder dat we het zelf beseffen en zonder dat het ons enige inspanning kost. Dat heeft veel voordelen (bijvoorbeeld snel kunnen reageren), maar ook nadelen, omdat we niet altijd weloverwogen keuzen maken. In hoofdstuk 7 wordt onderzocht welke reacties vaak automatisch zijn en in hoeverre we in staat zijn zulke reacties bewust te onderdrukken of te reguleren.

In hoofdstuk 8 richten we de aandacht op beoordelingen en beslissingen. Oordelen over stimuli in onze omgeving vormen de basis van beslissingen en keuzes. Voordat je bijvoorbeeld besluit om in een onbekend vakantieland een frisse duik in zee te nemen, vorm je je een oordeel over de kans dat het water vervuild is en je daardoor een bepaalde ziekte oploopt. Bij het vormen van dit soort oordelen maken mensen gebruik van allerlei vuistregels, die vaak heel effectief zijn maar die ook tot beoordelingsfouten kunnen leiden. Zelfs als de beoordeling accuraat is, dan wordt de uiteindelijke keuze vaak weer niet op rationele wijze afgeleid uit het oordeel. Ook in onze keuzen en beslissingen is er dus sprake van systematische vertekeningen.

Alsof het allemaal nog niet moeilijk genoeg is, wordt ons uiteindelijke gedrag niet alleen bepaald door onze cognities, maar ook door emoties. Hoofdstuk 9 gaat over affect en met name over de relatie tussen affect en cognitie en tussen affect en gedrag. Hoewel de sociale cognitie, zoals de term al aangeeft, sterk is gericht op cognities, wordt de laatste jaren binnen dit vakgebied steeds meer aandacht besteed aan de affectieve en motivationele component van het denken en doen van mensen. Vaak komen we tot bepaalde conclusies of handelingen omdat we dat domweg 'zo voelen', zonder dat er een beredeneerde overweging achter zit. Waar de 'gewone' man of vrouw echter veelal genoegen neemt met 'ik voel het zo', vraagt de wetenschapper zich af wat nu eigenlijk precies maakt dat mensen iets zo voelen en hun gedrag erdoor laten beïnvloeden. Deze vraag wordt besproken in het laatste hoofdstuk.

2 Onderzoeksmethoden: tussen de oren van de sociale waarnemer

Roos Vonk en Ad van Knippenberg

2.1 Inleiding

In het vorige hoofdstuk hebben we gezien dat sociale cognitie-onderzoekers zich richten op verschijnselen en processen die in principe onzichtbaar zijn: ze willen weten wat zich 'tussen de oren' van de denkende waarnemer afspeelt. De meest voor de hand liggende methode om hier achter te komen is natuurlijk: aan de proefpersoon vragen wat hij denkt. Doorgewinterde cognitivisten zullen hun wenkbrauwen optrekken bij zo'n suggestie (om redenen die straks uiteengezet worden), maar in principe is het toch niet zo'n mal idee. De proefpersoon die bijvoorbeeld met een reeks eigenschappen van een stimuluspersoon wordt geconfronteerd (bijvoorbeeld, *sociaal, gezellig, eenzaam, spontaan*), kan de onderzoeker van alles vertellen over de gedachten die dit lijstje bij hem oproept (bijvoorbeeld: dit is misschien iemand die veel oppervlakkige contacten heeft maar geen relaties die wat dieper gaan, zodat hij zich toch eenzaam voelt). Asch (1946) maakte gebruik van deze methode, niet alleen in 1946, maar ook nog zo'n veertig jaar later (Asch & Zukier, 1984). Ook de sociale cognitie-onderzoekers van de huidige generatie vragen soms aan proefpersonen om hun gedachten te beschrijven. Cacioppo en Petty (1981) spreken in dit verband van 'cognitieve responsen' (de gedachten van de proefpersoon als reactie op bepaalde stimulusinformatie). Andere onderzoekers noemen het gewoon 'hardop denken' (bijv. Fiske e.a., 1987).

2.1.1 Introspectie

Hoe het ook wordt genoemd, het komt erop neer dat in zulke gevallen aan proefpersonen wordt gevraagd om introspectie te plegen. De methode van introspectie is zo oud als de wetenschap. Hij werd veel toegepast toen de psychologie rond de eeuwwisseling als aparte wetenschapstak ontstond: de eerste psychologische onderzoekers trainden zichzelf en hun studenten in het waarnemen van hun eigen gedachten (bijv. Wundt, 1897). Het doel was de verschillende elementen van de eigen gedachten te ontrafelen en dan na te gaan of er universele wetten zijn die bepalen hoe die elementen aaneengeregen worden in het menselijk brein. Met de komst van de natuurwetenschappelijke benadering in de psychologie werd deze methode verlaten, omdat hij niet voldeed aan een van de belangrijkste eisen die aan wetenschappelijk onderzoek worden gesteld: repliceerbaarheid. Immers, als de onderzoeksgegevens zich in het brein van de onderzoeker bevinden, zijn ze niet publiek toegankelijk. Het behaviorisme, waarin alleen aandacht werd besteed aan zichtbare, meetbare gegevens (het gedrag), ontstond mede als gevolg van deze beperking.

Ook al zijn we vandaag de dag weer meer geïnteresseerd in cognities, we zouden het natuurlijk onaanvaardbaar vinden als een onderzoeker zijn theorieën slechts toetste aan zijn eigen gedachtegoed. Wel kunnen we, zoals gezegd, aan proefpersonen vragen om introspectie te plegen en hun gedachten te verwoorden. Het onderzoek zou dan herhaalbaar zijn, althans als het lukt deze uitingen op een objectieve manier te kwantificeren (omzetten in getallen, bijvoorbeeld het aantal positieve en negatieve gedachten, om een eenvoudige vorm van kwantificering te noemen).

Daarmee zijn we weer terug bij de stelling: als je wilt weten wat mensen denken, moet je het aan ze vragen. Er zijn echter verschillende bezwaren tegen deze methode. Zo kan het verwoorden van de eigen gedachten alweer invloed hebben op die gedachten.[1] Wanneer je bijvoorbeeld tijdens een schaakpartij hardop zou moeten denken, zou je misschien tot heel andere ideeën komen over de beste zet dan wanneer je in stilte nadenkt. Dit probleem kan wel worden ondervangen door pas achteraf aan proefpersonen te vragen wat ze dachten. In het voorbeeld zou je pas nádat je een zet hebt gedaan, vertellen hoe je tot die keus bent gekomen. Maar de vraag is of je dan nog een accurate beschrijving kunt geven van gedachten die alweer voorbij zijn. Je beschrijving kan bijvoorbeeld sterk gekleurd zijn door de uiteindelijke zet die je hebt gedaan. Veel zetten die je even hebt overwogen, kun je alweer vergeten zijn.

Een ander probleem is dat mensen vaak weinig inzicht blijken te hebben in de gedachten die hen tot bepaalde oordelen en beslissingen brengen. In een van de eerste studies die dit demonstreerde (Maier, 1931), werden proefpersonen individueel in een ruimte gebracht waarin zich tal van voorwerpen en toestellen bevonden en waarin twee touwen vanaf het plafond omlaag hingen. Aan de proefpersoon werd gevraagd de touwen aan elkaar vast te knopen. Het probleem was dat de touwen zover van elkaar hingen, dat men niet het ene uiteinde kon pakken en daarmee naar het andere touw lopen. Door gebruik te maken van allerlei attributen in de ruimte waren er tal van oplossingen voor het probleem, maar de onderzoeker vroeg na elke oplossing die de proefpersoon bedacht om het nu op een andere manier te proberen. Er was namelijk één oplossing waar bijna niemand aan dacht.

---

[1] Merk op dat dit probleem in principe geldt voor veel metingen. Zelfs wanneer je iets simpels wilt meten als de temperatuur van een vloeistof, wordt het resultaat beïnvloed doordat de temperatuur van de thermometer die je gebruikt invloed heeft op de temperatuur van de vloeistof (in zeer geringe mate natuurlijk). In dat opzicht is het probleem van introspectie niet kwalitatief anders dan bij veel andere metingen, maar de mate waarin het optreedt kan in veel gevallen wel groter en dus ernstiger zijn.

Als de proefpersoon een paar minuten had staan piekeren, begon de onderzoeker zogenaamd gedachteloos door de ruimte te wandelen, waarbij hij langs een van de touwen liep zodat dit heen en weer begon te bengelen. In de meeste gevallen kwam de proefpersoon heel kort daarna op een idee: hij gaf een van de touwen een grote zwengel zodat het heen en weer bewoog in de richting van het andere touw, rende naar het andere touw, pakte dit vast en positioneerde zich zodanig dat hij het zwaaiende touw kon grijpen. Meteen daarna vroeg de onderzoeker aan de proefpersoon hoe hij op dit idee was gekomen. Het gebruikelijke antwoord was: 'Opeens zag ik het'. Of: 'Het was de enige mogelijkheid die er nog was'. En in één geval: 'Ik zag een beeld voor me van apen in het oerwoud die met lianen een rivier oversteken en toen wist ik meteen de oplossing'. Als de onderzoeker vervolgens suggereerde dat zijn terloopse hint wellicht had geholpen, stemde een krappe 30% van de proefpersonen daar uiteindelijk mee in. Maar dat deden ze óók als de onderzoeker begon over een heel andere 'hint' die hij in een eerder stadium had gegeven en waarvan al was gebleken dat die helemaal niet had geholpen!

Sinds dit onderzoek van Maier zijn vele andere experimenten gerapporteerd waaruit blijkt dat mensen soms een gebrekkig inzicht hebben in hun eigen gedachtegoed (zie Nisbett & Wilson, 1977a). Ten eerste zijn ze zich vaak niet eens bewust van de aanwezigheid van de stimulus die hen tot een bepaalde cognitie brengt. Denk bijvoorbeeld aan subliminale waarneming, of aan 'ingevingen' over hoe je een probleem moet oplossen (er gaat opeens 'een lichtje branden' zonder dat je je bewust bent van de incidenten die dat lichtje hebben ontstoken). Ten tweede zijn mensen zich er ook vaak niet van bewust dát ze bepaalde cognities hebben of dat er veranderingen optreden in hun cognities. Dat bleek bijvoorbeeld uit onderzoek naar cognitieve dissonantie, waarvan in het vorige hoofdstuk een voorbeeld is beschreven: mensen die een vervelende taak leuk gaan vinden nadat ze een ander hebben verteld dat de taak leuk was, beseffen helemaal niet dat ze tegenstrijdige cognities hebben gehad en dat ze van mening veranderd zijn. Daar komt bij dat veel cognitieve processen vrijwel automatisch verlopen, waardoor ze zich vaak aan het bewustzijn onttrekken (zoals we in hoofdstuk 7 nog zullen zien). Ten derde is het zo dat, wanneer mensen zich wél bewust zijn van de beslissende stimulus én van hun eigen cognities, ze vaak weer geen besef hebben van het verband tussen die twee. Een illustratie daarvan vormt het hierboven beschreven onderzoek van Maier, waarin de proefpersonen het bengelende touw (de kritieke stimulus) en hun oplossing van het probleem wel signaleerden, maar niet beseffen dat het één de directe oorzaak was van het ander.

2.1.2 De sociale waarnemer in het laboratorium

In het voorafgaande is duidelijk geworden dat de cognities van sociale waarnemers niet altijd toegankelijk worden door ernaar te vragen (zelfs wanneer we de sterke aanname maken dat mensen altijd volstrekt eerlijke antwoorden geven). Om toch inzicht te krijgen in die cognities zijn tal van onderzoeksmethoden beschikbaar. Veel van die methoden vereisen dat het onderzoek experimenteel van aard is en in de gecontroleerde omgeving van het laboratorium plaatsvindt. Dat roept wel eens kritiek op, zowel van andere sociaal-psychologen als van studenten. Er wordt dan gezegd dat het vakgebied van de sociale cognitie in de praktijk helemaal niet 'sociaal' is (bijv. Gergen, 1989). Een blik op de meest prominente internationale vaktijdschriften toont een veelheid aan minutieuze laboratoriumexperimenten, waarin proefpersonen uit hun dagelijks leven worden gehaald en worden geconfronteerd met stimulusmateriaal dat geen enkele sociale context heeft. In het prototypische sociale cognitie-experiment zit de proefpersoon alleen achter een beeldscherm, waarop informatie wordt aangeboden over een stimulus. De informatie is bijvoorbeeld een beschrijving van een stimuluspersoon die de proefpersoon nooit eerder heeft gezien en met wie hij ook nooit iets te maken zal hebben. De proefpersoon heeft dus geen sociaal belang bij de stimulus. In het meest kenmerkende geval wordt ook nog gedurende enkele milliseconden een woord of afbeelding op het scherm aangeboden, zo kort dat het niet bewust geregistreerd kan worden. De computer registreert niet alleen de antwoorden van de proefpersoon op bepaalde vragen over de stimulus (soms gaat het daar zelfs helemaal niet om), maar ook hoe lang het duurt voordat een antwoord wordt ingetypt of welke informatie het langst bekeken wordt.

De critici van dit type onderzoek vragen zich af wat er nu wel zo sociaal is aan een individu die in z'n eentje naar een beeldscherm zit te kijken en op toetsen zit te drukken (zie bijv. Forgas, 1983).

In de rest van dit hoofdstuk zal hopelijk duidelijk worden dat deze situatie weliswaar erg kunstmatig is, maar niettemin veel inzicht kan verschaffen in de sociale werkelijkheid van alledag. Eerst wordt besproken waarom het vaak nodig is de 'volle' werkelijkheid te reduceren tot de sociaal verarmde omgeving van het laboratorium. Vervolgens wordt aandacht besteed aan de manier waarop sociale cognitie-onderzoekers in die omgeving variabelen kunnen *manipuleren*, dat wil zeggen, systematische verschillen tussen groepen tot stand brengen, zodat de effecten daarvan op cognities kunnen worden bepaald. Tenslotte wordt een overzicht gegeven van verschillende methoden om zulke effecten te *meten*.

2.2 Experimenteel laboratoriumonderzoek

2.2.1 Ecologische versus experimentele validiteit

> *Een wetenschapper wilde weten wat de grootte was van de vissen in de zee. Hij huurde een schip en een net dat mazen had van 5 cm. Na een zorgvuldige aselecte keuze van de plekken waar hij zijn net uitwierp, bekeek hij de vangst. Hij kwam tot de conclusie dat er in de zee geen vissen van kleiner dan 5 cm zijn.*

Dit verhaal werd door Eddington (1939) beschreven om duidelijk te maken dat ieder wetenschappelijk instrument beperkingen oplegt aan de kennis die ermee verzameld kan worden. Zulke beperkingen tasten de validiteit van het onderzoek aan: door de onbedoelde selectie die het instrument uitoefent, zijn de resultaten niet representatief voor het domein waarover men een uitspraak wil doen (in dit geval: zeevissen). Het huidige sociale cognitie-onderzoek bevat diverse selectie-vertekeningen, zoals het gebruik van studenten als proefpersonen in plaats van meer diverse bevolkingsgroepen (zie bijvoorbeeld Sears, 1986), en het gebruik van beschrijvingen op papier of op een beeldscherm in plaats van 'echte' sociale stimuli in een sociale context. Zulke experimenten zijn niet *ecologisch valide*, dat wil zeggen dat de resultaten niet generaliseerbaar zijn naar andere personen, situaties en stimuli (vgl. Berkowitz & Donnersheim, 1982).

Ecologische validiteit is een vereiste wanneer men het doel heeft een populatieparameter te schatten (vgl. Postman, 1955), zoals de grootte van vissen, de frequenties van stemmen op politieke partijen, en het verband tussen politieke voorkeur en salaris, althans zolang men niets hoeft te zeggen over de causale richting van zo'n verband. We spreken dan van survey-onderzoek, waarbij de resultaten generaliseerbaar moeten zijn naar die populatie waarover men een uitspraak wil doen. Er zijn echter ook gevallen waarin men niet het doel heeft het vóórkomen van een verschijnsel of het verband tussen variabelen in een populatie te bepalen, maar juist om een oorzaak-gevolg-uitspraak te doen – zoals in het volgende, meer eigentijdse verhaal over vissen (uit Vonk e.a., 1992).

> *Een wetenschapper wilde weten wat het effect was van vervuiling op de grootte van vissen. In de Noordzee had onlangs een olietanker een ongeluk gehad. In de Middellandse Zee was dit de laatste jaren niet gebeurd. De onderzoeker huurde een schip en een net en ging aan het werk. Uit een vergelijking van de visvangsten in beide zeeën bleek dat de vissen in de Middellandse Zee groter waren. De onderzoeker concludeerde dat olievervuiling een nadelig effect heeft op de grootte van de vissen.*

Voor de onderzoeker in dit voorbeeld is het niet nodig de grootte van de gehele vispopulatie te schatten. De genoemde oorzaak-gevolg-hypothese vereist (a) dat het verschil wordt getoetst tussen de gemiddelde grootte van de vissen in een vervuilde en een niet-vervuilde omgeving en (b) dat de twee groepen vissen in alle andere opzichten gelijk zijn. Omdat aan die laatste voorwaarde niet wordt voldaan in dit verhaal, schiet het onderzoek tekort in *experimentele validiteit*. Zo is het mogelijk dat in de twee zeeën verschillende soorten vissen leven. De vissen zijn immers niet aselect aan een van de 'behandelingen' (wel versus geen vervuiling) toegewezen. Ook bestonden er ten tijde van de 'behandeling' nog andere verschillen in de omgeving van de vissen, zoals de temperatuur van de zee en de aanwezige voedselsoorten. Als gevolg van deze verschillen zijn alternatieve verklaringen voor het gevonden verschil niet uit te sluiten.

Om in dit geval een causale uitspraak te kunnen doen over het effect van vervuiling zijn er eigenlijk maar twee mogelijkheden. De eerste is dat men een longitudinaal onderzoek uitvoert, waarbij gedurende langere tijd metingen worden gedaan bij dezelfde groep vissen in dezelfde zee (te beginnen in een relatief schone zee). Als er in die periode een milieuramp plaatsvindt, kunnen de metingen vóór en na de ramp worden vergeleken. Het zal duidelijk zijn dat een dergelijk onderzoek enorm tijdrovend is (en dat men ook niet de pech moet hebben dat er tijdens de duur van het onderzoek toevallig nog andere dingen veranderen in de zee). Een meer efficiënte (maar minder diervriendelijke) oplossing is dat een groep vissen wordt gevangen en willekeurig (aselect) wordt verdeeld over twee identieke aquaria. In het ene aquarium is het water vervuild, in het andere niet. Na enige tijd valt dan onomstotelijk het effect van de vervuiling aan te tonen.

In het aquarium wordt de natuurlijke omgeving van de vissen ontdaan van allerlei storende factoren, zoals de aanwezigheid van roofvissen (die in natuurlijke omstandigheden ook ziek kunnen worden van vervuiling). Ook is het heel goed mogelijk dat de gekozen vissen bijvoorbeeld allemaal kleiner zijn dan 5 centimeter. Dat kan praktische redenen hebben (bijvoorbeeld omdat de onderzoeker niet zo'n groot aquarium tot zijn beschikking heeft), maar het heeft vaak ook statistische redenen: in een heterogene onderzoeksgroep met veel verschillende vissoorten is er sprake van een grote variatie, met als gevolg dat verschillen tussen de experimentele groep en de controlegroep moeilijker statistisch zijn aan te tonen. Om dezelfde redenen worden in psychologische experimenten gewoonlijk studenten gebruikt: die zijn makkelijk te benaderen (praktisch) en ze vormen een relatief homogene groep (statistisch).

Hoewel het vissenonderzoek, zoals hierboven beschreven, experimenteel valide is, heeft het geen ecologische validiteit: het aquarium heeft niets weg van de natuurlijke omgeving van de vissen, en er zitten alleen kleine vissen in. Dat is niet erg, want het doel van het onderzoek is niet het schatten van een populatieparameter, maar het toetsen van een specifieke oorzaak-gevolghypothese. Wanneer zo'n hypothese wordt bevestigd, kan uiteraard níet worden geconcludeerd dat hetzelfde causale verband geldig is voor grotere vissen, diepere wateren, of een ander type vervuiling: het resultaat is niet generaliseerbaar naar andere vissen, andere omgevingen en andere stimuli. Zo is het mogelijk dat bepaalde roofvissen meer lijden onder een milieuramp dan hun prooien. In dat geval zouden de onderzochte kleine vissen in een vervuilde zee minder gauw worden opgegeten door grotere vissen, met als gevolg dat ze juist beter zouden gedijen. Maar dat is een nieuwe causale hypothese die moet worden getoetst in een nieuw experiment. Merk op dat het dan al behoorlijk ingewikkeld wordt, want de effecten van vervuiling op roofvissen en op prooivissen moeten eerst afzonderlijk worden vastgesteld voordat men de twee vissoorten bij elkaar kan stoppen in hetzelfde aquarium. Anders is bijvoorbeeld niet meer

vast te stellen of sterfte onder roofvissen direct wordt veroorzaakt door vervuiling of alleen indirect, doordat hun prooien sterven of langzamer groeien.
Je ziet dat zelfs bij deze relatief eenvoudige onderzoeksvraag tal van complicaties kunnen optreden. Als gevolg hiervan moet de natuurlijke omgeving van de vissen worden gereduceerd tot een aquarium waarin alleen die variabelen waarin de onderzoeker is geïnteresseerd, de metingen kunnen beïnvloeden. Om toch meer algemene uitspraken te kunnen doen moeten verschillende experimenten worden gedaan waarin telkens verschillende factoren worden gevarieerd. Want als alle factoren in één experiment worden onderzocht, ontstaat een onderzoekssituatie die even onoverzichtelijk is als de situatie in de natuurlijke zee, en het was nu juist de bedoeling om daar vanaf te komen.

2.2.2 Het lab versus de sociale werkelijkheid

Binnen het vakgebied van de sociale cognitie worden vrijwel uitsluitend causale hypothesen getoetst. Dit hangt samen met het feit dat de theorieën waaruit die hypothesen zijn afgeleid, proberen de cognities van mensen over hun sociale omgeving te *verklaren* en niet alleen te *beschrijven*. Een verschijnsel verklaren betekent per definitie: de oorzaak van het verschijnsel bepalen. Zoals we hebben gezien, vereist dit dat het onderzoek in de eerste plaats experimenteel valide is. Is het dat niet, dan wordt iedere andere validiteitsvraag irrelevant. Juist daardoor kan zulk onderzoek niet tegelijkertijd alle 'vissen in de zee' vangen: de sociale werkelijkheid buiten het laboratorium bevat onnoemelijk veel variabelen die een storende rol kunnen spelen in een gevonden verband tussen twee verschijnselen, waardoor een causale uitspraak onmogelijk zou worden.
Het laboratorium waarin proefpersonen naar een beeldscherm kijken en op toetsen drukken, is in feite het aquarium van de sociale cognitie-onderzoeker. In dit laboratorium is de complexe sociale werkelijkheid ontdaan van variabelen waarin de onderzoeker niet is geïnteresseerd. De onderzoeker reduceert de werkelijkheid tot die variabelen waar het in dat specifieke onderzoek om gaat. Is hij geïnteresseerd in de effecten van sekse-stereotypen, dan geeft hij proefpersonen informatie over de sekse van een stimuluspersoon (de ene groep proefpersonen denkt dat ze over een man lezen, de andere groep dat ze over een vrouw lezen), zonder dat de proefpersonen weten hoe de persoon eruitziet. In het dagelijks leven weten we natuurlijk vaak wél van mensen die we beoordelen hoe ze eruitzien, zodat de vraag kan rijzen of bijvoorbeeld uiterlijke aantrekkelijkheid er iets toedoet. Maar dat is een andere vraag, die in een ander experiment kan worden onderzocht.
Hetzelfde geldt voor de eerdergenoemde kritiek dat waarnemers buiten het laboratorium allerlei sociale belangen hebben bij de stimuli die ze waarnemen. Wanneer men informatie krijgt over een persoon, zou het bijvoorbeeld veel kunnen uitmaken of die persoon wordt beoordeeld als potentiële vriend(in) of als nieuwe collega. Maar ook de effecten van dergelijke belangen kunnen in

het laboratorium op systematische wijze worden onderzocht (zoals we in hoofdstuk 5 en 6 nog zullen zien). Kortom: de vraag of de in een laboratorium gevonden causale relaties ook onder meer natuurgetrouwe omstandigheden optreden, is een empirische vraag die alleen door middel van nieuw empirisch onderzoek beantwoord kan worden (vgl. Flanagan & Dippboye, 1980).

Een geharde tegenstander van de natuurwetenschappelijke benadering zou nu kunnen vragen: wat schieten we ermee op als we al die variabelen, die in het dagelijks leven *tezamen* onze waarnemingen beïnvloeden, uit elkaar trekken en afzonderlijk onderzoeken? Wanneer we een persoon waarnemen, wordt onze indruk immers bepaald door de totale *Gestalt* van uiterlijk, manier van bewegen, manier van kijken, stem, kleding, gedrag, enzovoort.

Voor een deel kan de experimentele onderzoeker aan dat bezwaar tegemoetkomen door specifieke combinaties van factoren systematisch in kaart te brengen. Men kan bijvoorbeeld de effecten onderzoeken van de combinatie van sekse en aantrekkelijkheid door vier groepen te creëren: proefpersonen die lezen over een aantrekkelijke vrouw, een aantrekkelijke man, een onaantrekkelijke vrouw of een onaantrekkelijke man. We spreken dan van een 2 (sekse: man, vrouw) x 2 (uiterlijk: aantrekkelijk, onaantrekkelijk) ontwerp, hetgeen 4 (2 x 2) condities oplevert. Dan zou kunnen blijken dat de aantrekkelijkheid van vrouwen meer invloed heeft dan die van mannen, dat wil zeggen, er treedt een interactie-effect op tussen de factoren sekse en aantrekkelijkheid. Op analoge wijze kunnen nog veel ingewikkelder combinaties worden onderzocht, bijvoorbeeld met een 2 (sekse: man, vrouw) x 3 (uiterlijk: aantrekkelijk, gemiddeld, onaantrekkelijk) x 2 (kleding: modern, conventioneel) x 3 (leeftijd: jong, gemiddeld, oud) ontwerp, waarbij 36 experimentele groepen nodig zijn (2 x 3 x 2 x 3). Zover zullen de meeste onderzoekers echter niet gaan, aangezien een experiment met zoveel combinaties van factoren tot een oninterpreteerbaar patroon van interactie-effecten kan leiden. In de meeste sociale cognitie-experimenten worden combinaties van twee of drie factoren onderzocht. Overigens is de keus voor een bepaalde combinatie vrijwel altijd gebaseerd op een specifieke hypothese over de wijze waarop die factoren op elkaar inwerken.

Dit betekent dat de veelheid aan informatie die we in het dagelijks leven vaak hebben inderdaad zelden beschikbaar is voor proefpersonen in het laboratorium. We moeten echter bedenken dat we ons ook buiten het laboratorium vaak genoeg een indruk vormen van personen (of andere stimuli) zonder dat we al die informatie hebben, bijvoorbeeld op grond van wat iemand anders ons vertelt over iemand, of op grond van alleen geschreven informatie (denk aan sollicitatiebrieven of reacties op contactadvertenties) of op grond van alleen iemands stem (de telefoniste, de diskjockey). De sociale situaties die we buiten het laboratorium aantreffen zijn enorm divers (Ostrom, 1984).

Het gevolg daarvan is dat er grenzen zijn aan de generaliseerbaarheid van ieder onderzoek. Dat geldt evenzeer voor 'natuurgetrouw' veldonderzoek, dat tenslotte ook aan één bepaalde context is gebonden. Wanneer we bijvoorbeeld de effecten van sekse-stereotypen onderzoeken door oordelen van werknemers over hun mannelijke en vrouwelijke collega's te vergelijken, kunnen we alleen uitspraken doen over de organisaties waar die werknemers werkzaam zijn, over oordelen van collega's, enzovoort. Bovendien weten we dan nog altijd niet zeker of eventuele verschillen inderdaad worden veroorzaakt door stereotypen, en niet bijvoorbeeld doordat mannen zich écht anders gedragen dan vrouwen (bijvoorbeeld als gevolg van rolpatronen of fysiologisch bepaalde verschillen). Daarmee zijn we weer terug bij de noodzaak van experimenteel onderzoek, waarin zulke factoren buitenspel kunnen worden gezet.

2.2.3 Experimenteren: manipuleren en meten

In veel sociale cognitie-experimenten wordt informatie over een stimulus aangeboden, bijvoorbeeld: beschrijvingen van een persoon of van een groep, argumenten die voor of tegen een bepaalde opvatting pleiten, een filmopname van een gebeurtenis. Soms krijgen proefpersonen informatie over zichzelf, bijvoorbeeld de uitslag van een test die ze maken. Vervolgens worden één of meer variabelen gemeten waaruit de onderzoeker kan afleiden hoe die informatie wordt verwerkt. Bij het aanbieden van de informatie creëert de onderzoeker bepaalde systematische verschillen tussen groepen (bijvoorbeeld door tegen de helft van de proefpersonen te zeggen dat een stimuluspersoon een man is en tegen de andere helft dat het een vrouw is), dat wil zeggen, hij manipuleert één of meer variabelen waar het in dat onderzoek om gaat: de onafhankelijke variabelen. Daarbij zorgt hij er natuurlijk voor dat factoren waar het niet om gaat ofwel geheel afwezig zijn (in dit geval bijvoorbeeld door geen enkele informatie te geven over de leeftijd van de persoon), ofwel constant blijven (door in alle groepen dezelfde leeftijd te vermelden). Op die manier kan worden vastgesteld of de gemanipuleerde variabelen een causaal effect hebben op datgene wat gemeten wordt, de afhankelijke variabelen (bijvoorbeeld aandacht, oordeel, beslissing, herinnering). De rest van dit hoofdstuk bestaat uit twee delen: een deel over het manipuleren van onafhankelijke variabelen en een deel over het meten van afhankelijke variabelen in sociale cognitie-onderzoek.

2.3 Manipuleren

Een stimulus kan op vele manieren worden aangeboden (papier, beeldscherm, geluidsband, video, 'live') en op nog veel meer manieren worden gemanipuleerd. Om een beeld te geven van enkele manipulaties die vaak voorkomen, worden in deze sectie zes soorten manipulaties beschreven. Dit overzicht is zeker niet uitputtend. Het is primair bedoeld om een indruk te geven van de manier waarop onderzoekers factoren uit de sociale werkelijkheid nabootsen in het laboratorium.

2.3.1 Doelstellingen en verwachtingen

Een manipulatie die vaak wordt toegepast betreft de *instructie* die vooraf aan de proefpersoon wordt gegeven over 'wat te doen' met de stimulus. In hoofdstuk 1 hebben we gezien dat de doelstellingen en verwachtingen van mensen bepalend kunnen zijn voor de manier waarop ze informatie verwerken. Om dergelijke effecten te onderzoeken kan men bijvoorbeeld vooraf tegen sommige proefpersonen zeggen dat ze zich een mening moeten vormen over een bepaald betoog, en tegen anderen dat ze alle argumenten in het betoog moeten onthouden; dat ze een persoon over wie ze lezen later bij een taak moeten gaan beoordelen of juist dat die persoon hén zal gaan beoordelen; dat ze zich een globale indruk van een stimulus moeten vormen of dat ze hun oordeel na afloop nauwkeurig moeten verantwoorden.

Sommige instructies zijn ervoor bedoeld om te zorgen dat proefpersonen op een bepaald *aspect* van de aangeboden informatie letten (bijvoorbeeld zich een beeld vormen van iemands intelligentie of van iemands vriendelijkheid). Andere instructies beïnvloeden de *motivatie* van de proefpersonen om de informatie goed te verwerken. Instructies die motivatie-verhogend werken zijn onder meer: a) 'accountability' (vooraf wordt gezegd dat men het oordeel over de stimulus later zal moeten verantwoorden, of dat het oordeel veel consequenties kan hebben voor anderen); b) verwachte interactie (er wordt aangekondigd dat men later nog zal interacteren met een stimuluspersoon, bijvoorbeeld tijdens een kennismakingsgesprek) en c) uitkomst-afhankelijkheid (er wordt aangekondigd dat men later een taak zal uitvoeren waarmee men extra geld of een andere bonus kan verdienen; de aangekondigde taak zit zo in elkaar dat het gedrag van de stimuluspersoon van invloed is op de opbrengsten van de proefpersoon). In werkelijkheid is het bijna nooit zo dat de aangekondigde taak of interactie ook feitelijk plaatsvindt. Het gaat erom dat de proefpersoon tijdens het verwerken van de informatie een bepaalde verwachting heeft. Wanneer de afhankelijke variabelen zijn gemeten, vindt de 'debriefing' plaats: de proefleider legt uit dat de eerdere aankondiging onjuist was en waar het onderzoek in werkelijkheid over ging.

Een voorbeeld van een onderzoek waarin de verwachting van proefpersonen werd gemanipuleerd is een experiment van Neuberg en Fiske (1987, Exp. 1). In dit experiment werd onderzocht of afhankelijkheid invloed heeft op het gebruik van stereotypen bij de beoordeling van degene van wie men afhankelijk is. Alle proefpersonen kregen te horen dat ze aan een taak zouden gaan werken met een zekere Frank. Er werd verteld dat Frank opgenomen was geweest in een psychiatrische inrichting en dat hij destijds bij de opname was gediagnosticeerd als schizofreen. Het onderzoek werd zogenaamd uitgevoerd in het kader van een reïntegratieprogramma voor patiënten die uit deze inrichting waren ontslagen. Door deze informatie hadden alle proefpersonen vooraf een duidelijk stereotype over Frank: van een ex-psychiatrische patiënt wordt bijvoorbeeld verwacht dat hij nerveus en wantrouwend is en zich moeilijk aanpast.

Alle proefpersonen werd verteld dat ze met de taak waaraan ze samen met Frank gingen werken 20 dollar konden verdienen als ze een goede prestatie leverden. Tegen de helft van de proefpersonen werd gezegd dat hun prestatie individueel beoordeeld zou worden. Tegen de andere helft werd gezegd dat de gezamenlijke prestatie van Frank en henzelf beoordeeld zou worden en dat ze dus alleen samen iets konden verdienen. Dit betekent dat deze laatste groep deels afhankelijk was van Frank om geld te kunnen winnen. De eerste groep daarentegen was niet afhankelijk van Frank, want zij zouden individueel worden beoordeeld.

Vervolgens kreeg iedereen een beschrijving te lezen die Frank zogenaamd over zichzelf had gemaakt. Deze beschrijving was neutraal – niet positief, niet negatief. Daarna werd gevraagd aan te geven wat men van Frank vond.

Het bleek dat de proefpersonen die verwachtten dat ze van Frank afhankelijk zouden zijn hem minder negatief beoordeelden dan de proefpersonen in de andere groep. In deze laatste groep had men het stereotype over psychiatrische patiënten gebruikt om de neutrale beschrijving te interpreteren, zodat een negatief beeld ontstond. In de 'afhankelijke' groep had men juist geprobeerd Frank als individu te bekijken, waardoor het oordeel meer neutraal was, in overeenstemming met de beschrijving. Hieruit blijkt dat precies dezelfde informatie over een persoon heel verschillend kan worden geïnterpreteerd, afhankelijk van de verwachtingen en doelstellingen die men heeft. Degenen die verwachtten dat ze van Frank afhankelijk zouden zijn, waren kennelijk meer gemotiveerd zich een accuraat beeld van hem te vormen en zonder vooropgezette ideeën naar zijn beschrijving te kijken.

2.3.2 Informatieverwerkingscapaciteit

Om informatie goed te verwerken moeten mensen niet alleen *gemotiveerd* zijn, zoals in het voorafgaande voorbeeld, ze moeten ook voldoende *gelegenheid* hebben om de informatie te overdenken. Een tweede factor die het verwerkingsproces kan beïnvloeden is dan ook de informatieverwerkingscapaciteit van de proefpersoon. Deze kan worden gemanipuleerd door variaties aan te brengen in bijvoorbeeld de tijd die de proefpersoon krijgt om de informatie te bekijken; of door in sommige condities een zogenoemde 'overload'-situatie te creëren, waarbij de proefpersoon op meerdere dingen tegelijk moet letten (zoals dat in het dagelijks leven ook vaak het geval is); of, een vergelijkbare situatie, door de proefpersoon af te leiden (distractie) met een andere taak die tegelijkertijd moet worden uitgevoerd (bijvoorbeeld getallen optellen).

Een voorbeeld van een onderzoek waarin de capaciteit om informatie te verwerken werd gemanipuleerd, is een onderzoek van Gilbert, Pelham en Krull (1988, Exp. 2). In dit onderzoek stond de in hoofdstuk 1 beschreven correspondentie-vertekening (zie paragraaf 1.3.3, p.24) centraal: de neiging om de invloed van de situatie te onderschatten en het gedrag van mensen aan corresponderende stabiele eigenschappen toe te schrijven. Gilbert e.a. redeneerden dat deze neiging een gevolg zou kunnen zijn van het relatieve gemak waarmee mensen eigenschappen afleiden uit gedrag, terwijl het meer inspanning kost om ook de invloed van situationele factoren in overweging te nemen (zie ook paragraaf 3.7.1, p.124). Als dit zo is, zou de correspondentie-vertekening sterker moeten zijn wanneer men weinig gelegenheid heeft om alle informatie te overdenken. Om deze hypothese te toetsen maakten Gilbert e.a. gebruik van een methode die al in 1967 was gebruikt door Jones en Harris (zie paragraaf 3.2.3, p.84). De proefpersonen kregen een geluidsopname te horen van een zogenaamde andere deelnemer die een betoog hield over abortus. In de helft van de gevallen was het een pleidooi vóór abortus, in de andere helft tegen. In alle condities werd gezegd dat deze deelnemer vooraf de opdracht had gekregen om dit standpunt in te nemen. Strikt gezien kon uit het pleidooi dus niet worden afgeleid wat de mening van de spreker was, want hij had een opdracht gekregen. De correspondentie-vertekening houdt echter in dat waarnemers externe invloeden op iemands gedrag (in casu de opdracht) onderschatten, en dus toch afleiden dat iemand die een pleidooi voor of tegen abortus houdt inderdaad die mening is toegedaan.

Tot zover was het onderzoek ongeveer hetzelfde als dat van Jones en Harris (alleen het onderwerp van het betoog was anders). Het nieuwe element in het onderzoek van Gilbert e.a. was dat er een manipulatie van verwerkingscapaciteit aan werd toegevoegd. Daartoe vertelden de onderzoekers sommige proefpersonen dat ze naderhand zelf ook een pleidooi over abortus moesten houden dat door andere deelnemers zou worden gehoord via een luidspreker. Het idee hierbij was dat deze proefpersonen, terwijl ze luisterden naar de andere spreker, bezig zouden zijn zich voor te bereiden op hun eigen betoog: ze zouden hun aandacht maar half bij de spreker hebben, want een deel van hun aandacht werd in beslag genomen door gedachten aan hoe ze hun eigen betoog zouden voeren. De achterliggende redenering bij deze specifieke manipulatie was dat mensen in het dagelijks leven ook vaak bezig zijn zich voor te bereiden op hun eigen handelingen terwijl ze anderen waarnemen.

Een controlegroep kreeg geen opdracht om later een betoog te houden. Zij hoefden dus alleen maar naar de spreker te luisteren en hadden verder niets te doen. Uit de resultaten bleek dat de correspondentie-vertekening in deze groep zwakker was. In de andere groep, waar men minder aandacht had, was de correspondentie-vertekening zeer sterk. Kennelijk had de concurrerende taak (het zich voorbereiden op de eigen toespraak) zoveel informatieverwerkingscapaciteit in beslag genomen, dat men te weinig aandacht over had om er voldoende rekening mee te houden dat het betoog van de spreker sterk was beïnvloed door de opdracht.

2.3.3 De toestand van de proefpersoon

Bij een derde categorie manipulaties wordt de proefpersoon zelf in een bepaalde toestand gebracht. Zo kan men het zelfbewustzijn van proefpersonen manipuleren (bijvoorbeeld door sommigen tijdens het experiment voor een grote spiegel te zetten), hun zelfwaardering (bijvoorbeeld door valse testresultaten te verschaffen waaruit blijkt dat men goed of juist slecht scoort op een belangrijke eigenschap) of hun stemming (bijvoorbeeld door vooraf een leuke of een droevige film te vertonen; zie paragraaf 9.4.1, p.384).

Een speciaal geval van deze categorie manipulaties is *priming*, waarbij bepaalde schema's of kenmerken worden geactiveerd, met als gevolg dat de proefpersoon meer geneigd is deze later toe te passen op de aangeboden informatie. Als proefpersonen bijvoorbeeld eerst de taak krijgen zoveel mogelijk zinnen op te schrijven waar het woord 'kunstmatig' in voorkomt, zal dat kenmerk eerder in hun gedachten komen bij het lezen van een daarop volgende reeks argumenten over het nut van laboratoriumexperimenten (vergeleken met bijvoorbeeld proefpersonen bij wie het kenmerk 'gecontroleerd' is ge-primed). In dit voorbeeld is de *prime* (de stimulus die een bepaald schema of kenmerk activeert) heel evident, hetgeen allerlei ongewenste reacties kan oproepen (bijvoorbeeld weerstand, of juist de neiging om de onderzoeker ter wille te zijn: 'ze willen zeker dat ik iets zeg over hoe kunstmatig experimenten zijn'). In veel gevallen vindt priming dan ook plaats zonder dat proefpersonen zich ervan bewust zijn. Men kan er bijvoorbeeld voor zorgen dat een prime-woord (zoals 'kunstmatig') alleen subliminaal[2] wordt waargenomen (bij een zeer korte aanbieding, of door het woord visueel te 'verstoppen' in andere stimuli), of men kan proefpersonen eerst een zogenaamd ongerelateerde taak laten uitvoeren waarbij zo'n begrip in een heel andere context wordt geactiveerd (het woord 'kunstmatig' kan bijvoorbeeld ge-primed worden in de context van een betoog tegen cosmetische chirurgie – een onderwerp dat niet zo gauw in verband zal worden gebracht met het nut van laboratoriumonderzoek).

Een voorbeeld van een onderzoek waarin priming plaatsvond wordt beschreven door Nisbett en Wilson (1977a). Proefpersonen moesten een reeks woordparen proberen te onthouden. Sommige van deze paren waren zodanig dat ze bepaalde associaties zouden oproepen, bijvoorbeeld oceaan–maan. (Welke associatie roept dit paar op?) Vervolgens moesten de proefpersonen merken van wasmiddelen noemen die ze kenden. Wanneer ze het woordpaar oceaan-maan hadden gezien, noemden ze twee keer zo vaak het Amerikaanse merk 'Tide' (getijde van eb en vloed) dan wanneer ze dit woordpaar niet hadden gezien.

Dit experiment werd overigens uitgevoerd in het kader van Nisbett en Wilsons eerder beschreven argument, dat mensen zich vaak niet bewust zijn van hun cognitieve processen: de proefpersonen beseffen niet dat de eerder geleerde woordparen van invloed waren geweest op de naam van het wasmiddel dat hun als eerste te binnen schoot. Priming-effecten treden vaak op zonder dat men zich bewust is van (a) de prime zelf, in geval van subliminale priming, of (b) het effect van de

---

2   Het woord *subliminaal* is afgeleid van 'limen', grens, en 'sub', onder: onder de grens. Recentelijk staat het gebruik van deze term ter discussie (onder welke grens precies? is de vraag) en wordt steeds vaker het woord *suboptimaal* gebruikt.

prime op de eigen respons, zoals in het voorbeeld hierboven. Om die reden wordt veel gebruikgemaakt van priming-manipulaties in onderzoek naar onbewuste en ongecontroleerde processen, zoals we in hoofdstuk 7 zullen zien.

2.3.4 De stimulusinformatie

Bij de hierboven genoemde manipulaties is de informatie die over een stimulus wordt aangeboden in alle gevallen identiek, zodat het effect van de geïnduceerde doelstellingen/verwachtingen, van de informatieverwerkingscapaciteit of van de toestand van de proefpersoon vastgesteld kan worden. Bij een vierde type manipulatie wordt juist de *stimulusinformatie zelf* gevarieerd. Denk bijvoorbeeld aan het 'warm–koud'-experiment van Asch (paragraaf 1.3.1, p.19) of aan de twee soorten betogen (voor versus tegen abortus) in het hiervoor beschreven experiment van Gilbert e.a. Bij een manipulatie van de stimulusinformatie wordt deze informatie vaak vooraf getest in een vooronderzoek: aan respondenten wordt een reeks eigenschappen, gedragingen of uitspraken (*items*) voorgelegd, waarbij wordt gevraagd om per item op een meerpuntsantwoordschaal aan te geven in hoeverre de beschrijving positief of negatief is, of in hoeverre de uitspraak voor of tegen een bepaald standpunt pleit (afhankelijk van wat men wil gaan manipuleren). Op grond van de scores maakt de onderzoeker vervolgens een selectie van de meest geschikte items. De aanname daarbij is dat bijvoorbeeld een beschrijving die door de meeste respondenten wordt beoordeeld als positief, ook als zodanig zal worden waargenomen door de uiteindelijke proefpersonen in het experiment.

Een voorbeeld van onderzoek waarin de informatie zelf werd gevarieerd is een onderzoek waarin werd gekeken onder welke omstandigheden aardige, positieve gedragingen (zoals hulp aanbieden of iets vriendelijks zeggen) niet worden waargenomen als aardig maar als slijmerig en manipulerend (Vonk, 1998a). In dit onderzoek lazen proefpersonen gedragsbeschrijvingen van een werknemer in een organisatie. De beschrijvingen waren ofwel positief ofwel negatief (bijvoorbeeld aanbieden iemands werk over te nemen of juist een rotklus afschuiven op iemand anders). Bovendien werd degene tegenover wie het gedrag werd vertoond gevarieerd: dit was ofwel een ondergeschikte van de stimuluspersoon, ofwel een hogergeplaatste. Uit de resultaten bleek dat positief gedrag tegenover een meerdere een sterke verdenking oproept dat de stimuluspersoon aan het slijmen is. Merk op dat er in dit onderzoek twee variaties waren in de stimulusinformatie, namelijk het gedrag zelf (positief versus negatief) en de persoon op wie het gedrag was gericht (meerdere versus mindere). Een combinatie van aardig gedrag tegen meerderen en onaardig gedrag tegen minderen bleek een even negatief beeld van de stimuluspersoon op te leveren als een combinatie waarbij de persoon simpelweg onaardig deed tegen iederéén.

Een andere vorm van stimulusinformatie betreft de *sociale categorie* waartoe een stimuluspersoon hoort (man versus vrouw, student versus docent, jong versus oud, enzovoort) of het uiterlijk van een stimuluspersoon. Als men geïnteresseerd is in de effecten van dit soort informatie, varieert men niet het gedrag van een persoon, maar juist de sociale of uiterlijke kenmerken van een persoon. Men kan op deze manier bijvoorbeeld nagaan of een vrouw met bepaalde kenmerken minder geschikt wordt gevonden voor een leidinggevende functie dan een man met precies dezelfde kenmerken (zie paragraaf 5.4, p.219 e.v.).

2.3.5 Contextuele informatie

Een vijfde categorie manipulaties betreft additionele informatie, bijvoorbeeld over de *situatie* waarin bepaalde gedragingen zijn vertoond, zoals in onderzoek naar de correspondentie-vertekening. In dat type onderzoek gaat gedragsinformatie vergezeld van situationele informatie die erop wijst dat het beschreven gedrag werd aangemoedigd of juist werd ontmoedigd door de omstandigheden. In een onderzoek van Reeder en Spores (1983) lazen proefpersonen bijvoorbeeld een verhaal over een aankomend actrice die met een producer naar bed ging. In de ene conditie wisten ze dat een vriendin van de actrice had gezegd dat dit zou helpen om een rol te krijgen, in de andere conditie had de vriendin juist gezegd dat de producer alle respect voor de actrice zou verliezen als ze met hem naar bed ging. Hoewel het feitelijke gedrag van de actrice (de stimulusinformatie) hetzelfde was, zou de situatie invloed kunnen hebben op de interpretatie van het gedrag (hetgeen overigens niet het geval was, juist vanwege de correspondentie-vertekening; zie verder paragraaf 3.7.1, p.124).

Een andere vorm van additionele informatie ontstaat wanneer een stimulus wordt aangeboden in een *context* van andere stimuli, waarbij deze contextstimuli worden gevarieerd. Zo kan de temperatuur van het 'pierebadje' in het zwembad anders worden beoordeeld wanneer je net uit het diepe zwembad komt dan wanneer je net een warm bad hebt genomen. Op dezelfde manier kan een beschrijving van een persoon anders verwerkt worden, afhankelijk van wat eraan voorafging. Een onderzoek dat dit illustreert is beschreven door Moskowitz en Roman (1982). In dit onderzoek lazen alle proefpersonen de volgende beschrijving van een zekere Donald.

> *Donald is zich bewust van zijn vermogen om veel dingen goed te doen. Als hij eenmaal zijn zinnen ergens op heeft gezet, zorgt hij dat het gebeurt, hoe moeilijk het ook is, en hij verandert niet meer van gedachten.*

Deze beschrijving is zowel positief als negatief te interpreteren: je kunt Donald zien als iemand die zelfverzekerd is en doorzettingsvermogen heeft, maar je kunt hem ook zien als arrogant en koppig. In het onderzoek werd de interpretatie van de beschrijving gemanipuleerd door een serie beschrijvingen van andere personen ('context-personen'), die werden aangeboden voordat de beschrijving van Donald kwam. De helft van de proefpersonen las een reeks beschrijvingen van mensen die duidelijk arrogant en koppig waren (bijvoorbeeld 'Peter weet dat hij de beste is en aarzelt niet dat aan anderen te vertellen'); de andere helft las beschrijvingen van mensen die duidelijk zelfvertrouwen en doorzettingsvermogen hadden. De beschrijvingen van de context-personen hadden invloed op het oordeel over de stimuluspersoon Donald. Als men eerst arrogante en koppige personen had gezien, was men positiever over Donald dan als men eerst over zelfverzekerde en volhardende mensen had gelezen. Kennelijk werd Donald vergeleken met de andere personen en redeneerde men: vergeleken met die andere mensen is hij wel erg arrogant (of juist: niet erg arrogant).

Het is van belang op te merken dat het effect van context-informatie ook omgekeerd kan zijn, afhankelijk van onder meer de mate waarin men zich bewust is van de invloed van de context-informatie en de mate waarin men deze informatie duidelijk koppelt aan de context-stimuli. Als men bijvoorbeeld alleen het begrip 'arrogant' onthoudt en niet de conclusie '*Peter* is arrogant', dan wordt de stimuluspersoon Donald niet vergeleken met Peter, maar wordt het begrip 'arrogant' juist gebruikt als handvat om de beschrijving van de stimuluspersoon te interpreteren (Stapel, Koomen & Van der Pligt, 1997). In dat geval zal de term 'arrogant' als eerste in gedachten komen als men de beschrijving van Donald leest (vgl. het effect van priming).

2.3.6 Tijdsintervallen en volgorde

Als laatste categorie noemen we manipulaties die samenhangen met de wijze waarop de ingrediënten van een experiment in de tijd worden geplaatst. Daarbij maken we een onderscheid tussen twee soorten manipulaties: het *tijdsinterval* tussen de verschillende gebeurtenissen en de *volgorde* van gebeurtenissen in een experiment.

Bij de meest gebruikte tijdsinterval-manipulatie wordt de tijd gevarieerd tussen het moment waarop de stimulusinformatie is aangeboden en het moment waarop vragen worden gesteld over de stimulus: men kan dat direct doen, maar men kan ook tien minuten of soms zelfs een paar dagen of weken wachten, zodat kan worden onderzocht welke informatie op de lange duur blijft 'hangen' of in hoeverre een tijdens het experiment veroorzaakte toestand standhoudt (bijvoorbeeld het effect van priming). Om een tijdsinterval in de orde van minuten te vullen wordt vaak gebruikgemaakt van een zogenoemde 'filler'-taak: de proefpersonen krijgen tussendoor iets heel anders te doen (iets dat niet van invloed kan zijn op de latere metingen, bijvoorbeeld sommen maken of alle landen in Europa opschrijven), waardoor ze hun aandacht even op iets heel anders richten. Op die manier wordt voorkomen dat de proefpersonen al die tijd blijven nadenken over de stimulusinformatie.

Wat betreft de volgorde van de verschillende ingrediënten van een experiment, kunnen we als eerste denken aan de volgorde waarin de informatie over een stimulus wordt aangeboden. Men kan bijvoorbeeld eerst positieve en dan

negatieve stimulusinformatie geven of omgekeerd (denk aan het onderzoek van Asch dat in hoofdstuk 1 werd beschreven).
Ook kunnen variaties worden aangebracht in het moment waarop een bepaalde experimentele ingreep wordt geïntroduceerd. In onderzoek naar stereotypen wordt gewoonlijk vooraf aan proefpersonen duidelijk gemaakt dat een stimuluspersoon tot een bepaalde sociale categorie hoort (man, vrouw, of, zoals in het eerder beschreven onderzoek van Neuberg en Fiske, psychiatrisch patiënt). Het stereotype over die categorie kan dan de interpretatie van verdere informatie over de persoon beïnvloeden. Maar wat gebeurt er als we al van alles over iemand weten en we komen pas naderhand te weten dat iemand tot een bepaalde categorie hoort? (Niet zo heel onrealistisch omdat bepaalde categorieën niet direct zichtbaar zijn, denk bijvoorbeeld aan homoseksualiteit.) Dit werd onderzocht door Bodenhausen (1988). Proefpersonen werd gevraagd te bepalen in welke mate een verdachte schuldig was. Iedereen kreeg dezelfde beschrijving van de bewijslast tegen de verdachte. De helft van de proefpersonen kreeg, voorafgaand aan deze beschrijving, de naam van de verdachte te horen. Deze naam was ofwel Carlos Ramirez, ofwel Robert Johnson. De andere helft van de proefpersonen kreeg de naam pas te horen nadat ze de beschrijving hadden gelezen. De proefpersonen die de naam vooraf wisten, bleken de verdachte in sterkere mate schuldig te vinden als hij een Mexicaanse naam had dan als hij een Amerikaanse naam had. Bij de proefpersonen die de naam pas na de bewijslast hoorden trad dit verschil niet op. Het negatieve stereotype had dus alleen invloed als men tijdens het lezen van de beschrijving al wist dat de persoon tot die bepaalde categorie hoorde.
Het variëren van het moment waarop bepaalde dingen tegen de proefpersoon worden gezegd is vooral van belang om na te gaan of een cognitief proces optreedt tijdens het verwerken van informatie of pas achteraf. De resultaten van het onderzoek van Bodenhausen laten zien dat stereotypen het oordeel over een persoon met name beïnvloeden tijdens de verwerking: het stereotype stuurt de interpretatie van de informatie (zie paragraaf 4.4.2, p.171: *Schema's sturen de identificatie van gedrag*). Als de informatie eenmaal op een bepaalde manier is geïnterpreteerd, dan staat het oordeel vast en heeft het stereotype geen invloed meer. Er zijn ook processen die juist achteraf, ná de verwerking optreden. Zo wordt de herinnering aan bepaalde gebeurtenissen op de lange duur vaak sterk gekleurd door dingen die men pas later te weten is gekomen. We komen daar in hoofdstuk 4 op terug (paragraaf 4.4.4, p.180: *Schema's vullen gaten in het geheugen*).

2.3.7 Van theorie naar manipulaties

Bovenstaand overzicht geeft een algemeen beeld van het soort manipulaties dat vaak wordt toegepast. In de praktijk worden bijna altijd combinaties van verschillende manipulaties gebruikt: de tijd dat onderzoekers grote vooruitgang boekten met een experiment met slechts twee of drie condities (zoals het 'warm–koud'-experiment van Asch en het '1 en 20 dollar'-experiment van Festinger) is reeds lang voorbij. Maar het zou natuurlijk volstrekt onzinnig zijn om een aantal manipulaties zomaar voor de aardigheid bij elkaar te stoppen in één experiment. De specifieke combinatie van factoren die men manipuleert komt voort uit de hypothese die men wil toetsen. Neem bijvoorbeeld de volgende hypothese (onderzocht door Rudman, 1998): als vrouwen bij een sollicitatiegesprek hun capaciteiten benadrukken door hun prestaties op te sommen, zal dat eerder leiden tot een negatieve beoordeling dan als mannen dit doen en zullen ze daardoor minder gauw worden aangenomen (want het benadrukken van eigen bekwaamheden is in strijd met de norm dat vrouwen bescheiden horen te zijn); wanneer de beoordelaar echter zelf direct afhankelijk is van de capaciteiten van de vrouw, zal dit effect niet optreden doordat de vrouw dan op haar prestaties wordt beoordeeld en niet als vrouw.

Om deze hypothese te onderzoeken zouden we minimaal twee manipulaties moeten combineren tot een 2 x 2 ontwerp: 1) de stimulusinformatie, in dit geval over de sekse van een stimuluspersoon die de eigen prestaties benadrukt (man versus vrouw) en 2) de doelstellingen en verwachtingen van de waarnemer (de proefpersoon verwacht afhankelijk te zijn van de capaciteiten versus een controleconditie waarin de proefpersoon zelf niet afhankelijk is). De hypothese impliceert een interactie-effect tussen deze beide variabelen.

Een hypothese bepaalt niet alleen welke (combinatie van) manipulaties men gebruikt (de onafhankelijke variabelen), maar ook welke metingen men vervolgens verricht (de afhankelijke variabelen). Bij de hypothese hierboven gaat het om beoordelingen van de geschiktheid van de stimuluspersoon voor een baan: dat is de centrale afhankelijke variabele. Maar het is mogelijk dat de onderzoeker ook nog iets wil weten over de manier waarop proefpersonen de informatie verwerken. Is het bijvoorbeeld zo dat proefpersonen die afhankelijk zijn van de stimuluspersoon langer nadenken over de verstrekte informatie? Trekt een vrouw die haar prestaties benadrukt meer aandacht dan een man die hetzelfde doet? Wordt het gedrag verschillend geïnterpreteerd, bijvoorbeeld als zelfverzekerd bij een man en als arrogant bij een vrouw? Leidt afhankelijkheid ertoe dat het gedrag van de vrouw niet meer als arrogant wordt gezien, of leidt het er alleen toe dat men de arrogantie voor lief neemt omdat men de capaciteiten nu eenmaal nodig heeft? Om dergelijke vragen te beantwoorden moet de onderzoeker maten hebben die inzicht verschaffen in het cognitieve proces dat voorafgaat aan het antwoord van de proefpersoon op de vraag naar de geschiktheid van de persoon. De rest van dit hoofdstuk gaat over verschillende variabelen die ofwel aspecten van zo'n cognitief proces registreren (bijvoorbeeld aandacht), ofwel aspecten van het resultaat van zo'n proces (bijvoorbeeld een beoordeling).

2.4 Het meten van cognities

2.4.1 Informatieverwerking en mentale representaties

In het eerste hoofdstuk is in algemene termen gesproken over informatieverwerking als een cognitief proces waarmee de waarnemer zich een beeld (mentale representatie) vormt van een stimulus. Dat proces bestaat in feite uit verschillende componenten en deelprocessen. Deze worden hier kort besproken, zodat straks bij elke meting die wordt behandeld duidelijk is welk deelaspect door die meting wordt 'afgetapt'. Ook gaan we wat uitvoeriger in op het begrip 'mentale representatie', dat al verschillende malen is genoemd, omdat het meten van cognities er vaak op neerkomt dat aspecten van zo'n representatie worden geregistreerd.

Informatieverwerking begint al voordat er van bewuste waarneming sprake is. Voordat we bewust weten met wat voor stimulus we te maken hebben, wordt in een fractie van een seconde de binnenkomende zintuiglijke informatie al aan een cognitieve 'voorbehandeling' onderworpen. Uit de veelheid van visuele, auditieve en andere sensorische signalen worden delen gefilterd en gestructureerd die in beginsel voor perceptie in aanmerking komen (zie Schacter, 1994). Men duidt deze verwerking aan met de term *voorbewust* (pre-conscious). Voorbewuste verwerking kan plaatsvinden als men zich volledig onbewust is van de stimulus, bijvoorbeeld bij subliminale waarneming. Het kan ook plaatsvinden als men de stimulus wel waarneemt, maar er niet echt aandachtig mee bezig is. Terwijl onze aandacht op een bepaalde bezigheid is gericht, 'monitoren' we op een lager pitje alles wat er verder om ons heen gebeurt. Terwijl je dit boek leest bijvoorbeeld, is je aandacht (hopelijk) gericht op de tekst: je bent je bewust van wat je leest en van je eigen gedachten naar aanleiding daarvan. Tegelijkertijd hoor je ook geluiden uit de omgeving. Je bent niet bewust bezig met die geluiden, maar je registreert ze toch wel, en als er iets gebeurt dat van belang kan zijn (bijvoorbeeld als je op straat het geluid hoort van gierende remmen en daarna een klap), kun je alsnog je aandacht erop richten (vergelijk het *cocktailparty*-fenomeen, waarbij je opkijkt als je tussen het geroezemoes je eigen naam hoort). Op dit 'achtergrond'-niveau vindt dus al verwerking plaats, anders zou je überhaupt niet eens in staat zijn om te bepalen waar je je aandacht op wilt richten.

Niet alleen wordt bij de voorbewuste verwerking al bepaalde informatie geselecteerd voor verdere waarneming: de betekenis van de informatie wordt voor een deel ook al voorbewust geïdentificeerd en beoordeeld. Hoor je bijvoorbeeld gierende remmen, dan weet je al vóórdat je daar je aandacht op richt dat het om een auto gaat. Een bepaalde manier om de stimulus te categoriseren ('auto' voor de gierende remmen, 'botsing' voor de klap) krijgt de overhand boven andere categorieën (zoals 'fiets' respectievelijk 'vuurwerk'). De 'winnende' categorisatie dringt door tot het bewustzijn. De 'verliezende' concurrenten worden in dat proces als het ware weggedrukt (vgl. Gernsbacher &

Faust, 1991). Merk op dat in de voorbewuste fase al cognitieve processen plaatsvinden die hun sporen kunnen nalaten, en die daarmee de verdere verwerking op een bewust niveau kunnen beïnvloeden.[3]

Ook als men zich eenmaal bewust is van een stimulus, kunnen er tal van bewerkingen plaatsvinden zonder dat dit veel aandacht vergt. Men is zich dan wel vaak duidelijk bewust van de stimulus zelf, maar niet van de eigen interpretaties en bewerkingen, zoals het categoriseren van stimuli (indelen in hokjes en vakjes), het evalueren (beoordelen in termen van goed–slecht) en het identificeren van de betekenis van gebeurtenissen. Deze verwerkingsoperaties zijn deel van het proces van *encoderen* – letterlijk: één of meer betekenisvolle 'codes' toekennen aan de informatie, waarmee deze in het geheugen kan worden opgeslagen. Je moet je hierbij niet een uitvoerige interpretatie voorstellen, maar een meer elementaire vorm van begrijpen waar men niet over na hoeft te denken. De zin 'Jan snauwde tegen de ober toen deze eindelijk met het eten kwam' kan bijvoorbeeld zonder veel denkwerk worden geëncodeerd als: 'Jan was in een restaurant; hij werd ongeduldig van het wachten; hij deed onaardig tegen de ober.' In dit voorbeeld krijgen de woorden 'ober' en 'eten' een zinnige context doordat men meteen aan een restaurant moet denken (categorisatie van de gebeurtenis als 'restaurantscène'); het woord 'eindelijk' krijgt betekenis door aan te nemen dat Jan vond dat het te lang duurde en ongeduldig werd (identificatie); en het snauwen van Jan wordt als onaardig bestempeld (evaluatie). Dergelijke evaluaties (aardig versus onaardig, of goed versus slecht, of mooi versus lelijk) zijn een vrijwel onvermijdelijke component van de initiële encodering (althans wanneer de stimulusinformatie inderdaad een evaluatieve lading heeft; bij de zin 'Jan las een boek' zal een evaluatieve code minder gauw in ons opkomen).

Tezamen met die evaluatie wordt een corresponderend *affect* opgeroepen: men krijgt een prettig of een onaangenaam gevoel. Hiermee worden geen heftige emoties bedoeld: het gaat om evaluatieve reacties. Positief affect wordt bijvoorbeeld opgeroepen door de afbeelding ☺ terwijl ☹ negatief affect instigeert (zie ook paragraaf 9.2, p.370 e.v.). De handeling 'snauwen tegen de ober' wordt onmiddellijk geïdentificeerd als 'iets onaardigs' en roept dus negatief affect op.

Een ander aspect van informatieverwerking dat onmiddellijk optreedt en geen enkele cognitieve inspanning vergt, is de categorisatie van personen op basis van hun geslacht. Zonder erbij stil te staan categoriseren we iedereen die we zien als 'man' of 'vrouw'. Zelfs als we later niet meer weten wie er precies snauwde tegen de ober, dan weten we nog wel dat het een man was.

Soms wordt informatie alleen op deze elementaire manier geëncodeerd. In andere gevallen wordt er extra aandacht op een stimulus gericht en kan men tot uitvoeri-

---

[3] In feite werkt subliminale priming op basis van dit principe: een stimulus is in de voorselectie onvoldoende krachtig om tot de bewuste waarneming door te dringen, maar laat in die voorbewuste fase toch sporen na. Wordt men bijvoorbeeld subliminaal ge-primed met een afbeelding van een auto, dan zal men daarna een voertuig sneller herkennen als 'auto', doordat deze categorie in het brein is geactiveerd, ook al heeft men de afbeelding van de auto niet bewust geregistreerd.

ger afwegingen en interpretaties komen die meer denkwerk vergen. In dit geval spreken we van *elaboratie* (vrij vertaald: overdenking), een term die verwijst naar het verschil tussen uitgebreide versus oppervlakkige verwerking. Als we zeggen dat informatie diep of uitgebreid verwerkt is, bedoelen we dat tijdens de verwerking de relaties tussen verschillende stukjes informatie ('items') zijn overdacht. De zinnen 'Jan snauwde tegen de ober toen deze eindelijk met het eten kwam' en 'Jan maakte de ober een compliment over de pizza' kunnen elk afzonderlijk worden geëncodeerd, maar bij het lezen van de tweede zin zou men ook kunnen denken: 'eerst deed hij onvriendelijk tegen de ober en toen weer niet. Misschien was het eten wel heel lekker zodat hij daarna wat aardiger werd. Of misschien vond hij dat hij te onaardig was geweest en wilde hij het weer een beetje goedmaken'. In dit geval is er sprake van een diepe verwerking, een hoge mate van elaboratie: door het overdenken van de relatie tussen de twee items worden in het geheugen associatieve verbindingen gevormd tussen die items.

Dit uitgangspunt is ontleend aan de functieleer, waar men spreekt van 'depth of processing' om te verwijzen naar de mate waarin verschillende stukjes informatie met elkaar in verband worden gebracht. Doordat er een netwerk van associaties tussen die stukjes informatie ontstaat, raakt de informatie goed verankerd in het geheugen (Craik & Lockhart, 1972; Craik & Tulving, 1975; zie verder paragraaf 2.4.4, p.63, over: *het geheugen als associatief netwerk*).

Tijdens een uitgebreide elaboratie kunnen nog tal van andere cognitieve processen optreden. Men kan bijvoorbeeld nadenken over de oorzaken van een bepaalde gebeurtenis (attributie, zie hoofdstuk 3). Allerlei conclusies die men tijdens zulke afwegingen trekt, worden eveneens geëncodeerd in het geheugen. Het uiteindelijke resultaat is, zoals we in hoofdstuk 1 hebben gezien, een *mentale representatie* van de waargenomen stimulus. Deze bevat zowel de feitelijke informatie als de eigen gevolgtrekkingen en het affect dat is opgeroepen. De term 'mentale representatie' verwijst naar alle kennis die in ons brein is opgeslagen over een stimulus (vgl. Carlston & Smith, 1996; Smith, 1998). Die kennis betreft niet alleen datgene wat we ons bewust herinneren over objecten of gebeurtenissen, maar ook 'kennis' die nooit het bewustzijn bereikt heeft, of wellicht ooit bewust is geweest, maar alleen maar een spoor heeft nagelaten in ons 'systeem'. Kortom: niet alleen zijn we ons vaak niet bewust van het proces van informatieverwerking (bij voorbewuste verwerking), we zijn ons ook vaak niet bewust van het resultaat: de mentale representatie of delen daarvan.

Mentale representaties kunnen we ook aanduiden met de term 'geheugen'. Beide begrippen verwijzen naar alle ervaringskennis in ons organisme die van invloed kan zijn op ons denken en doen, met inbegrip van de kennis waar we ons niet van bewust zijn.

Er worden in de psychologie verschillende soorten geheugen onderscheiden. Een belangrijke indeling is die tussen expliciet en impliciet geheugen. *Expliciet* geheugen betreft per definitie alles wat een persoon als kennis of herinnering kan noemen. Expliciet is bijvoorbeeld wat we weten van andere mensen, van onze fysieke omgeving, onze kennis van de wereld, de betekenis van woorden, de geschiedenis van ons land, onze eigen biografische geschiedenis, hoe we autorijden, wat we gisteren hebben meegemaakt; dit alles voorzover we dat bewust weten of aan anderen kunnen meedelen. *Impliciete* kennis omvat alles wat we hebben opgeslagen over onze omgeving, over onszelf, en over hoe we dingen doen, voorzover we ons daar *niet* van bewust zijn. Het grappige is dat we geen goede voorstelling hebben van de aard en de omvang van onze impliciete kennis, juist doordat deze impliciet is. De vergelijking met een ijsberg is zo gek nog niet: wat boven het water uitsteekt, datgene waar we ons in principe van bewust zijn, dat is onze expliciete kennis – het topje van de ijsberg. Onzichtbaar is er een veel groter stuk dat zich onder het water bevindt, onze impliciete kennis.

Een andere belangrijke indeling betreft het onderscheid tussen episodisch en semantisch geheugen (Tulving, 1972). *Episodisch* zijn herinneringen van concrete gebeurtenissen die je hebt meegemaakt en concrete stimuli die je hebt waargenomen: het feest vorige week, de ruzie met je vriendin, die twee auto's die tegen elkaar botsten. Daarnaast heb je kennis van de wereld op een abstracter niveau, over geschiedenis en aardrijkskunde, over de betekenis van woorden, maar ook over de kenmerken of eigenschappen van mensen die je kent, persoonlijke kennissen of publieke figuren. Het geheugen voor deze meer abstracte kennis noemen we *semantisch*. De koppeling van Jan aan de evaluatie 'onaardig' of aan de interpretatie 'onbeschoft' is semantisch; de herinnering aan de specifieke gebeurtenissen in het restaurant en de gedragingen van Jan is episodisch.

Naast onderscheidingen van verschillende soorten geheugen zijn er ook modellen en theorieën over de wijze waarop stukken informatie in het geheugen zijn opgeslagen, over hun onderlinge verbindingen, en over de wijze waarop we iets terughalen uit het geheugen. Een voorbeeld hiervan is het zogenoemde associatief netwerkmodel. Dit model zal later in dit hoofdstuk worden besproken, als we specifiek het meten van expliciete, episodische herinneringen behandelen (paragraaf 2.4.4, p.63).

Kennis die men heeft opgeslagen in de vorm van een mentale representatie kan in een latere fase weer gebruikt worden, bijvoorbeeld wanneer men een oordeel moet geven (bijvoorbeeld als iemand vraagt of Jan een aardige jongen is), of wanneer men zich de feitelijke gebeurtenissen moet herinneren (bijvoorbeeld als men in hetzelfde restaurant komt waar Jan was en zich probeert te herinneren wat hij daar ook alweer heeft gegeten dat zo lekker was). In zulke gevallen moeten bepaalde aspecten van de gevormde representatie worden *opgehaald* uit het geheugen (*retrieval*). Dit terugzoeken van kennis in het geheugen kan een intentioneel proces zijn, maar eenmaal opgeslagen kennis kan ook ongevraagd (en vaak ook onbewust) het denken en doen op een later moment beïnvloeden. In dat geval spreken we gewoonlijk van *activatie*: bepaalde gebeurtenissen activeren (bewust of onbewust) een eerder gevormde

representatie, die vervolgens weer het gedrag en de waarneming van die nieuwe gebeurtenissen kan beïnvloeden.
Hierna worden verschillende metingen besproken waarmee deelaspecten worden geregistreerd van het proces zoals hierboven beschreven. Als eerste worden verschillende technieken behandeld die gericht zijn op de initiële encodering van informatie. We concentreren ons daarbij op het categoriseren van personen en het identificeren van de betekenis van gedrag – vormen van verwerking die weinig aandacht vergen en onmiddellijk optreden zodra men een stimulus (in dit geval een persoon) waarneemt. Hierna volgt een bespreking van methoden waarmee kan worden geregistreerd in welke mate men de bewuste aandacht richt op een stimulus en in hoeverre elaboratie plaatsvindt. Tenslotte gaan we in op maten die iets zeggen over de manier waarop de stimulusinformatie is opgeslagen (gerepresenteerd) in het geheugen en hoe zulke representaties het denken en doen op een later moment weer beïnvloeden.

2.4.2 Categorisatie

De neiging om stimuli uit de omgeving te categoriseren is ingebakken in de mens (zie paragraaf 5.2, p.196). Als je diep in gedachten over straat loopt en niets opmerkt van je omgeving (althans niet bewust), dan zou je toch opkijken als je in de periferie van je gezichtsveld een voetganger registreert die midden op de weg naast je loopt; de andere weggebruikers worden ongemerkt gecategoriseerd als voetgangers, automobilisten, fietsers, enzovoort, en je verwacht van voetgangers nu eenmaal dat ze op de stoep lopen.
De 'wie zegt wat'-methode of *name-matching*-methode is specifiek gericht op de vraag hoe mensen andere personen categoriseren (Taylor, 1981; voor een uitgewerkt voorbeeld van deze taak, zie Vonk, 1998b; voor een overzicht en kritiek, zie Klauer & Wegener, 1998). Om dit te onderzoeken worden meerdere stimuluspersonen aangeboden. Meestal wordt tegen de proefpersonen gezegd dat deze personen met elkaar hebben gediscussieerd over een onderwerp. Vervolgens ziet men een filmopname van de discussie of er wordt een reeks uitspraken gepresenteerd die tijdens de discussie zijn gedaan. Bij elke uitspraak wordt gezegd wie deze uitspraak deed en wordt over die persoon aanvullende informatie gegeven die gebruikt zou kunnen worden om de persoon te categoriseren (bijvoorbeeld sekse, leeftijd, beroep of etnische afkomst). Er worden in korte tijd dermate veel uitspraken aangeboden dat het voor de proefpersoon onmogelijk is om precies te onthouden wie wat heeft gezegd (bijvoorbeeld zes stimuluspersonen doen ieder vier uitspraken, die door elkaar worden aangeboden).
Na afloop worden alle uitspraken opnieuw gepresenteerd en moet de proefpersoon per uitspraak aangeven welke stimuluspersoon die uitspraak deed. Hierbij is het onvermijdelijk dat de proefpersonen fouten maken. Waar het om gaat is welke stimuluspersonen met elkaar worden verward bij deze taak. Stel dat er onder de stimuluspersonen drie mannen (Piet, Kees en Klaas) en drie vrouwen

(Marie, Anna en Els) zijn. Een proefpersoon kan dan ten onrechte een uitspraak van Piet toeschrijven aan een andere man of aan een van de vrouwen. Dergelijke verwarringen blijken veel vaker op te treden *binnen* de seksecategorieën (een uitspraak van Piet wordt toegeschreven aan Kees of Klaas, of een uitspraak van Marie wordt toegeschreven aan Anna of Els) dan *tussen* de seksecategorieën (een uitspraak van Piet wordt minder vaak toegeschreven aan Marie, Anna of Els, en vice versa). Het is alsof proefpersonen denken: ik weet niet meer wie dit heeft gezegd, maar ik weet nog wel dat het een man was.

Dit betekent dat de stimuluspersonen tijdens de verwerking zijn gecategoriseerd als man versus vrouw. Anders gezegd, de categorieën man en vrouw zijn gebruikt als een soort kapstok om de grote hoeveelheid verschillende uitspraken aan op te hangen. Het gevolg daarvan is dat men naderhand de personen met dezelfde sekse door elkaar haalt. Verwarringen op basis van bijvoorbeeld functie (student–docent) of leeftijd (jong–oud) blijken minder vaak op te treden (Van Knippenberg, Van Twuyver & Pepels, 1994), hoewel dit wel afhangt van het onderwerp waar de uitspraken over gaan. Gaat het bijvoorbeeld om een discussie over een onderwerp waar studenten en docenten heel verschillend over denken, dan zal men die twee categorieën eerder gebruiken als kapstok. De man/vrouw-categorisatie wordt echter altijd wel gebruikt, ook als het gaat om sekse-irrelevante thema's.

We zien aan dit voorbeeld dat de resultaten van een geheugentaak inzicht kunnen verschaffen in de manier waarop de informatie in eerste instantie is verwerkt en opgeslagen, zelfs al wordt de taak pas achteraf afgenomen. Als proefpersonen *tijdens* het verwerken de personen categoriseren als man versus vrouw, dan wordt alle informatie met behulp van die 'seksecode' opgeslagen, en dan blijkt dat *achteraf*, als de informatie weer moet worden opgehaald voor de geheugentaak. Dit is een belangrijk kenmerk van veel geheugentaken waar sociale cognitie-onderzoekers dankbaar gebruik van maken. Zoals we eerder zagen, kleven er vele bezwaren aan de introspectie-methode, waarbij proefpersonen tijdens de verwerking hun gedachten verwoorden. Het voordeel van veel geheugentaken is dat ze de onderzoeker in staat stellen om achteraf terug te gaan in de tijd en te bepalen wat er op een eerder moment in het hoofd van de proefpersoon is omgegaan. Dat geldt ook voor andere soorten geheugentaken, die later in dit hoofdstuk worden beschreven.

2.4.3 Identificatie: spontane gevolgtrekking

Als we andere mensen waarnemen, letten we uiteraard niet alleen op hun sekse of andere categoriekenmerken (zoals beroep of etniciteit), maar ook op hun gedrag of op de inhoud van hun uitspraken. Algemener: we encoderen de informatie over anderen niet alleen op basis van de categorie waartoe een persoon behoort, maar ook op basis van de *betekenis* van hun gedrag of hun uitspraken. Als je hoort dat Jan een boek uit de bibliotheek heeft gestolen, zijn er in theorie tal van gevolgtrekkingen die in je kunnen opkomen: Jan is oneerlijk,

Jan is lid van de bibliotheek, Jan houdt van lezen, Jan heeft niet genoeg geld, Jan wil zijn geld niet uitgeven en is gierig, enzovoort. Het gedrag van Jan wordt geïdentificeerd en in het semantisch geheugen opgeslagen als 'oneerlijk', 'armlastig' of 'gierig' – afhankelijk van de gemaakte gevolgtrekking. Wat zijn de gevolgtrekkingen die onmiddellijk, zonder enige doelbewuste overdenking, in mensen opkomen als ze gedrag observeren? Stel dat een onderzoeker wil weten of je uit het gedrag van Jan afleidt dat hij geen geld heeft. De onderzoeker zou dan natuurlijk kunnen vragen of je de indruk hebt dat Jan weinig geld heeft. Maar zelfs als je die vraag bevestigend beantwoordt, is dat niet erg informatief. Het is dan namelijk niet duidelijk of je die gevolgtrekking al had gemaakt tijdens het lezen van de beschrijving, of dat je daar pas aan bent gaan denken toen ernaar werd gevraagd. (Misschien dacht je in eerste instantie alleen: wat een rotzak, die Jan. Maar als er dan wordt gevraagd of Jan misschien geen geld heeft, zou je alsnog kunnen denken: ja, dat zou natuurlijk ook best kunnen.) Op deze manier kan dus niet worden bepaald wat mensen spontaan denken tijdens informatieverwerking, dat wil zeggen, wat ze denken voordat ze door vragen van de onderzoeker op ideeën worden gebracht.

De eerder beschreven nadelen van introspectie zijn bij uitstek van toepassing op onderzoek naar de initiële, spontane oordelen die mensen zich vormen over het gedrag van anderen. Dat komt doordat veel gevolgtrekkingen zo vanzelfsprekend en automatisch verlopen dat men zich er vaak nauwelijks van bewust is (zie ook paragraaf 3.6.2, p.118). Dat zou betekenen dat juist die gevolgtrekkingen, die het meest spontaan ('vanzelf') worden gemaakt tijdens de waarneming, het minst gerapporteerd worden – want door het automatische karakter ervan hebben mensen er geen erg in dat ze die gevolgtrekkingen maken. Een eenvoudig voorbeeld om dit te verduidelijken: als je de gedachten zou moeten opschrijven die je inmiddels over Jan hebt gehad, dan zou je zeer waarschijnlijk niet zeggen: Jan is een man. Toch heb je die conclusie wel degelijk getrokken toen je de eerste beschrijving van Jan las. Het bepalen van iemands sekse vinden we zo vanzelfsprekend dat we er helemaal niet meer bij nadenken; we zouden er dan ook niet gauw melding van maken wanneer we onze gedachten gingen opschrijven.

Om spontane gevolgtrekkingen tijdens de informatieverwerking te bepalen, zijn uiteenlopende methoden beschikbaar. We bespreken hier drie soorten: antwoordtijden, *cued-recall*-taken en 'impliciete geheugen'-taken.

Antwoordtijden[4]
Stel dat iemand je vraagt: 'Welk onderwerp uit het boek *Cognitieve Sociale Psychologie* vind je het meest interessant?' Aangenomen dat je het hele boek al een keer hebt gelezen, zijn er dan grofweg twee mogelijkheden:

---

4   In deze paragraaf wordt het gebruik van antwoordtijden uitsluitend besproken in de context van spontane gevolgtrekkingen. Antwoordtijden worden echter ook in veel andere paradigma's toegepast, bijvoorbeeld in de straks nog te beschrijven lexicale beslissingstaak (zie 'Impliciete geheugen'-taken verderop in deze paragraaf, p.60 en de 'impliciete associatie'-taak (paragraaf 2.4.5, p.73).

1 Je had je dat zelf ook al afgevraagd tijdens het lezen, omdat je je zit te bezinnen op een onderwerp voor je scriptie. Je had al een onderwerp bedacht dat jou het meest interessant leek. Als dit het geval is, kun je de vraag snel beantwoorden: je hebt je al een oordeel gevormd over deze vraag, dus je kunt dat oordeel als het ware kant-en-klaar uit je semantisch geheugen halen. We spreken in dit geval van een oordeel dat *on-line* (meteen tijdens de informatieverwerking) is gevormd: tijdens het lezen heb je bij de verschillende onderwerpen beoordeeld hoe interessant je ze vond.

2 Je hebt het boek wel gelezen, maar je hebt je helemaal niet afgevraagd wat je nou het meest interessant vond. Dit oordeel is dus domweg niet aanwezig in je semantisch geheugen. Om de vraag achteraf nog te beantwoorden moet je op dat moment de verschillende delen van het boek in gedachten de revue laten passeren. Je moet kennis opdiepen uit je episodisch geheugen (waar de concrete feiten zijn opgeslagen) om na te gaan welke onderwerpen er allemaal behandeld werden. Vervolgens moet je die verschillende onderwerpen ter plekke beoordelen op hoe interessant ze zijn. In dit geval spreken we van een *memory-based* oordeel: een oordeel dat gebaseerd is op wat je je achteraf nog kunt herinneren van de informatie (letterlijk: memory-based = gebaseerd op herinnering). Het zal duidelijk zijn dat zo'n memory-based oordeel meer tijd kost, doordat het oordeel nog gevormd moet worden op het moment dat ernaar gevraagd wordt.

Kortom: hoe sneller een vraag wordt beantwoord, des te waarschijnlijker is het dat de persoon daar al spontaan (on-line) over had nagedacht tijdens de informatieverwerking.

Antwoordtijden zijn onder meer gebruikt in onderzoek naar de vraag of mensen spontane causale attributies maken. Heider (en vele anderen na hem) ging ervan uit dat mensen zich vaak meteen (on-line) afvragen wat de oorzaak is van het gedrag dat ze waarnemen. Dat proefpersonen antwoord geven op vragen over de oorzaken van iemands gedrag, wil echter niet zeggen dat zij hier normaal gesproken (als er geen onderzoeker in de buurt is) gedachten aan wijden: misschien gaan ze er pas over nadenken als iemand er vragen over stelt (Enzle & Schopflocher, 1978).

Om te onderzoeken of dit zo is, lieten Smith en Miller (1983) proefpersonen een reeks gedragsbeschrijvingen lezen van verschillende stimuluspersonen (bijvoorbeeld: 'De postbode zat in een chic restaurant zijn gebit schoon te maken met een tandenstoker'). Na elke beschrijving werd een vraag gesteld waarop met 'ja' of 'nee' geantwoord moest worden, en werd de antwoordtijd van de proefpersoon gemeten. (De volgorde waarin de vragen werden gesteld en de lengte en moeilijkheidsgraad van de vragen werden natuurlijk gecontroleerd, omdat die factoren sterk van invloed zijn op antwoordtijden.) Er waren verschillende soorten vragen. Sommige vragen gingen over causale attributies (bijvoorbeeld: 'Deed hij dit omdat er etensresten tussen zijn tanden zaten?'). Andere gingen over bepaalde eigenschappen die met het gedrag te maken hadden (bijvoorbeeld: 'Heeft de postbode goede manieren?'). Ook werd gevraagd naar de sekse van de stimuluspersoon ('Is de postbode een man?'): ervan uitgaande dat oordelen over iemands sekse in elk geval on-line worden gevormd, kon de tijd die de proefpersoon gebruikte om deze vraag te beantwoorden, fungeren als vergelijkingsstandaard voor de overige vragen.

Uit de resultaten bleek dat antwoorden op causale attributie-vragen relatief veel tijd in beslag namen, terwijl antwoorden op vragen naar eigenschappen (zoals 'goede manieren') zeer snel werden gegeven – even snel als het antwoord op de vraag naar het geslacht van de persoon. Kennelijk waren de gevolgtrekkingen over de eigenschappen van de stimuluspersoon al spontaan tijdens het lezen gemaakt, zodat vragen daarover onmiddellijk beantwoord konden worden. Aangezien het beduidend langer duurde om vragen over de oorzaak van het gedrag te beantwoorden, wijzen deze resultaten erop dat causale attributies niet spontaan werden gemaakt: men leek pas over de oorzaak van het gedrag te gaan denken als ernaar werd gevraagd. We komen hier nog op terug in hoofdstuk 3 (zie paragraaf 3.6.1, p.115). Op dit moment gaat het erom dat de antwoordtijden aangeven welk soort oordelen de proefpersonen zelf al spontaan, tijdens het lezen hadden gevormd, en welk soort oordelen ze pas vormden toen ernaar werd gevraagd.

Cued-recall-taken
Een tweede methode om spontane gevolgtrekkingen te onderzoeken werd geïntroduceerd door Winter en Uleman (1984; voor een recent overzicht van dit type onderzoek: Uleman, Newman & Moskowitz, 1996). Deze methode is gebaseerd op het principe van *encoderings-specificiteit* ('encoding specificity') uit de functieleer (Tulving, 1972; Tulving & Thomson, 1973). Dit principe houdt het volgende in: (1) De specifieke wijze waarop een stimulus wordt geëncodeerd tijdens de verwerking bepaalt hoe informatie over de stimulus wordt opgeslagen in het geheugen. Dus als het gedrag van de postbode in het restaurant wordt geëncodeerd als een voorbeeld van slechte manieren, dan wordt het aan de kapstok 'slechte manieren' opgehangen in het geheugen. (2) De wijze waarop de informatie is opgeslagen bepaalt hoe de informatie later kan worden teruggevonden in het geheugen. Dus als het gedrag van de postbode is opgeslagen met behulp van de code 'slechte manieren', dan kan het later via die code weer worden teruggevonden.

Van dit uitgangspunt maakten Winter en Uleman gebruik in hun onderzoek naar de vraag of gedragsbeschrijvingen worden geëncodeerd in termen van persoonseigenschappen. Proefpersonen lazen een reeks van 18 verschillende beschrijvingen, zoals het zinnetje over de postbode in het restaurant, of de zin: 'De secretaresse wist al wie de moordenaar was toen ze halverwege het boek was', een voorbeeld van een gedraging die als 'slim' wordt beschouwd. Na een ongerelateerde 'filler'-taak (zie paragraaf 2.3.6, p.46) werd aan de proefpersonen gevraagd zich alle beschrijvingen te herinneren die ze hadden gelezen. Daarbij werden bepaalde steekwoorden gegeven om de proefpersonen te helpen de beschrijvingen terug te vinden in hun geheugen. We spreken in dit geval van een *cued-recall*-taak: de proefpersoon krijgt een 'cue' – een aanwijzing – die kan helpen om de informatie terug te vinden (dit in tegenstelling tot de 'free recall'-taak die verderop wordt beschreven en waarbij geen enkele aanwijzing wordt gegeven).

Sommige proefpersonen kregen als 'cue' bepaalde persoonlijkheidseigenschappen die in de gedragingen tot uiting kwamen, zoals 'slim' bij de zin over de secretaresse en 'slecht-gemanierd' bij de zin over de postbode. Anderen kregen woorden die sterk geassocieerd waren met de aangeboden zinnen, zoals 'typemachine' of 'brieven'. Uit de resultaten bleek dat proefpersonen in de eerste groep zich meer beschrijvingen konden herinneren dan in de tweede groep.[5] Kennelijk waren de persoonlijkheidseigenschappen heel nuttig bij het terugvinden van de informatie in het geheugen. Dit wijst erop dat de beschrijvingen in het geheugen waren geëncodeerd op grond van de eigenschappen die in het gedrag naar voren kwamen (bijvoorbeeld 'De secretaresse wist al wie de moordenaar was toen ze halverwege het boek was', was opgeslagen als een voorbeeld van slimheid); als gevolg daarvan konden de beschrijvingen makkelijk worden teruggevonden met behulp van die eigenschappen.

Uit vervolgonderzoek (Winter, Uleman & Cunniff, 1985; Uleman & Moskowitz, 1994) is tevens naar voren gekomen dat (a) het gevonden effect ook optreedt als de proefpersoon tegelijkertijd een serie getallen moet onthouden terwijl de beschrijvingen worden gelezen (een manipulatie van cognitieve capaciteit, zie paragraaf 2.3.2, p.42) en (b) dat het effect onafhankelijk is van de instructie (zie paragraaf 2.3.1, p.40) die aan proefpersonen wordt gegeven (bijvoorbeeld de instructie om de betekenis van de zinnen te negeren, of juist om gevolgtrekkingen over de personen te maken, of om alle zinnen te onthouden). Deze bevindingen wijzen erop dat het afleiden van eigenschappen uit gedrag min of meer vanzelf optreedt, zonder veel denkwerk. Dat suggereert dat mensen ook eigenschappen uit gedrag afleiden als hun aandacht ergens anders op is gericht en dat ze de gedragsinformatie voorbewust verwerken.

'Impliciete geheugen'-taken
Bij de hiervoor beschreven taken wordt expliciet aan proefpersonen gevraagd zich bepaalde informatie te herinneren (namelijk wie een bepaalde uitspraak heeft gedaan in het 'wie zegt wat'-paradigma, of welke beschrijvingen men heeft gelezen, in het encoderings-specificiteits-paradigma). Er zijn daarnaast ook methoden om te onderzoeken hoe bepaalde informatie is opgeslagen, zonder dat proefpersonen zelfs maar beseffen dat hun geheugen wordt onderzocht. Deze methoden zijn gebaseerd op het idee dat elke waarneming en elke

---

5 Deze beschrijving van de resultaten is niet helemaal correct: Het verschil tussen de twee groepen was niet statistisch significant in het eerste experiment van Winter en Uleman (1984, Exp. 1), maar wel in hun tweede experiment (1984, Exp. 2) en in de experimenten die in later jaren zijn uitgevoerd (voor een overzicht, zie Uleman, Newman & Moskowitz, 1996).

gevolgtrekking die wordt gemaakt op een of andere manier sporen of restanten (*savings*) nalaat in het geheugen, ook als de proefpersoon zelf zich daar niet van bewust is. Op deze manier kan dus ook het impliciet geheugen worden onderzocht.

Een voorbeeld is het *relearning*-paradigma, dat bestaat uit vier taken. Bij de *introductie*-taak wordt een reeks foto's van verschillende personen gepresenteerd. Bij elke foto staat een gedragsbeschrijving die een bepaalde eigenschap weerspiegelt, zoals 'ik snauwde tegen de ober' of 'ik vertelde de caissière dat ze te veel wisselgeld had teruggeven'. Als de proefpersoon alle foto's en beschrijvingen heeft bekeken, wordt bij de tweede taak een lange serie persoonseigenschappen aangeboden. Sommige van die eigenschappen zijn direct geassocieerd met een van de eerder aangeboden gedragingen (zoals in dit geval 'onvriendelijk' respectievelijk 'eerlijk'); andere eigenschappen hebben niets te maken met de gedragingen (bijvoorbeeld 'lui' of 'spontaan'). De bedoeling van deze *verwarrings*-taak is dat er zoveel eigenschappen worden aangeboden dat de proefpersoon alles door elkaar gaat halen, zodat het moeilijk wordt te onthouden welke beschrijvingen in de eerste fase zijn aangeboden en welke beschrijvingen bij welke foto hoorden. Bij de derde taak, de *leer*-taak, worden de foto's uit de eerste fase opnieuw gepresenteerd. Dit keer staan bij de foto's geen gedragsbeschrijvingen maar eigenschappen. De proefpersoon krijgt de opdracht om te onthouden welke eigenschap bij welke persoon hoort. Elke foto wordt één keer aangeboden. Bij de helft van de foto's correspondeert de eigenschap met de gedragsbeschrijving die in de eerste taak is gegeven. Bijvoorbeeld: als de gedragsbeschrijving bij de foto was 'vertelde de caissière dat ze te veel wisselgeld had teruggegeven', staat er dit keer 'eerlijk' bij dezelfde foto. Bij de andere helft van de foto's staat een eigenschap die ongerelateerd is aan de eerdere gedragsbeschrijving. Bij de foto waar eerst 'snauwde tegen de ober' stond, staat nu bijvoorbeeld 'lui' en niet 'onvriendelijk'. Als laatste wordt tenslotte een *geheugen*-taak afgenomen: alle foto's worden nogmaals aangeboden, dit keer zonder enige tekst, en de proefpersoon moet aangeven welke eigenschap bij welke foto hoort. Bij deze taak wordt dus getest in hoeverre de leer-taak succesvol is geweest.

De kneep van de hele procedure zit in de leer-taak, waar een deel van de foto's vergezeld gaat van een eigenschap die in de eerste fase al werd geïmpliceerd door een gedragsbeschrijving. Neem aan dat je bij het lezen van de zin 'vertelde de caissière dat ze te veel wisselgeld had teruggegeven' onmiddellijk denkt: dat is eerlijk. In dat geval vorm je in de eerste fase een associatie tussen de persoon op de bijbehorende foto en de eigenschap 'eerlijk'. Als je nu in de derde fase moet onthouden dat de eigenschap 'eerlijk' bij die persoon hoort, dan zal dat relatief makkelijk zijn omdat je in feite iets moet onthouden dat je al eerder gezien had. In dit geval is het leren bij de derde taak niets anders dan het *her*-leren van iets dat je eigenlijk al weet (vandaar de naam *re-learning*-paradigma). Staat er daarentegen bij de derde taak een andere eigenschap bij dezelfde foto, bijvoorbeeld 'spontaan', dan zie je op dat moment voor het eerst dat die persoon spontaan is en moet je iets leren dat je nog niet wist. Dat is uiteraard moeilijker. Uit de resultaten van Skowronski en Carlston (1994) blijkt dat de geheugenprestatie aanzienlijk beter is wanneer de eigenschappen bij de derde taak overeenkomen met de gedragingen van de eerste taak (in hun eerste experiment was het verschil een gemiddelde score van 80% versus 45% van de aangeboden foto's). Dit wijst erop dat de gedragingen bij de eerste taak spontaan zijn geëncodeerd in termen van een onderliggende eigenschap: de zin 'vertelde de caissière dat ze te veel wisselgeld had teruggegeven' is opgeslagen als 'eerlijk'. (Immers, als dat niet zo zou zijn, zou in de derde fase het woord 'eerlijk' in combinatie met die persoon even moeilijk te onthouden zijn als ieder ander woord.) We noemen dit een *savings-effect*: de eerder gemaakte gevolgtrekking heeft sporen achtergelaten in het geheugen; die sporen zijn impliciet, men is zich er niet van bewust dat ze er zijn (daarom is dit een 'impliciete geheugen'-taak), maar ze vergemakkelijken het leren. Dit effect blijkt ook op te treden als proefpersonen zelf geen enkel verband zien tussen de gedragingen uit de eerste taak en de eigenschappen uit de derde. Het effect verloopt dus onbewust.

Andere 'impliciete geheugen'-taken.
Er zijn nog verschillende andere taken die gebaseerd zijn op hetzelfde principe: een directe, spontane gevolgtrekking activeert bepaalde eigenschappen of constructen in het geheugen, die vervolgens de prestaties bij een daarop volgende taak beïnvloeden door een bepaalde respons te *faciliteren*. Een voorbeeld is de *lexicale beslissingstaak* ('lexical decisions'-taak, zie bijv. Neely, 1991), waarbij proefpersonen zo snel mogelijk moeten aangeven of bepaalde letterreeksen een bestaand woord vormen of niet (een beslissing over woorden, vandaar de naam 'lexicale beslissing'). 'Slim' is bijvoorbeeld een woord, en 'slum' niet. Bij deze taak geeft de reactietijd bij bestaande woorden een indicatie van de tijd die de proefpersoon nodig heeft om het woord te vinden in het geheugen. Deze tijd wordt verkort wanneer het woord al op een of andere manier geactiveerd is voordat het wordt gepresenteerd. Bestaande woorden worden dan ook sneller als zodanig herkend wanneer ze al geactiveerd zijn door een spontane gevolgtrekking. Als je dus net hebt gelezen over Piet die een schaakwedstrijd wint, zul je het woord 'slim' sneller als bestaand woord herkennen dan als je daarvoor iets anders hebt gelezen (voor een overzicht: Uleman e.a., 1996, p. 224 – 225).
Een ander voorbeeld is de *'word stem completion'*-taak, waarbij aan proefpersonen wordt gevraagd om een begin van een woord (een 'woordstam') af te maken. De stam 'INT' bijvoorbeeld zal eerder worden afgemaakt als 'intelligent' en niet als 'interessant' wanneer je zojuist hebt geconcludeerd dat Piet een intelligente jongen is (Whitney, Waring & Zingmark, 1992). Ook in dit geval wordt een bepaalde respons gefaciliteerd door de geactiveerde eigenschap.

2.4.4 Aandacht en elaboratie

Het categoriseren van personen en het afleiden van eigenschappen zijn activiteiten die gewoonlijk plaatsvinden zonder dat we erbij nadenken, en meestal zonder dat we zelfs maar beseffen dat we dit doen. Op basis van deze initiële encoderings-operaties wordt bepaalde informatie geselecteerd waar we extra aandacht aan besteden en waar we grondiger over nadenken. In deze paragraaf bespreken we enkele methoden die worden gebruikt om na te gaan waar mensen hun aandacht op richten en in welke omstandigheden de informatie over een stimulus wordt onderworpen aan een grondige verwerking (elaboratie).

De 'dichotische' luistertaak
Bij de 'dichotische' luistertaak ('dichotic listening task') krijgt de proefpersoon een koptelefoon op, waarbij het rechterkanaal een ander signaal doorgeeft dan het linkerkanaal. Door middel van een schakelaar kan de proefpersoon bepalen naar welk kanaal hij luistert. In een onderzoek dat van deze methode gebruikmaakte (White & Carlston, 1983) moesten proefpersonen zich voorstellen dat ze in een bibliotheek aan de leestafel zaten en dat er zowel aan hun linkerkant als aan hun rechterkant een gesprek werd gevoerd. Het ene gesprek – tussen laten we zeggen, Jan en Kees – werd door het linkerkanaal van de koptelefoon doorgegeven, het andere gesprek – tussen Klaas en Piet – door het rechterkanaal. Met behulp van een schakelaar kon de proefpersoon zelf bepalen welk gesprek hij wilde volgen. Als hij het linkergesprek volgde, was het gesprek aan de rechterkant alleen op de achtergrond te horen (veel zachter dus, maar nog wel hoorbaar) en vice versa.

Sommige proefpersonen hadden vooraf een verwachting over een van de personen naar wie ze konden luisteren. Ze verwachtten bijvoorbeeld dat Jan eerlijk en gewetensvol was. Als de proefpersonen net naar Klaas en Piet zaten te luisteren en ze Jan en Kees alleen op de achtergrond hoorden, bleek tijdens het gesprek tussen Jan en Kees opeens dat Jan een boek uit de bibliotheek had gestolen. Voor proefpersonen die verwachtten dat Jan eerlijk was, was die informatie dus in strijd met hun verwachting. Deze proefpersonen bleken op dat moment snel over te schakelen naar het gesprek tussen Jan en Kees, zodat ze meer konden horen over het oneerlijke gedrag van Jan. Proefpersonen die geen verwachting hadden van Jan deden dit minder vaak.

Uit dit onderzoek blijkt om te beginnen dat onverwachte informatie over een persoon de aandacht trekt (zie ook paragraaf 4.4.1, p.168: *Schema-inconsistente informatie trekt aandacht*). De resultaten laten daarnaast goed zien dat mensen, terwijl ze hun aandacht op de ene stimulus hebben gericht, ook nog registreren wat er op de achtergrond gebeurt en bepaalde gevolgtrekkingen maken op basis van die achtergrondinformatie (in dit geval: een boek stelen is oneerlijk). In overeenstemming met wat we hiervoor al zagen, concludeerden de proefpersonen in dit onderzoek dat Jan iets oneerlijks had gedaan terwijl hun aandacht op een ander gesprek was gericht. We zien hier dus goed dat mensen de achtergrondinformatie registreren en bewerken, en dat juist dit hen in staat stelt een keuze te maken wanneer meerdere stimuli om de aandacht vechten.

Het zoeken van informatie
Een ander aspect van aandacht is dat mensen soms zelf actief op zoek gaan naar bepaalde informatie. In het experiment hierboven werd alle informatie door de onderzoeker 'aangeleverd', maar buiten het laboratorium kunnen mensen zelf een meer actieve rol spelen. Wanneer je bijvoorbeeld op een feestje hoort dat een van de aanwezige kennissen een boek heeft gestolen, kun je op hem afstappen en vragen waarom hij dat heeft gedaan. Ook in een experiment kunnen proefpersonen in de gelegenheid worden gesteld meer informatie over een stimulus op te vragen. De onderzoeker kan dan nagaan (a) of men überhaupt interesse toont in extra informatie (hetgeen vooral het geval blijkt te zijn als men een onverwachte gebeurtenis heeft waargenomen; bijv. Wong & Weiner, 1981, en (b) zo ja, welk soort informatie men zoekt. Dat laatste kan op tal van manieren gebeuren.

Een methode in onderzoek naar de waarneming van personen is dat de proefpersoon een lijstje met eigenschappen krijgt voorgelegd, waarop een stimuluspersoon zogenaamd door een ander is beoordeeld of zelf heeft aangegeven in hoeverre die eigenschappen op hem van toepassing zijn. De proefpersoon kan voor een beperkt aantal eigenschappen de scores van de stimuluspersoon opvragen. De onderzoeker kan dan kijken naar het soort eigenschappen dat wordt opgevraagd. In het algemeen willen mensen bijvoorbeeld vaker de scores weten op extreem positieve of negatieve eigenschappen (bijvoorbeeld 'behulpzaam' of 'lui') dan op gematigde eigenschappen (bijvoorbeeld 'beleefd' of 'slordig') (Wojciszke, 1994). Ook in onderzoek naar de vraag hoe mensen beslissingen nemen (bijvoorbeeld over het al of niet aannemen van een sollicitant) wordt een dergelijke methode soms gehanteerd. Mensen blijken dan vaker informatie op te vragen die hun voorlopige hypothese bevestigt dan informatie die deze hypothese zou kunnen ontkrachten. Als ze bijvoorbeeld verwachten dat een sollicitant geschikt is, vragen ze vaker naar kenmerken die gewenst zijn voor de betreffende functie dan naar kenmerken die ongewenst zijn (bijv. Yzerbyt & Leyens, 1991; voor een overzicht van dit type onderzoek: Trope & Liberman, 1996).

Een andere methode, die vooral in beslissingsonderzoek wordt gebruikt, is het zogenoemde informatiezoek-bord (zie ook paragraaf 8.5.1, p.356). Deze methode wordt toegepast in onderzoek waar mensen een keuze moeten maken tussen meerdere alternatieven. Wanneer je bijvoorbeeld een nieuwe televisie wilt kopen, moet je kiezen uit diverse merken en typen. Het informatiezoekbord bestaat uit een matrix van stimuli (in dit voorbeeld televisietoestellen) bij kenmerken, net zoals de tabellen die je in de *Consumentengids* aantreft en waarin je per merk en type kunt opzoeken welke voor- en nadelen dat merk heeft. Het verschil met de tabellen in de *Consumentengids* is dat bij het informatie-zoekbord alle gegevens in het overzicht zijn afgedekt en dat de proefpersoon deze moet opvragen door telkens een vakje te 'openen'. Hij kan dus bijvoorbeeld aangeven dat hij de beeldkwaliteit wil weten van type A, de levensduur van type B, enzovoort, maar er kan slechts één vakje tegelijk openstaan: als een volgend vakje wordt geopend, gaat het vorige vakje weer dicht. Op deze manier kan de onderzoeker de informatie-zoekstrategie van de proefpersoon in kaart brengen zonder dat oogbewegingen geregistreerd hoeven te worden. Wanneer de proefpersoon uiteindelijk tot een keuze komt, kan de onderzoeker nauwkeurig bepalen hoe deze keuze tot stand is gekomen (zie verder paragraaf 8.5.1, p.355).

Leestijden
Naast de vraag óf informatie aandacht krijgt, kan het van belang zijn te weten hoevéél aandacht die informatie krijgt. Een maat daarvoor is de leestijd (of, in geval van beelden, de kijktijd): de tijd tussen de aanbieding van een item (bijvoorbeeld de zin 'Jan snauwde tegen de ober') en een teken van de proefpersoon dat het volgende item gepresenteerd kan worden (wanneer de proefpersoon achter de computer zit, bestaat dit teken gewoonlijk uit een druk op een toets). Leestijden worden natuurlijk door vele factoren beïnvloed (zoals individuele leessnelheid, lengte en moeilijkheidsgraad van de zinnen), maar in een experiment waarin leestijden gemeten worden, zorgt de onderzoeker voor controle van zulke variabelen. Als die controle adequaat is, geven leestijden informatie over de mate waarin de proefpersoon nadenkt over de aangeboden informatie. Zo is bijvoorbeeld gebleken dat een zin als 'Jan snauwde tegen de ober' langer wordt gelezen wanneer de proefpersoon verwacht dat Jan aardig is (in welk geval de beschrijving afwijkt van de verwachting) dan wanneer de proefpersoon verwacht dat Jan onaardig is (in welk geval de beschrijving overeenkomt met de verwachting). Verondersteld wordt dat een onverwachte beschrijving langer wordt bestudeerd, doordat proefpersonen proberen de tegenstrijdigheid tussen hun verwachting en de nieuwe informatie te verklaren, hetgeen tijd kost (bijv. Belmore, 1987; Vonk & Van Knippenberg, 1995).

De vrije herinneringstaak: het geheugen als associatief netwerk
Een van de kenmerken van een uitgebreide, grondige verwerking is dat de stimulusinformatie wordt overdacht in relatie tot andere informatie. De mate waarin tijdens de verwerking verbanden worden gelegd tussen verschillende stukjes informatie kan worden afgeleid uit de resultaten van een *free-recall*-taak (vrije herinneringstaak). Anders dan bij een *cued-recall*-taak krijgt de proefpersoon hier geen enkele aanwijzing. Er wordt eenvoudigweg een reeks beschrijvingen van gedrag aangeboden (of een videofragment) en op een later tijdstip wordt aan de proefpersonen gevraagd om alle gedragingen op te schrijven die ze zich kunnen herinneren. De taak is dus gericht op het meten van het expliciet geheugen (proefpersonen moeten zich bewust zijn van wat ze zich

herinneren om het te kunnen rapporteren) en het episodisch geheugen (er wordt gevraagd naar concrete informatie die is aangeboden, niet naar de conclusies die de proefpersoon heeft getrokken). Het resultaat is een lijst met beschrijvingen zoals de proefpersoon deze zich herinnert: een herinneringsprotocol. De onderzoeker beoordeelt per beschrijving of de strekking van de oorspronkelijk aangeboden informatie accuraat is weergegeven. Vervolgens kunnen hieruit verschillende maten worden afgeleid die weergeven hoe de beschrijvingen zijn verwerkt. Om dit te verduidelijken moeten we eerst meer weten over de manier waarop verschillende 'episoden' in het geheugen worden georganiseerd.

Een belangrijk uitgangspunt dat sociaal-psychologen (bijv. Hastie, 1980; Srull, 1981) hebben ontleend aan de functieleer (bijv. Anderson & Bower, 1973; Bower, 1975), is dat het geheugen valt te vergelijken met een netwerk van knooppunten die associatieve verbindingen met elkaar hebben. Elk knooppunt bevat een stukje informatie. Knooppunten raken geactiveerd via de activatie van andere knooppunten waarmee ze geassocieerd zijn (Anderson, 1983). Dit gebeurt volgens een 'alles of niets'-principe: als een knooppunt is geactiveerd, komt de informatie die daarin is opgeslagen in het bewustzijn.[6] Dat is het moment waarop men zich die informatie herinnert.

Of het ons lukt een knooppunt te activeren (dat wil zeggen ons iets te herinneren) is niet zozeer afhankelijk van de moeite die we doen om de betreffende informatie terug te vinden, als wel van de moeite die we hébben gedaan bij het opslaan van de informatie. (Vandaar dat oudere mensen zich vaak beter gebeurtenissen van vroeger herinneren dan dingen uit het recente verleden: de manier waarop informatie wordt opgeslagen verslechtert als men ouder wordt.) Informatie die tijdens het verwerken in verband wordt gebracht met reeds aanwezige kennis (dat wil zeggen met bestaande knooppunten in het geheugen-netwerk) vormt associatieve verbindingen met andere knooppunten. Zulke informatie kan later relatief makkelijk worden teruggevonden, doordat het betreffende knooppunt kan worden geactiveerd via een geassocieerd knooppunt. Dit principe is geïllustreerd in figuur 2.1, waar als voorbeeld (in de bovenste helft van de figuur) een paar beschrijvingen van Jan zijn opgenomen die we al eerder zijn tegengekomen: 'Jan maakte de ober een compliment',

---

6 Merk op dat hetzelfde principe ten grondslag ligt aan de werking van neuronen, die volgens een 'alles of niets'-regel een signaal geven (vuren) wanneer hun activatieniveau een bepaalde drempel heeft overschreden. Dit betekent echter geenszins dat de fysiologie van het geheugen zo eenvoudig is: er is geen simpele 'één op één'-correspondentie tussen een zenuwcel en een stukje opgeslagen informatie, waarbij het vuren van die cel ertoe leidt dat de informatie in het bewustzijn komt. Het is dan ook van belang te beseffen dat het hier veronderstelde netwerk van knooppunten en associatieve paden een model is van het geheugen, dat wil zeggen: een vereenvoudigde weergave van de werkelijkheid, die vruchtbaar kan zijn bij het opzetten van onderzoek en het interpreteren van resultaten (dit in tegenstelling tot een theorie, die aanspraak wil maken op waarheid). Recentelijk zijn er ook modellen ontwikkeld die neurologisch meer 'plausibel' zijn, bijvoorbeeld connectionistische modellen (zie bijv. Smith & DeCoster, 1998; voor een overzicht: McClelland e.a., 1995).

'Jan snauwde tegen de ober' en 'Jan stal een boek uit de bibliotheek' (we nemen even aan dat dit steeds dezelfde Jan was). Elk van deze items vormt een knooppunt in het geheugen. Alledrie zijn ze geassocieerd met het centrale knooppunt 'Jan', waarin onze algemene indruk van Jan is opgeslagen. Deze associaties zijn weergegeven door de ononderbroken lijnen tussen de gedragingen en het knooppunt 'Jan'. Daarnaast is er in de figuur een onderlinge associatie tussen 'maakte de ober een compliment' en 'snauwde tegen de ober': zoals we eerder hebben gezien, is de kans groot dat deze twee items in relatie tot elkaar zijn overdacht tijdens het lezen, aangezien ze een tegenstrijdige evaluatieve betekenis hebben. Doordat de items met elkaar in verband zijn gebracht, is er een associatieve verbinding gevormd tussen deze twee items onderling. Deze verbinding wordt weergegeven door de stippellijn tussen de twee items.

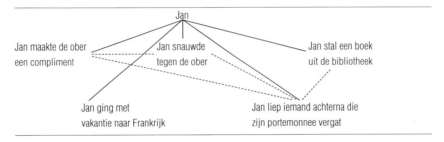

Figuur 2.1

In de onderste helft van de figuur zijn twee nieuwe beschrijvingen weergegeven. De eerste, 'Jan ging met vakantie naar Frankrijk', wordt net als alle items in het geheugen gekoppeld aan 'Jan', maar wordt naar alle waarschijnlijkheid niet in verband gebracht met de overige items: deze beschrijving is irrelevant ten opzichte van wat we verder over Jan weten. De tweede beschrijving daarentegen, 'Jan liep iemand achterna die zijn portemonnee vergat', wijst erop dat Jan aardig en eerlijk is. Dat is strijdig met het onaardige snauwen tegen de ober en met het oneerlijke stelen van het boek, maar wel weer in overeenstemming met het aardige compliment. Tijdens het lezen van deze beschrijving zou je dus kunnen denken aan de andere items die informatie geven over de vriendelijkheid en eerlijkheid van Jan, omdat je je afvraagt hoe je dit alles met elkaar kunt rijmen. Je denkt bijvoorbeeld: 'Wat raar, nu lijkt hij opeens zo eerlijk als goud, maar hij heeft toch ook een boek gestolen. Misschien is degene die de portemonnee vergat een zielig oud dametje en heeft hij met haar te doen. Misschien vindt hij het niet erg om te pikken van een anonieme bibliotheek maar wel van een arme oma. Eigenlijk zou hij best heel eerlijk en aardig kunnen zijn. Hij was uiteindelijk ook aardig tegen de ober. Hij ging eerst wel tegen de ober tekeer omdat het te lang duurde, maar hij zei gewoon waar het op stond. Dat was in feite heel eerlijk van hem.'
Doordat je tijdens de verwerking denkt aan de andere relevante items, raakt de

beschrijving over de vergeten portemonnee in het geheugen niet alleen geassocieerd met 'Jan', maar ook met de knooppunten waarin die andere items zijn opgeslagen (weergegeven door de stippellijnen tussen het 'portemonnee-item' en de andere drie relevante items). Stel nu dat je later alle beschrijvingen van Jan zou moeten reproduceren die je in dit hoofdstuk bent tegengekomen. De kans dat je de beschrijving over de vakantie dan terugvindt in je geheugen is niet zo heel groot: het betreffende knooppunt kan alleen geactiveerd worden via het centrale knooppunt 'Jan', waar het mee geassocieerd is. De kans dat je de beschrijving over de vergeten portemonnee in je geheugen terugvindt is veel groter, want deze is op tal van manieren geassocieerd met andere knooppunten. Wanneer je je bijvoorbeeld eenmaal het compliment aan de ober herinnert, kun je van daar af bij de portemonnee terechtkomen, of je kunt vanaf het compliment het 'snauw-item' in je geheugen bereiken, en daar vandaan bij de portemonnee komen, enzovoort. Anders gezegd: hoe meer verbindingen er tijdens de verwerking worden gevormd met andere items, hoe groter de kans dat het betreffende item later teruggevonden kan worden in het geheugen. Dit betekent dat het *aantal* herinnerde items inzicht verschaft in de manier waarop de informatie is verwerkt. Hoe meer items men onthoudt bij een vrije herinneringstaak, hoe meer onderlinge verbanden er zijn gelegd tijdens de verwerking. Items die goed worden onthouden zijn 'dieper' verwerkt (meer in verband gebracht met eerder opgeslagen informatie) dan items die niet goed worden onthouden.

Het aantal herinnerde items is niet de enige maat die uit herinneringsprotocollen kan worden afgeleid. In sommige gevallen kan het bijvoorbeeld van belang zijn ook te kijken naar de *volgorde* waarin de items worden herinnerd, omdat dat specifieke informatie geeft over de onderlinge associaties: items die in het geheugen rechtstreeks met elkaar zijn geassocieerd, worden vaker direct na elkaar herinnerd. Ook kan op basis van de volgorde worden onderzocht of er in het geheugen bepaalde *clusters* zijn gevormd, bijvoorbeeld een cluster van onderling gerelateerde items die met eerlijkheid te maken hebben en een ander cluster van items die met vriendelijkheid te maken hebben. De technische details van deze maten zullen we je hier besparen (voor overzichten, zie Srull, 1984; Van Knippenberg, Van der Kloot & Vonk, 1991). Van belang is dat een herinneringsprotocol inzicht kan verschaffen in (a) de diepte van verwerking van de beschrijvingen en (b) de meer specifieke vraag welke beschrijvingen tijdens de verwerking met elkaar in verband zijn gebracht.

In bepaalde gevallen kan een herinneringsprotocol ook iets zeggen over de manier waarop proefpersonen de aangeboden informatie hebben aangevuld met hun eigen kennis, namelijk wanneer ze zich dingen herinneren die in feite helemaal niet gebeurd zijn (*indringers*). Dat gebeurt met name wanneer proefpersonen een verhaal moeten navertellen over een gebeurtenis. Als er bijvoorbeeld gevraagd zou worden om precies na te vertellen wat Jan in het restaurant meemaakte, dan zou je misschien zeggen: 'Jan ging naar de pizzeria. Hij bestelde bij de ober een pizza. Het duurde lang', enzovoort. In dit geval zou je je minstens twee dingen herinneren waarover in feite helemaal niets gezegd is: (1) dat het een restaurant een pizzeria is, neem je aan omdat je weet dat Jan een pizza at; (2) dat Jan die pizza bij de ober bestelde, neem je aan omdat je de gebruikelijke routine in een restaurant kent: als men aan tafel zit, komt er een ober bij wie men een gerecht bestelt. Dit illustreert wat ook in hoofdstuk 1 werd gezegd, namelijk dat we de informatie die we krijgen steeds aanvullen met onze eigen kennis. Die aanvullingen slaan we samen met de aangeboden informatie op in ons geheugen, met als gevolg dat we naderhand vaak geen onderscheid meer kunnen maken tussen wat feitelijk is gezegd en wat we zelf erbij hebben bedacht. Op die manier kunnen in een herinneringsprotocol gebeurtenissen opduiken waarover niets is gezegd, hetgeen de onderzoeker inzicht geeft in de wijze waarop de oorspronkelijke informatie is aangevuld (zie ook paragraaf 4.4.2, p.173: *Schema's vullen de gaten in de informatie* en paragraaf 4.4.4, p.180: *Schema's vullen gaten in het geheugen*).

Een vrije herinneringstaak wordt vrijwel altijd afgenomen zonder dat dit vooraf is aangekondigd. (In het dagelijks leven proberen mensen immers ook niet de hele tijd om alles te onthouden wat ze waarnemen.) Meestal krijgen proefpersonen vooraf de opdracht zich een indruk van een stimuluspersoon te vormen, waarna verschillende beschrijvingen van die persoon volgen. Wanneer naderhand wordt gevraagd zich zoveel mogelijk beschrijvingen te herinneren, vinden proefpersonen dat vaak frustrerend: ze willen het graag 'goed' doen en ze veronderstellen dat ze zich meer zouden herinneren als ze vooraf hadden geweten dat dit de bedoeling was. Die veronderstelling is echter onjuist. In een onderzoek van Hamilton, Katz en Leirer (1980) kregen sommige proefpersonen de opdracht zich een indruk te vormen van een stimuluspersoon; anderen werd gezegd dat ze alle informatie moesten onthouden. Alle proefpersonen kregen vervolgens dezelfde reeks beschrijvingen te lezen van de stimuluspersoon, waarna een vrije herinneringstaak werd afgenomen. Uit de resultaten bleek dat de herinnering beter was bij de 'indruk'-instructie dan bij de 'herinnering'-instructie. Uit de volgorde waarin de items waren opgeschreven, kon tevens worden afgeleid dat proefpersonen in de 'indruk'-groep de verschillende beschrijvingen meer met elkaar hadden geassocieerd en georganiseerd rond bepaalde thema's. Dit verklaart de betere herinnering in deze groep: er waren meer onderlinge associaties in het geheugen. De proefpersonen in de 'herinnering'-groep hadden wel allerlei ezelsbruggen gebruikt, maar die waren kennelijk minder functioneel voor het onthouden van de informatie.

Dit resultaat ondersteunt de visie van Asch (beschreven in paragraaf 1.3.1, p.18) dat mensen, wanneer ze zich een indruk vormen van een persoon, de verschillende stukjes informatie over die persoon met elkaar in verband brengen. Dat wordt ook geïllustreerd door het voorbeeld van de gedachten die je zou kunnen hebben als je ziet dat Jan iemand achternaloopt die een portemonnee heeft laten liggen: op dat moment kunnen de andere gedragingen van Jan een nieuwe betekenis krijgen (bijvoorbeeld het snauwen tegen de ober wordt gezien als eerlijk: zeggen waar het op staat). In theoretisch opzicht is onderzoek met de vrije herinneringstaak sterk gelieerd aan de centrale thema's uit het werk van Asch, die immers geïnteresseerd was in de vraag hoe mensen de onderlinge relaties tussen de verschillende kenmerken van een persoon waarnemen (vgl. Hamilton, 1989). Eind jaren zeventig en begin jaren tachtig was onderzoek met deze taak dermate populair dat er werd gesproken van een aparte stroming binnen de sociale cognitie, het *person memory*- onderzoek (Hastie e.a., 1980; Srull & Wyer, 1989). Vandaag de dag wordt de taak niet veel meer gebruikt (uitzonderingen daargelaten, bijv. Trafimow, 1998). De resultaten van een vrije herinneringstaak geven vooral informatie over weloverwogen, doelbewuste processen, zoals het oplossen van de tegenstrijdigheid tussen twee verschillende gedragingen. De sociale cognitie-onderzoekers van de huidige generatie zijn echter veel meer geïnteresseerd in meer primaire, niet-intentionele vormen van verwerking, zoals de onmiddellijke identificatie van een gedraging in termen van een persoonlijkheidseigenschap. Merk overigens op dat deze identificatie wordt *voor*ondersteld in *person memory*-onderzoek: de gedraging 'iemand achterna rennen die zijn portemonnee vergeet' is alleen dán inconsistent met 'een boek stelen uit de bibliotheek' als de ene gedraging onmiddellijk wordt geïnterpreteerd als eerlijk en de andere als oneerlijk. Zonder deze interpretatie in termen van eigenschappen en evaluaties is er niets tegenstrijdigs aan de twee gedragingen. Dit type interpretaties wordt echter vooronderstelt, maar niet gemeten door een vrije herinneringstaak. De vrije herinneringstaak geeft informatie over de mate waarin waarnemers nadenken over de informatie die ze krijgen, maar niet over de vraag wat hun gedachten dan precies zijn (Vonk, 1994). Om dat te bepalen hebben we de technieken nodig die eerder in dit hoofdstuk zijn beschreven.

2.4.5 Oordelen en cognitieve representaties

De tot nu toe besproken maten verschaffen inzicht in cognitieve *processen*: alles wat zich 'in het hoofd' van de waarnemer afspeelt vanaf het moment dat een stimulus wordt waargenomen totdat de informatie is verwerkt. Of die verwerking nu heel grondig is of heel oppervlakkig, het uiteindelijke *resultaat* is, zoals eerder gezegd, een mentale representatie van de stimulus in het geheugen. Die representatie bestaat uit de herinnering van de waargenomen informatie, uit diverse gevolgtrekkingen die zijn gemaakt, en uit een algehele evaluatie van de stimulus als 'goed' of 'slecht' (of iets daar tussenin). Als de representatie eenmaal is gevormd, kan men op een later tijdstip informatie over de stimulus uit het geheugen *ophalen* ('retrieval'). Daarbij kan het gaan om specifieke details uit het episodisch geheugen, maar veel vaker gaat het om de uiteindelijke beoordeling die is opgeslagen in het semantisch geheugen. Je vraagt je bijvoorbeeld af of Jan geschikt zou zijn om op je huis te passen als je met vakantie gaat. Op dat moment is het voldoende om te weten of Jan betrouwbaar is. Je hoeft dan alleen je eigen gevolgtrekkingen over zijn betrouwbaarheid uit je geheugen op te halen, en niet de concrete gedragingen die je van Jan hebt geobserveerd. Mensen onthouden dan ook vaak hun eigen conclusies beter dan de feiten waarop die conclusies zijn gebaseerd (zie ook paragraaf 4.4.5, p.184: *Schema's produceren afgeleide oordelen*).

Het verband tussen oordeel en vrije herinnering
Op het eerste gezicht zou je misschien verwachten dat er een verband is tussen datgene wat mensen zich herinneren van een stimulus en hun oordeel over die stimulus. Stel dat je zes positieve beschrijvingen leest van Jan (bijvoorbeeld een portemonnee terugbrengen) en zes negatieve (bijvoorbeeld een boek stelen) en dat je je na afloop meer van de positieve beschrijvingen herinnert dan van de negatieve. Het ligt voor de hand te veronderstellen dat je oordeel over Jan dan positiever is, vergeleken met het oordeel van iemand die zich vooral de negatieve beschrijvingen herinnert. Toch blijkt er vaak geen systematisch verband te zijn tussen oordeel en vrije herinnering. Het is bijvoorbeeld mogelijk dat je je de positieve beschrijvingen van Jan beter herinnert doordat je je tijdens het lezen een negatief beeld van Jan hebt gevormd. De positieve beschrijvingen strookten daar niet mee, met als gevolg dat je er beter over na ging denken. Dat nadenken leidt er natuurlijk toe dat je die beschrijvingen beter onthoudt, maar het kan best zijn dat je tijdens het denken (*on-line*) de conclusie trok: 'Eigenlijk zegt dat aardige gedrag niet zoveel; iedereen doet tenslotte wel eens aardig'. In dit geval heb je de positieve beschrijvingen beter onthouden (doordat ze elaboratieve verwerking hebben opgeroepen), maar ze hebben geen evenredige invloed op je oordeel over Jan.

In het algemeen geldt: als mensen zich tijdens de initiële verwerking een oordeel of indruk vormen van een stimulus, dan is er geen systematisch verband tussen dat oordeel en hun latere herinnering aan de concrete informatie. Het oordeel wordt afzonderlijk in hun semantisch geheugen opgeslagen, los van de specifieke feiten. Op het moment dat het nodig is een oordeel te geven (bijvoorbeeld als je moet bepalen of Jan een geschikte oppas is), wordt het oordeel uit het geheugen opgehaald en de concrete feiten niet.

In andere omstandigheden is er wél een verband tussen herinnering en oordeel, namelijk wanneer het oordeel *memory-based* wordt gevormd (Hastie & Park, 1986). Neem aan dat je je tijdens het lezen over Jan geen mening hebt gevormd over zijn betrouwbaarheid en dat hier na afloop naar wordt gevraagd. Om die vraag te beantwoorden, zou je dan terug moeten naar je herinnering van Jans gedragingen: 'Wat heeft hij ook alweer allemaal gedaan, waren dat eerlijke dingen of niet?' Je kunt niet een oordeel uit je geheugen ophalen, want dat oordeel is nog niet gevormd. Je moet dus wel de concrete feiten uit je episodisch geheugen gaan ophalen om je alsnog, achteraf, een oordeel te kunnen vormen. In dat geval is je oordeel over Jan gebaseerd op datgene wat je je nog van hem kunt herinneren. Items die je niet kunt terugvinden in je geheugen, kunnen geen invloed meer hebben op je oordeel. Als je je overwegend eerlijke beschrijvingen herinnert, zal je oordeel positiever zijn dan als je je overwegend oneerlijke beschrijvingen herinnert. In dit geval is er dus een verband tussen herinnering en oordeel: hoe meer positieve gedragingen je je achteraf herinnert (en hoe minder negatieve), des te positiever zal je oordeel zijn. Dit betekent dat de *correlatie* tussen vrije herinnering en oordeel informatie verschaft over de manier waarop een oordeel tot stand is gekomen: bij een memory-based oordeel is die correlatie positief en hoger dan bij een on-line oordeel (Hastie & Park, 1986).

Uit het eerder beschreven onderzoek naar de onmiddellijke identificatie en evaluatie van gedrag is wel duidelijk geworden dat veel oordelen direct en on-line worden gevormd. Als je leest dat iemand een boek steelt, kun je eigenlijk niet ontkomen aan de gevolgtrekking 'dat is oneerlijk'. Dit betekent dat er gewoonlijk geen verband zal zijn tussen herinnering en oordeel. Er is één onderzoeksgebied waarin wél vaak sprake is van memory-based oordelen – en dus van een sterker verband tussen oordeel en herinnering – namelijk het gebied van frequentie- en kansschattingen. Stel dat iemand je vraagt of het Europese vliegverkeer wel veilig is, of in hoeverre Nederlanders gemakkelijk Engelse woorden opnemen in hun taal. Je merkt misschien dat je op zo'n moment in je gedachten teruggaat naar vliegtuigrampen in Europa waarover je hebt gelezen, of naar de Engelse woorden die je in de krant en in reclames bent tegengekomen. Je schatting zal voor een belangrijk deel gebaseerd zijn op de voorbeelden die je je herinnert. Dat komt doordat dergelijke oordelen niet on-line worden gevormd: je gaat er pas over nadenken op het moment dat dat nodig is. Oordelen over frequenties en kansen worden dan ook meestal sterk beïnvloed door de herinnering: hoe meer vliegtuigrampen je je herinnert, des te onveiliger zul je het vliegverkeer beoordelen. Is de herinnering gekleurd, dan is het oordeel dat ook. Als je bijvoorbeeld net in dit boek hebt zitten lezen, zul je eerder concluderen dat Nederlanders het niet zo nauw nemen met de zuiverheid van hun taal dan als je net een boek van Vestdijk uit hebt (zie ook paragraaf 8.4.3, p.345).

We hebben het nu gehad over de relatie tussen herinnering en oordeel, maar nog niet over methoden om oordelen en andere aspecten van mentale representaties te meten. Dit onderwerp wordt in de rest van dit hoofdstuk behandeld. Er worden twee soorten methoden besproken om aspecten van een mentale representatie te registreren. De eerste methode, het gebruik van beoordelingsschalen, wordt het meest gebruikt en is ook buiten de sociale cognitie zeer gangbaar. Deze methode is gebaseerd op het simpele uitgangspunt: als je wilt weten hoe mensen een stimulus beoordelen, moet je het aan ze vragen. In dit geval kan uiteraard alleen het expliciete gedeelte van het geheugen worden gemeten. Het tweede type methode is, net als veel andere maten van sociale cognitie-onderzoekers, gebaseerd op de gedachte dat mensen niet altijd zeggen wat ze denken, en zelfs niet altijd weten wat ze denken. Hierbij wordt juist het impliciete aspect van de representatie vastgelegd.

Beoordelingsschalen
De meest gangbare manier om oordelen te meten is door middel van een meerpunts-antwoordschaal, zoals bijvoorbeeld hieronder.

zeer onbetrouwbaar 1 – 2 – 3 – 4 – 5 – 6 – 7 zeer betrouwbaar

Het algemene principe is dat de proefpersoon een stimulus beschrijft of evalueert aan de hand van één of meer voorgelegde kenmerken. Die kenmerken kunnen variëren van algemene constructen (bijvoorbeeld 'goed' versus 'slecht' of 'eens' versus 'oneens') tot meer specifieke kenmerken (de betrouwbaarheid van Jan, de moeilijkheidsgraad van een boek, de vervuildheid van de zee). De proefpersoon antwoordt door op de schaal een positie te kiezen die aangeeft in hoeverre de stimulus dat kenmerk heeft (vaak is dit een vijf- of zevenpuntsschaal, soms een schaal met een even aantal schaalpunten, zodat er geen 'neutrale' middencategorie is, en soms een lijnstuk zonder intervallen waarop een kruisje gezet moet worden, waar de onderzoeker naderhand een lineaal langs legt om het antwoord te kwantificeren).

Meerpuntsschalen hebben een welhaast universeel toepassingsgebied doordat de betekenis van de schaal afgestemd kan worden op het type oordeel waarin de onderzoeker is geïnteresseerd. In onderzoek naar de waarneming van personen en groepen verwijzen de schaalpunten gewoonlijk naar de mate waarin een eigenschap aanwezig is (bijvoorbeeld betrouwbaarheid). In onderzoek naar *attitudes* (houdingen en meningen ten opzichte van een object of een onderwerp, bijvoorbeeld kernenergie) worden vaak uitspraken beoordeeld, waarbij de schaalpunten een eens–oneens-continuüm vertegenwoordigen (maar ook weleens een continuüm van goed–slecht of positief–negatief). In onderzoek naar schattingen van de frequentie of de waarschijnlijkheid van gebeurtenissen (bijvoorbeeld de kans op een ramp in een kerncentrale) kan de schaal verwijzen naar ofwel verbale gradaties in waarschijnlijkheid of zekerheid (bijvoorbeeld van 'het is uitgesloten dat dit gebeurt' tot 'het is absoluut zeker dat dit gebeurt'), ofwel numerieke schattingen van kansen of proporties (bijvoorbeeld van 0% tot 100%).

Er zijn verschillende meer specifieke technieken om oordelen te meten waarin de meerpuntsschaal een centrale rol speelt. Eén daarvan is de *semantische differentiaal* (Osgood, Suci & Tannenbaum, 1957; Osgood, 1962), waarbij een stimulus (bijvoorbeeld een persoon of een product) wordt beoordeeld op een reeks schalen waarvan de extremen verwijzen naar tegenstellingen, zoals mooi–lelijk, sterk–zwak, zwaar–licht. Dit betekent overigens niet dat elke antwoordschaal met een tegenstelling een semantische differentiaal-schaal genoemd kan worden. De 'echte' semantische differentiaal-techniek houdt namelijk in dat een breed spectrum van tegenstellingen wordt gebruikt, dat wil zeggen, niet alleen evaluatieve tegenstellingen (zoals goed–slecht, intelligent–dom), maar ook semantische tegenstellingen (zoals licht–donker, dominant–onderdanig: deze woordparen hebben een tegengestelde betekenis, dat wil zeggen: de tegenstelling is semantisch – niet evaluatief, want het ene woord is niet beter of slechter dan het andere).

Met behulp van factoranalyse of meerdimensionele schaaltechnieken kunnen de oordelen op een serie van dergelijke schalen vrijwel altijd worden gereduceerd tot drie algemene beoordelingsdimensies, namelijk evaluatie (hoe goed, leuk, aardig, prettig, enzovoort is de stimulus), potentie (hoe sterk, dominant, hard, enzovoort is de stimulus) en activiteit (hoe snel, beweeglijk, dynamisch, enzovoort is de stimulus). Aangezien deze algemene dimensies van toepassing kunnen zijn op vrijwel elk type stimulus (een persoon, een cursus, een muziekstuk, een organisatie, een merk of product), wordt de semantische differentiaal-techniek in veel verschillende onderzoeksdomeinen gebruikt. Zo wordt de techniek in marketingonderzoek wel eens gebruikt om de 'persoonlijkheid' van een merk vast te stellen. Aan de respondenten wordt dan bijvoorbeeld gevraagd om de stimulus 'Zwitsal' op de volgende schalen te beoordelen:

zacht	1 – 2 – 3 – 4 – 5 – 6 – 7	hard
slecht	1 – 2 – 3 – 4 – 5 – 6 – 7	goed
zwak	1 – 2 – 3 – 4 – 5 – 6 – 7	sterk
traag	1 – 2 – 3 – 4 – 5 – 6 – 7	snel
vies	1 – 2 – 3 – 4 – 5 – 6 – 7	schoon

enzovoort.

Je begrijpt dat de respondenten op hun gevoel moeten afgaan om zulke vragen te beantwoorden, en dat is ook de bedoeling: het gaat bij de semantische differentiaal vooral om de gevoelswaarde van een stimulus.

Impliciete representaties
De beoordelingsschaal is simpel en in veel gevallen doeltreffend, maar niet altijd. Om te beginnen worden de antwoorden van mensen vaak beïnvloed door sociale wenselijkheid. Iemand die bijvoorbeeld negatieve opvattingen heeft over allochtonen, zal dat desgevraagd niet altijd duidelijk willen maken (zie ook paragraaf 5.5.7, p.246). Maar zelfs als sociale wenselijkheid geen rol speelt, dan kan het zelfinzicht van de respondent tekortschieten. We zagen eerder al dat mensen zich niet altijd bewust zijn van de cognitieve processen die zich in hun hoofd afspelen. En hoewel het makkelijker is om toegang te krijgen tot het resultaat van een cognitief proces dan tot het proces zelf, zijn mensen zich ook niet altijd goed bewust van hun eigen opvattingen. Veel opvattingen die mensen over de wereld hebben zijn opgeslagen in het impliciet geheugen: ze vormen dat deel van de ijsberg dat onzichtbaar is. Zo bestaan er impliciete vooroordelen over bepaalde sociale groepen. Men weet van zichzelf niet dat men die heeft, maar ze kunnen wel het denken en doen beïnvloeden.

Er zijn verschillende methoden om dit soort impliciete stereotypen te meten. Een voorbeeld is een variant op de eerder beschreven 'lexicale beslissingstaak (zie paragraaf 2.4.3, p.60: *'Impliciete geheugen'-taken*), de *primed lexical decisions*-taak. Hierbij moet een lexicale beslissing (vormt een reeks letters een bestaand woord of niet) worden genomen na een direct daaraan voorafgaande 'prime' van een categorie, bijvoorbeeld 'voetbalsupporter'. In plaats van een gedragsbeschrijving, zoals in de eerder beschreven variant, wordt de lexicale beslissing dus voorafgegaan door de aanbieding van een bepaald label dat een stereotype oproept. Deze aanbieding kan *subliminaal* zijn of *supraliminaal* (bewust, boven de waarnemingsdrempel). Het idee is dat het label automatisch kenmerken activeert die vervat zijn in het stereotype over die groep, zoals 'agressief' in geval van voetbalsupporters (analoog aan de activatie van eigenschappen door de observatie van bepaalde gedragingen). Deze kenmerken worden hierdoor vervolgens sneller herkend als bestaande woorden (Dijksterhuis & Van Knippenberg, 1999; Wittenbrink, Judd & Park, 1997). Het woord 'agressief' wordt dus sneller herkend wanneer vlak daarvoor de categorie 'voetbalsupporter' is ge-primed, vergeleken met de herkenning van dit woord zonder voorafgaande prime, of een andere prime.

Door middel van een taak zoals deze komen stereotypen aan het licht, zelfs als men niet weet dat men ze heeft of als men probeert zich sociaal wenselijk te presenteren. Hetzelfde geldt voor de recent ontwikkelde *Impliciete Associatie Test* (Greenwald e.a., 1998). Laten we, om deze test te beschrijven, aannemen dat we willen weten of een proefpersoon een negatieve houding heeft tegenover allochtonen. De test begint dan met de aanbieding (meestal per computer) van een serie namen van allochtonen (bijvoorbeeld Mustapha, Ali, Ahmed) en van autochtonen (bijvoorbeeld Jan, Piet, Klaas) (zie Vonk, 1998b). De twee soorten namen worden duidelijk gescheiden gepresenteerd. Als de proefpersoon alle namen heeft gezien, worden ze opnieuw aangeboden, maar nu door elkaar heen. De proefpersoon krijgt de opdracht om met de rechterhand op een knop te drukken als er een allochtone naam in beeld komt en met de linkerhand als er een autochtone naam in beeld komt. Van belang is dat de proefpersoon dit foutloos en zo snel mogelijk doet. Hierbij worden de antwoordtijden geregistreerd.

In de tweede fase van de test wordt een rijtje met positieve woorden (bijvoorbeeld mooi, liefde, blij) en een rijtje met negatieve woorden (bijvoorbeeld ziek, dood, verdriet) aangeboden. Opnieuw ziet de proefpersoon de twee soorten woorden eerst duidelijk gescheiden. Daarna worden ze weer door elkaar gepresenteerd en moet de proefpersoon zo snel mogelijk rechts drukken bij een positief woord en links bij een negatief woord.

In een volgend onderdeel van de test worden de namen en de woorden allemaal door elkaar aangeboden. De proefpersoon krijgt nu de opdracht: als je een autochtone naam ziet óf een positief woord, druk je rechts; als je een allochtone naam ziet óf een negatief woord, druk je links. Er moeten nu dus twee beslisregels worden gebruikt binnen één en dezelfde taak.[7]

In de laatste fase worden de woorden en de namen opnieuw door elkaar gepresenteerd, maar dit keer met de opdracht: als je een allochtone naam ziet óf een positief woord, druk je rechts; als je een autochtone naam ziet óf een negatief woord, druk je links. Dat wil zeggen: bij de ene taak (in fase 3) moet de proef-

---

7   Soms is de beslisregel omgekeerd, dus autochtoon of positief = links, allochtoon of negatief = rechts. Soms moet de proefpersoon het allebei een keer doen. Soms wordt dit onderdeel van de test pas als laatste gedaan. Dergelijke variaties kunnen wel effect hebben op het resultaat (bijvoorbeeld door de invloed van oefening), maar voor het aantonen van impliciete stereotypen maakt het geen verschil (zie Greenwald e.a., 1998).

persoon aan dezelfde kant drukken voor autochtoon + positief en aan de andere kant voor allochtoon + negatief; bij de andere taak (in fase 4) moet aan dezelfde kant worden gedrukt voor autochtoon + negatief en aan de andere kant voor allochtoon + positief.

Dat laatste blijkt voor de meeste mensen beduidend moeilijker te zijn: ze doen er langer over (soms wel twee keer zo lang). In beide gevallen moeten twee beslisregels worden gebruikt: één voor de namen en één voor de woorden. Wanneer 'autochtoon' en 'positief' echter aan dezelfde kant zitten en 'allochtoon' en 'negatief' samen aan de andere kant, is het makkelijker doordat er voor veel mensen een *impliciete associatie* bestaat tussen autochtoon en positief en tussen allochtoon en negatief. Dat wil zeggen: de meeste mensen die in onze cultuur zijn opgegroeid, zijn opgegroeid met een negatiever beeld van allochtonen dan van autochtonen. Ook als mensen de beste bedoelingen hebben en ervan overtuigd zijn dat de ene groep niet beter of slechter is dan de andere, dan zit dat negatieve stereotype toch diep verankerd in hun opvattingen. Door de associatie tussen autochtoon en 'goed' is het makkelijk om dezelfde respons te geven bij autochtoon én goed, want dat 'hoort bij elkaar'. Hetzelfde geldt voor allochtoon en 'slecht'. Deze taak (in de derde fase) wordt dan ook vaak net zo snel volbracht als de eerste twee taken, waarbij alleen op de namen óf op de woorden gelet hoeft te worden. Moeten er echter twee verschillende reacties worden gegeven voor geassocieerde stimuli, dan moet men in wezen twee tegenstrijdige beslisregels hanteren. Het gevolg is dat mensen fouten gaan maken en langer nadenken, hetgeen tot uiting komt in langere reactietijden.[8] Anders gezegd: bij de ene taak zitten evaluatief *congruente* stimuli onder dezelfde knop (bijvoorbeeld alles wat – impliciet – negatief beoordeeld wordt links en alles wat – impliciet – positief beoordeeld wordt rechts), hetgeen de respons vergemakkelijkt; bij de andere taak zitten juist evaluatief *incongruente* stimuli onder dezelfde knop, hetgeen tot langzamere reacties leidt.

In het voorbeeld hierboven wordt de impliciete associatietaak gebruikt om te onderzoeken of mensen negatiever denken over allochtonen dan over autochtonen. De taak kan echter in principe worden gebruikt om evaluaties over elke willekeurige stimulus te onderzoeken. Zo werd de taak gebruikt in een onderzoek van Sherman e.a. (1998) naar beoordelingen van sigaretten roken door rokers en niet-rokers. In plaats van namen van allochtonen en autochtonen kregen de proefpersonen in dit onderzoek plaatjes te zien van sigaretten (bij-

---

[8] In dit voorbeeld is het mogelijk dat de autochtone namen voor veel mensen bekender zijn dan de allochtone namen. Zoals we in hoofdstuk 7 zullen zien, worden bekende stimuli vaak positiever gewaardeerd dan onbekende (paragraaf 7.2.4, p.302). De oplettende lezer zou zich dus kunnen afvragen of het verschil in bekendheid van de namen verantwoordelijk is voor de resultaten. Uit onderzoek van Greenwald e.a. (1998) blijkt dit echter niet het geval te zijn. Zouden we dus de Nederlandse namen vervangen door bijvoorbeeld Scandinavische namen, dan zouden we een vergelijkbaar resultaat mogen verwachten, aangezien in onze cultuur het stereotype over Scandinaviërs positiever is dan over Turken en Marokkanen.

voorbeeld een brandende sigaret in een asbak, of een sigaret die uit een pakje steekt) en van baby's (die fungeerden als neutrale 'controle'-stimulus in dit onderzoek). De proefpersonen moesten dus bij de ene taak rechts drukken voor babyplaatjes óf positieve woorden en links voor sigarettenplaatjes óf negatieve woorden, terwijl bij de andere taak de links/rechts-orde voor de woorden werd omgedraaid. Aangenomen dat mensen een negatief beeld hebben van roken, bestaat er een associatie tussen sigaretten en negatieve woorden, zodat de taak makkelijker is wanneer op die twee soorten stimuli met dezelfde respons gereageerd moet worden. Dat bleek inderdaad zo te zijn: zowel de rokers als de niet-rokers gaven blijk van een negatief beeld van roken in dit (Amerikaanse) onderzoek. De rokers bleken echter beduidend positiever te denken over de sigaretten als ze vlak daarvoor urenlang niet had gerookt en naar een sigaret snakten.

In de bovenstaande voorbeelden wordt de impliciete associatietest gebruikt om na te gaan of een stimulus positief of negatief wordt beoordeeld. De test kan echter ook worden gebruikt met andere beoordelingsdimensies, zoals potentie en activiteit (zie de hiervoor beschreven semantische differentiaaldimensie, p.72). Zo werd in een onderzoek van Rudman, Greenwald en McGhee (1996) vastgesteld dat namen van mannen worden geassocieerd met 'sterke' woorden en namen van vrouwen met 'zwakke' woorden.

De resultaten van deze onderzoeken illustreren het belang van impliciete maten: bij een meer expliciete beoordeling zou het oneindig veel moeilijker zijn om aan te tonen dat goedbedoelende mensen in hun hart een wat negatief beeld hebben van allochtonen, of vinden dat vrouwen zwak zijn, of dat rokers een negatief beeld hebben van roken (in elk geval zolang ze genoeg nicotine in hun bloed hebben). Daar komt bij dat het vrijwel onmogelijk is voor proefpersonen om bij de taak hun ware gevoelens te verhullen. Als je een negatief beeld hebt van roken, dan worden de reactietijden vertraagd zodra je op dezelfde knop moet drukken voor 'sigaretten' en 'goed'. Zelfs als je weet wat het doel van de test is, dan kun je onmogelijk sneller reageren zonder fouten te maken. In die zin is de test uiterst goed bestand tegen effecten van sociale wenselijkheid en andere antwoordtendenties waar de beoordelingsschaal al sinds jaar en dag door geplaagd wordt (zie bijv. Hoogstraaten, 1979).

2.4.6 Ten slotte

In dit hoofdstuk zijn enkele manipulaties en metingen besproken die vaak worden gebruikt om zicht te krijgen op wat zich 'tussen de oren' van sociale waarnemers afspeelt. Zoals onderzoekers vaak meerdere manipulaties combineren in één experiment, zo gebeurt het ook vaak dat ze meerdere afhankelijke variabelen meten. Het zal duidelijk zijn dat er niet één variabele is die kennis verschaft over het gehele informatieverwerkingsproces, vanaf aandacht tot oordeel. Het is bovendien onmogelijk om in één experiment zoveel verschillende metingen te doen dat een volledig beeld kan ontstaan. Ten eerste vereisen de meeste metingen ook een bepaalde experimentele opzet. De meeste technieken zijn niet slechts eenvoudige metingen die ergens achteraan geplakt kunnen worden; ze zijn onderdeel van een complete procedure. Denk maar aan het relearning-paradigma en aan de impliciete associatietest, die bestaan uit een hele serie verschillende taken. Ten tweede kunnen verschillende metingen elkaar beïnvloeden. Als men bijvoorbeeld herinneringsgegèvens én oordelen over een stimulus wil registreren, zal men er rekening mee moeten houden dat de meting van de ene variabele van invloed kan zijn op de andere. In geval van twee metingen is hier nog wel een oplossing voor te bedenken (bijvoorbeeld door de volgorde van de metingen systematisch te variëren), maar bij meerdere metingen wordt dat ondoenlijk. Men zal dan ook nauwelijks greep krijgen op het informatieverwerkingsproces door een hele batterij van technieken op proefpersonen los te laten.

Ook hier zien we weer dat systematisch onderzoek een sterke reductie vereist: het gehele proces van voorbewuste verwerking tot oordeel, zoals dat in het dagelijks leven in één vloeiende beweging verloopt, moet min of meer kunstmatig worden opgesplitst in onderzoekbare deelprocessen. Op het eerste gezicht lijkt het resultaat hiervan – een experiment waarin proefpersonen naar een beeldscherm kijken en op toetsen drukken – wel erg ver verwijderd van de sociale werkelijkheid. Maar alle deelaspecten van informatieverwerking die hier zijn besproken, zijn in feite aan de orde van de dag: de hele dag door selecteren we stimuli waarop we onze aandacht richten; we identificeren en categoriseren alles wat we waarnemen; we maken tal van gevolgtrekkingen over andere mensen, soms zonder enig nadenken en soms nadat we ergens wat langer bij stil hebben gestaan; we vormen ons oordelen of we passen ons oordeel aan; ongemerkt wordt allerlei impliciete kennis geactiveerd door onze waarnemingen. Kortom, we zijn bijna continu betrokken in de wisselwerking met onze omgeving die in hoofdstuk 1 is geschetst. De verschillen tussen het laboratorium en de sociale werkelijkheid berusten dan ook voor een groot deel op uiterlijke schijn: in cognitief opzicht doen mensen in het laboratorium geen dingen die ze niet ook voortdurend doen in het dagelijks leven.

3 Attributie

Roos Vonk

3.1 Inleiding

Op een afdeling Consumentenvoorlichting van een wasmiddelenbedrijf is besloten dat er voortaan milieuvriendelijk papier gebruikt moet worden voor de correspondentie, omdat dit een goede indruk maakt. De afdelingschef geeft een ondergeschikte de opdracht een order te plaatsen voor kringloop-briefpapier. Hij zegt wat de gewenste papierdikte is en wat het maximaal mag kosten. De rest laat hij aan de ondergeschikte over, want zijn vakantie breekt aan. Als hij na zijn terugkomst het bestelde briefpapier ziet, krijgt hij de schrik van zijn leven: terwijl hij dacht te weten dat er vandaag de dag hagelwit kringlooppapier te koop is, ziet dit papier er grauw en grijs uit. Hij stapt op de ondergeschikte af: 'Dat kan zo toch niet! Daar kunnen we toch niet mee voor de dag komen!' De ondergeschikte verweert zich: 'Ja, maar we willen toch een goede indruk maken met dit papier. Toen dacht ik: als we hagelwit papier nemen, dan zíen de mensen niet eens dat we iets voor het milieu doen. En bovendien, dat witte kringlooppapier was veel duurder dan u had gezegd.'
De kwestie wordt besproken in een vergadering met de andere afdelingshoofden van het bedrijf. Zij besluiten met een meerderheid van stemmen dat het bestelde papier niet bruikbaar is: een bedrijf dat wasmiddelen verkoopt mag door de consument niet worden geassocieerd met grauw en grijs. Deze beslissing heeft nogal wat consequenties, want het briefpapier was al bedrukt met het logo en briefhoofd van het bedrijf; het kan dus niet worden teruggegeven aan de leverancier. Kortom, de vergissing leidt tot een aanzienlijke verliespost.

Wanneer we als buitenstaander naar deze situatie kijken, kunnen we verschillende oorzaken noemen van de vergissing: de chef heeft zijn ondergeschikte geen duidelijke opdracht gegeven; de ondergeschikte heeft een beslissing genomen zonder overleg te plegen met zijn chef; dat komt weer doordat de chef met vakantie was, maar de ondergeschikte heeft nagelaten een andere chef te raadplegen; tenslotte speelt ook nog een rol dat het witte kringlooppapier te duur was. Welke factoren bepalen wat precies als de oorzaak van een gebeurtenis wordt gezien? Zouden de chef en de ondergeschikte in dit opzicht van elkaar verschillen? Anders gezegd, denk je dat ze verschillende *attributies* maken? Dat zijn enkele vragen die in dit hoofdstuk aan de orde komen.

Attributie is het toeschrijven van oorzaken aan gebeurtenissen of gedragingen. Het begrip attributie is in de sociale psychologie geïntroduceerd door Heider (1944, 1958a), die attributie beschouwde als een proces dat van wezenlijk belang is om betekenis te geven aan onze sociale omgeving. De ideeën van Heider over dit onderwerp zijn al beschreven in hoofdstuk 1 paragraaf 1.3.3, p.23. Daar werd onder andere gezegd dat de oorzaak van een gebeurtenis gezocht kan worden in drie soorten factoren.

1 De persoon *zelf*, dat wil zeggen de actor, de persoon die een bepaalde gedraging vertoont. In ons voorbeeld is de ondergeschikte de actor, want hij is degene die het briefpapier bestelde. Als we de gebeurtenis aan de actor zelf attribueren, zeggen we bijvoorbeeld: 'De ondergeschikte heeft de zaak verkeerd ingeschat'.
2 Een *andere* persoon: in het voorbeeld zou dat de chef kunnen zijn. Als we concluderen dat de chef te weinig informatie heeft gegeven, leggen we de oorzaak bij een ander dan de handelende actor.
3 *Omstandigheden/toeval*, bijvoorbeeld: er was geen wit kringloop-papier leverbaar voor het genoemde maximale bedrag.

Een centraal thema in alle theorieën over attributie is het onderscheid tussen de eerste factor enerzijds en de tweede en derde anderzijds. Dit onderscheid wordt meestal aangeduid met de termen *persoonsattributie* (een attributie aan de persoon van de actor) of *interne attributie* (factoren binnen de actor) versus *situationele* of *externe* attributie (factoren buiten de actor, hetzij een andere persoon, hetzij de situatie).

Als actieve waarnemers maken we de hele dag door attributies. Als je een onvoldoende haalt voor een tentamen, als je vriendin niet verschijnt op een afspraak, als iemand in het café een rondje geeft voor alle aanwezigen, als het aantal stemmen voor de VVD verdubbelt, als er een vliegtuigramp plaatsvindt, als iemand je een bos bloemen geeft: in al deze gevallen proberen we te bepalen wat de oorzaak van de gebeurtenis is. Dit hoofdstuk gaat over de vraag hoe we daarbij precies te werk gaan. Er worden vier attributie-theorieën beschreven die voortbouwen op het werk van Heider: de theorie van Jones en Davis, van Kelley, van Weiner en van Bem. De theorieën van Kelley en van Jones en Davis gaan vooral over de vraag hoe we het gedrag van andere mensen attribueren, terwijl de theorieën van Weiner en van Bem zich specifiek richten op attributies van ons eigen gedrag. Nadat deze theorieën zijn beschreven, wordt aandacht besteed aan de vraag onder welke omstandigheden we het meest geneigd zijn tot attributionele analyse en tenslotte aan vertekeningen in attributies: vaak blijken we systematisch bepaalde oorzaken van gedrag te overschatten of juist te onderschatten, waardoor onze attributies niet accuraat zijn.

3.2 Jones en Davis' theorie van correspondente gevolgtrekkingen

Op een avond raakt Kees in een café in gesprek met Anna. Anna is zeer aantrekkelijk, vlot, spontaan, intelligent. Kees ziet wel wat in haar en biedt haar een drankje aan. Na een tijdje stelt hij voor om wat bitterballen te bestellen. Anna vindt dat niet zo'n goed idee: 'Ik eet geen vlees', zegt ze, 'want ik hou van dieren'. 'Dat vind ik zo gek nog niet', antwoordt Kees. 'Ik zag laatst een filmpje over de bio-industrie, daar heb ik echt wakker van gelegen, het was zo zielig wat ze met die beesten deden. Dan denk ik, tja, misschien moet ik maar geen vlees meer eten. Je hebt groot gelijk, we nemen geen bitterballen.'
Is Kees zo'n gevoelige jongen, dat hij wakker ligt van een filmpje over de bio-industrie? Vindt hij het verkeerd om vlees te eten? Hoe bepalen we als waarnemers wat de persoonlijkheidstrekken en attitudes van andere mensen zijn? In dit geval: hoe bepalen we of Kees gevoelig is en wat zijn attitude tegenover vlees eten is?

3.2.1 Van gedrag naar eigenschap

Een antwoord op deze vraag wordt gegeven door de theorie over *correspondente gevolgtrekkingen* van Jones en Davis (1965). De term correspondente gevolgtrekking verwijst naar het verband tussen iemands gedrag en een onderliggende dispositie (stabiele persoonlijkheidseigenschap) of attitude. Als Anna zegt: 'Ik eet geen vlees, want ik hou van dieren', kunnen we daaruit afleiden dat ze inderdaad van dieren houdt. Het is in dit voorbeeld niet erg aannemelijk dat haar uitspraak een andere oorzaak heeft. We nemen dus aan dat haar gedrag (de uitspraak) correspondeert met haar attitude. In dit geval maken we een *correspondente gevolgtrekking*: de afgeleide eigenschap heeft een sterke correspondentie met het gedrag. Een ander voorbeeld: je ziet dat Piet in een verhitte discussie raakt met Jan en zo boos wordt dat hij Jan te lijf gaat. Dit gedrag wijst erop dat Piet een agressieve, driftige dispositie heeft. Het gedrag is tamelijk eenduidig interpreteerbaar, want het is moeilijk om een andere eigenschap van Piet te verzinnen die tot dit gedrag zou kunnen leiden. Er is een sterk verband tussen het gedrag (iemand te lijf gaan) en de gevolgtrekking over de onderliggende eigenschap (agressief).
Een voorbeeld van een gedraging waarbij een correspondente gevolgtrekking veel moeilijker zou zijn, is: Piet zegt tijdens de discussie tegen Jan: 'Oké, jij hebt een andere mening dan ik; laten we erover ophouden.' Dit gedrag kan van alles betekenen: misschien is Piet boos en heeft hij genoeg van de discussie; misschien heeft hij respect voor de mening van anderen; misschien kan het hem helemaal niets schelen en is hij onverschillig. Kortom, er zijn veel verschillende disposities die kunnen leiden tot dit gedrag. Op dezelfde manier kunnen de uitspraken van Kees verschillende oorzaken hebben: misschien is hij echt gevoelig en is hij het eens met Anna, maar het is ook mogelijk dat hij haar naar de mond zit te praten omdat hij haar leuk vindt.

Om gevolgtrekkingen te kunnen maken uit iemands gedrag moeten we weten wat de *intentie* van de persoon is. Is het de intentie van Kees om uiting te geven aan zijn gevoelens over de bio-industrie? Is het de intentie van Piet om uiting te geven aan zijn agressie als hij Jan slaat? In dat geval leiden we een correspondente eigenschap af: we nemen aan dat het de intentie van de persoon is om zijn werkelijke attitude of eigenschap tot uiting te brengen. Maar het is ook mogelijk dat Kees de intentie heeft om te zorgen dat Anna hem aardig vindt. In dat geval kunnen we niet concluderen dat de uitspraken van Kees corresponderen met zijn werkelijke attitude. In het voorbeeld van Piet is het denkbaar dat Piet per ongeluk viel en daardoor tegen Jan aanstootte. Hij had dus niet de intentie om Jan te slaan. Als iemand iets per ongeluk doet, kan er geen enkele intentie worden afgeleid, zodat ook geen correspondente gevolgtrekking kan worden gemaakt.

Een correspondente gevolgtrekking wordt gekenmerkt door drie onderling gerelateerde aspecten. Ten eerste is er een sterke relatie tussen het waargenomen gedrag van een persoon, de actor genoemd, en de gevolgtrekking over de onderliggende eigenschap van de actor (zoals in het geval van 'iemand te lijf gaan' en de gevolgtrekking 'agressief'). Ten tweede wordt er geconcludeerd dat de actor deze eigenschap in extreme mate heeft, dat wil zeggen, meer dan gemiddeld (als we zeggen dat Piet agressief is, bedoelen we dat hij agressiever is dan de meeste andere mensen). Ten derde impliceert een correspondente gevolgtrekking dat de waarnemer redelijk zeker is dat de actor die eigenschap heeft: doordat het gedrag een duidelijke implicatie heeft, is er weinig twijfel mogelijk over de eigenschap die eraan ten grondslag ligt.

Het begrip correspondente gevolgtrekking impliceert dat er ook zoiets bestaat als een niet-correspondente gevolgtrekking. In het geval van Kees' uitspraken over vlees eten zou je kunnen concluderen dat Kees een slijmerd is, of dat hij geen eigen mening heeft en zich makkelijk laat beïnvloeden, of dat hij een vrouwenversierder is die de hele trukendoos optrekt om een vrouw het bed in te praten. Dit zijn voorbeelden van niet-correspondente gevolgtrekkingen, want deze attributies corresponderen niet direct met het gedrag. (Als je daarentegen zou concluderen dat Kees inderdaad gevoelig is en het met Anna eens is, zou je een correspondente gevolgtrekking maken.) Meer algemeen geldt dat vriendelijk en instemmend gedrag soms wordt opgevat als vleierij of manipulatie, en in die gevallen is er sprake van een niet-correspondente gevolgtrekking (Vonk, 1994). Maar ook onaardig gedrag kan een niet-correspondente gevolgtrekking oproepen. Zo kun je een onaardige, tactloze opmerking interpreteren als impulsief of eerlijk (in plaats van als onaardig of tactloos, hetgeen weer correspondent zou zijn).

Merk op dat er bij een niet-correspondente gevolgtrekking geen sprake hoeft te zijn van een situationele attributie: in de voorbeelden hierboven wordt de oorzaak van het gedrag wel degelijk bij de persoon zelf gelegd, maar dan bij een eigenschap die niet direct met het gedrag correspondeert. Dit betekent dat er twee soorten persoons-attributies zijn te onderscheiden: correspondente en niet-correspondente. Daarnaast zijn er nog attributies aan externe factoren, zoals de situatie of andere personen of toevalligheden. Deze driedeling is weergegeven in figuur 3.1. Het onderscheid tussen niet-correspondente en externe oorzaken is overigens vaak niet erg duidelijk. Als we concluderen dat Kees zijn uitspraken deed omdat hij Anna naar de mond praatte, dan betekent dit dat het gedrag werd veroorzaakt door de aanwezigheid van Anna (een externe factor), maar ook doordat Kees kennelijk een bepaalde bedoeling had (een interne factor). Voor de theorie van Jones en Davis is deze onduidelijkheid geen probleem: de theorie is primair gericht op de factoren die bepalen of een correspondente gevolgtrekking optreedt, zonder onderscheid te maken tussen alle andere mogelijkheden. Jones en Davis gebruiken het woord 'niet-correspondent' voor al deze andere mogelijkheden, dus ook voor gedrag dat per ongeluk totstandkomt of dat door de situatie wordt afgedwongen.

Henk helpt 's avonds zijn baas met een vervelende klus

persoonsattributie
(interne oorzaak)

situationele attributie
(externe oorzaak):
Henk heeft opdracht
gekregen om te helpen

correspondent:
Henk is behulpzaam

niet-correspondent:
Henk is een slijmerd

Figuur 3.1

3.2.2 Sociale wenselijkheid

Welke factoren bepalen of we als waarnemers een correspondente gevolgtrekking maken uit het gedrag van een actor? Een eerste factor is de sociale wenselijkheid van het gedrag. Hoe hoger de sociale wenselijkheid, hoe waarschijnlijker het is dat iedereen dit gedrag zou vertonen in dezelfde situatie, en des te kleiner is de kans dat een correspondente gevolgtrekking wordt gemaakt. Neem iemand die in een winkel betaalt voor zijn boodschappen. Wat kunnen we concluderen over de disposities van deze persoon? Eigenlijk niets, want bijna iedereen doet hetzelfde. Iemand die voor zijn boodschappen betaalt is niet eerlijker dan de meeste andere mensen. Er wordt dus niet voldaan aan de tweede voorwaarde voor een correspondente gevolgtrekking (de eigenschap moet meer dan gemiddeld aanwezig zijn). Ook aan de eerste voorwaarde, een directe relatie tussen het gedrag en de onderliggende eigenschap, wordt niet voldaan: er zijn tal van redenen waarom mensen hun boodschappen afrekenen, variërend van de oprechte overtuiging dat de winkelier het geld heeft verdiend tot angst om door een winkeldetective in de kraag gegrepen te worden.

Als een gedraging echter maatschappelijk gezien *on*wenselijk is, bijvoorbeeld als iemand een pak koffie in zijn tas doet zonder ervoor te betalen, kunnen we een conclusie trekken, in dit geval dat de persoon oneerlijk is. Gedrag dat tegen de sociale normen ingaat, geeft duidelijke informatie over de onderliggende dispositie van de actor. Jones en Davis noemen dit gedrag *out-of-role*: het wijkt af van de sociaal voorgeschreven rol die mensen in het dagelijks leven of in een specifieke situatie horen te vervullen. Gedrag dat overeenkomt met sociale normen noemen ze *in-role*. In het algemeen leidt *out-of-role*-gedrag eerder tot een correspondente gevolgtrekking dan *in-role*-gedrag.

Dit idee werd getoetst in een klassiek experiment van Jones, Davis en Gergen (1961). Proefpersonen luisterden naar een opname van een gesimuleerd sollicitatiegesprek. Vóór het gesprek hoorden ze dat aan de sollicitant (de actor) was verteld wat de ideale kandidaat was voor de baan. Sommige proefpersonen kregen te horen dat het ging om een baan als bemanningslid van een duikboot, waarbij duidelijk werd gemaakt dat deze baan vereist dat men op andere mensen gericht is. Anderen kregen de baan beschreven als die van een astronaut, een baan die meer geschikt was voor introverte mensen die goed alleen kunnen zijn. De proefpersonen hoorden vervolgens de sollicitant antwoorden op een serie vragen. De helft van de proefpersonen kreeg antwoorden te horen waarin de sollicitant zichzelf afschilderde als introvert, terwijl in de andere helft van de gevallen de sollicitant zichzelf beschreef als iemand die op anderen is gericht. Kortom, er was sprake van een 2 (functie-eisen: introvert, sociaal) x 2 (antwoorden van de sollicitant: introvert, sociaal) ontwerp (zie paragraaf 2.2.2, p.38), een ontwerp dat vier condities oplevert:
1 er werd een introverte kandidaat gezocht en de sollicitant beschreef zichzelf als introvert;
2 er werd een sociale kandidaat gezocht en de sollicitant beschreef zichzelf als introvert;
3 er werd een introverte kandidaat gezocht en de sollicitant beschreef zichzelf als sociaal;
4 er werd een sociale kandidaat gezocht en de sollicitant beschreef zichzelf als sociaal.

Aan de respondenten werd gevraagd de actor te beoordelen op een beoordelingsschaal die liep van 'zeer naar binnen gericht' tot 'zeer op anderen gericht', en om tevens aan te geven hoe zeker ze waren van hun oordeel. Op die manier kon worden gekeken naar het tweede en derde kenmerk van een correspondente gevolgtrekking: de extremiteit van het oordeel op de correspondente eigenschap en de zekerheid van het oordeel.
In de eerste en de vierde conditie is het gedrag van de actor (de reacties van de sollicitant) in overeenstemming met de functie-eisen, dat wil zeggen, het gedrag is in-role. In de tweede en de derde conditie wijkt het gedrag af van de vereisten: het is out-of-role. Uit de resultaten bleek dat proefpersonen in de twee *in-role*-condities gematigde oordelen gaven en niet erg zeker waren van hun oordeel. In de twee *out-of-role*-condities daarentegen waren de oordelen

extremer en zekerder. De actor die zichzelf als in zichzelf gekeerd beschreef terwijl hij solliciteerde voor de 'extraverte' baan werd vol vertrouwen beoordeeld als zeer introvert, en de actor die zich als sociaal presenteerde terwijl hij solliciteerde als astronaut werd met stelligheid beoordeeld als zeer sociaal.
Deze resultaten laten zien dat vooral het niet bij de rol passende gedrag leidde tot een correspondente gevolgtrekking, terwijl de proefpersonen in *in-role*-condities minder extreem en minder zeker waren in hun beoordeling. Dat komt doordat in-role gedrag meerdere oorzaken kan hebben: het gedrag kan worden veroorzaakt doordat de persoon echt zo is of doordat hij zich aanpast aan de vereiste rol. Op dezelfde manier kunnen de uitspraken die Kees tegenover Anna deed worden gezien als *in-role*-gedrag. *Out-of-role*-gedrag kan daarentegen slechts één oorzaak hebben: als iemand afwijkt van de vereiste rol, dan moet het wel zijn omdat hij echt zo is, want het levert hem verder geen voordeel op. Zou Kees bijvoorbeeld tegen Anna zeggen: 'Wat een onzin, dieren zijn er toch voor om opgegeten te worden', dan zouden we gemakkelijker concluderen dat Kees dat echt vindt, want we nemen aan dat hij beseft dat hij met zo'n opmerking uit de gratie valt bij Anna. Zoals Jones en Davis het uitdrukten: het enige voordeel van *out-of-role*-gedrag is 'the satisfaction of expressing one's true nature'.
In het experiment van Jones, Davis en Gergen ging het om specifieke rolvereisten die samenhingen met de sollicitatiesituatie waarin de actor zich bevond. Op analoge wijze zijn er nog veel meer specifieke rolvereisten: een priester hoort zich moreel te gedragen; iemand die lid is van een straatbende hoort stoer te zijn en niet bang of bedeesd; ouders horen hun kinderen het goede voorbeeld te geven; iemand die voor het eerst met zijn aanstaande schoonfamilie kennismaakt hoort zich beleefd en niet te uitbundig te gedragen. In al deze gevallen vinden we het informatief als een persoon afwijkt van de norm. Dit betekent dat hetzelfde gedrag kan verschillen in informativiteit, afhankelijk van de situatie en de rol van de actor. Als een moeder in het bijzijn van haar kinderen dronken in de auto stapt of een gevaarlijke stunt uithaalt met vuurwerk, vinden we dat informatiever dan wanneer een lid van een straatbende dit doet in het bijzijn van zijn vrienden.
Naast deze rolgebonden normen zijn er, zoals eerder opgemerkt, algemene normen die voor iedereen en in elke situatie gelden: we horen allemaal enigszins eerlijk, vriendelijk en beleefd tegen anderen te zijn. Gedrag dat tegen deze algemene normen ingaat heeft dan ook veel meer invloed op onze indruk van een persoon dan sociaal wenselijk gedrag, zoals we ook in hoofdstuk 6 nog zullen zien (paragraaf 6.3.1, p.262 en 6.3.6, p.268).

3.2.3 Keuzevrijheid

Een tweede factor bij het maken van gevolgtrekkingen is de mate waarin de actor een keuze kon maken. Hoe meer keuzevrijheid de actor heeft, des te zekerder is de waarnemer dat de gekozen handeling een onderliggende dispositie weerspiegelt. Als iemand onder druk staat om bepaald gedrag te vertonen, is het onduidelijk of het gedrag is veroorzaakt door deze druk of door dispositionele factoren. Als gevolg daarvan kan de waarnemer geen extreme en zekere gevolgtrekking over de actor maken.

In een experiment van Jones en Harris (1967) kregen proefpersonen een betoog te lezen over Cuba onder het regime van Fidel Castro, dat zogenaamd was geschreven door een andere student, de actor. Sommige proefpersonen (keuze-conditie) werd verteld dat de actor volledige vrijheid had gekregen om een pro- of anti-stelling tegenover Castro in te nemen. Anderen ('geen keuze'-conditie) werd verteld dat de actor geïnstrueerd was deze bepaalde stellingname tegenover Castro in te nemen. Alle proefpersonen lazen vervolgens het zogenaamd door de actor geschreven betoog. Sommige proefpersonen lazen een pro-Castro-betoog, anderen een anti-Castro-betoog. (Dus ook hier gaat het om een 2 (keuze: wel, geen) x 2 (betoog: pro, anti) ontwerp.) Vervolgens werd gevraagd de werkelijke attitude van de actor tegenover Castro in te schatten.

Voor de proefpersonen die het anti-Castro-betoog lazen, gold dat ze in de keuze-conditie een meer extreme anti-Castro-attitude afleidden uit het betoog dan in de 'geen keuze'-conditie. Op dezelfde manier beoordeelden proefpersonen die het pro-Castro betoog lazen, de actor als meer pro-Castro in de keuze-conditie dan in de geen-keuze-conditie. Hieruit kan worden geconcludeerd dat gedrag dat onder vrije keuze wordt uitgevoerd informatiever is voor de waarnemer dan gedrag dat onder externe druk wordt uitgevoerd.

Het experiment leverde daarnaast een onverwacht resultaat op. Jones en Harris gingen er aanvankelijk van uit dat in de 'geen keuze'-conditie de richting van het betoog (pro- of anti-Castro) weinig zou uitmaken. Immers, als de actor de opdracht had gekregen om die bepaalde stellingname te kiezen, zou het betoog volstrekt oninformatief moeten zijn over de werkelijke attitude van de actor. Uit de resultaten bleek echter dat ook in de 'geen keuze'-conditie een gunstiger attitude tegenover Castro werd toegeschreven aan de actor die een pro-Castro-betoog schreef dan aan degene die een anti-Castro-betoog schreef. Het verschil was weliswaar kleiner dan in de keuze-condities, maar het was wel aanwezig. Kennelijk onderschatten de proefpersonen de invloed van de opdracht die vooraf aan de actor was gegeven, in overeenstemming met Heiders observatie dat waarnemers zich sterker laten beïnvloeden door iemands gedrag dan door situationele, externe invloeden (zie paragraaf 1.3.3, p.24). We komen hier later in dit hoofdstuk op terug (paragraaf 3.7.1, p.124).

3.2.4 Analyse van effecten

Wanneer er sprake is van keuzevrijheid, wordt een derde factor van belang bij het maken van gevolgtrekkingen, namelijk de effecten van het gedrag dat de actor kiest en de effecten van alternatieve gedragingen die de actor had kunnen kiezen. We gaan nog even terug naar Kees, die met Anna aan de bar zit. Het is bijna twaalf uur geworden, en Kees heeft met zijn vriendin afgesproken dat hij om twaalf uur thuis zou zijn. Wat kan Kees nu doen? Stel dat hij besluit om gewoon in het café te blijven zitten. Om een gevolgtrekking te kunnen maken uit dit gedrag vraagt de waarnemer zich af wat de alternatieve gedragsmogelijkheden zijn voor Kees.

Behalve in het café blijven en 'vergeten' hoe laat het is, zou Kees in dit geval nog twee andere dingen kunnen doen: hij kan gewoon naar huis gaan op de afgesproken tijd of hij kan blijven, maar eerst even naar zijn vriendin bellen dat het later wordt; hij moet dan wel aan Anna vertellen dat hij een vriendin heeft, want de enige telefoon staat bij de bar.

Ieder van deze gedragingen heeft meerdere consequenties of effecten. Als Kees in het café blijft, kan hij daar verschillende consequenties mee beogen. Het kan zijn dat hij graag het gesprek met Anna wil voortzetten. Het is ook mogelijk dat hij gewoon nog een biertje wil drinken. Maar wat zijn bedoeling ook is, het staat in elk geval vast dat zijn vriendin ongerust wordt en dat ze naderhand boos zal zijn.

Als hij zijn vriendin belt, hoeft ze niet ongerust te zijn, maar ze zal evengoed wel boos worden omdat Kees zich niet aan de afspraak houdt. Bovendien is er alle kans dat Anna vertrekt, want Anna is zo'n principieel meisje, die moet niets hebben van een jongen die gezellig de bloemetjes buiten zet terwijl zijn vriendin thuis zit te wachten. Hij kan dan niet meer met Anna praten, maar misschien is dat juist wel zijn bedoeling: misschien heeft hij eigenlijk nog steeds enorme trek in bitterballen, en wil hij dat Anna weggaat omdat hij dan bitterballen kan bestellen zonder zich schuldig te voelen.

Als Kees gewoon naar huis gaat, heeft dat tot gevolg dat zijn vriendin niet ongerust of boos wordt. Hij kan dan niet met Anna praten en ook geen bitterballen eten, maar hij kan wel thuis een biertje drinken en gezellig bij zijn nietboze vriendin zijn.

In het volgende schema staan de drie alternatieven met hun effecten weergegeven.

Blijven	Bellen+blijven	Naar huis gaan
bier drinken	bier drinken	bier drinken
met Anna praten	–	–
–	bitterballen eten	–
vriendin boos	vriendin boos	–
vriendin ongerust	–	–
–	–	bij vriendin zijn

Als een actor de keuze heeft tussen verschillende gedragingen, zoals in dit voorbeeld, kan de reden voor de gemaakte keuze worden geanalyseerd. Volgens Jones en Davis let de waarnemer daarbij vooral op de effecten die *uniek* zijn voor een bepaalde keuze (bijvoorbeeld 'met Anna praten' bij de keuze voor blijven), want effecten die met alle alternatieven bereikt kunnen worden (zoals 'bier drinken' in dit voorbeeld) geven geen nuttige informatie over de mogelijke reden voor de gemaakte keuze: wat Kees ook kiest, hij kan bij alle opties bier drinken, dus we kunnen uit zijn keuze niet afleiden of dat belangrijk voor hem is. De waarnemer neemt aan dat de effecten die alleen zijn geassocieerd met het gekozen alternatief door de actor gewenst worden, en dat effecten die alleen zijn geassocieerd met de niet-gekozen alternatieven voor de actor ongewenst of onbelangrijk zijn.

Als Kees kiest voor het eerste alternatief (blijven), kan de waarnemer daaruit opmaken dat Kees graag met Anna wil praten, en dat hij het minder belangrijk vindt of zijn vriendin ongerust is. De waarnemer kan geen gevolgtrekkingen maken over de behoefte van Kees om bier te drinken of te vermijden dat zijn vriendin boos wordt, omdat deze effecten ook zijn geassocieerd met één of meer van de andere alternatieven. Als Kees besluit om naar huis te gaan, kan worden geconcludeerd dat hij zijn vriendin niet op de kast wil jagen en/of dat hij gewoon bij haar wil zijn. Als Kees ervoor kiest om zijn vriendin op te bellen, wat bereikt hij daar dan mee? Anna gaat weg en de vriendin wordt toch boos. Is het zijn bedoeling om ervoor te zorgen dat zijn vriendin niet ongerust wordt, dan zou hij net zo goed naar huis kunnen gaan. In dit geval kan de waarnemer dus alleen maar afleiden dat Kees graag bitterballen wil eten, want hij bereikt geen andere unieke effecten met deze keuze.

Kortom, op grond van het gedrag dat Kees kiest kan de waarnemer een bepaalde *intentie* afleiden – datgene wat Kees beoogt met het gedrag. Uit deze intentie kan een eigenschap of attitude worden afgeleid. Als Kees naar huis gaat, kunnen we bijvoorbeeld afleiden dat hij om zijn vriendin geeft. Als hij blijft zonder te bellen, kunnen we afleiden dat dat juist niet zo is en dat hij meer geïnteresseerd is in Anna. Als hij opbelt, wetend dat Anna dan vertrekt, moeten we uiteindelijk concluderen dat hij zijn zinnen heeft gezet op de bitterballen (en dus dat hij waarschijnlijk niet zo sterk gekant is tegen vlees eten als hij eerder op de avond suggereerde).

De hier beschreven analyse van effecten maakt zo op het oog misschien een wat kunstmatige indruk: hoe vaak gebeurt het nu dat we alle mogelijke gedragsalternatieven van een actor kennen en bij elk alternatief alle effecten op een rijtje hebben? Dat gebeurt inderdaad niet vaak. Toch zijn er wel situaties waarin de analyse van effecten een belangrijke rol speelt. Denk aan een politicus die moet kiezen of er nu wel of niet een extra vliegveld mag komen, waarbij een extra vliegveld economische voordelen oplevert maar ook het milieu schaadt. In dit geval zijn de effecten van beide alternatieven duidelijk en zegt de gemaakte keuze iets over de prioriteiten van de politicus. Politici weten dat maar al te goed en proberen dan ook vaak de verschillende effecten van de alternatieven te vertroebelen, zodat de kiezers geen heldere analyse van effecten meer kunnen plegen.

3.2.5 Hedonische relevantie

Tot nu toe hebben we aangenomen dat de waarnemer een belangeloze toeschouwer is. Er zijn echter veel situaties waarin het gedrag van een actor een direct effect heeft op de waarnemer. Het gedrag van Kees heeft bijvoorbeeld gevolgen voor zijn vriendin. Als zij dit gedrag waarneemt (bijvoorbeeld als ze constateert dat Kees niet op tijd thuiskomt), kijkt ze er heel anders tegenaan dan wanneer wij dit gedrag waarnemen als buitenstaanders.

Als het gedrag van een actor de belangen van de waarnemer beïnvloedt, is het gedrag *hedonisch relevant* voor de waarnemer. Hoe hoger de hedonische relevantie van een handeling voor de waarnemer, des te sterker zal de correspondente gevolgtrekking zijn die de waarnemer maakt. Als Kees niet thuiskomt zonder te bellen, zal zijn vriendin dit gedrag dus in sterkere mate onverantwoordelijk vinden dan wij (buitenstaanders), omdat het gedrag voor haar hedonisch relevant is en voor ons niet.

De invloed van hedonische relevantie werd onderzocht in een experiment van Jones en DeCharms (1957), waarin proefpersonen in een groep aan een taak werkten. Eén groepslid was een medeplichtige van de onderzoekers en deed helemaal niet zijn best, waardoor de taak mislukte. In sommige condities dachten de proefpersonen dat ze financieel zouden worden beloond op basis van de collectieve prestatie van de groep als geheel. Het gedrag van de medeplichtige had dus tot gevolg dat de andere groepsleden (de proefpersonen) een financiële beloning voor de taak misliepen (hoge hedonische relevantie). In andere condities werd ieder groepslid individueel beloond. Hier had het gebrek aan inzet van de medeplichtige dus geen invloed op de beloning voor de andere groepsleden (lage hedonische relevantie). Hoewel het gedrag van de medeplichtige in beide gevallen identiek was, werd deze persoon door de andere groepsleden als meer onbekwaam en onbetrouwbaar beoordeeld wanneer de mislukking invloed had op hun beloning dan wanneer dit niet het geval was. De hedonische relevantie leidde dus tot een sterkere correspondente gevolgtrekking van incompetentie.

Als het gedrag van een actor een hoge hedonische relevantie heeft, probeert de waarnemer te bepalen of de actor voor een bepaalde handeling heeft gekozen met het oog op de waarnemer of om een andere reden. Stel dat een docent je een onvoldoende geeft voor een mondeling tentamen, terwijl jij vindt dat het wel een zesje waard was. Voor jouw oordeel over de docent maakt het dan nogal wat uit of je denkt dat die docent jou te pakken wilde nemen of gewoon naar eer en geweten zijn werk deed. In het laatste geval is het feit dat jouw belangen worden geschaad een neveneffect van andere intenties van de docent. In het eerste geval, waar het gedrag van de docent specifiek op de waarnemer is gericht, is het gedrag hoog in *personalisme*. Als het gedrag daarentegen is gericht op mensen in het algemeen of als de invloed op de waarnemer slechts een neveneffect is, is het gedrag laag in personalisme. Er zijn dus twee soorten hedonisch relevante gedragingen: hoog- en laag-personalistische. In beide gevallen worden de belangen van de waarnemer beïnvloed (ten goede of ten kwade), maar in het ene geval is het 'persoonlijk bedoeld' en in het andere geval niet. Hedonisch relevante gedragingen leiden tot meer extreme gevolgtrekkingen wanneer ze hoog dan wanneer ze laag zijn in personalisme.

3.2.6 Slotopmerkingen

Jones en Davis beschrijven verschillende factoren die bepalen in hoeverre waarnemers een correspondente gevolgtrekking maken uit het gedrag van een actor. Bij de eerste drie factoren (sociale wenselijkheid, keuzevrijheid en de analyse van effecten) gaat de waarnemer vrij rationeel te werk: het is bijvoorbeeld 'logisch' dat een handeling die sociaal onwenselijk is en waarbij sprake is van een hoge keuzevrijheid, aanleiding geeft tot extreme gevolgtrekkingen. Bij de laatste factor, hedonische relevantie, is er sprake van een motivationele vertekening in attributies: precies hetzelfde gedrag kan leiden tot meer of minder extreme gevolgtrekkingen, afhankelijk van de invloed die het op de waarnemer heeft. Dat is niet logisch maar wel begrijpelijk: als een persoon onaardig doet tegen jou, dan is dat vervelender dan als die persoon onaardig is tegen anderen. Kenmerkend voor de theorie van Jones en Davis, evenals voor die van Heider, is de belangrijke rol van intenties (zie Malle & Ickes, 1999). We kunnen pas eigenschappen afleiden uit het gedrag van mensen als we weten wat hun intenties zijn. Als Kees de intentie heeft om Anna het bed in te praten, dan leiden we geheel andere eigenschappen af uit zijn gedrag dan als het zijn bedoeling is om aan te geven dat Anna hem werkelijk heeft overtuigd. In later onderzoek naar de vraag hoe mensen eigenschappen afleiden uit gedrag (*trait inference*-onderzoek) is deze centrale rol van intenties jammer genoeg onderbelicht gebleven (hoewel er recent enige uitzonderingen zijn te signaleren, bijvoorbeeld: Malle & Knobe, 1997; Malle, 1999). In een ander onderzoeksgebied, waarin attributies van *verantwoordelijkheid* centraal staan (bijv. Shaver, 1985), heeft de invloed van waargenomen intenties wel de nodige aandacht gehad (bijvoorbeeld: mensen worden in sterkere mate verantwoordelijk geacht voor hun daden wanneer hun gedrag intentioneel is; denk maar aan het verschil tussen moord en doodslag, waarbij het ene intentioneel is en het andere niet, hetgeen verklaart waarom de straf zwaarder is bij moord).

3.3 Kelley's attributietheorie

Hoe is het nu inmiddels met Kees? Hij is het opeens helemaal zat met die vrouwen. Hij heeft genoeg van het gesprek met Anna, die probeert een vegetariër van hem te maken, en hij heeft ook genoeg van zijn vriendin, die hem thuis wil laten komen als het nachtleven nog moet beginnen. Hij zegt tegen Anna dat hij er vandoor moet, en hij gaat naar de discotheek, Extase.

Als waarnemers zouden we ons nu kunnen afvragen of dit een tijdelijke bevlieging is van Kees, of dat hij in feite niets leuker vindt dan naar de discotheek gaan. Om die vraag te beantwoorden moeten we weten of Kees wel vaker naar de discotheek gaat. Het is ook mogelijk dat er iets bijzonders te doen is in Extase. Daar weten we meer over als blijkt dat er die avond heel veel mensen naar Extase gaan.

In de vorige sectie hebben we gekeken naar gevolgtrekkingen op basis van een enkele gedragsepisode, bijvoorbeeld de ondergeschikte die op eigen initiatief een beslissing neemt over het briefpapier voor het wasmiddelenbedrijf. Soms is er meer informatie beschikbaar die bruikbaar kan zijn bij het maken van attributies. Wanneer je als buitenstaander probeert de oorzaak van de briefpapiervergissing te bepalen, dan zou je bijvoorbeeld willen weten of de betreffende ondergeschikte wel vaker beslissingen neemt zonder overleg te plegen en of dergelijke vergissingen vaker voorkomen op de afdeling van deze chef.
De attributietheorie van Kelley (1967, 1972, 1973) richt zich op de vraag hoe waarnemers dit soort aanvullende informatie gebruiken bij het maken van attributies. We gaan nu de gedraging 'Kees gaat naar Extase' wat beter onder de loep nemen om deze theorie toe te lichten.

3.3.1 Drie attributie-dimensies

We nemen aan dat Kees, een student, op een willekeurige vrijdagavond naar de discotheek Extase gaat en dat we als waarnemer willen bepalen wat de oorzaak van dat gedrag is. Verder nemen we aan: (a) dat we ook informatie hebben over het gedrag van Kees op twee voorafgaande vrijdagavonden, alsmede over (b) het gedrag van twee medestudenten van Kees – Klaas en Els – op de bewuste avond, en (c) dat er nog twee andere discotheken in de stad zijn, In Casa en Twins. Volgens Kelley zullen we gebruikmaken van drie attributiedimensies om met bovenstaande informatie te bepalen wat de oorzaak is van Kees' bezoek aan Extase op deze avond.
Consistentie-informatie verwijst naar het gedrag van dezelfde actor op verschillende momenten. Als Kees ook op de twee voorafgaande vrijdagavonden naar de discotheek ging, dan is het waarschijnlijker dat de oorzaak van het gedrag bij Kees ligt (hij houdt ervan om naar de discotheek te gaan) dan wanneer hij op de andere avonden iets anders deed. Consistentie-informatie hoeft niet uitsluitend betrekking te hebben op een herhaling van een bepaalde gedraging in de *tijd*. Een gedraging kan ook consistent zijn over verschillende *modaliteiten*. Als Katrien bijvoorbeeld een cd van Madonna koopt, dan kan consistentie blijken uit het feit dat ze ook andere cd's van Madonna koopt en dat ze naar optredens van Madonna gaat en videoclips van Madonna bekijkt.
Consensus-informatie betreft het gedrag van andere actoren. Als Kees de enige is die op vrijdagavond naar Extase gaat, dan is het waarschijnlijker dat de oorzaak bij Kees ligt dan als Klaas en Els eveneens naar Extase gaan. In het laatste geval zullen we eerder aannemen dat er in Extase iets bijzonders te doen is en dat de oorzaak van het gedrag bij de aantrekkingskracht van deze discotheek ligt.
Distinctiviteits-informatie verwijst naar de verschillende objecten (*entiteiten*) ten opzichte waarvan het gedrag kan worden vertoond, in dit geval de drie discotheken Extase, In Casa en Twins. Als Kees elke vrijdagavond naar Extase gaat, is het waarschijnlijker dat speciaal deze discotheek aantrekkingskracht op hem uitoefent dan als hij ook naar andere discotheken gaat. In het laatste

geval is er geen onderscheid tussen de verschillende objecten (lage distinctiviteit) en zullen we eerder aannemen dat Kees gewoon van discotheken in het algemeen houdt. Distinctiviteits-informatie kan verschillende abstractieniveaus hebben. In dit voorbeeld betreft het een onderscheid tussen drie specifieke discotheken. Het voorbeeld zou echter ook zodanig aangepast kunnen worden dat de distinctiviteits-dimensie naar een wat algemener abstractieniveau verwijst: als we weten dat Kees naar een discotheek gaat en we hebben daarnaast informatie over zijn bezoek aan cafés en feestjes, dan kunnen we met de distinctiviteits-dimensie bepalen of hij speciaal van discotheken houdt of van uitgaan in het algemeen. De distinctiviteits-dimensie is dus relatief ten opzichte van de gedraging waar het om gaat. Als de gedraging is 'Kees gaat naar Extase' of 'Kees drinkt Heineken bier', en we willen weten waarom hij naar die discotheek gaat en dat bier drinkt, dan verwijst distinctiviteits-informatie naar het gedrag van Kees ten opzichte van andere discotheken of andere merken bier. Maar is de gedraging 'Kees gaat uit' of 'Kees drinkt bier', dan is de distinctiviteit van het gedrag af te leiden uit de tijdsbesteding van Kees op andere avonden of uit de vraag of hij ook iets anders drinkt dan bier.

Persoons-attributies
De attributie die een waarnemer maakt bij een gedraging wordt bepaald door de specifieke combinatie van informatie over de drie genoemde dimensies. Stel dat Kees de enige is die op vrijdagavond naar Extase gaat (Els en Klaas gaan niet), dat Kees op diezelfde avond ook nog naar In Casa en Twins gaat en dat Kees dit ook deed op de voorafgaande vrijdagavonden. De kubus in figuur 3.2a geeft deze verschillende soorten informatie tezamen weer. Ieder blokje in deze kubus verwijst naar een combinatie van persoon, tijdstip en entiteit. Het grijze blokje rechtsboven geeft bijvoorbeeld aan dat Kees op de eerste avond naar Extase ging; het blokje linksonder geeft aan dat Els op de derde avond *niet* naar Twins ging, want dit blokje is wit.

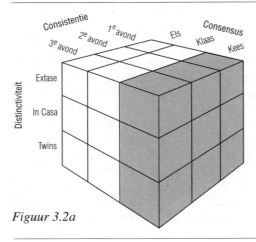

Figuur 3.2a

De consistentie-dimensie laat zien dat Kees op alledrie de avonden naar de discotheek ging (hoge consistentie). De distinctiviteits-dimensie laat zien dat Kees drie verschillende discotheken bezocht (lage distinctiviteit). Er zijn dus geen verschillen in Kees' gedrag op de verschillende avonden en ten opzichte van de verschillende discotheken. Alleen op de de consensus-dimensie is er sprake van verschillen: Els en Klaas gingen niet naar de discotheek (lage consensus) en Kees wel. In dit geval zullen we concluderen dat de oorzaak van het gedrag bij Kees ligt: hij houdt ervan om naar de discotheek te gaan. We maken een *persoons-attributie*.

Entiteits-attributies
Een andere mogelijkheid is weergegeven in figuur 3.2b. Hier laat de consistentie-dimensie zien dat Kees op alledrie de vrijdagavonden naar Extase ging, net als in figuur 3.2a (hoge consistentie). De consensus-dimensie laat nu echter zien dat Els en Klaas óók naar Extase gingen (hoge consensus), en de distinctiviteits-dimensie laat zien dat ze alledrie alleen naar Extase gingen en niet naar een andere discotheek (hoge distinctiviteit). In dit voorbeeld zijn er geen verschillen op de consistentie- en consensus-dimensie: Kees, Els en Klaas gaan alledrie op alle avonden naar Extase. Er is echter wel een verschil op de distinctiviteits-dimensie: het gedrag ten opzichte van Extase is anders dan ten opzichte van In Casa en Twins. In dit geval zullen we concluderen dat de oorzaak van het gedrag bij Extase ligt: kennelijk is er in Extase iets aan de hand waardoor alle studenten er graag naartoe gaan. We maken hier een *entiteitsattributie*.

De term 'entiteit' verwijst naar de stimulus ten opzichte waarvan het gedrag wordt vertoond. Een entiteit kan een object zijn, zoals een discotheek (of, op een hoger abstractieniveau van distinctiviteits-informatie, een categorie van

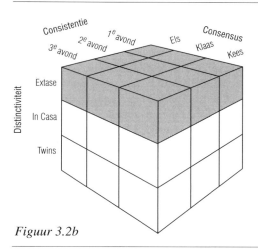

Figuur 3.2b

objecten, zoals discotheken in het algemeen). Het kan ook een bepaalde gebeurtenis zijn, zoals een tentamen. Als Piet zakt voor het tentamen cognitieve sociale psychologie en we weten verder dat Piet andere tentamens wél haalt (hoge distinctiviteit) en dat veel andere studenten ook zakken voor cognitieve sociale psychologie (hoge consensus), dan zullen we de onvoldoende van Piet toeschrijven aan de moeilijkheidsgraad van dit tentamen. Dit is een entiteitsattributie. Tenslotte kan een entiteit ook een andere persoon zijn, bijvoorbeeld wanneer we zien dat Piet boos wordt op Jan. Als blijkt dat Piet op andere mensen niet boos wordt en dat iedereen boos is op Jan, zullen we concluderen dat de woede door Jan is uitgelokt: kennelijk is er iets met Jan waardoor andere mensen gauw boos op hem worden. Ook dit is een entiteits-attributie van het gedrag van Piet. Bij alle entiteits-attributies wordt de oorzaak van het gedrag buiten de actor zelf gelegd. Het is dus een vorm van een externe attributie.

Persoon x entiteits-attributies
Hiervoor zijn voorbeelden besproken waarin de oorzaak van het gedrag ofwel volledig bij de actor ligt (persoons-attributie) ofwel volledig buiten de actor (entiteits-attributie). De kubus in figuur 3.2c laat een derde mogelijkheid zien. In dit voorbeeld is Kees de enige die naar Extase gaat (lage consensus), hij doet dit elke vrijdagavond (hoge consistentie) en hij gaat niet naar andere discotheken (hoge distinctiviteit). Er is nu op twee dimensies sprake van verschillen, namelijk op de consensus-dimensie (Kees gaat wel, anderen niet) en op de distinctiviteits-dimensie (Kees gaat naar Extase, niet naar andere discotheken). In dit geval moeten we concluderen dat Kees 'iets' heeft met Extase, want hij gaat speciaal naar die discotheek en niet naar andere discotheken, en Els en Klaas gaan niet naar Extase. We maken nu een persoon x entiteits-attributie: Kees houdt van Extase.

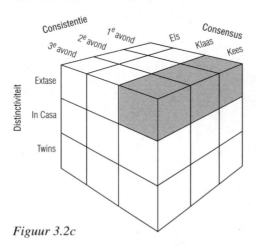

Figuur 3.2c

Omstandigheden-attributies
Een vierde mogelijkheid wordt geïllustreerd door de kubus van figuur 3.2d. Deze laat zien dat Kees op de bewuste vrijdagavond naar Extase gaat, maar dat dit ongebruikelijk is want hij deed dit niet op de voorafgaande avonden (lage consistentie). Bovendien zien we dat hij niet naar andere discotheken gaat (hoge distinctiviteit) en dat Els en Klaas niet naar Extase gaan (lage consensus). In dit voorbeeld is er op alledrie de dimensies sprake van verschillen. Daardoor is het niet duidelijk wat de oorzaak is van het gedrag van Kees. Het lijkt erop dat het gedrag min of meer toevallig is, of dat er bepaalde factoren in het spel zijn waarover we geen informatie hebben. Misschien was het inderdaad een bevlieging van Kees om naar de discotheek te gaan, en was Extase toevallig in de buurt. In dit geval schrijven we het gedrag van Kees toe aan omstandigheden.

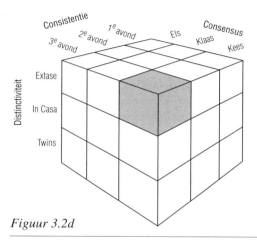

Figuur 3.2d

Merk op dat de drie mogelijke oorzaken van gedrag die hier aan de orde zijn geweest – persoon, entiteit en omstandigheden – overeenkomen met de indeling van Heider die aan het begin van dit hoofdstuk is beschreven: de actor zelf, een andere persoon en toeval. De persoon correspondeert met de actor; attributie aan een andere persoon is, zoals we hebben gezien, een speciaal geval van een entiteits-attributie. Bij een omstandigheden-attributie wordt de oorzaak gezocht bij toevallige factoren.

In het voorbeeld van Kees hebben we informatie over drie tijdstippen, drie actoren en drie entiteiten, maar de theorie van Kelley is evenzeer toepasbaar op andere aantallen. In het geval van tentamenuitslagen is het bijvoorbeeld mogelijk dat we informatie hebben over twee tijdstippen (het tentamen en het hertentamen), tientallen actoren (alle studenten die het tentamen maken) en zes entiteiten (alle tentamens in dat studiejaar).

3.3.2 Verwerking van onvolledige of tegenstrijdige informatie

In de analyse van de oorzaken van het discotheekbezoek van Kees namen we aan dat de waarnemer alle relevante informatie had over het gedrag van Kees en zijn studiegenoten, en dat alle informatie tot dezelfde conclusie leidde. Er zijn echter veel situaties waarin de waarnemer onvolledige informatie heeft of waarin de verschillende soorten informatie elkaar tegenspreken. Het is bijvoorbeeld denkbaar dat een hoge consistentie en een lage distinctiviteit wijzen op een persoons-attributie (bijvoorbeeld: Piet zakt niet alleen voor cognitieve sociale psychologie maar voor alle tentamens en voor het hertentamen), maar dat de consensus hoog is (andere studenten zakken ook voor cognitieve sociale psychologie) of dat er geen informatie is over de consensus-dimensie. Wat doet de waarnemer in zulke gevallen van onderling strijdige of ontbrekende informatie?

Eén mogelijkheid is dat men meer voorzichtige attributies maakt als bepaalde informatie tegenstrijdig is of ontbreekt. De patronen in de figuren 3.2a tot en met 3.2d zijn min of meer 'ideale' patronen. Naarmate het waargenomen patroon meer afwijkt van een ideaal patroon, zijn waarnemers, volgens Kelley (1967), minder zeker van hun conclusies.

Een tweede mogelijkheid is dat waarnemers zelf ontbrekende informatie aanvullen, in overeenstemming met het beeld dat ze hebben op basis van de aanwezige informatie. Als we zien dat Piet geen enkel tentamen haalt en we weten niet wat de uitslag van de andere studenten is, zijn we geneigd aan te nemen dat het aan Piet ligt en dat de meerderheid van de andere studenten het tentamen dus wél haalt.

Een derde oplossing voor ontbrekende informatie is dat de waarnemer zelf op zoek gaat naar deze informatie (vgl. paragraaf 2.4.4, p.62: *Het zoeken van informatie*). Als Kees bijvoorbeeld zegt dat Extase de beste discotheek in de stad is en je weet niet zeker of dat met zijn smaak te maken heeft (een persoon x entiteits-attributie) of dat het echt zo is (een entiteits-attributie), dan kun je aan anderen gaan vragen of zij daar wel eens komen en wat ze ervan vinden.

Bij het ontbreken van consensus-informatie is het ook vaak zo dat waarnemers die informatie zelf genereren door na te gaan wat zij zelf zouden doen in een bepaalde situatie (Gilbert & Malone, 1995). Als je bijvoorbeeld hoort dat Piet een onvoldoende haalt voor cognitieve sociale psychologie en je vindt dit zelf een heel moeilijk vak, dan zul je eerder aannemen dat het aan het vak ligt (de entiteit) dan als je het zelf een makkelijk vak vindt (vgl. het *false consensus*-effect dat later in dit hoofdstuk wordt beschreven, paragraaf 3.7.3, p.133).

3.3.3 Causale schema's

Een uitvoerige attributionele analyse, zoals hiervoor beschreven, is niet typerend voor het meeste attributionele denkwerk dat waarnemers in het dagelijks leven verrichten (Kelley, 1972). Kelley's beschrijving van het attributie-proces op basis van de drie dimensies is primair bedoeld als een *normatieve* beschrijving, dat wil zeggen, een beschrijving van wat we als waarnemers zouden *moeten* doen als we op een rationele manier te werk zouden gaan. In de praktijk doen we dat echter lang niet altijd. Ten eerste hebben we in veel situaties gewoon geen tijd of zin om een complete attributionele analyse uit te voeren, zelfs als dat raadzaam zou zijn. Ten tweede hebben we soms zo weinig informatie dat het onmogelijk is om na te gaan met welke factoren het gedrag samenhangt, namelijk als we slechts één enkele gedraging observeren in één situatie en niets weten over het gedrag van anderen in die situatie. In zo'n geval ontbreekt alle relevante informatie over andere tijdstippen/modaliteiten, andere actoren en andere entiteiten.

Volgens Kelley maken we in dit soort gevallen gebruik van bestaande kennis en vuistregels over causale relaties, die we hebben opgebouwd op basis van onze ervaringen. Deze kennis is in ons geheugen opgeslagen in de vorm van causale schema's. Een voorbeeld van een causaal schema is het *multiple sufficient causes*-schema: als er meerdere oorzaken denkbaar zijn voor een gedraging, dan wordt één oorzaak soms al voldoende ('sufficient') gevonden ter verklaring van het gedrag. Kees kan bijvoorbeeld om verschillende redenen naar Extase gaan: omdat er een band optreedt, omdat het in de buurt is, omdat zijn vrienden daar altijd komen, en omdat ze er bitterballen verkopen. Slechts één van die redenen vinden we eigenlijk wel voldoende om te verklaren dat Kees naar die discotheek gaat.

Een gevolg van het gebruik van het *multiple sufficient causes*-schema is het zogenoemde *discounting*-principe: de rol van een bepaalde oorzakelijke factor wordt genegeerd als er ook andere aannemelijke oorzaken aanwezig zijn. Als we bijvoorbeeld horen dat Extase naast de deur is van het café waar Kees vandaan kwam, zullen we concluderen dat dat de reden is dat hij er naartoe ging, zonder ons af te vragen of Kees nog andere redenen had om juist naar Extase te gaan. Niettemin is het heel goed mogelijk dat Kees óók gaat omdat hij de band wil zien en bitterballen wil eten. We zijn echter geneigd de rol van deze mogelijke oorzaken te negeren (discounting) omdat er al één plausibele oorzaak is vastgesteld.

Een ander causaal schema, dat in andere omstandigheden wordt gebruikt, is het *multiple necessary causes*-schema. Hierbij neemt de waarnemer juist aan dat meerdere oorzaken nodig ('necessary') zijn om tot het gedrag te leiden. Dit type schema is onder meer relevant bij de attributie van prestaties, omdat goede prestaties vereisen dat de actor (a) bepaalde capaciteiten heeft en (b) zich inspant om de prestatie te leveren. Als een student bijvoorbeeld een 9 haalt voor een tentamen, zullen we aannemen dat de student goed is in dit vak én het tentamen goed heeft geleerd.

Een experiment van Cunningham en Kelley (1975) liet zien dat waarnemers bij gematigde gedragingen (bijvoorbeeld Jan wordt boos op zijn vrouw, Piet haalt een 7 voor een tentamen, Kees gaat naar de discotheek) gebruikmaken van een *multiple sufficient causes*-schema: als ze één oorzaak geïdentificeerd hebben, vinden ze dat voldoende en zoeken ze niet verder naar andere oorzaken. Extreme gedragingen die veel consequenties hebben (bijvoorbeeld Jan vraagt een echtscheiding aan, Piet haalt een 10) worden vaker geïnterpreteerd volgens een *multiple necessary causes*-schema: men veronderstelt dat meerdere oorzaken noodzakelijk zijn om tot zulke extreme effecten te leiden (zie ook McClure & Hilton, 1997).[1] Dit is ook het geval in het voorbeeld van het verkeerde briefpapier dat leidde tot een aanzienlijke verliespost: in dit voorbeeld zijn we geneigd te concluderen dat zowel de onduidelijke opdracht van de chef als de vakantie van de chef als het eigen initiatief van de ondergeschikte een rol hebben gespeeld.

3.3.4 Faciliterende versus remmende oorzaken

In de voorbeelden die tot nu toe zijn genoemd, ging het steeds om oorzaken die bepaald gedrag bevorderen: intelligentie bevordert een goed cijfer, een onduidelijke opdracht bevordert een vergissing, enzovoort. In deze gevallen spreken we van faciliterende oorzaken: oorzaken die het gedrag vergemakkelijken (faciliteren). Er zijn echter ook factoren die een gedraging juist remmen. Als Kees weet dat zijn vriendin thuis op hem zit te wachten, of als hij de volgende dag vroeg op moet omdat hij een tentamen heeft, zijn dat remmende factoren om naar de discotheek te gaan. Als de vrouw van Piet heel rijk is en hij onder huwelijkse voorwaarden is getrouwd, is dat een remmende factor voor het aanvragen van een echtscheiding. In het dagelijks taalgebruik komt een faciliterende oorzaak onder meer tot uiting in het woord 'dankzij' (bijvoorbeeld: Piet haalde een voldoende dankzij zijn intelligentie) en een remmende oorzaak in het woord 'ondanks' (bijvoorbeeld: Kees ging naar de discotheek ondanks het feit dat zijn vriendin thuis zat te wachten).

De invloed van faciliterende oorzaken wordt als groter beoordeeld wanneer remmende oorzaken aanwezig zijn dan wanneer ze afwezig zijn. Denk bijvoorbeeld aan Kees, kort nadat hij in gesprek raakte met Anna. Hij vindt Anna aantrekkelijk, en dat is een faciliterende factor om met haar verder te praten. Maar hij zou een moord doen voor een portie bitterballen, en dat is een remmende factor (want dat vindt Anna nou juist: dat het moord *ís*). Als Kees desondanks het gesprek voortzet en geen bitterballen bestelt, dan moet het wel zo zijn dat hij Anna héél leuk vindt. Als Piet een echtscheiding aanvraagt ondanks het feit dat hij daar een leven van weelde voor moet opgeven (een remmende factor), dan moet het wel zo zijn dat hij het echt niet langer kan uithouden met zijn vrouw (een faciliterende factor voor het aanvragen van een scheiding). Dit verschijnsel wordt door Kelley het *augmentation*-principe (versterkings-prin-

---

[1] Dit resultaat wordt niet door alle latere studies bevestigd. Het is met name gevonden in onderzoek waarin verschillende oorzaken van een gematigde gebeurtenis achtereenvolgens (sequentieel) gepresenteerd worden. Discounting treedt dan met name op voor oorzaken die later worden genoemd: als men de eerstgenoemde oorzaak eenmaal aannemelijk en voldoende vindt, worden andere oorzaken minder aannemelijk (McClure, 1998).

cipe) genoemd: de faciliterende oorzaak wordt als sterker gezien wanneer tevens een remmende factor aanwezig is.
Het *augmentation*-principe is de tegenpool van het eerder beschreven *discounting*-principe. Bij het *discounting*-principe wordt de rol van een oorzakelijke factor als kleiner beoordeeld zodra andere faciliterende oorzaken aanwezig zijn; bij het versterkings-principe wordt de rol van een oorzakelijke factor als groter beoordeeld zodra remmende oorzaken aanwezig zijn.
Merk op dat het idee van 'augmentation' ook impliciet ligt besloten in Jones en Davis' (1965) beschrijving van de effecten van sociaal ongewenst en *out-of-role*-gedrag: als een persoon iets doet dat tegen situationele vereisten of algemene sociale normen ingaat (bijvoorbeeld atheïstische uitspraken doen tijdens een sollicitatie bij een christelijk bedrijf), dan moet dat in hoge mate veroorzaakt zijn door een onderliggende dispositie, want het gedrag treedt op ondanks het feit dat de omgeving een remmende factor is voor dat gedrag.

3.3.5 Slotopmerkingen

Kelley's attributie-theorie is toepasbaar op een zeer groot scala aan verschillende situaties waarin mensen de oorzaak van een gedraging bepalen. De theorie besteedt echter nauwelijks aandacht aan motivationele en andere vertekeningen in het attributie-proces, die we later in dit hoofdstuk beschrijven. In Kelley's beschrijving van het attributie-proces, met name waar het de drie dimensies consistentie, consensus en distinctiviteit betreft, wordt de waarnemer afgeschilderd als een soort wetenschapper die een systematische analyse pleegt op basis van de beschikbare informatie. De analyse met behulp van deze drie dimensies staat ook bekend als het ANOVA-model van Kelley, naar analogie van wat er gebeurt bij een variantie-analyse: de waarnemer gaat systematisch na met welke factoren het gedrag samenhangt (covarieert) en met welke niet. De attributie-theorie van Kelley is dan ook een typisch voorbeeld van een sociaal-psychologische theorie waarin de mens wordt beschouwd als een 'naïeve wetenschapper', dit in tegenstelling tot theorieën waarin de mens wordt gezien als iemand die snel, makkelijk en vaak onzorgvuldig ('quick and dirty') tot oordelen en beslissingen komt.
In de theorieën van Jones en Davis en van Kelley gaat het voornamelijk om de vraag hoe mensen het gedrag van andere mensen attribueren. In de theorieën die hierna aan de orde komen staat de vraag centraal hoe mensen hun eigen gedrag attribueren en wat de gevolgen zijn van deze zelf-attributies.

3.4 Weiners prestatie-attributie-theorie

Stel je voor dat drie personen zijn gezakt voor hun rijexamen. De één denkt: ik heb al 40 lessen gehad, en nog altijd kan ik het niet, ik heb hier kennelijk geen aanleg voor. Deze persoon voelt zich nu een beetje een mislukkeling en zal wellicht besluiten het maar op te geven. De ander denkt: die mierenneuker heeft mij laten zakken op een stom formeel foutje; als ik de volgende keer een ander heb, dan haal ik het wel. Deze persoon is kwaad op de examinator en besluit het examen bij de volgende gelegenheid gewoon opnieuw te doen. De derde denkt: ik heb misschien nog niet genoeg lessen genomen; als ik er nog een paar neem, dan zal het wel lukken.

We zien hier dat drie personen die precies dezelfde uitkomst behalen (zakken voor het examen) heel verschillende attributies maken bij hun falen. Hun attributies zijn niet alleen verschillend, ze hebben ook verschillende gevoelens en verschillende verwachtingen van hun kans op succes bij een volgende gelegenheid. Ook hun gedragsreactie op het zakken is verschillend: de een geeft het op, de ander doet het gewoon opnieuw, en de derde gaat eerst meer lessen nemen.

De attributie-theorie van Weiner (Weiner e.a., 1972; Weiner, 1979, 1982, 1985a, 1986) gaat over de attributies die mensen maken bij hun eigen prestaties en over de gevolgen van die attributies. Het centrale idee in de theorie is dat de motivatie om een goede prestatie te leveren wordt beïnvloed door attributies die men heeft gemaakt bij eerdere successen en mislukkingen. Als mensen ergens succes in hebben of ergens in falen, vragen ze zich af *waarom* deze uitkomst is opgetreden: ze plegen een causale analyse bij hun uitkomsten. Daarbij gaan ze niet wezenlijk anders te werk dan wanneer ze de uitkomsten van andere mensen interpreteren. Het antwoord op de waaromvraag heeft consequenties voor de gevoelens die men vervolgens heeft, en uiteindelijk ook voor het gedrag bij latere taken. De redenering van Weiner is weergegeven in figuur 3.3.

Figuur 3.3

Hierna bespreken we achtereenvolgens de verschillende elementen in figuur 3.3: de factoren die mensen kunnen aanwijzen als oorzaak van succes of falen; de gevoelens die door deze verschillende attributies worden opgeroepen; de prestatieverwachting die uit de gemaakte attributie volgt; het gedrag dat hier uiteindelijk het gevolg van kan zijn.

3.4.1 Verschillende soorten oorzaken

Wat zijn zoal de oorzaken die je kunt bedenken als je ergens in slaagt of faalt? Als je bijvoorbeeld een onvoldoende haalt voor een tentamen, kun je dit toeschrijven aan zeer uiteenlopende factoren, zoals gebrek aan inzet, gebrek aan intelligentie, de stof is te moeilijk, je werd afgeleid, de docent heeft het niet eerlijk nagekeken, je moeder was ziek zodat je geen tijd had om te leren, je was zelf ziek waardoor je je niet kon concentreren, enzovoort. Weiner onderscheidt verschillende soorten oorzaken.

Intern versus extern
Het onderscheid tussen persoonlijke en externe factoren hebben we ook al gezien bij de bespreking van Heider en van Kelley. De oorzaken 'andere personen' en 'omstandigheden' van Heider zijn externe factoren (oorzaken die buiten de actor zelf liggen). De entiteits-attributie van Kelley is eveneens een externe attributie. Het onderscheid tussen interne en externe attributies wordt ook wel aangeduid met de term *locus*: de 'plaats' van de oorzaak ligt binnen of buiten de actor. Mensen verschillen in de manier waarop ze hun eigen gedrag attribueren. Sommige mensen zijn geneigd hun uitkomsten relatief vaak intern te attribueren. Anderen hebben het gevoel dat alles hun overkomt en maken veel meer externe attributies. De mate waarin iemand geneigd is tot het een of het ander wordt de *locus of control* genoemd (Rotter, 1966).

Stabiel versus instabiel
Een tweede onderscheid (dat eveneens al door Heider werd gesuggereerd) is dat tussen stabiele en instabiele oorzaken. Stabiele oorzaken (bijvoorbeeld intelligentie, moeilijkheid van de tentamenstof) veranderen niet en zullen dus bij een volgende gelegenheid weer aanwezig zijn. Bij instabiele oorzaken (bijvoorbeeld ziekte of afgeleid worden tijdens de taak) is het juist waarschijnlijker dat ze op een later tijdstip afwezig zijn. Door het locus-onderscheid en het stabiliteits-onderscheid met elkaar te kruisen, construeerde Weiner een veelgebruikte taxonomie van causale verklaringen voor succes en falen. Deze is hieronder weergegeven. Merk op dat de beide soorten interne oorzaken (inzet en bekwaamheid) overeenkomen met wat eerder (paragraaf 1.3.3, p.24) werd genoemd als de twee voorwaarden die beide nodig zijn om een goede prestatie te leveren. Bij de externe oorzaken correspondeert 'taakmoeilijkheid' met Kelley's entiteits-attributie en 'toeval' (pech of geluk) met een omstandigheden-attributie.

	Intern	**Extern**
Stabiel	bekwaamheid	taakmoeilijkheid
Instabiel	inzet	toeval

Controleerbaar versus oncontroleerbaar

In de tabel hierboven zouden de oorzaken 'gebrekkige inzet' en 'vermoeidheid' op dezelfde plaats belanden: beide kunnen worden geclassificeerd als intern en instabiel. Er wordt dan geen recht gedaan aan een belangrijk verschil tussen de twee, namelijk dat mensen hun inzet in het algemeen zelf in de hand hebben (je kunt ervoor kiezen je al dan niet in te spannen voor een tentamen); vermoeidheid of ziekte daarentegen staat in het algemeen slechts ten dele onder controle van de persoon in kwestie. Om die reden is een derde onderscheid voorgesteld, namelijk tussen controleerbare en oncontroleerbare oorzaken (Rosenbaum, 1972). Dit onderscheid valt niet op een consistente manier te combineren met de indeling van stabiliteit x locus. Met name is het moeilijk een oorzaak te bedenken die extern én controleerbaar is. Immers, factoren die buiten de persoon liggen zijn eigenlijk per definitie niet controleerbaar voor de persoon. Men kan natuurlijk wel proberen die factoren te beïnvloeden: als de docent je tentamen te streng heeft nagekeken, kun je met hem gaan praten. Maar als je dankzij dat gesprek toch een voldoende krijgt, is de oorzaak daarvan weer intern: je hebt dan kennelijk goede argumenten kunnen geven.

Kortom, controleerbaarheid is vooral van belang voor interne oorzaken. Zo maakt het nogal wat uit of je een tentamen niet hebt gehaald door ziekte (oncontroleerbaar) of doordat je gewoon liever andere dingen deed dan studeren (controleerbaar). Dit maakt niet alleen uit voor jezelf, maar ook voor de reactie van anderen: een student die slecht presteert wordt door docenten milder beoordeeld als hij zich heeft ingespannen dan als dat niet zo is (Weiner & Kukla, 1970).

Een speciale categorie van controleerbare, interne, instabiele oorzaken is het toeschrijven van een uitkomst aan de strategie die je hebt gebruikt (Anderson & Jennings, 1980). Als je een onvoldoende haalt, kun je bijvoorbeeld besluiten dat je je tijdens het bestuderen van de tentamenstof te veel hebt geconcentreerd op het leren van feiten en te weinig op het inzicht in de grote lijn. In dit geval concludeer je dus niet dat je je te weinig hebt ingespannen, maar dat je inspanningen ten dienste hebben gestaan van een verkeerde strategie. Dit betekent dat je bij een volgende gelegenheid niet een grotere inspanning hoeft te leveren, maar alleen een andere strategie moet gebruiken. Als je deze attributie maakt, zou je dus met wat meer moed kunnen beginnen aan het leren van het hertentamen dan wanneer je hebt besloten dat je harder moet leren dan de vorige keer. Immers, je hoeft niet méér te doen, je hoeft alleen maar iets ánders te doen.

Globaal versus specifiek

Een vierde onderscheid werd geïntroduceerd door Abramson, Seligman en Teasdale (1978), namelijk tussen globale en specifieke oorzaken. Globale oorzaken hebben een breed scala van gevolgen; specifieke oorzaken hebben alleen in bepaalde gevallen gevolgen. Het toeschrijven van een onvoldoende aan een gebrek aan intelligentie is een globale attributie, omdat een gebrek aan intelligentie in tal van omstandigheden kan leiden tot falen. Als de onvoldoende daarentegen wordt toegeschreven aan een specifiek gebrek (bijvoorbeeld geen affiniteit met een bepaald vak), kan men verwachten dat dit gebrek in andere levensdomeinen weinig invloed heeft.

Je kunt je voorstellen dat bij falen globale interne attributies veel schadelijker zijn voor het welbevinden dan specifieke interne attributies, terwijl bij succes een globale interne attributie juist ten goede komt aan het zelfbeeld. Ook externe oorzaken kunnen variëren in globaliteit. Zo zijn sommige mensen geneigd al gauw te concluderen dat 'alles altijd tegenzit' of dat de hele wereld een poel van ellende is, terwijl anderen zich richten op de specifieke factoren waar ze op dat moment mee te maken hebben.

De gevolgen van attributies

Straks gaan we in op de gevolgen van een bepaalde attributie voor affect, verwachtingen over latere prestaties en gedrag. Voordat we dat doen, is het van belang de volgende vraag te stellen: worden de gevolgen van een attributie bepaald door de specifieke oorzaak die men aanwijst, of door de positie van die oorzaak in de hiervoor beschreven indelingen? Om dit te verduidelijken nemen we nog even het voorbeeld van de onvoldoende. Stel dat drie studenten een onvoldoende halen. Student A schrijft dit toe aan gebrek aan inzet. Student B en C zien een gebrek aan eigen talent voor deze studie als oorzaak. Op het eerste gezicht zou je nu denken dat de gevolgen van de gemaakte attributie vergelijkbaar zijn voor student B en C. Zij zouden zich bijvoorbeeld allebei kunnen gaan afvragen of ze wel door moeten gaan met deze studie, terwijl student A gewoon kan besluiten zich de volgende keer meer in te spannen.

Maar laten we nu eens aannemen dat student A zijn gebrek aan inzet helemaal niet beschouwt als instabiel of als controleerbaar. Deze persoon ziet zichzelf als iemand die geen wilskracht en geen doorzettingsvermogen heeft, en hij heeft het gevoel dat hij zelf niet bij machte is dat te veranderen. Voor deze persoon is de attributie 'gebrek aan inzet' dus een interne, stabiele, oncontroleerbare attributie. Dat betekent dat student A zou kunnen gaan overwegen om de studie te staken. Laten we verder aannemen dat student B zijn gebrek aan talent beschouwt als controleerbaar. Zijn uitgangspunt is dat oefening kunst baart, en dat je talent dus kunt aankweken door het telkens te blijven proberen. Voor deze student is 'gebrek aan talent' dus juist een controleerbare oorzaak. Student C daarentegen denkt dat talent iets is dat je moet komen aanwaaien: als je het niet hebt, dan kun je daar niets aan doen. Deze student ziet zijn gebrek aan talent als oncontroleerbaar en stabiel.

Dit alles impliceert dat de gevolgen van de gemaakte attributie vergelijkbaar zijn voor student A en C en dat ze anders zijn voor student B. De gevolgen van een attributie worden dus niet bepaald door de specifieke oorzaak die iemand aanwijst, maar door de positie van die oorzaak in de eerder beschreven indeling, of beter gezegd: de positie van die oorzaak zoals deze door de betrokkene wordt waargenomen (Russell, 1982). Want wat voor de één controleerbaar is, is dat voor de ander niet. De meeste mensen zullen weliswaar vinden dat 'inzet' controleerbaar is, dat 'ziekte' oncontroleerbaar is, dat 'stemming' instabiel is, dat 'toeval' extern is, enzovoort. Maar er zijn ook mensen die vinden dat ziekte wel degelijk mentaal te beïnvloeden is; er zijn mensen die zo vaak last hebben van een slecht humeur dat ze dit als stabiel beschouwen. En er zijn zelfs mensen die geloven dat je kiest voor alles wat er gebeurt en die niet geloven in toeval...

3.4.2 Attributies en affect

Hiervoor hebben we al gezien dat attributies tot bepaalde emoties kunnen leiden. Interne attributies van succes of falen veroorzaken gevoelens die met de zelfwaardering te maken hebben, zoals een gevoel van trots of juist het gevoel een mislukkeling te zijn. Externe attributies kunnen leiden tot woede, bijvoorbeeld wanneer iemand anders ons belet een taak met succes uit te voeren (denk aan de rijexaminator die je laat zakken op een lullig foutje), of juist tot dankbaarheid wanneer iemand anders ons helpt bij het bereiken van een doel.

Om het verband tussen allerlei attributies en gevoelens systematisch in kaart te brengen werden door Weiner en zijn collega's vele onderzoeken uitgevoerd. In sommige onderzoeken (bijv. Weiner e.a., 1978) werd aan proefpersonen een verhaal voorgelegd waarin een fictieve persoon slaagde of faalde, waarna ook de oorzaak van de uitkomst werd beschreven. Aan de proefpersonen werd gevraagd aan te geven hoe de stimuluspersoon zich voelde. In andere onderzoeken (bijv. Weiner e.a., 1979) moesten proefpersonen zich hun eigen successen en mislukkingen in herinnering roepen die waren veroorzaakt door bepaalde factoren (bijvoorbeeld: 'Probeer je een situatie voor de geest te halen waarin je faalde door een gebrek aan inzet'), waarna werd gevraagd hoe ze zich toen voelden.

Sommige emoties werden zeer vaak genoemd, ongeacht de attributie van het succes of het falen. Zo verwachtten de proefpersonen dat de personages in de verhaaltjes in sterke mate de emoties 'voldoening', 'blijdschap', en 'een lekker gevoel' zouden ervaren bij succes. Bij falen verwachtte men, ongeacht de oorzaak, het optreden van 'ontevredenheid', 'verwarring' en 'zich rot voelen'. Weiner noemt deze affecten *uitkomst-afhankelijk*: affecten die onmiddellijk optreden na succes of falen en die losstaan van attributies. Naast deze uitkomstafhankelijke emoties zijn er *attributie-afhankelijke* emoties, die systematisch samenhangen met bepaalde attributies. Na falen leidt de attributie 'gebrek aan inzet' bijvoorbeeld relatief vaak tot schuldgevoelens; attributies aan stabiele persoonskenmerken leiden tot gevoelens van machteloosheid en attributies aan een andere persoon die succes heeft verhinderd leiden tot woede of agressie. Na succes leidt een attributie aan de eigen bekwaamheid tot trots en zelfvertrouwen; een attributie aan de hulp van anderen leidt tot dankbaarheid; en attributies aan 'geluk' zijn geassocieerd met een gevoel van verrassing.

Deze voorbeelden zijn slechts bedoeld ter illustratie want, zoals gezegd, in feite is het niet de specifieke attributie die het affect bepaalt, maar de plaatsbepaling van die attributie in de eerder beschreven indelingen. Allereerst is het *locus*-onderscheid van belang: wanneer iemand een oorzaak als intern ziet, worden gevoelens opgeroepen die het zelfbeeld beïnvloeden, hetzij positief (na succes), hetzij negatief (na falen). De reikwijdte van de effecten op het zelfbeeld is weer afhankelijk van de *globaliteit* van de attributie: naarmate de oorzaak als meer globaal wordt gezien, zijn de gevolgen voor het zelfbeeld ook groter (vergelijk 'ik kan niet tennissen' versus 'ik kan niets'). Ook de factor *controleerbaarheid* is van invloed op affect. Zo wordt 'schuld' opgeroepen wanneer falen wordt toegeschreven aan een interne, controleerbare oorzaak, terwijl falen dat wordt toegeschreven aan een interne, oncontroleerbare oorzaak eerder resulteert in 'schaamte' (zie paragraaf 9.3.3, p.379) over andere verschillen tussen schuld en schaamte). Tenslotte zijn er gevoelens die verband houden met de *stabiliteit* van de waargenomen oorzaak, met name 'hoop' en 'angst': falen dat wordt toegeschreven aan stabiele factoren leidt tot het zorgelijke vermoeden dat het in de toekomst weer mis zal gaan, terwijl het toeschrijven van falen aan een instabiele factor leidt tot de hoop dat het de volgende keer beter zal gaan.

Affect en attributies van gedrag van anderen
Attributies hebben niet alleen invloed op affect als het de eigen prestaties betreft, ook attributies van het gedrag van anderen zijn van belang voor de gevoelens die we tegenover die anderen hebben, en dit verschijnsel blijft niet beperkt tot prestatie-gerelateerd gedrag.
Een illustratie hiervan wordt gegeven door onderzoek naar het probleem van 'bystander intervention': als iemand op een openbare plek in nood verkeert (bijvoorbeeld: iemand valt of wordt aangevallen), welke factoren bepalen dan of de omstanders hulp bieden? (Voor een recent overzicht: Batson, 1998.) Een van die factoren is de waargenomen oorzaak van de hulpbehoevendheid. Wanneer de nood voortkomt uit een controleerbare oorzaak (iemand valt doordat hij te veel gedronken heeft), leidt dit bij potentiële hulpbieders vaak tot boosheid, terwijl een oncontroleerbare oorzaak (iemand valt doordat hij slecht ter been is) medelijden oproept. In het laatste geval wordt vaker hulp geboden (Piliavin e.a., 1969).
Wanneer iemand iets naars overkomt, zijn onze gevoelens intensiever naarmate we de oorzaak als stabieler zien. Zo voelt men meer mededogen met een persoon die iets niet kan doordat hij blind is, dan met iemand die tijdelijk last heeft van een oogaandoening.
Mensen beseffen dat attributies gevoelens oproepen bij anderen en anticiperen daarop (bijvoorbeeld bij het geven van een excuus voor een niet-nagekomen belofte: 'Ik was te laat want ik had autopech'). Ga zelf maar na: je zou het niet in je hoofd halen om tegen een docent te zeggen dat je een tentamengelegenheid hebt gemist omdat je geen zin had.

3.4.3 Attributies en verwachtingen

Voor een deel worden verwachtingen over toekomstige prestaties beïnvloed door prestaties uit het verleden: wie herhaaldelijk heeft gefaald, zal verwachten in de toekomst weer te falen; wie vaak succes heeft gehad, mag verwachten dit opnieuw te kunnen bereiken (vgl. Kelley's consistentie-dimensie). Voor een ander deel worden verwachtingen over de toekomst echter bepaald door de attributies die men maakt bij successen en mislukkingen. Daarbij speelt met name de stabiliteit van de waargenomen oorzaak een rol. Als je de oorzaak van een resultaat toeschrijft aan factoren die aanwezig zullen blijven, is het logisch te verwachten dat bij een volgende gelegenheid hetzelfde resultaat bereikt zal worden. Zoek je de oorzaak bij instabiele factoren, dan is het waarschijnlijker dat die de volgende keer niet meer aanwezig zijn, zodat een ander resultaat kan worden behaald. Daarbij maakt het niet uit of de oorzaak intern of extern, controleerbaar of oncontroleerbaar, globaal of specifiek is: als je bijvoorbeeld vindt dat zowel taakmoeilijkheid (extern, oncontroleerbaar, specifiek) als wilskracht (intern, controleerbaar, globaal) stabiele oorzaken zijn, dan maakt het voor je toekomstverwachting weinig uit of je een negatief resultaat toeschrijft aan de moeilijkheid van de taak of aan gebrek aan wilskracht.
De invloed van de stabiliteit van de waargenomen oorzaak van falen wordt geïllustreerd door een onderzoek van Wilson en Linville (1982). Tegen een groep studenten die slechte studieresultaten hadden behaald werd gezegd dat de tentamens aanvankelijk heel streng werden nagekeken, maar dat het later soepeler zou worden. Deze studenten konden hun resultaten dus toeschrijven aan een niet-stabiele oorzaak. Tegen een andere groep met slechte resultaten werd niets gezegd (je begrijpt dat het onethisch zou zijn om aan de andere groep te suggereren dat de oorzaak van het falen stabiel was). De studenten in de eerste groep bleken later betere cijfers te halen dan de studenten in de controlegroep.

3.4.4 Attributies en gedrag

In het model van Weiner dat is weergegeven in figuur 3.3, hebben attributies invloed op affect en verwachting, die op hun beurt weer invloed hebben op gedrag. Deze laatste component van de theorie blijkt al uit het hiervoor beschreven onderzoek: studenten die op grond van hun attributie een positieve verwachting van de toekomst hadden, bleken daadwerkelijk beter te gaan presteren. Dit hangt samen met een belangrijk aspect van prestatie-gerelateerd gedrag, namelijk doorzettingsvermogen. Als je ergens in faalt, is het soms moeilijk om het steeds maar weer te blijven proberen. De ene persoon geeft het al gauw op als iets niet lukt, de ander gaat door tot het bittere einde. Dit wordt voor een belangrijk deel bepaald door de attributies die bij het falen worden gemaakt, met name de stabiliteit van de geattribueerde oorzaken.

Iemand die een mislukking toeschrijft aan een stabiele en oncontroleerbare oorzaak, zal gevoelens van machteloosheid ervaren en het eerder opgeven dan iemand die een instabiele of controleerbare oorzaak kiest. Zelfs wanneer zo iemand besluit het te blijven proberen, zal het niet van harte gaan, hetgeen weer van invloed is op de kwaliteit van de prestatie: als de verwachting van succes een knauw heeft gekregen, is men minder geneigd zich in te spannen, waardoor de prestatie verslechtert. Wordt het falen daarentegen toegeschreven aan een instabiele of controleerbare factor, dan zal men meer gemotiveerd zijn zich te blijven inspannen.

Vanwege dit verband tussen attributies en gedrag kan het nuttig zijn om mensen (met name scholieren en studenten) die problemen hebben op het gebied van prestaties te leren andere attributies te maken. Deze aanpak staat bekend als 'attributional retraining' (Försterling, 1985). Er wordt dan geprobeerd om inadequaat presteren en gebrek aan doorzettingsvermogen therapeutisch te behandelen door het aanleren van andere causale attributies. Uit onderzoek naar dergelijke interventies blijkt dat doorzettingsvermogen wordt bevorderd en dat het prestatieniveau stijgt wanneer mensen leren falen toe te schrijven aan gebrekkige inzet (een instabiele, controleerbare factor).

Overigens suggereert recent onderzoek (Mueller & Dweck, 1998) dat het ook bij goede prestaties van belang kan zijn dat ze aan inzet worden toegeschreven. Kinderen die bij een goede prestatie worden geprezen om hun intelligentie, gaan hun prestaties opvatten als een manier om te laten zien hoe intelligent ze zijn. Het gevolg is dat ze bij toekomstige taken meer geïnteresseerd zijn in het eindresultaat dan in de taak zelf: hun intrinsieke motivatie om iets te leren wordt minder, ze hebben minder plezier in de taak en tonen minder doorzettingsvermogen, vergeleken met kinderen die bij succes worden geprezen om hun inzet. Complimenten over intelligentie geven bovendien aan kinderen de impliciete boodschap dat prestaties het resultaat zijn van een stabiele, oncontroleerbare oorzaak, dus als ze een keer falen voelen ze zich een mislukking en raken snel ontmoedigd. Dit alles betekent dat ouders en leraren er goed aan doen om kinderen aan te moedigen hun eigen inzet te zien als de oorzaak van zowel hun successen als hun mislukkingen.

Attributies zijn niet alleen van invloed op prestatie-gerelateerd gedrag, maar ook op de manier waarop mensen met problemen omgaan ('coping'), bijvoorbeeld ziekte of relatieproblemen. Met name de controleerbaarheids-dimensie speelt hierbij een belangrijke rol. Als men het idee heeft niets te kunnen doen aan het probleem, leidt dit tot vermijdingsgedrag (en tot verhoogde stress), terwijl een attributie aan controleerbare oorzaken geassocieerd is met probleemoplossend gedrag (Amirkhan, 1998).

3.4.5 Individuele verschillen

In het voorafgaande is al een paar keer opgemerkt dat mensen verschillen in de attributies die ze maken (bijvoorbeeld 'locus of control') en in de manier waarop ze die attributies plaatsen op dimensies als stabiliteit en controleerbaarheid. Dit zou kunnen verklaren dat er grote individuele verschillen zijn in prestatiegericht gedrag. Weiner veronderstelt dat mensen met een hoge prestatie-motivatie, vergeleken met personen met een lage prestatie-motivatie, geneigd zijn succes aan interne factoren toe te schrijven en falen aan instabiele factoren. Daarentegen zouden mensen met een lage prestatie-motivatie succes toeschrijven aan externe factoren en falen aan stabiele oorzaken. Het gevolg van deze verschillen is dat mensen met een lage prestatie-motivatie geneigd zijn om taken enigszins halfbakken tegemoet te treden, in de veronderstelling dat de uitkomst grotendeels onafhankelijk is van hun inzet. Als ze falen, gooien ze al snel het bijltje erbij neer, terwijl mensen met een hoge prestatie-motivatie juist veel inzet tonen en blijven volharden vanuit de veronderstelling dat inzet tot succes kan leiden.

Een andere persoonlijkheidsvariabele is hulpeloosheid (vgl. Abramson, Seligman & Teasdale, 1978). Wanneer mensen hun resultaten toeschrijven aan oorzaken die ze als oncontroleerbaar zien, kunnen ze na verloop van tijd het gevoel krijgen dat ze geen enkele invloed hebben op hun eigen lot. Zelfs wanneer er een keer iets goed gaat, denken ze: mooi, maar aangezien ik hier zelf geen invloed op had, heb ik er weinig aan, want ik weet niet hoe ik dit in de toekomst opnieuw zou moeten bewerkstelligen; er kan evengoed straks weer een ramp gebeuren. Een dergelijke hulpeloze attributiestijl kan gemakkelijk leiden tot gevoelens van depressie. Merk op dat het hierbij niet uitmaakt of de persoon externe (en per definitie oncontroleerbare) oorzaken zoekt voor wat hem 'overkomt', of interne oorzaken die hij zelf beschouwt als oncontroleerbaar – terwijl andere mensen die oorzaken juist als controleerbaar ervaren. Zo kunnen mensen sterk verschillen in de mate waarin ze invloed denken te hebben op interne kenmerken als bijvoorbeeld stemming, wilskracht, vaardigheden en zelfstandigheid.

3.4.6 Slotopmerkingen

Weiners attributionele analyse van prestatie-gedrag heeft geleid tot verdere theorievorming over attributies, en tevens meer inzicht verschaft in de specifieke vraag welke factoren prestatie-gedrag beïnvloeden. Zoals we hebben gezien, kan de theorie daarnaast een bijdrage leveren aan de oplossing van concrete problemen, zoals depressie en school- of studieproblemen. Daarbij moet wel worden opgemerkt dat de uitgangspunten van deze oplossingen nogal 'Amerikaans' zijn, in de zin dat men de mens lijkt te zien als iemand die alles kan, als hij er maar hard aan werkt. Zo betekent een 'attributional retraining' in veel gevallen dat er herhaaldelijk wordt gezegd: 'Je hebt het niet hard genoeg geprobeerd', wanneer de betrokkene faalt. Deze aanpak lijkt uit te gaan van het idee dat mensen alles kunnen bereiken wat ze willen als ze maar genoeg hun best doen. Wanneer de oorzaak van falen echter gelegen is in iets anders dan gebrek aan inzet, zou de goedbedoelende attributie-therapeut wel eens kunnen bereiken dat de betrokkene zich gefrustreerd en ellendig gaat voelen. Niettemin lijkt het in veel gevallen zinvol voor het eigen functioneren om attributies te maken die leiden tot gevoelens van zelfwaardering en controle. In de sectie over 'vertekeningen in attributies' zullen we overigens zien dat de meeste mensen hier bepaald geen problemen mee hebben (zie met name paragraaf 3.7.5, p.137).

3.5 Zelfwaarnemingstheorie

Stel je de volgende situatie voor. Op een avond kom je terug van een treinreis, je hebt een walkman op en je loopt naar huis. Het is al laat en je ziet geen andere mensen op straat. Opeens voel je dat iemand je van achteren bij je schouders grijpt en probeert om je walkman af te pakken. Wat doe je? Uit gesprekken met mensen die een dergelijke ervaring hebben gehad, blijkt dat ze op zo'n moment vaak heel anders reageren dan ze hadden gedacht. Mensen die normaal gesproken goed voor zichzelf opkomen, kunnen in zo'n situatie plotseling verstijven van angst of onmiddellijk hun walkman uit handen geven. Er zijn ook mensen die tot hun eigen verbazing instinctief uithalen naar de dief of zo kwaad worden dat deze zich rot schrikt.

Veronderstel nu dat jij tot de laatste groep hoort: je wordt in je kraag gegrepen en onmiddellijk draai je je om, je duwt de dief van je af en begint tegen hem te vloeken, met als gevolg dat de dief hard wegrent. Achteraf vraag je je af waar je het lef vandaan haalde, maar het ging gewoon vanzelf. Een paar dagen later doe je toevallig mee aan een onderzoek waarin wordt gevraagd of je jezelf ziet als iemand die dapper is of als iemand die gauw bang is. Bij deze vraag zal het incident van een paar dagen eerder snel in je herinnering komen en het zal je antwoord op de vraag in sterke mate beïnvloeden.

In hoofdstuk 2 hebben we gezien dat mensen vaak moeite hebben met introspectie (zie paragraaf 2.1.1, p.33), dat wil zeggen dat ze vaak geen accuraat inzicht hebben in hun eigen gedachten, gevoelens en drijfveren. De zelfwaarnemingstheorie van Bem (1967, 1972) is gebaseerd op dit uitgangspunt. Bem gaat ervan uit dat mensen vaak net zo weinig toegang hebben tot hun eigen innerlijk als tot dat van anderen en dat ze in veel gevallen hun motieven, eigenschappen en meningen afleiden uit hun gedrag, net zoals ze dat bij anderen doen.

Stel dat iemand je vraagt of je huisgenoot een onafhankelijk persoon is. Hoewel hij daar nooit iets over heeft gezegd, weet je dat hij altijd bezoek heeft of aan het telefoneren is en dat hij zich makkelijk door anderen laat beïnvloeden. Op grond van dit gedrag zul je concluderen dat hij niet erg onafhankelijk is. Bem stelt dat we op dezelfde manier conclusies trekken over onze eigen kenmerken. Als iemand je vraagt of jij onafhankelijk bent, is de kans groot dat je hetzelfde proces volgt: je gaat na hoeveel tijd je alleen doorbrengt, hoe vaak je vasthoudt aan je mening als anderen er tegenin gaan, enzovoort. Daarbij is het van belang of je je eigen gedrag toeschrijft aan interne of aan externe oorzaken, precies zoals dat ook van belang is bij de interpretatie van het gedrag van anderen. Als je bijvoorbeeld deelneemt aan een experiment waar je geld of studiepunten voor krijgt, dan is er sprake van een extrinsieke beloning, dus je gedrag zegt weinig over jouw interesse voor wetenschappelijk onderzoek. Doe je daarentegen precies hetzelfde zonder dat je er een vergoeding voor krijgt, dan kun je daaruit afleiden dat je geïnteresseerd bent in het onderzoek. In dit geval neem je eerder aan dat je instrinsiek gemotiveerd bent om mee te doen (een aanname die in de meeste gevallen natuurlijk ook zal kloppen, aangezien mensen die ervoor kiezen om onbetaald een taak te doen gemiddeld meer gemotiveerd zijn voor de taak dan mensen die ervoor betaald worden).

3.5.1 Zelf-attributie van motivatie en voorkeuren

Het voorafgaande suggereert dat mensen een sterkere intrinsieke motivatie bij zichzelf afleiden voor gedrag dat niet of minimaal wordt beloond. De eerste demonstratie van dit verschijnsel werd gegeven door Lepper, Greene en Nisbett (1973) met kinderen van een kleuterschool. Tegen sommige kinderen werd gezegd dat ze een medaille met een gouden ster zouden krijgen als ze goed meededen met het tekenen met viltstiften. Tegen de andere kinderen werd niets gezegd over een medaille. Alle kinderen tekenden toen een paar minuten en de kinderen in de eerste groep kregen hun medaille. Een paar dagen later werden alle kinderen geobserveerd in een situatie waarin ze vrij mochten spelen met zelf uit te kiezen materialen, waaronder de viltstiften. De kinderen die een medaille hadden gekregen besteedden aan het tekenen met viltstiften slechts de helft van de tijd, vergeleken met de kinderen die geen medaille hadden gekregen. De intrinsieke belangstelling van de kinderen die een medaille hadden gekregen, was ondermijnd door de extrinsieke beloning. Dit effect staat bekend als *over-rechtvaardiging* ('over-justification'; voor een overzicht: Tang & Hall, 1995): wanneer mensen extrinsiek worden beloond voor bepaald gedrag, nemen ze aan dat ze het gedrag vertonen vanwege de beloning en niet omdat ze het uit zichzelf ook wel zouden doen. Als gevolg daarvan leiden ze af dat ze niet instrinsiek gemotiveerd zijn.[2] In Kelley's terminologie is er sprake van 'discounting': er is een plausibele oorzaak voor het gedrag aanwezig (een externe oorzaak), waardoor andere mogelijke (interne) oorzaken worden genegeerd. Op analoge wijze kan ook het *augmentation*-principe de zelfwaarneming beïnvloeden: als je ergens veel moeite voor hebt gedaan (bijvoorbeeld lang in de rij staan om toegang te krijgen tot een evenement) neem je aan dat je het heel graag wilde, anders zou je immers niet bereid zijn geweest om de remmende factoren te overwinnen.

---

[2] Uit later onderzoek (voor een overzicht: Eisenberger & Cameron, 1996) blijkt dat het effect gebonden is aan bepaalde voorwaarden. Het effect treedt alleen op als (a) de beloning rechtstreeks is gekoppeld aan het gedrag, (b) de beloning materieel is (dus niet een complimentje), en (c) de beloning vooraf is aangekondigd en dus werd verwacht (zie ook Lepper, 1998).

Een andere illustratie van de rol van het *augmentation*-principe in zelfwaarneming wordt gegeven door een onderzoek van Olson en Roese (1995). In dit onderzoek luisterden proefpersonen naar een bandopname van een komiek. Aan sommige proefpersonen werd verteld dat de laboratoriumomgeving ertoe leidt dat mensen minder lachen dan ze normaal gesproken doen; tegen anderen werd hierover niets gezegd. Hoewel beide groepen proefpersonen evenveel lachten om de opname, bleek de eerste groep de komiek grappiger te vinden dan de tweede groep: men leidde af dat men de komiek wel erg leuk moest vinden, gezien het feit dat men gelachen had ondanks de remmende invloed van de laboratoriumomgeving.

Resultaten zoals deze betekenen overigens niet dat mensen een welbewuste attributionele analyse plegen op hun eigen gedrag. Het lijkt niet aannemelijk dat de proefpersonen in het experiment van Olson en Roese redeneerden: 'Ik zit in een laboratoriumomgeving en dat zou moeten leiden tot minder lachen. Niettemin moet ik toch af en toe best lachen om die komiek. Dat zal dan wel betekenen dat die komiek ontzettend leuk is.' In het onderzoek van Lepper e.a. met de kleine kinderen is zo'n bewuste redenering nog minder plausibel. Het is veel waarschijnlijker dat dergelijke overwegingen maar half-bewust en misschien zelfs volledig onbewust en automatisch zijn (vgl. Foster e.a., 1998). Dat geldt ook voor de effecten van zelf-attributie op attitudes en emoties, die hierna worden beschreven.

3.5.2 Zelf-attributie van attitudes

De zelfwaarnemingstheorie van Bem werpt een ander licht op het in hoofdstuk 1 beschreven '1 of 20 dollar'-experiment, waarin proefpersonen ofwel 1 dollar, ofwel 20 dollar kregen om een bepaald standpunt te verdedigen (zie paragraaf 1.3.2, p.21). De centrale afhankelijke variabele was de eigen attitude (mening, evaluatieve houding tegenover een stimulus) van de proefpersonen na afloop van het onderzoek. Uit de resultaten bleek dat proefpersonen in de '1 dollar'-conditie na afloop het meer eens waren met het verdedigde standpunt dan proefpersonen in de '20 dollar'-conditie. Festinger en Carlsmith verklaarden dit verschil door te stellen dat proefpersonen in de '1 dollar'-conditie dissonantie-reductie hadden gepleegd. Volgens Bem is er echter een andere verklaring voor het verschil. In beide condities maakten de proefpersonen een attributie bij hun eigen gedrag – het houden van een betoog voor een bepaalde stelling. In de '20 dollar'-conditie schreven ze hun gedrag toe aan een externe factor, de financiële beloning, zodat ze konden concluderen dat het gedrag niets zei over hun werkelijke attitude. In de '1 dollar'-conditie daarentegen was de extrinsieke beloning zo gering, dat ze hun gedrag toeschreven aan interne factoren: ze leidden uit hun eigen gedrag af dat ze het eens waren met de verdedigde mening omdat er geen andere plausibele verklaring was voor hun gedrag.

We moeten hierbij bedenken dat proefpersonen in dergelijke experimenten de vrije keus krijgen om al dan niet te voldoen aan het verzoek van de onderzoeker.

De onderzoeker zegt bijvoorbeeld: 'We hebben al veel opstellen waarin tegen de doodstraf wordt gepleit – zou je het erg vinden om een betoog vóór de doodstraf te schrijven? Voor mij zou dat erg nuttig zijn, maar je mag het natuurlijk helemaal zelf beslissen.' In de praktijk blijkt dat alle proefpersonen voldoen aan zo'n verzoek, maar ze beseffen zelf niet dat ze in feite op subtiele wijze onder druk zijn gezet. Wanneer proefpersonen die 1 dollar krijgen hun eigen gedrag waarnemen, zien ze dus een persoon die geheel uit vrije wil een standpunt verdedigt zonder dat daar een noemenswaardige vergoeding tegenover staat. In overeenstemming met de rol van de vrije keuze, zoals beschreven door Jones en Davis (1965), schrijven ze dat gedrag toe aan een onderliggende correspondente attitude.

Het belangrijkste verschil tussen deze verklaring en de cognitieve-dissonantieverklaring is dat er volgens de zelfwaarnemingsverklaring geen sprake is van de onaangename toestand van fysiologische spanning ('arousal') die cognitieve dissonantie wordt genoemd, terwijl deze toestand volgens Festinger (1957) een essentiële rol speelt (zie ook Harmon-Jones e.a., 1996). Volgens Festinger probeert men de cognitieve dissonantie te reduceren en doet men dat door één cognitie (in dit geval de eigen attitude) aan te passen. Met behulp van de principes van zelf-attributie kan de attitudeverandering in dit type experiment echter worden verklaard zonder dat een toestand van cognitieve dissonantie bij de proefpersonen wordt verondersteld. Volgens Bem beseffen de proefpersonen ook niet dat ze van mening veranderd zijn. Immers, vóór het experiment hadden ze ook al geen directe toegang tot hun eigen attitude. Ze denken dus dat ze die mening altijd al hadden.

Deze verklaring van Bem heeft veel kritiek uitgelokt onder onderzoekers in het cognitieve-dissonantie-kamp. Tientallen experimenten waren niet genoeg om de controverse tussen cognitieve-dissonantie- en zelfwaarnemingstheoretici te beëindigen. Op zeker moment moest zelfs Festinger, de vader van de cognitieve dissonantie, erkennen dat hij geen reden zag om de ene verklaring boven de andere te verkiezen (zie Jones, 1990, p. 206). En uiteindelijk zei ook Bem (1972): 'We mogen vurig hopen dat deze controverse een zachte dood sterft. Het is hierbij besloten dat van nu af aan uit deze hoek niets meer vernomen zal worden over dit onderwerp.' Bem hield zich aan zijn woord, maar het debat onder andere wetenschappers ging door.

Een belangrijk experiment in deze discussie was dat van Zanna en Cooper (1974). Proefpersonen dachten dat ze meededen aan een onderzoek naar de effecten van een bepaald middel op het geheugen. Alle proefpersonen slikten een placebo. Tegen sommigen werd gezegd dat deze pil als bijwerking had dat ze zich gespannen zouden voelen; tegen anderen dat ze zich ontspannen zouden voelen; in een derde groep (controle-conditie) werd niets gezegd over bijwerkingen. Terwijl de proefpersonen zogenaamd wachtten tot de pil ging werken, werd gevraagd of ze in de tussentijd wilden meewerken aan een ander experiment. In dit experiment werd gevraagd een opstel te schrijven waarin een bepaalde stelling werd verdedigd, in dit geval een stelling waarvan aangenomen kon worden dat de meeste proefpersonen het ermee oneens waren – namelijk de stelling dat mensen met controversiële opvattingen beperkt moeten worden in hun vrijheid van meningsuiting. In één conditie kregen de proefpersonen de vrije keus om al dan niet met het verzoek in te stemmen (vergelijk de '1 dollar'-conditie: geen duidelijke externe oorzaak) en in een andere kregen ze geen keus (vergelijk de '20 dollar'-conditie, want in dit geval is er een aanwijsbare externe reden voor het gedrag, namelijk de opdracht van de onderzoeker). Er werd dus gebruikgemaakt van een 2 (vrije keus, geen keus) x 3 (informatie over het effect van de pil: spanning, ontspanning, geen informatie) ontwerp.

De manipulatie van keuzevrijheid bleek hetzelfde effect te geven als de '1 versus 20 dollar'-manipulatie: als men de vrije keus had gekregen was men het achteraf meer eens met het verdedigde standpunt dan als er geen keuzevrijheid was en het eigen betoog dus kon worden toegeschreven aan de opdracht van de onderzoeker. Dit effect werd echter in belangrijke mate gekwalificeerd door de informatie over het effect van de pil. In 'vrije keus'-condities waar was verteld dat de pil tot een gevoel van spanning zou leiden, trad géén attitudeverandering op (er was geen verschil met de 'geen keus'-conditie). En in de 'vrije keus'-condities waar was verteld dat de pil tot ontspanning zou leiden, trad juist een sterkere verandering op.

Deze resultaten kunnen worden verklaard door aan te nemen dat alle proefpersonen in de 'vrije keus'-condities cognitieve dissonantie (spanning) hebben ervaren. Als ze dachten dat de pil tot spanning leidde, schreven ze hun onaangename toestand van spanning echter toe aan de effecten van de pil, zodat ze geen verband legden met het verdedigde standpunt en dus geen aanleiding zagen de spanning op te heffen door hun attitude te veranderen. Als ze dachten dat de pil tot ontspanning zou leiden, merkten ze dat ze ondanks deze pil toch gespannen waren, met als gevolg dat ze de cognitieve dissonantie, veroorzaakt door de verdedigde mening, als sterker gingen ervaren dan in de controleconditie (vgl. het *augmentation*-principe van Kelley). Het gevolg was dan ook een sterkere attitudeverandering.

In een vervolgexperiment kregen proefpersonen daadwerkelijk een geringe dosis van een middel dat ofwel ontspanning (een tranquillizer) ofwel spanning (een amfetamine) veroorzaakte, ofwel een placebo. Alle proefpersonen dachten dat ze een placebo hadden gekregen en dat er dus geen effect te verwachten viel van de pil. Vervolgens werd weer een mening verdedigd waarmee men het oneens was. In de tranquillizer-conditie was er geen sprake van attitudeverandering: kennelijk werd de verhoogde 'arousal' die ontstaat bij cognitieve dissonantie onderdrukt door de tranquillizer. De grootste verandering trad op bij de proefpersonen die een amfetamine toegediend hadden gekregen. Niet wetend dat ze zich gespannen voelden door dit middel, schreven deze proefpersonen hun onaangename lichamelijke toestand toe aan de verdedigde mening, zodat er alle reden was tot dissonantie-reductie.

De ironie van deze experimenten is dat Zanna en Cooper gebruik hebben gemaakt van de attributie-principes uit de zelfwaarnemingstheorie van Bem om aan te tonen dat deze theorie inadequaat is. Enerzijds is het hele idee van de experimenten in overeenstemming met Bems opvattingen: uitgangspunt is dat mensen bepaalde attributies maken bij hun eigen lichamelijke reacties (zoals een toestand van spanning, die kan worden toegeschreven aan het effect van een pil of aan het verdedigde standpunt) en dat ze hun gevoelens afleiden uit die attributies (zie de volgende paragraaf, 3.5.3, p.113). Anderzijds beweerde Bem dat de onaangename staat van cognitieve dissonantie geen rol speelt bij de attitudeverandering die in dit type experiment optreedt. In het licht van deze resultaten is dat moeilijk vol te houden, omdat de effecten van de pil-manipulaties juist de kritieke rol van 'arousal' aantonen. Kortom, de door Bem beschreven principes van zelf-attributie zijn gebruikt om aan te tonen dat Festinger gelijk had.

Bij deze conclusie moet echter wel een belangrijke kwalificatie worden aangebracht. De rol van cognitieve dissonantie is namelijk afhankelijk van de mate waarin de verdedigde stelling afwijkt van de eigen attitude. In het onderzoek van Zanna en Cooper verdedigden de proefpersonen een standpunt waarmee ze het sterk oneens waren en dat flink afweek van hun eigen opvattingen en waarden. Uit een later onderzoek (Fazio, Zanna & Cooper, 1977) blijkt dat cognitieve dissonantie pas ontstaat bij een dergelijk groot verschil met de eigen attitude, dat wil zeggen, als proefpersonen een stelling verdedigen die ze verwerpelijk vinden. Als men daarentegen een stelling verdedigt die niet helemaal met de eigen attitude overeenkomt, maar die men wel aanvaardbaar vindt, ervaart men geen dissonantie. Er treedt dan wél attitudeverandering op, maar die kan in deze gevallen juist door de zelfwaarnemingstheorie worden verklaard: wanneer naar de eigen attitude wordt gevraagd, gaat de proefpersoon zijn eigen gedragingen na en beantwoordt de vraag overeenkomstig.

Kortom, de attitudeverandering in dit type onderzoek wordt veroorzaakt door cognitieve-dissonantie-reductie als men een standpunt verdedigt dat sterk afwijkt van de eigen attitude, en door zelf-attributie bij een standpunt dat matig afwijkt. Zelf-attributie speelt tevens een belangrijke rol wanneer men nog geen duidelijke attitude heeft over een onderwerp. Als je ergens niet echt een mening over hebt (bijvoorbeeld doordat je er nooit over hebt nagedacht) en iemand vraagt wat jouw standpunt is, zul je in veel gevallen een antwoord geven door je eigen gedrag uit het recente verleden te raadplegen. Dit was overigens ook het standpunt van Bem zelf, toen hij stelde (1972, p. 2): 'Voorzover interne signalen zwak, ambigu of oninterpreteerbaar zijn, bevindt het individu zich in dezelfde positie als een buitenstaander' (implicerend dat men in andere gevallen wél gebruikmaakt van interne signalen). Hiermee gaf Bem zelf al aan dat mensen hun attitude met name afleiden via attributie van hun eigen gedrag wanneer de informatie die ze 'van binnenuit' krijgen ontoereikend is.

3.5.3 Zelf-attributie van emoties

De zelfwaarnemingstheorie van Bem is overwegend gericht op de afleiding van voorkeuren en attitudes uit het eigen gedrag. Een andere theorie, die ook gebaseerd is op het idee van zelf-attributie, is de emotie-theorie van Schachter (1964; Schachter & Singer, 1962; zie ook paragraaf 9.3.2, p.377). Schachters centrale stelling is dat de ervaring van een emotie het resultaat is van een samenspel tussen een verhoogde lichamelijke activatie ('arousal') en een cognitieve interpretatie daarvan. Een klassiek experiment van Schachter en Singer (1962) illustreert dit. Alle proefpersonen kregen een injectie met epinefrine (een vorm van adrenaline), een middel dat leidt tot een verhoogde hartslag en een algehele staat van 'arousal' in het lichaam. Aan sommige proefpersonen werd een correcte beschrijving gegeven van de effecten die de injectie zou hebben. Aan anderen werd een onjuiste beschrijving gegeven of er werd niets gezegd over de effecten van het middel. Een laatste groep kreeg een injectie met een placebo; ook in deze groep werd niets gezegd over de effecten van het middel, in dit geval terecht.

Vervolgens werd aan de proefpersoon gevraagd even te wachten op het vervolg van het onderzoek. De proefpersoon werd twintig minuten in de wachtkamer gelaten, in gezelschap van een zogenaamde andere deelnemer van wie werd gezegd dat hij dezelfde injectie had gekregen. In werkelijkheid was deze persoon een handlanger van de onderzoekers. In één conditie gedroeg hij zich al die tijd heel uitgelaten en euforisch. In een andere conditie uitte deze persoon juist negatieve gevoelens door de hele tijd te schelden en te kankeren over het onderzoek, de onderzoeksleider, enzovoort. Nadat de proefpersonen waren verlost van de manische dan wel boze handlanger, werd hun gevraagd hun emoties en hun stemming te rapporteren. De proefpersonen die niet of verkeerd waren geïnformeerd over de effecten van de epinefrine voelden zich in sterkere mate boos of blij (afhankelijk van de handlanger die ze hadden meegemaakt) dan de proefpersonen die een placebo hadden gekregen of die accuraat waren geïnformeerd over de effecten van de epinefrine.

Dit verschil kan worden verklaard met behulp van het idee van zelf-attributie. Alle proefpersonen bij wie epinefrine was toegediend verkeerden in een staat van verhoogde 'arousal'. De proefpersonen die op de hoogte waren van de effecten van het middel konden deze lichamelijke toestand toeschrijven aan de injectie, dus aan een externe oorzaak. De proefpersonen die niet wisten dat het middel dit effect had, probeerden op een andere manier hun gevoelens van spanning te interpreteren. Daarbij gebruikten ze het gedrag van de handlanger, die immers zogenaamd dezelfde injectie had gekregen, om te bepalen wat ze nu eigenlijk voelden. Afhankelijk van de conditie leidden ze af dat ze ofwel boos, ofwel blij waren en dat de spanning daardoor werd veroorzaakt.

Op dezelfde manier is het mogelijk dat je bijvoorbeeld een gevoel van spanning in je maag interpreteert als het resultaat van iets dat je hebt gegeten, zenuwen voor een tentamen, of een verliefdheid, afhankelijk van de situatie. Dat dergelijke attributies consequenties hebben, blijkt uit een onderzoek van Dutton en Aron (1974; voor een recent overzicht, zie Foster e.a., 1998). Mannen die in dit onderzoek over een slingerende hangbrug een ravijn overstaken vertoonden meer symptomen van aantrekkingskracht ten opzichte van een aantrekkelijke vrouw die met hen opliep, dan mannen die zich via een veiliger brug naar de overkant van het ravijn begaven: kennelijk werd de spanning die was veroorzaakt door de gevaarlijke overtocht ten onrechte toegeschreven aan de aantrekkingskracht van de vrouw.[3]

Vandaag de dag worden de stellige uitspraken van Schachter met de nodige scepsis bekeken. Zoals Bem ervan uitging dat mensen geen enkele directe toegang hebben tot hun motieven (een stelling waarbij hij later enige kwalificaties heeft aangebracht), zo ging Schachter ervan uit dat verhoogde lichamelijke activatie volstrekt ambigu is en dus op zichzelf geen informatie verschaft over de emotie die eraan ten grondslag ligt. Uit later onderzoek bleek echter dat niet alle patronen van lichamelijke 'arousal' zo ambigu zijn en dat zeker de meer intense emoties niet gauw verkeerd geattribueerd worden.

Niettemin zijn er situaties waarin mensen de oorzaak van verhoogde lichamelijke activatie verkeerd inschatten (mis-attribueren), en in die situaties zullen de emoties die ze ervaren passen bij hun verkeerde inschatting en niet bij de werkelijke stand van zaken. Zo lieten Vrij en Dingemans (1996) een groep politieagenten intensief fietsen op een hometrainer, met als gevolg een verhoogde lichamelijke activiteit. Vervolgens werden de agenten geconfronteerd met een in scène gezet scenario waarin een man een serveerster beroofde. Vergeleken met een controlegroep bleken de agenten die hadden gefietst de misdadiger te zien als minder gevaarlijk en hadden ze minder gevoelens van agressie. Ze waren ook minder geneigd hun pistool te trekken om de dief neer te schieten. Kennelijk schreven ze de spanning die ze voelden toe aan de fysieke inspanning die ze achter de rug hadden, en niet aan gevoelens van agressie tegenover de man. Ze namen aan dat hun hart bonsde vanwege hun lichamelijke inspanning, en niet dat het een reactie was op de gevaarlijke man (vgl. Zillman e.a., 1972). Wanneer zo'n scène in werkelijkheid voorkomt (bijvoorbeeld doordat een agent hard moet rennen om op tijd op de plaats van een misdrijf te komen), kan een dergelijke mis-attributie natuurlijk ernstige gevolgen hebben.

Tenslotte: zowel voor de theorie van Bem als die van Schachter geldt dat de oorspronkelijk ingenomen stellingen later enigszins zijn genuanceerd: met name in extreme gevallen zijn we zeker wel in staat onze emoties, attitudes en voorkeuren langs introspectieve weg te kennen, hetgeen informatie oplevert die we niet hebben over andere mensen. In meer gematigde gevallen hebben we echter geen directe toegang tot ons innerlijk en moeten we onze oordelen en indrukken over onszelf afleiden uit ons gedrag, signalen in de omgeving of een combinatie daarvan, zoals we dat ook bij anderen doen.

---

3   Wordt men na een spannings-opwekkende handeling geconfronteerd met een onaantrekkelijk lid van de andere sekse, dan wordt deze juist extra onaantrekkelijk gevonden (Foster e.a., 1998). De effecten van 'arousal' onder homoseksuelen zijn nog niet onderzocht.

3.6 Spontane attributies

Tot nu toe zijn vier attributie-theorieën beschreven. In al deze theorieën komt de mens naar voren als iemand die in het dagelijks leven regelmatig causale analyses pleegt – iemand die zich bij veel gebeurtenissen afvraagt wat de oorzaak van die gebeurtenis is, en die tal van meer en minder complexe methoden ter beschikking heeft om die vraag te beantwoorden. Een belangrijke bron van kritiek op veel onderzoek naar deze theorieën is dat de onderzoeker aan de proefpersonen vraagt wat de oorzaak van een gedraging of gebeurtenis is. We weten echter niet of waarnemers die vraag ook uit zichzelf stellen, dat wil zeggen, of mensen spontaan causale attributies maken, ook als er geen onderzoeker is die daarnaar vraagt (Enzle & Schopflocher, 1978). Het feit dat mensen een vraag van een onderzoeker kunnen beantwoorden wil immers niet zeggen dat ze zichzelf dergelijke vragen ook stellen in het dagelijks leven. Als je hoort dat Kees naar Extase gaat op vrijdagavond, sta je dan stil bij de vraag *waarom* hij dat doet? Misschien vraag je je helemaal niet af wat de oorzaak is van het gedrag van Kees. Misschien is het wel zo dat veel attributie-theorieën alleen opgaan in die situaties waarin een onderzoeker of iemand anders aan de waarnemer vraagt wat de oorzaak is van een gebeurtenis.

Bij de vraag of mensen spontaan attributies maken, moeten we een onderscheid maken tussen twee soorten attributies (Ross, 1977; Erickson & Krull, 1999): (1) *causale* attributies, dat wil zeggen, het beantwoorden van de vraag: wat is de oorzaak? Met name de theorieën van Kelley en van Weiner zijn gericht op dit type attributies; (2) attributies in de zin van het *toeschrijven* (attribueren) van eigenschappen aan een persoon op grond van diens gedrag of prestaties. De theorie van Jones en Davis is hier een goed voorbeeld van: een correspondente gevolgtrekking impliceert dat een eigenschap wordt toegeschreven. Vandaag de dag wordt dit type attributies onderzocht onder de noemer 'trait inferences'.

Dit lijkt misschien een wat kunstmatig onderscheid: als we een eigenschap aan iemand toeschrijven, dan nemen we immers aan dat die eigenschap de oorzaak is van het waargenomen gedrag. In deze sectie zal echter duidelijk worden dat dit onderscheid van wezenlijk belang is. In de volgende paragraaf gaan we eerst in op de spontaniteit van causale attributies.

3.6.1 Wanneer mensen waaromvragen stellen

Er zijn verschillende manieren om na te gaan of mensen spontaan causale analyses plegen. Eén methode is om simpelweg te kijken naar geschreven en gesproken teksten uit het dagelijks leven. Zo hebben onderzoekers het aantal causale verklaringen geteld die ze tegenkwamen in krantenartikelen (Lau & Russell, 1980) en in jaarverslagen van bedrijven (Bettman & Weitz, 1983). Anderen (Nisbett, Harvey & Wilson, 1979; in Nisbett & Ross, 1980) zijn zover gegaan dat ze gesprekken in de bus, het café en het park hebben afgeluisterd en opgenomen.

Hun conclusie was dat uitspraken waarin een causale analyse werd gepleegd of waarin naar de oorzaak van iets werd gevraagd opvallend vaak voorkwamen; gemiddeld ging het om ongeveer 15% van alle opgenomen uitspraken.

Een andere methode is de 'sentence completion'-taak (bijv. Clary & Tesser, 1983; Hastie, 1984), waarbij aan proefpersonen wordt gevraagd in hun eigen woorden zinnen af te maken, bijvoorbeeld 'Els kwam te laat op de vergadering...' De aanvullingen van de proefpersoon kunnen worden gescoord als een oorzaak (bijvoorbeeld 'doordat de trein vertraagd was') of als een andere aanvulling (bijvoorbeeld 'met als gevolg dat de vergadering te laat begon'). Uit dit type onderzoek blijkt dat negatieve en onverwachte gedragingen in ongeveer de helft van de gevallen met een causale verklaring worden aangevuld, terwijl dit voor positieve en verwachte gedragingen beduidend minder vaak gebeurt.

Een derde methode, tenslotte, maakt gebruik van reactietijden (Smith & Miller, 1983; zie ook paragraaf 2.4.3, p.55: *Antwoordtijden*). Aan proefpersonen wordt een reeks gedragsbeschrijvingen van verschillende personen aangeboden. Na elke beschrijving worden verschillende vragen gesteld, waaronder de vraag wat de oorzaak van het gedrag is. Het idee is dat mensen snel antwoord kunnen geven op vragen waarover ze tijdens het lezen al spontaan hadden nagedacht, want ze hebben het antwoord op zo'n vraag zelf al bedacht voordat de vraag werd gesteld. Als het antwoord daarentegen relatief veel tijd kost, dan is dat een indicatie dat men pas over de vraag gaat nadenken op het moment dat deze wordt gesteld. Zoals we in hoofdstuk 2 al hebben gezien (paragraaf 2.4.3) suggereert dit type onderzoek dat, wanneer het gaat om eenvoudige gedragsbeschrijvingen, een spontane causale analyse weinig voorkomt.[4] Dit lijkt strijdig met de conclusie dat 15% van alle uitspraken die mensen doen in het dagelijks leven een verwijzing naar oorzaken bevat. Maar we moeten bedenken dat lang niet alle uitspraken gaan over *gedrag* van personen. In krantenartikelen en jaarverslagen gaat het bijvoorbeeld vaak over *uitkomsten* van gedrag en *gebeurtenissen*: de voetbalclub won de wedstrijd, het bedrijf maakte verlies, er brak een brand uit, enzovoort. De conclusies van het onderzoek van Smith en Miller zijn daarentegen beperkt tot simpele gedragsbeschrijvingen.

Wanneer het uitsluitend gaat om attributies van gedrag, en we alle empirische evidentie tezamen overzien (zie ook Weiner, 1985b), kunnen we de volgende conclusies trekken. Waarnemers lopen zeker niet de hele dag door causale analyses te plegen. Bij de gewone dagelijkse observaties (iemand koopt koffie in de supermarkt, Kees gaat naar de discotheek, een docent geeft college, de postbode bezorgt de post, enzovoort) stellen we onszelf geen waaromvragen.

---

4   Deze conclusie kan worden afgeleid uit een vergelijking van de reactietijden bij vragen naar de oorzaak van iemands gedrag versus vragen naar de persoonlijkheidseigenschap die in het gedrag tot uiting komt. Merk op dat deze vergelijking niet mogelijk is bij de andere methoden voor spontane gevolgtrekkingen die in hoofdstuk 2 zijn beschreven (paragraaf 2.4.3: *Cued-recall-taken* en *'Impliciete geheugen'*-taken, p.57, 58): deze methoden beperken zich tot het vastleggen van attributies in de zin van 'trait inferences' (het toeschrijven van eigenschappen), zonder een directe vergelijking met causale analyse.

Er zijn drie situaties waarin we wél causale attributies maken.

Ten eerste, als een persoon heel belangrijk voor ons is, bijvoorbeeld omdat we van die persoon afhankelijk zijn, dan willen we een zo volledig mogelijk beeld hebben van die persoon en zullen we vaker nadenken over de oorzaken van zijn of haar gedrag. Stel dat je verliefd bent op Kees, dan wil je weten wat het precies is dat hem aantrekt in Extase. Dan zul je niet alleen zijn discotheekbezoek maar bijna al zijn gedragingen aan een causale analyse onderwerpen. Een ander voorbeeld van een afhankelijkheidsrelatie is die tussen leidinggevende en ondergeschikte. Uit een onderzoek van Konst, Vonk en Van der Vlist (1998) blijkt dat het gedrag van leidinggevenden vaker causaal wordt verklaard dan het gedrag van ondergeschikten.

Ten tweede, als er iets negatiefs gebeurt (bijvoorbeeld als iemand een fout maakt, als de persoon in de supermarkt het pak koffie meeneemt zonder te betalen, als we een onvoldoende halen voor een tentamen), gaan we spontaan nadenken over de oorzaken daarvan (Hastie, 1984). Dat is uiterst functioneel, want als we de oorzaken van negatieve gebeurtenissen kennen, kunnen we die gebeurtenissen eerder onder controle krijgen.

Ten derde, als iemand iets doet wat we niet van die persoon verwacht hadden, vragen we ons af hoe dat komt. Gedrag van anderen kan om twee redenen onverwacht zijn. Ten eerste kan iemand iets doen wat tegen zijn rol ingaat. In dit geval is er sprake van wat Jones en Davis (1965) *out-of-role*-gedrag noemen. (Merk op dat ook negatief gedrag een vorm van 'out-of-role'-gedrag is, want het wijkt af van algemene sociale normen.) Als een secretaresse die een vergadering notuleert zich ineens in de discussie mengt en een standpunt tegen de voorzitter inneemt, dan past dat gedrag niet bij wat men van secretaresses verwacht en zal men zich afvragen waarom ze dat doet. Gedrag kan ook onverwacht zijn omdat het indruist tegen de indruk die men van iemand heeft opgebouwd. In dit geval is het gedrag niet strijdig met een rolverwachting, maar met eerder gedrag van dezelfde persoon. Als een tot nog toe capabele medestudent bijvoorbeeld plotseling slecht werk levert, of als een doorgaans autoritaire docent zich heel vriendelijk en sociaal gaat opstellen, dan valt dat op. In deze gevallen vraagt men zich eveneens af wat de oorzaak van het onverwachte gedrag is. Ook dit is functioneel, want als men de oorzaak van het onverwachte gedrag niet begrijpt, wordt toekomstig gedrag van die persoon onvoorspelbaar. Bovenstaande lijkt niet alleen te gelden voor attributies van het gedrag van anderen, maar ook voor het eigen gedrag. Als je een onvoldoende haalt voor een tentamen, wil je de oorzaak daarvan wel graag weten. Maar als je een voldoende haalt, zul je eerder denken: mooi, daar ben ik vanaf, zonder jezelf causale vragen te stellen – tenzij die voldoende geheel onverwacht is.

Concluderend zouden we kunnen zeggen dat causale analyse optreedt wanneer dat functioneel is. Dat is met name het geval bij gebeurtenissen die onze aandacht trekken doordat ze de normale, routinematige informatieverwerking doorbreken.

3.6.2 Spontane gevolgtrekkingen

Heel anders ligt dat als het gaat om attributies in de betekenis van 'trait inferences': het toeschrijven van eigenschappen aan personen is een activiteit die juist onderdeel is van onze normale routine. Wanneer mensen gedrag observeren, leiden ze onmiddellijk en automatisch een eigenschap of emotie af uit dat gedrag (bijv. Gilbert, 1989; Newman & Uleman, 1989). Zie je bijvoorbeeld op een college een student die zijn vinger opsteekt om vragen te stellen en kritische kanttekeningen te maken, dan zul je onmiddellijk denken 'wat een wijsneus', zonder dat je je afvraagt 'waarom doet hij dat?'

Dergelijke gevolgtrekkingen hebben zelfs veel kenmerken van een automatisme, in de zin dat ze 'vanzelf' worden gemaakt, dat wil zeggen: zonder dat je daartoe de intentie hebt, zonder dat je er veel controle over hebt (je kunt het niet onderdrukken), zonder dat het enige aandacht vergt, en zonder dat je je ervan bewust bent (Bargh, 1989). We zagen dat ook al in hoofdstuk 2, bij de bespreking van methoden die zijn gebruikt om de spontane identificatie van gedrag in termen van eigenschappen vast te stellen (paragraaf 2.4.3, p.55). Verschillende methoden laten hierbij steeds zien dat mensen direct, zonder erbij na te denken, het gedrag van anderen vertalen naar een onderliggende eigenschap. In het algemeen zijn ze zich er niet eens van bewust dat ze dat doen of dat die eigenschappen behulpzaam zijn bij de latere herinnering van het gedrag, bijvoorbeeld tijdens een *cued recall*-taak (Winter & Uleman, 1984; voor een overzicht, zie Uleman e.a., 1996).

Om te verwijzen naar dit type automatische gevolgtrekkingen wordt de term *spontaneous trait inference* (STI) gebruikt: een gevolgtrekking ('inference') van een eigenschap ('trait') die spontaan wordt gemaakt, dat wil zeggen, zonder een onderzoeker die vragen stelt en zonder andere externe factoren die de gevolgtrekking in de hand zouden werken.

Er zijn een paar factoren die STI's kunnen bevorderen of verzwakken. Een eerste factor betreft het waargenomen gedrag: een STI zal eerder optreden als het waargenomen gedrag duidelijke implicaties heeft (in termen van Jones en Davis: als een correspondente gevolgtrekking voor de hand ligt), zoals bij iemand die een gestolen portemonnee terugbrengt naar de eigenaar (eerlijk) of die een boek steelt (oneerlijk). Als het gedrag daarentegen geen duidelijke implicaties heeft voor de persoonlijkheid van de ander (bijvoorbeeld als je iemand in de supermarkt gewoon een pak koffie ziet afrekenen), dan zal er normaliter helemaal geen sprake zijn van een STI, omdat dit gedrag zo gewoon is dat het niets zegt over de persoon.

Ten tweede treden STI's vooral op als het waargenomen gedrag overeenkomt met de verwachting die men heeft van een persoon. Daarbij kunnen stereotypen een rol spelen: als een bouwvakker in een restaurant met een tandenstoker in zijn mond zit, is dat meer in overeenstemming met het stereotype dan als een lid van de koninklijke familie dit doe. In het eerste geval zal een STI eerder worden gemaakt (Delmas, 1992, in Uleman e.a., 1996). Wanneer iemands gedrag afwijkt van de verwachting, worden STI's onderdrukt (Wigboldus, Dijksterhuis & Van Knippenberg, 1999). In dit geval gaat men vaak over op een meer grondige verwerking van het gedrag en probeert men juist de oorzaak te bepalen, zoals we in de vorige paragraaf zagen ('Waarom zit onze kroonprins zijn tanden te flossen in het restaurant?').

Ten derde worden STI's vergemakkelijkt wanneer mensen het gedrag duidelijk voor zich zien (hetzij door directe observatie, hetzij door het zich voor te stellen als ze een beschrijving lezen) of wanneer ze een goed beeld hebben van hoe de actor eruitziet (bijvoorbeeld door een foto bij de beschrijving) (Uleman e.a., 1993). Dit resultaat suggereert dat STI's niet gebonden zijn aan beschrijvingen van personen op papier of op een computerscherm, maar dat ze in het dagelijks leven – waar het gedrag van anderen vaak rechtstreeks wordt geobserveerd – minstens zo frequent optreden.

Een laatste factor heeft te maken met kenmerken van de waarnemer: voor ieder individu zijn er bepaalde eigenschappen die hij belangrijk vindt en waar hij op let wanneer hij andere mensen waarneemt. We noemen dit *toegankelijke constructen*: persoonlijkheidstermen die een centrale rol spelen in je oordelen over anderen. Zo zijn sommige mensen gewend om anderen te beoordelen in termen van eerlijkheid, anderen letten op behulpzaamheid, enzovoort (zie paragraaf 4.2.6, p.155). Als mensen een toegankelijk construct hebben voor een bepaald kenmerk, zullen ze gedrag van anderen heel makkelijk in die termen interpreteren. Stel dat je op een tentamen ziet dat iemand stiekem de goede antwoorden geeft aan een medestudent. Als eerlijkheid voor jou een toegankelijk construct is, zul je meteen denken: dat is niet eerlijk. Als behulpzaamheid voor jou centraal is, zul je denken: dat is behulpzaam. Het gedrag activeert onmiddellijk een persoonlijkheidsconstruct dat voor jou toegankelijk is. In dit geval is de STI volledig automatisch (Bargh, 1989).

Zulke automatische processen hebben een bijzonder sterke invloed op de waarneming: het automatisme zelf onttrekt zich volledig aan de bewuste aandacht en controle, en men is zich alleen bewust van het resultaat van het automatisme (de gevolgtrekking 'dat is oneerlijk' of 'dat is aardig'). Doordat men niet beseft dat men zelf deze gevolgtrekking heeft gemaakt, lijkt het alsof het zo ís. Het afleidingsproces zelf is onzichtbaar, en het resultaat – de gevolgtrekking – zal zich hierdoor aan de waarnemer opdringen als een feit, een gegeven, in plaats van als een eigen interpretatie.

3.6.3 Meerfasetheorieën over attributie

Resultaten van onderzoek naar STI's werpen een wat ander licht op het attributieproces dan naar voren komt uit de eerder besproken attributietheorieën. In deze theorieën staat de gedachte centraal dat mensen een causale analyse plegen bij het gedrag van anderen. Het idee is dat mensen zich eerst afvragen of iemands gedrag wordt veroorzaakt door 'iets in de situatie' of 'iets in de persoon zelf'. In het laatste geval stellen ze vervolgens vast wat dat 'iets in de persoon' is, waarmee dan de onderliggende eigenschap is geïdentificeerd. In deze visie zijn gevolgtrekkingen over de eigenschappen van een actor het eindresultaat van een causale attributie.

Onderzoek naar STI's suggereert echter dat mensen vaak eigenschappen aan anderen toeschrijven zonder dat ze zichzelf waaromvragen stellen. Uit het onderzoek van Smith en Miller (1983; zie paragraaf 2.4.3, p.56: *Antwoordtijden*) bleek bijvoorbeeld dat mensen veel vlotter vragen kunnen beantwoorden over de eigenschappen van een actor dan over de oorzaken van het waargenomen gedrag. Neem bijvoorbeeld de postbode die in het restaurant aan zijn tanden zit te pulken (een beschrijving die in het onderzoek van Smith en Miller werd gebruikt). Op de vraag of de postbode slechtgemanierd was, gaf men direct antwoord, maar over de vraag of dit gedrag veroorzaakt werd door een eigenschap van de persoon, moest men veel langer nadenken. Dit impliceert dat de gevolgtrekking 'slechtgemanierd' door proefpersonen helemaal niet werd ervaren als een conclusie over de *oorzaak* van het gedrag. De gevolgtrekking lijkt veel meer te fungeren als een *identificatie* of samenvatting van het gedrag (zie Hamilton, 1988; Reeder, 1985).

In paragraaf 3.6.1 zagen we dat mensen met name waaromvragen stellen wanneer iemands gedrag afwijkt van hun verwachtingen. Ze proberen dan greep te krijgen op het gedrag van de ander door een causale analyse te plegen. In dit geval is de verwerking doelbewust, weloverwogen, en vergt aandacht en cognitieve inspanning. Wanneer iemands gedrag daarentegen consistent is met de verwachting, of wanneer men helemaal geen duidelijke verwachting heeft (zoals in het onderzoek van Smith en Miller en het onderzoek van Uleman c.s. waarin STI's zijn aangetoond), zal men meer gedachteloos eigenschappen afleiden uit het gedrag. Als iemand die je niet kent bijvoorbeeld op een vergadering een ander in de rede valt, denk je hooguit: 'nou, dat is ook niet erg beleefd', maar niet: 'waarom doet hij dat? Zou hij een onbeleefde persoon zijn of is het iets in de situatie?' In de conclusie: 'nou, dat is ook niet erg beleefd', (een voorbeeld van een STI) fungeert de eigenschap 'beleefd' als code waarmee je het gedrag opslaat in je geheugen (zie paragraaf 2.4.1 over encodering, p.50).

Samenhangend met deze visie op STI's zijn inmiddels andere attributie-theorieën ontwikkeld waarin causale analyse geen enkele plaats heeft. Deze theorieën worden meer-fase-theorieën genoemd, omdat ze verschillende fasen onderscheiden in het attributie-proces, meestal twee of drie (bijv. Quattrone, 1982; Trope, 1986). Deze fasen zijn:

1   *identificatie* van het gedrag, bijvoorbeeld het gedrag 'iemand in de rede vallen' wordt geïdentificeerd als onbeleefd gedrag;
2   *dispositionele gevolgtrekking*: de geïdentificeerde eigenschap wordt toegeschreven aan de actor, dus in dit voorbeeld wordt geconcludeerd dat de actor onbeleefd is;
3   *situationele correctie*: men gaat na of er ook nog externe factoren in het spel zijn geweest (bijvoorbeeld: 'de actor staat onder grote tijdsdruk'); als dat inderdaad het geval is, zal men die factoren vervolgens 'aftrekken' van de eerder gemaakte attributie (bijvoorbeeld: 'misschien is hij minder onbeleefd dan ik dacht').

Het onderscheid tussen de eerste en de tweede fase wordt in de volgende paragraaf besproken. Op dit moment is van belang dat de fase van situationele correctie als laatste optreedt, wanneer men in feite al een eigenschap aan de actor heeft toegeschreven.[5] Bovendien blijkt uit onderzoek van Gilbert, Pelham en Krull (1988) dat deze fase meer aandacht vergt. Terwijl het eerste deel van het

meerfasemodel van gedragsattributies

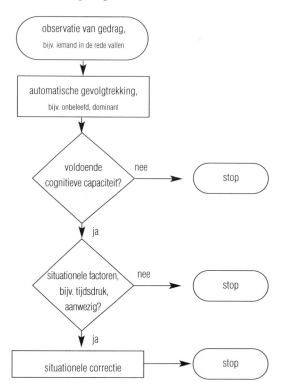

Figuur 3.4

---

5   Zoals eerder opgemerkt treden STI's alleen op wanneer het gedrag duidelijk een bepaalde eigenschap impliceert. Als iemands gedrag voor interpretatie vatbaar is, verloopt het proces soms anders: men gaat dan juist op de situatie letten om het gedrag te kunnen interpreteren (Trope, 1986, 1989). Als iemand bijvoorbeeld huilt bij een bruiloft, wordt dat gedrag anders geïnterpreteerd dan als iemand huilt bij een begrafenis. In die gevallen wordt de situatie meteen in de gevolgtrekking betrokken om tot de juiste interpretatie te komen. Dit impliceert dat informatie over de situatie soms wordt gebruikt om gedrag te interpreteren (bijvoorbeeld: 'de persoon huilt bij een begrafenis, dus hij zal wel droevig zijn'), en soms juist om een eerdere interpretatie te corrigeren (bijvoorbeeld: 'de persoon lijkt me erg neerslachtig, maar zijn beste vriend is net overleden, wie zou er dan niet neerslachtig zijn') (Trope, 1989; Trope & Alfieri, 1997).

proces, de STI, vrijwel direct en automatisch plaatsvindt, moet men bij een situationele correctie meer cognitieve inspanning verrichten. Deze opvatting van attributies is weergegeven in figuur 3.4. Het is van belang te beseffen dat deze figuur betrekking heeft op observaties van gedrag dat niet duidelijk afwijkt van onze verwachtingen. In die gevallen zal het gedrag automatisch een STI oproepen, die pas achteraf wordt gecorrigeerd als daartoe aanleiding is en als de waarnemer voldoende cognitieve capaciteit heeft. Het gevolg is dat mensen heel vaak niet toekomen aan het corrigeren van hun eerste gevolgtrekking. Met name als ze zelf druk bezig zijn (ze nemen bijvoorbeeld deel aan de vergadering en hebben zelf ook iets te zeggen), is situationele correctie niet erg waarschijnlijk (Gilbert e.a., 1988). Dit leidt ertoe dat mensen heel vaak niet verder komen dan het maken van een dispositionele attributie: het toeschrijven van een eigenschap op grond van een gedraging.

Samengevat: als waarnemers volstaan we vaak met conclusies in de stijl van 'dat is onbeleefd' of 'wat een wijsneus', zonder enige gedachte te wijden aan de oorzaken van het gedrag. Het toeschrijven van eigenschappen aan personen vindt in verreweg de meeste gevallen plaats zonder dat er een causale analyse aan voorafgaat. Een causale analyse is een cognitief proces dat niet zomaar vanzelf verloopt en waar we pas aan beginnen als er een duidelijke aanleiding toe is, omdat het cognitieve inspanning vergt. Het toeschrijven van eigenschappen daarentegen kost ons geen enkele moeite; het gebeurt vanzelf, zonder dat we het in de gaten hebben.

3.6.4 Associaties tussen STI en persoon

In de vorige paragraaf werden drie fasen onderscheiden in het attributieproces. In figuur 3.4 zijn de eerste en de tweede fase voor het gemak bij elkaar genomen. In de figuur wordt aangenomen dat, zodra men iemands gedrag identificeert met een eigenschap, deze eigenschap ook wordt toegeschreven aan de persoon: de conclusie 'dat gedrag is onbeleefd' impliceert 'de persoon is onbeleefd'. Toch hoeft dat niet noodzakelijkerwijs zo te zijn: je kunt iemands gedrag bestempelen als onbeleefd, slechtgemanierd, dominant of wat dan ook, maar betekent dit dan ook altijd dat die eigenschap automatisch wordt toegeschreven aan de actor? Dit is een sterke veronderstelling die niet onomstotelijk aangetoond kan worden (Uleman e.a., 1996). Wel blijkt uit verschillende onderzoeken dat STI's minimaal leiden tot een *associatie* tussen de afgeleide eigenschap en de actor. De waarde van het *relearning*-paradigma van Carlston e.a. (1994, 1995; zie paragraaf 2.4.3, p.59: *'Impliciete geheugen'-taken*) is onder meer gelegen in het feit dat het gevonden *savings*-effect deze associatie demonstreert. Bij deze methode moeten proefpersonen namelijk een associatie onthouden tussen een eigenschap en een persoon op een foto. Als de gedragsbeschrijving bij de foto (bijvoorbeeld 'viel iemand in de rede') wordt geïdentificeerd als onbeleefd en deze eigenschap wordt *niet* met de persoon op de foto geassocieerd, dan zou de associatie tussen de eigenschap en de persoon later moeilijker te leren zijn. Wordt de eigenschap daarentegen wel met de persoon geassocieerd, dan is het leren van de associatie tussen de persoon en de eigenschap in een latere fase makkelijk, want men leert dan een associatie die men in feite al kent.

De resultaten van het *relearning*-paradigma laten dus zien dat STI's geassocieerd zijn met de persoon die het gedrag vertoont (zie ook Van Overwalle, 1999). Deze associaties lijken, net als de STI zelf, automatisch tot stand te komen. Dat laatste is niet zonder consequenties, aangezien automatische processen vaak '*quick and dirty*' zijn: ze treden snel en makkelijk op, maar zijn tevens diffuus en 'grof'. Dat betekent dat de gemaakte gevolgtrekking niet alleen geassocieerd kan raken met de actor zelf, maar met elke persoon die toevallig in de buurt is op het moment dat de STI optreedt. Dus op het moment dat Jan tijdens een vergadering iemand in de rede valt en jij de eigenschap 'onbeleefd' activeert om het gedrag te identificeren, kan die eigenschap niet alleen met Jan geassocieerd raken maar met elke andere persoon die net op dat moment in je bewustzijn komt, bijvoorbeeld met Piet die jou toevallig op hetzelfde moment een briefje toeschuift.

Een consequentie hiervan werd gedemonstreerd in een variant op het *relearning*-paradigma (Skowronski e.a., 1998). In dit onderzoek zagen proefpersonen, net als altijd bij deze methode, foto's van personen waarbij een gedragsbeschrijving werd gegeven. Dit keer werd echter gezegd dat het geen beschrijvingen waren over de persoon op de foto, maar dat elke beschrijving was *gegeven door* de persoon op de foto en over iemand anders ging. De personen op de foto's waren dus zogenaamd mensen die een beschrijving hadden gegeven van een ander, en die beschrijving werd naast hun foto afgedrukt. Voor de rest was de taak hetzelfde als bij het normale *relearning*-paradigma: de proefpersonen moesten de associatie leren tussen foto's en persoonlijkheidstermen die al dan niet geïmpliceerd waren in de eerdere beschrijvingen (zie paragraaf 2.4.3, p.59: '*Impliciete geheugen*'-*taken*). Uit de resultaten bleek dat bij deze opzet hetzelfde *savings*-effect optrad als bij de gebruikelijke opzet. Dat wil zeggen: de eerder bestudeerde beschrijvingen waren nuttig bij het leren van de persoon–eigenschap-associaties, hoewel de eigenschap in dit geval helemaal niets zei over de persoon op de foto. Immers, als jij zegt dat een bepaalde persoon ongemanierd in zijn neus zat te peuteren tijdens het eten, wil dat helemaal niet zeggen dat jij zelf ongemanierd bent. Niettemin laat het gevonden effect zien dat deze associatie onbewust wel werd gelegd. De onderzoekers spreken in dit verband van 'spontaneous trait *trans*ference' (in plaats van *in*ference). Een vergelijkbaar verschijnsel is overigens ook beschreven door Wyer e.a. (1994), die vonden dat uitspraken van mensen over een andere persoon door waarnemers meer worden gebruikt om conclusies te trekken over de spreker dan over degene die wordt beschreven. Een interessante implicatie van dit verschijnsel zou kunnen zijn dat mensen die kwaad spreken van anderen geassocieerd raken met de slechte eigenschappen die ze anderen toedichten.

3.7 Vertekeningen in attributies

In het voorafgaande hebben we al een paar illustraties gezien van omstandigheden waarin de attributies van waarnemers vertekend zijn. Zo wezen Jones en Davis op de invloed van hedonische relevantie, die ertoe leidt dat dispositionele factoren worden overschat wanneer het gedrag van een actor de waarnemer zelf beïnvloedt. Ook de bespreking van de zelfwaarnemingstheorieën van Bem en van Schachter liet zien dat mensen de oorzaak van hun eigen gedrag vaak verkeerd inschatten. In de laatste paragraaf zagen we tenslotte dat afgeleide eigenschappen soms met de verkeerde persoon geassocieerd raken. In deze laatste sectie worden verschillende andere vertekeningen in attributies op een rij gezet.

3.7.1 De correspondentie-vertekening

Eerder in dit hoofdstuk is al een paar keer naar voren gekomen dat waarnemers geneigd zijn de invloed van situationele factoren op gebeurtenissen te onderschatten en de invloed van dispositionele factoren te overschatten. Zo zagen we bij de bespreking van de rol van keuzevrijheid in de theorie van Jones en Davis (paragraaf 3.2.3, p.84) dat de stelling die in een betoog werd ingenomen (pro- of anti-Castro) van invloed was op de mening die aan de schrijver van het betoog werd toegekend, zelfs als proefpersonen wisten dat de schrijver opdracht had gekregen om die bepaalde stelling te verdedigen: de externe invloeden op het gedrag werden onderschat. Dit verschijnsel wordt de 'correspondentie-vertekening' of 'fundamentele attributiefout' genoemd (Jones, 1979, 1990; Ross, 1977).
Heider (1958) was de eerste die wees op deze vertekening (zie paragraaf 1.3.3, p.23). In de jaren zestig werden Heiders vermoedens bevestigd in het genoemde Castro-experiment van Jones en Harris (1967). Inmiddels wordt het verschijnsel beschouwd als een van de meest robuuste effecten in de sociale psychologie. Ross (1977) heeft zelfs opgemerkt dat de sociale psychologie een saaie bedoening zou zijn zonder de correspondentie-vertekening. Zonder deze vertekening zou niemand ervan opkijken dat proefpersonen in een gehoorzaamheidsexperiment à la Milgram doen wat de onderzoeker zegt; dat ze in een experiment naar cognitieve dissonantie onderschatten hoe hun eigen gedrag is beïnvloed door het verzoek om een bepaalde mening te verdedigen, en dat ze in een emotie-attributie-experiment à la Schachter niet beseffen dat hun emoties zijn beïnvloed door het gedrag van een andere 'deelnemer'. De reden dat deze experimenten zo interessant zijn is dat iedereen eigenlijk verwacht dat het gedrag van mensen wordt bepaald door hun disposities – met als gevolg dat men telkens weer verrast is over de sterke invloed van de situatie op gedrag.
Dat de correspondentie-vertekening zo vaak optreedt is deels gelegen in het feit dat er nogal wat voor nodig is om een attributie te maken die recht doet aan

de invloed van de situatie (Gilbert & Malone, 1995). Allereerst moeten we *weten* in welke situatie de persoon zich bevindt. Als we niet weten dat iemand op een vergadering haast heeft omdat zijn zoontje plotseling ziek is geworden, kunnen we onmogelijk beseffen dat het ongeduldige gedrag van die persoon veroorzaakt zou kunnen zijn door de situatie.

Ten tweede is het nodig dat we accurate *verwachtingen* hebben over hoe de meeste mensen zich gedragen in deze situatie. Om de invloed van de ziekte van iemands zoontje op diens gedrag te begrijpen moeten we weten dat de meeste mensen graag zo gauw mogelijk naar huis willen als hun kind ziek is. We moeten ook precies weten hóe ziek het kind is (of beter, hoe ziek het kind is in de perceptie van de ouder): ligt hij op sterven, of heeft hij een gat in zijn knie? Alleen dan kunnen we immers een goed beeld hebben van wat een normale reactie is op deze situatie.

Ten derde moeten we het gedrag van de persoon die in deze situatie zit op een bepaalde manier *identificeren*. Als de persoon zegt: 'Kunnen we nu gauw door naar het volgende agendapunt', moeten we beseffen dat dit gedrag een weerspiegeling is van enig ongeduld, maar we moeten het niet overdrijven. Als we het gedrag interpreteren als ongeduldiger dan het feitelijk is, zullen we immers eerder besluiten dat het een buitenproportionele reactie is op de situatie, met als gevolg dat we de persoon toch nog als een ongeduldig mens gaan zien.

Tenslotte moeten we onze interpretatie van het gedrag vergelijken met wat de meeste mensen volgens ons zouden doen in die situatie. Is de persoon ongeveer even ongeduldig en gehaast als wat we verwachten van iemand die naar zijn zieke zoontje toe wil, dan moeten we besluiten dat het gedrag geheel is veroorzaakt door de situatie. Dat wil zeggen, we moeten onze identificatie van het gedrag *corrigeren* voor de invloed van de situatie. Stel dat we vinden dat de persoon zich nogal ongeduldig gedraagt én dat ieder ander in deze situatie nogal ongeduldig zou zijn. Een situationele correctie houdt in dat we het effect van de situatie 'aftrekken' van het gedrag van de persoon, in dit geval: 'nogal ongeduldig' min 'nogal ongeduldig' is nul. Kortom, we weten niets over de persoon en schrijven geen eigenschappen aan hem toe.

Gilbert en Malone (1995) betogen dat er in elk van deze vier fasen (weten – verwachten – identificeren – corrigeren) iets mis kan gaan en dat een 'misser' in één fase voldoende is voor het optreden van de correspondentie-vertekening.

Weten
Allereerst is het mogelijk dat we domweg niet op de hoogte zijn van de situatie waarin een persoon zich bevindt. De persoon op de vergadering heeft bijvoorbeeld net een telefoontje gehad van de schoolmeester van zijn zoontje, maar degenen die zijn gehaaste gedrag waarnemen weten dat niet. Zelfs als we de situatie wél kennen, dan nog is het moeilijk de invloed daarvan ten volle te beseffen. Dat heeft te maken met wat Heider samenvatte in de uitspraak *Behavior engulfs the field*: het gedrag van mensen is visueel dermate saillant dat factoren in de omgeving erdoor worden overheerst en veel minder aan-

dacht krijgen. Wat we zien is vooral de persoon die zich gehaast gedraagt; de situatie waarmee de persoon te maken heeft is onzichtbaar.

Verwachten
Ook al zijn we ons ten volle bewust van de situatie, dan kunnen we nog een verkeerd idee hebben over wat een normale reactie is op die situatie. Daarmee komen we terecht bij de tweede fase waarin het mis kan gaan: als waarnemers hebben we vaak onjuiste verwachtingen over de manier waarop een situatie iemands gedrag kan beïnvloeden. Dat komt vooral doordat we proberen ons voor te stellen hoe wij zelf zouden reageren in die situatie. Dit is een riskante strategie, die minstens drie mogelijkheden voor vergissingen in zich bergt. Ten eerste is het zo dat mensen reageren op hun eigen cognities over de situatie. We moeten dus weten hoe de situatie door die ander wordt waargenomen. Te vaak gaan we uit van de egocentrische aanname dat de situatie zoals wij die zien op dezelfde wijze wordt waargenomen door anderen. Ten tweede is het duidelijk dat mensen van elkaar verschillen: wat voor ons een normale adequate reactie is, hoeft dat voor een ander helemaal niet te zijn. Niettemin nemen we vaak ten onrechte aan dat de meeste andere mensen hetzelfde zouden doen als wij zelf. (zie het *false consensus*-effect, paragraaf 3.7.3, p.133). Ten derde is het zo dat we vaak niet eens een goed beeld hebben van wat wij zelf zouden doen in een situatie, totdat we die situatie echt hebben meegemaakt. Zo blijkt uit tientallen jaren van onderzoek naar cognitieve dissonantie dat iedereen instemt met een verzoek om een betoog te schrijven dat tegen de eigen mening ingaat. Niettemin zegt driekwart van de mensen die niet in deze situatie hebben gezeten dat ze dit zouden weigeren (Sherman, 1980). Kortom, in veel gevallen zijn we niet in staat ons een voorstelling te maken van de kracht van situationele invloeden op ons eigen gedrag, laat staan op dat van anderen.

Identificeren
Aangenomen dat we een juist beeld hebben van de situatie en de invloed daarvan, kan tijdens de derde fase van het attributieproces een paradoxaal verschijnsel optreden. Dit hangt samen met de eerdergenoemde mogelijkheid dat kennis van de situatie in bepaalde gevallen van invloed is op onze interpretaties van iemands gedrag (Trope, 1986, 1989; zie voetnoot 5, paragraaf 3.6.3, p.121). Als we met een collega naar een vergadering gaan en we weten dat zijn zoontje ziek is en dat er niemand thuis is, dan verwachten we dat hij zal proberen zo gauw mogelijk uit de vergadering weg te komen. Door deze verwachting kunnen we het gedrag van onze collega als veel gehaaster en ongeduldiger gaan waarnemen dan het feitelijk is: we zien wat we verwachten te zien (vergelijk de in hoofdstuk 1 beschreven *perceptual readiness*, paragraaf 1.4.2, p.26). Als gevolg hiervan is het mogelijk dat we uiteindelijk vinden dat onze collega wel érg ongeduldig is: door onze verwachting treedt een inflatie op in onze identificatie van het gedrag. De ironie is dat in dit geval ons uitstekende inzicht in de situatie leidt tot een extreme gevolgtrekking, zodat alsnog

de correspondentie-vertekening optreedt. Dit effect werd onder meer gedemonstreerd in een experiment (Snyder & Frankel, 1976) waarin proefpersonen keken naar een film zonder geluid waarin een vrouw werd geïnterviewd. De helft van de proefpersonen dacht dat het interview over seks ging, de andere helft dat het over politiek ging. De proefpersonen in de 'seks'-groep vonden na afloop dat de vrouw van nature meer nerveus was dan degenen in de 'politiek'-conditie: door hun verwachting dat het onderwerp nerveus gedrag zou oproepen, hadden ze het gedrag dusdanig geïnterpreteerd dat ze de vrouw uiteindelijk nerveus vonden.

Corrigeren
Hebben we een goed beeld van de situatie, van de invloed daarvan op het gedrag, en van het gedrag zelf, dan kan het nog altijd misgaan in de laatste fase. Dit hangt samen met de eerder beschreven STI: mensen leiden automatisch eigenschappen af uit gedrag van anderen, terwijl het plegen van een situationele correctie níet automatisch verloopt. Situationele correctie treedt alleen op wanneer we voldoende cognitieve capaciteit hebben om een vergelijking te maken tussen het gedrag en onze verwachting van wat normaal is in de gegeven situatie. Als we op veel dingen tegelijk moeten letten, of als we zelf als handelend persoon in een situatie zitten en ook onze eigen reacties moeten overwegen, zullen we gewoonlijk niet verder komen dan het identificeren van het gedrag (zie figuur 3.4). Als het daarbij blijft, is het gevolg dat de gevolgtrekking niet wordt gecorrigeerd. In overeenstemming met dit idee blijkt dat waarnemers die interacteren met een persoon, meer geneigd zijn diens gedrag toe te schrijven aan dispositionele factoren dan passieve waarnemers (Miller & Norman, 1975): mensen die actief moeten handelen hebben minder gelegenheid tot het plegen van een situationele correctie doordat hun eigen handelingen ook hun aandacht vragen (zie ook het in hoofdstuk 2 beschreven experiment van Gilbert e.a., 1988, paragraaf 2.3.2, p.41).[6]
De correspondentie-vertekening manifesteert zich niet alleen bij de identicatie van gedrag, maar ook bij het *voorspellen* van toekomstig gedrag. In het geval van de persoon die zich ongeduldig gedraagt bij de vergadering zul je het waarschijnlijk achten dat die persoon in de rij bij de supermarkt ook ongeduldig is, zelfs als hij op dat moment alle tijd van de wereld heeft en niet naar huis hoeft voor een ziek kind (Newman, 1996). Mensen lijken ervan uit te gaan dat de eigenschappen van personen een betere basis vormen voor het voorspellen

---

6   Er zijn nog twee andere redenen voor het verschil tussen actieve en passieve waarnemers. Ten eerste is het voor actieve waarnemers van groter belang het gedrag van degene met wie ze interacteren te kunnen voorspellen: dispositionele attributies leveren meer stabiele gevolgtrekkingen op en geven een groter gevoel van controle dan attributies aan voorbijgaande externe oorzaken (Miller e.a., 1975, 1978; maar zie Vonk, 1999a, voor een tegengestelde redenering). Ten tweede zal het gedrag van anderen ook vaak een sterkere hedonische relevantie hebben voor een waarnemer die in de situatie betrokken is dan voor een buitenstaander; in overeenstemming met de visie van Jones en Davis leidt dit tot sterkere dispositionele gevolgtrekkingen.

van toekomstig gedrag dan de situatie waarin iemand zich bevindt (Jeffery & Mischel, 1979). Merk op dat dit uitgangspunt regelrecht in strijd is met de opvatting van sociaal-psychologen dat gedrag sterk wordt beheerst door situationele invloeden.

Factoren die de correspondentie-vertekening reduceren
De correspondentie-vertekening is een zeer sterk effect, dat zelfs optreedt wanneer mensen een persoon waarnemen die onder extreme situationele druk staat (bijvoorbeeld iemand die wordt gegijzeld om politieke redenen en die instemming toont met de mening van de gijzelaar). Niettemin moet worden opgemerkt dat de vertekening niet universeel is. Om te beginnen is het zo dat kleine kinderen het gedrag van anderen veel minder beschrijven in dispositionele termen en meer in gedragstermen. Ze zeggen bijvoorbeeld: 'Mijn zusje deed stout' en niet: 'Mijn zusje *is* stout'. Pas wanneer ze het eind van hun jeugd bereiken, neemt het aantal dispositionele attributies toe (zie voor overzichten Kassin & Pryor, 1985; White, 1988).

Bovendien blijkt dat, bij causale attributies, leden van niet-westerse culturen het gedrag van anderen minder vaak dispositioneel en meer situationeel verklaren (Fletcher & Ward, 1988; Smith & Bond, 1994). En hoewel de correspondentie-vertekening in alle culturen optreedt (Krull e.a., 1999) wordt deze in niet-westerse culturen sterk gereduceerd als situationele invloeden onder de aandacht worden gebracht, terwijl de vertekening bij westerlingen dan standhoudt (Choi & Nisbett, 1998). Het denken over anderen in termen van disposities is dus kennelijk iets dat wordt aangemoedigd in onze cultuur (dat wil zeggen de Amerikaanse en West-Europese cultuur, waarbinnen verreweg de meeste van deze studies zijn verricht). Dat hangt mogelijk samen met het feit dat Westerlingen menselijk gedrag zien als het resultaat van individuele drijfveren die van 'binnenuit' het gedrag bepalen (Markus & Kitayama, 1994), terwijl het in andere culturen heel vanzelfsprekend wordt gevonden dat gedrag wordt beïnvloed door de situatie, bijvoorbeeld door andere mensen, de groep, normen van buitenaf (Choi & Nisbett, 1998). Niet-westerlingen zullen daardoor eerder de invloed van de situatie erkennen, wanneer ze eenmaal voldoende kennis hebben over de situatie.

Maar ook binnen onze cultuur zijn er omstandigheden waarin de correspondentie-vertekening niet of in mindere mate optreedt. Ten eerste lijkt de vertekening zwakker te zijn wanneer men iemand ervan verdenkt dat hij *ulterior motives* (verborgen bedoelingen) heeft. Denk bijvoorbeeld aan Kees, die tegen Anna zei dat hij overwoog om geen vlees meer te eten. In dit geval was het duidelijk dat Kees een verborgen bedoeling kon hebben, namelijk een goede indruk maken bij Anna. In dergelijke situaties, als we beseffen dat iemand uit vrije wil iets doet waar hij zelf voordeel bij kan hebben, nemen we het gedrag niet direct 'at face value'. We raken in een toestand van *suspicion* (verdenking), dat wil zeggen: we verdenken de persoon ervan dat hij een verborgen motief heeft, maar we weten het niet zeker (Fein, Hilton & Miller, 1990). Het is immers ook mogelijk dat het gedrag oprecht is. Dat leidt ertoe dat we alle beschikbare informatie goed overdenken (Fein, 1996). We gaan dus veel grondiger te werk dan bij de gebruikelijke spontane gevolgtrekkingen, met als gevolg dat de correspondentie-vertekening vermindert. Als we geen uitsluitsel krijgen over de ware motieven van de actor, geven we uiteindelijk gematigde, voorzichtige oordelen, omdat we niet zeker weten wat we ervan moeten denken. Zo wordt iemand die vriendelijk en behulpzaam doet tegen zijn superieuren zeer gematigd beoordeeld: we verdenken zo'n persoon ervan dat hij aan het 'slijmen' is (Vonk, 1998a).

Merk op dat de verdenking van verborgen bedoelingen leidt tot een heel ander soort informatieverwerking dan wanneer het duidelijk is dat iemand handelt onder invloed van de situatie, bijvoorbeeld wanneer iemand de opdracht heeft gekregen om zijn baas na werktijd te helpen met een vervelende klus. In dit laatste geval is het duidelijk waarom de persoon dit gedrag vertoont: omdat de baas heeft gezegd dat het moet. De correspondentie-vertekening treedt hier op (we vinden de persoon bijvoorbeeld ijverig, ook al weten we dat hij weinig keus had) doordat we niet nadenken en onze gevolgtrekking onvoldoende corrigeren voor de invloed van externe factoren (de opdracht van de baas). Wanneer een persoon daarentegen geheel uit zichzelf (uit vrije wil) aanbiedt om zijn baas na werktijd te helpen, dán gaan we juist nadenken over de motieven van de persoon, omdat er twee concurrerende motieven mogelijk zijn: ofwel de persoon is gewoon heel ijverig, ofwel hij wil een wit voetje halen bij de baas. Doordat het motief van de persoon niet duidelijk is, gaan we beter nadenken over het gedrag en wordt de correspondentie-vertekening minder, dat wil zeggen, ons oordeel over de persoon wordt meer gematigd (Fein e.a., 1990; Hilton, Fein & Miller, 1993). Hoewel de oorzaak van het gedrag in het eerste geval veel duidelijker bij externe factoren ligt dan in het tweede geval, is het verschil dat de tweede situatie ons aan het denken zet en de eerste niet.

Ook andere omstandigheden waarin mensen aan het denken worden gezet over de redenen van iemands gedrag leiden ertoe dat de correspondentie-vertekening zwakker wordt. Mensen die in een slechte bui zijn, zullen de invloed van externe factoren op gedrag meer in overweging nemen, want een slechte bui brengt met zich mee dat men grondiger informatie gaat verwerken (Forgas, 1998; zie verder paragraaf 9.4.4, p.388 over de effecten van stemming op informatieverwerking). Een andere factor die waarnemers aan het denken zet is de onverwachtheid van het gedrag. Als iemands gedrag afwijkt van de verwachtingen, wordt het automatisme waarmee men gewoonlijk eigenschappen aan anderen toeschrijft doorbroken: men gaat een causale analyse plegen, zodat een situationele correctie veel waarschijnlijker wordt (zie ook paragraaf 3.6.2, p.118) waar werd opgemerkt dat STI's niet optreden bij onverwacht gedrag; in dit geval vindt vooral een causale analyse plaats, zie paragraaf 3.6.1, p.115).[7]

Een laatste omstandigheid waarin de correspondentie-vertekening niet optreedt is wanneer we proberen ons een beeld te vormen van de situatie en niet van de persoon. Stel je voor dat je een tentamen moet gaan doen en je praat met een student die het tentamen al gedaan heeft. Die student zegt: 'Het was een makkie, ik heb één middag geleerd en het gelijk gehaald'. In dit geval ben je vooral geïnteresseerd in het tentamen (de situatie of, in termen van Kelley, de entiteit) en je probeert om, op grond van de uitspraken van de student, gevolgtrekkingen te maken over het tentamen. Je zult dus geneigd zijn te concluderen dat het tentamen makkelijk is. Doordat je je een beeld wilt vormen van het tentamen en niet van de student, zul je de invloed van de capaciteiten van deze student juist onderschatten, en de invloed van de situatie (het tentamen) overschatten (Krull, 1993; Krull & Dill, 1996). Dit resultaat laat zien dat de gebruikelijke onderschatting van situationele invloeden voor een belangrijk deel samenhangt met het feit dat mensen normaal gesproken zijn gericht op het maken van gevolgtrekkingen over personen. Hierdoor is de aandacht gevestigd op de persoon en niet op de situatie. Is men echter gericht op het maken van gevolgtrekkingen over een situatie (bijvoorbeeld de moeilijkheid van een tentamen, de leukheid van een film), dan draait het hele verhaal om: dan wordt als eerste een kenmerk aan de situatie toegeschreven (makkelijk tentamen) en gaat men pas vervolgens na of de gevolgtrekking over de situatie gecorrigeerd moet worden voor kenmerken van de persoon (bijvoorbeeld: deze student is misschien erg intelligent) (Krull & Erickson, 1995; Krull & Dill, 1996).

Correspondentie-vertekening bij zelfwaarneming
De analyse van Gilbert en Malone (1995) is primair gericht op het optreden van de correspondentie-vertekening bij de waarneming van anderen. De vertekening kan in bepaalde gevallen ook optreden bij attributies van ons eigen gedrag. Dit blijkt bijvoorbeeld uit de eerder beschreven onderzoeken naar cognitieve disso-

---

[7] Het gevolg daarvan is overigens niet noodzakelijkerwijs dat onverwacht gedrag vaker aan situationele factoren wordt toegeschreven. Dit hangt samen met het onderscheid tussen gedrag dat afwijkt van rolverwachtingen/stereotypen en gedrag dat afwijkt van de indruk die men van iemand heeft opgebouwd. In het laatste geval zal men inderdaad vaker geneigd zijn de oorzaak van het onverwachte gedrag bij situationele of instabiele factoren te leggen (bijv. Crocker, Hannah & Weber, 1983; Kulik, 1983). Gedrag dat afwijkt van rolverwachtingen daarentegen, vindt men meestal erg informatief over de persoon, omdat zulk gedrag gewoonlijk niet door de sociale omgeving wordt beloond. We zagen dit al bij Jones en Davis' redenering over de effecten van *out-of-role*-gedrag (paragraaf 3.2.2, p.82) en ook bij Kelley's *augmentation*-principe (paragraaf 3.3.4, p.96): als een persoon iets doet dat tegen situationele vereisten ingaat, dan vindt men dat extra informatief, zodat de gevolgtrekking sterker is dan wanneer zulke situationele factoren afwezig zijn. In dit geval is er echter geen sprake van een correspondentie-vertekening: men heeft juist de situatie terdege in overweging genomen, en concludeert op grond daarvan dat het gedrag veel zegt over de persoon omdat het door de omgeving wordt ontmoedigd.

nantie, zelfwaarneming en emotie-attributie (voor overzichten, zie Bem, 1972; Festinger, 1957), waarin proefpersonen bepaalde attitudes, voorkeuren of emoties aan zichzelf toeschrijven zonder recht te doen aan de invloed van de situatie waarin ze zitten. Waarschijnlijk spelen hierbij vooral twee factoren een rol.
De eerste is dat mensen zichzelf zien als *causale agenten*, dat wil zeggen, als personen die dingen tot stand brengen, dingen veroorzaken. (Zoals een dichter het uitdrukte: 'De mens is als een gek die op het perron staat en het startsein geeft voor een trein die toch wel zou vertrekken'.) Het is geen prettige gedachte dat iets 'zomaar' gebeurt, door dom geluk of pech, en dat onze keuzen door toevallige omstandigheden worden bepaald. We gaan er liever van uit dat de meeste dingen die we doen worden veroorzaakt door onze eigen intenties en stabiele kenmerken. Dit kan ertoe leiden dat we met name de invloed van de oorzaak 'toeval' (een situationele oorzaak) op onze keuzen en beslissingen onderschatten.
De tweede factor is dat mensen, zoals eerder opgemerkt, vaak een gebrekkig inzicht hebben in hoe hun gedrag door situationele krachten wordt beïnvloed. Zo lijkt het niet erg waarschijnlijk dat je een betoog vóór verkorting van de studieduur zou schrijven, alleen omdat een onderzoeker zegt dat je hem daar een plezier mee zou doen. Toch is dat precies wat je, net als iedereen, zou doen in deze situatie.

3.7.2 Het actor-observer-verschil

Hoewel de correspondentie-vertekening kan optreden bij attributies van ons eigen gedrag, is de vertekening in het algemeen veel sterker wanneer het gaat om gedrag van anderen. Dit is niet verwonderlijk als we bedenken dat de meeste factoren die tot de correspondentie-vertekening leiden niet van toepassing zijn bij de interpretatie van ons eigen gedrag. Met name zijn we zelf altijd goed op de hoogte van de situatie waarin we ons bevinden. Als we bijvoorbeeld chagrijnig doen, weten we meestal heel goed welke externe factoren daar de oorzaak van zijn. Maar als we te maken krijgen met een geïrriteerde treinconducteur of een chagrijnige ambtenaar, denken we: wat een humeurig type. Zo bleek uit een analyse van brieven aan de Amerikaanse 'Lieve Mona" ('Dear Abby') dat de mensen die advies zochten voor hun problemen, het gedrag van andere mensen vaker beschreven als dispositioneel veroorzaakt dan hun eigen gedrag (Schoeneman & Rubanowitz, 1985).
Het gedrag van anderen wordt zelfs dispositioneel verklaard wanneer wij zelf de oorzaak zijn van het gedrag van de ander (bijvoorbeeld als de conducteur geïrriteerd raakt omdat wij zogenaamd niet wisten dat onze voordeelurenkaart 's morgens vroeg niet geldig is). Zo bleek uit een experiment van Gilbert en Jones (1986) dat proefpersonen een zogenaamde andere deelnemer meer conservatief vonden als deze conservatieve antwoorden gaf op hun vragen, terwijl ze de andere deelnemer zelf de opdracht hadden gegeven om conservatief te antwoorden.
Het verschil tussen de attributies van het eigen gedrag en dat van anderen wordt het *actor-observer*-verschil genoemd (Jones & Nisbett, 1972): het eigen

gedrag (gedrag dat men als *actor* uitvoert) wordt vaker aan de situatie of andere externe factoren toegeschreven dan het gedrag van anderen (gedrag dat men *observeert*). In het dagelijks leven krijgt dit verschil het duidelijkst gestalte wanneer twee mensen allebei de oorzaak van hun eigen gedrag bij de ander zoeken, bijvoorbeeld in echtelijke ruzies. Het gebeurt dan nogal eens dat beide partners elkaar verwijten maken en dat ieder zichzelf verdedigt door te zeggen dat hij slechts reageert op het gedrag van de ander. Partner A zegt bijvoorbeeld: 'Jij laat nooit blijken dat je van me houdt'. Partner B antwoordt: 'Dat komt omdat jij altijd zo aan me zit te trekken, daar krijg ik het benauwd van'. Partner A zegt dan natuurlijk weer: 'Ik trek juist aan je omdat jij uit jezelf nooit iets voor me doet', waarmee de cirkel van wederzijdse verwijten (veroorzaakt door persoons-attributies) rond is. Met name als mensen al vaker contact met elkaar hebben gehad, zijn ze meer geneigd hun eigen gedrag te zien als een reactie op de ander, en het gedrag van de ander als het resultaat van diens persoonlijkheid (Robins, Spranca & Mendelson, 1996).

De belangrijkste oorzaak van het *actor-observer*-verschil is gelegen in de eerste factor die bij de correspondentie-vertekening werd besproken: besef van de situatie. Als we gedrag van anderen observeren, dan zien we vooral dat gedrag zelf en niet de omgeving; als we zelf als actor gedrag uitvoeren, zijn we ons vooral bewust van de omgeving waarop we reageren. De actor en de observator hebben letterlijk verschillende *perspectieven*: de één ziet de situatie om zich heen, de ander ziet de handelende persoon.

Deze verklaring impliceert dat het verschil verdwijnt wanneer mensen zichzelf waarnemen vanuit het perspectief van observator. Inderdaad blijkt dat mensen de oorzaak van hun eigen gedrag vaker bij zichzelf en minder bij hun omgeving leggen wanneer ze zichzelf kunnen zien in een spiegel of wanneer ze meer letten op hun gedrag omdat ze denken dat ze gefilmd worden (bijv. Arkin & Duval, 1975). Men is zich dan meer bewust van wat men doet en hoe dit bij anderen overkomt, waardoor men tijdelijk het perspectief van observator inneemt bij de attributie van het eigen gedrag.

Omgekeerd is het ook mogelijk ervoor te zorgen dat de observator het perspectief van de actor inneemt. Dit is in feite wat we *empathie* noemen: zich verplaatsen in de ander. Mensen schrijven het gedrag van een ander vaker aan de omgeving toe wanneer ze de opdracht hebben gekregen zich in te leven in die ander (bijv. Regan & Totten, 1975; Taylor & Fiske, 1978). Doordat ze zich verplaatsen in de positie van de ander, hebben ze meer oog voor datgene wat die persoon ziet: de situatie. Bij potentiële relatieconflicten (bijvoorbeeld: je partner komt door drukte op het werk te laat voor een romantisch etentje) leidt empathie dan ook tot minder negatieve attributies van het gedrag van de ander en meer constructieve reacties op dit gedrag (Arriaga & Rusbult, 1998).

Het idee van de verschillende perspectieven van actor en observator is dat er een *perceptueel* verschil is tussen de twee partijen: als actor ziet men simpelweg andere dingen dan als observator. Daarnaast is er ook een *informationeel* verschil. Actoren kennen hun eigen bedoelingen en weten welke factoren van invloed zijn geweest op deze bedoelingen. Zij kunnen hun gedrag dus toeschrijven aan factoren waarvan waarnemers niet op de hoogte zijn (White & Younger, 1988).

3.7.3 Het false-consensus-effect

Volgens Kelley's attributietheorie zouden mensen gebruik moeten maken van informatie over consistentie, distinctiviteit en consensus om de oorzaak van een gedraging te bepalen. Uit empirisch onderzoek blijkt echter dat het consensuscriterium weinig wordt gebruikt (Nisbett e.a., 1976; zie ook Kassin, 1979), dat wil zeggen dat informatie over het gedrag van anderen vaak minder invloed heeft op attributies dan Kelley's theorie voorspelt. Een mogelijke verklaring hiervoor is dat sociale waarnemers de voorkeur lijken te geven aan zelf-gegenereerde consensus-informatie: ze vragen zich af wat zij zelf zouden doen in die situatie, en het antwoord op die vraag gebruiken ze als consensus-criterium. Men hanteert dus zichzelf als norm bij de beoordeling van anderen (vgl. Dunning & Hayes, 1996). Als een persoon anders doet dan men zelf zou doen, dan zegt dat iets over die persoon. Zou men zelf precies zo reageren in die situatie, dan concludeert men dat het gedrag door de situatie is veroorzaakt.

Deze neiging om het eigen gedrag als standaard te gebruiken vloeit voort uit het *false-consensus*-effect: de veronderstelling dat andere mensen onder dezelfde omstandigheden op dezelfde manier reageren als de waarnemer zelf. In de eerste studie waarin dit effect werd aangetoond vroegen Ross, Greene en House (1977) aan studenten of ze gedurende een halfuur op straat wilden rondwandelen met een groot 'sandwichbord' met een reclameboodschap ('Eat at Joe's'). Sommige studenten stemden daarmee in en anderen niet. Later werd de studenten gevraagd een schatting te geven van het percentage studenten dat zou instemmen met het verzoek. Degenen die zelf hadden ingestemd schatten dat 38% van hun medestudenten had geweigerd, terwijl degenen die zelf hadden geweigerd schatten dat 67% van hun medestudenten eveneens geweigerd had.

Men kan beargumenteren dat proefpersonen in dit onderzoek rationeel te werk gingen: bij gebrek aan enige informatie over de reacties van anderen op het verzoek namen ze aan dat de meeste anderen net zo reageren als zijzelf, en dat hun eigen gedrag representatief was voor de onderzochte groep van studenten. Als er geen enkele informatie beschikbaar is over het gedrag van anderen, is er in elk geval één persoon over wie je informatie hebt. In zulke gevallen is het consensus-effect niet echt 'false' te noemen, aangezien de informatie over het eigen gedrag in elk geval een betere basis is voor een schatting dan helemaal niets (Dawes, 1989). Zo zagen we eerder in dit hoofdstuk ook dat mensen soms hun eigen gedrag gebruiken als maatstaf bij het maken van attributies wanneer ze geen consensus-informatie hebben. Hetzelfde effect blijkt echter ook op te treden wanneer mensen de volledige beschikking hebben over gegevens over anderen. Ook dan nemen ze aan dat de meeste andere mensen het eens zijn met uitspraken waar zij het zelf mee eens zijn (Krueger & Clement,

1994). Het effect is het sterkst als het feitelijke aantal mensen met dezelfde mening relatief laag is (Gross & Miller, 1997).

Het *false-consensus*-effect wordt door verschillende factoren veroorzaakt (zie Marks & Miller 1987; Wetzel & Walton, 1985). Eén factor is dat onze eigen gedragingen en opvattingen voor ons meer toegankelijk en beter bekend zijn dan die van anderen. Als je bijvoorbeeld moet schatten hoeveel mensen dit jaar naar een vakantiebestemming gaan waar ze al eerder geweest zijn, zul je in eerste instantie afgaan op je eigen ervaringen. Zelfs als je vervolgens informatie krijgt over anderen, dan is je inschatting toch al gekleurd door je initiële indruk die was gebaseerd op je eigen gedrag (vergelijk de 'anker en aanpassing'-heuristiek die wordt beschreven in paragraaf 8.4.4, p.349 waarbij het initiële oordeel fungeert als anker en men het oordeel onvoldoende aanpast aan latere overwegingen). Er zijn aanwijzingen dat het idee 'de meeste mensen zijn net als ik' automatisch wordt opgeroepen wanneer we moeten schatten hoe vaak iets voorkomt (zie Krueger & Clement, 1994, die vonden dat het effect niet verdwijnt wanneer proefpersonen er vooraf attent op worden gemaakt). Men kan vervolgens wel meer weloverwogen statistische redeneringen gebruiken, maar de norm die door het eigen gedrag is gesteld heeft toch de meeste invloed, doordat deze als eerste is geactiveerd.

In veel gevallen gaan mensen niet alleen af op hun eigen gedrag, maar ook op dat van degenen in hun omgeving. Je weet bijvoorbeeld van veel van je kennissen of ze elk jaar naar dezelfde vakantiebestemming gaan. Mensen houden er dan echter geen rekening mee dat ze voornamelijk contact hebben met anderen die op hen lijken en die zich dus op dezelfde manier gedragen. Schattingen van hoe anderen zich gedragen kunnen dus een weerspiegeling zijn van een vertekende steekproef die bestaat uit de eigen kennissenkring. Mensen die aan diepzeeduiken doen overschatten bijvoorbeeld het aantal mensen dat deze hobby deelt, doordat ze meer contact hebben met diepzeeduikers. Niet alleen hebben we meer contact met mensen die onze meningen en interesses delen, we besteden vaak ook meer aandacht aan mensen die hetzelfde doen als wij. Vrouwen die zwanger zijn zullen vaker een zwangerschap bij andere vrouwen opmerken; mensen die op rijles zitten zien opeens overal lesauto's rondrijden. Ook dit leidt ertoe dat de steekproef waarop we onze schattingen baseren vertekend is.

Een andere oorzaak van het *false-consensus*-effect is dat we onze eigen opvattingen en gedragingen zien als normaal, goed en gepast, omdat dit onze zelfwaardering beschermt. We gaan ervan uit dat onze meningen terecht zijn, dat onze hobby's leuk zijn, en dat ons gedrag een adequate reactie op de situatie weerspiegelt; ieder ander normaal verstandig mens zou zich dus precies zo gedragen (Ross e.a., 1977). Mensen met een hoge zelfwaardering, of mensen wier zelfwaardering tijdelijk wordt bedreigd, blijken meer geneigd zichzelf als standaard te gebruiken bij de beoordeling van het gedrag van anderen. Dit suggereert dat het effect inderdaad kan dienen om het gevoel van eigenwaarde te bestendigen of te herstellen (Beauregard & Dunning, 1998). Ook zekerheid over de eigen mening versterkt het *false-consensus*-effect (Marks & Miller, 1985). Dit is begrijpelijk, want hoe zekerder je ergens van bent, des te meer zul je aannemen dat iedereen er zo over denkt. Omgekeerd kan het effect echter ook worden versterkt door een bedreiging van de eigen overtuigingen, doordat dit de behoefte verhoogt om steun te zoeken voor datgene waarin men zelf gelooft (Sherman, Presson & Chassin, 1984).

Naast het beschermen van de zelfwaardering heeft het *false-consensus*-effect nog een andere motivationele functie, en wel in gevallen waarin het gaat om negatief beoordeelde gedragingen, zoals liegen of overspel plegen. Mensen kunnen dit gedrag niet alleen rechtvaardigen door te zeggen 'iedereen liegt wel eens', maar ook door degene die het object is van hun bedrog te zien als minder betrouwbaar. Iemand die overspel pleegt zal eerder zijn of haar partner verdenken van vergelijkbaar gedrag ('hij doet het zelf ook'), want daarmee lijkt het bedrog meer gelegitimeerd (Sagarin, Rhoads & Cialdini, 1998). Het *false-consensus*-effect doet in dit soort gevallen dus dienst als dissonantie-reductie-strategie (zie paragraaf 1.3.2, p.21).

Het *false-consensus*-effect heeft tot gevolg dat men zichzelf ziet als iemand die 'erbij hoort'; men wijkt immers niet af van anderen in de groep. Mensen hebben echter niet alleen de behoefte erbij te horen, ze hebben daarnaast óók de behoefte om uniek en bijzonder te zijn en zich te onderscheiden van anderen (Brewer, 1991, 1993). Als gevolg hiervan treedt ook wel eens een omgekeerd effect op, het *false uniqueness*-effect (Marks, 1984). In dit geval onderschat men het aantal mensen dat de eigen gedragingen en meningen deelt. Dit gebeurt onder meer wanneer de behoefte om erbij te horen voldoende bevredigd is en men het gevoel krijgt dat men te veel opgaat in de groep en de eigen individualiteit verliest (Brewer, 1993; Simon e.a., 1997). Het *false uniqueness*-effect doet zich vooral voor bij capaciteiten waarin men zichzelf uitzonderlijk goed acht (Campbell, 1986; Kernis, 1984). Op die manier kan men zichzelf in positieve zin onderscheiden van de anderen. Zo vinden de meeste mensen dat ze beter autorijden dan de meeste anderen (Svenson, 1981), terwijl de logica dicteert dat deze opvatting voor een meerderheid niet accuraat kan zijn.

3.7.4 Overschatting door saillantie

Het begrip saillantie is al aan de orde geweest in de context van Heiders *Behavior engulfs the field*: het gedrag van andere personen is saillanter dan hun omgeving, zodat de persoon een sterkere oorzakelijke factor lijkt dan de omgeving. Meer algemeen blijkt dat mensen de oorzaak van gebeurtenissen vooral zoeken bij de meest saillante stimuli (Fiske, Kenny & Taylor, 1982).

Een stimulus (dat wil zeggen: een persoon, een ding of een gebeurtenis) kan om vier verschillende redenen saillant zijn (Fiske & Taylor, 1991). De eerste is de *levendigheid* van de stimulus: als een persoon bijvoorbeeld veel beweegt, of hard praat, of in felle kleuren gekleed gaat, of zich dominant gedraagt, dan valt die persoon op.

De tweede factor heeft te maken met de mate waarin een stimulus zich *onderscheidt van de context*: een vrouw die als enige tussen een groep mannen zit te vergaderen valt bijvoorbeeld meer op dan een vrouw in een groep met alleen vrouwen; hetzelfde geldt voor een bejaarde of een kleuter in een collegezaal.
Een derde factor die bepaalt of iets saillant is heeft te maken met wat voor de waarnemer *belangrijk* is: personen of gebeurtenissen die men van belang vindt vallen op. Er zijn grofweg twee soorten 'belang' te onderscheiden (zie ook paragraaf 4.2.6, p.156). Iets kan *chronisch* van belang zijn, dat wil zeggen dat een individu daar voortdurend op let. Zoals we eerder hebben gezien, leidt dit ertoe dat men een toegankelijk construct opbouwt voor zo'n stimulus of kenmerk. Als er iets gebeurt waardoor zo'n construct geactiveerd raakt, zal dat voor de betreffende persoon opvallen. Daarnaast kan iets ook *tijdelijk*, in de gegeven situatie, van belang zijn. Op een vergadering kunnen specifieke personen die men wil overtuigen van belang zijn; in de collegezaal zijn opmerkingen van de docent over het tentamen van belang. Kortom, bepaalde personen of gebeurtenissen kunnen voor een persoon saillant zijn doordat ze belangrijk zijn voor het bereiken van ofwel de tijdelijke, ofwel de meer langdurige doelen van de persoon.
Een laatste factor die bijdraagt aan de saillantie van een stimulus is de mate waarin een stimulus *afwijkt van de verwachting*. Een persoon wijkt af van de verwachting als hij zich (a) anders gedraagt dan hij normaliter doet (bijvoorbeeld een conservatieve persoon die een progressief standpunt inneemt), als hij (b) iets doet wat niet bij zijn rol past (bijvoorbeeld een secretaresse die tegen haar baas ingaat) of (c) als zijn gedrag afwijkt van de algemene verwachting dat de meeste mensen aardig, vriendelijk en 'goed' zijn (bijvoorbeeld als iemand een gemene opmerking maakt of iets steelt).
Stimuli die saillant zijn trekken de aandacht. Ook dit is een automatisch proces, in die zin dat men er geen controle over heeft en dat er geen sprake is van een bewuste intentie om de aandacht op zulke stimuli te vestigen. De verhoogde aandacht voor saillante stimuli leidt ertoe dat men de oorzaak van gebeurtenissen eerder zoekt bij die stimuli. Immers, datgene waar de aandacht op is gericht wordt vaker als oorzaak van andere dingen gezien (precies zoals bij het *actor-observer*-verschil: de actor heeft de aandacht gericht op de omgeving, de observer richt de aandacht juist op de actor). Als er bijvoorbeeld tijdens een vergadering een controversieel voorstel wordt aangenomen, dan is de kans groot dat men de oorzaak daarvan zoekt bij de deelnemers of gebeurtenissen die tijdens de vergadering het meest saillant waren, bijvoorbeeld bij degene die het meest aan het woord is geweest of de meest opvallende uitspraken heeft gedaan.

3.7.5 Zelf-dienende attributies

Behalve dat men zich bij het eigen gedrag gewoonlijk beter bewust is van de omgeving (hetgeen leidt tot het *actor-observer*-verschil), hebben zelf-attributies nog een ander bijzonder aspect: psychologisch gezonde mensen hebben een positief beeld van zichzelf en willen dat graag zo houden. Dit betekent dat attributies van het eigen gedrag zelden 'belangeloos' zijn. Dit komt tot uiting in de *self-serving bias* (zelf-dienende vertekening; voor overzichten, zie Mullen & Riordan, 1988; Ross & Fletcher, 1985; Zuckerman, 1979), die overigens sterker is onder mannen dan onder vrouwen (Harter, 1993). Attributies van eigen gedrag worden vaak zodanig gemaakt, dat deze de zelfwaardering ten goede komen.

Dat gebeurt op twee manieren, waarvan de eerste *self-defense* wordt genoemd. Dit houdt in dat mensen de oorzaak van negatieve gebeurtenissen niet bij zichzelf zoeken (zelfverdedigende attributies). Als een afdeling slecht functioneert, als het verkeerde briefpapier wordt besteld, als men een examen niet haalt, dan zullen de meeste mensen de oorzaak daarvan zoeken bij factoren die buiten henzelf liggen (iemand anders op de afdeling functioneert slecht; iemand anders heeft niet goed nagedacht over het te bestellen briefpapier; het examen was te moeilijk of de docent was te streng). Vandaar een van de wetten van Murphy: 'Als meer dan één persoon verantwoordelijk is voor een mislukking, dan heeft niemand het gedaan.'

Een tweede, hieraan complementair mechanisme heet *self-enhancement* en houdt in dat mensen de oorzaak van positieve uitkomsten juist wél bij zichzelf leggen. Als de afdeling uitstekend functioneert, als het nieuwe briefpapier een succes is, als het examen wél wordt gehaald, dan denkt men 'stiekem' (dat wil zeggen, men zegt dit meestal niet in het openbaar, omdat dit tegen sociale normen voor bescheidenheid ingaat; Bradley, 1978): dat komt door mij: niet de afdeling, maar ík werk zo goed; ík heb precies het goede briefpapier uitgezocht; ík beheerste de examenstof goed.

Wanneer men samen met één of meer anderen aan een taak werkt, kan de zelfdienende vertekening ertoe leiden dat men een ander de schuld geeft van een mislukking (self-defense), of dat men zelf de verdiensten claimt voor een prestatie waar ook de ander aan heeft bijgedragen (self-enhancement). Als die ander echter iemand is met wie men een band voelt, treedt de zelf-dienende vertekening niet op. De behoefte om het eigen zelfbeeld te beschermen wordt in dat geval afgeremd door de behoefte om een positief beeld van de ander in stand te houden. Dit kan tot gevolg hebben dat beide personen de schuld op zich nemen als de taak mislukt (Sedikides e.a., 1998). Op vergelijkbare wijze hebben mensen in niet-westerse culturen de neiging om de schuld op zich te nemen voor mislukkingen in een organisatie, om op die manier de groep in bescherming te nemen.

Het woord 'vertekening' in de term voor zelf-dienende attributies suggereert dat er een fout wordt gemaakt. Strikt gezien is dat ook zo: als een afdeling slecht functioneert, dan kan niet iedereen gelijk hebben dat dat door een ander komt. De 'vertekening' is echter wel heel begrijpelijk en functioneel. Het toeschrijven van fouten aan jezelf (en van succes aan externe factoren) heeft namelijk op de lange duur een verlammend effect (zoals we ook hebben gezien bij de bespreking van Weiners attributietheorie). Als iemand bijvoorbeeld vaak wordt afgewezen voor een baan en de oorzaak daarvan steeds bij zichzelf legt, zal hij na een tijdje gaan denken dat hij niets te bieden heeft, en dus ophouden met solliciteren. Dan zal hij zéker geen baan krijgen.

De functionaliteit van zelf-dienende attributies heeft ook te maken met wat we eerder zagen: mensen zien zichzelf als 'causale agenten', dat wil zeggen: ze nemen aan dat hun intenties ergens toe leiden. Aangezien mensen gewoonlijk hun best doen om positieve uitkomsten te verkrijgen, is het heel begrijpelijk dat ze negatieve uitkomsten niet aan zichzelf toeschrijven. Immers, wanneer het eigen gedrag erop gericht is succes te bereiken, dan is het logisch te veronderstellen dat een mislukking níet het gevolg is van het eigen gedrag (Miller & Ross, 1975). Als je werkelijk zou denken: ik had de intentie om X te bereiken, maar ik heb Y als uitkomst gekregen, dan zou je moeten concluderen dat het eigenlijk allemaal niets uitmaakt wat je doet. Dat leidt tot de toestand van hulpeloosheid die we in de context van Weiners theorie hebben besproken, zie paragraaf 3.4.5, p.106 (Seligman e.a., 1979): een toestand waarbij men niets meer onderneemt omdat het geen enkele zin lijkt te hebben. Deze toestand komt vaak voor bij depressieve mensen (zie ook Anderson, 1999). Het systematisch toeschrijven van mislukkingen aan jezelf wordt dan ook wel een *depressieve attributiestijl* genoemd. Er wordt wel eens gezegd dat de attributiestijl van depressieve mensen realistisch is (immers, de zelf-dienende vertekening treedt niet op; vgl. bijv. Abramson & Alloy, 1981), maar het zal duidelijk zijn dat een dergelijke attributiestijl voor de meeste doeleinden weinig functioneel is.

3.7.6 De egocentrische vertekening

Wanneer twee moderne echtelieden wordt gevraagd te schatten hoeveel huishoudelijk werk ze ieder verrichten, zullen beiden waarschijnlijk hun eigen aandeel hoger inschatten dan volgens de ander gerechtvaardigd is. Ross en Sicoly (1979) vroegen getrouwde paren om aan te geven in hoeverre zij verantwoordelijk waren voor 20 verschillende huishoudelijke bezigheden. Toen de onderzoekers de scores van beide partners optelden, bleek dit in de meeste gevallen boven de 100% te zijn: ieder overschatte zijn eigen bijdrage. Bovendien noemden allen meer voorbeelden van eigen bijdragen dan van bijdragen van hun partner.

De egocentrische vertekening houdt in dat mensen hun eigen bijdrage of hun eigen verantwoordelijkheid bij een gezamenlijke activiteit of collectieve besluitvorming overschatten. Anders dan bij de zelf-dienende vertekening kan het hierbij gaan om zowel positieve als negatieve bijdragen. Ross en Sicoly (1979) suggereren verschillende verklaringen. Ten eerste is het makkelijker om de eigen bijdrage waar te nemen dan die van iemand anders, doordat men er meer aandacht aan besteedt. Als jij bijvoorbeeld met een andere student samenwerkt aan een opdracht, is je aandacht gericht op jouw aandeel en niet op het werk dat door je medestudent wordt gedaan. Ten tweede zal men, mede door deze verhoogde aandacht, een betere herinnering hebben aan de eigen bijdrage. Ten derde heeft men in veel gevallen simpelweg geen informatie over de bijdrage van de ander, bijvoorbeeld wanneer je niet thuis bent terwijl je partner de rommel opruimt van de poes die heeft overgegeven. Naast de hier genoemde cognitieve factoren kunnen er tenslotte ook motivationele factoren in het spel zijn (Thompson & Kelley, 1981). Door jezelf te zien als iemand die een belangrijk aandeel heeft in wat er gebeurt, wordt je eigenwaarde vergroot en ben je iemand die actief is en dingen tot stand brengt (vergelijk het idee van de 'causale agent').

3.7.7 Defensieve attributies en uitkomst-vertekeningen

In de context van de zelf-dienende vertekening hebben we het gehad over zelf-defensieve attributies. In de literatuur over attributies wordt de term *defensief* ook gebruikt om een heel ander verschijnsel te beschrijven, dat optreedt bij attributies van de mate waarin iemand verantwoordelijk is voor een negatieve gebeurtenis. Een defensieve attributie (dit is dus iets anders dan een *zelf-defensieve* attributie) houdt in dat mensen meer verantwoordelijkheid toeschrijven aan een ander naarmate het gedrag van die ander tot ernstiger gevolgen leidt (Shaver, 1970). We zien dat bijvoorbeeld bij rechtszaken: iemand die onder invloed achter het stuur heeft gezeten en daardoor een kind heeft aangereden, krijgt een zwaardere straf dan iemand die met hetzelfde promillage over de weg heeft geslingerd zonder een ander te raken. Hoewel het gedrag van de betrokkene in beide situaties (wel versus geen ongeval veroorzaakt) precies hetzelfde is (rijden onder invloed), zijn de gevolgen van het gedrag verschillend. Dit heeft invloed op de mate waarin men verantwoordelijkheid toeschrijft aan de betrokkene.
Dit verschijnsel werd voor het eerst aangetoond in een klassieke studie van Walster (1966). Proefpersonen lazen een verhaal over iemand die de auto parkeerde op een hellende weg en vergat hem op de handrem te zetten. In alle condities ging de auto na een tijdje met zichzelf aan het rijden, maar in één conditie ramde de auto een boom (matige gevolgen) en in een andere een mens (ernstige gevolgen). In het laatste geval achtte men de persoon sterker verantwoordelijk voor het ongeluk dan in het eerste.
Deze attributie-vertekening wordt defensief genoemd, omdat men zichzelf hiermee beschermt tegen een moeilijk verdraagbare gedachte: de gedachte dat onaangename gebeurtenissen die ernstige gevolgen hebben toevallig totstandkomen en dat het dus ook jou kan overkomen zonder dat je daar controle over hebt. Door de oorzaak van zulke gebeurtenissen in extreme mate bij de persoon te leggen, kan men die gebeurtenissen beschouwen als dingen die vermijdbaar zijn – en die men dus ook zelf kan vermijden. Ook hier zien we weer dat de vertekening in dienst staat van het eigen welzijn en in die zin functioneel is.

De vertekening treedt niet alleen op bij negatieve gebeurtenissen, maar soms ook bij positieve. Mensen lijken er in het algemeen van uit te gaan dat er een sterke correspondentie is tussen de uitkomsten van gedrag en kenmerken van de actor. Als iemand bijvoorbeeld een onbekende helpt zoeken naar een contactlens, wordt hij positiever beoordeeld wanneer de lens inderdaad wordt gevonden dan wanneer dit niet lukt, zelfs al heeft de persoon in beide gevallen even hard gezocht (Vonk, 1998c). Mensen lijken anderen dus vaak te beoordelen op basis van de uitkomsten van hun daden en niet de daden zelf. Allison, Mackie en Messick (1996) spreken in dit verband van *uitkomst-vertekeningen* (outcome bias): de neiging om de correspondentie tussen uitkomsten en kenmerken van de actor te overschatten. Defensieve attributies zijn hier een onderdeel van.

Merk op dat de uitkomst-vertekening iets anders is dan de correspondentievertekening, waarbij het gaat om overschatting van de relatie tussen iemands *gedrag* en de onderliggende eigenschap. (Deze vertekening leidt er bijvoorbeeld toe dat je een persoon die een onbekende helpt zoeken naar een contactlens behulpzaam vindt, zelfs als die persoon een beloning krijgt om te helpen zoeken.) Bij de uitkomst-vertekening wordt de relatie overschat tussen de *gevolgen* van gedrag en kenmerken van de actor. (Als de lens wordt gevonden, lijkt de persoon behulpzamer dan als de zoekpoging faalt.) Bij de correspondentie-vertekening onderschat men de invloed van externe en toevallige factoren op het gedrag. Bij de uitkomst-vertekening onderschat men de invloed van externe en toevallige factoren op de uitkomst. Men lijkt er impliciet van uit te gaan dat de uitkomsten van gedrag door de actor zijn bedoeld en voorzien, terwijl deze in werkelijkheid ook worden beïnvloed door factoren waar de actor geen greep op heeft (bijvoorbeeld: de plaats waar de lens terecht is gekomen toen hij viel; het moment waarop iemand toevallig net de straat oversteekt in het geval van de dronken automobilist of de auto die niet op de handrem stond).

Bij de uitkomst-vertekening gaat men dus uit van een te sterke relatie tussen bedoelingen en effecten. Dat komt deels doordat de effecten van gedrag achteraf, wanneer we ze eenmaal kennen, onvermijdelijk en voorspelbaar lijken. Vooraf hebben we geen idee of het zal lukken om midden op straat een contactlens te vinden. We hebben geen idee hoe groot de kans is dat een auto die zonder handrem op een helling staat uiteindelijk iemand aanrijdt. Maar als het eenmaal gebeurd is, zeggen we: 'Dat zat er wel in, dat kon je aan zien komen' (de zogenoemde *hindsight bias*; Fischhoff, 1982; Hawkins & Hastie, 1990). Hierdoor lijkt het achteraf alsof de effecten van het gedrag ook voor de actor zelf voorspelbaar waren en dus, in geval van negatieve effecten, makkelijk voorkomen hadden kunnen worden.

De uitkomst-vertekening verklaart ook voor een deel waarom mensen denken dat onaangename gebeurtenissen (bijvoorbeeld een verkeersongeval krijgen of een baan kwijtraken) eerder een ander zullen overkomen dan henzelf, een verschijnsel dat *onrealistisch optimisme* wordt genoemd (bijv. Regan, Snyder &

Kassin, 1995; Weinstein, 1980): men neemt aan dat negatieve uitkomsten worden verkregen door negatief gedrag, en men denkt zelf dat gedrag te kunnen vermijden. Vandaar bijvoorbeeld dat middenstanders vaak een bedrijf beginnen op een locatie waar hun al velen zijn voorgegaan zonder succes; zij verwachten zelf niet de fouten van hun voorgangers te maken. Ook hier is sprake van een onderschatting van situationele invloeden (bijvoorbeeld kenmerken van de wijk) en een overschatting van de correspondentie tussen de eigen bedoelingen en het uiteindelijke effect.

3.7.8 Ten slotte

In deze sectie zijn we nagegaan hoe het komt dat mensen vaak de causale rol van bepaalde factoren over- of onderschatten. Het zal inmiddels duidelijk zijn dat de afdelingschef, waarmee dit hoofdstuk begon, de oorzaak van het verkeerde briefpapier niet bij zichzelf zal zoeken. Ten eerste heeft hij het briefpapier niet besteld; hij ziet zichzelf dus in de rol van observator, niet die van actor. Natuurlijk is hij ook actor in het verhaal: hij heeft de (onvolledige) opdracht gegeven en is met vakantie gegaan; maar op het moment dat de uitkomst duidelijk wordt, is zijn eigen rol helemaal niet meer saillant. Ten tweede is het resultaat in zijn ogen negatief, terwijl hij juist een positief resultaat voor ogen had. Als hij de oorzaak daarvan bij zichzelf zou zoeken, dan zou dat zijn zelfwaardering aantasten en zou hij moeten concluderen dat zijn goedbedoelde inspanningen geen effect hebben. Tenslotte kunnen we ook voorspellen dat hij de ondergeschikte die het briefpapier heeft besteld sterker verantwoordelijk zal stellen voor de fout naarmate de schadepost groter is.

Voor alle hier beschreven vertekeningen geldt dat ze leiden tot attributies die logisch beschouwd niet accuraat zijn. In die zin zijn het inderdaad vertekeningen. Tegelijkertijd zijn deze vertekeningen wel zeer functioneel in het dagelijks leven. De correspondentie-vertekening en het *actor-observer*-verschil leiden ertoe dat we het gedrag van anderen interpreteren in termen van stabiele eigenschappen, hetgeen ons een sterker gevoel van voorspelbaarheid en controle geeft dan wanneer we gedrag zouden interpreteren in termen van tijdelijke situationele factoren; de zelf-dienende vertekening leidt ertoe dat we een positief zelfbeeld instandhouden en niet bij de pakken neer gaan zitten als iets mislukt; de defensieve attributie helpt ons erop te vertrouwen dat ons niet plotseling en toevallig allerlei rampen zullen overkomen; en de egocentrische vertekening ten slotte maakt dat we onszelf zien als handelende personen die actief in hun omgeving ingrijpen. Afhankelijk van de waarheidsopvatting die men huldigt (zie bijv. Funder, 1987), zijn de besproken vertekeningen dan ook te beschouwen als accuraat in de zin van: datgene wat werkt, is waar.

4 Schema's

Roos Vonk

4.1 Inleiding

Het is een bekend raadsel: een vader zit met zijn zoontje in de auto en ze krijgen een ongeluk. De vader is op slag dood, het kind wordt ernstig gewond naar het ziekenhuis gebracht en moet direct geopereerd worden. De chirurg ziet het kind op de operatietafel liggen en zegt geschokt: 'Dat is mijn eigen zoon!'
Mensen die dit verhaal voor het eerst horen verzinnen de gekste dingen om het slot te begrijpen: de vader was eigenlijk de stiefvader; de ouders van het kind zijn een homostel; het kind is het product van een buitenechtelijke verhouding van de moeder, enzovoort. Zelfs de meest geëmancipeerde toehoorder denkt niet direct aan de meest voor de hand liggende oplossing: de chirurg is de moeder van het kind.
Dit voorbeeld illustreert hoe onze waarneming wordt beïnvloed door schema's – in dit geval stereotypen (een bepaald soort schema). Als we het woord 'chirurg' horen, wordt onmiddellijk ons schema over chirurgen opgeroepen, zodat we in gedachten een man met steriele handschoenen en een witte of groene jas voor ons zien. Het schema zorgt ervoor dat we allerlei dingen invullen. Dat betreft niet alleen de sekse van de chirurg, maar ook andere elementen in het verhaal waarover niets is gezegd, bijvoorbeeld de ambulance waarmee het kind naar het ziekenhuis wordt vervoerd.
In hoofdstuk 1 hebben we gezien dat mensen gebruikmaken van bestaande kennis of verwachtingen om betekenis te geven aan informatie die ze waarnemen. Om te verwijzen naar die kennis en verwachtingen wordt de term 'schema's' gebruikt. In zekere zin is dit een wat 'vage' term: zoals we straks zullen zien, kunnen er veel verschillende dingen mee worden bedoeld. In alle gevallen gaat het om hypothetische constructen, dat wil zeggen, dingen die niet objectief aanwijsbaar zijn maar waarvan we veronderstellen dat ze bestaan, omdat we zonder die constructen veel verschijnselen niet kunnen verklaren.
Om een idee te krijgen van wat dit 'vage' begrip zo ongeveer inhoudt: loop eens in gedachten rond in het gebouw waar je studeert. Je kunt je een voorstelling maken van alles wat je daar ziet (de centrale hal, de kantine, de bibliotheek, enzovoort) en van hoe die dingen ten opzichte van elkaar zijn gelokali-

seerd. Je kunt in gedachten vanaf de ingang naar de bibliotheek lopen; je weet hoe je moet lopen en wat je onderweg tegenkomt. Als je je dit voorstelt, merk je dat je in je hoofd een soort plattegrondje hebt van hoe het gebouw in elkaar zit: een *cognitieve kaart*. Dit mentale overzicht is in de loop der tijd ontstaan door ervaringen met de 'stimulus' (het gebouw).

Een schema is in feite zo'n cognitieve kaart. Het is een mentale afspiegeling van een stimulus of een domein van stimuli. Die afspiegeling zal zelden perfect overeenkomen met de werkelijkheid, maar zal die werkelijkheid vaak wel voldoende benaderen om functioneel te zijn. Sommige aspecten van de stimulus zijn vaag of oningevuld in de cognitieve kaart (waarschijnlijk weet je niet hoeveel treden de trap heeft of waar precies de sectie onderwijspsychologie is gevestigd), maar dat zijn gewoonlijk dingen die minder belangrijk zijn om te weten.

Zoals je een schema hebt van een gebouw, een kamer of een stad, zo heb je ook een schema van andere stimuli. Om een paar voorbeelden te noemen: je weet wat je moet doen als je iets wilt kopiëren, want je hebt een schema over hoe kopieerapparaten werken; je weet wat je moet doen als je een boek wilt lenen uit de bibliotheek, dankzij je schema over de procedure die je dan moet volgen (boek opzoeken, laten afstempelen, enzovoort); je weet welke colleges je wel en niet wilt volgen doordat je een schema hebt over de onderwijskwaliteiten van de docent die een college geeft. De schema's in deze voorbeelden zijn niet ruimtelijk zoals in het geval van de cognitieve plattegrond, maar in wezen komt het op hetzelfde neer: je hebt kennis over een domein van stimuli (kopieerapparaten, boeken-uitleenprocedures, docenten) en die kennis gebruik je in de omgang met je omgeving. Zoals al gezegd in hoofdstuk 1, spreken we van 'kennis' ongeacht de vraag of die kennis accuraat is. Als je van een docent denkt dat hij niet goed college kan geven, zul je eerder besluiten zijn colleges niet te bezoeken: je schema over die docent beïnvloedt je mening en je gedrag, ongeacht de juistheid van dat schema.

4.2   Wat zijn schema's?

Een schema is een georganiseerde verzameling van kennis over een stimulus (bijvoorbeeld een bepaalde docent) of een categorie van stimuli (bijvoorbeeld docenten in het algemeen), die wordt gebruikt bij het verwerken van informatie over de betreffende stimulus of over andere stimuli in die categorie. Zoals beschreven in hoofdstuk 1, leidt dit tot een voortdurende wisselwerking tussen de waarnemer en de omgeving (zie figuur 1.1, paragraaf 1.2.1, p.13): schema's worden gebruikt om informatie te selecteren, te ordenen, aan te vullen en op te slaan in het geheugen. Die processen kunnen ertoe leiden dat een schema wordt uitgebreid of aangepast aan de nieuwe informatie, dat wil zeggen dat de kennis van de waarnemer wordt vermeerderd of gecorrigeerd.

Geschiedenis van het schema-concept
Als je doordenkt over de wisselwerking tussen schema's en nieuwe informatie, kom je uiteindelijk terecht bij een kip–ei-probleem: om informatie te kunnen verwerken hebben we schema's nodig, want zonder schema's is onze omgeving een ongeordende verzameling van betekenisloze stimuli. Maar, zoals eerder gezegd, die schema's worden gevormd door ervaringen met de omgeving: iemand die nog nooit in het gebouw is geweest waar jij studeert en er nooit iets over heeft gehoord, heeft ook geen schema over dat gebouw. Dat maakt niet uit, zul je zeggen, want zo iemand heeft kennis over hoe gebouwen in het algemeen in elkaar zitten en daar kan hij gebruik van maken als hij zich in een nieuw gebouw oriënteert. Maar waar komt die kennis over gebouwen dan weer vandaan? Ooit is er een moment geweest dat er geen enkele kennis over gebouwen was. Hoe slaagt men erin zulke kennis op te bouwen zonder dat er een beginnetje is van een schema, van iets dat als ordeningsprincipe kan fungeren en waarmee men betekenis kan geven aan de omgeving?

Door de eeuwen heen hebben filosofen zich het hoofd gebroken over deze kwestie, in pogingen om antwoord te geven op de vraag hoe mensen tot kennis komen en welke rol de zintuiglijke waarneming daarin speelt. Eén visie op dit probleem is aangedragen door Kant in zijn *Kritik der reinen Vernunft* (1781). Volgens Kant is het menselijk brein (het kenvermogen, zoals Kant het noemt) uitgerust met enkele ordeningsprincipes die al aanwezig zijn voordat er iets wordt waargenomen. Het gaat hier om zeer elementaire cognitieve elementen, zoals ruimte en tijd: als we iets waarnemen, plaatsen we die waarneming onvermijdelijk in de ruimte en in de tijd. We kunnen ons geen enkele ervaring voorstellen die níet is gelokaliseerd in ruimte en tijd, doordat ons brein deze elementen altijd toevoegt aan onze waarneming. Een ander ordeningsprincipe is causaliteit: we gaan ervan uit dat alles een oorzaak heeft en dat oorzaken in de tijd voorafgaan aan hun effecten en niet omgekeerd. Als je pen van de tafel valt, zul je onvermijdelijk aannemen dat daar een gebeurtenis aan vooraf is gegaan die de oorzaak is van het vallen. Je kunt niet anders.

De door Kant genoemde elementen, zoals tijd en ruimte, zijn te beschouwen als schema's in zeer rudimentaire vorm. Ze helpen ons eenheid en continuïteit aan te brengen in een wereld die in feite geen enkele orde kent. Doordat we deze categorieën als het ware bovenop al onze gewaarwordingen leggen, zijn we volgens Kant niet in staat objecten waar te nemen zoals ze werkelijk zijn: we brengen een orde aan in onze waarnemingen, terwijl het *Ding an sich* (het object van de waarneming) die orde niet kent.

Uit dit filosofische uitstapje blijkt dat het idee van cognitieve schema's, als ordeningscategorieën die de waarneming 'stroomlijnen', eigenlijk al heel oud is. Het verschil tussen de rudimentaire schema's waar Kant het over had en de schema's waarin sociaal-psychologen zijn geïnteresseerd, is dat de laatstgenoemde schema's niet bestaan vóór de zintuiglijke waarneming (*a priori*), maar juist worden opgebouwd door ervaringen met een stimulus (*a posteriori*). In deze betekenis is de term schema voor het eerst gebruikt door de neuroloog Head (1920), die stelde: 'Anything that enters consciousness is charged with its relation to something that has gone before', dat wil zeggen: we brengen onze waarnemingen in verband met andere dingen die we hebben waargenomen. Die eerdere ervaringen zijn opgeslagen in schema's. De term werd overgenomen door de geheugenonderzoeker Bartlett (1932), om aan te geven dat onze kennis niet als een losse verzameling van specifieke beelden en concepten is opgeslagen (zoals in die tijd werd aangenomen), maar in de vorm van georganiseerde patronen.

In eerste instantie was de gedachte van georganiseerde kennisstructuren, zoals door Bartlett naar voren gebracht, weinig invloedrijk: in deze periode werd de Amerikaanse 'mainstream'-psychologie gedomineerd door het behaviorisme, zodat er weinig belangstelling was voor cognities (zie paragraaf 1.2.2, p.15). De associaties tussen de elementen in het geheugen werden gezien als aangeleerd: zoals de hond van Pavlov heeft geleerd dat het geluid van een bel samengaat met voedsel, zo leren we ook de associatie tussen andere concepten die vaak samengaan, bijvoorbeeld huis–tuin, pannen–potten, dag–nacht. Zoals in hoofdstuk 1 al is beschreven (paragraaf 1.4.2, p.26), ontstond er in de jaren zestig en zeventig onvrede over deze benadering. Onderzoekers merkten dat mensen gebruikmaken van georganiseerde kennispatronen wanneer ze bijvoorbeeld een verhaal lezen of een reeks woorden of gebeurtenissen moeten onthouden. Zo blijken ze de verschillende onderdelen van een verhaal systematisch beter te herkennen en te onthouden wanneer ze tijdens het lezen gebruikmaken van een organiserend thema.

> *Een man staat voor de deur van een huis. Hij belt aan, maar er doet niemand open. Hij kijkt door de brievenbus en ziet dat er post ligt. Hij loopt naar het raam en kijkt naar binnen. Het valt hem op dat de lak van de kozijnen aan het afbladderen is. Binnen ziet hij een dure stereo-installatie en een enorme verzameling cd's. Hij loopt om het huis heen, maar de poort naar de achtertuin is op slot. Hij ziet dat de afvoerpijp langs het huis kapot is en dat er een ladder naast staat. Hij loopt de straat op en kijkt of er iemand aankomt.*

Als we nog even doorgaan met dit verhaal, wordt het moeilijk alle handelingen van de man te onthouden. Het maakt dan veel verschil of je aanneemt dat de man een dief is die overweegt in het huis in te breken of een makelaar die een afspraak heeft om het huis te taxeren. Je organiseert de gebeurtenissen rond je verwachtingen over wat inbrekers dan wel makelaars zoal doen in een dergelijke situatie. Dat beïnvloedt allerlei details in je herinnering aan het verhaal. Als je denkt dat de man een inbreker is, zul je bijvoorbeeld beter onthouden dat hij keek naar de stereo-installatie en de ladder. Denk je dat het om een makelaar gaat, dan zal het je beter bijblijven dat hij keek naar de kozijnen en de afvoerpijp (vgl. Zadney & Gerard, 1974, Exp. 2).

Een andere illustratie van de rol van organiserende thema's wordt gegeven door onderzoek van De Groot (1946) naar 'het denken van den schaker' (zie ook De Groot & Gobet, 1996). In dit onderzoek kregen grootmeesters korte tijd een schaakstelling te zien uit een bestaande wedstrijd, waarna werd gevraagd de stukken op dezelfde manier op het bord te zetten. Ze deden dit veelal accuraat.[1] Toonde men echter een betekenisloze stelling waarin de stukken willekeurig op het bord waren gezet, dan brachten de grootmeesters er veel minder van terecht. Kennelijk konden zij, met behulp van hun kennisstructuren over het schaakspel, een betekenisvolle stelling direct reproduceren via hun inzicht in de ontstaansgeschiedenis van de stelling. Deze kennis was echter nutteloos wanneer de stelling niet tijdens een schaakspel was ontstaan. Mede als gevolg van dit soort resultaten raakten functieleer-psychologen sterk geïnteresseerd in de cognities van mensen als intermediair tussen stimulus en respons (Neisser, 1967). Dit leidde tot een hernieuwde aandacht voor het schema-idee en, in de sociale psychologie, tot de ontwikkeling van het deelgebied 'sociale cognitie' waarin het schema-begrip een centrale rol ging spelen (zie ook paragraaf 1.4.2, p.26): het werd dankbaar gebruikt om te verwijzen naar alles wat zich 'in het hoofd' van de waarnemer bevond. Niet ten onrechte is het gebruik van de term 'schema' in deze periode door sommigen omschreven als slordig, verwarrend en zelfs 'promiscu' (zie Fiske & Linville, 1980): de term werd als een soort toverwoord opgehangen aan de meest uiteenlopende verschijnselen en effecten. Het gevolg hiervan is dat er enige begripsverwarring is ontstaan. Om een beeld te geven van wat een schema zoal kan zijn, volgt hierna eerst een beschrijving van vijf soorten schema's die in de sociale cognitie van belang zijn.

4.2.1 Scripts

Scripts (Schank & Abelson, 1977) zijn schema's over gebeurtenissen, bijvoorbeeld over verkeersongevallen, eten in een restaurant, solliciteren voor een baan, en ook formele procedures, zoals een boek uit de bibliotheek lenen, een verzekering afsluiten, je opgeven voor een studie. In hoofdstuk 1 hebben we al gezien dat scripts zeer sterke effecten hebben op de waarneming doordat ze worden gebruikt om allerlei 'gaten' in de beschikbare informatie op te vullen. Dankzij scripts begrijpen we de zin: 'Ik heb laatst zo lang moeten wachten in een restaurant dat ik geen fooi heb gegeven' ('Wachten waarop?' 'Fooi gegeven aan wie?' zou iemand vragen die geen restaurant-script heeft.) Dankzij scripts kunnen we de krant lezen, weten we wat we moeten aantrekken naar een bruiloft of naar een begrafenis, weten we dat we moeten wachten op de 'clou' als iemand een mop vertelt. De alledaagse conversatieregels schrijven zelfs voor dat we vanzelfsprekende dingen weglaten als we een verhaal vertellen. Als we iemand vertellen

---

[1] Indrukwekkend was met name de prestatie van Euwe (wereldkampioen in de jaren dertig), die 5 seconden had gekeken naar een stelling met 22 stukken en daarna niet alleen de stelling foutloos reproduceerde, maar ook gelijk de winnende zet deed voor de partij die aan zet was.

over een uitje naar de bioscoop, zeggen we niet: 'Toen we bij het loket stonden, zeiden we naar welke film we wilden en de meneer achter het loket zei: "28 gulden". Hij bedoelde dat we dat moesten betalen. Toen we dat deden kregen we twee stukjes roze karton. Daarmee liepen we verder naar binnen en toen stond er bij een deur iemand die de kartonnetjes wilde zien.' Als je dit zo leest, is het wel duidelijk dat scripts enorm handig zijn.

Een misverstand over het type script dat moet worden gebruikt om een verhaal te begrijpen, leidt al gauw tot grote verwarring. Het kan ook een grappige situatie opleveren, zoals wordt geïllustreerd door de volgende anekdote die een onderwijzer in de jaren zestig heeft opgetekend (Hoving, 1967).

> *Bij de familie Wolters is gezinsuitbreiding geweest. Vader komt even naar school om het Theo te vertellen, maar die is juist aan het sporten, vrij ver van school. De meester belooft echter de boodschap over te zullen brengen. Als Theo weer in de klas komt zegt de meester: 'Nu moet je eens luisteren Theo, de ooievaar heeft jullie een baby gebracht.' 'O', zegt Theo, 'en mijn moeder krijgt er ook nog één.'*

In dit verhaal is sprake van een dubbel misverstand. De meester gebruikt het verkeerde script over hoe je aan kinderen vertelt waar baby's vandaan komen. Theo weet wel beter, maar hij is niet bekend met het ooievaar-script en neemt aan dat de meester de waarheid spreekt. Merk overigens op dat we dit alles zelf moeten invullen bij het lezen. Het verhaal zou helemaal niet leuk zijn als dit er allemaal bij werd verteld. Een van de dingen die een goed verhaal onderscheiden van een slecht verhaal, is juist dat de goede verteller veel dingen weglaat die de toehoorder zelf invult – veelal met behulp van scripts.

Scripts worden niet alleen gebruikt om de inhoud van een verhaal te begrijpen, ze leveren ook bepaalde verwachtingen en normen over de manier waarop een verhaal wordt verteld. Als iemand een verhaal begint met 'Er was eens ...', verwachten we een ander vervolg dan bij 'Sampie en Moos zitten ...'. Ongeschreven regels dicteren dat het eerste verhaal een 'happy end' heeft en dat het tweede verhaal eindigt met een grappige ontknoping. Wanneer van die regels wordt afgeweken, kan een pijnlijke stilte ontstaan.

Scripts helpen ons in hoge mate anderen te begrijpen in de dagelijkse conversatie. Daarnaast hebben ze een sterke invloed op ons gedrag. Als we in een ijssalon een ijsje kopen, wachten we eerst op het ijs voordat we betalen. In sommige landen leidt dat gedrag ertoe dat we kunnen wachten tot we een ons wegen, omdat we eerst bij de kassa moeten betalen voordat we bediend worden. Op zo'n moment blijkt de hardnekkigheid van scripts pas goed, want we staan toch al gauw een paar minuten te wachten en ons te ergeren voordat we opmerken dat degenen die 'voor hun beurt gaan' al hebben betaald.

4.2.2 Stereotypen

Het woord 'stereotype' wordt in het dagelijks leven gewoonlijk op een negatieve manier gebruikt: we denken bij dit woord aan discriminatie en vooroordeel. In zekere zin is dat terecht: stereotypen ontstaan doordat mensen onderscheid maken (letterlijk: discrimineren) tussen sociale categorieën – bijvoorbeeld op basis van sekse, etniciteit, leeftijd en nationaliteit – en zich een beeld vormen van hoe de meeste leden van zo'n categorie zijn. Het gevolg daarvan is dat men allerlei ideeën heeft over personen die tot een gestereotypeerde groep horen zonder die personen te kennen (vooroordelen). En inderdaad, in de praktijk zijn stereotypen vaak negatief, met name als het gaat om groepen waar men zelf niet toe hoort: jonge mensen vinden dat oude mensen traag en klagerig zijn, psychologiestudenten vinden dat bètastudenten saai en wereldvreemd zijn, en in opvallend veel landen op het noordelijk halfrond worden de zuidelijker bewoners gezien als dom (bijvoorbeeld Nederlanders over Belgen, Duitsers over Tirolers, Britten over de inwoners van Wales, Noord-Amerikanen over Texanen). Niettemin is deze negatieve lading geen inherent kenmerk van stereotypen. Een stereotype is niets meer dan een schema over een sociale groep, en de inhoud van dat schema kan positief, negatief of gemengd zijn.

Stereotypen zijn simplificaties van de werkelijkheid: wie aanneemt dat een chirurg een man is, zal negen van de tien keer gelijk hebben, maar één keer niet. Op die manier kunnen stereotypen leiden tot verkeerde conclusies, maar daar staat een groot voordeel tegenover: net als scripts helpen stereotypen ons om snel en zonder veel denkwerk informatie te verwerken. Als we iemand eenmaal hebben ingedeeld in een bepaalde categorie, wordt het makkelijker om op basis daarvan verdere informatie over die persoon te interpreteren. Dat is vooral nuttig in de vele contacten die we dagelijks hebben met mensen die voor ons niet echt van belang zijn. Als je bijvoorbeeld met een ambtenaar van de gemeente te maken hebt, weet je dat je je aan de regels moet houden en formulieren moet invullen; als een oude dame je de weg vraagt, weet je dat het zinloos is om de plaatselijke discotheek als startpunt van je routebeschrijving te gebruiken; en als er iemand aanbelt, zie je het meteen als je met een Jehova's Getuige te maken hebt.

Stereotypen bevatten niet alleen ideeën over de eigenschappen die bij een bepaalde groep horen, maar ook over kenmerkende gedragingen, literlijk, interesses en meningen. Bij de typische bètastudent denk je bijvoorbeeld aan iemand die een bril draagt en kleren die uit de mode zijn, die hard studeert en al zijn cd's volgens een complex ordeningsprincipe in de computer heeft zitten, die geïnteresseerd is in techniek en die niet maatschappelijk geëngageerd is. Kortom, stereotypen bevatten een heel conglomeraat van verschillende soorten kenmerken die we met een groep associëren.

Wanneer een kenmerk met een groep wordt geassocieerd, betekent dit dat we aannemen dat het *gemiddelde*, prototypische lid van die groep over dit kenmerk beschikt. Daarnaast bevatten stereotypen ook kennis over de *variatie* van een kenmerk binnen de betreffende groep. Anders gezegd: stereotypen bevatten niet alleen kennis over de centrale tendentie van bepaalde kenmerken, maar ook over de variabiliteit van die kenmerken. Deze twee begrippen zijn te vergelijken met de centrale tendentie en variantie in de statistiek. De centrale tendentie is bijvoorbeeld het gemiddelde (de gemiddelde Amerikaan rijdt veel auto) of de modus (de meeste Amerikanen rijden veel auto). De variantie is bijvoorbeeld de spreiding rond het gemiddelde (er zijn Amerikanen die meer of minder autorijden dan gemiddeld) of de 'range' (er zijn Amerikanen die nooit autorijden en er zijn er die de auto zelfs gebruiken om de vuilnis aan de straat te zetten).

Stereotypen kunnen sterk verschillen in variabiliteit. Een stereotype met een lage variabiliteit is bijvoorbeeld het stereotype over mormonen: we nemen aan dat mormonen niet drinken en niet roken, en dat er heel weinig uitzonderingen zijn op die regel. Sekse-stereotypen hebben een hoge variabiliteit: de centrale tendentie van het stereotype over vrouwen is bijvoorbeeld dat ze zorgzaam zijn, maar we weten tegelijkertijd dat vrouwen onderling sterk verschillen in zorgzaamheid en dat sommige vrouwen absoluut niet zorgzaam zijn.

Net als scripts worden stereotypen binnen een cultuur gedeeld door vele mensen. Sommige stereotypen overschrijden zelfs de cultuurgrenzen: sekse-stereotypen bijvoorbeeld vertonen grote overeenkomsten in dertig verschillende landen (Williams & Best, 1982).

Soms hebben we stereotypen over een groep terwijl we nooit iemand hebben ontmoet die tot die groep hoort. Veel mensen hebben bijvoorbeeld nog nooit een Japanner gesproken en zijn toch bekend met het stereotype dat Japanners geneigd zijn hun emoties te verbergen en sterk gericht zijn op het collectief en niet op het individu. Binnen een cultuur worden stereotypen vaak overgedragen via ouders en opvoeders, leeftijdgenoten, en niet te vergeten massamedia. Dergelijke stereotypen noemen we *abstraction-based*: gebaseerd op een geabstraheerde regel over hoe de leden van een groep zijn. Je kunt een stereotype echter ook zelf opbouwen, op basis van ontmoetingen met verschillende leden van een groep. Als je bijvoorbeeld in een ander land komt, vorm je je na enige tijd een stereotype over de inwoners van dat land op grond van je indruk van degenen die je tegenkomt. Zulke stereotypen zijn *instance-based*: gebaseerd op ervaringen met concrete voorbeelden of exemplaren (instances). In het algemeen hebben 'instance-based' stereotypen meer variabiliteit dan 'abstraction-based' stereotypen: doordat men verschillende leden van de groep kent, is men zich meer bewust van de variatie binnen zo'n groep (Park & Hastie, 1987).

Het begrip stereotype bestrijkt een breed gebied, van ware en onware, positieve en negatieve opvattingen over hele werelddelen waar we nog nooit zijn geweest tot opvattingen over kleine groepen waarvan we alle leden kennen (bijvoorbeeld een bepaald kliekje van studenten of scholieren die veel met elkaar optrekken). Stereotypen die aan bepaalde maatschappelijke rollen zijn gekoppeld worden ook wel *rol-schema's* genoemd (Fiske & Taylor, 1991) omdat ze vaak een sterk normatief element hebben: een moeder hoort zorgzaam te zijn voor haar kinderen, een priester hoort zich moreel te gedragen, een leider hoort zijn ondergeschikten te inspireren. Het verschil tussen rolschema's en andere stereotypen is echter gradueel: veel stereotypen leiden tot een zekere afkeuring wanneer een groepslid afwijkt van de verwachting. Zo worden vrouwen negatiever beoordeeld dan mannen als ze zich assertief en krachtdadig opstellen, want dit gedrag schendt de normen voor hun sekserol (bijv. Eagly e.a., 1992). We komen hier in hoofdstuk 5 op terug als we uitvoeriger ingaan op de vraag hoe stereotypen de waarneming van personen beïnvloeden (paragraaf 5.4.2, p.223).

4.2.3 Individu-schema's: impressies

Als we iemand beter leren kennen, vormen we ons een indruk (impressie) van die ene persoon. Dat beeld bevat allerlei kenmerken, alsmede een inzicht in de onderlinge relaties tussen die kenmerken, bijvoorbeeld: 'Kees is eigenlijk heel verlegen. Als hij in een vreemde omgeving is, voelt hij zich niet op zijn gemak en dat leidt er soms toe dat hij te veel drinkt en zich vervelend en uitsloverig gaat gedragen. Maar dat heeft te maken met zijn onzekerheid, want als je hem beter leert kennen, is hij heel humoristisch en spontaan en je kunt ook goed met hem praten.'
Dit is in feite maar een klein deel van wat we allemaal kunnen vertellen over iemand die we goed kennen, en zelfs in dit kleine deel worden al tal van nuances en verschillende kanten van de persoon belicht. Als we een complex schema hebben over een persoon, weten we hoe die persoon zich gedraagt in verschillende situaties, hoe hij 'van buiten' en 'van binnen' is, wat zijn gevoelens en gedachten zijn (vgl. Sande, Goethals & Radloff, 1988).
Ook als we iemand slechts oppervlakkig kennen, hebben we een schema over die persoon. De buitenstaander die Kees alleen kent van gelegenheden waar Kees zich niet op zijn gemak voelde, denkt misschien: Kees is een branieschopper, hij drinkt teveel en hij maakt verkeerde grappen. Ook dat is een schema over Kees. Er is sprake van een schema zodra onze kennis over een persoon méér omvat dan alleen stereotype-gerelateerde kenmerken en een globaal evaluatief oordeel (goed–slecht, aardig–onaardig). In het onderzoek van Asch (1946) bijvoorbeeld (zie paragraaf 1.3.1, p.18) vormden proefpersonen zich een schema van een stimuluspersoon op basis van een paar eigenschappen. Het 'primacy-effect' (de sterkere invloed van informatie die men als eerste krijgt) kan gezien worden als een schema-effect: er wordt direct een schema gevormd op basis van de eerste kenmerken (bijvoorbeeld intelligent en ijverig), en dit schema stuurt de interpretatie van daaropvolgende kenmerken (bijvoorbeeld koppig en jaloers).
Als onze impressie zeer summier is en gebaseerd op oppervlakkige kennis (bijvoorbeeld van een docent van wie je college hebt), worden onze verwach-

tingen over die persoon deels gestuurd door het individu-schema (deze specifieke docent) en deels door stereotypen (docenten in het algemeen). De meest complexe en uitgebreide schema's hebben we over intimi, zoals familieleden, onze partner en goede vrienden. In die gevallen maken we minder gebruik van stereotypen doordat de impressie zo rijk is dat we bijna al onze verwachtingen en interpretaties daaruit kunnen afleiden. In hoofdstuk 5 (paragraaf 5.4.3., p.230) komt uitvoeriger aan de orde in welke situaties mensen een persoon waarnemen als individu en niet als lid van een gestereotypeerde groep.

4.2.4 Zelf-schema

Een persoon die een bijzondere positie inneemt is het zelf. Bij de bespreking van zelfwaarnemingstheorieën in hoofdstuk 3 (paragraaf 3.5, p.107) bleek dat attributies over ons eigen gedrag soms op dezelfde manier totstandkomen als over andere personen. Datzelfde geldt voor het zelf-schema: we gebruiken dit schema om informatie over onszelf te verwerken. Dat betreft met name kenmerken die centraal zijn in ons zelfbeeld: *zelf-schematische* kenmerken (Markus, 1977). Twee mensen die allebei van zichzelf vinden dat ze zelfstandig zijn, kunnen verschillen in de mate waarin ze zelf-schematisch zijn voor dat kenmerk. Een persoon die zelf-schematisch is voor zelfstandigheid zal dat kenmerk al gauw noemen wanneer wordt gevraagd een beschrijving van zichzelf te geven, en zal niet snel informatie over zichzelf accepteren die erop wijst dat hij onzelfstandig is. Iemand die a-schematisch is voor dit kenmerk zal het minder gauw uit zichzelf noemen in een zelfbeschrijving, en zal eerder bereid zijn informatie over zichzelf te accepteren die wijst op onzelfstandigheid, omdat deze eigenschap niet belangrijk is in het zelf-schema. Het zelf-schema wordt overigens niet alleen gebruikt om informatie over onszelf te verwerken, maar ook over anderen, zoals later in dit hoofdstuk besproken zal worden (paragraaf 4.4.2, p.171-172). Net als individu-schema's bevat ons zelf-schema, naast kennis over eigenschappen, ook kennis over onze gedragingen in bepaalde situaties, onze meningen en interesses, uiterlijke kenmerken, alsmede de verschillende *rollen* die we vervullen: 'ik als student', 'ik als sporter', 'ik als dochter of zoon', 'ik als vriend of vriendin', enzovoort. Bij elk van die rollen hoort een bepaald zelf: als student ben je heel anders dan wanneer je bij je ouders bent, en bij je beste vriend of vriendin ben je ook weer anders. In feite bestaat het zelf-schema dan ook uit meerdere zelven (bijv. Greenwald & Pratkanis, 1984; Markus & Cross, 1992; Markus & Wurff, 1987; Roberts & Donahue, 1994) die in meer of mindere mate met elkaar geassocieerd zijn (Niedenthal & Beike, 1997). In dit verband spreken we van het *meervoudige zelf*.

Het zelf-schema bevat verder elementen van de sociale groepen waartoe we behoren, bijvoorbeeld 'ik als vrouw of man', 'ik als psycholoog'. Vooral als mensen tot een minderheidsgroep horen, vormt het lidmaatschap van die groep vaak een belangrijk deel van het zelf-schema. Allochtonen melden bijvoorbeeld vaak hun etnische afkomst als ze zichzelf beschrijven; meisjes die alleen maar broers hebben en jongens die alleen maar zussen hebben melden vaker hun sekse doordat ze in hun gezin in de minderheid zijn (McGuire e.a., 1978, 1979, 1981). Maar ook als men niet tot een minderheid hoort, kunnen bepaalde sociale categorieën van belang zijn in het zelfbeeld. Voor veel mensen is bijvoorbeeld hun sekse of hun beroep een centraal onderdeel van hun zelf-schema. Bij andere mensen worden deze aspecten van het zelf-schema pas geactiveerd als ze in een situatie zijn die hun sociale groep saillant maakt: Nederlanders voelen zich meer 'Nederlander' als ze in het buitenland zijn of als het Nederlands elftal wint; mannen scharen zich aan de mannenzijde en vrouwen aan de vrouwenzijde in een groepsdiscussie over het onbegrip tussen man en vrouw. In zo'n situatie kan een man een typisch mannelijk standpunt innemen ('jullie vrouwen praten te veel'), terwijl hij dat misschien helemaal niet doet als hij met zijn vrouw of vriendin zit te praten over een bevriend stel dat in een scheiding ligt ('gelukkig kunnen wij veel beter met elkaar praten'). Er is dan in feite een ander deel van zijn zelf-schema aan het woord.

De verschillende 'zelven' worden in verschillende sociale situaties en rollen opgeroepen, zodat we ons goed kunnen aanpassen aan wisselende omstandigheden. Dit klinkt misschien een beetje alsof we een soort kameleon zijn die zich voortdurend aanpast, maar alle 'zelven' zijn in feite een deel van ons. Er is niet één 'echt' zelf. Mensen zeggen wel eens dat ze zichzelf alleen echt aan hun partner of beste vriend(in) laten zien, maar ze vergeten dan dat andere personen weer andere kanten te zien krijgen. Een zakenman die op zijn werk rationeel en koelbloedig is en zich bij zijn vrouw gevoelig en kinderlijk gedraagt, is evenzeer het een als het ander: zijn klanten en collega's kennen zijn gevoelige kant niet, maar zijn vrouw ziet niet hoe meedogenloos hij zich opstelt in onderhandelingen (Vonk, 1998b).

Het verschijnsel androgynie (het samengaan van zowel mannelijke als vrouwelijke eigenschappen in dezelfde persoon; S. Bem, 1974) kan worden gezien als een manifestatie van meerdere 'zelven'. Bem merkte al op dat androgynie psychologisch gezond is, aangezien het betekent dat men zich makkelijk aanpast aan verschillende situaties. Mensen met een hoge androgyniescore tonen in de ene situatie meer mannelijke kenmerken en in de andere situatie meer vrouwelijke. In feite is androgynie dus niets anders dan een specifieke variant van het meervoudige zelf (Vonk & Ashmore, 1993).

De meervoudigheid van het zelf-schema is niet alleen nuttig voor het adequaat reageren op wisselende situaties en rollen, het is ook van belang voor het geestelijk welzijn. Mensen die hun hele zelfbeeld ophangen aan één bepaalde rol (bijvoorbeeld de rol die ze in hun relatie vervullen of in hun werk), raken in grote problemen wanneer die rol komt te vervallen (bijvoorbeeld als de relatie stukloopt of als ze worden ontslagen). Ze hebben dan geen ander 'zelf' waaraan ze hun zelfwaardering kunnen ontlenen, met als gevolg dat de kans groot is dat ze depressief worden (Linville, 1987; zie ook Brewer, 1993).

Het zelfbeeld bevat, naast verschillende 'sub'-zelven uit het hier en nu, ook verschillende toekomstige zelven (*possible selves*; Markus & Nurius, 1986): ideeën over wat men zou kunnen worden in de toekomst. De meeste mensen hebben een beeld van hoe ze in de toekomst zullen zijn of zouden willen zijn. Je kunt jezelf bijvoorbeeld in gedachten zien als iemand met een gezin in een gezellig huis, of als een succesvolle manager, of als een vrije avonturier die over de wereld reist. Dergelijke beelden van 'possible selves' beïnvloeden onze doelstellingen en ons gedrag in het heden. Ook hier geldt dat men kwetsbaarder is naarmate men minder verschillende 'possible selves' heeft. Als je bijvoorbeeld maar één toekomstbeeld hebt van jezelf, namelijk dat van een succesvol psycholoog, en je haalt een onvoldoende voor dit vak, dan zul je veel meer uit het veld geslagen zijn dan als je nog diverse andere mogelijke rollen voor jezelf ziet in de toekomst (Morgan & Janoff-Bulman, 1994; Niedenthal, Setterlund & Wherry, 1992). Het leren om meerdere 'possible selves' te onderscheiden lijkt dan ook gunstig te zijn voor het emotionele welzijn (Day e.a., 1994).

4.2.5 Schema's over persoonlijkheidseigenschappen

Stereotypen, impressies en het zelf-schema bevatten kennis over de eigenschappen die bij een persoon of een groep horen, dat wil zeggen, over associaties tussen personen en eigenschappen. Daarnaast hebben mensen ook kennis over de associaties tussen eigenschappen onderling. Zo zijn de eigenschappen spontaan, opgewekt en optimistisch met elkaar geassocieerd, evenals de eigenschappen zelfverzekerd, zelfstandig en vasthoudend. Deze kennis is vervat in onze *impliciete persoonlijkheidstheorie* (Bruner & Tagiuri, 1954; Schneider, 1973; Vonk, 1993a): een schema over welke persoonlijkheidseigenschappen wel en niet met elkaar samengaan. Als we van iemand weten dat hij zelfstandig is, leiden we daaruit af dat hij waarschijnlijk ook wel vasthoudend en initiatiefrijk is, en niet onzeker of besluiteloos. Met behulp van onze impliciete persoonlijkheidstheorie kunnen we dus uit één eigenschap andere eigenschappen afleiden.

Behalve kennis over de relaties tussen eigenschappen hebben we ook kennis over het gedrag dat bij bepaalde eigenschappen hoort: *behavior–trait-schema's* (Reeder e.a., 1979, 1982). Van iemand die zelfstandig is verwachten we bijvoorbeeld dat hij goed alleen kan zijn, voor zijn mening opkomt, en zich niet voor andermans karretje laat spannen. We kunnen dus voorspellen hoe iemand met een bepaalde eigenschap (zoals zelfstandig) zich gedraagt, door vanuit een eigenschap een gevolgtrekking te maken over het gedrag waarin zo'n eigenschap tot uiting komt. Omgekeerd kunnen we met deze schema's ook eigenschappen afleiden uit gedrag: als een persoon steeds de mening van anderen vraagt bij alles wat hij doet, leiden we daaruit af dat die persoon onzelfstandig en onzeker is.

Op analoge wijze konden we in hoofdstuk 3 (paragraaf 3.2.1, p.79) afleiden dat Anna, die zei dat ze geen vlees at, principieel was (van gedrag naar eigen-

schap). Vervolgens konden we hieruit weer afleiden dat Anna waarschijnlijk het gesprek met Kees zou beëindigen als ze wist dat zijn vriendin op hem zat te wachten (van eigenschap naar gedrag).
Het idee van correspondente gevolgtrekkingen van Jones en Davis is in wezen gebaseerd op het uitgangspunt dat mensen uitvoerige kennis hebben over de relaties tussen allerlei soorten gedragingen en eigenschappen. Zonder die kennis zouden ze immers geen idee hebben wat de correspondente eigenschap bij een bepaalde gedraging is.

4.2.6 Toegankelijke constructen

Een speciale categorie van schema's over persoonlijkheidseigenschappen betreft de zogenoemde *chronisch toegankelijke constructen* (Higgins e.a., 1977, 1982; Bargh e.a., 1985, 1986): eigenschappen die voor een persoon centraal staan in zijn denken over anderen en over zichzelf, en die daardoor toegankelijk zijn in het geheugen (zie ook hoofdstuk 3, over de rol van toegankelijke constructen bij STI's, paragraaf 3.6.2, p.119). Voordat we meer vertellen over deze schema's, is het van belang het begrip 'toegankelijkheid' nader uit te leggen, omdat dit een centrale rol speelt bij alle schema's.
In ons geheugen zijn honderden persoonlijkheidseigenschappen opgeslagen. Soms is het meteen duidelijk welke eigenschap bij een bepaalde gedraging hoort, doordat onze *behavior–trait*-schema's een sterke associatie tussen de eigenschap en het gedrag bevatten. Bijvoorbeeld: door de sterke associatie tussen 'een gevonden portemonnee bij de politie brengen' en de eigenschap 'eerlijk', komt deze eigenschap direct in onze gedachten als we dit gedrag waarnemen. In veel gevallen kan een gedraging echter op meerdere manieren worden geïnterpreteerd. Als een student in een werkgroep tegen de docent zegt: 'Ik ben het er helemaal niet mee eens', dan kunnen we dat interpreteren als eerlijk, maar ook als assertief, zelfverzekerd, geïrriteerd, arrogant, eigenwijs, koppig, beweterig, of zelfs als een uiting van een autoriteits-'complex'. Aangenomen dat we de betreffende student niet kennen en dat uit zijn non-verbale gedrag en intonatie niets valt af te leiden, kunnen we met dit gedrag dus alle kanten op.
Wat bepaalt nu welke van de genoemde eigenschappen we aan het gedrag plakken – dat wil zeggen, hoe we het gedrag identificeren? Dat heeft te maken met de mate waarin die verschillende eigenschappen in het geheugen in een staat van *activatie* verkeren. Zoals in hoofdstuk 2 is uitgelegd (paragraaf 2.4.1, p.52), komt een eigenschap (of een ander concept) in ons bewustzijn op het moment dat deze wordt geactiveerd, of beter gezegd: op het moment dat het activatieniveau van die eigenschap een bepaalde drempel overschrijdt. De opmerking 'Ik ben het er helemaal niet mee eens', activeert verschillende eigenschappen, maar we zouden zeer verward raken als al die eigenschappen tegelijk in ons bewustzijn kwamen. Dat gebeurt ook niet, want voor de meeste eigenschappen geldt dat de activatiedrempel niet wordt overschreden: de eigenschappen worden wel geactiveerd, maar niet voldoende om in ons

bewustzijn te komen. Alleen bij de eigenschappen die al in een verhoogde staat van activatie verkeerden vlak vóórdat we het gedrag observeerden, is de kans groot dat hun activatieniveau de drempel overschrijdt op het moment dat het waargenomen gedrag hun activatieniveau verder verhoogt.

In figuur 4.1 is dit idee weergegeven voor vier van de genoemde eigenschappen. De lichtgrijze, onderste delen van de balken staan voor het activatieniveau dat de eigenschappen al hadden. Daarbij nemen we in dit voorbeeld aan dat 'eerlijk' het hoogste activatieniveau had en 'beweterig' het laagste. Het donkergrijze gedeelte van de balk weerspiegelt het activatieniveau dat aan een eigenschap wordt toegevoegd door de opmerking 'Ik ben het er helemaal niet mee eens'. Voor het gemak nemen we aan dat elke eigenschap in dezelfde mate wordt geactiveerd door dit gedrag (hetgeen nogal simplistisch is, want in werkelijkheid worden verschillende eigenschappen in verschillende mate geactiveerd door een bepaalde gedraging, afhankelijk van hoe sterk ze met die gedraging zijn geassocieerd). De horizontale lijn is het activatieniveau dat nodig is, wil een eigenschap in het bewustzijn komen. We zien dat deze drempel alleen voor 'eerlijk' wordt overschreden doordat eerlijk al in een relatief hoge staat van activatie verkeerde toen de opmerking werd waargenomen. In dit voorbeeld zal deze opmerking dus als eerlijk worden geïnterpreteerd.

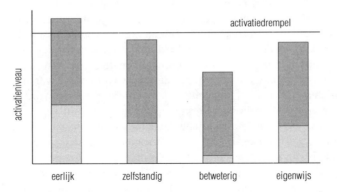

Figuur 4.1

Waarom is het aanvankelijke (lichtgrijze) activatieniveau van 'eerlijk' nu hoger dan dat van 'beweterig'? Welke factoren bepalen hoe sterk een eigenschap is geactiveerd op het moment dat we een gedraging waarnemen? Eigenschappen (of andere concepten in het geheugen) verkeren in een staat van verhoogde activatie als ze (a) *recentelijk* geactiveerd zijn geweest of (b) *in het algemeen* vaak geactiveerd worden (bijv. Thorndyke & Hayes-Roth, 1979; Wyer & Srull, 1981). Anders gezegd: *recency* en *frequency* van gebruik bepalen het activatieniveau van een eigenschap.

Door recent gebruik wordt een eigenschap *tijdelijk* toegankelijk, bijvoorbeeld als de situatie waarin men zich bevindt de eigenschap activeert, of als de eigenschap is ge-primed (zie hoofdstuk 2, waar priming werd beschreven als een speciale variant op manipulaties van 'de toestand van de proefpersoon', paragraaf 2.3.3, p.43). In ons voorbeeld: als je leest over iemand die een verloren portemonnee bij de politie brengt, wordt de eigenschap 'eerlijk' geactiveerd. Daardoor ben je ge-primed met het concept 'eerlijk': als je kort daarna leest over iemand die tegen een docent zegt: 'Ik ben het er niet mee eens', is de kans groter dat je dit als eerlijk interpreteert, want het activatieniveau van die eigenschap is tijdelijk verhoogd.

Door frequent gebruik wordt een eigenschap *chronisch* toegankelijk. We komen nu weer terug bij chronisch toegankelijke constructen: eigenschappen die een persoon frequent gebruikt en die daardoor sneller de activatiedrempel overschrijden. Op het moment dat we een gedraging waarnemen, zoeken we in ons geheugen een eigenschap die bij dat gedrag past. Bij sommige mensen is 'eerlijk' een chronisch toegankelijk construct, dus zodra ze iets waarnemen dat met eerlijkheid te maken heeft, ploept die eigenschap naar boven in hun bewustzijn. Bij anderen is 'betweterig' of 'eigenwijs' toegankelijk, zodat ze precies hetzelfde gedrag heel anders interpreteren. Chronisch toegankelijke eigenschappen komen dus, dankzij hun verhoogde activatie-niveau, als eerste in het bewustzijn zodra men iets waarneemt dat met zo'n eigenschap te maken heeft. Zoals in hoofdstuk 3 is opgemerkt (paragraaf 3.6.2, p.118 en 3.6.4, p.122), is dit een automatisch proces: men beseft niet dat men een bepaalde eigenschap heeft geselecteerd. In termen van figuur 1.4: men heeft geen benul van wat zich onder de activatiedrempel afspeelt. Het gevolg is dat het gedrag zich aan de waarnemer voordoet alsof het niet anders geïnterpreteerd had kunnen worden: de geactiveerde eigenschap dringt zich op alsof hij onvermijdelijk bij het gedrag hoort.

Welke eigenschappen chronisch toegankelijk zijn, is onder meer afhankelijk van de *(sub-)cultuur* waarin men leeft. In Nederland zal de eigenschap 'trots' voor de meeste mensen minder toegankelijk zijn dan in veel islamitische landen. Binnen Nederland zijn eigenschappen als 'beleefd', 'beschaafd' en 'net' tegenwoordig minder toegankelijk dan 40 jaar geleden. Dat is bijvoorbeeld af te leiden uit het soort eigenschappen dat partnerzoekenden in contactadvertenties gebruiken om zichzelf en de gewenste partner te beschrijven (Zeegers, 1988): vandaag de dag is men niet meer op zoek naar een net en beschaafd 'geen bartype', maar naar een spontane, 'speelse' partner met een brede interesse en gevoel voor humor.

Daarnaast zijn er grote *individuele verschillen* in toegankelijke constructen (bijv. Higgins, King & Mavin, 1982). Een belangrijke factor die bepaalt of een eigenschap chronisch toegankelijk wordt, heeft te maken met het zelf-schema, zoals we eerder in dit hoofdstuk zagen (paragraaf 4.2.4, p.152): eigenschappen waarvoor je zelf-schematisch bent zijn ook toegankelijk bij de waarneming van anderen. Voorts wordt de toegankelijkheid van eigenschappen beïnvloed door ervaringen die je in de loop van je leven opdoet met mensen die belangrijk voor je zijn, zoals ouders en andere intimi (Gara & Rosenberg, 1979). Ouders kunnen hun eigen toegankelijke constructen overdragen op hun kinderen; conflictthema's in een intieme relatie kunnen leiden tot een toegankelijk construct. Als je bijvoorbeeld een relatie hebt waarin de één alles alleen wil doen en de ander alles samen, dan komt het thema afhankelijkheid waarschijnlijk geregeld ter sprake. Je gaat dan al gauw ook andere mensen beoordelen in termen van afhankelijkheid.

In de loop der tijd gaat deze toegankelijkheid zichzelf versterken. Daarbij spelen twee factoren een rol. Ten eerste: als je een eigenschap een keer toepast bij de interpretatie van een gedraging, wordt het activatieniveau van die eigenschap verhoogd, hetgeen de kans vergroot dat je die eigenschap bij een volgende gelegenheid wéér gebruikt. Ten tweede: door het vaak gebruiken van een eigenschap bouw je allerlei ideeën op over de relatie van die eigenschap met andere eigenschappen, zodat de betreffende eigenschap op den duur een centraal knooppunt wordt in je impliciete persoonlijkheidstheorie: allerlei andere eigenschappen voeren terug naar die toegankelijke eigenschap (Higgins & King, 1981; Koltuv, 1962). Op die manier kan de eigenschap ook weer via andere eigenschappen geactiveerd raken. Als je bijvoorbeeld hebt nagedacht over de relatie tussen afhankelijkheid en jaloezie, is er in het geheugen een associatie tussen die twee ontstaan, met als gevolg dat de eigenschap 'afhankelijk' in een verhoogde staat van activatie raakt zodra je iets waarneemt dat met jaloezie te maken heeft (vgl. het associatief netwerkmodel van het geheugen dat in hoofdstuk 2 is beschreven, paragraaf 2.4.4, p.64: *De vrije herinneringstaak: het geheugen als associatief netwerk*).

Door het frequente gebruik van een eigenschap krijg je ook steeds meer kennis over allerlei soorten gedragingen waarin die eigenschap zich manifesteert, verschillende situaties die dat gedrag oproepen, en verschillende personen die de eigenschap wel en niet hebben. Na verloop van tijd heb je dus een uitgebreid schema over die ene eigenschap. Op die manier bouwt ieder mens in de loop van zijn leven een aantal chronisch toegankelijke constructen op. Overigens is het niet zo dat toegankelijke constructen voor de rest van je leven vastliggen als ze eenmaal zijn gevormd. Sommige toegankelijke constructen zijn gekoppeld aan bepaalde episoden in iemands leven en kunnen later geleidelijk 'wegzakken' onder invloed van een veranderende sociale omgeving (bijvoorbeeld als de eerder geschetste relatie stukloopt en men een andere relatie krijgt waarin het thema afhankelijkheid geen centrale rol speelt).

Volledigheidshalve moet tenslotte nog worden opgemerkt dat chronisch toegankelijke constructen niet beperkt zijn tot persoonlijkheidseigenschappen. Ook andere soorten kenmerken van mensen kunnen aanleiding zijn tot een chronisch toegankelijk construct. Denk bijvoorbeeld aan eetgedrag en slankheid (een toegankelijk construct voor mensen die aan de lijn doen) en beschikbaarheid voor een romantische relatie (een toegankelijk construct voor partnerzoekenden). Ook stereotypen kunnen chronisch toegankelijk zijn, bijvoorbeeld stereotypen over maatschappelijke status (voor statusgevoelige mensen) of etnische stereotypen (voor racistische mensen). Als een stereotype chronisch toegankelijk is, betekent dit onder meer dat de betreffende persoon mensen snel indeelt op basis van dat stereotype.[2]

4.3 Kenmerken van schema's

Uit het voorafgaande overzicht van verschillende schema's blijkt dat tal van soorten kennis die mensen hebben over hun omgeving onder de noemer 'schema' vallen. In principe hebben mensen schema's over alle personen en andere stimuli die ze tegenkomen, dus ons rijtje is makkelijk uit te breiden met wat je maar kunt verzinnen: muziek-schema, VVD-schema, psychologie-schema, RTL4-schema, wasmiddelen-schema, verkeersborden-schema, vogel-schema, enzovoort. Niettemin moet een bepaalde vorm van kennis over de wereld aan minstens drie voorwaarden voldoen, willen we van een schema kunnen spreken. Volgens de eerder gegeven definitie (paragraaf 4.2, p.144) is een schema:
1 een verzameling kennis over een stimulus of een categorie van stimuli – dat wil zeggen dat schema's een *inhoudsdomein* hebben;
2 de kennis die in schema's is vervat, is op een of andere manier *georganiseerd* in het geheugen
3 deze kennis wordt gebruikt bij het verwerken van nieuwe informatie over de betreffende stimulus of over andere stimuli in die categorie, hetgeen impliceert dat schema's *effecten* hebben op informatieverwerking.

Deze drie definiërende kenmerken van schema's worden hierna achtereenvolgens besproken.

4.3.1 Schema's hebben een inhoudsdomein

Schema's bevatten kennis over een stimulus of een domein van stimuli. Een 'domein van stimuli' is daarbij iets dat is af te bakenen: een verzameling van mensen, objecten, gebeurtenissen of kenmerken. Die verzameling kan heel groot zijn (bijvoorbeeld schema's over mannen en vrouwen) of heel klein (een schema over één persoon). Binnen de sociale cognitie is men vooral geïnteresseerd in schema's die over sociaal relevante stimuli gaan (bijvoorbeeld personen of sociale gebeurtenissen): sociale schema's, zoals de vijf soorten die hiervoor zijn besproken. Een niet-sociaal schema is bijvoorbeeld de cognitieve kaart van een gebouw of een plaats, of het schema van grootmeesters over schaakstellingen.

---

2 Niet alleen cognitieve concepten, maar ook emoties kunnen variëren in toegankelijkheid. Mensen die een tijdlang op een kussen slaan (zoals bij therapeutische bijeenkomsten wel eens wordt gedaan om gevoelens van woede te uiten) worden daarna sneller kwaad: hun woede is tijdelijk geactiveerd (zie bijv. Busıman, Baumeister & Stack, 1999; Tice & Baumeister, 1993; Warren & Kurlycheck, 1981). Het is dus zeer de vraag of dit soort technieken helpt om een gevoel 'kwijt te raken', zoals wel eens wordt verondersteld.

Het feit dat schema's een inhoudsdomein hebben impliceert dat de *causale schema's* van Kelley (het *multiple sufficient causes*-schema en het *multiple necessary causes*-schema; zie paragraaf 3.3.3, p.95) strikt gezien *niet* onder de noemer 'schema' vallen, omdat het hier gaat om regels of principes waarmee waarnemers de oorzaak van een gebeurtenis bepalen. Deze causale regels zijn algemeen toepasbaar (net als de elementen 'tijd' en 'ruimte' van Kant) en hebben niet speciaal betrekking op een bepaald domein van stimuli. Hetzelfde geldt voor *heuristieken*: vuistregels die mensen gebruiken om tot een oordeel of een beslissing te komen (zie paragraaf 8.4, p.336).

Schema's bevatten niet alleen algemene kennis over de kenmerken die bij een bepaald domein van stimuli horen, ze bevatten ook *exemplaren*: specifieke voorbeelden van dat domein. Ons 'eten in een restaurant'-script bevat specifieke herinneringen aan gelegenheden dat we in een restaurant gingen eten; ons stereotype over psychologen bevat concrete psychologen die we kennen; onze impressie van een persoon bevat specifieke voorbeelden van hoe die persoon zich gedroeg in een bepaalde situatie; en ons schema over de eigenschap 'eerlijk' bevat concrete beelden van gedrag waarin die eigenschap zich manifesteert en van personen voor wie deze eigenschap kenmerkend is.

Naast deze specifieke exemplaren bevat een schema vaak een *prototypisch* exemplaar: een geabstraheerde voorstelling van een stimulus die *alle* kenmerken heeft die bij een bepaald schema horen. Dit prototype is vooral van belang bij stereotypen, waar het schema een grote verzameling exemplaren bestrijkt die veel van elkaar kunnen verschillen. Voor de meeste mensen is bijvoorbeeld het prototype van een hoogleraar een verstrooide professor met een brilletje en een slordig pak, die de hele dag in de boeken zit, in een ivoren toren, en voor de rest alles vergeet. Er is eigenlijk geen enkele bestaande hoogleraar die perfect met het prototype correspondeert (professor Zonnebloem uit Kuifje komt nog het meest in de buurt). De specifieke exemplaren in het schema komen slechts deels met het prototype overeen. Sommige exemplaren passen maar half in het schema. Denk bijvoorbeeld aan Willem-Albert Wagenaar (bij velen bekend als getuige-deskundige wanneer het gaat om het falen van het menselijk geheugen) met zijn keurige vlinderdasjes, de bioloog Ronald Plasterk, de econoom Heertje en de astronoom Vincent Icke. Deze heren passen weliswaar deels in het schema (bijvoorbeeld gezien hun passie voor hun vak), maar in veel opzichten zijn ze niet erg prototypisch. Ze doen af en toe lollig of opstandig, ze bemoeien zich flink met de maatschappij en treden in de publiciteit, terwijl de prototypische professor meer teruggetrokken is. Bovendien passen deze personen niet alleen in de categorie 'professor', maar ook in andere categorieën, bijvoorbeeld 'psycholoog' of 'columnist'.

Doordat veel exemplaren onder meerdere schema's zijn te rubriceren, zijn schema's vaak 'rommelig', in de zin dat ze elkaar overlappen. Prototypen vormen de kern van het schema. Daaromheen bevinden zich de exemplaren. Naarmate de exemplaren minder lijken op het prototype, passen ze minder goed in het schema. Dit wordt geïllustreerd door figuur 4.2, waarin het prototype van de hoogleraar, de verstrooide professor, in het centrum van het schema is geplaatst. Daaromheen liggen de exemplaren, die variëren in de mate waarin ze op het prototype lijken (weergegeven door de mate van overlap tussen de cirkels).

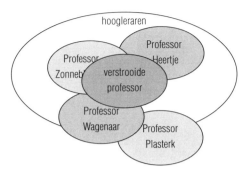

Figuur 4.2

Van de exemplaren die hier (hypothetisch) zijn weergegeven, lijkt professor Zonnebloem het meest op het prototype en professor Plasterk het minst. Exemplaren die weinig lijken op het prototype liggen ver weg van het centrum, aan de rand van het schema. Dit buitenste gebied wordt de *fuzzy boundary* (vage grens) van het schema genoemd: veel exemplaren vallen er half binnen, half buiten. Naarmate we verder weggaan van het prototype, wordt het schema meer 'fuzzy'. Dat wil zeggen: exemplaren die op deze vage grens liggen passen gedeeltelijk wel, gedeeltelijk niet in de categorie. Het is dus onduidelijk waar precies de ene categorie ophoudt en de andere begint, omdat er veel grensgevallen zijn.

Op dezelfde manier heb je bijvoorbeeld een schema over de categorie 'borrelhapjes'. Het prototypische borrelhapje is dan, laten we zeggen, een bitterbal. Bitterballen liggen in het centrum van het schema. Daar vlakbij liggen bijvoorbeeld kaasblokjes. Aan de rand, op de 'fuzzy boundary', liggen selderij en bloemkoolroosjes. Deze worden ook wel eens gebruikt als borrelhapje, maar ze zijn niet erg prototypisch en ze passen evengoed of zelfs beter in de categorie 'groente'. Prototypen kunnen fungeren als een referentiepunt waarmee we stimuli vergelijken om te bepalen of ze in het schema passen. Soms zeggen we: 'Dat is nou een (proto)typische professor', waarmee we bedoelen dat die persoon sterk lijkt op ons prototype van professoren. Maar het is ook mogelijk dat we concrete 'exemplaren' (zoals Wagenaar) gebruiken als referentiepunt. Concrete exemplaren worden meer gebruikt door kinderen ('ongehoorzaam is dat mama zegt dat je binnen moet komen en dat je dat niet doet'), maar ook door volwassenen die te maken krijgen met een complex inhoudsdomein waar ze nog geen greep op hebben (Fiske & Taylor, 1991) – waarschijnlijk doordat men er dan nog niet in is geslaagd een prototype te abstraheren. Soms is het omgekeerd en kent men alleen het prototype en de algemene kenmerken, maar niet de concrete exemplaren, namelijk wanneer men een stereotype alleen kent van 'horen zeggen' (Park & Hastie, 1987). Veel mensen zullen bijvoorbeeld een abstract beeld hebben van de spreekwoordelijke saaie boekhouder zonder dat ze ooit een boekhouder hebben gezien. Kortom, het gebruiken van een schema kan betekenen dat we het prototype als vergelijkingsstandaard nemen of juist dat we concrete exemplaren van stal halen om een nieuwe stimulus te beoordelen (zie ook Macrae e.a., 1998).

4.3.2 Schema's zijn georganiseerd

Een tweede kenmerk van schema's is dat de kennis die ze bevatten in het geheugen is georganiseerd. Dit betekent dat er relaties zijn *tussen* verschillende schema's en dat er, *binnen* een bepaald schema, relaties zijn tussen de verschillende elementen van dat schema.

Relaties binnen een schema
Bij schema's over gebeurtenissen zijn de relaties tussen de verschillende scriptelementen *logisch*, *ruimtelijk* of *sequentieel* (in de tijd geordend). Bij de gebeurtenis 'operatie' denken we bijvoorbeeld aan narcose, ontsmetten, snijden, hechten, en weten we in welke volgorde die elementen geplaatst moeten worden. Die volgorde wordt deels door de logica gedicteerd: het hechten vindt plaats ná het snijden, dat kan gewoon niet anders. Verder is het operatie-script gekoppeld aan een bepaalde ruimte: ziekenhuis, operatiekamer.
Schema's over personen en eigenschappen zijn georganiseerd op basis van *gelijkenis/covariantie*-relaties. Dit laat zich het best uitleggen aan de hand van de impliciete persoonlijkheidstheorie. De eigenschappen 'spontaan', 'opgewekt' en 'gezellig' bijvoorbeeld lijken op elkaar, dat wil zeggen dat ze vaak samengaan (covariëren): wie spontaan is, is meestal ook opgewekt. Ze lijken niet op 'agressief' of 'humeurig', dat wil zeggen dat ze daar niet goed mee samengaan: je kunt niet goed tegelijkertijd gezellig en humeurig zijn.
Op dezelfde manier bevat een toegankelijk construct gelijkenis-relaties van de betreffende toegankelijke eigenschap met andere eigenschappen, en met gedragingen, personen en situaties: 'gezellig' gaat samen met sinterklaasavond, of met een etentje (situaties), en het gaat samen met praten en lachen (gedrag). Schema's over personen (stereotypen, impressies en het zelf-schema) bevatten covariantie-relaties tussen personen en de kenmerken van die personen ('als Jan komt, dan wordt het gezellig' of 'veel Brabanders zijn gezellig'). De eigenschappen en andere kenmerken die bij een bepaalde persoon of groep personen horen hebben ook weer gelijkenis-relaties met elkaar. Het schema over 'moeders' bijvoorbeeld bevat de kenmerken zorgzaam, zachtaardig, opofferend, warm – kenmerken die onderling op elkaar lijken.
Schema's over personen bevatten soms verschillende clusters van eigenschappen. Denk bijvoorbeeld aan het eerder beschreven individu-schema over Kees, dat eigenlijk bestaat uit drie clusters: (1) verlegen, onzeker, (2) uitsloverig, dominant en (3) spontaan, kan goed luisteren. In zo'n geval zijn de verschillende kenmerken georganiseerd rond bepaalde situaties of thema's: 'uitsloverig' enzovoort, hoort bij 'Kees in gezelschap van onbekenden' en 'kan goed luisteren' hoort bij 'Kees als je hem beter kent'. Net als het zelf-schema bestaat zo'n schema dus eigenlijk uit verschillende subschema's over hoe de persoon is in verschillende omstandigheden (Vonk, 1994). Op dezelfde manier kan een stereotype uit min of meer onafhankelijke clusters bestaan: als we

denken aan Duitsers, kunnen we ons een dikke bierdrinkende Duitser voor de geest halen zoals we die 's zomers aan het strand zien, maar we kunnen ook denken aan efficiëntie en 'Deutsche Gründlichkeit'.

Gelijkenis-relaties zijn 'losser' dan sequentiële, ruimtelijke en logische relaties, dat wil zeggen dat we een zekere afwijking van gelijkenis-relaties accepteren. Iemand kan bijvoorbeeld heel goed tegelijkertijd spontaan en dominant zijn, ook al lijken die kenmerken niet erg op elkaar. Evenzo is het mogelijk dat een moeder niet zorgzaam is. Hierdoor zijn schema's over personen en persoonseigenschappen wat minder strak georganiseerd dan scripts, die weinig afwijkingen toelaten: als een chirurg eerst gaat opereren en pas daarna de narcose toedient, of als hij besluit de operatie te verrichten in een café, denken we dat hij gek is geworden. De effecten van scripts op de waarneming zijn dan ook sterker en fundamenteler dan die van andere sociale schema's (Wyer & Gordon, 1984).

Relaties tussen schema's
Er zijn verschillende opvattingen over hoe schema's ten opzichte van elkaar zijn georganiseerd. We beschrijven er hier één die veel wordt gehanteerd, namelijk dat schema's *hiërarchisch* zijn georganiseerd (vgl. Rosch, 1973). Zo is het stereotype over 'moeders' een subcategorie van het stereotype over vrouwen; deze subcategorie kan weer worden onderverdeeld in bijvoorbeeld huismoeders, werkende moeders, moeders in een nieuwbouwwijk die 's morgens aan de sherry zitten, BOM-vrouwen, bijstandsmoeders, enzovoort. Deze kleinere subcategorieën omvatten op hun beurt schema's over individuele leden van de groep, bijvoorbeeld je eigen moeder, de moeder van je partner, een moeder in een televisie-serie. Een deel van deze hiërarchische structuur is afgebeeld in figuur 4.3.

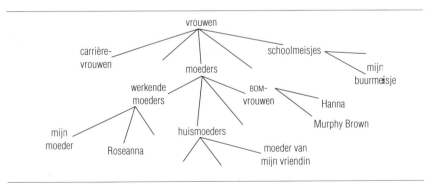

Figuur 4.3

De verschillende schema's over personen zijn overigens niet altijd even duidelijk te onderscheiden. Als we een hiërarchische structuur zouden maken van schema's over niet-sociale stimuli, hebben we het veel makkelijker. Meubels bijvoorbeeld zijn te verdelen in onder meer kasten, tafels en stoelen, en stoelen zijn weer te verdelen in bureaustoel, leunstoel, eetstoel, tuinstoel, enzovoort. Bij schema's over personen is dat ingewikkelder, want een BOM-vrouw kan heel goed een werkende moeder zijn en een werkende moeder kan een carrièrevrouw zijn. Dit heeft te maken met de eerder beschreven rommeligheid en de 'fuzzy boundaries' van sociale schema's. De hiërarchie in figuur 4.3 is gebaseerd op de prototypen van elke categorie. De prototypische carrièrevrouw is bijvoorbeeld geen moeder.

De organisatie van een schema is deels afhankelijk van de *complexiteit* van het schema. Complexe schema's bevatten meer elementen (Anderson, Kline & Beasly, 1979), meer relaties tussen die elementen, en meer onderscheidingen op de verschillende hiërarchische niveaus van het schema (Linville, 1982). Een bekend voorbeeld van een relatief complex schema is het schema van eskimo's over sneeuw. Terwijl de meesten van ons alleen natte sneeuw en 'gewone' sneeuw onderscheiden (wintersporters kennen iets meer soorten, denk bijvoorbeeld aan 'Neuschnee' en 'Tiefschnee'), maken eskimo's nog tal van andere onderscheidingen waar wij niet eens woorden voor hebben. Een van de eskimotalen, het Ghennak, kent bijvoorbeeld het woord 'lannti' voor sneeuw waar iglo's van worden gebouwd, 'allok' voor sneeuw die lekker smaakt en waarmee wordt gekookt, 'alawi' voor zachte sneeuw waarmee pasgeboren baby's worden schoongemaakt, 'hìjek' voor sneeuw waarmee baby's worden gedoopt, en 'tera' voor dunne sneeuwvlokken.

Dergelijke *expert-schema's* worden opgebouwd als iemand veel kennis vergaart over een bepaald inhoudsdomein (Fiske e.a., 1981, 1983). De meeste mensen hebben bijvoorbeeld een globaal script over wat er gebeurt in de keuken van een restaurant, maar de kok heeft hierover een expert-schema. Op dezelfde manier kan een stereotype of een impressie uitgroeien tot een expert-schema wanneer je een persoon of een groep personen zeer goed leert kennen. In het geval van een impressie ga je onderscheid maken tussen hoe de persoon is in verschillende situaties. Bij stereotypen leidt expertise tot een fijnmaziger indeling van subgroepen. Zo kennen de meeste buitenstaanders maar één soort psychologen, terwijl psychologen zelf vinden dat er grote verschillen zijn tussen klinisch psychologen, functieleer-psychologen, organisatiepsychologen, en tussen psychologen die wetenschappelijk onderzoek doen, therapeut zijn, of een beleidsfunctie hebben. Als je zelf therapeut bent of veel te maken hebt met therapeuten, ga je daar weer verdere onderscheidingen in aanbrengen. Kortom, de hiërarchische structuur van expert-schema's is complex en fijnmazig. Daar komt bij dat er ook veel relaties zijn tussen de verschillende elementen van een expert-schema. Door deze grondige organisatie zijn expert-schema's niet alleen meer *complex*, maar ook meer *compact* dan andere schema's: ze vergen minder mentale capaciteit van de waarnemer (Fiske & Taylor, 1991).

Een expert-schema leidt ertoe dat men zeer subtiele onderscheidingen maakt binnen een inhoudsdomein (aan de onderkant van de eerder geschetste hiërarchie, zie figuur 4.3), en tegelijkertijd het grote geheel overziet en beseft wat alle verschillende exemplaren in het schema met elkaar gemeen hebben (aan de bovenkant van de hiërarchie). De gevolgen hiervan werden op verrassende wijze duidelijk aan een groepje psychologiestudenten die met veel moeite bezig waren zich een schema op te bouwen over alle verschillende data-analysetechnieken, en die aan een deskundige vroegen: 'Wat is nou het verschil tussen variantie-analyse, regressie-analyse, en canonische correlatie-analyse?' De deskundige dacht even na en zei: 'Ach, het is eigenlijk allemaal hetzelfde.'

4.3.3 Schema's hebben effecten

Het derde en belangrijkste kenmerk dat alle schema's met elkaar gemeen hebben is dat ze effecten hebben op de verwerking van informatie over de stimuli waarover men een schema heeft. Als zulke effecten niet kunnen worden aangetoond, dan kan er niet van een schema worden gesproken. Immers, omdat schema's zelf niet waarneembaar zijn, moet alles wat we erover zeggen worden afgeleid uit hun effecten. Die effecten kunnen optreden op verschillende momenten in het proces van informatieverwerking: schema's kunnen de aandacht sturen zodat bepaalde informatie wordt geselecteerd, ze kunnen de waargenomen betekenis van die informatie beïnvloeden, de gaten opvullen in ontbrekende informatie en ze kunnen de herinnering, de beoordeling en uiteindelijk het gedrag beïnvloeden.

In de dagelijkse sociale waarneming zijn we ons hier meestal niet van bewust: we ervaren datgene wat we waarnemen als iets dat volledig 'daar buiten' is, alsof onze schema's niets hebben toegevoegd of veranderd aan onze zintuiglijke waarneming. Schema-onderzoekers nemen eerder een tegenovergestelde positie in: ze benadrukken hoezeer de waarneming wordt beïnvloed door schema's. De aandacht van de meeste onderzoekers gaat uit naar schema-gestuurde verwerking van informatie, ook wel *theory-driven* verwerking genoemd. Het tegengestelde daarvan is *data-driven* verwerking, waarbij de waarnemer zich primair laat leiden door wat feitelijk waarneembaar is (de 'data', de gegevens) en niet door bestaande verwachtingen ('theorieën' oftewel schema's). Deze twee soorten verwerking weerspiegelen de in hoofdstuk 1 beschreven wisselwerking tussen de waarnemer en de sociale omgeving (paragraaf 1.2.1, p.13): bij schema-gestuurde verwerking wordt datgene wat we waarnemen beïnvloed door onze schema's; bij 'data'-gestuurde verwerking worden onze schema's beïnvloed door onze waarnemingen.

In de loop van de jaren zeventig heeft de nadruk die onderzoekers legden op schema-gestuurde verwerking geleid tot een enigszins vertekend beeld van de mens als iemand die weinig oog heeft voor de feiten, zich primair laat sturen door simpele vuistregels en vooropgezette denkbeelden, en bevestiging zoekt voor wat hij toch al dacht. Zoals Fiske en Taylor het in 1984 (p. 177) uitdrukten: 'People tend to make the data fit the schema, rather than vice versa'. De mens werd gezien als een *cognitive miser* (cognitieve vrek): iemand die zuinig omgaat met zijn cognitieve middelen en daardoor doet wat het makkelijkst is: zich laten leiden door schema's. Dit onflatteuze beeld van de sociale waarnemer ontlokte aan Swann (1984, p. 459) de opmerking dat het een wonder is 'how people ever manage to muddle their way through their social interactions'.

In zekere zin was dit mensbeeld het gevolg van een eenzijdige interesse van onderzoekers in de manier waarop schema's de waarneming vormen (Higgins & Bargh, 1987). In de jaren tachtig heeft deze visie geleidelijk plaatsgemaakt voor het beeld van de *motivated tactician* (gemotiveerde strateeg) of pragmaticus (Fiske & Taylor, 1991): iemand die zich op schema's verlaat als het niet zo heel belangrijk is, maar die alle cognitieve zeilen bijzet en veel aandacht schenkt aan alle beschikbare informatie op het moment dat er veel van afhangt. In die gevallen is de verwerking dus meer 'data-driven'.

In hoofdstuk 5 en 6, als we uitvoeriger ingaan op de waarneming van personen, komt de vraag aan de orde in hoeverre stereotypen en individu-schema's kunnen veranderen onder invloed van de 'data'. De bespreking van de effecten van schema's in de volgende sectie is gericht op schema-gestuurde waarneming. Overigens zullen we daarbij zien dat ook deze vorm van verwerking er niet per definitie toe leidt dat de 'data' worden vervormd zodat ze in het schema passen. Schema-gestuurde verwerking kan er – onder bepaalde omstandigheden – ook toe leiden dat informatie die van het schema afwijkt juist onevenredig veel invloed heeft.

4.4 Wat doen schema's?

In hoofdstuk 2 (paragraaf 2.4.1, p.50) is een onderscheid gemaakt tussen verschillende fasen in het proces van informatieverwerking: aandacht, encodering (betekenis geven aan de informatie en deze opslaan in het geheugen), elaboratie, herinnering en beoordeling. In deze sectie worden de effecten van schema's tijdens deze verschillende fasen besproken. Daaraan wordt nog een laatste fase toegevoegd, namelijk het gedrag van mensen tegenover een stimulus waarover ze een schema hebben.

4.4.1 Aandacht

Schema's fungeren als een schijnwerper
Schema's leiden ertoe dat we onze omgeving selectief waarnemen. Dit is vergelijkbaar met de wijze waarop wetenschapppelijke theorieën voor wetenschappers fungeren als een 'zoeklicht' waarmee de onderzoeker zijn licht laat schijnen over een berperkt aantal verschijnselen (Popper, 1959). Zo zagen we daarnet dat schema-theorieën hebben geleid tot een onevenredige aandacht van onderzoekers voor schema-gestuurde waarneming. Op een vergelijkbare manier fungeren de 'theorieën' (schema's) van leken als een schijnwerper, die alleen díe informatie belicht die relevant is voor het schema. Dat hangt samen met de in hoofdstuk 1 (paragraaf 1.4.2, p.26) genoemde 'perceptual readiness' (Bruner, 1957b): een schema leidt tot een bepaalde verwachting, en mensen zijn meer ontvankelijk

voor wat ze verwachten te zien. Dat blijkt bijvoorbeeld uit het feit dat we heel veel typefouten in een tekst niet opmerken: tijdens het lezen verwachten we bepaalde woorden en we kijken niet naar alle letters van elk woord en zelfs niet naar alle woorden, omdat we voor en groot deel al weten wat er gaat komen. Een afwijking van die verwachting in de vorm van een typefout wordt daardoor vaak niet opgemerkt. Zo staan er in deze alinea vijf typefouten. Hoeveel heb je er gezien terwijl je las?

Het onopgemerkt voorbij laten gaan van schema-afwijkende informatie treedt vooral op bij sterk geautomatiseerde handelingen die we gedachteloos kunnen uitvoeren (zoals lezen). In een onderzoek van Langer e.a. (1978) werden mensen die op het punt stonden iets te gaan kopiëren, onderbroken door iemand die een paar velletjes papier liet zien en zei: 'Mag ik het kopieerapparaat even gebruiken, want ik moet kopiëren'. De meeste mensen stemden daar gedachteloos mee in. Het verzoek activeert een script over hoe mensen aan een ander vragen of ze even voor mogen: ze zeggen 'mag ik even...' en dan geven ze een reden: 'want ik heb maar heel weinig te kopiëren' of 'want ik heb haast'. Daardoor luistert men eigenlijk helemaal niet naar de triviale reden die in dit geval werd gegeven: 'want ik moet kopiëren'. Uit het onderzoek bleek dat het bij een dergelijk klein verzoek niets uitmaakt of er wordt gezegd 'want ik moet kopiëren' of 'want ik heb haast': men hoort aan de vorm van de zin dat er een reden wordt gegeven en men luistert niet naar de inhoud. (Als de ander echter een hele stapel papieren bij zich heeft in plaats van een paar blaadjes, dan maakt het wél uit: er wordt dan een veel groter verzoek gedaan, zodat men gaat luisteren of er een goede reden wordt genoemd.) Op een vergelijkbare manier kunnen schema's over personen of over kenmerken van personen de aandacht sturen. Dat geldt met name voor toegankelijke constructen: vrouwen die graag zwanger willen worden zien op straat overal dikke buiken en kinderwagens, terwijl een ander dat helemaal niet opmerkt. Iemand die aan de lijn doet ziet overal croissanterieën en delicatessenzaken, terwijl andere mensen geen idee hebben waar de dichtstbijzijnde broodjeszaak is, ook al lopen ze er elke dag langs.

Ook stereotypen en individu-schema's kunnen ertoe leiden dat men bepaalde informatie al dan niet opmerkt. Stel dat we een collega hebben die we kennen als eerlijk. We zijn bijna dagelijks in de gelegenheid om op te merken dat die collega op de fiets naar zijn werk komt en altijd thee drinkt. Als iemand ons vraagt of deze persoon koffie drinkt en met welk vervoermiddel hij naar zijn werk komt, is de kans echter groot dat we dat niet weten: we hebben helemaal niet op dat gedrag gelet omdat het niet relevant is voor ons 'eerlijkheids'-schema over die persoon. Zouden we deze collega echter kennen als iemand die het heel belangrijk vindt om gezond en fit te zijn en die daar alles aan doet, dan zouden de genoemde gedragingen ons meer opvallen, omdat ze relevant zijn voor het schema over een gezondheidsbewuste persoon. Merk op dat als de betrokkene sigaretten rookt en met de lift naar de tweede verdieping gaat, deze informatie óók relevant is voor het schema over een gezondheidsfreak, want dat schema houdt onder meer in dat zulke mensen niet roken en dat ze veel beweging nemen.

Schema-inconsistente informatie trekt aandacht
Er zijn twee soorten schema-relevante informatie: schema-*consistente* en -*inconsistente* informatie. Daarnaast is er schema-*irrelevante* informatie. De informatie dat iemand met de fiets naar zijn werk gaat is irrelevant voor het schema over een eerlijke persoon; consistent met het schema over een gezondheidsbewuste persoon; en inconsistent met het schema over de prototypische dikke Amerikaan die zelfs de auto gebruikt om een brief te posten.
In het algemeen geldt: schema-relevante informatie trekt meer aandacht dan irrelevante informatie, zoals hiervoor werd beschreven; binnen de categorie schema-relevante informatie trekt inconsistente informatie in de meeste omstandigheden meer aandacht dan consistente. Inconsistente informatie wijkt af van de verwachting die uit het schema voortkomt. Zoals we in hoofdstuk 3 hebben gezien, is zulke onverwachte informatie saillant, wat betekent dat het opvalt (paragraaf 3.7.4, p.135). In hoofdstuk 2 (paragraaf 2.4.4, p.61) is een onderzoek van White en Carlston (1983) beschreven waarin dit wordt geïllustreerd: proefpersonen die dachten dat een stimuluspersoon eerlijk was richtten hun aandacht op de mededeling dat deze persoon een boek uit de bibliotheek had gestolen.
We moeten wel bedenken dat het hier gaat om gedrag dat duidelijk sterk afwijkt van het schema. Als de afwijking gering is, wordt het gedrag vaak niet opgemerkt als strijdig met de verwachting. Als je bijvoorbeeld denkt dat vrouwen niet kunnen autorijden, zit je je niet op de weg alsmaar te verbazen over de ene na de andere vrouw die geen brokken maakt. Een vrouw moet dan uitzonderlijk goed rijden, wil het je opvallen. Op dezelfde manier werd de opmerking 'Mag ik het kopieerapparaat even gebruiken, want ik moet kopiëren', in het onderzoek van Langer e.a. niet opgemerkt als afwijkend van het 'mag ik even voor'-script. Zegt de ander daarentegen 'Mag ik het kopieerapparaat even gebruiken' zonder een reden te noemen, dan is de afwijking opvallender: men hoort aan de vorm van de zin dat de sociale regels voor een dergelijk verzoek worden geschonden, en het verzoek wordt vaker geweigerd (Langer e.a., 1978).
Samengevat: schema's fungeren als een schijnwerper die voornamelijk schijnt over schema-relevante informatie. De minste aandacht wordt besteed aan irrelevante informatie, die buiten het licht van de schijnwerper valt; de meeste aandacht wordt besteed aan relevante informatie die duidelijk inconsistent is met de verwachting.

4.4.2 Encoderen

Schema's geven structuur aan de waarneming
In een onderzoek van Owens, Bower en Black (1977) kregen proefpersonen onder meer de volgende beschrijvingen te lezen.
– *Nancy ging naar de huisarts.*
– *Nancy zette koffie.*

– *Nancy ging naar college.*
– *Nancy ging bij een vriendin op bezoek.*
– *Nancy ging boodschappen doen.*

De helft van de proefpersonen kreeg vooraf niets te horen; de andere helft las, voorafgaand aan de beschrijvingen, de volgende inleiding: 'Toen Nancy wakker werd, was ze weer misselijk en ze vroeg zich af of ze echt zwanger was. Hoe zou ze het vertellen aan de docent met wie ze uit was geweest?'
De proefpersonen die vooraf deze inleiding hadden gelezen konden zich de verschillende beschrijvingen later beter herinneren. Dat kwam doordat ze deze hadden georganiseerd: ze zagen de beschrijvingen als opeenvolgende gebeurtenissen in een dag uit het leven van Nancy; ze zagen relaties tussen de verschillende gebeurtenissen; en ze hadden ideeën over wat er tussendoor gebeurde. Als gevolg hiervan werden de losse beschrijvingen tot een coherent verhaal aan elkaar geregen. Kortom, door het gebruik van een schema hadden ze een sequentiële en causale ordening in de beschrijvingen aangebracht.
Als een verzameling van stimuli (in dit geval de losse beschrijvingen) met behulp van een schema wordt waargenomen, verkrijgen de verschillende elementen in die verzameling een ordening die overeenkomt met de ordening binnen het schema (Taylor & Crocker, 1981). In dit voorbeeld maakten de proefpersonen gebruik van scripts, zodat ze sequentiële, logische en ruimtelijke relaties legden tussen de verschillende elementen.
Maken mensen gebruik van een schema over personen, dan worden de verschillende kenmerken van de persoon geordend naar hun onderlinge gelijkenis. Dit wordt geïllustreerd door een onderzoek van Hamilton, Katz en Leirer (1980), dat in hoofdstuk 2 (paragraaf 2.4.4, p.67) is beschreven. Proefpersonen lazen een reeks beschrijvingen van een stimuluspersoon. De helft kreeg de opdracht alle beschrijvingen te onthouden, de andere helft moest zich een indruk vormen van de persoon. Deze laatste opdracht leidt ertoe dat men, op basis van de eerste beschrijvingen, een individu-schema opbouwt over de persoon, waarna verdere beschrijvingen met dit schema worden vergeleken. Hierdoor worden de beschrijvingen met elkaar in verband gebracht en georganiseerd rond bepaalde persoonlijkheidskenmerken. Het uiteindelijke resultaat is een betere herinnering.

Schema's beïnvloeden onze categorisaties
Wat zien we het eerst als we een persoon voor de eerste keer ontmoeten? We zien of de persoon man of vrouw is, of hij jong of oud is, of hij aantrekkelijk is, hoe hij gekleed gaat; vaak weten we ook al meteen wat iemands beroep of functie is door de context waarin we iemand tegenkomen (bijvoorbeeld een gemeenteambtenaar in het stadhuis of een ober in een restaurant). Al die dingen leiden ertoe dat de persoon al in één of meer categorieën is ondergebracht nog voordat we een woord met hem hebben gewisseld. Daarbij gebruiken we die categorieën waar we schema's voor hebben: indelingen op basis van sekse,

leeftijd en huidskleur worden door iedereen dagelijks gebruikt. Andere indelingen zullen per individu variëren, afhankelijk van de vraag welke schema's voor een persoon toegankelijk zijn. Sommige mensen letten erop hoe duur iemands kleding en auto zijn, en delen anderen op basis daarvan in naar rijkdom of sociale klasse; andere mensen merken op of iemand er conventioneel of modern uitziet.

In principe kan elke persoon op allerlei verschillende manieren gecategoriseerd worden. Neem bijvoorbeeld een docent van wie je les hebt. Laten we aannemen dat de persoon vrouw is, dat ze hoogleraar in de psychologie is, en dat ze kinderen en poezen heeft. Je kunt deze persoon in elk geval categoriseren als vrouw, Nederlander, hoogleraar, docent, psycholoog, moeder, 'poezenmens'. Welke factoren bepalen nu welke categorisatie je gebruikt?

Voor een deel wordt dat beïnvloed door de schema's die je hebt: sommige mensen vinden dat er aanwijsbare verschillen zijn tussen 'poezenmensen' en 'hondenmensen', maar als deze schema's je vreemd zijn, heb je er niets aan de persoon als 'poezenmens' te categoriseren. Voor een ander deel wordt het bepaald door de situatie waarin je de betreffende persoon ziet, aangezien de situatie bepaalde schema's activeert. In een Nederlandse collegezaal wordt de categorie 'Nederlander' normaliter niet geactiveerd omdat er geen contrasterende categorie van niet-Nederlanders aanwezig is. Dat de persoon vrouw is, zal daarentegen wel van invloed zijn omdat de meeste hoogleraren mannen zijn. Deze mannen zijn weliswaar niet ter plekke aanwezig, maar hun bestaan wordt wel mentaal geactiveerd doordat de vrouw een minderheidspositie inneemt onder de hoogleraren. Dat ze moeder is, is in de context van haar college over psychologie minder relevant dan dat ze psycholoog en docent is: je ziet haar in de rol van docent en psycholoog. Kortom, de context waarin je een persoon waarneemt activeert bepaalde schema's (categorieën).

De invloed van schema's en situationele factoren op categorisatie wordt geïllustreerd door resultaten verkregen met het *name-matching*-paradigma, een methode om na te gaan hoe mensen anderen categoriseren. In hoofdstuk 2 (paragraaf 2.2.4.2, p. 53-54) is hierover opgemerkt dat proefpersonen die naar een groepsdiscussie tussen enkele onbekende personen luisteren, vaak achteraf niet meer precies weten wie een bepaalde uitspraak heeft gedaan, maar nog wel weten of het een man of een vrouw was. Dit illustreert dat sekse een prominente categorisatie is (Taylor e.a., 1978), waarschijnlijk de belangrijkste (Stangor e.a., 1992). Ook etniciteit wordt gebruikt als categorisatie-dimensie: uitspraken van verschillende zwarte personen worden onderling door elkaar gehaald, net als uitspraken van verschillende witte personen, terwijl uitspraken van wit en zwart minder vaak met elkaar worden verward. Sekse en huidskleur zijn duidelijk zichtbare kenmerken, zodat ze vanaf de eerste aanblik van een persoon een categorisatie oproepen. Ook uiterlijke aantrekkelijkheid (Miller, 1988) en leeftijd worden gehanteerd als categorisatie-dimensies.

Andere categorisatie-dimensies zijn minder zichtbaar, en hun invloed hangt af van kenmerken van de waarnemer (met name of de waarnemer een toegankelijk schema heeft over de betreffende categorieën) en van de situatie (namelijk of de categorisatie relevant is in die situatie). Proefpersonen met een negatief stereotype over homoseksuelen maken meer gebruik van de homo–heterocategorisatie dan proefpersonen die geen duidelijk schema over homo's hebben (Walker & Antaki, 1986). Hetzelfde geldt overigens voor etniciteit: proefpersonen met sterke vooroordelen over zwarten maken meer gebruik van de zwart–wit-dimensie.

Wat betreft de situatie is onder meer het onderwerp van de groepsdiscussie van belang. Wordt er bijvoorbeeld gediscussieerd over de vraag of universitair docenten meer aandacht moeten besteden aan het onderwijs, dan wordt de categorisatie student–docent daardoor geactiveerd (bijv. Van Knippenberg, Van Twuyver & Pepels, 1994). Maar deze categorisatie is natuurlijk vooral bruikbaar als er overeenstemming (*fit*) is met de uitspraken van de verschillende personen. Stel dat er vier studenten en vier docenten aan de discussie deelnemen. Als alle vier studenten vinden dat het onderwijs de belangrijkste taak van de docent is en dat het verbeterd moet worden, en als alle vier docenten zeggen dat het onderwijs goed genoeg is, is er sprake van een sterke fit tussen de student–docent-categorisatie en de uitspraken van de deelnemers. De student–docent-categorisatie is dan een nuttig hulpmiddel bij het volgen van de discussie. Als echter twee studenten en twee docenten dezelfde mening delen, terwijl de twee andere docenten en de twee andere studenten de tegenovergestelde mening naar voren brengen, is er geen enkel verband tussen de student–docent-status van de personen en hun uitspraken (geen fit). Als gevolg daarvan is deze categorisatie minder bruikbaar, zodat men zal gaan zoeken naar een andere categorisatie.

Samengevat: (a) duidelijk zichtbare kenmerken roepen eerder een schema op dan onzichtbare kenmerken; (b) toegankelijke schema's die veel kennis bevatten (vgl. chronisch toegankelijke constructen) worden eerder geactiveerd dan schema's die weinig kennis bevatten; (c) schema's kunnen worden geactiveerd door de situatie, onze doelen in die situatie en de context waarin we iemand waarnemen (vgl. tijdelijk toegankelijke constructen); (d) we zoeken een dusdanige categorisatie dat de informatie die we krijgen past bij het schema.

Schema's sturen de identificatie van gedrag

Als een persoon eenmaal is gecategoriseerd als lid van een bepaalde sociale groep, kan het stereotype over die groep de verdere encodering gaan beïnvloeden. In een onderzoek van Duncan (1976) zagen proefpersonen een videofilm van een zwarte en een witte man die in een discussie waren verwikkeld. Op zeker moment maakte de ene man een armbeweging in de richting van de andere man, waarna de film werd stopgezet. De beweging kon worden geïnterpreteerd als een aanzet tot een schouderklopje, maar ook als een agressief gebaar. Wanneer de zwarte man degene was die de beweging maakte, werd het gebaar vaker waargenomen als agressief dan in het omgekeerde geval.

Er is een overeenkomst tussen dit effect en het eerder beschreven effect van schema's op aandacht: beide komen voort uit 'perceptual readiness': je ziet wat je verwacht te zien. Maar er is ook een verschil. Bij effecten op aandacht gaat het erom dat we bepaalde dingen überhaupt niet opmerken. In dit voorbeeld echter werd de armbeweging in beide condities geregistreerd, maar de betekenis van de beweging werd op verschillende wijze geïdentificeerd door de invloed van stereotypen over zwarte versus witte mensen.

Overigens blijkt uit later onderzoek (zie paragraaf 5.3.1, p.209) dat dit effect in zekere zin een 'priming'-effect is dat voor een belangrijk deel onbewust en automatisch totstandkomt: doordat men een zwarte man ziet, raakt het kenmerk 'agressief' in een verhoogde staat van activatie. Het gevolg is dat dit kenmerk eerder wordt gebruikt om het gedrag te interpreteren doordat het toegankelijker is geworden. Als een eigenschap in een verhoogde staat van activatie verkeert in het geheugen, betekent dit dat deze eigenschap, bij wijze van spreken, volledig in de startblokken staat om waargenomen gedrag te identificeren. Op analoge wijze kan ook het zelf-schema de interpretatie van het eigen gedrag beïnvloeden: mensen die zelf-schematisch zijn voor een bepaalde eigenschap beschouwen tal van hun eigen gedragingen als een bevestiging van die eigenschap (Swann, 1987).

Merk op dat het hier veelal gaat om gedrag dat op meerdere manieren geïnterpreteerd kan worden: het gedrag is *ambigu*. Wanneer een gedraging slechts één zeer voor de hand liggende betekenis heeft (bijvoorbeeld stelen), dan hebben stereotypen en toegankelijke constructen geen invloed, althans niet op de identificatie van het gedrag (stereotypen kunnen daarentegen wel weer de attributies van zulk gedrag beïnvloeden, zoals we verderop zullen zien).

Niet alleen schema's over personen en eigenschappen, maar ook scripts kunnen onze identificaties van gedrag beïnvloeden doordat ze verwachtingen leveren over hoe mensen zich bij een bepaalde gebeurtenis gedragen. Zo zagen we in hoofdstuk 3 (paragraaf 3.6.3, voetnoot 5, p.121) dat huilen bij een bruiloft anders wordt geïnterpreteerd dan huilen bij een begrafenis. In het algemeen maken we bij de waarneming van emoties van anderen veel gebruik van situationele informatie (en dus van scripts), omdat de non-verbale expressie van emoties (met name de meer complexe emoties, bijvoorbeeld jaloezie) vaak voor interpretatie vatbaar is.

Tenslotte beïnvloedt ook het zelf-schema onze interpretaties van het gedrag van anderen. Eigenschappen waarvoor we zelf-schematisch zijn (zie paragraaf 4.2.4, p.152) worden eerder gebruikt bij de interpretatie van het gedrag van anderen doordat die eigenschappen chronisch toegankelijk zijn (bijv. Sedikides & Skowronski, 1993; vgl. Higgins & King, 1981). Eigenschappen kunnen ook toegankelijk worden juist doordat we ze liever niet willen hebben en proberen te onderdrukken. Stel bijvoorbeeld dat je egocentrisch bent, maar je wilt dat eigenlijk niet weten van jezelf: je ontkent dat je die eigenschap hebt of je probeert je neiging tot egocentrisme te onderdrukken. Door deze onderdrukking wordt de eigenschap extra toegankelijk, eigenlijk net zoals wanneer je van jezelf niet mag denken aan lekker eten (wanneer je op dieet bent) of aan roken (als je gestopt bent en je er daardoor juist de hele tijd aan moet denken; zie ook paragraaf 7.3.2, p.312). De onderdrukking leidt dus tot verhoogde toegankelijkheid, met als uiteindelijk effect dat je de eigenschap juist gaat gebruiken bij de interpretatie van het gedrag van anderen (Newman, Duff & Baumeister, 1997). Het zelf-schema kan interpretaties van het gedrag van anderen dus beïnvloeden via zelf-schematische eigenschappen, maar ook via eigenschappen die men in zichzelf ontkent of onderdrukt.

Schema's vullen de gaten in de informatie

> *Kareltje gaat volgende week uit logeren op een boerderij en zal daar waarschijnlijk de geboorte van een kalf meemaken. Moeder legt alvast uit hoe dat gaat: 'Eerst komen de voorpootjes, dan de kop en schouders, dan het lijf en tenslotte de achterpoten.' 'O', zegt Kareltje, 'en wie zet hem dan in elkaar?' (Hoving, 1967)*

Kareltje heeft geen script over de geboorte van een kalf, met als gevolg dat hij de geboorte in losse onderdelen ziet gebeuren. Wij hebben wel zo'n script, dus voor ons maakt het geen verschil dat moeder een elementair stukje informatie heeft weggelaten.
Zoals we al eerder hebben gezien, leiden scripts ertoe dat we allerlei ontbrekende elementen in een gebeurtenis of een verhaal zelf aanvullen met onze kennis, gewoonlijk zonder dat we dat zelf beseffen. Dat geldt ook voor andere soorten schema's. Stereotypen bevatten kennis over de relatie tussen een sociale groep en kenmerken van die groep, dus zodra we weten tot welke groep iemand hoort, kunnen we allerlei kenmerken van die persoon invullen. Zo zagen we aan het begin van dit hoofdstuk dat de categorie 'chirurg' ertoe leidt dat men een man voor zich ziet: de sekse van de persoon wordt ingevuld door ons schema. Op analoge wijze kunnen we op basis van onze impliciete persoonlijkheidstheorie gevolgtrekkingen maken van de ene eigenschap naar de andere: is iemand onafhankelijk, dan zal hij ook wel eerlijk en zelfverzekerd zijn. We nemen dat aan zolang we geen verdere informatie over de persoon hebben. Anders gezegd: als er 'missing values' zijn in de beschikbare gegevens, leveren schema's de 'default'-waarden waarmee we de ontbrekende waarden invullen (Minsky, 1975). 'Man' is bijvoorbeeld de default-waarde bij 'chirurg'.
Er is wel een verschil tussen de wijze waarop scripts versus schema's over personen aanvullende informatie opleveren. Door de eerder beschreven strakke organisatie van scripts raken elementen uit de aanwezige informatie (de 'data') en elementen uit het script (de 'theorie') direct met elkaar verweven tijdens de waarneming. We horen dingen die niet gezegd zijn, we zien dingen die niet waarneembaar zijn. Achteraf kunnen we niet meer bepalen wat er nu werkelijk is gebeurd en wat we zelf hebben ingevuld. Bij schema's over personen is dit effect veel zwakker doordat ze losser zijn georganiseerd. Als er bepaalde

informatie ontbreekt, vinden we het vaak niet erg om dat aspect gewoon open te laten. Met name als het gaat om kenmerken die we niet zo belangrijk vinden, hebben we er geen problemen mee de 'missing values' te laten voor wat ze zijn. Wanneer we wél afleidingen maken op basis van ons persoons-schema, doen we dat vaak op een tentatieve, voorlopige manier: als iemand onafhankelijk is, dan is het waarschijnlijk dat hij eerlijk is. Blijkt onze afleiding niet correct te zijn, dan staat niet gelijk ons schema op losse schroeven. We weten immers wel dat het geen natuurwet is dat die kenmerken samengaan.

Merk op dat we hier praten over het invullen van 'default'-opties *tijdens* het proces van encoderen. Schema's kunnen ook op een later tijdstip een invulling geven aan ontbrekende informatie, zoals straks in de paragrafen over herinnering en beoordeling zal blijken.

4.4.3 Elaboratie

Schema's beïnvloeden de snelheid van informatieverwerking
In het voorafgaande is gesproken over de effecten van schema's op de snelle, onmiddellijke encodering van wat we waarnemen – een proces dat automatisch verloopt en geen enkele cognitieve inspanning kost. Als de informatie die we waarnemen met onze schema's overeenkomt, dan hoeven we er verder geen gedachten aan te wijden: we hoeven niet te elaboreren. Dit impliceert dat we zeer snel informatie kunnen verwerken als we een schema hebben dat toepasbaar is op die informatie. Wie een script heeft over de gang van zaken bij de bibliotheek, begrijpt meteen wat het betekent als hij thuis een kaartje ontvangt waarop de titel van een boek vermeld staat dat hij nog niet heeft teruggebracht. Wie een chronisch toegankelijk construct heeft over een eigenschap, kan snel en gedachteloos gevolgtrekkingen maken op basis van gedrag waarin die eigenschap tot uiting komt. Wie zelf-schematisch is voor zelfstandigheid, kan direct aangeven of bepaalde kenmerken die zelfstandigheid impliceren op hemzelf van toepassing zijn. En wie een stereotype heeft over corpsstudenten, kijkt niet op of om wanneer hij in de supermarkt een een stel jongemannen in pak met stropdas ziet, die onder luid overleg hun wagentje volladen met chips en bier.

Schema's, zoals stereotypen, maken de informatieverwerking dus makkelijk, zodat we onze aandacht vrij hebben voor ingewikkelder zaken. Dit werd geïllustreerd in een experiment van Macrae, Milne en Bodenhausen (1994), waarin proefpersonen zich een indruk vormden van een stimuluspersoon en tegelijkertijd luisterden naar een geluidsband over de geografie en economie van Indonesië. Proefpersonen die vooraf een etiket hadden dat ze op de stimuluspersoon konden plakken, zoals 'dokter' of 'artiest' – en die dus gebruik konden maken van een schema – bleken meer informatie over Indonesië op te pikken dan proefpersonen die de informatie over de stimuluspersoon zonder schema moesten verwerken. De stereotypen bleken dus daadwerkelijk effectief te zijn: door de snelle verwerking van de schema-gerelateerde informatie had men aandacht over om naar het verhaal over Indonesië te luisteren. Schema-consistente informatie wordt moeiteloos en effectief verwerkt. Maar schema-inconsistente informatie doorbreekt het automatisme van categoriseren en identificeren, en leidt ertoe dat we overschakelen naar een meer gecontroleerde manier van denken die meer cognitieve capaciteit vergt. We gaan elaboreren over wat we waarnemen: 'Wat zijn die corpsballen daar bij de groenteafdeling stil. Bij de groenteafdeling?! Verrek, ze hebben hun hele wagen vol met groente en fruit! Misschien is een van hun moeders op bezoek? Of zou het iets zijn dat ze nodig hebben bij de ontgroening, om de nieuwkomers te bekogelen?'

Zoals in hoofdstuk 2 is beschreven (paragraaf 2.4.1, p.51 en 2.4.4, p.61), kan elaboratie verschillende cognitieve activiteiten omvatten, zoals het maken van attributies (misschien heeft moeder de hand gehad in deze selectie van boodschappen) en het leggen van verbanden tussen de verschillende dingen die men weet over een stimulus (het mogelijke verband tussen de aanschaf van fruit en ontgroening). Elaboreren kost tijd. Daarbij praten we niet over minuten, maar over seconden en vaak zelfs milliseconden. Waar het om gaat is dat het verwerken van schema-inconsistente informatie meer tijd kost dan het verwerken van consistente informatie. Kortom, schema's bevorderen de snelheid van informatieverwerking – vergeleken met situaties waarin we geen schema hebben over een stimulus –, maar ze leiden juist tot een onderbreking wanneer de informatie het schema tegenspreekt.

Schema's beïnvloeden attributies

> *Piet is een extraverte, opgewekte student die erg op anderen is gericht. Hij gaat graag uit en als hij thuis is, zit hij meestal te kletsen met zijn huisgenoten. Vorige week had hij tentamen en als hij ging leren, zette hij de radio heel hard aan. Na het tentamen kwam hij thuis met taart om te vieren dat het hem erg was meegevallen. Op zaterdagavond ging hij met zijn vriendin de stad in en kwamen ze om drie uur thuis. Gisteren zat hij de hele dag in zijn kamer: je zag hem niet, je hoorde hem niet, de radio was uit.*

Als je dit verhaal over Piet leest, merk je misschien dat de laatste zin leidt tot de eerder beschreven onderbreking in informatieverwerking. Vóór die zin klopt alles wat je leest met het geactiveerde schema over een extraverte, opgewekte student. Als je dan leest dat Piet zich de hele dag in zijn kamer opsloot, blijf je even haperen. Je kúnt haast niet anders dan je afvragen: Wat zou er gebeurd zijn? Was hij ziek? Had hij de vorige dag te veel gedronken? Had hij gehoord dat hij zijn tentamen toch niet had gehaald? Had zijn vriendin het uitgemaakt? Niemand die het weet.

Dit voorbeeld laat zien dat, zoals in hoofdstuk 3 is beschreven (paragraaf 3.6.1, p.115), causale attributies worden opgeroepen door onverwachte (schema-inconsistente) informatie. Als we lezen dat Piet om drie uur 's nachts thuiskwam, vragen we ons niet af wat de oorzaak daarvan is. Maar als Piet zich in zijn kamer opsluit, willen we weten hoe dat komt. Op dezelfde manier wordt een attributionele analyse opgeroepen door een gebeurtenis die afwijkt van het geactiveerde script, bijvoorbeeld als de bakker besluit dat degene die het laatst binnenkwam het eerst aan de beurt is.

Schema's zijn niet alleen van invloed op de vraag óf we attributies maken, maar ook wélke attributies we maken. Als we iets waarnemen dat afwijkt van ons schema, proberen we vaak een dusdanige oorzaak te vinden dat we ons schema in stand kunnen houden. In het geval van de bakker besluiten we dat er iets mis is met de bakker, of dat de laatst binnengekomen klant een speciaal geval is – niet dat ons script over de normale gang van zaken niet deugt. In het geval van Piet vragen we ons af of hij ziek is (een instabiele, oncontroleerbare oorzaak) of dat hij uit het veld is geslagen door een onvoldoende of een verbroken relatie (situationele oorzaken). We schrijven het gedrag dus niet toe aan interne, stabiele oorzaken (Piet zit graag alleen op zijn kamer), want dan zou ons schema over Piet op losse schroeven komen te staan.

Een andere illustratie wordt gegeven door een onderzoek van Sedikides en Anderson (1992). Amerikaanse proefpersonen lazen een verhaal over ofwel een Amerikaanse, ofwel een Russische deserteur. In overeenstemming met hun verschillende stereotypen over deze twee landen namen ze aan dat het gedrag van de Russische deserteur werd veroorzaakt door problemen met het land, terwijl het gedrag van de Amerikaan werd toegeschreven aan persoonlijke problemen. Kortom, door het maken van bepaalde attributies houden we ons schema in stand (Hamilton, 1979).

Er zijn wel uitzonderingen op deze regel. Wanneer ons schema over een individu wordt tegengesproken, kan dat ertoe leiden dat we het schema kwalificeren. Bijvoorbeeld: Piet is vrolijk en extravert, maar als hij een onvoldoende haalt (of misschien algemener: als hij ergens in faalt), is hij niet te genieten en wil hij alleen zijn. In dit geval wordt een 'persoon x situatie'-attributie gemaakt. Op deze manier kan een subschema ontstaan over hoe de persoon is in bepaalde omstandigheden. We komen hierop terug in hoofdstuk 6 (paragraaf 6.2.6, p.260).

Wanneer iemands gedrag afwijkt van ons stereotype over de groep waartoe die persoon hoort, leidt dat soms tot externe attributies, maar soms ook helemaal niet: dan vinden we het stereotype-afwijkende gedrag juist zeer informatief over die persoon, omdat het 'out-of-role' is (zie Jones & Davis in paragraaf 3.2.2, p.82). De vraag wanneer stereotype-inconsistent gedrag aan interne of externe oorzaken wordt toegeschreven, komt in hoofdstuk 5 aan de orde (paragraaf 5.4, p.218).

4.4.4 Herinnering

Schema's bevorderen de herinnering
In een eerdere paragraaf heb je vijf beschrijvingen gelezen over dagelijkse activiteiten van Nancy, die zich zorgen maakte of ze zwanger was van haar

docent. Probeer, voordat je verder leest, eens na te gaan of je je die beschrijvingen nog kunt herinneren. Schrijf alle beschrijvingen op die je je nog herinnert. (Merk op dat dit een vrije herinneringstaak is, zoals beschreven in hoofdstuk 2: er wordt gevraagd de beschrijvingen actief te reproduceren, anders dan in een *cued recall*-taak waarbij je aanwijzingen krijgt, of een herkenningstaak waarbij de beschrijvingen opnieuw worden gepresenteerd en je moet zeggen of je ze al dan niet eerder hebt gezien.)

De kans is groot dat je je nog herinnert dat Nancy naar de huisarts ging: deze activiteit heeft een duidelijk verband met haar mogelijke zwangerschap. Dat ze naar college ging, zul je je waarschijnlijk ook herinneren, althans als je deze activiteit in verband hebt gebracht met de docent met wie Nancy uitging. En als je haar bezoek aan een vriendin hebt opgevat als een initiatief om met iemand te praten over het probleem, zul je je dat wellicht eveneens herinneren. De kans dat je je herinnert dat Nancy koffie zette en boodschappen ging doen is kleiner, omdat die activiteiten geen verband houden met het geactiveerde script.

Aangezien schema's effecten hebben op aandacht, encodering en elaboratie, zal het geen verbazing wekken dat schema's ook de herinnering beïnvloeden: informatie wordt beter onthouden als men (a) er tijdens de waarneming veel aandacht aan heeft besteed, (b) de informatie dusdanig heeft geëncodeerd dat deze is verankerd in reeds bestaande schema's, en (c) over de informatie heeft geëlaboreerd, zodat associatieve verbindingen in het geheugen zijn ontstaan. In het algemeen geldt dan ook dat we informatie beter onthouden als we tijdens de verwerking gebruik hebben gemaakt van een schema.

Ook het zelf-schema kan de herinnering bevorderen. Het zelf is eigenlijk voor iedereen het centrum van de sociale wereld, en het zelf-schema is buitengewoon goed ontwikkeld. Daardoor kan het nuttig zijn bij het verwerken van allerlei soorten informatie, ook over andere personen. Informatie wordt beter onthouden als deze tijdens de verwerking in verband wordt gebracht met het zelf-schema, of als deze relevant is voor het zelf: het zogenoemde *self-reference*-effect (voor overzichten: Kihlstrom e.a., 1987; Symons & Johnson, 1997).

Schema's bevorderen de herinnering van inconsistente informatie
Eerder hebben we gezien dat mensen de minste aandacht besteden aan schema-irrelevante informatie en de meeste aandacht aan schema-inconsistente informatie. Dit patroon wordt weerspiegeld door wat men zich herinnert bij een vrije herinneringstaak. In hoofdstuk 2 is dit toegelicht op basis van het associatief netwerkmodel van het geheugen (paragraaf 2.4.4, p.64). Het persoonsknooppunt dat in dit model wordt verondersteld, is in feite de kern van het schema over een persoon (bijvoorbeeld Piet die extravert en opgewekt is). Consistente informatie (bijvoorbeeld Piet trakteert op taart) wordt aan dit persoonsknooppunt gekoppeld; inconsistente informatie (Piet blijft de hele dag op zijn kamer) raakt, doordat het elaboratie oproept, geassocieerd met het persoonsknooppunt èn met andere schema-relevante (zowel consistente als

inconsistente) informatie. Door de veelheid van associatieve paden kan deze informatie uiteindelijk makkelijker worden teruggevonden bij een vrije herinneringstaak. Uit veel onderzoek blijkt dan ook dat schema-inconsistente informatie beter wordt onthouden dan consistente, zowel bij 'free recall' (bijv. Hastie & Kumar, 1979; Srull, 1981) als bij 'cued recall' (Rothbart, Evans & Fulero, 1979). Dit effect – het zogenoemde *superior-recall*-effect voor inconsistente informatie – is echter afhankelijk van een aantal factoren, met als gevolg dat het in bepaalde omstandigheden zwakker is of helemaal niet optreedt (voor overzichten: Fiske & Taylor, 1991; Rojahn & Pettigrew, 1991; Stangor & MacMillan, 1992).

Een eerste factor is de *aard van het schema* waarmee de informatie inconsistent is: gaat het schema over één individu (impressie) of over een groep (stereotype). Als iemands gedrag inconsistent is met het stereotype over de groep waartoe die persoon behoort, trekt de inconsistentie wel aandacht, maar wordt vaak niet ervaren als een probleem. Dit hangt samen met de eerder beschreven variabiliteit van stereotypen (paragraaf 4.2.2, p.150): men weet dat er onderlinge verschillen zijn tussen de leden van een groep; er zijn bijvoorbeeld spontane, extraverte bètastudenten, er zijn corpsstudenten die gezond eten en rustig zijn, enzovoort. Zie je dat een persoon afwijkt van het stereotype, dan hoef je daar dus niet echt je hoofd over te breken: je kunt besluiten dat deze persoon een uitzondering op de regel is. In dit geval zet je de persoon apart van de rest van de groep, zodat je niet hoeft na te denken over de relatie tussen het inconsistente gedrag en de kenmerken van andere groepsleden.

Wanneer een persoon echter afwijkt van je schema over die specifieke persoon (bijvoorbeeld Piet die de hele dag in zijn kamer blijft), dan is die oplossing niet mogelijk: een persoon kan niet een uitzondering op zichzelf zijn. In dit geval zul je dus eerder proberen het inconsistente gedrag in verband te brengen met andere dingen die je weet over de persoon, met als gevolg dat je herinnering beter wordt. Kortom, het *superior-recall*-effect voor inconsistente informatie is zwakker wanneer informatie afwijkt van het schema over een groep dan over een individu (bijv. Wyer & Gordon, 1982).

Doordat het *superior-recall*-effect is gekoppeld aan elaboratie over inconsistente informatie, zijn er twee andere factoren die dit effect beïnvloeden via hun invloed op elaboratie: de waarnemer moet *in staat* zijn na te denken over de inconsistentie en hij moet daartoe *gemotiveerd* zijn. Als je heel weinig tijd hebt of tegelijk op veel andere dingen moet letten ('overload'), ben je niet in staat tot elaboratie: je cognitieve capaciteit is te gering. In dit geval wordt vooral schema-consistente informatie onthouden, want het verwerken van die informatie kost de minste inspanning (bijv. Srull, 1981, Exp. 4). Datzelfde gebeurt wanneer je niet gemotiveerd bent je een indruk van iemand te vormen, bijvoorbeeld als de ander niet belangrijk voor je is, of als je een heel ander doel hebt bij de ontmoeting met die persoon (iemand legt je bijvoorbeeld uit hoe je iets moet doen op de computer: je bent dan gericht op het onthouden en begrijpen van alle handelingen van de persoon en niet op het vormen van een indruk). In dat geval ben je minder bereid lang na te denken over inconsistent gedrag van die persoon en doe je wat het makkelijkst is: de schema-consistente informatie eruit pikken.

Het *superior-recall*-effect vereist dus dat men in staat en bereid is tot elaboratie over inconsistente informatie. Dat geldt echter weer niet voor mensen die een *chronisch toegankelijk construct* hebben over de eigenschap waarop de inconsistentie betrekking heeft (Bargh & Thein, 1985) of mensen die een *expert-schema* hebben over de betreffende stimulus (Fiske & Taylor, 1991). Bij gebruik van een chronisch toegankelijk construct kan men de daaraan gerelateerde informatie snel verwerken, ook als deze inconsistent is. Voor een expert-schema geldt dat het zo rijk en gedifferentieerd is, dat heel veel soorten informatie erin passen. Als Piet bijvoorbeeld je beste vriend is, weet je dat hij zich afzondert als hij ergens in faalt. Blijft hij de hele dag op zijn kamer, dan neem je aan dat hij zijn tentamen niet heeft gehaald en kun je dit gedrag zonder veel denkwerk inpassen in je schema. Kortom, chronisch toegankelijke constructen en expert-schema's bevorderen de herinnering aan schema-inconsistente informatie, zelfs als de cognitieve capaciteit of de motivatie ontbreekt om over deze informatie te elaboreren.

Een factor die het *superior-recall*-effect verzwakt is *bolstering*: achteraf op een dusdanige manier over iemand nadenken dat het bestaande schema wordt versterkt. Stel dat er na het lezen van het verhaaltje over Piet aan je wordt gevraagd een coherente beschrijving van Piet te geven, of dat je een gesprek met iemand hebt over hoe gezellig Piet laatst was tijdens een feestje. In dat geval ga je over Piet nadenken in termen van zijn opgewekte, extraverte natuur en alle gedragingen die daarbij passen; het inconsistente gedrag laat je even buiten beschouwing. Als gevolg daarvan worden de associatieve paden tussen de consistente items in het geheugen versterkt, en de paden die naar de inconsistente items lopen worden verzwakt. Uiteindelijk zul je je dan de consistente items beter herinneren dan de inconsistente. Het is belangrijk op te merken dat dit 'verval' in de herinnering van schema-inconsistente informatie uitsluitend optreedt als er sprake is geweest van bolstering. Als men niet meer nadenkt over een persoon en er geen bolstering optreedt, zal de betere herinnering aan inconsistente items over de tijd stand houden (bijv. Srull, 1981).

Een laatste variabele die een rol speelt heeft te maken met individuele verschillen. Een persoonlijkheidsfactor die in dit verband is onderzocht, is *need for cognition*: de behoefte en de neiging om na te denken over wat men waarneemt. Bij mensen die hoog scoren op dit kenmerk is de betere herinnering aan inconsistente informatie sterker dan bij mensen die laag scoren (Srull e.a., 1985). Een ander persoonlijkheidskenmerk is *certainty orientation*: de behoefte om zekerheid te hebben over dingen, om tot afgeronde conclusies te komen, en er niet goed tegen kunnen als dingen onduidelijk zijn. Bij mensen die hierop hoog scoren is het *superior-recall*-effect zwakker (Driscoll, Hamilton & Sorrentino, 1991), mogelijk doordat zij meer aan 'bolstering' doen om tot duidelijkheid te komen.

Schema's vullen gaten in het geheugen
Eerder hebben we het gehad over de rol die schema's tijdens de encodering vervullen, namelijk als *default*-opties wanneer er informatie ontbreekt. Schema's kunnen ook achteraf deze rol vervullen om gaten in de herinnering op te vullen. Laten we nog eens kijken naar Piet. Hieronder staan een paar beschrijvingen. Welke van deze beschrijvingen kwamen voor in het eerdere verhaal over Piet?
– *Trakteerde op taart.*
– *Ging bij een stel vrienden op bezoek.*
– *Maakte een tactloze opmerking.*
– *Zette de radio aan toen hij ging studeren.*
– *Wilde niet mee naar een feestje.*
– *Ging met zijn huisgenoten wat drinken.*

Bij een *herkenningstaak* zoals deze moet je af en toe een beetje gokken: je weet niet meer precies of je een bepaalde beschrijving al eerder hebt gezien. Bij dat gokken maak je gebruik van schema's: als je niet meer weet of Piet iets ging drinken met zijn huisgenoten, denk je: dat zou best kunnen, want dat past bij Piet. Gegeven het schema van Piet is het veel waarschijnlijker dat hij wat ging drinken en bij vrienden op bezoek ging, dan dat hij een tactloze opmerking maakte en niet mee wilde naar een feestje.
Bij een herkenningstaak worden schema-consistente beschrijvingen dan ook relatief vaak herkend. Soms is dat ten onrechte (als je in dit voorbeeld 'ging bij vrienden op bezoek' herkende, is dat ten onrechte, want deze beschrijving is niet genoemd toen we het over Piet hadden), maar heel vaak ook terecht (bijvoorbeeld 'trakteerde op taart'). Inconsistente beschrijvingen worden minder goed herkend: doordat ze niet passen bij het schema, raakt men aan het twijfelen. Men denkt bijvoorbeeld: als ik deze beschrijving al eerder had gelezen, dan zou me dat vast wel zijn opgevallen; dus zal het wel zo zijn dat deze beschrijving niet eerder is gegeven (vgl. Förster & Strack, 1998).
Een bekende demonstratie van de invloed van schema's op het geheugen wordt gevormd door een experiment van Snyder en Uranowitz (1978). Proefpersonen lazen een levensbeschrijving van een zekere Betty. Sommige proefpersonen kregen *achteraf* te horen dat Betty lesbisch was, anderen dat ze heteroseksueel was. Een week later werden allerlei multiple-choice-vragen gesteld over het levensverhaal van Betty, bijvoorbeeld of ze op de middelbare school met jongens uitging. Het bleek dat de proefpersonen veel van deze vragen beantwoordden overeenkomstig het stereotype dat ná de beschrijving was geactiveerd. Zo zeiden proefpersonen die dachten dat Betty lesbisch was, relatief vaak dat ze nooit met jongens uitging. Dit suggereert dat de herinnering aan het levensverhaal van Betty in een week tijd was gereconstrueerd, zodat deze paste bij het stereotype.
Dit resultaat heeft in het verleden enige verwarring veroorzaakt onder onderzoekers: proefpersonen bleken bij herkenningstaken een betere herinnering te

hebben aan schema-consistente items (bijv. Cohen, 1981; Lui & Brewer, 1983), terwijl het bij een vrije herinneringstaak juist omgekeerd was. Toen onderzoekers echter de antwoorden bij een herkenningstaak gingen corrigeren voor de invloed van *gokken* (net zoals dat bij een multiple-choice-tentamen gebeurt), verdwenen de effecten van schema's op de herkenningsprestatie (bijv. Bellezza & Bower, 1981; Clark & Woll, 1981; zie ook Wyer, Bodenhausen & Srull, 1984). De betere herinnering voor consistente informatie was kennelijk het gevolg van schema-gestuurd 'gokken'. De proefpersonen die bijvoorbeeld moesten aangeven of ze gelezen hadden dat Betty nooit met jongens uit ging, redeneerden: ze is lesbisch, dus dat zal wel. Kortom, men 'herkent' consistente beschrijvingen vaker doordat ze bij het schema passen.

Normaal gesproken vinden we antwoorden die het resultaat zijn van gokken niet erg informatief. (Het is niet voor niets dat docenten multiple-choice-tentamens hiervoor corrigeren.) Dit zou ten onrechte het idee kunnen geven dat de effecten van schema's op een ongecorrigeerde herkenningstaak triviaal zijn. Zo is het niet: aangezien deze effecten een systematisch patroon laten zien, zeggen ze iets over de werking van schema's en kunnen ze de reacties van mensen in het dagelijks leven beïnvloeden. Denk maar eens aan een getuige die in een rechtszaak optreedt omdat hij een zwarte en een witte man met elkaar heeft zien vechten. Als de rechter vraagt wie van de twee de eerste klap uitdeelde en de getuige weet het niet meer precies, kan hij denken: dat zal die zwarte man wel geweest zijn. En dan is er niemand die corrigeert voor gokken.

De effecten van schema's op een herkenningstaak weerspiegelen een *retrieval*-mechanisme (een mechanisme dat opereert op het moment dat informatie uit het geheugen wordt opgehaald) en niet een *encoding*-mechanisme: anders dan bij een vrije herinneringstaak zeggen deze effecten weinig over de manier waarop de informatie in eerste instantie is verwerkt. Dit verklaart ook dat het lesbische stereotype in het onderzoek van Snyder en Uranowitz invloed had, ondanks het feit dat het pas werd geactiveerd nádat de proefpersonen het verhaal over Betty hadden gelezen. Immers, als een schema effect heeft op de waarneming zelf (aandacht, encodering of elaboratie), dan is het uitgesloten dat zulke effecten optreden als het schema pas ná de waarneming wordt geactiveerd. Zo zagen we in hoofdstuk 2 (paragraaf 2.3.6, p.47) dat proefpersonen die te horen kregen dat een verdachte in een rechtszaak een Mexicaan was, zich hierdoor alleen lieten beïnvloeden als ze dit vóóraf wisten, en niet als ze het pas hoorden nadat de bewijslast tegen de verdachte was gepresenteerd. In dit geval had het schema effect op processen die tijdens de waarneming optreden ('on-line' oordeelsvorming) en niet op het later terugzoeken van informatie in het geheugen. Het verschil tussen dit onderzoek van Bodenhausen (1988) en het onderzoek van Snyder en Uranowitz is dat de proefpersonen van Bodenhausen niets anders hoefden te doen dan hun mening over de schuldig–onschuldig-vraag uit hun geheugen ophalen (een mening die ze al veel eerder hadden gevormd); de proefpersonen van Snyder en Uranowitz moesten allerlei details uit het verhaal over Betty terugzoeken, hetgeen veel moeilijker is. In zo'n geval merk je dat er gaten in je geheugen zitten, en die worden opgevuld door schema's.[3]

Schema's dragen bij aan de reconstructie van het verleden
Eerder hebben we gezien dat herinneringen aan gebeurtenissen een groot aantal 'indringers' bevatten: script-gestuurde aanvullingen (paragraaf 4.4.2, p.173). Deze aanvullingen worden zowel tijdens de encodering gemaakt als later, tijdens de 'retrieval'. Zo bleek uit het eerdergenoemde onderzoek van Sedikides en Anderson (1992, zie paragraaf 4.4.3, p.176) naar oordelen over een Amerikaanse versus een Russische deserteur dat proefpersonen zich een week later allerlei zaken meenden te herinneren die in overeenstemming waren met hun interpretaties over de oorzaak van het gedrag.

Scripts leiden er niet alleen toe dat gaten in de herinnering worden opgevuld, maar ook dat elementen uit een gebeurtenis worden geherorganiseerd in overeenstemming met het script. Stel dat je meestal met dezelfde vriend of vriendin naar de bioscoop gaat, maar een enkele keer met iemand anders. Je zou er dan later van overtuigd kunnen zijn dat je een bepaalde film samen met je vaste bioscoopmaatje hebt gezien, terwijl deze zich niets kan herinneren van die film. Het is moeilijk te bepalen wiens geheugen er dan eigenlijk tekortschiet.

Een andere vorm van script-gestuurde reconstructie is dat de volgorde van gebeurtenissen in de herinnering verandert, zodanig dat ze beter passen bij het gehanteerde script (Bower, Black & Turner, 1979). Stel je voor dat je op weg naar huis een ambulance met sirene ziet. Kort daarna ben je getuige van een verkeersongeluk. In dit geval hebben die twee gebeurtenissen niets met elkaar te maken, want de ambulance was al uitgerukt voordat dit specifieke ongeluk plaatsvond. Maar omdat 'verkeersongeluk' en 'ambulance' scriptmatig aan elkaar verbonden zijn in een bepaalde volgorde, zou je je later kunnen herinneren dat je eerst een verkeersongeluk zag en daarna een ambulance.

Deze neiging om verschillende stukjes gebeurtenissen aaneen te rijgen tot een logisch verhaal is van belang in bijvoorbeeld rechtszaken, waar de relevante informatie aan jury's of rechters wordt gepresenteerd in losse onderdelen: verschillende delen van de bewijslast worden gepresenteerd door verschillende getuigen en vaak ook op verschillende dagen. De ene getuige verklaart bijvoorbeeld dat in het huis van de verdachte, AJ, een van de gestolen goederen is

---

3   Bij een vrije herinneringstaak komt dit ook wel eens voor: men meent zich dingen te herinneren die in werkelijkheid niet gebeurd zijn, hetgeen zich uit in schema-gestuurde 'indringers' in een herinneringsprotocol (zie paragraaf 2.4.4, p.64). Bij het gebruik van schema's over personen zijn indringers in de vrije herinnering echter vrij schaars (zo'n 1 tot 3% van al het herinnerde materiaal). Ook hebben schema's over personen geen effect op de vrije herinnering wanneer ze achteraf, na de verwerking van gedragsinformatie, worden geactiveerd (bijv. Wyer, Bodenhausen & Srull, 1984). Dit wijst erop dat de vrije herinnering aan informatie over personen met name wordt beïnvloed door schema-gestuurde elaboratie tijdens de verwerking.

gevonden; een ander verklaart dat de inbraak een week eerder plaats vond om 2 uur 's nachts; een derde verklaart dat AJ die nacht om 3 uur thuiskwam. Merk op dat deze feiten zich in je gedachten direct aaneenrijgen tot een verhaal. Hoe makkelijker het verhaal geconstrueerd kan worden, en hoe beter het verhaal past bij bestaande schema's, des te zekerder is de beoordelaar over de ware toedracht van de zaak (Pennington & Hastie, 1988, 1992). Juist bij rechtszaken, waar vaak een enorme hoeveelheid feiten wordt gepresenteerd en het moeilijk is overzicht te houden over de complexe relaties tussen die feiten, is het erg verleidelijk – ook voor rechters – om de zaken met behulp van scripts te vereenvoudigen tot een coherent verhaal. Dat daarbij soms feiten worden weggelaten, toegevoegd of verdraaid blijkt uit een omvangrijke dossieranalyse van Crombach, Van Koppen en Wagenaar (1992).

Een extreme vorm van geheugenreconstructie is dat we ons soms dingen herinneren die helemaal niet zijn gebeurd. Loftus (1993) beschrijft voorbeelden van gevallen waarin mensen zich dingen meenden te herinneren doordat anderen hierover hadden verteld. Zo werd de 14-jarige Chris er door zijn oudere broer van overtuigd dat hij als kind van vijf ooit was verdwaald in een warenhuis (hetgeen niet was gebeurd). Na twee dagen 'herinnerde' Chris zich hoe bang hij was die dag. Na twee weken had hij gedetailleerde herinneringen aan hoe hij verdwaalde, hoe hij gevonden werd door een meneer en hoe die meneer eruitzag.

Dit voorbeeld lijkt misschien wat vergaand, maar in feite kent ieder gezin wel bepaalde 'mythen': anekdotes die tijdens familiebijeenkomsten keer op keer worden verteld. Pietje die bijna in de badkuip dreigde te verdrinken toen hij drie was en die werd gered door de hond; Jantje die de tandarts een blauw oog sloeg toen deze de boor tevoorschijn haalde; en die keer tijdens het kamperen dat er een stormbui kwam die de hele camping omver blies. Doordat dergelijke verhalen herhaaldelijk worden verteld en er al doende vele interessante details bij worden verzonnen, hebben alle betrokkenen uiteindelijk een levendige herinnering aan dingen die nooit op die manier zijn gebeurd of zelfs aan complete gebeurtenissen waar ze helemaal niet bij aanwezig waren. Overigens komt dat niet alleen door de invloed van schema's (zo is het vertellen van een verhaal op zich al voldoende om de herinnering te beïnvloeden; McGregor & Holmes, 1999), maar deze dragen er wel aan bij dat de gebeurtenis wordt aangevuld met allerlei details. Door de herinnering van deze details wordt het uiteindelijk moeilijk te geloven dat je geheugen je bedriegt. Wanneer iemand een verhaal vertelt, maak je je daar allerlei visuele voorstellingen bij. Na enige tijd weet je niet meer dat je die beelden zelf hebt gecreëerd. Zo zijn er mensen met een herinnering aan televisiebeelden van een vliegtuig dat op de Bijlmer neerstortte, terwijl dergelijke beelden helemaal niet bestaan (Wagenaar, 1996).

Familiemythen zijn gewoonlijk volstrekt onschuldig, maar het zal duidelijk zijn dat precies ditzelfde mechanisme kán leiden tot een geconstrueerde herinnering aan een incestverleden wanneer een psychotherapeut en zijn cliënt herhaaldelijk praten over die mogelijkheid. Dit wil overigens niet zeggen dat álle mensen met een op latere leeftijd bovengekomen incestherinnering zich vergissen, maar wel dat dit mogelijk is (Loftus, 1993, 1994).

4.4.5 Beoordeling

Schema's produceren afgeleide oordelen
Schema's vergemakkelijken de beoordeling van gedrag. Toegankelijke constructen, stereotypen en individu-schema's helpen ons om een grote hoeveelheid gedragingen van een persoon samen te vatten. Als we bijvoorbeeld zien dat een persoon veel tijd alleen doorbrengt, zijn problemen oplost zonder anderen om raad te vragen, voor zijn mening opkomt en zich niet door anderen laat beïnvloeden, kunnen we dit alles samenvatten onder de noemer 'zelfstandig'. Desgevraagd kunnen we zeggen dat die persoon zelfstandig is, zonder dat we in ons geheugen hoeven te zoeken naar gedrag waaruit dat zou kunnen blijken. In dit geval heeft het schema ons geholpen om snel en 'on-line' een oordeel te vormen.

Maar onze oordelen gaan verder dan alleen correspondente gevolgtrekkingen, zoals in dit voorbeeld. Als we eenmaal een eigenschap hebben afgeleid uit iemands gedrag, kunnen we daaruit weer andere eigenschappen afleiden met behulp van onze impliciete persoonlijkheidstheorie (Ebbesen, 1981). Als we bijvoorbeeld hebben besloten dat iemand zelfstandig is, leiden we daaruit af dat die persoon zelfverzekerd is, zonder na te gaan of we ons voorbeelden van gedrag herinneren waaruit dat blijkt. Mensen vinden het makkelijker om van de ene eigenschap naar de andere te redeneren dan om in hun geheugen te zoeken naar relevante feiten.

In bepaalde omstandigheden kan dit leiden tot beoordelingsfouten. Nemen we het voorbeeld van de student die tijdens een tentamen de goede antwoorden stiekem doorgeeft aan een medestudent. We kunnen dit gedrag interpreteren als oneerlijk of als behulpzaam. Ongeacht de interpretatie die we kiezen, zullen we ons oordeel opslaan in ons geheugen, tezamen met een algehele evaluatie van de persoon: 'goed' (als we hebben besloten dat het gedrag behulpzaam was) of 'slecht' (als we het gedrag vooral oneerlijk vonden). Op termijn kan dit paradoxale gevolgen hebben, zoals wordt geïllustreerd door een onderzoek van Carlston (1980). In dit onderzoek lazen proefpersonen een serie ambigue gedragsbeschrijvingen zoals hierboven. Daarbij werden ze ge-primed met een bepaalde eigenschap (oneerlijk of behulpzaam), zodat de onderzoeker invloed had op de gemaakte gevolgtrekking: de ene helft van de proefpersonen werd ertoe gebracht het gedrag als oneerlijk te interpreteren, de andere helft als behulpzaam. Een paar dagen later moesten alle proefpersonen de stimuluspersoon beoordelen op allerlei kenmerken, waaronder behulpzaam en oneerlijk. Het bleek dat degenen die waren ge-primed met 'behulpzaam' de stimuluspersoon relatief vaak behulpzaam én eerlijk vonden; degenen die waren ge-primed met 'oneerlijk' vonden de persoon vaker oneerlijk én niet behulpzaam. Kennelijk werd het ene oordeel afgeleid uit het andere: men wist nog wel dat men de persoon behulpzaam (respectievelijk oneerlijk) vond, maar men wist niet meer precies hoe men tot dat oordeel was gekomen. Men nam aan dat iemand die behulpzaam is ook wel eerlijk zal zijn omdat die eigenschappen allebei positief zijn. En dat terwijl uit het gedrag toch het tegendeel was gebleken. Dit resultaat illustreert goed dat mensen vooral hun eigen oordelen en conclusies onthouden, en niet de feiten waarop die oordelen zijn gebaseerd.

Schema's leiden tot stereotypering
Een ander geval waarin schema's kunnen leiden tot beoordelingsfouten is bij het gebruik van stereotypen. Zo zagen we eerder dat een Mexicaanse verdachte vaker schuldig werd gevonden dan een Amerikaan. Analoge effecten zijn gevonden voor tal van stereotypen: een kind uit een hoog sociaal-economisch milieu wordt als intelligenter gezien dan een kind uit een arm gezin (Darley & Gross, 1983); een homoseksuele man wordt beoordeeld als zwakker, vrouwelijker en emotioneler dan een heteroseksuele man (Gurwitz & Markus, 1978); en een opstel dat door een vrouw is geschreven wordt als kwalitatief minder beoordeeld dan hetzelfde opstel van een man (Swim e.a., 1989).
Ook andere uiterlijke kenmerken beïnvloeden de beoordeling van personen, doordat ze de waarnemer helpen anderen snel in een bepaalde categorie te plaatsen. Zo vinden we mensen met een bril relatief intelligent, betrouwbaar (maar niet met een zonnebril: Bartolini e.a., 1988) en verlegen (McKelvie, 1997; vergelijk het stereotype over de bètastudent). Mensen met een zogenaamde 'babyface' (grote ogen, groot voorhoofd, klein neusje, terugwijkende kin) worden gezien als naïef, eerlijk, warm en niet dominant (bijv. Berry & Zebrowitz-McArthur, 1986; Zebrowitz & Collins, 1997). Van aantrekkelijke mensen wordt gedacht dat ze aardiger, sociaal vaardiger, intelligenter, gezonder en soms zelfs dat ze rijker zijn dan onaantrekkelijke mensen (Dion, Berscheid & Walster, 1972; Feingold, 1992; Eagly e.a., 1991). Ook variabelen als manier van lopen (Montepare & McArthur, 1988), kledingstijl en make-up zijn sterk van invloed op de indruk die van een persoon wordt gevormd (bijv. Reid, Lancuba & Morrow, 1997; Satrapa e.a., 1992).
In hoofdstuk 5 komen we uitvoeriger terug op de effecten van stereotypen. Op dit punt volstaat het op te merken dat stereotypen soms een zinnige basis zijn om een oordeel af te leiden, namelijk als men verder niets weet over een persoon (aangenomen dat stereotypen een kern van waarheid bevatten) en dat ze soms leiden tot pertinente beoordelingsfouten, ten goede of ten kwade van de betrokkene.

Schema's roepen affect op
Sommige schema's, met name stereotypen, zijn sterk beladen met positief of negatief affect. Komt men een persoon tegen die dit schema activeert, dan wordt onmiddellijk en automatisch het bijbehorende affect opgeroepen (Fiske, 1982). Doordat dit een automatisch proces is, is de affectieve reactie niet goed controleerbaar (zie hoofdstuk 7). Zo zal het beeld van een skinhead bij de

meeste mensen negatief affect oproepen. Deze affectieve reactie zal de verdere beoordeling van de persoon in hoge mate kleuren: als men eenmaal een sterk positief of negatief gevoel heeft, wordt het moeilijk de betrokkene op een onpartijdige manier te beoordelen. Er zijn aanwijzingen dat juist deze affectieve component van stereotypen een doorslaggevende invloed heeft op onze indrukken van personen die tot een bepaalde categorie horen (Jussim e.a., 1995; Pettigrew, 1998).

Soms kan een persoon een affectieve reactie oproepen omdat hij ons doet denken aan iemand anders met wie we een prettige of juist onaangename ervaring hebben (Fiske, 1982) – een oude schoolmeester die vreselijk streng was, een jeugdliefde aan wie we mooie herinneringen hebben, een buurman die ons mateloos heeft geïrriteerd. Ook in die gevallen kan het affect dat aan deze andere persoon is gekoppeld de beoordeling beïnvloeden.

Schema's vormen een beoordelingsstandaard
Scripts en stereotypen leveren verwachtingen over hoe mensen zich behoren te gedragen, afhankelijk van de situatie waarin ze verkeren of de rol die ze vervullen. Veel scripts bevatten vrij nauw omschreven regels over welk gedrag past bij welke situatie (bijvoorbeeld: kussen mag achterin de bioscoop, niet in de collegezaal; Price & Boufard, 1974) en over de manier waarop dat gedrag uitgevoerd moet worden. Als we in een restaurant de aandacht van de ober willen trekken, behoren we dat niet al te opvallend te doen. Iemand die luid 'Ober!' roept, en daarbij zijn arm opsteekt en met zijn vingers knipt, wijkt af van deze norm en wordt door de meer beschaafde aanwezigen al gauw gezien als arrogant en slechtgemanierd.

Op dezelfde manier kunnen stereotypen onze oordelen beïnvloeden, doordat ze een normatieve component hebben. Een priester die te veel drinkt wordt negatiever beoordeeld dan een willekeurige andere persoon die hetzelfde doet, omdat we van priesters verwachten dat ze zich moreel en verantwoordelijk gedragen (vgl. Wyer, 1970). Ook het feit dat 'hoge bomen veel wind vangen' heeft hiermee te maken: niet alleen wordt er meer gelet op mensen die een hoge maatschappelijke positie bekleden, ook zijn de normen voor hun gedrag hoger, zodat de geringste afwijking in negatieve zin leidt tot een hard oordeel. Iemand die een slippertje pleegt is fout, maar een minister die dat doet is nog 'fouter'. (Om nog maar te zwijgen over een Amerikaanse president ...)

Kortom, schema's leveren een standaard waarmee we het gedrag van mensen vergelijken. Wijkt het gedrag af van die standaard, dan wordt het als meer extreem beoordeeld. Merk op dat deze invloed van schema's overeenkomt met Jones en Davis' opvatting (paragraaf 3.2.2, p.82), dat *out-of-role*-gedrag leidt tot een meer extreme correspondente gevolgtrekking.

4.4.6 Gedrag

Schema's bevorderen aangepast gedrag
Zoals we voor andere mensen normen hanteren over hoe ze zich in een bepaalde situatie of rol horen te gedragen, zo doen we dat ook voor onszelf: we houden rekening met wat anderen van ons verwachten. Met behulp van scripts kunnen we ons snel oriënteren in een situatie en ons gedrag aanpassen aan de normen die daar gelden. Als je bijvoorbeeld pas van de middelbare school komt en voor het eerst naar college gaat, heb je nog geen uitgewerkt script over hoe dat verloopt, maar je kunt in elk geval je script over de gang van zaken op de middelbare school gebruiken. Daardoor weet je dat er een docent is die de stof toelicht en dat het de bedoeling is dat je daarnaar luistert.
In zekere zin helpen schema's ons om rekening te houden met de gevoelens van anderen. Op een begrafenis gedragen we ons ingetogen, zelfs als wij persoonlijk vinden dat de overledene geen dag te vroeg is gestorven. Als we op een verjaardagsfeestje arriveren en gelijk al denken: dit wordt niks, ik wil weg, dan blijven we toch nog een uurtje. Dat is de norm die bij het script hoort en daarmee worden de gevoelens van de jarige ontzien.
Ook stereotypen en individu-schema's kunnen in dit opzicht nuttig zijn. Als je van een persoon weet dat hij onzeker is, zul je eventuele kritiek op zijn gedrag zo tactvol mogelijk brengen of helemaal niet uiten. Als je voor het eerst bij je aanstaande schoonfamilie op bezoek gaat en je weet dat ze streng katholiek zijn, dan is het zaak niet te vloeken (aangenomen dat je een goede eerste indruk wilt maken). En tegen bejaarden praat je vaak wat harder dan normaal omdat je aanneemt dat hun gehoor wat minder is.

Schema's beïnvloeden het gedrag via andere variabelen
Hoewel de relatie tussen de cognities van mensen en hun gedrag soms zeer zwak is, kunnen schema's over groepen en individuen op tal van manieren tot uiting komen in gedrag. Zo hebben we in hoofdstuk 3 (bij de beschrijving van Weiners attributietheorie, paragraaf 3.4.2, p.102) gezien dat mensen een persoon die valt eerder helpen wanneer dit per ongeluk gebeurt dan wanneer de betrokkene dronken lijkt te zijn. In dit geval beïnvloeden schema's het gedrag via attributies: op grond van allerlei uiterlijke signalen wordt de 'valler' gecategoriseerd als een dronkelap dan wel als een respectabele burger, hetgeen van invloed is op de waargenomen oorzaak van de valpartij. Dit beïnvloedt dan weer het gedrag.
In andere gevallen beïnvloeden schema's het gedrag via het affect dat door een schema wordt opgeroepen. Mensen in een wachtkamer gaan bijvoorbeeld verder van een skinhead af zitten dan van een keurige man in een pak (vgl. Macrae, Bodenhausen, Milne & Jetten, 1994). Het beeld van de skinhead roept negatief affect op en dit leidt tot een vorm van vermijdingsgedrag. Op dezelfde manier kan een schema ook een benaderingsreactie oproepen. Uit een onderzoek van Murray en Abramson (1983) bleek bijvoorbeeld dat psychotherapeuten eerder

bereid waren een uiterlijk aantrekkelijke persoon in individuele behandeling te nemen dan een onaantrekkelijke. In dit geval werd het gedrag beïnvloed door overwegingen over de kansen op succes van de therapie: men vond de aantrekkelijke personen geschikter voor therapie. Waarschijnlijk is hier zowel schemagestuurd affect in het spel als een meer gecontroleerde overweging over bijvoorbeeld de sociale vaardigheden van de betrokkene.

Schema's activeren gedrag rechtstreeks
Wanneer een schema wordt geactiveerd, kan het ook rechtstreeks een bepaalde gedragsreactie oproepen die aan het schema is gekoppeld. In een onderzoek van Carver e.a. (1983) werden proefpersonen ge-primed met woorden die aan agressie gerelateerd zijn. Deze proefpersonen bleken bij een daarop volgende taak sterkere elektrische schokken te geven aan een zogenaamde andere deelnemer die iets moest leren (een opzet à la Milgram), vergeleken met een controle-groep. De verklaring is dat bepaalde schema's, zoals het schema over agressie, een gedragscomponent bevatten die wordt geactiveerd zodra het schema wordt geactiveerd. Deze gedragscomponent verkeert dan in een toestand van verhoogde activatie, waardoor de kans wordt vergroot dat dit gedrag optreedt in een situatie die de activatie versterkt (vergelijk de eerder in dit hoofdstuk beschreven activatie van tijdelijk toegankelijke constructen).
Een andere illustratie van dit verschijnsel is *ideo-motor-gedrag*. Mensen zijn geneigd om andere personen gedachteloos te imiteren. Tijdens een gesprek met iemand nemen we bijvoorbeeld vaak dezelfde lichaamshouding aan als de ander; als we naar een sportwedstrijd kijken, spannen we voor een deel dezelfde spieren die de sporters gebruiken. Dit imitatiegedrag kan ook worden opgeroepen als we alleen *denken* aan een persoon, een groep of een eigenschap. In een onderzoek van Bargh, Chen en Burrows (1996) werd aan proefpersonen gevraagd om zinnen te vormen van woorden die met bejaarden zijn geassocieerd, zoals 'oud', 'grijs' en 'pensioen'. Met deze taak werd het stereotype over bejaarden geactiveerd. Vergeleken met een controlegroep bleken deze proefpersonen na afloop langzamer naar de lift te lopen.
Dit onderzoek illustreert een directe relatie tussen denken en doen: door te denken aan een categorie, wordt automatisch en onbewust een bepaalde manier van doen opgeroepen. Dit ideo-motor-effect is niet beperkt tot stereotypen: het kan ook worden verkregen door mensen aan een bepaalde eigenschap te laten denken, bijvoorbeeld 'traag' in plaats van bejaarden. In hoofdstuk 7 komen we op dit onderwerp terug, bij de bespreking van automatisch gedrag (paragraaf 7.2.5, p.305).

Schema's leiden tot gedrag dat het schema bevestigt
Schema's over individuen en groepen kunnen leiden tot een *self-fulfilling prophecy* (voor een recent overzicht: Snyder & Stukas, 1999). In een klassiek experiment van Rosenthal en Jacobson (1968) werd bij de leerlingen van een paar middelbare-schoolklassen een test afgenomen. Ongeacht de feitelijke uit-

slag van de test werd vervolgens tegen de leraren gezegd dat bepaalde leerlingen volgens de testuitslag 'laatbloeiers' waren, en waarschijnlijk uitstekende capaciteiten zouden ontwikkelen als ze voldoende werden gestimuleerd. Na een jaar bleken deze leerlingen hoger te scoren op een IQ-test en betere schoolprestaties te behalen dan de andere leerlingen, terwijl er aanvankelijk niets was waarin ze zich van de anderen onderscheidden. Rosenthal en Jacobson noemden dit het *Pygmalion-effect*, naar een roman van Bernard Shaw (1913) waarin een beschaafde professor een plat sprekend bloemenmeisje weet om te vormen tot een dame van allure, en al doende verliefd wordt op zijn eigen creatie. De leraren hadden hun 'laatbloeiers' omgevormd tot talentvolle pupillen door ze zoveel aandacht te geven dat de voorspelling uitkwam.

In dit onderzoek werd uitdrukkelijk tegen de leraren gezegd dat bepaalde leerlingen zich zouden ontpoppen als zeer talentvol. In werkelijkheid hebben leraren natuurlijk vaak niet de beschikking over zulke informatie, en genereren ze zelf verwachtingen over welke leerlingen meer en minder veelbelovend zijn – verwachtingen gebaseerd op stereotypen, zoals het stereotype dat allochtone kinderen en kinderen uit lagere sociaal-economische milieus minder intelligent zijn. Als een leraar door dit soort verwachtingen minder aandacht geeft aan die kinderen, of makkelijker opgaven aan hen voorlegt (vaak met de beste bedoelingen, bijvoorbeeld vermijden dat ze onzeker worden), dan is gemakkelijk in te zien hoe stereotypen zichzelf op den duur kunnen bevestigen.

Een bekend onderzoek waarin de 'self-fulfilling prophecy' werd gedemonstreerd, werd uitgevoerd door Snyder, Tanke en Berscheid (1977). Het stereotype dat in dit onderzoek centraal stond was dat fysiek aantrekkelijke mensen aardig zijn: het zogenoemde '*beautiful is good*'-idee. De onderzoekers lieten mannelijke proefpersonen een foto zien van een vrouw met wie zij een telefoongesprek gingen voeren. In de ene conditie zag de vrouw op de foto er aantrekkelijk uit, in de andere conditie niet. In werkelijkheid werden de telefoongesprekken gevoerd met vrouwelijke proefpersonen die niets met de foto's te maken hadden. Onafhankelijke, getrainde observatoren registreerden het gedrag van zowel de mannen als de vrouwen. Mannen die dachten met een aantrekkelijke vrouw van doen te hebben bleken vriendelijker tegen haar te zijn dan mannen die een foto van een onaantrekkelijke vrouw hadden gezien. Bovendien bleek dat de vrouwen met wie het gesprek werd gevoerd, aardiger waren tegen mannen die een aantrekkelijke foto van hen hadden gezien. Kortom, de verwachting van de mannen werd bevestigd, maar dat kwam door hun eigen gedrag. Zoals het spreekwoord zegt: wie goed doet, goed ontmoet. Als je denkt dat iemand leuk en aardig is, doe je aardig tegen die persoon, en die doet aardig terug.

Aangezien aantrekkelijke mensen door iedereen vriendelijker behandeld worden dan onaantrekkelijke, kan het gevolg zijn dat aantrekkelijke mensen op de lange duur inderdaad aardiger worden en meer positieve kwaliteiten ontwikkelen. Dit is in elk geval voor mannen aangetoond, maar niet voor vrouwen (Zebrowitz, Collins & Dutta, 1998; zie ook Feingold, 1992). Overigens kan ook onaardig, vijandig gedrag worden opgeroepen als je van iemand verwacht dat hij jou vijandig zal benaderen. Het gevolg is vaak een spiraal van wederzijds onaangenaam gedrag (Snyder & Swann, 1976).[4]

Het beschreven ideo-motor-effect kan ook bijdragen aan de 'self-fulfilling prophecy'. Als mensen van een zwarte persoon verwachten dat deze agressief is, kan de confrontatie met zo'n persoon rechtstreeks hun gedrag beïnvloeden: zonder het te beseffen gaat men zich agressiever gedragen doordat het kenmerk 'agressie' via de waarneming is geactiveerd (net zoals men langzamer gaat lopen als men aan bejaarden denkt). Het gevolg is dan dat de andere persoon hierop reageert door ook agressief te doen, zodat de verwachting uitkomt (Chen & Bargh, 1997).

De 'self-fulfilling prophecy' treedt niet alleen op doordat we ons op een bepaalde manier gedragen tegenover een ander, maar ook doordat we anderen bepaalde vragen stellen. Als je bijvoorbeeld op een feestje in gesprek raakt met een boekhouder, zul je hem eerder vragen stellen over hoe je je belastingformulier moet invullen dan over zijn mogelijke tips aangaande het uitgaansleven in de stad waar hij woont. Als gevolg daarvan krijgt hij helemaal niet de kans je iets over zichzelf te vertellen dat je schema zou kunnen ontkrachten.

Een verwant verschijnsel is de zogenoemde *confirmation bias* (voor een overzicht: Trope & Liberman, 1996): we zijn geneigd onze verwachtingen over een persoon op een dusdanige manier te toetsen dat de verwachting wordt bevestigd. In een onderzoek van Snyder en Swann (1978) kregen proefpersonen de opdracht een andere persoon te interviewen. Tegen de helft werd gezegd dat de ander extravert was, tegen de andere helft dat hij introvert was. De proefpersonen moesten uitvinden of dit klopte. Degenen die dachten dat de ander extravert was stelden relatief veel vragen over extravert gedrag, bijvoorbeeld: 'Wat zou je doen als je een feestje een beetje wilde oppeppen?'. De andere groep vroeg vaker dingen over introvert gedrag, bijvoorbeeld: 'In welke omstandigheden vind je het moeilijk je gevoelens aan anderen te tonen?' Als gevolg van dit soort vragen vergaarden de proefpersonen veel bevestigingen van hun verwachting, ongeacht de werkelijke extraversie van de andere persoon (zie ook Swann & Guiliano, 1987). De 'confirmation bias' illustreert een belangrijk verschil tussen leken en wetenschappers. Waar

---

4 Dit hoeft overigens niet altijd het geval te zijn. Als de andere persoon belangrijk genoeg voor je is om een prettig verlopende interactie na te streven en je hebt een negatieve verwachting, dan zul je juist proberen je extra vriendelijk op te stellen. Je probeert dan in feite de ander de wind uit de zeilen te nemen: als jij aardig doet, kan hij niet onaardig doen. Dit is effectief en leidt dan ook tot een 'zichzelf-ontkennende voorspelling' (vgl. Harris e.a., 1990). Ook is het mogelijk dat de andere persoon jouw verwachting ondermijnt door zich extra aardig te gedragen, maar dat gebeurt alléén als de ander al van tevoren weet dat je een negatieve verwachting hebt (Hilton & Darley, 1985). Dit zou kunnen verklaren waarom het uiterlijk van vrouwen minder van invloed is op hun persoonlijkheid, aangezien onaantrekkelijke vrouwen vaak extra hun best doen om te bewijzen dat ze echt wel aardig zijn (Zebrowitz e.a., 1998). Ze proberen dus actief het stereotype te ondermijnen.

wetenschappers op zoek gaan naar een ontkrachting van hun hypothese – als het goed is – (Popper, 1959), gaan leken juist op zoek naar een bevestiging van hun verwachtingen (Wason, 1960, 1966).

Wanneer we de zichzelf-bevestigende voorspelling wat nader bekijken, blijkt deze uit verschillende fasen of componenten te bestaan. Het begint ermee dat persoon A een bepaalde verwachting heeft over persoon B. Je raakt bijvoorbeeld op een feestje in gesprek met een blonde vrouw met veel make-up en grote borsten, een soort 'Dolly Parton'-type. Je neemt aan dat ze een beetje dom is en niet al te cultureel onderlegd. Je hebt dus een verwachting over deze vrouw.

De tweede stap is dat het gedrag van A wordt beïnvloed door de verwachting. Je denkt bijvoorbeeld: laat ik maar beginnen over de vakantie, en niet over de tentoonstelling van Willink waar ik het eigenlijk over wilde hebben, want dat interesseert haar vast niet, of ze gaat van die rare dingen zeggen als: 'Ik ben dól op kunst!' Je vraagt haar dus of ze al vakantieplannen heeft gemaakt. Jawel, ze gaat naar Spanje, vertelt ze. Jij antwoordt dan misschien: 'Daar ben ik ook wel eens geweest, aan de Costa del Sol. Lekker hoor, in het zonnetje zitten aan de zee, 's avonds een terrasje, dat lijkt mij ook wel wat!' Je bedoelt het goed. Je neemt aan dat het 'domme blondje' ergens in de buurt van Lloret de Mar of Torremolinos haar vakantie doorbrengt, en je wilt haar laten merken dat ze zich daar absoluut niet voor hoeft te schamen en dat jij je niet superieur voelt omdat je nou toevallig psychologie studeert.

Nu treedt de derde fase van de zichzelf-bevestigende voorspelling in: het gedrag van persoon B wordt beïnvloed door A. In dit geval denkt de blonde vrouw bijvoorbeeld: 'Gut, het gaat opeens over de Costa del Sol, terwijl ik naar Madrid ga om de Spaanse cultuur op te snuiven! Maar goed, het maakt misschien een wat arrogante indruk als ik nu opeens over kultuur en musea begin. En ik ben tenslotte ook wel eens in Benidorm geweest, dus laten we daar dan in godsnaam maar even over praten, als dat dan zo interessant wordt gevonden'. Ze begint dus iets te vertellen over Benidorm.

Uit haar verhaal zou je kunnen afleiden dat het wel heel erg lang geleden is dat ze daar was. Ze heeft het bijvoorbeeld over een 'rustig strandje' waar ze naartoe is geweest. Je zult haar gedrag echter voornamelijk interpreteren als consistent met de verwachting, vanwege de eerder beschreven effecten van schema's op interpretatie en beoordeling. Je ziet bevestigd dat deze dame kennelijk geregeld langs de boulevards van de Costa del Sol flaneert. Ze is er zelfs zo goed bekend dat ze een rustig strandje weet te vinden in dat oord! In deze vierde fase wordt het gedrag van persoon B door persoon A geïnterpreteerd als een bevestiging van de voorspelling. Daarmee is het proces voltooid: de verwachting heeft zichzelf bevestigd.

De vraag is waarom mensen zich eigenlijk aanpassen aan het gedrag van een ander die een bepaalde verwachting heeft: waarom zegt die vrouw niet gewoon dat ze in Madrid musea en kathedralen gaat bekijken? Dat hangt samen met het streven naar een prettige interactie. Iedereen leert in feite van jongs af aan zich aan te passen aan wat anderen verwachten. Een soepel sociaal verkeer is onmogelijk als mensen dat niet doen. Als je duidelijk laat blijken dat de verwachting van de ander niet klopt, brengt dat de ander van zijn à propos. Het kan leiden tot pijnlijke stiltes en andere sociale ongemakken. De neiging om mee te gaan met de verwachting – zelfs als deze negatief is, zoals in dit voorbeeld – is bij veel mensen dermate geautomatiseerd dat men er helemaal geen erg in heeft. Mensen blijken met name de verwachtingen van anderen te bevestigen wanneer ze erop gericht zijn dat de interactie prettig en soepel verloopt, en veel minder wanneer ze erop gericht zijn zich een beeld te vormen van de ander, zonder zich druk te maken om wat die ander van hén vindt (Snyder, 1992; Snyder & Haugen, 1995).

Ook het gedrag van de waarnemer, degene die een verwachting heeft, wordt niet alleen bepaald door de onnadenkende neiging om te zoeken naar bevestiging van de verwachting, maar tevens door het streven naar een vlot gesprek dat voor iedereen prettig is. In het voorbeeld hierboven: als je verwacht dat iemand dom is, begin je eerder een gesprek over iets onnozels en verberg je je eigen intellectuele bagage, want je wilt voorkomen dat de ander zich dom of geïntimideerd voelt (vgl. Vonk, in druk). Ook een leraar die verwacht dat een leerling het niet aankan zal vermijden dat hij deze leerling opzadelt met lastige opdrachten, uit angst de leerling onzeker te maken. Juist mensen die in sociaal opzicht bekwaam zijn en zich goed inleven in anderen, blijken het meest ten prooi aan de 'confirmation bias' in een interview met iemand over wie ze een bepaalde verwachting hebben: met de bedoeling de gevoelens van de ander te ontzien, stellen ze dusdanige vragen dat hun verwachting wordt bevestigd (Dardenne & Leyens, 1995; Leyens e.a., 1998).

Het zelf-schema creëert zelf-consistent gedrag
We handelen niet alleen in overeenstemming met de schema's die we over anderen hebben, maar ook met ons zelf-schema. We streven naar een zekere mate van continuïteit en consistentie in ons zelfbeeld. Iemand die zichzelf eerlijk vindt zal dus in het algemeen handelen in overeenstemming met dat zelfbeeld (voor een overzicht: Sedikides & Strube, 1997). Hierdoor is het mogelijk het gedrag van mensen te beïnvloeden via hun zelfbeeld. Zo werd in een onderzoek van Kraut (1973) geld ingezameld voor een goed doel. Tegen sommige mensen die geld gaven werd expliciet gezegd dat ze 'gevers' waren, tegen anderen werd niets gezegd. De eerste groep bleek bij een volgende gelegenheid meer geld te geven aan een goed doel. Op dezelfde manier kunnen kinderen worden aangezet tot het opruimen van hun rommel en tot goede schoolprestaties wanneer tegen hen wordt gezegd dat ze netjes zijn, respectievelijk dat ze in staat zijn hun schoolwerk goed te doen (Miller, Brickman & Bolen, 1975). In extreme gevallen kan ook negatief gedrag langs deze weg worden aangemoedigd. Volgens de labelingstheorie uit de sociologie (bijv. Becker, 1963) kan deviant gedrag worden versterkt wanneer een persoon eenmaal door anderen wordt gelabeld als deviant: de persoon neemt dat label over en gaat zichzelf in overeenstemming daarmee gedragen.

In de voorbeelden hierboven gaat het telkens om een kenmerk dat door anderen aan een persoon wordt toegeschreven en vervolgens door de betrokkene wordt overgenomen in het zelfbeeld. Via de attributie van hun eigen gedrag kunnen mensen ook zelf bepaalde kenmerken aan zichzelf toeschrijven. Dit wordt geïllustreerd door het *foot in the door*-effect: wanneer men iemand ertoe brengt in te stemmen met een klein verzoek, beïnvloedt dit het zelfbeeld van die persoon zodanig dat hij later eerder zal instemmen met een vergelijkbaar, maar veel groter verzoek. In een onderzoek van Freedman en Fraser (1966) werd aan huisvrouwen gevraagd een papiertje op hun raam te plakken waarop gewaarschuwd werd tegen te hard rijden. Een andere groep vrouwen werd gevraagd een petitie te tekenen voor het mooi en schoon houden van de staat. Een derde groep werd niet benaderd met een verzoek. Een tijdje later kwam er bij iedereen iemand anders aan de deur met de vraag of men een groot, monsterlijk lelijk bord in de tuin wilde zetten waarop automobilisten werden aangemaand zachter te rijden. In de eerste groep (die aanvankelijk het papiertje met de waarschuwing tegen te hard rijden had opgeplakt) stemde driekwart van de vrouwen in met dit verzoek. In de tweede groep (die de petitie 'Keep our state beautiful' had getekend) stemde de helft in. In de controle-groep was minder dan een vijfde van de vrouwen bereid het bord in de tuin te plaatsen.

Kortom, als men in een eerder stadium had ingestemd met een klein verzoek, was men daarna vaker bereid in te stemmen met een veel groter verzoek. Dit effect was sterker als de relatie tussen het eerste en het tweede verzoek sterk was, maar ook bij een zwakke relatie ('Keep our state beautiful') was het effect nog zeer fors. Dit kan worden verklaard door aan te nemen dat het instemmen met het eerste verzoek het zelfbeeld beïnvloedde: de vrouwen zagen zichzelf als verantwoordelijke burgers die zich inzetten voor een publieke zaak. Vervolgens handelden zij in overeenstemming met dit zelfbeeld.

Een waarschuwing voor wie nu gelijk aan de slag wil gaan met deze beïnvloedingsstrategie: het eerste verzoek dat aan de betrokkene wordt gedaan moet groot genoeg zijn om het zelfbeeld te beïnvloeden. Je kunt je huisgenoot vragen of hij koffie wil zetten met de bedoeling dat hij je in de tweede fase ontbijt op bed brengt, maar zijn instemming met je verzoek om koffie te zetten is waarschijnlijk te triviaal om zijn zelfbeeld te beïnvloeden. Tegelijkertijd moet het eerste verzoek zo klein zijn dat de ander er wél mee instemt. Als je je huisgenoot als eerste vraagt je boterhammen voor je te smeren, zegt hij misschien dat hij wel goed is maar niet gek. Dan ben je nog veel verder van huis, want op dat moment ziet hij zichzelf als iemand die goed 'nee' kan zeggen, en kun je een ontbijt op bed wel op je buik schrijven.

4.4.7 Ten slotte

Het voorafgaande overzicht van schema-effecten laat zien dat schema's in veel situaties nuttig zijn. Ze helpen ons snel informatie te verwerken, beslissingen te nemen, oordelen te geven, te onthouden wat belangrijk is om te onthouden en ons gedrag aan te passen aan wisselende omstandigheden. Anderzijds kunnen schema's ook leiden tot vergissingen die ten nadele kunnen werken van anderen of van onszelf: voor de ene groep mensen hanteren we andere maatstaven dan voor de andere groep; we trekken soms automatisch een bepaalde conclusie, zonder ons bewust te zijn van alternatieve gevolgtrekkingen die we hadden kunnen maken; ons geheugen is selectief en soms menen we ons dingen te herinneren die helemaal niet gebeurd zijn; en we beperken ons eigen gedrag en dat van anderen, door te handelen naar de schema's die we over onszelf en anderen hebben. De voor- en nadelen van schema's vormen twee kanten van dezelfde cognitieve medaille: schema's leiden tot snelle, efficiënte en vaak automatische reacties, maar juist daardoor ontnemen ze ons het zicht op alles wat we hadden kúnnen denken en doen wanneer het schema er niet was geweest.

Net zoals bij de vertekeningen in attributies, die in het vorige hoofdstuk besproken zijn, kunnen we ons afvragen hoe ernstig de fouten zijn die worden gemaakt door de invloed van schema's. In het laboratorium worden vaak opzettelijk situaties gecreëerd waarin de gebreken van schema-gestuurde verwerking duidelijk aan het licht komen. Zoals eerder opgemerkt, lijken mensen zich in het dagelijks leven toch heel aardig te redden in hun interacties met de medemens (Swann, 1984). Dit standpunt is sinds de jaren tachtig door meerdere auteurs naar voren gebracht (bijv. Funder, 1987; Higgins & Bargh, 1987), mede als reactie op de eenzijdige aandacht van schema-onderzoekers voor de gebreken van de cognitieve 'vrek'.

Niettemin moeten we oppassen nu niet te veel naar het andere uiterste te schieten door aan te nemen dat het allemaal reuze meevalt. Zoals Gilbert en Malone (1995, p. 35) opmerken: De stelling dat mensen het er behoorlijk goed van afbrengen als er geen psychologen in de buurt zijn die hen manipuleren, is in feite een retorisch appèl – want wat is 'het er goed vanaf brengen'? Ieder jaar worden duizenden leden van minderheidsgroepen benadeeld of zelfs het ziekenhuis in geslagen, om geen andere reden dan hun huidskleur of hun seksuele voorkeur; tienduizenden mensen die ooit dachten dat ze een goed beeld hadden van hun echtgenoot en elkaar eeuwige trouw beloofden vragen een echtscheiding aan; honderdduizenden mensen worden vermoord in een oorlog met hun buurland. Hoe goed brengen we het er nu eigenlijk van af? Voordat we klakkeloos de stelling accepteren dat het allemaal erg meevalt met onze beoordelingsfouten, moeten we misschien nog eens goed om ons heen kijken.

5 Stereotypen

Roos Vonk en Ap Dijksterhuis

5.1 Inleiding

Voetballers lezen geen boeken. Al tientallen jaren lang wordt bij voetballers geïnformeerd naar hun favoriete boek. Legendarisch is het antwoord van Cruijff die 'Klop maar op mijn deur' of zoiets zei toen hij De klop op de deur *van Ina Boudier-Bakker bedoelde. Uitzonderingen daargelaten stemmen Nederlandse voetballers op de* VVD. *Ze lezen* De Telegraaf *of het* Algemeen Dagblad, *plus* Voetbal International, Nieuwe Revu, Panorama *en/of* Aktueel, *drinken malibu-jus of een biertje en gaan op vakantie naar Aruba, Gran Canaria of het Gardameer. Vragen over eten leveren eveneens vaak antwoorden op die ontroeren. Nico Jalink (Sparta): 'Ik kook eigenlijk nooit. Voor mijn favoriete gerecht ga ik altijd naar de Chinees om de hoek, de Golden Duck. Ik neem dan altijd Tjong Pau.'*

Naar aanleiding van een tentoonstelling met schilderijen van voetballers werd John van Loen gevraagd wat kunst is. 'Ik vind het een hele kunst dat PSV *met 2-2 heeft gelijkgespeeld tegen FC Porto', zei Van Loen.*
Dat Henk Fräser later zeer enthousiast was over De Celestijnse Belofte *moest als een vergissing worden beschouwd, meende ik.*
Maar is dat wel zo?
Twee weken geleden vertelde Bart Latuheru (NEC) dat hij op de PvdA stemt, Elsevier *leest en 'Trainspotting' de beste film vindt ('Ik houd niet van commerciële films').*
Nauwelijks van verbazing bekomen sloeg ik deze week Sportweek *open en las een rubriekje met als kop 'Een paar vragen aan Leonard van Utrecht' (Cambuur). Het gesprekje ontwikkelt zich volgens mijn verwachting.*
Wat is de laatste cd die je hebt gekocht, vraagt Sportweek. *Van Utrecht: 'Dat weet ik niet meer. Frauk, wat is de laatste cd die we hebben gekocht? Oh ja, die van Marco Borsato. Dat was de keuze van mijn vrouw.'*
Frauk moet ook de derde vraag beantwoorden, welke film Leonara als laatste heeft gezien ('City of Angels'). 'Was wel leuk, maar ik houd meer van thrillers.'

Ik kan me de verbijstering voorstellen van de verslaggever als hij zijn laatste vraag, de vraag van het boek, heeft gesteld. Ik zou zelf denken dat ik in de maling werd genomen.
Van Utrecht: De Procedure *van Harry Mulisch. Ik ben helemaal gek van zijn boeken. Hij is mijn favoriete schrijver; in zijn boeken werkt hij veel met cijfers en letters en dat spreekt mij aan. Toch blijft* De ontdekking van de hemel *zijn beste boek.'*
Op aanraden van Latuheru en Van Utrecht ga ik, voetbalverslaggever, in de winterstop De Procedure *en* De ontdekking van de hemel *lezen, en eindelijk eens naar 'Trainspotting' kijken.*[1]

In deze tekst wordt een schema over profvoetballers beschreven: een stereotype. Zoals ieder schema, bevat het algemene regels en kenmerken van een prototypische profvoetballer ('voetballers lezen geen boeken', 'stemmen op de VVD' en zijn in het algemeen cultuurbarbaren), alsmede concrete voorbeelden (Cruijff, Jalink, Van Loen). Dit stereotype wordt door de schrijver gebruikt bij het lezen van interviews met andere voetballers, die echter niet goed in het schema blijken te passen. We komen daar later nog op terug.

In het vorige hoofdstuk is naar voren gekomen dat schema's een belangrijke rol spelen bij de waarneming van personen. Grofweg kunnen we een persoon op twee manieren waarnemen: we kunnen gebruikmaken van stereotypen over de groep waartoe de persoon hoort, zoals in het voorbeeld hierboven, of we kunnen de ander zien als een individu en een impressie opbouwen. Als je bijvoorbeeld in een werkgroep zit bij een bepaalde docent, probeer je je een beeld te vormen van die persoon. Je kunt hem dan waarnemen als docent, man of vrouw, psycholoog, of academicus, en alle dingen die hij doet en zegt bekijken tegen de achtergrond van je stereotypen over die groepen. Je kunt ook al die stereotypen overboord zetten en de docent uitsluitend beoordelen op wat hij doet en zegt. In dit hoofdstuk bespreken we de eerste vorm van persoonswaarneming. Daarbij gaan we in op de vraag hoe stereotypen ontstaan, welke effecten ze hebben op beoordelingen van anderen, en in welke omstandigheden ze veranderen. Ook komt aan de orde welke factoren bepalen of mensen een persoon stereotyperen dan wel als individu waarnemen. In hoofdstuk 6 bespreken we de tweede vorm van persoonswaarneming: impressievorming.

5.2   Categorisatie: de oorsprong van stereotypen[2]

In het vorige hoofdstuk hebben we het gehad over de effecten van schema's op de wijze waarop we anderen categoriseren: afhankelijk van de schema's die in een bepaalde situatie worden opgeroepen, delen we personen in sociale categorieën in op basis van bijvoorbeeld sekse, uiterlijk of beroep. Maar hoe

---

1   Paul Onkenhout: Joe Silent, Xaviera Hollander en Harry Mulisch. In: *De Volkskrant*, 31-10-1998.
2   De tekst in deze sectie is deels een bewerking van hoofdstuk 3 in Vonk, 1998b (zie literatuurlijst).

komen we nu precies aan onze kennis over deze categorieën? Waarom denken we dat vrouwen anders zijn dan mannen, dat boekhouders anders zijn dan obers, en dat bètastudenten anders zijn dan psychologiestudenten? Waarom maken we überhaupt onderscheid tussen soorten mensen? Waarom kunnen we niet gewoon ieder mens als een op zichzelf staand individu beschouwen?

Het antwoord op al deze vragen is: we hebben een natuurlijke neiging om alles wat we zien in te delen in categorieën. Dat doen we niet alleen met personen, maar ook met andere stimuli. Denk alleen maar aan voedsel (groente, graan, zuivel), meubilair (stoelen, tafels, kasten) en muziek (klassiek, jazz, house): we hebben overal categorieën voor en die gebruiken we de hele dag door. Zonder die categorieën zouden we de wereld zien als een chaotische, ononderbroken stroom van ongerelateerde gebeurtenissen. Stel je eens voor dat je morgen opstaat zonder de categorieën die je normaal gebruikt. Je zou misschien honger en dorst hebben, maar de categorie 'ontbijt' ken je niet. Daardoor is het mogelijk dat je, als een bewoner van een andere planeet, de keukenkastjes en de koelkast inspecteert en uiteindelijk een blikje Cola en een koud kliekje macaroni naar binnen werkt. Je zou ook lang moeten zoeken naar de kleding die je wilt aantrekken, want je kent geen categorieën als 'voorjaarskleding' en 'sportkleding', ook al weet je dat het voorjaar is en dat je gaat tennissen. Je zou dan kunnen denken: ik moet iets aantrekken wat niet te warm en niet te koud is en wat lekker zit zodat ik erin kan tennissen; eigenlijk is dat ding waar ik net in heb geslapen daar wel geschikt voor.

Voorzover het mogelijk is je een voorstelling te maken van een leven zonder categorieën, zul je begrijpen dat zo'n leven al gauw erg ingewikkeld wordt. Waarschijnlijk is de neiging tot categoriseren 'ingebouwd' in het menselijk brein, net zoals de elementen tijd en ruimte van Kant. Als we op de wereld komen, hebben we de mogelijkheid tot categoriseren al in ons. We moeten alleen nog leren welke categorieën er te onderscheiden zijn. Het kind dat net leert praten zegt op straat 'hond' tegen een poes: het maakt een onderscheid tussen mensen en wezens die behaard zijn en op vier poten lopen. De rest komt vanzelf.

De neiging tot categoriseren staat aan de basis van stereotypen.[3] Zonder deze neiging zouden we nooit op het idee komen dat er verschillen kunnen zijn tussen boekhouders en voetballers, enzovoort. Op het moment dat we een stimulus categoriseren, heeft dat al direct gevolgen. Stel dat je je buurman ziet met pantoffels aan en een kledingstuk dat evengoed een pyjama zou kunnen zijn als een joggingpak. Vanwege de pantoffels zul je het kledingstuk categoriseren als een pyjama. Op datzelfde moment zul je vinden dat het kledingstuk lijkt op

---

[3] Merk op dat we categorisatie hier beschrijven als een algemeen mechanisme, dat ertoe leidt dat we personen indelen in categorieën en stereotypen vormen over die categorieën. Wanneer we die stereotypen eenmaal hebben gevormd, kunnen ze van invloed zijn op de categorisatie-dimensie die we in een specifieke situatie gebruiken, dat wil zeggen, de manier waarop we een bepaalde persoon indelen (bijvoorbeeld als vrouw, docent, Nederlander, enzovoort), zoals in hoofdstuk 4 beschreven (effecten van schema's op categorisatie, paragraaf 4.4.2, p.169).

andere pyjama's en veel minder op een joggingpak. Maar als je hetzelfde kledingstuk had waargenomen met een paar sportschoenen eronder, zou je het categoriseren als joggingpak en vinden dat het niet erg op een pyjama lijkt.

Dat komt doordat we geneigd zijn de verschillen *tussen* categorieën (in dit geval pyjama's en joggingpakken) te *over*schatten en de verschillen *binnen* categorieën (de verschillen tussen pyjama's onderling en tussen joggingpakken onderling) te *onder*schatten. Er zijn natuurlijk veel pyjama's die evengoed een joggingpak hadden kunnen zijn en vice versa, maar als we een kledingstuk eenmaal in de categorie 'pyjama' hebben gestopt, zien we dat vaak niet meer. Dit verschijnsel werd geïllustreerd in een experiment van Tajfel en Wilkes (1963), waarin proefpersonen de lengte van lijnstukken, die elk afzonderlijk op een groot vel papier werden getoond, moesten beoordelen. Zie figuur 5.1a.

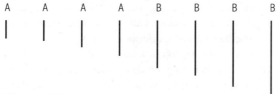

Figuur 5.1a

De proefpersonen moesten de lengte van elk lijnstuk schatten in centimeters. Door middel van letters werden de proefpersonen ertoe gebracht de kortere lijnen te categoriseren als 'A' en de langere lijnen als 'B'. De proefpersonen beoordeelden de lijnen uit categorie A als korter dan ze in feite waren, en de lijnen uit categorie B als langer dan ze waren. Bovendien werden de lengteverschillen tussen de lijnen binnen dezelfde categorie onderschat. Het uiteindelijke patroon van oordelen zag er dus ongeveer zo uit als in figuur 5.1b.

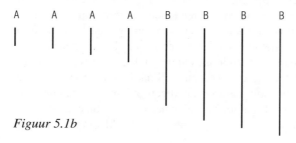

Figuur 5.1b

In een controleconditie, waarin de lijnen niet werden benoemd als A of B, trad dit effect niet op. Deze resultaten laten zien dat het aanbrengen van een categorisatie ertoe leidt dat verschillen tussen categorieën en gelijkenissen binnen een categorie worden overschat. Volgens ditzelfde mechanisme kan het label 'man' versus 'vrouw' ertoe leiden dat verschillen in lengte tussen mannen en vrouwen worden overschat (Manis, Biernat & Nelson, 1991), maar ook verschillen in minder objectieve kenmerken, zoals zelfvertrouwen en zorgzaamheid.

Bij veel categorieën is het natuurlijk zo dat de werkelijke verdelingen elkaar overlappen. Kijken we bijvoorbeeld naar de lengte van vier vrouwen en vier mannen, dan is het heel goed mogelijk dat er een man bij is die kleiner is dan een van de vrouwen. Maar ook in dat geval kán het hier beschreven effect optreden (het kan ook anders uitpakken, zoals we verderop zullen zien), doordat de man wordt waargenomen als meer lijkend op de andere mannen dan op de vrouwen.

Categorisatie heeft dus tot gevolg dat we het 'Ding an sich' – in de terminologie van Kant – niet helemaal waarnemen zoals het is: de kenmerken van een stimulus worden *geassimileerd* naar de categorie waartoe de stimulus hoort, en *gecontrasteerd* met andere categorieën. Nu zal het de meeste mensen een zorg zijn of ze een pyjama of een lijnstuk accuraat waarnemen. Gaan we echter *personen* categoriseren, dan merken we al gauw dat dit consequenties kan hebben, bijvoorbeeld wanneer blijkt dat we Turken en Marokkanen niet uit elkaar kunnen houden doordat we ze gezamenlijk hebben gecategoriseerd als allochtonen. Door een bepaalde groep mensen in dezelfde categorie te plaatsen gaan we vooral de overeenkomsten tussen die personen zien. Op die manier ontstaan stereotypen. Stereotypen berusten dus deels op werkelijke overeenkomsten tussen de leden van een bepaalde groep en deels op onze neiging die overeenkomsten te overdrijven en de onderlinge verschillen te onderschatten. Als we wél oog hadden voor die verschillen, zouden we telkens nieuwe categorieën en subcategorieën moeten bedenken. Uiteindelijk zouden we voor ieder individu een eigen categorie moeten hebben en dan zou het hele nut van categorisatie verloren gaan.

5.2.1 Wij versus zij

Het indelen van personen in categorieën (sociale categorisatie) heeft een bijzonder aspect, namelijk dat we in de meeste gevallen onvermijdelijk ook onszelf categoriseren. Of je de sociale wereld nu indeelt in termen van sekse, status of land van herkomst, het zal altijd zo zijn dat er een categorie ontstaat waar je zelf ook bij hoort. In dit verband wordt gesproken van *ingroup* (wij) versus *outgroup* (zij). Er zijn een paar belangrijke verschillen in de ideeën die mensen hebben over ingroup en outgroup. We behandelen er hier twee. Het eerste verschil betreft de *centrale tendentie* van stereotypen over de ingroup en de outgroup en het tweede verschil betreft de waargenomen *variatie* in de ingroup en de outgroup (zie paragraaf 4.2.2, p.149 voor deze beide componenten van stereotypen).

Ingroup-favoritisme
Mensen vinden hun eigen groep vaak beter, leuker, aardiger enzovoort dan andere groepen (bijv. Brewer, 1979; Tajfel, 1969; Wilder, 1981; voor overzichten: Brewer & Brown, 1989; Mullen, Brown & Smith, 1992). Psychologiestudenten vinden bijvoorbeeld dat zij sociaal zijn en dat bètastudenten saai

zijn; bètastudenten vinden dat zij intelligent zijn en dat psychologiestudenten 'navelstaarders' zijn. De meer positieve oordelen over de ingroup leiden ertoe dat ingroup-leden worden bevoordeeld als het gaat om de verdeling van middelen, zoals banen en geld. We spreken dan van ingroup-favoritisme. In de loop der tijd zijn er verschillende verklaringen geopperd voor dit verschijnsel (voor een overzicht: Van Knippenberg, 1991).

Aanvankelijk werd verondersteld dat mensen gevoelens van frustratie en agressie afreageren op leden van andere groepen, met name minder machtige groepen (zie bijv. Berkowitz, 1962). Het verschijnsel van ingroup-favoritisme blijkt echter ook vaak op te treden bij een vergelijking tussen groepen die een gelijke status hebben of zelfs wanneer de ingroup minder macht heeft dan de outgroup. Een andere verklaring is de *conflict-of-interest*-theorie van Sherif (1966; Sherif & Sherif, 1953; Sherif e.a., 1961), die stelde dat vijandigheid tussen groepen wordt veroorzaakt door tegenstrijdige belangen (zie ook Pettigrew & Meertens, 1995).

Deze theorie werd onder meer onderzocht in een speciaal ingericht zomerkamp voor jongens. Bij aankomst in het kamp werden de jongens in twee groepen ingedeeld die ieder een eigen barak kregen, ver verwijderd van elkaar. Een week lang brachten de jongens in hun eigen groep de tijd door met zwemmen, wandelen en andere leuke activiteiten. In die periode ontstonden sterke banden met de groep. De jongens gaven namen aan hun groep (*Rattlers* en *Eagles*) en maakten vlaggen en T-shirts met symbolen van de groep erop. In de tweede fase van het onderzoek werd een belangenstrijd gecreëerd door wedstrijden tussen de twee groepen te organiseren waarbij prijzen gewonnen konden worden. Inderdaad mondde dit uit in scheld- en vechtpartijen. De strijd escaleerde toen de *Eagles* de vlag van de *Rattlers* verbrandden. De dag daarop drongen de *Rattlers* de barak van de *Eagles* binnen en vernielden spullen.

De groepen hadden ook allerlei namen om naar de andere groep te verwijzen, zoals 'sukkels' en 'lafaards'. De vijandigheid kon niet worden opgelost door de groepen gewoon bij elkaar te brengen; daar werd het alleen maar erger van. Om een verder gaande escalatie te voorkomen werd de derde fase van het onderzoek ingezet. Er werden enkele gemeenschappelijke problemen geïntroduceerd (een kapotte waterleiding, te weinig geld om een film te huren), die alleen konden worden opgelost door samenwerking tussen de twee groepen (bijvoorbeeld het geld bij elkaar leggen). In overeenstemming met de theorie bleek de vijandigheid hierdoor geleidelijk af te nemen: de belangentegenstelling werd ondergeschikt aan een overkoepelend gezamenlijk belang. Na zes dagen samenwerking was de grens tussen de twee groepen vrijwel volledig verdwenen en waren er zelfs vriendschappen ontstaan tussen jongens van verschillende groepen. Volgens hetzelfde principe kan ingroup-favoritisme overigens worden ondermijnd door de aanwezigheid van een gemeenschappelijke vijand (Wilder & Thompson, 1988).

Sherif (1966) concludeerde dat een belangentegenstelling een *voldoende* voorwaarde is voor het ontstaan van wederzijdse vijandigheid tussen groepen. Of het een *noodzakelijke* voorwaarde is, liet hij in het midden. Uit onderzoek dat gebruikmaakte van het zogenoemde *'minimale groepen'-paradigma* bleek dat een belangentegenstelling niet noodzakelijk is (bijv. Tajfel, 1970; voor een overzicht: Diehl, 1990). Dit type onderzoek werd opgezet vanuit de vraag wat er nu minimaal nodig is om te bereiken dat mensen de outgroup gaan benadelen. De onderzoekers besloten te beginnen met een totaal 'uitgeklede' (minimale) intergroeps-situatie: proefpersonen werden op grond van een tamelijk arbitrair criterium (namelijk hun voorkeur voor de schilder Klee dan wel Kandinsky) in twee groepen ingedeeld. Vervolgens werd elke proefpersoon gevraagd om punten (die geldbedragen vertegenwoordigden) te verdelen over alle andere deelnemers. De antwoorden waren volledig anoniem en de proefpersoon kon geen geld aan zichzelf geven. Daarbij kon de proefpersoon telkens kiezen uit verschillende verdeelmogelijkheden. In tabel 5.1 staan vier voorbeelden van mogelijkheden waaruit men kon kiezen A, B, C, D.

Tabel 5.1

Keuzemogelijkheid	A	B	C	D
Aantal punten voor ingroup-leden	9	8	7	7
Aantal punten voor outgroup-leden	5	2	9	7

Kiest iemand voor mogelijkheid A, dan wil hij de inkomsten van ingroup-leden maximaliseren, want bij deze optie verdient de ingroup meer dan bij de andere drie opties. Mogelijkheid B impliceert dat het verschil in de opbrengsten tussen ingroup- en outgroup-leden wordt gemaximaliseerd; de ingroup verdient hier iets minder dan bij optie A, maar het verschil met de outgroup (8 min 2) is groter dan bij de andere drie mogelijkheden. Iemand die voor C kiest, wil de totale opbrengst van alle deelnemers maximaliseren, ongeacht de groep waar ze toe horen: de totale opbrengst (7 plus 9) is hier groter dan bij de andere opties. Optie D tenslotte houdt in dat de opbrengsten gelijk worden verdeeld over ingroup- en outgroup-leden.

Aangezien de proefpersonen geen geld aan zichzelf konden geven en de indeling in twee groepen willekeurig was (ze kenden de deelnemers van hun eigen groep helemaal niet), zou je denken dat ze ernaar streefden iedereen zoveel mogelijk geld te geven (optie C). Dat hadden de onderzoekers ook verwacht: het was hun doel om 'minimaal' te beginnen en pas daarna te kijken welke variabelen geïntroduceerd moesten worden om te bereiken dat men de ingroup gaat bevoordelen.

Dat bleek echter niet nodig te zijn: zelfs in deze situatie bleek al dat proefpersonen ernaar streefden de opbrengsten van de ingroup-leden te maximaliseren (optie A) en het verschil tussen ingroup en outgroup te vergroten (B). Bij bepaalde combinaties van keuzemogelijkheden bleek men zelfs bereid de opbrengsten van de ingroup op te offeren om het verschil met de outgroup te vergroten. Kortom, het pure feit dat men was toegewezen aan een bepaalde groep was een voldoende voorwaarde voor het bevoordelen van leden van de eigen groep en het benadelen van de andere groep.

Omdat de resultaten zo onverwacht waren, hadden onderzoekers er aanvankelijk geen goede verklaring voor. Gewoonlijk is het zo dat wetenschappers een theorie hebben en op zoek gaan naar data om die theorie te toetsen, maar in dit geval werd gesproken over 'data die op zoek zijn naar een theorie'. De resultaten konden niet worden verklaard door een belangentegenstelling, want die was er niet: er was alle mogelijkheid om de ene groep veel geld te geven zonder dat dit ten koste zou gaan van de andere groep. Ook was het niet zo dat de proefpersonen de ingroup-leden beter kenden (hetgeen bij 'echte' groepen meestal wel het geval is), waardoor ze die leden wellicht aardiger zouden vinden: men kende noch de ingroup- noch de outgroup-leden. Een derde mogelijkheid zou zijn dat men meer gemeen had met de ingroup-leden (namelijk de voorkeur voor een schilder): aangezien mensen in het algemeen positiever denken over personen die op hen lijken (*similarity attraction*: Byrne, 1971), zou de gemeenschappelijke voorkeur voor een schilder kunnen leiden tot meer positieve ideeën over de ingroup-leden (ook al was deze overeenkomst nogal triviaal). Deze verklaring bleek echter ook niet op te gaan, want als proefpersonen expliciet op basis van toeval aan een groep werden toegewezen, trad eveneens ingroup-favoritisme op (Billig & Tajfel, 1973).

De uiteindelijke verklaring voor het optreden van ingroup-favoritisme in de 'minimale groepen'-situatie, werd gevonden in de *sociale identiteitstheorie* (Tajfel, 1972, 1978; Tajfel & Turner, 1979). Uitgangspunt in deze theorie is het eerdergenoemde verband tussen sociale categorisatie en het zelf: als men de sociale wereld in categorieën indeelt, ontstaan er categorieën waar men zelf toe hoort. Dit leidt ertoe dat men een sociale identiteit opbouwt: het deel van het zelfbeeld dat wordt ontleend aan het lidmaatschap van een bepaalde sociale categorie. In hoofdstuk 4, bij de beschrijving van het zelf-schema, is al opgemerkt dat het zelf-schema componenten omvat die samenhangen met de groepen waartoe men behoort, zoals 'ik als man' (of vrouw), 'ik als psycholoog', 'ik als Nederlander' (zie paragraaf 4.2.4, p.152). Volgens Tajfel streven mensen naar een positieve sociale identiteit: ze willen een gevoel van zelfwaardering ontlenen aan de groepen waartoe ze horen. Daarom proberen ze hun eigen groep positief te onderscheiden van andere groepen. Ze kunnen dat doen door het 'opwaarderen' van de ingroup of het devalueren van andere groepen.

De neiging om de eigen groep positiever te beoordelen is kennelijk dermate 'ingebakken' dat deze ook optreedt op het moment dat men op grond van volstrekt willekeurige criteria en voor zeer korte duur aan een groep wordt toegewezen. Dit moet wel zo zijn, omdat er geen enkele andere plausibele verklaring is voor de herhaaldelijk verkregen resultaten binnen het 'minimale groepen'-paradigma.

In recent onderzoek hebben Fein en Spencer (1997; Spencer e.a., 1998) resultaten verkregen die goed aansluiten bij deze visie op ingroup-favoritisme.

Proefpersonen zijn vooral sterk geneigd om gebruik te maken van negatieve stereotypen over minderheden wanneer hun gevoel van zelfwaardering wordt bedreigd (bijvoorbeeld wanneer ze negatieve feedback hebben gehad bij een test). Door een outgroup te devalueren kunnen ze hun zelfwaardering tijdelijk oppeppen. In dit specifieke geval wordt dus de outgroup omlaaggehaald, maar normaal gesproken wordt het verschil in beoordelingen van outgroup en ingroup meer veroorzaakt door het opwaarderen van de ingroup dan door het omlaaghalen van de outgroup (Brewer, 1979; Fiske, 1998).

De 'minimale groepen'-situatie is uiteraard zeer onrealistisch: in het dagelijks leven zal men nooit lid zijn van een arbitraire groep die bestaat uit mensen met wie men niets speciaals gemeen heeft en die men niet kent. Het onderzoek illustreert echter iets dat in het dagelijks leven ongetwijfeld van belang is: als mensen in een groep zitten, om wat voor reden dan ook, gaan ze die groep bevoordelen. Het is niet moeilijk je voor te stellen hoe sterk dit effect kan zijn in 'echte' groepen, waar mensen van elkaar weten wat ze met elkaar gemeen hebben en waar ze voor een veel langere periode van hun leven in zitten. In veel intergroeps-situaties komen daar ook nog eens belangentegenstellingen bij; denk maar aan sportteams, politieke partijen, bedrijven die elkaar beconcurreren, afdelingen binnen een bedrijf die een conflict hebben over geld of andere middelen. Kortom, als een willekeurige, tijdelijke indeling in een groep al leidt tot ingroup-favoritisme, dan moeten we het ergste vrezen voor de relaties tussen bestaande maatschappelijke groepen.

Ingroup-favoritisme uit zich niet alleen in het toekennen van meer geld of andere middelen aan leden van de eigen groep, maar ook in oordelen en attributies over ingroup- versus outgroup-leden. Attributie-vertekeningen, zoals beschreven in hoofdstuk 3, kunnen ook op het niveau van groepen optreden. Als er bijvoorbeeld in een bedrijf succes wordt geboekt, zijn werknemers geneigd te denken dat dat door *hun* afdeling komt; als het fout gaat, zullen ze de oorzaak eerder bij een andere afdeling zoeken. In dit geval is er sprake van een 'ingroup'-dienende vertekening (Pettigrew, 1979; zie ook Hewstone, 1990; Hewstone, Jaspars & Lalljee, 1982; Vonk & Konst, 1998), vergelijkbaar met de zelf-dienende vertekening (beschreven in paragraaf 3.7.5, p.136).

Een andere uitingsvorm van ingroup-favoritisme is de *linguistic intergroup bias* (*LIB*; Maass e.a., 1989, 1995, 1996): mensen zijn geneigd om positief gedrag van ingroup-leden in meer abstracte termen te beschrijven dan hetzelfde gedrag van outgroup-leden, en om negatief gedrag van ingroup-leden juist in meer specifieke termen te beschrijven. Als het gaat om iemand die lid is van je eigen groep, zul je bijvoorbeeld eerder zeggen: 'Hij maakt een gemene opmerking' (specifiek); bij iemand die lid is van een andere groep, zeg je eerder: 'Hij is gemeen' (abstract). Ontvangers van deze informatie blijken hierdoor beïnvloed te worden (Wigboldus, 1998). Zij schrijven abstract omschreven gedrag toe aan kenmerken van de persoon, terwijl ze het specifiek beschreven gedrag zien als meer situatiegebonden. Op deze wijze kunnen bestaande denkbeelden over ingroup en outgroup zichzelf instandhouden.

Het outgroup-homogeniteits-effect
Een tweede verschil tussen de ideeën die mensen hebben over 'wij' versus 'zij' heeft te maken met de in hoofdstuk 4 beschreven variabiliteit van stereotypen (zie paragraaf 4.2.2, p.150). In het algemeen schatten mensen de variatie binnen hun eigen groep hoger in dan binnen andere groepen, dat wil zeggen dat ze de outgroup als homogener zien dan de ingroup (Quattrone & Jones, 1980; Ryan & Bogart, 1997; voor overzichten: Brewer & Brown, 1998; Linville, 1998). Zo wordt van de leden van andere groepen wel eens gezegd dat ze allemaal op elkaar lijken, terwijl we dat van onze eigen groep nooit denken (vgl. Brigham & Barkowitz, 1978, en Brigham & Malpass, 1985, die in Amerikaans onderzoek aantoonden dat mensen moeilijker gezichten herkennen van de leden van een andere etnische groep). Dit verschijnsel is overigens veel zwakker wanneer het gaat om kunstmatige groepen, zoals in 'minimale groepen'-experimenten, vergeleken met 'echte' bestaande groepen (Mullen & Hu, 1989; Ostrom & Sedikides, 1992).

Hoewel we dus – zoals aan het begin van dit hoofdstuk uiteengezet – geneigd zijn de overeenkomsten tussen leden van dezelfde groep te overschatten, hebben we veel meer oog voor de onderlinge verschillen zodra het gaat om een categorie waar we zelf toe horen. Stel dat iemand je vraagt een beschrijving te geven van psychologiestudenten. De kans is groot dat je dat moeilijk vindt, want zodra je gaat denken aan bepaalde kenmerken die stereotiep zijn voor psychologiestudenten, besef je dat er ook psychologiestudenten zijn die daarvan afwijken en dat er grote verschillen zijn tussen psychologiestudenten. Moet je een beschrijving geven van bètastudenten, dan zul je daar veel minder mee zitten. Waarschijnlijk is het je niet eens opgevallen dat in dit hoofdstuk steeds is gesproken over psychologiestudenten versus bètastudenten, terwijl de laatste categorie in feite moet worden opgesplitst in natuurkunde, wiskunde, scheikunde, informatica, enzovoort. Als er werd gesproken over natuurkundestudenten versus studenten sociale wetenschappen, dan zou je meteen denken: wat een rare vergelijking, binnen de sociale wetenschappen moet je toch onderscheid maken tussen psychologie, pedagogiek, sociologie, enzovoort. Je zou niet willen dat jij als psychologiestudent op één hoop werd gegooid met pedagogiek en sociologie. Welnu, natuurkundestudenten vinden natuurlijk eveneens dat zij niet vergelijkbaar zijn met scheikunde- en informaticastudenten. Een analoog verschijnsel is dat wij, Europeanen, wel eens neerbuigend kijken naar Amerikanen die in twee weken heel Europa willen 'doen' en die daarmee voorbij lijken te gaan aan de grote verschillen tussen de Europese landen. Maar een Amerikaan kan hetzelfde denken van een Europeaan die twee weken door Amerika toert (ook een heel groot land immers met een grote diversiteit in natuur en cultuur) of die denkt dat hij Amerika gezien heeft als hij in New York is geweest.

Er zijn verschillende oorzaken van het outgroup-homogeniteits-effect. Om te beginnen zijn stereotypen over de outgroup vaak *abstraction-based* (zie paragraaf 4.4.2, p.150): we kennen vaak eerst de algemene abstractie, bijvoorbeeld:

'Amerikanen rijden veel auto', voordat we de individuele leden van de groep leren kennen. Stereotypen over de ingroup zijn daarentegen vaak *instance-based*: we kennen bijvoorbeeld eerst een heel stel Nederlanders, voordat we weten wat het stereotype over Nederlanders is. Abstraction-based stereotypen zijn in het algemeen homogener dan instance-based stereotypen (Park & Hastie, 1987).

Een gerelateerde factor is dat we vaak veel meer kennis hebben over onze eigen groep: we hebben meer contact met onze medegroepsleden dan met de leden van andere groepen (Linville, Fischer & Salovey, 1989). Dat leidt ertoe dat we over de ingroup een meer complex schema hebben, waarin tal van subgroepen worden onderscheiden (vgl. expert-schema's). Mensen kunnen binnen hun eigen groep veel meer subgroepen noemen dan binnen een outgroup, en dit is sterk van invloed op de waargenomen heterogeniteit binnen een groep: hoe meer subgroepen men onderscheidt, des te groter is de waargenomen variatie binnen de overkoepelende groep (Park, Ryan & Judd, 1992). Vaak blijkt ook wel dat we in een andere groep meer onderlinge verschillen gaan ontdekken wanneer we de leden van die groep beter leren kennen. We gaan dan meer subcategorieën gebruiken om aan die verschillen tegemoet te komen.

Toch is het niet zo dat meer contact met een groep het outgroup-homogeniteits-effect altijd ongedaan maakt. Dat is te zien aan het verschil tussen mannen en vrouwen: vrouwen vinden dat zij meer van elkaar verschillen dan mannen, en mannen vinden het omgekeerde (Linville, Fischer & Salovey, 1989). Vrouwen kunnen meer subgroepen noemen van 'soorten' vrouwen dan van mannen, en mannen onderscheiden meer mannelijke subgroepen (Vonk & Olde Monnikhof, 1998; zie ook Coats & Smith, 1999). En dat terwijl beiden toch dagelijks contact hebben met leden van de andere sekse. Er zijn dus kennelijk nog andere factoren in het spel.

Een daarvan is dat we zelf tot de ingroup horen en onszelf sowieso zien als uniek en anders dan alle andere mensen (Park & Judd, 1990). We zien dat wij anders zijn dan de andere leden van onze eigen groep (zo weet je dat jij niet zomaar uitwisselbaar bent met een willekeurige andere psychologiestudent), en we nemen alleen al op grond daarvan aan dat er binnen onze groep verschillen zijn tussen de groepsleden en dat ze niet onderling uitwisselbaar zijn.

Een andere factor hangt samen met het feit dat er, zoals eerder opgemerkt, vaak belangentegenstellingen zijn tussen groepen. Dat geldt niet alleen voor bedrijven, sportteams en politieke partijen, maar bijvoorbeeld ook voor mannen versus vrouwen (denk aan de kwestie van gelijke kansen voor vrouwen op de arbeidsmarkt) en studenten versus docenten (bijvoorbeeld over zaken als het aantal hertentamens). Door dergelijke belangentegenstellingen hebben ingroup en outgroup veelal verschillende meningen. Studenten vinden bijvoorbeeld dat het onderwijs de belangrijkste taak van een docent is, terwijl docenten vaker van mening zijn dat het onderzoek voorrang heeft (Vonk & Van Knippenberg, 1995). Door nu aan te nemen dat de leden van de outgroup sterk op elkaar lijken, kan men het standpunt van de outgroup diskwalificeren (vgl. Goethals & Darley, 1977): zij lijken op elkaar, dus is het logisch dat ze allemaal dezelfde mening hebben. Wij daarentegen zijn heel verschillend van elkaar en desondanks hebben we dezelfde mening over dit onderwerp. Kortom, door de outgroup als homogeen te zien, kan men het standpunt van de outgroup-leden toeschrijven aan een gemeenschappelijk kenmerk van de groep (vgl. een persoons-attributie). Bij de leden van de ingroup gaat dat niet op, want die zijn heel verschillend, zodat hun standpunt moet worden toegeschreven aan de feiten (een entiteits-attributie): wij vinden dit omdat het gewoon echt zo is. Het standpunt van de ingroup lijkt meer valide doordat het niet kan worden toegeschreven aan een gemeenschappelijk kenmerk van de groepsleden.[4]

Het outgroup-homogeniteits-effect is voornamelijk onderzocht in de context van stereotypen. Niettemin valt te beargumenteren dat het effect eveneens optreedt op het macroniveau van soorten (de mens versus andere diersoorten) en op het microniveau van individuen (het zelf versus andere personen). Op macroniveau zijn mensen geneigd het verschil tussen mens en dier te overdrijven en de verschillen tussen diersoorten onderling te onderschatten. Zo maken we bijvoorbeeld weinig onderscheid tussen soorten apen en zien we apen als wezenlijk anders dan mensen. Als je echter bedenkt dat het genetisch materiaal van een mens en een chimpansee voor 99,7% overeenkomt – terwijl het verschil tussen chimpansee en veel andere aapsoorten groter is – , dan moet je eigenlijk concluderen dat de mens hoort tot de familie der grote mensapen (samen met de chimpansee, gorilla en orang-oetan; zie Cavalieri & Singer, 1993). De genetische verschillen tussen bijvoorbeeld hond en wolf of paard en ezel zijn groter dan tussen mens en andere grote mensapen. Door de mens–dier-categorisatie zijn we echter geneigd alle dieren gezamenlijk te beschouwen als wezenlijk anders dan de mens, zonder oog te hebben voor de enorme verschillen in de 'outgroup'.

Het outgroup-homogeniteits-effect op het niveau van stereotypen en soorten betreft een onderschatting van de variatie *tussen* de leden van een andere groep. Op microniveau is er sprake van een onderschatting van de variatie *binnen* andere personen: mensen zien hun eigen persoonlijkheid als meer gevarieerd en complex dan die van anderen. Zo kwam in hoofdstuk 4 naar voren dat het zelf-schema bestaat uit tal van 'sub-zelven' over hoe men zich gedraagt in verschillende rollen en situaties (zie paragraaf 4.2.4, p.153). We vinden van onszelf dat we een zeer breed repertoire aan kenmerken hebben en dat ons gedrag sterk varieert over situaties. Als gevolg daarvan bestaat ons zelfbeeld deels uit tegengestelde eigenschappen: we kunnen onszelf beoordelen als relatief hoog op 'introvert' én

---

4   In bepaalde omstandigheden kan ook een ingroup-homogeniteits-effect optreden: de ingroup wordt als homogener gezien dan de outgroup (bijv. Messick & Mackie, 1989; voor een overzicht: Brewer & Brown, 1998). Dit gebeurt met name wanneer de ingroup een minderheid is en wanneer een bepaald kenmerk van belang is voor de groepsidentiteit. De waargenomen homogeniteit kan dan het gevoel van saamhorigheid in de groep bevorderen (zie ook Rothgerber, 1997).

'extravert', 'serieus' én 'zorgeloos', enzovoort. Bij andere mensen, met name als we ze minder goed kennen, vinden we dat iemand die hoog scoort op het één, laag scoort op het ander (Sande e.a., 1988). Ook op het niveau van individuen blijkt dus dat we onszelf zien als meer gevarieerd dan anderen.

5.2.2 De illusoire correlatie

Eerder in dit hoofdstuk hebben we het gehad over sociale categorisatie als een voorwaarde voor het ontstaan van stereotypen. Vervolgens is gebleken dat stereotypen over andere groepen vaak negatiever zijn dan over de ingroup, vanwege de behoefte aan een positieve sociale identiteit. Deze behoefte verklaart dan ook waarom veel stereotypen een negatieve lading hebben. Wanneer het specifiek gaat om stereotypen over minderheden (bijvoorbeeld allochtonen), is er nog een ander verschijnsel dat ertoe leidt dat deze stereotypen vaak negatief zijn, namelijk het *'illusoire correlatie'-effect*. Dit effect wordt geïllustreerd door een onderzoek van Hamilton en Gifford (1976), waarin proefpersonen een reeks beschrijvingen te lezen kregen van 36 personen: 24 personen hoorden tot groep A, 12 hoorden tot groep B. Groep B was dus in de minderheid. Van elke persoon werd één beschrijving gegeven: 24 beschrijvingen waren positief, 12 waren negatief. In tabel 5.2 is weergegeven hoe deze beschrijvingen over de leden van groep A en B waren verdeeld.

Tabel 5.2

	positief	negatief	totaal
groep A	16	8	24
groep B	8	4	12
totaal	24	12	36

Van groep A werden dus 16 leden positief beschreven en 8 leden negatief; van groep B werden 8 leden positief beschreven en 4 leden negatief. Je ziet dat er bij deze combinatie geen enkel verband is tussen de groep waartoe iemand hoort en de informatie die werd gegeven: in beide groepen is de verhouding tussen positieve en negatieve groepsleden 2 : 1.
In het onderzoek werden de vier soorten beschrijvingen door elkaar aangeboden. Na afloop werd gevraagd hoeveel positieve en hoeveel negatieve beschrijvingen er waren gegeven over groep A en B. Het bleek dat de proefpersonen hierbij het aantal negatieve beschrijvingen over groep B overschatten. Ze dachten dat de leden van groep B in verhouding vaker negatief waren beschreven dan de leden van groep A. Als gevolg daarvan was hun indruk van groep B negatiever dan van groep A. Kortom, de proefpersonen namen een verband waar tussen het groepslidmaatschap (A versus B) en de kenmerken van de groepsleden (positief versus negatief). Omdat dit verband in feite afwezig is, wordt het een illusoire correla-

tie genoemd (voor overzichten: Hamilton & Sherman, 1989; Hilton & Von Hippel, 1996; Mullen & Johnson, 1990).

De oorzaak van de illusoire correlatie is dat, in de opzet zoals hierboven beschreven, de leden van groep B en de negatieve beschrijvingen beide in de minderheid zijn: allebei komen ze relatief weinig voor. Op het moment dat die twee *samen* voorkomen (bij bovenstaande opzet gebeurt dat vier keer), is dat opvallend. Er is sprake van 'paired distinctiveness' (twee opvallende, distinctieve stimuli zijn aan elkaar gekoppeld) of 'shared infrequency' (twee dingen die allebei weinig voorkomen vallen samen; Fiedler & Armbruster, 1994). Het aantal leden van een minderheidsgroep die een kenmerk hebben dat weinig voorkomt (in dit geval een negatief kenmerk) wordt hierdoor overschat. We spreken dan van een *distinctiveness-based illusory correlation*, ter onderscheiding van andere vormen van illusoire correlatie (zie Chapman, 1967).

Dit effect biedt een verklaring voor negatieve stereotypen over minderheden, omdat (a) men in het algemeen minder vaak leden van minderheden dan van meerderheden tegenkomt, en (b) negatief gedrag minder vaak voorkomt dan positief gedrag: zoals we in hoofdstuk 6 nog zullen zien (paragraaf 6.3.3, p.264), zijn de meeste mensen in het algemeen vriendelijk en aardig, ze betalen voor hun boodschappen, ze beroven geen oude dametjes en ze gaan elke dag braaf naar hun werk. Negatief gedrag is dus veel minder frequent. Wanneer men nu een paar keer negatief gedrag waarneemt bij een lid van een minderheidsgroep (denk bijvoorbeeld aan delinquent gedrag of werkeloosheid), zal dit leiden tot een overschatting van het aantal keren dat deze combinatie voorkomt, en tot een negatief oordeel over de betreffende groep. Hetzelfde gedrag van een lid van een meerderheidsgroep wordt niet overschat, doordat er in dat geval geen sprake is van *gezamenlijke* ('paired') distinctiviteit. Zo zijn er mensen die het opvalt dat bij misdrijven relatief vaak allochtonen zijn betrokken. Dat de daders van misdrijven bijna altijd mannen zijn, dat valt minder op aangezien mannen geen minderheidsgroep vormen. Desgevraagd zal men natuurlijk wel aangeven dat mannen vaker misdrijven plegen dan vrouwen, maar dit verband wordt niet overschat en het verband met etniciteit wél.

Het 'illusoire correlatie'-effect wordt versterkt door de bestaande verwachtingen die men heeft over een groep (McArthur & Freedman, 1980). Stel dat we in het onderzoek van Hamilton en Gifford (1976) de labels A en B vervangen door autochtoon (A) en allochtoon (B), en het experiment afnemen bij proefpersonen die een negatief beeld hebben van allochtonen. In dat geval zal het effect worden versterkt doordat de distinctieve informatie (negatief gedrag van allochtonen) in overeenstemming is met de verwachting. Zouden we de zaak omdraaien, zodat de allochtonen groep A worden en de autochtonen groep B (of door de positieve versus negatieve informatie om te keren, zodat positieve informatie in de minderheid is), dan zou het effect zeer zwak zijn of zelfs helemaal niet optreden. Kortom, het 'illusoire correlatie'-effect kan negatieve stereotypen over minderheden niet alleen veroorzaken, het kan deze stereotypen tevens bevestigen en versterken wanneer ze eenmaal bestaan.

5.3 Activatie van stereotypen

In het voorafgaande hebben we het gehad over het ontstaan en de inhoud van stereotypen. In het licht van de negatieve stereotypen over andere groepen en minderheden is het belangrijk te weten in welke omstandigheden dergelijke stereotypen van invloed zijn op oordelen over individuele leden van een groep. Wanneer mensen een persoon waarnemen en beoordelen volgens het stereotype waartoe die persoon hoort, is er sprake van *stereotypering*. Stereotypering is dus het *gebruiken* van een stereotype bij de waarneming en beoordeling van een individu. Wanneer stereotypering ook tot uiting komt in gedrag doordat verschillende groepen verschillend worden behandeld, spreken we van *discriminatie* (Fiske, 1998).

Om een stereotype te kunnen gebruiken moet dat stereotype eerst worden geactiveerd. Zoals we al eerder zagen, kun je een willekeurig persoon op tal van manieren categoriseren. Neem bijvoorbeeld Ronald Reagan: die kun je categoriseren als man, als bejaarde, als politicus, als acteur, als Republikein, of als Amerikaan. Over elk van die categorieën bestaan stereotypen die je zou kunnen gebruiken bij het waarnemen en beoordelen van Reagan. Maar het is mogelijk dat geen enkel stereotype wordt geactiveerd als je Reagan ziet. Je hebt misschien uitgesproken ideeën over Amerikanen, Republikeinen, enzovoort, maar als die stereotypen niet worden geactiveerd bij de waarneming van een persoon, kunnen ze je beoordeling ook niet beïnvloeden. Kortom, pas als we weten of een stereotype wordt geactiveerd, en zo ja welk stereotype, kunnen we de vraag stellen hoe het stereotype het oordeel over een persoon beïnvloedt. Daarom worden in paragraaf 5.3 eerst de factoren besproken die de activatie van stereotypen beïnvloeden. In de volgende paragraaf (5.4) gaan we in op de vraag hoe stereotypen, wanneer ze eenmaal zijn geactiveerd, het oordeel over een persoon kunnen kleuren.

5.3.1 Automatische activatie

Patricia Devine publiceerde in 1989 een invloedrijk artikel over de activatie van stereotypen. Devine ging ervan uit dat stereotypen automatisch worden geactiveerd bij het zien van een persoon. Dit proces was volgens Devine oncontroleerbaar. Mensen staan dagelijks bloot aan informatie waarin culturele stereotypen ('vrouwen zijn zorgzaam', 'bejaarden zijn traag') bevestigd worden (denk alleen al aan televisiereclames). Hierdoor zijn stereotypen stevig verankerd in ons hoofd en activeren we ze automatisch wanneer we een persoon zien die bij een bepaalde categorie hoort. Ook stelde Devine dat dit proces voor iedereen gelijk is. Zowel mensen met egalitaire normen ('laag-bevooroordeelden') als mensen die sterk bevooroordeeld zijn ('hoog-bevooroordeelden') worden geconfronteerd met allerlei stereotypen die binnen een cultuur bestaan. Bij beide groepen mensen worden dan ook dezelfde stereotypen automatisch geactiveerd wanneer ze een (lid van een) bepaalde groep waarnemen (zie ook de Impliciete Associatie Test in paragraaf 2.4.5, p.73). Het verschil tussen laag- en hoog-bevooroordeelden zit hem volgens Devine dan ook niet in de *activatie* van stereotypen, maar in het *gebruik* van stereotypen. Laag-bevooroordeelde mensen activeren ook stereotypen, maar proberen ze vervolgens te onderdrukken bij de beoordeling van een persoon, terwijl hoog-bevooroordeelde mensen hun geactiveerde stereotypen wel gebruiken.

Devine toetste haar ideeën in drie onderzoeken. In het eerste onderzoek deelde ze proefpersonen op grond van een vragenlijst in laag-bevooroordeelden en hoog-bevooroordeelden in. Daarna vroeg ze haar proefpersonen om eigenschappen op te schrijven die in de maatschappij in het algemeen worden geassocieerd met zwarte mensen (Afrikaanse Amerikanen, in politiek correct Nederlands). Uit de gegevens bleek dat laag- en hoog-bevooroordeelden hetzelfde opschreven: beide groepen hebben dezelfde kennis over culturele stereotypen. In het tweede onderzoek activeerde ze, zonder dat de proefpersonen dit beseften, het stereotype over Afrikaanse Amerikanen door het subliminaal aanbieden van woorden als *nigger*, *basketball*, *lazy* en *unemployed*. Daarna moesten proefpersonen een stimulus-persoon beoordelen die verder niets te maken had met het geactiveerde stereotype (de etniciteit van deze persoon werd niet gespecificeerd). Het oordeel over deze persoon was in het algemeen nogal negatief. Zowel hoog- als laag-bevooroordeelde proefpersonen gebruikten niettemin het geactiveerde negatieve stereotype bij de beoordeling. Merk op dat Devine hier gebruikmaakte van het feit dat automatische processen vaak grof en diffuus zijn ('quick and dirty', zoals ook in hoofdstuk 3 werd opgemerkt over STI's, zie paragraaf 3.6.4, p.123): door het grove, automatische karakter kan een geactiveerde categorie geassocieerd raken met een stimulus die er logischerwijs niets mee te maken heeft. In dit geval werd het subliminaal geactiveerde stereotype over zwarte mensen onbewust toegepast op de stimuluspersoon die daar meteen achteraankwam, ook al was niets bekend over de etniciteit van deze persoon. Van belang is dat er in dit opzicht geen verschil was tussen laag- en hoog-bevooroordeelden. In het derde onderzoek kregen proefpersonen weer de mogelijkheid het stereotype over zwarte mensen toe te passen. Dit keer waren ze zich er echter wel van bewust dat er een stereotype was geactiveerd. Nu ontstond er een verschil tussen laag- en hoog-bevooroordeelden. De oordelen van laag-bevooroordeelden waren minder stereotypisch doordat ze, volgens Devine, actief probeerden het stereotype niet te gebruiken.

Het artikel van Devine heeft veel invloed gehad op het latere onderzoek naar stereotypering. Daarom vatten we haar conclusies nog even samen:
1 mensen activeren automatisch stereotypen die binnen een cultuur in zwang zijn;
2 dit geldt voor iedereen, zowel hoog- als laag-bevooroordeelden;
3 het verschil tussen laag- en hoog-bevooroordeelden zit niet in de activatie van stereotypen, maar in het gebruik ervan. Laag-bevooroordeelden proberen stereotypen niet te gebruiken.

De eerste claim van Devine, namelijk dat stereotypen automatisch worden geactiveerd bij het zien van een persoon, en dat dit voor iedereen dezelfde stereotypen zijn, is nogal controversieel. Hier bespreken we kort een onderzoek dat erop wijst dat er uitzonderingen zijn op de stelling van Devine (zie ook Gilbert & Hixon, 1991). Macrae en zijn collega's (1997) lieten hun proefpersonen naar foto's kijken. Deze verschenen één voor één en bleven maar heel kort op het computerscherm staan. Er waren twee soorten foto's: foto's van vrouwen en foto's van objecten. Een deel van de proefpersonen kreeg de opdracht om bij elke foto te bepalen of er een persoon (in dit onderzoek altijd een vrouw) of een levenloos object op stond. Activatie van het stereotype over vrouwen werd gemeten met een lexicale beslissingstaak (zie paragraaf 2.4.3, p.60): vlak na elke foto verscheen een bestaand woord (zoals fiets) of een niet-bestaand woord (zoals foerts) op het scherm en de proefpersonen moesten zo snel mogelijk beslissen of het gepresenteerde woord een bestaand woord was. Sommige van de bestaande woorden waren geassocieerd met het stereotype over vrouwen (bijvoorbeeld zorgzaam), andere niet. Zoals verwacht bleek uit de reactietijden dat het stereotype over vrouwen geactiveerd was: als men net een foto van een vrouw had gezien, reageerde men sneller op woorden die met het stereotype over vrouwen zijn geassocieerd (zoals zorgzaam); doordat het stereotype over vrouwen al geactiveerd was, konden deze woorden sneller worden gevonden in het lexicale geheugen. Van belang is echter dat dit resultaat niet optrad bij een andere groep proefpersonen, die een andere opdracht had bij het bekijken van de foto's. Op sommige foto's stond een witte stip en op andere foto's niet. Deze groep proefpersonen moest bij elke foto aangeven of er een witte stip op stond of niet (in plaats van of er een persoon of een object op stond). Uit de resultaten van de lexicale beslissingstaak bleek dat deze proefpersonen geen stereotype over vrouwen activeerden: ze reageerden niet sneller bij stereotiep vrouwelijke woorden dan bij andere woorden. Dit betekent dat het *doel* waarmee je informatie verwerkt bepalend is voor stereotype-activatie. Een doel dat niets te maken heeft met persoonswaarneming (zit er een witte stip of de foto of niet) leidt niet tot activatie van een stereotype. De implicatie is dat stereotype-activatie niet volledig automatisch is, want een automatische reactie treedt ook op als het niet de bedoeling is.

Aangezien er omstandigheden bestaan waarin stereotypen niet automatisch worden geactiveerd, is de activatie strikt gezien niet volledig automatisch. Anderzijds laten de resultaten van Macrae e.a. zien dat stereotypen geactiveerd worden in die omstandigheden waarin men gericht is op het waarnemen van personen – en dat zijn natuurlijk uitgerekend dezelfde omstandigheden waarin de negatieve effecten van stereotypen zich kunnen wreken. We moeten hierbij bedenken dat mensen in het dagelijks leven eigenlijk altijd (al dan niet bewust) bezig zijn met persoonswaarneming en dat er ongewone experimentele ingrepen nodig zijn (zoals de ingreep met de witte stippen) om te bereiken dat ze op iets anders letten (Bargh, 1989). In het dagelijks leven letten mensen op personen en op de sociale betekenis van het gedrag van anderen.

Stereotypen zullen in die omstandigheden geactiveerd worden. Toch zijn er uitzonderingen te bedenken. Macrae en collega's (1997, pp. 6-7) geven zelf een herkenbaar voorbeeld.

> *Neem iemand die boodschappen doet in de supermarkt en die, door het pad lopend, verschillende individuen tegenkomt. Bekeken vanuit de doelen van onze winkelaar, zijn deze andere personen niet veel meer dan fysieke obstakels waar omheen gemanoeuvreerd moet worden om de chocoladekoekjes te bereiken. Hooguit geïrriteerd door de onderbreking is onze hypothetische consument meer geïnteresseerd in koekjesaanschaf dan in indrukvorming. In zulke omstandigheden zou het weinig zin hebben om stereotypen over die personen te activeren, want een beter begrip van hun persoonlijkheden of eigenaardigheden heeft geen enkele relevantie voor de doelen van de winkelaar. Stereotype-activatie zal dus beperkt zijn tot omstandigheden waarin waarnemers geïnteresseerd zijn in de sociale betekenis van de stimuli die ze tegenkomen. Anekdotisch bewijs bevestigt de plausibiliteit van deze stelling. Wij hebben ons allemaal wel eens bevonden in de positie van de onoplettende winkelaar. Hoe vaak is het niet gebeurd dat we, nadat we net een hindernis hebben vermeden op onze weg naar een bepaald culinair artikel, door de grond zakten van schaamte bij de ontdekking dat de hindernis een bekend persoon was, zoals een buurvrouw, ex-geliefde of tennispartner?*

Gegeven dat vaak culturele stereotypen worden geactiveerd wanneer mensen andere personen waarnemen, zal het laag-bevooroordeelde mensen wel eens overkomen dat ze een negatief stereotype over een minderheidsgroep activeren. Maar wanneer deze mensen zich hiervan bewust worden voelen ze zich schuldig (Devine e.a., 1991; Monteith e.a., 1993) en proberen ze het gebruik van die stereotypen te onderdrukken. Dit kan echter enige cognitieve inspanning vergen. In situaties van cognitieve overbelasting zal het onderdrukken van stereotypen dan ook niet altijd lukken. Zo blijkt dat sommige laag-bevooroordeelde mensen, wanneer ze cognitief worden belast, moeten lachen om racistische grappen, ondanks het feit dat ze zulke grappen eigenlijk afkeuren (Monteith & Voils, 1998)

Nu we weten dat stereotypen vaak geactiveerd worden, dient de volgende vraag zich aan. Wat wordt er nu eigenlijk precies geactiveerd? Eigenlijk valt deze vraag uiteen in twee verschillende vragen. Ten eerste kun je je afvragen welke stereotypen mensen activeren wanneer ze een persoon ontmoeten die, zoals Reagan, en bijna elke persoon, lid is van meerdere groepen. Ten tweede kun je je afvragen welke eigenschappen, van alle eigenschappen die geassocieerd zijn met een categorie, actief worden als we een persoon ontmoeten die lid is van die categorie (bijvoorbeeld 'zorgzaam' en 'zachtaardig' zijn geassocieerd met vrouwen, maar 'zeurderig' en 'afhankelijk' ook). Deze twee vragen bespreken we achtereenvolgens in de volgende paragrafen.

5.3.2 Meerdere categorieën of één tegelijk?

Wat gebeurt er nu als je een persoon ziet die je op meerdere manieren kunt stereotyperen? Deze vraag is van groot belang, omdat dit geldt voor iedereen. Iedereen is vrouw of man, oud of jong (of ergens ertussenin), heeft een bepaalde nationaliteit en vrijwel iedereen is in te delen aan de hand van een beroep of andere dagelijkse bezigheid. Macrae, Bodenhausen en Milne (1995) noemden het voorbeeld van een 'old, fat, Irish priest'. Zij vroegen zich af wat er zou gebeuren als we zo'n persoon zouden ontmoeten. In theorie zijn er ruwweg twee mogelijkheden. Ten eerste is het mogelijk dat we alle relevante stereotypen activeren. Dit is, volgens Macrae en collega's, nogal onwaarschijnlijk. Stereotyperen en categoriseren doen we nu juist om de waarneming van onze complexe omgeving een beetje te vereenvoudigen, zoals in het begin van dit hoofdstuk duidelijk is geworden. Als we dan een heleboel stereotypen tegelijk activeren, maken we het onszelf alleen maar moeilijk omdat we dan een geweldige hoeveelheid informatie tegelijkertijd activeren. Daar komt nog bij dat verschillende stereotypen wel eens tegengestelde implicaties kunnen hebben. Bij een priester denk je misschien aan een enigszins gematigde levensstijl, terwijl je bij een dikke Ier misschien juist eerder denkt aan iemand die stevig inneemt onder het luidkeels zingen van traditionele drinkliederen. Het activeren van alle relevante stereotypen over een oude, dikke, Ierse priester stuit dus op problemen.

Een tweede mogelijkheid is dat één stereotype wordt geactiveerd ten koste van de andere. Welk stereotype er dan zou overheersen wordt bepaald door de omstandigheden. Macrae en collega's voorspelden dat dit laatste zou gebeuren. Ze toetsten deze hypothese niet met het stereotype van een oude, dikke, Ierse priester maar met het iets minder kleurrijke beeld van een Chinese vrouw. Met behulp van een subliminale taak werd het stereotype over ofwel vrouwen, ofwel Chinezen geprimed. Vervolgens zagen proefpersonen een foto van een Chinese vrouw. Zoals de onderzoekers voorspelden, werd door deze foto het stereotype geactiveerd dat al een beetje geactiveerd was. Dit effect is vergelijkbaar met het in hoofdstuk 4 beschreven effect van toegankelijkheid bij de rol van eigenschappen (paragraaf 4.2.6, p.155): je kunt een gedraging van een persoon vaak met behulp van meerdere eigenschappen interpreteren. Welke eigenschap je gebruikt is afhankelijk van welke eigenschap vlak daarvoor het meest toegankelijk was (in de hoogste staat van activatie verkeerde). Hetzelfde geldt wanneer een persoon in meerdere categorieën past. Je activeert dan het makkelijkst een categorie die al sterk toegankelijk is, hetzij tijdelijk, hetzij chronisch.

Interessant is dat in het onderzoek van Macrae e.a. het niet-geactiveerde stereotype werd onderdrukt. Dat wil zeggen: wanneer het stereotype over Chinezen werd geactiveerd, werd het stereotype over vrouwen *minder* actief dan onder normale omstandigheden, en vice versa. Als je een persoon ziet die je op meerdere manieren kunt categoriseren, activeer je dus één stereotype terwijl de andere juist minder toegankelijk worden.

Welk stereotype je activeert hangt af van de toegankelijkheid van verschillende stereotypen. Sommige stereotypen zijn altijd relatief toegankelijk doordat ze vaak worden gebruikt, bijvoorbeeld sekse-stereotypen en etnische stereotypen (vgl. McCann e.a., 1985). Daarbij gaat het dan vooral om stereotypen over de minderheidsgroep: vrouwen, zwarte mensen, homoseksuelen – niet mannen, witte mensen, heteroseksuelen. Wanneer mensen aan 'een persoon' denken, denken ze aan een witte, heteroseksuele man van een jaar of 30-40 (Fiske, 1998). Dit is als het ware de 'default'-optie van 'een persoon'. Alles wat hiervan afwijkt verschaft in zekere zin extra informatie, en zal al snel een bepaald stereotype activeren. Bij een zwarte man zal het stereotype over zwarte mensen dus eerder worden geactiveerd dan het stereotype over mannen; bij een witte vrouw wordt juist het stereotype over vrouwen en niet over witte mensen geactiveerd (Zárate e.a., 1990, 1995).

Net als persoonlijkheidskenmerken kunnen stereotypen ook tijdelijk toegankelijk worden door een bepaalde situatie of context (vgl. paragraaf 4.2.6, p.155). Als je een interview met John van Loen in *Sportweek* leest, zie je hem als voetballer omdat hij door een voetbaltijdschrift wordt geïnterviewd. Als je hem een wedstrijd ziet spelen tegen een andere club, dan zie je hem eerder als lid van de club waarvoor hij speelt (aangenomen dat je een stereotype hebt over die club). Speelt hij in het Nederlands elftal tegen een ander land, dan zie je hem vooral als Nederlander. En, terug naar de oude, dikke, Ierse priester: als je samen met deze persoon naar een voetbalwedstrijd tussen Nederland en Ierland kijkt, zul je waarschijnlijk het stereotype over Ieren activeren. Maar als er een huisgenoot binnenkomt die met enig ruw en godslasterlijk taalgebruik duidelijk maakt dat hij een lekke band had en daardoor te laat is om de wedstrijd te zien, zul je enigszins beschaamd het stereotype over priesters activeren.

5.3.3 Wat activeren we precies?

Wanneer we zeggen dat een stereotype wordt geactiveerd, bedoelen we dat die kenmerken worden geactiveerd die met een categorie geassocieerd zijn. Hoe sterker de associatie tussen een groep en een kenmerk, hoe groter de kans dat het zien van een groepslid leidt tot activatie van dat kenmerk. Kenmerken die tegenstrijdig zijn met het stereotype over de groep worden juist onderdrukt (Dijksterhuis & Van Knippenberg, 1996). De vraag is dus: welke eigenschappen associëren we het sterkst met een bepaalde categorie?

Hierbij zijn om te beginnen *centrale tendentie* en *variabiliteit* van belang. Deze begrippen ben je al eerder tegengekomen, zowel in dit hoofdstuk (paragraaf 5.2.1, p.199) als in hoofdstuk 4 (paragraaf 4.2.2, p.149). In het algemeen geldt: eigenschappen waarvan de centrale tendentie in een categorie hoog en de variabiliteit laag is, zijn het sterkst geassocieerd met een categorie. Als je bijvoorbeeld vindt dat voetballers erg dom zijn (hoge centrale tendentie) en dat ze in dit opzicht weinig van elkaar verschillen (lage variabiliteit), is er een

sterke associatie tussen de categorie 'voetballer' en de eigenschap 'dom', en zul je bij het zien van een voetballer al gauw deze eigenschap activeren.
Het belang van zowel centrale tendentie als variabiliteit is aangetoond in een experiment (Dijksterhuis & Van Knippenberg, 1999) waarin proefpersonen een nieuw stereotype moesten leren. Proefpersonen kregen informatie over een denkbeeldige groep, genaamd 'groep K'. Ze kregen gedetailleerde informatie over de intelligentie van elk van de leden van groep K. In sommige condities van het experiment weerspiegelde de informatie een hoge centrale tendentie en een lage variabiliteit. Dat wil zeggen dat in deze condities de leden van groep K gemiddeld erg intelligent waren en dat er geen echte uitzonderingen waren. Een andere groep kreeg informatie met een hoge centrale tendentie en een hoge variabiliteit. Ook hier waren de leden van groep K gemiddeld erg intelligent, maar er waren wel wat minder intelligente uitzonderingen. Ten slotte waren er ook twee condities waarin proefpersonen informatie kregen met een lage centrale tendentie (de groep werd beschreven als niet erg intelligent, al dan niet met meer intelligente uitzonderingen). In een tweede taak werd door middel van een lexicale beslissingstaak (zie paragraaf 2.4.3, p.60) onderzocht in welke mate de eigenschap 'intelligent' werd geactiveerd door 'groep K'. Uit de resultaten bleek dat zowel een hoge centrale tendentie als een lage variabiliteit nodig zijn voor de ontwikkeling van een sterke associatie tussen de categorie en de eigenschap. Alleen de groep proefpersonen die informatie gekregen had met een hoge centrale tendentie en een lage variabiliteit had een associatie ontwikkeld tussen 'groep K' en de eigenschap 'intelligent'.
Hoewel centrale tendentie en variabiliteit belangrijk zijn, kunnen ze niet alles verklaren. Zo worden mannen vaak met agressiviteit geassocieerd, terwijl het grootste gedeelte van de mannen niet echt agressief is. Mannen worden alleen als agressief gezien omdat je kunt zeggen dat ze gemiddeld agressiever zijn dan vrouwen. Dit betekent dat ook *distinctiviteit* van belang is. Een eigenschap wordt met een groep geassocieerd wanneer die eigenschap beter bij de groep past dan bij één of meer andere groepen waarmee deze groep vaak wordt vergeleken. Zo worden vrouwen met emotioneel geassocieerd, terwijl je toch moeilijk kunt zeggen dat vrouwen nu zo vreselijk emotioneel zijn; ze zijn alleen gemiddeld emotioneler dan mannen. Aangezien mannen en vrouwen vaak met elkaar vergeleken worden (dit geldt ook voor zwarte en witte mensen), zien we dat eigenschappen die (iets) beter bij de ene groep passen dan bij de andere met die eerste groep geassocieerd worden (Krueger, 1991). Ford en Stangor (1992) toetsten dit idee eveneens met een experiment waarin proefpersonen nieuwe stereotypen leerden. Proefpersonen maakten kennis met twee denkbeeldige groepen, een 'rode' en een 'blauwe' groep. De informatie die ze kregen over de leden van de groepen had betrekking op twee eigenschappen, vriendelijkheid en intelligentie. Uit een tweede taak bleek dat ze vooral die eigenschappen met een groep associeerden die distinctief waren en die het dus mogelijk maakten een onderscheid tussen de groepen te maken. Als de ene groep bijvoorbeeld erg vriendelijk was en de andere ook, ontstond er geen

sterke associatie tussen vriendelijkheid en de gevormde stereotypen, doordat de eigenschap geen onderscheid maakte tussen de groepen.

Kortom, wanneer we een stereotype activeren, activeren we die eigenschappen die het sterkst geassocieerd zijn met de betreffende categorie. Dat zijn in de regel eigenschappen waarop die groep een hoge centrale tendentie en een lage variabiliteit heeft, en eigenschappen die de groep onderscheiden van andere, vergelijkbare groepen.

Ten slotte moet worden opgemerkt dat er ook *individuele verschillen* zijn in de inhoud van stereotypen, en dus in de kenmerken die worden geactiveerd bij de confrontatie met een bepaalde groep. We komen hiermee terug bij een punt van kritiek op de stelling van Devine, dat bij alle mensen dezelfde – want cultureel gedeelde – stereotypen worden geactiveerd. In het hiervoor beschreven onderzoek van Devine (1989) leek dit inderdaad het geval te zijn (bij subliminale priming activeerden zowel hoog- als laag-bevooroordeelde proefpersonen een negatief stereotype over zwarte mensen), maar in dit onderzoek hadden veel van de gebruikte primes duidelijk een negatieve connotatie, bijvoorbeeld 'lui' en 'werkeloos' (Lepore & Brown, 1997). De inhoud van het stereotype over zwarte mensen werd dus in feite door de onderzoeker zelf aangedragen. Uit een onderzoek van Kawakami, Dion en Dovidio (1998), waarin gebruik werd gemaakt van een lexicale beslissingstaak, blijkt dat hoog-bevooroordeelde proefpersonen een negatief stereotype activeren over zwarte mensen, maar laag-bevooroordeelde proefpersonen niet. Ook andere onderzoeksresultaten suggereren dat er individuele verschillen zijn in de inhoud van stereotypen over zwarte mensen (Lepore & Brown, 1997; Wittenbrink, Judd & Park, 1997), maar bijvoorbeeld ook over ouderen (Hense, Penne & Nelson, 1995), en dat verschillende personen dus ook verschillende kenmerken kunnen activeren bij de waarneming van een lid van zo'n categorie.

5.3.4 De activatie van vooroordelen

Als we een persoon ontmoeten, activeren we niet alleen stereotypen over bepaalde eigenschappen van de groep waartoe die persoon hoort; er wordt ook een algehele goed–slecht-evaluatie over die groep geactiveerd (zie ook paragraaf 4.4.5, p.185 over schema-gestuurd affect). Anders gezegd, er wordt zowel een descriptieve (eigenschappen als 'intelligent' of 'muzikaal') als een evaluatieve component van stereotypen geactiveerd. Deze evaluatieve component noemen we *vooroordeel* ('prejudice'; zie Fiske, 1998). In de praktijk gaat het dan bijna altijd om negatieve vooroordelen, maar ook een positief vooroordeel is mogelijk.

Het feit dat vooroordelen automatisch geactiveerd worden is belangrijk: er zijn steeds meer aanwijzingen dat vooroordelen misschien wel veel meer invloed hebben op onze oordelen en ons gedrag tegenover anderen dan descriptieve stereotypen (Dovidio e.a., 1996; Hamberger & Hewstone, 1997; Jussim, Nelson e.a., 1995; Stangor, Sullivan & Ford, 1991). Perdue en Gurtman (1990) startten het onderzoek op dit gebied met het meten van vooroordelen over ouderen. Zij gebruikten, net als bij ander onderzoek in deze lijn, een paradigma dat meestal gebruikt wordt om automatische evaluatie te meten (Fazio e.a., 1986; zie ook paragraaf 7.2.4, p.303). De proefpersonen kregen heel kort het woord 'jong' of 'oud' aangeboden. Meteen daarna kregen ze een negatief of positief woord aangeboden (bijvoorbeeld 'plezier' of 'haat') en moesten ze zo snel mogelijk zeggen of het een positief of een negatief woord was. Het centrale idee bij deze methode is dat, wanneer men een negatieve attitude heeft tegenover de eerst aangeboden stimulus (in dit geval 'oud' of 'jong'), men kort daarna sneller zal reageren op negatieve dan op positieve woorden doordat het negatieve affect al is geactiveerd door de associatie met de eerst aangeboden stimulus. Heeft men een positieve attitude tegenover de eerst aangeboden stimulus, dan is een positieve evaluatie geactiveerd en zal men vervolgens juist sneller reageren op positieve woorden. Uit de resultaten van Perdue en Gutman bleek dat proefpersonen sneller reageerden op negatieve woorden nadat ze het woord 'oud' hadden gezien en dat ze sneller op positieve woorden reageerden nadat ze het woord 'jong' hadden gezien. Met andere woorden, oud werd geassocieerd met negatief, terwijl jong werd geassocieerd met positief.

Fazio e.a. (1995) bouwden dit onderzoek uit en toonden ook meteen het belang aan van deze automatisch geactiveerde vooroordelen. In plaats van de woorden 'oud' of 'jong' lieten zij proefpersonen foto's zien van zwarte en witte personen. Daarna moesten proefpersonen reageren op positieve en negatieve woorden. Zoals verwacht, werd er na het zien van een zwart gezicht sneller gereageerd op negatieve woorden dan op positieve woorden. De 'zwarte' foto activeerde dus een negatief vooroordeel. Er waren echter wel grote individuele verschillen tussen proefpersonen: bij sommigen was het geactiveerde negatieve vooroordeel sterker dan bij anderen. Uit de resultaten bleek dat de sterkte van het vooroordeel samenhing met het gedrag van de proefpersoon tegenover de experimentator, die zwart was. Hoe sterker het negatieve vooroordeel, hoe onvriendelijker de proefpersoon was tegen de experimentator. De vooroordelen, zoals gemeten met de reactietijdenmethode, waren dus gerelateerd aan interpersoonlijk gedrag. Dit resultaat onderstreept het belang van automatisch geactiveerde vooroordelen. Tevens was er een verband met de mate van bevooroordeeldheid, zoals gemeten in het onderzoek van Devine (1989) met een vragenlijst (zie ook Wittenbrink e.a., 1997).

De literatuur over stereotypen-activatie samenvattend: als we een onbekende persoon ontmoeten, activeren we gewoonlijk maar één van de vele categorieën waarin die persoon past. Wanneer we gericht zijn op het waarnemen van de persoon, is de activatie van deze categorie geheel automatisch. Met de categorie wordt een bepaalde evaluatie, een vooroordeel, geactiveerd, alsmede bepaalde beschrijvende eigenschappen die deel zijn van het stereotype over de categorie. Welke eigenschappen dat zijn hangt onder meer af van centrale tendentie, variabiliteit en distinctiviteit. Hoewel stereotypen cultureel gedeeld worden, zijn er wel individuele verschillen in de inhoud van stereotypen en de mate van bevooroordeeldheid tegenover een groep.

5.4 Het gebruik van stereotypen

Wanneer een stereotype eenmaal is geactiveerd, kan het worden gebruikt bij de beoordeling van een persoon. Activatie van een stereotype betekent echter niet per definitie dat stereotypering het resultaat is. Zo zagen we bijvoorbeeld in het onderzoek van Devine dat mensen soms het gebruik van een geactiveerd stereotype onderdrukken (zie ook Ford & Kruglanski, 1995). Wanneer een stereotype wél wordt gebruikt, kan het verschillende effecten hebben (bijv. Kunda & Thagard, 1996; Stapel & Koomen, 1998; Vonk & Ellemers, 1993). Het meest gebruikelijke effect is dat de informatie over een persoon zodanig wordt waargenomen dat deze convergeert met het stereotype. We spreken in dit geval van *assimilatie*. Een eenvoudig voorbeeld hiervan wordt beschreven door Nelson, Biernat en Manis (1990). In hun onderzoek moesten proefpersonen de lichaamslengte schatten (in centimeters) van mannen en vrouwen die in werkelijkheid even lang waren. De lengte van de mannen bleek stelselmatig hoger te worden ingeschat dan die van de vrouwen. Hoewel er in feite geen verschil bestond, werden de beoordeelde mannen en vrouwen dus geassimileerd met het stereotype dat mannen langer zijn.

In bepaalde omstandigheden kunnen stereotypen echter ook een tegenovergesteld effect hebben. Zo wordt een man van 1,88 gezien als iemand met een normale lengte, terwijl een vrouw met dezelfde lengte als 'lang' wordt beoordeeld (Manis, Biernat & Nelson, 1991). Het is zelfs mogelijk dat een vrouw van 1,88 als langer wordt waargenomen dan ze feitelijk is. In deze gevallen spreken we van *contrast*: de informatie over een persoon wordt gezien als afwijkend van het stereotype, zodat het oordeel juist naar de andere kant schiet.

Kijken we naar het effect van stereotypen op beoordelingen van een individu, dan betekent dit alles dat er drie mogelijkheden zijn:
1 een stereotype wordt gebruikt en leidt tot assimilatie;
2 een stereotype wordt gebruikt en leidt tot contrast;
3 een stereotype wordt niet gebruikt.

In het laatste geval wordt een persoon gewoon waargenomen zoals deze is, zonder dat het stereotype invloed heeft. Bijvoorbeeld: een man en een vrouw die allebei 1,88 zijn, worden gezien als gelijk in lengte. In de volgende drie paragrafen vertellen we meer over onderzoeken waarin deze drie mogelijkheden worden geïllustreerd en over de verschillende factoren die bepalen wanneer welk effect kan optreden.

5.4.1 Assimilatie: wanneer stereotypen overheersen

Assimilatie-effecten kunnen zich manifesteren in verschillende deelaspecten van het informatieverwerkingsproces (voor een overzicht: Hilton & Von Hippel, 1996). Zo zagen we in hoofdstuk 4, bij de bespreking van de effecten van schema's (paragraaf 4.4), dat schema's onder meer van invloed zijn op de identificatie en attributie van gedrag en op beoordelingen van personen. Een voorbeeld van de invloed van stereotypen op *identificatie* is al besproken in hoofdstuk 4 (paragraaf 4.4.2, p.171): proefpersonen in een onderzoek van Duncan (1976) interpreteerden een ambigue schouderklop eerder als een teken van agressie wanneer de betrokkene een zwarte man was. Een meer recent voorbeeld is een onderzoek van Dunning en Sherman (1997). Zij legden proefpersonen ambigue zinnen voor. De zin 'Zij klaagden over de drank op het feest', kan bijvoorbeeld uitgelegd worden als: men vond dat er te weinig drank was, of juist omgekeerd: men vond dat er te veel gedronken werd. Voor de gevolgtrekkingen die de lezer maakt, kan het dan nogal wat uitmaken van wie deze klacht over de drank afkomstig was. Luidt de zin: 'De nonnen klaagden over de drank op het feest', dan denkt de lezer wellicht eerder dat er 'te veel drank' bedoeld werd dan wanneer er staat 'De studenten klaagden over de drank op het feest'. Als gevolg van een stereotype-consistente interpretatie bij het encoderen zou je dan bijvoorbeeld achteraf kunnen denken dat er werd gezegd: 'De studenten klaagden over te *weinig* drank op het feest'. Uit de resultaten van Dunning en Sherman bleek dat dit inderdaad het geval was. We zien hier dat de informatie zodanig wordt geïdentificeerd en aangevuld dat deze past bij het stereotype over de betreffende categorie (vgl. het verschijnsel van schema-gestuurde indringers in het geheugen, p. 173 en p. 180).

Een bekend voorbeeld van de invloed van stereotypen op *attributies* is het onderzoek naar sekse-stereotypen dat Kay Deaux in de jaren zeventig uitvoerde (bijv. Deaux & Emswiller, 1974; Deaux & Taynor, 1973). In deze experimenten werden proefpersonen geconfronteerd met de uitkomsten van een taak die door een mannelijke of vrouwelijke stimuluspersoon werd uitgevoerd. De proefpersonen hoorden bijvoorbeeld via een koptelefoon dat de stimuluspersoon een grote meerderheid van aangeboden objecten (ofwel gereedschapsartikelen, ofwel huishoudelijke artikelen) goed herkende. Aan de proefpersonen werd gevraagd aan te geven in hoeverre deze prestatie was beïnvloed door capaciteiten van de stimuluspersoon dan wel door geluk (toeval). Ging het om de herkenning van gereedschap, dan bleek de succesvolle uitkomst vaker aan toeval te worden toegeschreven als de stimuluspersoon een vrouw was en vaker aan capaciteiten als dezelfde prestatie door een man was geleverd, in overeenstemming met het stereotype dat mannen competenter en 'technischer' zijn dan vrouwen. Bij de herkenning van huishoudelijke artikelen trad een omgekeerd effect niet op – wellicht doordat de effecten van het stereotype, dat mannen meer competent én minder huishoudelijk zijn, in dit geval elkaar compenseerden.

Analoge resultaten zijn gerapporteerd door andere onderzoekers (voor overzichten: Deaux, 1976, 1984; Swim & Sanna, 1996). Zo worden succesvolle prestaties van een vrouw niet alleen vaker toegeschreven aan geluk, maar ook aan een grotere inspanning of zelfs aan bedrog; mislukkingen van een vrouw worden vaker toegeschreven aan gebrek aan capaciteiten en mislukkingen van een man vaker aan de moeilijkheid van de taak (bijv. Feather & Simon, 1975; Feldman-Summers & Kiesler, 1974). Ook in geval van etnische stereotypen wordt stereotype-inconsistent gedrag vaak aan externe factoren geattribueerd, terwijl consistent gedrag vaker wordt toegeschreven aan kenmerken van de persoon (bijv. Bodenhausen, 1988; Gordon & Anderson, 1995) of van de groep (Yzerbyt, Rocher & Schadron, 1997).

Als de identificatie en attributie van gedrag wordt beïnvloed door stereotypen, zal het geen verbazing wekken dat ook de uiteindelijke *beoordelingen* van personen door stereotypen worden gestuurd. De kwaliteit van een essay of schilderij bijvoorbeeld, wordt vaak hoger ingeschat wanneer men denkt dat het door een man geproduceerd is dan wanneer men meent dat het van een vrouw afkomstig is (bijv. Basow, 1986; Waltson & O'Leary, 1981; voor een overzicht: Swim e.a., 1989). Ook dit is een duidelijk voorbeeld van assimilatie: het oordeel over het individuele product schuift in de richting van het stereotype dat mannen betere kunstenaars, schrijvers enzovoort zijn.

Hoeveelheid relevante informatie
Uit veel onderzoek blijkt dat informatie over personen zodanig wordt geïnterpreteerd dat deze past bij het geactiveerde stereotype. Dit is in feite het meest gebruikelijke effect van stereotypen, en het is ook datgene wat we meestal bedoelen als we spreken van stereotypering. Je kunt zelfs stellen dat assimilatie/stereotypering de meest gebruikelijke vorm van waarneming is (Fiske & Neuberg, 1990): onder normale omstandigheden proberen we een persoon op te nemen in de geactiveerde categorie (Schwarz & Bless, 1992) en wordt de beschikbare informatie over de persoon naar dit stereotype toegetrokken in de waarneming en beoordeling.

Die informatie moet dan echter wel voldoende interpretatievrijheid bieden om een dergelijke verschuiving mogelijk te maken, en dat is inderdaad het geval in de hierboven genoemde onderzoeken. In het onderzoek van Duncan (1976) bijvoorbeeld was de schouderklop van de zwarte of witte man opzettelijk *ambigu* (dat wil zeggen dat meerdere interpretaties van het gedrag mogelijk zijn). Zinnen als 'Ze klaagden over de drank op het feest' (Dunning & Sherman, 1997), zijn eveneens voor interpretatie vatbaar. Het is voor de waarnemer onduidelijk wat er aan de hand is, en het schema helpt dan om dit te bepalen (zie ook Kunda e.a., 1997). Ook valt te twisten over de kwaliteit van een schilderij of opstel. In dat opzicht kan een schilderij of opstel ook als ambigu worden gezien. Zoals we al zagen in hoofdstuk 4, worden schema's in al dit soort gevallen gebruikt om de interpretatie of beoordeling in een bepaalde richting te sturen (paragraaf 4.4.2, p.171). Dat proces kan volledig onbewust zijn en dus ook zeer diffuus. Wanneer een stereotype eenmaal is geactiveerd, werkt het als een 'prime' die bepaalde persoonlijkheidskenmerken meer toegankelijk maakt (vgl. Moscowitz & Roman, 1992; Stapel, Koomen & Van der Pligt, 1997). Als je bijvoorbeeld vindt dat zwarte mensen agressief zijn, dan wordt die eigenschap geactiveerd wanneer je een zwarte persoon ziet. Aangezien die eigenschap dan in een verhoogde staat van activatie verkeert (vgl. paragraaf 4.2.6, p.155), zul je het gedrag dat je waarneemt eerder interpreteren als agressief (vgl. Devine, 1989).

Niet alleen de ambiguïteit van de informatie is van belang, maar ook de hoeveelheid informatie. Hoe minder informatie er is over het gedrag en de context waarin dit wordt vertoond, des te meer interpretatieruimte blijft er over. In het onderzoek naar attributies van de prestaties van mannen en vrouwen werd bijvoorbeeld alleen informatie gegeven over de uitkomsten van iemands gedrag (bijvoorbeeld de uitslag van een tentamen) en niet over de werkwijze van de stimuluspersoon die tot de uitkomst leidde. Het lijkt erop dat een negatiever oordeel over de prestatie van een vrouw vaker voorkomt naarmate men minder informatie heeft over het gedrag van de persoon (Swim e.a., 1989). Dit kan verklaard worden doordat een geringe hoeveelheid informatie veel ruimte biedt om te gissen naar mogelijke oorzaken van de gepresenteerde uitkomst. Hoe minder informatie, des te groter is de kans dat een stereotype-afwijkende gebeurtenis (bijvoorbeeld de succesvolle uitkomst van een vrouw) 'weg-verklaard' kan worden door aan te nemen dat factoren waarover men niet is geïnformeerd eraan hebben bijgedragen (Vonk & Ellemers, 1993).

Pseudo-informatie
Op grond van het voorafgaande zou je kunnen zeggen dat meer informatie over een persoon leidt tot minder gebruik van stereotypen. Als de beschikbare informatie echter irrelevant is voor datgene wat beoordeeld moet worden, kan extra informatie juist stereotypering versterken. Dit hangt samen met het feit dat stereotypen vandaag de dag door de meeste mensen worden beschouwd als een slechte basis voor oordeelsvorming. Wanneer mensen alleen weten tot welke categorie iemand hoort, zijn ze terughoudend met hun oordelen. Zoals we eerder al zagen bij de bespreking van het onderzoek van Devine (paragraaf 5.3.1, p.210), zullen veel mensen proberen hun stereotypen te onderdrukken. Meer informatie over een persoon kan deze terughoudendheid opheffen: men raakt in de veronderstelling dat de indruk is gebaseerd op de verstrekte informatie. Dat wil zeggen, de subjectief ervaren *beoordeelbaarheid* van de persoon wordt groter door de extra informatie (Yzerbyt e.a., 1994, 1999; zie ook Corneille e.a., 1999). In werkelijkheid is er echter sprake van *pseudo-informatie*: informatie waar de waarnemer in feite niets aan heeft, maar alleen iets aan dénkt te hebben.

Het effect hiervan wordt geïllustreerd door een bekend experiment van Darley en Gross (1983). Proefpersonen zagen een film van een kind dat ofwel duidelijk uit een laag sociaal-economisch milieu kwam, ofwel juist zichtbaar van goede komaf was. Wanneer uitsluitend op basis van de film werd gevraagd de intelligentie van het kind te beoordelen, waren de proefpersonen terughoudend in hun beoordeling en was er geen verschil tussen de twee condities. Werd echter informatie gegeven over de resultaten van een test die door het kind was afgelegd, dan trad wel een verschil op. Proefpersonen die het kind uit de hogere sociale klasse zagen vonden dat de testvragen moeilijker waren en dat het kind intelligenter was, vergeleken met proefpersonen die het kind uit de lagere sociale klasse zagen. De testinformatie was in feite pseudo-informatie, omdat proefpersonen geen idee hadden wat eigenlijk een normale prestatie was bij deze test voor een kind van die leeftijd. Niettemin meende men dat de indruk van het kind was gebaseerd op de testinformatie. De testinformatie ging dus fungeren als een vrijbrief om stereotypen (in dit geval over sociaal-economische klasse) te gebruiken doordat het gevoel van beoordeelbaarheid groter was geworden.

Cognitieve capaciteit en motivatie
De neiging tot stereotypering is sterker als men een complex oordeel moet vormen (bijvoorbeeld over de vraag of een verdachte schuldig is; Bodenhausen & Lichtenstein, 1987; zie ook Pratto & Bargh, 1991) of als men weinig gelegenheid heeft om alle informatie over een persoon te overdenken, bijvoorbeeld onder tijdsdruk (Dijksterhuis & Van Knippenberg, 1995; Kruglanski & Freund, 1983), of wanneer men tegelijkertijd met een andere taak bezig is (Macrae, Hewstone & Griffiths, 1993; Stangor & Duan, 1991). Aangezien stereotypen, net als andere schema's, helpen om de informatieverwerking te vereenvoudigen, worden ze in het bijzonder gebruikt in dergelijke lastige situaties, om de zaak overzichtelijk te maken. Het kost meer inspanning om een persoon waar te nemen zonder gebruik te maken van stereotypen of andere schema's. Zoals we in hoofdstuk 4 zagen (paragraaf 4.4.3, p.174), leidt het gebruik van stereotypen inderdaad tot energiebesparing: Macrae, Milne en Bodenhausen (1994) lieten zien dat proefpersonen die gebruik kunnen maken van een stereotype terwijl ze zich een indruk vormen van een ander, beter in staat zijn tegelijkertijd een andere taak uit te voeren dan proefpersonen die geen stereotype gebruiken bij de indrukvorming. Omgekeerd zullen mensen dus ook eerder hun toevlucht zoeken tot stereotype-gestuurde oordelen wanneer hun cognitieve capaciteit onder druk staat.
Datzelfde geldt wanneer ze niet erg gemotiveerd zijn zich een accuraat beeld te vormen van een persoon, bijvoorbeeld als die persoon geen enkele macht heeft en hun belangen dus niet kan beïnvloeden. Men heeft dan geen zin zich in te spannen om alle relevante informatie te overdenken, dus men stereotypeert de ander omdat dit weinig moeite kost (bijv. Fiske, 1993). We komen daar later nog op terug.

Samenvattend: assimilatie-effecten ontstaan vaak doordat de beschikbare informatie interpretatievrijheid biedt – hetzij doordat het gedrag van een persoon ambigu is, hetzij doordat bepaalde informatie ontbreekt, en het stereotype ongemerkt de kop op steekt om de ontbrekende gedeelten in te vullen. Extra informatie kan dit effect versterken wanneer deze informatie irrelevant is, door ten onrechte het gevoel van beoordeelbaarheid te vergroten. We moeten hierbij ook bedenken dat de meeste indrukken die we in het dagelijks leven vormen zijn gebaseerd op informatie die ambigu, irrelevant of onvolledig is (we kennen bijvoorbeeld meestal niet alle antecedenten van iemands gedrag). Bovendien hebben we vaak onvoldoende motivatie of cognitieve capaciteit om uitgebreid na te denken over elke persoon die we tegenkomen, zodat we al snel terugvallen op datgene wat het gemakkelijkst is: assimilatie, het opnemen van de persoon in een geactiveerde categorie. In het dagelijks leven zal assimilatie dan ook eerder regel dan uitzondering zijn.

5.4.2 Contrast: wanneer stereotype-inconsistente informatie het oordeel overheerst

In 1982 leek het erop dat Ann Hopkins haar naam had gevestigd bij Price Waterhouse, één van de grootste accountancy-firma's in Amerika. Van de 88 verschillende kandidaten die in dat jaar werden voorgedragen voor een hoge leidinggevende positie als partner, leek Hopkins de beste papieren te hebben: ze had opdrachten binnengehaald voor meer dan 25 miljoen dollar en een grotere omzet gegenereerd dan elke andere kandidaat; haar cliënten waren lovend over haar; degenen die haar voordracht ondersteunden beschreven haar als hard werkend, gedreven en veeleisend. Hopkins was de enige vrouw onder de 88 kandidaten. Het bedrijf had op dat moment 662 partners, van wie er 7 vrouw waren.

Hopkins werd niet tot partner benoemd omdat, zo werd er gezegd, haar interpersoonlijke vaardigheden niet goed waren. Men adviseerde haar eerst eens wat meer aan haar charme te werken, zich vrouwelijker te kleden en te bewegen, en meer make-up te gebruiken. In plaats van dit advies op te volgen, spande Hopkins een proces aan tegen Price Waterhouse. De rechter besliste dat Price Waterhouse schuldig was aan seksediscriminatie, omdat in dit bedrijf een vrouw met een assertieve persoonlijkheid anders werd beoordeeld dan wanneer ze een man was geweest: men interpreteerde het ambitieuze, assertieve gedrag van Hopkins als agressief en arrogant.

Price Waterhouse ging in beroep tegen de beslissing, en het verslag van het proces werd onderzocht door de Supreme Court, het hoogste gerechtshof in Amerika. Dit gerechtshof onderzoekt slechts een zeer klein deel van de zaken die aan haar worden voorgelegd. De zaak Hopkins versus Price Waterhouse werd echter interessant gevonden, omdat het een zogenaamde *mixed motive*-zaak was: het was mogelijk dat Hopkins werd afgewezen vanwege haar sekse, maar het was ook mogelijk dat haar sociale vaardigheden inderdaad ontoereikend waren voor deze functie. Welk motief had nu de doorslag gegeven? Wanneer een kandidaat vrouw is én in bepaalde opzichten niet voldoet aan het profiel van de ideale manager, hoe kan dan worden vastgesteld of ze wordt afgewezen vanwege haar sekse of haar persoonlijkheid? De advocaten van Price Waterhouse stelden dat Ann Hopkins domweg een onaangename persoonlijkheid was. Als dit een geval was van seksediscriminatie, dan zou dat betekenen dat geen enkele vrouw ooit arrogant, agressief en onaangenaam kon zijn. Immers, iedere conclusie in die richting zou kunnen worden afgedaan als het resultaat van sekse-stereotypen.

Het gerechtshof besliste uiteindelijk op grond van gezond verstand: 'Er is geen speciale training voor nodig om vast te stellen dat er sprake is van sekse-stereotypering wanneer tegen een assertieve vrouw wordt gezegd dat ze een cursus 'at charm school' nodig heeft. Als de interpersoonlijke kwaliteiten van een medewerkster verbeterd kunnen worden door een mooi mantelpak of een nieuwe kleur lippenstift, dan is de oorzaak van de kritiek wellicht gelegen in de sekse van de medewerkster en niet in haar interpersoonlijke vaardigheden. Het is niet onze taak om na te gaan of de negatieve opmerkingen over de persoonlijkheid van Hopkins terecht zijn. Wij zijn hier niet om te bepalen of Hopkins een aardige mevrouw is, maar om te bepalen of zij op dezelfde manier was beoordeeld wanneer ze een man was. De tijd is voorbij dat een werkgever van zijn werknemers kon eisen dat ze voldoen aan het stereotype over hun groep. Een werkgever die problemen heeft met assertiviteit van een vrouw en die tegelijkertijd personeelsfuncties aanbiedt waarin die eigenschap noodzakelijk is, plaatst vrouwen in een onmogelijke positie.' (Voor een uitvoeriger beschrijving van deze zaak, zie Fiske e.a., 1991.)

Wat opviel in deze zaak was dat Hopkins niet op dezelfde criteria werd beoordeeld als haar mannelijke collega's. Merk op dat de capaciteiten van Hopkins niet ter discussie stonden, zoals in de hiervoor beschreven onderzoeken van bijvoorbeeld Deaux en haar collega's. Wat wél ter discussie stond, waren Hopkins' sociale kwaliteiten. Op deze sociale dimensie trad een contrast-effect op: Hopkins was vermoedelijk even initiatiefrijk en kordaat als haar mannelijke collega's; dat waren eigenschappen die ze nodig had om iets te bereiken in haar vak. Van een vrouw wordt echter meegaandheid en passiviteit verwacht. Dit leidde er kennelijk toe dat haar gedrag op de sociale dimensie extremer werd gevonden dan hetzelfde gedrag van een man. Het is belangrijk te beseffen dat er in dit geval geen sprake is van het onderschatten van de capaciteiten van een vrouw (assimilatie), maar juist van het overdrijven van niet-vrouwelijke trekken (contrast): het oordeel over de persoon schuift weg van het geactiveerde stereotype. Hopkins werd gezien als extreem hoog op stereotiep mannelijke eigenschappen, zoals ambitie en assertiviteit.

Dat het verhaal over Hopkins geen geïsoleerd geval vormt, blijkt onder meer uit een onderzoek van Costrich e.a. (1975). Assertief gedrag van een vrouw werd door proefpersonen als assertiever beoordeeld dan hetzelfde gedrag van een man, terwijl meegaand gedrag bij een man juist extremer werd beoordeeld (zie ook Herr, Sherman & Fazio, 1983; Linville & Jones, 1980). De consequenties van dit soort contrast-effecten komen onder meer naar voren bij de beoordeling van leidinggevenden: vergeleken met mannen worden vrouwelijke leidinggevenden vooral negatiever beoordeeld als ze een autocratische, stereotiep mannelijke leiderschapsstijl hebben (Eagly, Makhijani & Klonsky, 1992).[5] Doordat een autocratische leiderschapsstijl afwijkt van de sekserol van vrouwen, wordt dit soort gedrag van een vrouw als extremer beoordeeld en leidt het tot negatieve gevolgtrekkingen. (Een vrouwelijke leidinggevende met een democratische of participatieve leiderschapsstijl wordt daarentegen even geschikt gevonden als een man.) Dit effect wordt versterkt wanneer specifiek vrouwelijke kenmerken zijn vereist voor een leidinggevende functie (Rudman & Glick, 1999).

Stereotypen als beoordelingsstandaard
De medewerkers van Price Waterhouse maakten gebruik van sekse-stereotypen; daarover bestaat weinig twijfel. Hoe komt het nu dat het gedrag van Hopkins niet werd geassimileerd naar het stereotype over vrouwen, maar juist daarmee werd gecontrasteerd? De belangrijkste oorzaak daarvan is dat het gedrag duidelijk afwijkend was van het stereotype. Er waren harde cijfers over Hopkins' verdiensten, dus de informatie was niet ambigu. Bovendien was er een dermate grote hoeveelheid informatie dat er geen kans was om de prestaties toe te schrijven aan externe factoren; daarvoor was de consistentie van het gedrag te hoog (vgl. Kelley, 1967, 1973, paragraaf 3.3.1, p.89). In dit opzicht was er dan ook geen sprake van stereotypering. Niemand trok in twijfel dat Hopkins veel geld verdiende voor het bedrijf en dat ze bekwaam was. Tegelijkertijd was haar sociale gedrag sterk inconsistent met het stereotype over vrouwen. Hopkins was assertief, ambitieus, voortvarend, vasthoudend. Kortom, ze had al die eigenschappen die in strijd zijn met het normatieve beeld van de vrouw, zoals zorgzaam en afwachtend. In zulke gevallen wordt het gedrag opvallend gevonden doordat het duidelijk afwijkt van de verwachting. Het gedrag is, in termen van Jones en Davis, 'out-of-role', hetgeen leidt tot een meer extreme correspondente gevolgtrekking (zie paragraaf 3.3.2, p.82). Anders gezegd: 'out-of-role', stereotype-afwijkend gedrag is saillant (zie paragraaf 3.7.4, p.136), met als gevolg dat het aandacht trekt en een relatief extreem oordeel oproept (vgl. Taylor & Fiske, 1978). In deze gevallen fungeert het stereotype niet als een categorie waarin een persoon wordt opgenomen, maar als een *beoordelingsstandaard*, of een achtergrond waartegen het gedrag van de persoon wordt afgezet (Biernat, Manis & Nelson 1991; Manis, Biernat & Nelson, 1991; zie ook Biernat e.a., 1998; Stapel & Koomen, 1998). De persoon wordt vergeleken met de geactiveerde categorie en op grond daarvan extreem beoordeeld.[6]
Overigens is het wel mogelijk dat contrast-effecten positief uitpakken voor de betrokkene: een zwarte man met een mooi curriculum vitae kan als bekwamer

---

5 Merk op dat het experimentele onderzoek waar we het hier over hebben tegemoetkomt aan het bezwaar van Price Waterhouse dat geen enkele vrouw ooit een onaangenaam mens kan zijn voor iemand die gelooft in sekse-discriminatie: in dit onderzoek worden een man en vrouw die precies hetzelfde gedrag vertonen met elkaar vergeleken. Als de vrouw dan negatiever wordt beoordeeld, kan dat alleen komen door haar sekse.

6 Anders dan bij assimilatie-effecten lijkt het erop dat contrast-effecten niet zwakker worden door een verhoogde motivatie om een accuraat beeld te vormen (Stapel, Koomen & Zeelenberg, 1998).

worden beoordeeld dan een witte man met dezelfde verdiensten (Linville & Jones, 1980; Jussim e.a., 1987); een voetballer die de boeken van Harry Mulisch kan volgen, kan als intelligenter worden beoordeeld dan een hoogleraar die hetzelfde kan. Maar in de meeste gevallen pakken contrast-effecten negatief uit, om twee redenen. Ten eerste hebben veel stereotypen, zoals in hoofdstuk 4 opgemerkt, een normatief element. Zo bevatten sekse-stereotypen niet alleen verwachtingen over hoe mannen en vrouwen zich gedragen, maar ook normen over hoe zij zich *behoren* te gedragen. Net als scripts (zie paragraaf 4.4.5, p.186: *Schema's vormen een beoordelingsstandaard*) kunnen stereotypen fungeren als een normatieve standaard waarmee we het gedrag van een persoon vergelijken. Dit normatieve aspect is met name van toepassing op stereotypen over groepen die worden gezien als vriendelijk maar dom, zoals vrouwen en – ooit, een halve eeuw geleden – zwarte mensen ('negers') in de Verenigde Staten (Hacker, 1951). In dit soort gevallen stelt het stereotype als norm dat de leden van zo'n groep zich op de achtergrond moeten houden en niet te veel praatjes moeten hebben. Zolang ze dat doen, worden ze gewaardeerd om hun positieve sociale kwaliteiten, zoals vriendelijkheid en meegaandheid, en leven ze in harmonie met de meer machtige groep (Glick & Fiske, 1998). Proberen ze echter om invloed te krijgen en te laten zien dat ze iets in hun mars hebben, dan worden ze gezien als 'militant' en agressief, zoals vandaag de dag Afrikaanse Amerikanen (Devine & Elliot, 1995) en bepaalde soorten vrouwen (Haddock & Zanna, 1994). Zo kent men in Nederland (Vonk & Ashmore, 1999) en in de Verenigde Staten (Ashmore, Del Boca & Titus, 1984) nogal wat negatieve etiketten voor vrouwen die hun sekserol schenden (bijvoorbeeld *haaibaai, kenau, bitch*).

Een tweede reden waarom contrast-effecten relatief vaak in het nadeel van de betrokkene werken, is dat een contrast-effect een extreem oordeel impliceert; de vrouw wordt bijvoorbeeld gezien als extra assertief, de man als extra meegaand. En een extreem oordeel is vaker negatief dan een gematigd oordeel, doordat het gewoonlijk een overmatige dosis van een bepaald kenmerk impliceert (vgl. Van der Pligt & Eiser, 1980). Het gevolg is 'te veel van het goede' (en, zoals alle Nederlanders weten: alles waar *te* voor staat is verkeerd, behalve tevreden). Zo leidt een extreme mate van zelfvertrouwen tot arrogantie; een extreme mate van bescheidenheid impliceert onderdanigheid of onzekerheid; een extreme mate van doorzettingsvermogen maakt een persoon tot een drammer; een extreme mate van zelfstandigheid leidt ertoe dat men asociaal wordt; een extreme mate van behulpzaamheid leidt ertoe dat men zichzelf wegcijfert en over zich heen laat lopen; en zo kunnen we nog wel even doorgaan (zie Peabody, 1967). De meeste positieve eigenschappen worden negatief wanneer men er te veel van heeft. Door dit verschijnsel zullen contrast-effecten vaker negatief dan positief uitpakken. Dat geldt overigens niet alleen voor vrouwen, maar ook voor mannen. Zo is een veelgehoorde klacht van de moderne man dat hij zachtaardig en gevoelig zou moeten zijn om bij vrouwen in de smaak te vallen, maar als hij zo doet wordt hij door diezelfde vrouwen voor een *zacht ei, watje* of *mietje* uitgemaakt.

5.4.3 Wanneer stereotypen geen invloed hebben

Is het dan eigenlijk wel mogelijk voor een vrouw om competentie en kracht te tonen zonder dat dit ofwel wordt toegeschreven aan niet-stabiele of situationele oorzaken, ofwel leidt tot een negatieve sociale beoordeling? En is het mogelijk voor een man om gevoelens van verdriet of onzekerheid te tonen, zonder voor een sukkel te worden aangezien?

Jawel: er zijn situaties waarin stereotypen geen invloed hebben op het oordeel over een persoon. In een vaak aangehaald (en vooral vaak bekritiseerd) onderzoek van Locksley, Borgida, Brekke en Hepburn (1980) kregen proefpersonen een letterlijk uitgetypt protocol te lezen van een telefoongesprek tussen twee studenten. Een van de studenten (de stimuluspersoon) vertelde in dit gesprek over drie probleemsituaties (bijvoorbeeld lastiggevallen worden op straat, in een werkgroep in de rede gevallen worden). In de ene versie bleek uit het verhaal dat de persoon assertief had gereageerd op deze situaties, in de andere versie bleek dat de student passief had gereageerd. Een deel van de proefpersonen kreeg vooraf te horen dat de stimuluspersoon een vrouw was, een ander deel dat het een man was. Een dag later werd aan de proefpersonen gevraagd om de stimuluspersoon te beoordelen op een aantal eigenschappen en om toekomstig gedrag van de persoon in vergelijkbare situaties te voorspellen. De sekse-manipulatie bleek op deze oordelen geen enkele invloed te hebben: proefpersonen die de assertieve versie van het gesprek hadden gelezen gaven de stimuluspersoon hogere scores op mannelijke eigenschappen en lagere scores op vrouwelijke eigenschappen dan proefpersonen die de passieve versie hadden gelezen, ongeacht het geslacht van de persoon. Dit wijst erop dat proefpersonen zich in hun oordelen op geen enkele wijze lieten leiden door sekse-stereotypen, maar uitsluitend door de informatie die ze hadden over het gedrag van de persoon. Merk op dat hier sprake was van noch assimilatie, noch contrast: de assertieve vrouw werd niet passiever, en ook niet assertiever gevonden dan de man.

Uit een tweede experiment bleek: (a) dat de proefpersonen wel degelijk verwachtten dat mannen assertiever zijn dan vrouwen en dat vrouwen passiever zijn; (b) dat deze verwachting hun oordelen inderdaad beïnvloedde (assimilatie) wanneer ze alleen een niet-informatieve, irrelevante beschrijving kregen van een man of een vrouw; maar (c) dat de beschrijving van één enkele informatieve gedraging voldoende was om te bereiken dat het stereotype de oordelen niet meer beïnvloedde.

Diagnostische informatie

De bevindingen van Locksley en haar collega's (zie ook Locksley, Hepburn & Ortiz, 1982a,b) zijn in overeenstemming met die van verschillende andere onderzoekers (voor een overzicht, zie Locksley e.a., 1982a). De invloed van sekse-stereotypen kan bijvoorbeeld niet alleen teniet worden gedaan door gedragsbeschrijvingen, maar ook door informatie over persoonlijkheidstrekken (vgl. Kahneman & Tversky, 1973), status (Eagly & Wood, 1982), beroep of uiterlijke kenmerken (Deaux & Lewis, 1984). Niettemin brachten de publicaties van Locksley en haar collega's nogal wat controverse teweeg (bijv. Deaux & Lewis, 1984; Grant & Holmes, 1982; Rasinski, Crocker & Hastie, 1985). Higgins en Bargh (1987) hebben hierover opgemerkt dat het wel leek alsof de critici ontsteld waren dat proefpersonen hun oordelen voornamelijk baseren op de informatie die ze krijgen.

Een van de belangrijkste punten van kritiek op de Locksley-studies is dat ze haast tautologisch zijn: de proefpersoon leest een beschrijving van een assertieve gedraging en later wordt gevraagd hoe assertief de persoon is en hoe groot de kans is dat de persoon zich in een vergelijkbare situatie weer zo zal gedragen. Zoals Deaux en Lewis het uitdrukten: 'They have shown that passive behavior is more predictive of passive behavior than is gender' (1984, p. 993). Uit later onderzoek blijkt inderdaad dat de gevonden krachtige effecten van een gedragsbeschrijving vooral optreden wanneer het oordeel dat gegeven moet worden sterk gerelateerd is aan de beschrijving (Krueger & Rothbart, 1988; Heilman, 1984). Zou men bijvoorbeeld op grond van assertief gedrag moeten aangeven hoe rationeel een persoon is (of vice versa), dan zou de invloed van het gedrag op dit oordeel kleiner kunnen zijn en de invloed van sekse-stereotypen groter. In het onderzoek van Locksley c.s. was er een sterke relatie tussen de verstrekte gedragsinformatie en de gevraagde beoordeling over de persoon: het gedrag van de stimuluspersoon was duidelijk assertief (het was niet voor interpretatie vatbaar), en er werd eenvoudigweg gevraagd of de persoon zich in een vergelijkbare situatie weer zo zou gedragen. Dat wil zeggen, de aangeboden informatie was sterk *diagnostisch* voor het gevraagde oordeel. In zulke situaties verdwijnt de invloed van stereotypen. Dat was overigens ook precies wat Locksley e.a. wilden aantonen.

Van belang is dat het aangeboden gedrag méér diagnostisch was voor het gevraagde oordeel dan de sekse van de persoon. Om dit te verduidelijken geven we een ander voorbeeld: stel dat je van een man weet dat hij houdt van lekker eten met een glaasje wijn, en je moet aangeven hoe zelfverzekerd hij is. De informatie die je over deze man hebt is niet relevant voor de vraag of iemand zelfverzekerd is. Het stereotype over mannen daarentegen is wél relevant, omdat mannen volgens het stereotype zelfverzekerd zijn (in elk geval zelfverzekerder dan vrouwen). In dit geval zal je oordeel dus worden beïnvloed door het stereotype: de informatie over de voorkeur voor lekker eten is minder bruikbaar. Moet je echter aangeven of deze man een levensgenieter is, dan zal je oordeel juist worden beïnvloed door de informatie over de voorkeur voor lekker eten, want die informatie is relevanter voor het gevraagde oordeel dan de sekse van de persoon.

De informatie dat iemand van lekker eten houdt, is dus diagnostisch als men wil weten in hoeverre een persoon een levensgenieter is, maar niet als het erom gaat het zelfvertrouwen van de persoon te beoordelen. Diagnostische informatie is (a) duidelijk, niet ambigu en (b) sterk gerelateerd aan datgene wat men wil weten.

Op analoge wijze kan een stereotype meer en minder diagnostisch zijn voor een bepaald oordeel. Het stereotype over mannen is diagnostisch voor de vraag of iemand zelfvertrouwen heeft, maar je hebt er weinig aan als je moet beoordelen of iemand optimistisch is, omdat stereotypen in dit opzicht geen sterk onderscheid maken tussen mannen en vrouwen. In het algemeen geldt dat stereotypen sterker van invloed zijn op een oordeel over een persoon naarmate ze meer diagnostisch zijn voor dat oordeel, *vergeleken met* andere informatie die men over de persoon heeft (Krueger & Rothbart, 1988). Is de beschikbare informatie daarentegen diagnostischer dan het stereotype, zoals in de Locksley-experimenten, dan wordt het stereotype niet gebruikt.[7]

We kunnen concluderen dat een directe, duidelijke relatie tussen de aangeboden informatie over een persoon en het uiteindelijke oordeel ertoe leidt dat de rol van stereotypen naar de achtergrond verdwijnt. Het gevolg is dat de assimilatie- of contrast-effecten die vaak van stereotypen uitgaan, in deze situatie minimaal worden. Een kanttekening hierbij is dat in het onderzoek van Locksley e.a. sprake was van een overzichtelijke situatie: de proefpersonen kregen weinig informatie over de stimuluspersoon en de informatie die ze kregen was sterk gerelateerd aan het later gevraagde oordeel. In de dagelijkse omgang met anderen zal het niet vaak voorkomen dat er zo'n duidelijke een-op-een-relatie is tussen informatie en oordeel, al was het alleen maar doordat men een persoon vaak op meerdere dimensies beoordeelt (vgl. het geval van Hopkins, waarin stereotypen geen invloed hadden op het direct aan de prestaties gerelateerde competentie-oordeel, maar wel op het oordeel over andere kwaliteiten). Bovendien krijgen we vaak veel meer informatie over een persoon dan alleen datgene wat we willen weten om een oordeel te geven. In zulke meer complexe gevallen zullen we ons toch weer gauw op stereotypen verlaten.

Dit suggereert dat we stereotypen vooral gebruiken als we veel informatie moeten verwerken. Dat klopt, want stereotypen zijn dan – net als andere schema's – een nuttig hulpmiddel om de zaken te vereenvoudigen door middel van ordening en selectie. Tegelijkertijd is ook de stelling verdedigbaar dat stereotypen juist worden gebruikt als we te *weinig* informatie hebben over een persoon. Denk maar eens terug aan het voorbeeld van de chirurg waar hoofdstuk 4 mee begon. Bij gebrek aan informatie over de sekse van de chirurg nemen we aan dat het een man is. We gebruiken stereotypen immers om de gaten in de informatie te vullen. Hebben we veel informatie over een persoon, dan hebben we stereotypen in elk geval niet meer nodig om ontbrekende informatie aan te vullen. Het is mogelijk dat we de persoon dan gaan zien als individu en

---

[7] De invloed van een stereotype kan ook ongedaan worden gemaakt door informatie die in het algemeen diagnostisch is bij het vormen van een indruk, ongeacht de relatie met het gevraagde oordeel (vgl. Fein & Hilton, 1992). Wanneer we bijvoorbeeld van een persoon weten dat hij geld heeft gestolen, vinden we dat zo informatief dat we de persoon niet langer beoordelen als man of vrouw, maar als dief. In zekere zin is dan echter nog steeds sprake van stereotypering, want we gebruiken dan ons schema over dieven en immorele mensen bij de beoordeling van de persoon. We stappen dus over van het ene schema naar het andere.

niet als lid van een bepaalde categorie. Denk bijvoorbeeld maar aan je beste vriend(in) of je ouders. Ook in die gevallen, waarin we juist heel veel weten over een persoon, hebben stereotypen weinig of geen invloed op onze waarnemingen. We moeten dan echter wel bereid en in staat zijn ons cognitief in te spannen, zoals zal blijken in de volgende paragraaf.

Individuatie
Aan het begin van dit hoofdstuk is opgemerkt dat een persoon op twee manieren kan worden waargenomen: als lid van een bepaalde groep of als individu. In het eerste geval wordt de persoon beoordeeld tegen de achtergrond van het gehanteerde stereotype, zodat assimilatie of contrast kan optreden. In het tweede geval spreken we van individuatie. Doordat de persoon als individu wordt gezien, verdwijnt de beoordelingscontext die wordt gevormd door stereotypen, met als gevolg dat deze geen invloed meer hebben.
Individuatie is een complex proces dat een beroep doet op de cognitieve middelen van de waarnemer. Men moet de persoon volledig 'blanco' tegemoet treden, zonder vooropgezette ideeën. Vervolgens moet men, stukje bij beetje, alle informatie die over de persoon beschikbaar komt onder de loep nemen en integreren tot een coherente indruk. Immers, men heeft weinig aan een opsomming van eigenschappen, gedragingen en andere feiten: alleen een integratie van al deze stukjes informatie verschaft inzicht in de persoon. Vandaar dat individuatie ook wel *piecemeal integration* wordt genoemd (Fiske & Neuberg, 1990).
Omdat dit proces veel meer aandacht en inspanning kost dan stereotypegestuurde waarneming, zijn we niet geneigd iedere persoon die ons pad kruist te individueren. We doen dat alleen als aan één of meer van de volgende voorwaarden wordt voldaan (Fiske & Neuberg, 1990).
1 We moeten voldoende *individuerende informatie* hebben over de persoon – informatie die meer zegt dan alleen tot welke categorie de persoon hoort. Als we van een persoon alleen maar beroep, leeftijd en geslacht kennen, dan valt er niets te individueren, ook al zouden we dat willen.
2 De informatie die we krijgen moet *niet categoriseerbaar* zijn. Als we bijvoorbeeld van een man weten dat hij het huishouden doet en voor de kinderen zorgt, is dat weliswaar inconsistent met het stereotype over mannen, maar we kunnen deze man nog wel categoriseren als 'huisman': het stereotype over deze alternatieve categorie is dan zo bruikbaar dat het de moeite niet loont over te stappen op individuatie. Weten we daarentegen van een man dat hij het huishouden doet, dat hij een doctorsgraad heeft, dat hij op de VVD stemt, en dat hij een tatoeage heeft, dan hebben we te maken met een combinatie van gegevens die heel moeilijk in een bepaalde categorie is te plaatsen.
3 We moeten voldoende *tijd* en *cognitieve capaciteit* hebben om de informatie over de persoon te overdenken.
4 We moeten *gemotiveerd* zijn ons een accuraat beeld van de persoon te vor-

men en even stil te staan bij wat we over de persoon weten. Als het bijvoorbeeld gaat om de bakker op de hoek of om een voorbijganger die ons de weg vraagt, zal het ons een zorg zijn als die persoon dingen doet die niet in ons stereotype passen. Er zijn vier omstandigheden te noemen die ertoe leiden dat we gemotiveerd zijn tot een accuraat oordeel (zie ook paragraaf 2.3.1, p.40, over experimentele instructies die de motivatie van de waarnemer beïnvloeden): (a) wanneer we ons oordeel over een persoon moeten verantwoorden (*accountability*; Tetlock & Kim, 1987); (b) wanneer we een verder contact met de persoon verwachten (*anticipated interaction*; bijv. Devine, Sedikides & Fuhrman, 1989); (c) wanneer ons oordeel ingrijpende gevolgen kan hebben voor de betreffende persoon, bijvoorbeeld bij het geven van een bindend studieadvies over een student (Freund, Kruglanski & Shpitzajzen, 1985) en (d) wanneer het gedrag van de persoon gevolgen voor onszelf kan hebben, dat wil zeggen, wanneer we ons afhankelijk voelen van de persoon (bijv. Erber & Fiske, 1984).

In hoofdstuk 2 (paragraaf 2.3.1, p.40) is een onderzoek beschreven van Neuberg en Fiske (1987) dat dit laatste illustreert: in dit onderzoek kregen proefpersonen informatie over een voormalig psychiatrisch patiënt. Degenen die dachten dat ze later met deze persoon gingen samenwerken maakten geen gebruik van het stereotype over psychiatrische patiënten, maar beoordeelden de persoon op basis van de individuerende informatie die ze kregen. Doordat deze proefpersonen verwachtten dat zij en de andere deelnemer op basis van hun gezamenlijke prestatie beloond zouden worden, voelden ze zich deels afhankelijk van de ander.

In dit onderzoek was er sprake van *coöperatieve afhankelijkheid*: twee personen zijn coöperatief afhankelijk van elkaar als ze dezelfde belangen hebben (in dit geval goed presteren bij de taak) en als de doelen van de een beter worden bereikt naarmate die van de ander ook beter worden bereikt (in dit geval zouden beiden een hogere beloning krijgen naarmate de collectieve prestatie beter was). Bijna alle relaties in het dagelijks leven worden gekenmerkt door een zekere mate van wederzijdse coöperatieve afhankelijkheid. Denk maar aan relaties tussen vrienden of geliefden (waarin beide betrokkenen willen dat het contact plezierig verloopt), collega's of studiegenoten (die bijvoorbeeld met elkaar samenwerken aan een opdracht), leden van een vereniging of sportploeg (die met elkaar het belang van hun club nastreven). In deze gevallen hebben alle betrokkenen hetzelfde doel en is iedereen mede afhankelijk van de inzet van de ander om dit doel te bereiken.

Als die afhankelijkheid voldoende saillant is en als het om duidelijk aanwijsbare belangen gaat (bijvoorbeeld materiële opbrengsten, zoals in het onderzoek van Neuberg en Fiske), zullen we bij het waarnemen van de ander minder gebruikmaken van stereotypen, en de persoon meer als individu bekijken. We proberen ons een accuraat en gedifferentieerd beeld te vormen van degene van wie we afhankelijk zijn, omdat dit ons in staat stelt te anticiperen op het gedrag van de ander, en aldus de kans te vergroten dat de samenwerking succesvol is. Dit effect van afhankelijkheid treedt niet alleen op bij coöperatie, maar ook bij andere vormen van afhankelijkheid, zoals competitie en asymmetrische afhankelijkheid. Bij *competitieve afhankelijkheid* zijn de belangen van twee of meer personen tegengesteld, bijvoorbeeld twee tennisspelers die een wedstrijd tegen elkaar spelen, of een aantal sollicitanten voor een baan die maar één persoon kan krijgen. Als de een wint of de baan krijgt, verliest de ander. In die zin zijn de betrokkenen afhankelijk van elkaar, want de uitkomsten van de een hebben direct invloed op die van de ander. De effecten van competitieve afhankelijkheid op individuatie zijn vergelijkbaar met die van coöperatieve afhankelijkheid: men is gemotiveerd zich een accuraat beeld te vormen van de tegenstander, zodat men deze minder stereotypeert en meer individueert (Ruscher & Fiske, 1990; Vonk, 1998d).

Het is belangrijk te beseffen dat het hier gaat om *interpersoonlijke* competitie (competitie tussen individuen) en niet om *intergroeps*-competitie. Zoals we eerder in dit hoofdstuk hebben gezien (paragraaf 5.2.1, p.199), zijn mensen geneigd om negatief en stereotiep te oordelen over andere groepen, juist wanneer het belang van de outgroup strijdig is met dat van de ingroup, zoals bij competitie. Wanneer het echter gaat om competitie tussen personen, is er geen sprake van een groepsbelang. We willen dan een compleet en accuraat beeld hebben van onze tegenstander, zodat we weten wat de sterke en zwakke plekken zijn van degene tegen wie we het moeten opnemen.

In het geval van *asymmetrische afhankelijkheid* heeft de ene persoon de macht om de uitkomsten of het gedrag van de andere persoon te beïnvloeden. Een voorbeeld is de relatie tussen een leidinggevende en een ondergeschikte: de leidinggevende heeft invloed op het gedrag van de ondergeschikte (hij kan bijvoorbeeld bepaalde werkzaamheden aan de ondergeschikte toewijzen) en op de uitkomsten van de ondergeschikte (hij kan bijvoorbeeld een salarisverhoging voorstellen). In deze situatie is de afhankelijkheid van de een groter dan die van de ander. Ook in dit geval geldt dat de afhankelijke partij zich zal inspannen om de ander te individueren. Als iemand macht over ons heeft, hebben we de behoefte alle gedrag van die ander te begrijpen omdat dit ons meer greep geeft op ons eigen 'lot'. Als je wilt dat je chef je een promotie geeft, zul je goed opletten op alle gedragingen van je chef, want alleen op die manier kom je te weten hoe je het moet aanpakken. En als je verliefd bent (ook een vorm van afhankelijkheid), zul je uitvoerig nadenken over elk detail in het gedrag van je geliefde omdat je wilt weten hoe je ervoor kunt zorgen dat je gevoelens worden beantwoord.

Personen die daarentegen in een meer machtige positie zitten zijn in veel mindere mate bereid zoveel aandacht te besteden aan de minder machtige (Fiske, 1993; Fiske & Dépret, 1996). Ten eerste voelen ze zich minder afhankelijk, zodat er geen noodzaak is om uitvoerig na te denken over het gedrag van degenen over wie ze macht hebben. Ten tweede komt daar, in de praktijk van een organisatie, nog bij dat leidinggevenden gewoonlijk de leiding hebben over meerdere ondergeschikten en geen tijd hebben om een gedifferentieerd beeld op te bouwen van ieder van die ondergeschikten. Leidinggevenden hebben hierdoor minder tijd en gelegenheid om ieder van hun ondergeschikten als een individu te bekijken. Ten derde ondervinden ze er minder hinder van wanneer hun oordelen inaccuraat blijken te zijn: doordat ze minder afhankelijk zijn, kunnen ze lange tijd een onjuist beeld hebben van een ondergeschikte zonder dat hun belangen daardoor worden geschaad. Iemand met macht kan het zich dus permitteren om minder machtige personen te stereotyperen en het risico te lopen dat hij zich vergist. Tenslotte suggereert recent onderzoek (Goodwin e.a., 1999) dat mensen die macht krijgen ook menen dat ze in staat zijn om op basis van weinig informatie een oordeel over iemand te geven. Ze hebben het idee dat ze hun macht niet ten onrechte hebben gekregen, en dat de categorieën die zij gebruiken bij het beoordelen van anderen een goede basis zijn voor oordeelsvorming. Anders gezegd, de subjectief ervaren *beoordeelbaarheid* (Yzerbyt e.a., 1994) is groter, zelfs wanneer weinig individuerende informatie bekend is (vgl. de eerder beschreven effecten van pseudo-informatie in paragraaf 5.4.1: mensen met macht hebben geen extra informatie nodig om het gevoel te krijgen dat ze in staat zijn een zinnig oordeel te geven). Hierdoor voelen ze zich minder geremd in het gebruik van stereotypen.

Door deze opeenstapeling van factoren maken mensen met macht méér gebruik van stereotypen bij de beoordeling van degenen over wie ze macht hebben. Aangezien stereotypen het verwerken van informatie over anderen een stuk makkelijker maken, bespaart de meer machtige persoon zich hiermee een hoop denkwerk. Het alternatief, de ander bekijken als een uniek individu, hanteren we voornamelijk als we het belangrijk vinden dat we ons een zo volledig en accuraat mogelijk beeld vormen. We zijn dan meer bereid om tijd en energie te steken in het verwerken van de informatie over die persoon. Hierdoor wordt het gedrag van de ander voorspelbaar, en dat is precies wat we willen wanneer iemand ons wel en wee kan beïnvloeden. Daarbij doet het er niet toe of de afhankelijkheid coöperatief, competitief of asymmetrisch is.

5.4.4 Conclusies

Informatie over iemands geslacht, etniciteit en andere categoriekenmerken is bijna altijd eerder beschikbaar dan andere informatie. Als we verder nauwelijks iets weten over iemand, is het onvermijdelijk dat onze indruk gebaseerd is op stereotypen. Een vergelijkbare situatie doet zich voor wanneer de beschikbare informatie dermate ambigu is dat we er alle kanten mee op kunnen. In deze gevallen zullen onze indrukken sterk gekleurd worden door stereotypen: we weten te weinig over de persoon om deze als individu te bekijken.

Stereotypen kunnen echter niet alleen tot assimilatie leiden als we te weinig relevante informatie over iemand hebben, maar juist ook als we te véél informatie hebben. Assimilatie is de makkelijkste en snelste manier om een grote hoeveelheid informatie te verwerken en zal dan ook vooral optreden wanneer we niet sterk gemotiveerd zijn om ons een accuraat beeld te vormen en in korte tijd veel informatie moeten verwerken (bijvoorbeeld over meerdere mensen tegelijk, zoals een docent dat moet doen als hij een groep studenten begeleidt), of wanneer we een oordeel moeten vormen dat complexe afwegingen vergt (bijvoorbeeld bij het bepalen van iemands geschiktheid voor een hoge functie die veel verschillende vaardigheden vereist). We gaan dan de zaak vereenvoudigen door middel van categorisaties en onze oordelen hierdoor laten leiden.

Wanneer de informatie over een persoon tegengesteld is aan het stereotype, treden vaak contrast-effecten op. Merk op dat er zowel bij assimilatie als bij contrast sprake is van *gebruik* van stereotypen. Bij assimilatie fungeert het stereotype als een categorie waarin een persoon wordt opgenomen; bij contrast fungeert het als een vergelijkingsstandaard waartegen het gedrag van de persoon wordt afgezet, hetgeen ertoe leidt dat het gedrag als contrasterend – en daardoor vaak als extreem – wordt ervaren. Heeft het stereotype een normatief karakter, zoals veel stereotypen over groepen die in de samenleving een ondergeschikte positie hebben, dan leidt contrast vrijwel onvermijdelijk tot een negatieve beoordeling van de betrokkene.

De beoordelingscontext die wordt gevormd door stereotypen kan in twee verschillende omstandigheden naar de achtergrond verdwijnen. Ten eerste: wanneer de beschikbare informatie over een persoon diagnostisch is voor het te geven oordeel, vergeleken met het stereotype, wordt het stereotype minder relevant voor de beoordeling. Daarbij moet dan wel sprake zijn van een overzichtelijke waarnemingssituatie waarin het betrekkelijk eenvoudig is tot een oordeel te komen, zoals in de Locksley-studies. Ten tweede: wanneer er genoeg informatie over een persoon is om een coherente indruk op te kunnen bouwen, is het mogelijk dat de persoon niet langer wordt gezien als lid van een bepaalde sociale groep, maar als individu (individuatie).

Omdat dit meer moeite kost, is het echter onmogelijk alle personen die we dagelijks tegenkomen als individu te bekijken. Dit betekent dat stereotypering aan de orde van de dag is; ga zelf maar na hoeveel mensen je elke dag tegenkomt met wie je slechts oppervlakkig contact hebt, mensen die niet echt belangrijk voor je zijn, of mensen over wie een ander vertelt en met wie je zelf niets te maken hebt. In veel van deze gevallen is het gebruik van stereotypen volstrekt onschuldig omdat het voor de ander geen gevolgen heeft. Maar aangezien stereotypen binnen een cultuur worden gedeeld door vele personen, kunnen ze er ook toe leiden dat grote groepen mensen worden benadeeld. Als een armbeweging van een zwarte man als agressiever wordt geïnterpreteerd dan van een witte man; als een prestatie van een vrouw kwalitatief minder wordt gevonden dan dezelfde prestatie van een man; als wordt aangenomen dat kinderen met rijke ouders intelligenter zijn dan kinderen met arme ouders, dan kan dit voor veel mensen tal van gevolgen hebben, zeker als we daarbij ook nog bedenken dat dergelijke oordelen tot een 'self-fulfilling prophecy' kunnen leiden (zie paragraaf 4.4.6, p.188). Om die reden is de vraag van belang of stereotypen te veranderen zijn.

5.5 Stereotypen-verandering

Pieter werkt als ambtenaar bij de gemeente. Elke ochtend om acht uur gaat hij naar zijn werk en om half zes komt hij weer thuis. Hij is tevreden met zijn baan. Hij kan goed overweg met zijn collega's en hij heeft veel eigen verantwoordelijkheid.
In zijn vrije tijd onderneemt hij tal van activiteiten. Zo is hij drummer in een heavy-metalband. Vaak moet hij na zijn werk meteen weer weg om met de band te repeteren of op te treden. In het weekend wil hij niet repeteren, want dan gaat hij altijd met een paar vrienden tot diep in de nacht stappen in Amsterdam. Soms ontmoet hij een leuke vrouw, maar meer dan een avontuurtje wordt het nooit, want hij wil zich niet binden.

Als je het begin van de beschrijving van Pieter leest, zie je in eerste instantie een doorsnee ambtenaar. Waarschijnlijk komt er een beeld in je op van een wat saaie, keurige burgerman. In het tweede deel van de beschrijving blijkt Pieter dit stereotype drastisch tegen te spreken. Heeft dit tot gevolg dat je stereotype over ambtenaren verandert? Als je Pieter in werkelijkheid zou tegenkomen, zou je dan concluderen dat gemeenteambtenaren veel spannender zijn dan je dacht? Het antwoord op die vraag is simpel: nee. In deze sectie zal duidelijk worden hoe dat komt.

5.5.1 De contact-hypothese

Eerder in dit hoofdstuk is gezegd dat stereotypen over de outgroup vaak negatief zijn en weinig variabiliteit kennen. Voor een deel hangt dat samen met de geringere bekendheid met de outgroup: dit kan er niet alleen toe leiden dat we de groep als homogeen zien, maar ook dat we de groep negatief waarderen ('onbekend maakt onbemind'). Vaak blijkt dat we personen aardiger gaan vinden naarmate we meer contact met hen hebben. Dit verschijnsel staat bekend als het *mere exposure*-effect (Zajonc, 1968) – letterlijk: het effect van *alleen* blootstelling ('*mere* exposure') aan een stimulus (zie ook paragraaf 7.2.4, p.301: *Automatische evaluatie*): wanneer we een stimulus vaker waarnemen, gaan we die stimulus vanzelf positiever beoordelen. (De stimulus kan een persoon zijn, maar het effect geldt ook voor liedjes, foto's, letters, merknamen, enzovoort.)
Op grond hiervan ligt het voor de hand te verwachten dat negatieve, homogene stereotypen over de outgroup veranderen wanneer men meer contact krijgt met de leden van die groep. Er is nog een andere reden om dit te verwachten: aangezien veel stereotypen ten dele inaccuraat zijn, zou meer contact met de leden van een gestereotypeerde groep ertoe moeten leiden dat het stereotype wordt aangepast aan de werkelijkheid. Deze *contact-hypothese* (Allport, 1954) ligt onder meer ten grondslag aan het desegregatie-beleid dat in de jaren zestig in Amerika werd gevoerd om negatieve stereotypen over zwarte mensen

te bestrijden: zwarte en witte kinderen gingen samen in de bus naar dezelfde school, bij de toewijzing van huizen werd ervoor gezorgd dat zwarte en witte mensen in dezelfde wijk kwamen te wonen, enzovoort.

Helaas blijkt het allemaal niet zo eenvoudig te zijn. We zagen dat eigenlijk al bij de bespreking van de Sherif-studie in het zomerkamp (paragraaf 5.2.1, p. 199: Ingroup-favoritisme): toen de twee groepen jongens eenmaal de pest aan elkaar hadden, leidde contact tussen de groepen alleen maar tot extra vijandigheid. Het contact met de leden van een andere groep moet aan tal van voorwaarden voldoen, wil het leiden tot een verandering (zie bijv. Miller & Brewer, 1984). De voorwaarden die al door Allport (1954) werden aangegeven zijn bevestigd door later onderzoek. Zo is het essentieel dat de twee groepen een *gelijke status* hebben (bijv. Norvell & Worchell, 1981) en dat ze een *gemeenschappelijk belang* hebben, zodat er *geen competitie* is tussen de groepen (Deschamps & Brown, 1983; Gaertner e.a., 1999). Verder is het belangrijk dat het contact *vrijwillig* is: wanneer het onvrijwillig is, kan het een averechts effect hebben doordat de ingroup zich bedreigd voelt in haar groepsidentiteit en zich juist tegen de outgroup keert, hetgeen gepaard gaat met etnocentrisme en gevoelens van competitie (bijv. Stephan & Rosenfield, 1978).

5.5.2 De hardnekkigheid van stereotypen

Maar ook wanneer het contact vrijwillig is, is het mogelijk dat het stereotype niet verandert. Om te beginnen moet het gedrag van de outgroup-leden *inconsistenties* met het stereotype vertonen, anders wordt het stereotype alleen maar bevestigd door het contact. En aangezien veel stereotypen een kern van waarheid bevatten (bijv. Ashton & Esses, 1999; Jussim, McCauley & Lee, 1995; McCauley, Jussim & Lee, 1995; Madon e.a., 1998), zal men onvermijdelijk dingen waarnemen die het stereotype bevestigen. Hoewel veel gedrag van de outgroup-leden níet zal stroken met het stereotype, hebben we in de vorige sectie gezien dat er sprake moet zijn van een duidelijke tegenspraak met het stereotype. Anders wordt het gedrag toch nog geassimileerd en verandert er niets. Het volgende probleem is dat stereotype-inconsistent gedrag *gegeneraliseerd* moet worden naar de andere leden van de groep. Veel onderzoek naar intergroeps-contact laat zien dat men weliswaar beduidend positiever gaat denken over de individuele outgroup-leden met wie men contact heeft gehad, maar niet over de groep als geheel (voor een recent overzicht: Scarberry e.a., 1997). Een witte Amerikaan die iets tegen zwarte mensen heeft, kan best vinden dat zijn zwarte collega een aardige, hardwerkende man is, maar zijn negatieve stereotype over zwarte mensen wordt helemaal niet ontkracht door die ene uitzondering: hij heeft immers nooit gedacht dat álle zwarte mensen niet deugen. De eerder beschreven variabiliteit van stereotypen is dan ook een groot obstakel bij pogingen om stereotypen te veranderen (Hilton & Von Hippel, 1996). Zou iemand bijvoorbeeld denken dat *alle* vrouwen dom zijn, dan zou dat stereotype al door één enkele intelligente vrouw worden ontkracht. Zo werkt het niet, en dat is ook goed te merken als racistische mensen uitspraken doen over leden van een andere etnische groep. Ze zeggen dan bijvoorbeeld (in de Oprah Winfrey Show): 'Ik ben niet racistisch, ik weet heel goed dat er ook aardige zwarte mensen zijn; iemand op mijn werk bijvoorbeeld, een zwarte, daar ga ik gewoon mee om. Maar dan hoef ik nog niet te tolereren dat mijn dochter met een zwarte trouwt!'

Voor de persoon die dit zegt zal het geen verschil maken als hij nog tien aardige zwarte mensen ontmoet. Hij weet ook wel dat ze niet allemaal hetzelfde zijn (dat sterkt hem juist in de overtuiging dat hij helemaal niet racistisch is). Ondertussen blijft zijn negatieve stereotype natuurlijk gewoon bestaan. Kortom, de variabiliteit van stereotypen maakt dat mensen vaak best bereid zijn te concluderen dat een persoon afwijkt van het stereotype. Tegelijkertijd heeft die variabiliteit tot gevolg dat de informatie over het afwijkende groepslid niet wordt gegeneraliseerd naar de groep als geheel. De paradox van dit alles is dat meer contact met de leden van een outgroup vaak zal leiden tot een verhoogde waargenomen variatie binnen de groep, maar hoe groter de waargenomen variatie, des te moeilijker wordt het om de (negatieve) centrale tendentie van het stereotype nog te veranderen (Quattrone & Jones, 1980).

Om de zaak extra moeilijk te maken komt uit meer recent onderzoek nog een andere paradox naar voren. Het lijkt erop dat negatieve ideeën over andere groepen vooral worden beïnvloed door *vriendschappelijke* contacten met leden van die groepen (zie Pettigrew, 1997, voor vriendschap met mensen uit andere landen, en Herek & Capitanio, 1996, voor vriendschap met homoseksuelen). Vriendschappelijk contact voldoet beter aan de voorwaarden die door de contact-hypothese worden gesteld. Er is sprake van gelijke status. gelijke belangen, vrijwilligheid en geen competitie. In een werksituatie zijn dit soort voorwaarden veel moeilijker te realiseren. Bovendien is er in vriendschap sprake van identificatie en empathie met de ander, en dat leidt ertoe dat men beter in staat is de grenzen tussen de eigen groep en de andere groep te overstijgen (Pettigrew, 1997).

De paradox is dat vriendschap vaak ook leidt tot individuatie: de persoon wordt gezien als individu en niet als lid van een bepaalde groep. Het gevolg daarvan is dat de associatie tussen de persoon en de gestereotypeerde groep verloren gaat. De positieve indruk van de persoon strekt zich niet uit naar het beeld van de groep, doordat men de persoon helemaal niet ziet als vertegenwoordiger van die groep. Uit experimenteel onderzoek blijkt dan ook dat individuatie van een outgroup-lid ertoe kan leiden dat het positieve beeld van de persoon niet wordt gegeneraliseerd naar het beeld van de groep als geheel, doordat er geen associatie tussen de twee wordt gelegd (Scarberry e.a., 1997).

5.5.3 Effecten van stereotype-inconsistente informatie

In de geschiedenis van de sociale psychologie is van begin af aan veel onderzoek gedaan naar de vraag hoe stereotypen veranderd kunnen worden (bijv.

Allport, 1954). In het sociale-cognitie-onderzoek heeft daarbij lang het accent gelegen op de vraag welke cognitieve processen in gang treden als men groepsleden waarneemt die het stereotype tegenspreken, zoals Pieter in het voorbeeld aan het begin van deze sectie. Uitgangspunt is dat stereotypen onder bepaalde omstandigheden kúnnen veranderen wanneer ze worden ontkracht door de waarneming van stereotype-inconsistente groepsleden. In deze paragraaf bespreken we drie theoretische modellen die beschrijven hoe dit proces zou kunnen verlopen (Rothbart, 1981; Weber & Crocker, 1983; voor een overzicht: Hewstone, 1994).

Het conversie-model
Volgens dit model moet stereotype-afwijkende informatie extreem zijn: in overeenstemming met wat we eerder hebben gezien, zullen stereotypen standhouden wanneer de informatie over groepsleden matig afwijkt van het stereotype. Bij een sterke, dramatische afwijking daarentegen wordt een bepaalde drempelwaarde overschreden, zodat het stereotype plotseling sterk verandert (conversie = transformatie, omkering). Eén enkele dramatische ontkrachting van het stereotype is volgens dit model effectiever dan een verspreiding van matige ontkrachtingen over verschillende groepsleden.
Onder bepaalde omstandigheden lijkt het conversie-model enigszins van toepassing te zijn. Zo kunnen negatieve stereotypen over minderheden worden beïnvloed door bekende persoonlijkheden die het stereotype over hun groep duidelijk ontkrachten (denk aan Bill Cosby en Oprah Winfrey, die in de Verenigde Staten het negatieve stereotype over zwarte mensen op de helling zetten). Het probleem is echter dat zulke personen vaak als uitzonderingen worden gezien, zodat het stereotype over de groep als geheel niet verandert. Dit is ook het probleem met Pieter, onze ambtenaar: zijn gedrag is weliswaar sterk afwijkend van het stereotype over ambtenaren, maar dat zegt nog niets over ambtenaren in het algemeen.

Het boekhoudmodel
Volgens dit model houden mensen een soort interne boekhouding bij van de verschillende leden van een groep waarover ze informatie krijgen. Wanneer een groepslid hun stereotype ontkracht, verandert het stereotype een klein beetje. Bij een volgend afwijkend groepslid verandert het weer een beetje. Ziet men echter iemand die het stereotype bevestigt, dan gaat het stereotype weer een beetje terug naar de andere kant. Een herhaaldelijke confrontatie met stereotype-afwijkende groepsleden zal leiden tot een geleidelijke verandering van het stereotype. Het boekhoudmodel impliceert dat men veel stereotype-afwijkende personen moet tegenkomen en weinig stereotype-consistente personen, wil het stereotype veranderen: de afwijkingen moeten ertoe leiden dat de 'balans van de boekhouder' naar de andere kant doorslaat. Wanneer we dus veel ambtenaren als Pieter tegenkomen, zal ons stereotype na verloop van tijd veranderen. Hoewel het twijfelachtig is of mensen bij elk afwijkend groepslid

hun stereotype een beetje aanpassen (dat is immers cognitief gezien buitengewoon inefficiënt), lijkt het wel zo te zijn dat een groot aantal afwijkende groepsleden effectief is, mits er voorzieningen worden getroffen om de generaliseerbaarheid naar de gehele groep te bevorderen. We komen daar in de volgende paragraaf op terug.

In zekere zin zien we het boekhoudmodel aan het werk in het verhaal van de sportjournalist aan het begin van dit hoofdstuk. Bij de eerste voetballer, die enthousiast is over *De Celestijnse belofte*, meent de journalist nog dat het om een 'vergissing' gaat. Maar kort daarna wordt hij geconfronteerd met nog twee andere voetballers die zijn stereotype op losse schroeven zetten. Hij heeft natuurlijk nog niet gelijk besloten dat voetballers een intellectueel volkje zijn, maar hij is in elk geval aan het denken gezet over zijn stereotype.

Het subtyperings-model
Volgens dit model worden groepsleden die het stereotype ontkrachten gezien als atypisch, zodat men een subcategorie creëert om deze personen in onder te brengen. Voorbeelden van zulke subcategorieën zijn carrièrevrouw en feministe, homo en huisman (bijv. Eckes, 1994; Noseworthy & Lott, 1984; Vonk & Ashmore, 1999), militante bejaarde (bijv. Brewer, Dull & Lui, 1981) en zwarte zakenman ('businessman Black'; Devine & Baker, 1991). Subtypering is een specifieke vorm van *hercategorisatie*: de waargenomen persoon wordt in een nieuwe categorie ondergebracht. Bij hercategorisatie in het algemeen kan dat een heel andere categorie zijn, bijvoorbeeld wanneer men een gezellige, op andere mensen gerichte natuurkundestudent uit Brabant niet langer categoriseert als natuurkundestudent, maar als Brabander omdat dit stereotype beter bij de persoon blijkt te passen. Men kan ook gebruikmaken van een verwante maar meer abstracte, hogere-orde-categorie: een natuurkundestudent die vaak uitgaat, laat opstaat en het leren van tentamens uitstelt tot het laatste moment, kan bijvoorbeeld worden gezien als een typische student (die toevallig natuurkunde doet) en niet als een natuurkundestudent. De categorie 'student' is hier de overkoepelende categorie van natuurkundestudent. Een derde mogelijkheid is dat men gebruikmaakt van een meer specifieke, lagere-orde-categorie. Een psychologiestudent die keurig in het pak loopt met een Samsonite-koffertje, kan bijvoorbeeld worden gezien als een toekomstige organisatiepsycholoog die een hoge functie in het bedrijfsleven ambieert. In dit geval er is sprake van subtypering, omdat deze categorie een subtype is van psychologiestudenten.

Er is veel ondersteuning gevonden voor het subtyperingsmodel: mensen blijken stereotype-afwijkende groepsleden direct te subtyperen, zonder er lang over na te denken (bijv. Johnston & Hewstone, 1992; Weber & Crocker, 1983). Daarbij maken ze vaak gebruik van subtypen die ze al kennen (zoals de voorbeelden hierboven), maar wanneer dat niet lukt, creëren ze soms ter plekke een nieuw subtype. In die zin zou subtypering kunnen leiden tot stereotypen-verandering: het stereotype wordt hiërarchisch opgesplitst in deelverzamelingen. Het probleem is echter dat subtypering juist primair lijkt te fungeren als een manier om het stereotype in stand te houden (Kunda & Oleson, 1995): de afwijkende groepsleden worden 'apart gezet' en gezien als atypisch voor de rest van de groep. Het stereotype wordt daarmee beschermd tegen afwijkingen: de subtypering verhindert dat generalisatie optreedt naar de groep als geheel.

Een tegenwerping van onderzoekers die geloven in het subtyperingsmodel als een model van stereotypen-*verandering* is dat een stereotype op den duur wordt 'opgebroken' wanneer er veel subtypen ontstaan: het stereotype raakt verbrokkeld, wordt zeer heterogeen en is na verloop van tijd niet meer bruikbaar. Helaas lijkt die vlieger niet op te gaan: doordat subtypen worden uitgezonderd van het stereotype, hebben ze geen enkele invloed op het stereotype: ze beïnvloeden noch de centrale tendentie, noch de variabiliteit van het stereotype. In dit verband is het zinvol een onderscheid te maken tussen *subgroepen* en *subtypen* (Maurer, Park & Rothbart, 1995). Subtypen, waar we het hier over hebben, zijn deelcategorieën die als atypisch worden gezien en buiten het stereotype worden gesloten, zoals 'feministe' en 'zwarte zakenman'. Subgroepen zijn deelcategorieën die binnen het stereotype vallen en dit stereotype differentiëren, bijvoorbeeld 'huisvrouw' en 'verpleegster' bij vrouwen, 'ghetto Black' en 'streetwise Black' bij zwarte mensen (Devine & Baker, 1991). Subgroepen wijken niet af van het stereotype, ze specificeren het alleen. De subgroep 'zakenman' bijvoorbeeld omvat de eigenschappen zakelijk, ondernemend en rationeel als eigenschappen van het mannelijk stereotype; de subgroep 'macho-man' omvat de eigenschappen stoer en opschepperig, die eveneens bij het mannelijk stereotype horen; en de subgroepen 'vrouwenversierder' en 'Don Juan' bevatten weer een ander facet van het stereotype over mannen. Naarmate mensen meer sub*groepen* binnen een categorie gaan onderscheiden, blijkt de waargenomen variatie binnen die categorie toe te nemen (Maurer e.a., 1995; Park, Ryan & Judd, 1992).

Voor subtypen geldt dat echter niet: doordat ze buiten de categorie worden gesloten, hebben ze geen invloed op het algehele stereotype. En het zijn nu juist subtypen die worden gebruikt om informatie over afwijkende groepsleden te verwerken en op te slaan. Kortom, het subtyperingsproces, dat in onderzoek naar stereotypen-verandering de meeste ondersteuning heeft gevonden, blijkt uiteindelijk een proces te zijn dat helemaal niet leidt tot verandering, maar dat juist het stereotype instandhoudt.

5.5.4 Het bevorderen van generalisatie

Het voorafgaande impliceert dat, bij de aanbieding van stereotype-inconsistente informatie, maatregelen moeten worden getroffen om te verhinderen dat de inconsistente groepsleden worden gesubtypeerd. Dit wordt geïllustreerd door resultaten die zijn verkregen met een onderzoeksparadigma dat is geïntroduceerd door Weber en Crocker (1983). In dit paradigma worden gedragsbeschrijvingen of persoonlijkheidskenmerken gepresenteerd van een reeks groepsleden – bijvoorbeeld 12 bètastudenten, waarbij van elke student 4 beschrijvingen worden gegeven. In totaal zijn er dan 48 beschrijvingen. Een deel daarvan is stereotype-consistent (bijvoorbeeld, in het geval van bètastudenten, 'leert zijn tentamens altijd goed'), een deel is inconsistent (bijvoorbeeld 'is goed op de hoogte van de laatste mode') en een deel is stereotype-irrelevant of neutraal (bijvoorbeeld 'woont in een studentenhuis').

Stel dat er van de 48 beschrijvingen 16 consistent, 16 irrelevant en 16 inconsistent zijn. Deze beschrijvingen kunnen op verschillende manieren worden verdeeld over de 12 groepsleden. Een eerste mogelijkheid is dat alle 16 inconsistente beschrijvingen aan dezelfde groepsleden worden gekoppeld, zodat er 4 groepsleden zijn die ieder worden beschreven door 4 inconsistente kenmerken. De consistente en irrelevante beschrijvingen worden dan verdeeld over de andere 8 groepsleden. In dit geval zijn de inconsistente items *geconcentreerd* bij een beperkt aantal groepsleden.

Een andere mogelijkheid is dat de inconsistente items worden *verspreid* over een groter aantal groepsleden. Ze kunnen bijvoorbeeld over 8 groepsleden worden verdeeld, zodanig dat ieder van deze 8 personen wordt beschreven door 2 inconsistente items, 1 consistent item en 1 irrelevant item. De resterende items worden dan weer verdeeld over de overige 4 groepsleden.

Er zijn natuurlijk nog veel meer mogelijkheden, maar deze twee illustreren het idee van een geconcentreerd versus een verspreid patroon. In beide gevallen wordt precies dezelfde informatie aangeboden, het enige verschil is de wijze waarop de items zijn verdeeld over de groepsleden.

In hun onderzoek vonden Weber en Crocker dat bij er een geconcentreerd patroon sprake was van subtypering: de groepsleden die door inconsistente items werden beschreven, werden als onderscheidbaar subtype waargenomen. Bij een verspreid patroon werd ondersteuning gevonden voor het boekhoudmodel: naarmate de inconsistente items waren verspreid over een groter aantal groepsleden, trad ook meer stereotype-verandering op. Dit betekent dat met hetzelfde aantal inconsistente beschrijvingen meer verandering kan worden bewerkstelligd wanneer ze verspreid worden over een groter aantal groepsleden. De vraag is waar dat effect nu precies door wordt veroorzaakt. Er zijn namelijk meerdere verschillen tussen de geconcentreerde conditie en de verspreide conditie (Hewstone, 1994). Eén verschil is dat in de verspreide conditie méér groepsleden inconsistente kenmerken hebben dan in de geconcentreerde conditie. Dit speelt zeker een rol bij het bevorderen van de generalisatie naar de grotere groep. Een ander verschil, dat nog belangrijker lijkt te zijn, is dat de inconsistente groepsleden in de verspreide conditie óók consistente kenmerken hebben (in het voorbeeld hierboven hadden ze 2 inconsistente kenmerken, 1 consistent en 1 irrelevant kenmerk). Dit is essentieel, omdat deze groepsleden hierdoor minder atypisch zijn dan een groepslid dat uitsluitend inconsistente kenmerken heeft. Een persoon die uitsluitend stereotype-inconsistent gedrag vertoont wordt makkelijker gesubtypeerd dan een persoon die daarnaast ook consistent gedrag vertoont. Het consistente gedrag laat namelijk zien dat de persoon in zekere zin representatief is voor de groep. Daardoor zal de indruk van die persoon eerder generaliseren naar de groep als geheel (Desforges e.a., 1997; Hewstone & Lord, 1998; Johnston & Hewstone, 1990; Rothbart & Lewis, 1988; Wilder, Simon & Faith, 1996).

Dit mechanisme zou ook de verbazing kunnen verklaren van de sportjournalist aan het begin van dit hoofdstuk, bij het interview met Leonard van Utrecht: aanvankelijk gaf deze voetballer antwoorden die pasten bij het geactiveerde stereotype (bijvoorbeeld de cd van Marco Borsato), zodat hij als een typische voetballer werd gezien. Juist hierdoor zette zijn enthousiasme over de boeken van Harry Mulisch de journalist enorm aan het denken. We zien overigens dat de journalist nog niet direct bereid is zijn stereotype opzij te zetten: eerst gaat hij de boeken zelf lezen, waarschijnlijk in de hoop dat hij er iets in ontdekt waarmee hij kan verklaren wat zo'n domme voetballer in die boeken ziet.

Kortom, als we willen bereiken dat een stereotype verandert, moeten we mensen confronteren met groepsleden die enerzijds het stereotype over hun groep ontkrachten en anderzijds juist wél aan het stereotype voldoen. Om dit verduidelijken volgt hier een licht gewijzigde versie van de eerder gegeven beschrijving van Pieter.

> *Pieter werkt als ambtenaar bij de gemeente. Elke ochtend om acht uur gaat hij naar zijn werk en om half zes komt hij weer thuis. Als hij op zijn werk komt, gaat hij altijd eerst de krant lezen. Af en toe moet hij klanten te woord staan. Die mopperen weleens dat ze zoveel formulieren moeten invullen, maar Pieter trekt zich daar niets van aan: het moet gewoon gebeuren, zo is het nu eenmaal.*
>
> *Maar als het nodig is, wil Pieter de mensen graag helpen en hij vindt het ook altijd leuk om een gezellig praatje met ze maken. Pieter heeft veel hobby's en interesses, dus hij kan met iedereen wel ergens over praten. Bijvoorbeeld over muziek, want Pieter is drummer in een jazzband. Niet dat hij de hele dag zit te kletsen, want daar heeft hij geen tijd voor. Hij heeft een drukke baan en hij voelt zich ervoor verantwoordelijk dat het werk op tijd af is.*

Vergeleken met de eerder gegeven beschrijving van Pieter, bevat deze beschrijving in de eerste alinea minder irrelevante en meer consistente informatie (bijvoorbeeld: de krant lezen onder het werk, gemopper over formulieren negeren). Hiermee wordt bereikt dat Pieter wordt gezien als een typische ambtenaar. In de tweede alinea is de heavy-metalband veranderd in een jazzband, omdat anders de bewerkstelligde representativiteit van Pieter te veel aangetast zou kunnen worden. Verder is de stereotype-inconsistente informatie (vriendelijk praten met klanten, zich verantwoordelijk voelen voor het werk) voornamelijk in de werksituatie geplaatst om te voorkomen dat er een scheiding ontstaat tussen Pieter als typische ambtenaar tijdens werkuren en Pieter als niet-ambtenaar in zijn vrije tijd.

In deze beschrijving blijft Pieter tot het einde toe een ambtenaar. Daardoor is de kans groter dat de stereotype-inconsistente informatie wordt gekoppeld aan het stereotype over ambtenaren. Wanneer het ons doel zou zijn dit stereotype te veranderen, zouden we natuurlijk nog meer ambtenaren moeten presenteren die volgens dit stramien worden beschreven. De burger die deze informatie opneemt zal bij een volgend bezoek aan het gemeentehuis misschien niet bij voorbaat een onverschillige ambtenaar verwachten die de krant leest en tot vijf uur zijn tijd uitzit.

5.5.5 De ontkrachtbaarheid van stereotypen

We zijn nu een stapje verder gekomen met de vraag hoe stereotypen te veranderen zijn: er moeten meerdere groepsleden worden aangeboden die het stereotype tegenspreken, en die groepsleden moeten tevens stereotype-consistente kenmerken hebben, zodat ze worden gezien als representatief en niet worden gesubtypeerd. In de praktijk zijn er echter nog vele obstakels bij het succesvol toepassen van deze methode. Ten eerste hebben we buiten het onderzoekslaboratorium weinig invloed op de informatie die mensen krijgen over de leden van een gediscrimineerde groep. De overheid kan wel televisiespotjes uitzenden over allochtonen die het stereotype over hun groep ontkrachten (en dit is ook gebeurd in een campagne in 1995, waarbij in zekere zin het hiervoor beschreven stramien werd gehanteerd), maar als er de volgende dag in de krant een verhaal staat over een misdrijf waarin een allochtoon is betrokken, wordt het effect van zo'n spotje alweer tenietgedaan.

Een verwant probleem is dat negatieve stereotypen vaak kenmerken bevatten die heel moeilijk te ontkrachten zijn doordat het tegendeel van die kenmerken niet erg informatief wordt gevonden. Wanneer we van een groep mensen denken dat ze oneerlijk zijn, wat zouden die mensen dan moeten doen om het tegendeel te bewijzen? Zich eerlijk gedragen, zou je zeggen. Maar in het algemeen vinden we dat eerlijk gedrag weinig zegt over een persoon (vgl. de rol van sociale wenselijkheid in de theorie van Jones & Davis (1965), paragraaf 3.2.2, p.81). Iedereen doet de meeste tijd eerlijke dingen. Ook oneerlijke mensen doen geregeld eerlijk om hun oneerlijkheid te verbergen en om sociale afkeuring te vermijden. Wanneer we dus van een groep mensen denken dat ze oneerlijk zijn, zal eerlijk gedrag van die mensen er niet gauw toe leiden dat we ons stereotype herzien. We blijven toch denken dat ze oneerlijk doen als niemand het merkt.

Wanneer we daarentegen een positief stereotype hebben over een groep, zal dat veel makkelijker te veranderen zijn: als we een paar keer zien dat leden van die groep oneerlijk doen, heeft dat invloed doordat oneerlijk gedrag minder vaak voorkomt en informatiever is. In het algemeen zijn sociaal positieve eigenschappen veel makkelijker te ontkrachten dan negatieve. Hierdoor is het aanzienlijk makkelijker om positieve stereotypen in negatieve richting te veranderen, vergeleken met het omgekeerde (Rothbart & Park, 1986). Vanuit maatschappelijk oogpunt hebben we daar helaas weinig aan.

5.5.6 Het onderdrukken van stereotypen

Tientallen jaren van sociaal-psychologisch onderzoek naar de mogelijkheid om stereotypen te veranderen hebben vooral heel veel resultaten en theorieën opgeleverd die verklaren hoe het komt dat stereotypen zo hardnekkig zijn. Bij het bestrijden van de negatieve gevolgen van stereotypen is het dan ook misschien beter de vraag te stellen of het *gebruik* van stereotypen te beïnvloeden is: misschien is het niet nodig stereotypen te veranderen, als we maar kunnen bevorderen dat ze niet worden gebruikt bij de waarneming van personen. Anders gezegd: misschien moeten we niet het doel hebben stereotypen zélf te beïnvloeden, maar het proces van stereotyper*ing* te beïnvloeden.

In dit opzicht zijn er in de afgelopen jaren wisselende resultaten te signaleren. Susan Fiske (1993; Fiske e.a., 1991) stelt dat stereotypering ontmoedigd kan worden, en dat dit nog veel te weinig gebeurt. Zij beschrijft organisaties waarin het gebruik van negatieve stereotypen over vrouwen onderdeel is van de bedrijfscultuur en volkomen gelegitimeerd is (1993). Price Waterhouse, de eerder beschreven firma die door Ann Hopkins voor de rechter werd gesleept, is een voorbeeld van zo'n bedrijf. Fiske trad bij dit proces op als getuige-deskundige, en het viel haar op dat het bedrijf helemaal geen regels kende om seksediscriminatie tegen te gaan, en dat het beoordelingssysteem voor een partnerschap toestond dat er over een medewerkster negatieve opmerkingen werden gemaakt die bol stonden van de stereotypen. In haar getuigenis stelde Fiske dat mensen zich ervan bewust zijn als ze iemand stereotyperen, en dat ze zichzelf kunnen corrigeren als ze doordrongen zijn van de ongewenste gevolgen hiervan. Een organisatiecultuur waarin stereotypering wordt afgekeurd zou dus zeker bijdragen aan de bestrijding van seksediscriminatie. Bij Price Waterhouse was hiervan geen sprake. Zo werd er door een van de partners openlijk opgemerkt dat hij niet begreep waarom er telkens vrouwen als partner werden voorgedragen, terwijl vrouwen nog niet eens geschikt waren om op het (lagere) niveau van seniormanager te werken. Niemand sprak hem tegen.

Hoewel de bedrijfscultuur en de formele maatregelen tegen discriminatie ongetwijfeld van groot belang zijn, zijn de uitspraken van Fiske wellicht wat optimistisch. In een recent onderzoek (Macrae, Bodenhausen e.a., 1994) kregen proefpersonen een foto te zien van een skinhead en werd aan hen gevraagd een dag uit het leven van deze persoon te beschrijven. Tegen één groep (de experimentele groep) werd gezegd dat ze moesten proberen géén stereotypen te gebruiken; tegen een andere groep (de controlegroep) werd niets gezegd. Deze instructie bleek effectief: de proefpersonen die de opdracht hadden hun stereotypen te onderdrukken maakten in hun beschrijvingen minder gebruik van stereotypen. Tot zover is er dus niets aan de hand. Maar in dit onderzoek kregen de proefpersonen vervolgens een foto te zien van een andere skinhead, met dezelfde opdracht. In hun beschrijving van deze tweede skinhead maakten de proefpersonen uit de experimentele groep (die tijdens de eerste taak hun stereotype hadden onderdrukt) juist méér gebruik van stereotypen. Ze namen bijvoorbeeld vaker aan dat hij met vrienden over straat liep en iets kapotmaakte (Exp. 1). Ook bleek dat stereotypen een sterkere invloed hadden op hun latere gedrag tegenover de skinhead die ze als eerste hadden beschreven: toen ze naar een wachtkamer werden gebracht waar ze zogenaamd samen met deze skinhead het vervolg van het onderzoek moesten afwachten, kozen ze een plaats die, veregeleken met de controlegroep, verder weg was van de skinhead (Exp. 2). Kortom, men slaagde er wel in het stereotype tijdelijk te onderdrukken, maar daarna sloeg het des te harder toe.

Eigenlijk zijn we allemaal vertrouwd met dit effect: we geven onszelf wel eens de opdracht om bijvoorbeeld de hele dag niet te denken aan roken of aan eten (als we gestopt zijn met roken of als we aan de lijn doen), of om in het weekend niet te denken aan werk, of om niet meer te denken aan een geliefde die we kwijt zijn; en we weten uit ervaring dat dit niet werkt. Of probeer eens om vandaag de hele dag niet aan witte beren te denken. Normaal denk je nooit aan witte beren, maar dan opeens wel. Zoals Wegner het droogjes uitdrukt (1989, p. 300): 'The effects of thought suppression are usually not what we want them to be.' Gedachten die we onderdrukken – of ze nu gaan over witte beren, seks, sterke drank, of leuke dingen doen in plaats van studeren – komen altijd weer terug en zijn dan extra sterk: het zogenaamde *rebound-effect* (Wegner, 1992, 1994; zie verder paragraaf 7.3.2, p.312). Datzelfde effect leidt ertoe dat stereotypen uiteindelijk juist een sterker effect kunnen hebben wanneer we proberen ze te onderdrukken.

We moeten wel bedenken dat in het onderzoek van Macrae e.a. opzettelijk werd gekozen voor een stereotype dat sterk met negatief affect is beladen (zie hoofdstuk 4 over stereotype-gestuurd affect, paragraaf 4.4.5, p.185). Het is mogelijk dat stereotypen die in evaluatief opzicht minder extreem zijn, wèl effectief onderdrukt kunnen worden (vgl. Jussim e.a., 1995). Recent onderzoek van Monteith en haar collega's (Monteith, Spicer & Tooman. 1998; Monteith, Sherman & Devine, 1998) suggereert dat er zeker nog wel hoop is voor deze benadering. Monteith, Spicer en Tooman (1998) deelden hun proefpersonen in laag- en hoog-bevooroordeelden in waarna ze, in een procedure die leek op het experiment van Macrae e.a. (1994), stereotypen moesten onderdrukken. Uit de resultaten bleek dat bij hoog-bevooroordeelden een rebound-effect optrad, maar bij laag-bevooroordeelden niet. Monteith en haar collega's veronderstellen dat dit komt doordat laag-bevooroordeelde mensen heel vaak spontaan stereotypen onderdrukken (vgl. Devine, 1989). Bij veel mensen is stereotyperen een gewoonte die onderdrukt moet worden. Maar wanneer het onderdrukken zélf een gewoonte is geworden, kost het geen moeite meer en leidt het niet tot rebound-effecten. Die treden namelijk alleen op als het onderdrukken zelf veel moeite kost.

Verder vermoeden Monteith e.a., net als Devine, dat de aard van de stereotypen die men probeert te onderdrukken van belang is. Macrae e.a. gebruikten stereotypen over groepen als skinheads, van wie mensen het over het algemeen niet zo erg vinden dat ze gestereotypeerd worden. Bij meer 'gevoelige' stereotypen (bijvoorbeeld over vrouwen of allochtonen) is dit anders. Monteith gaat ervan uit dat veel mensen deze stereotypen vaak spontaan onderdrukken doordat er een sterke maatschappelijke norm is tegen het stereotyperen van die groepen. Door deze norm zijn mensen gewend deze stereotypen te onderdrukken, zodat het onderdrukken makkelijker is (oefening baart kunst) en geen rebound optreedt.

In paragraaf 5.3.1 (p.209) zagen we dat stereotypen vaak automatisch worden geactiveerd, terwijl het onderdrukken ervan meer moeite kost. Zo bleek uit het besproken onderzoek van Monteith en Voils (1998) dat laag-bevooroordeelde mensen, bij gebrek aan voldoende aandacht, ongewild moeten lachen om racistische grappen. Dit is een logisch gevolg van het feit dat het ene proces (stereotypen-activatie) automatisch is en het andere (stereotypen-onderdrukking) niet. Het onderdrukken van stereotypen kan echter, zoals in feite ieder proces, automatisch wórden wanneer men zich erin oefent. Dit impliceert dat Fiske toch op het goede spoor zou kunnen zitten met haar pleidooi voor expliciete maatregelen tegen stereotypering en discriminatie. Zulke maatregelen stimuleren mensen immers om zich te oefenen in het onderdrukken van stereotypen.

5.5.7 Ten slotte: verborgen vooroordeel en discriminatie

In de laatste decennia is het gebruik van stereotypen in feite al steeds meer sociaal onwenselijk geworden. Er zijn, in de meeste westerse landen, duidelijke normen tegen discriminatie. Die normen komen tot uiting in maatschappelijke veranderingen. In de Verenigde Staten hoeven zwarte kinderen niet meer met aparte bussen naar aparte scholen. In Nederland mogen werkgevers geen personeel weigeren op grond van huidskleur of sekse. Sinds kort mogen homoseksuelen trouwen, en mensen die dat onzedelijk vinden kunnen dat niet meer openlijk zeggen. Uit opiniepeilingen komt steevast naar voren dat vooroordelen tegenover etnische minderheden, vrouwen en homoseksuelen beduidend zijn verschoven tussen pakweg 1940 en 1980. Er zijn bijvoorbeeld steeds minder mensen te vinden die het eens zijn met de uitspraak dat vrouwen thuis achter het aanrecht horen. In de Verenigde Staten is nog maar een minderheid tegen huwelijken tussen zwarte en witte mensen.

Ondanks deze positieve ontwikkelingen komt er geen 'happy end' aan dit hoofdstuk. Niettegenstaande de meningen die uit opiniepeilingen naar voren komen, spreekt uit het feitelijke gedrag van mensen een andere boodschap. Zwarte mensen krijgen minder hulp dan witte mensen als ze in nood verkeren (voor een overzicht: Batson, 1998; zie ook Gaertner & Dovidio, 1986) en ze worden agressiever behandeld in experimentele onderzoeken à la Milgram, waarin proefpersonen schokken uitdelen (voor overzichten: Crosby, Bromley & Saxe, 1980; Geen, 1998). Vrouwen en leden van minderheidsgroepen worden benadeeld bij sollicitaties (bijv. Braddock & McPartland, 1987; Glick, Zion & Nelson, 1988; McConahay, 1983). Veelzeggend zijn ook de resultaten van fysiologische metingen (die momenteel aan populariteit winnen in het sociale-cognitie-onderzoek; zie bijv. Cacioppo & Tassinary, 1990; Vanman, Dawson & Brennan, 1998). Een onderzoek van Vrana en Rollock (1998) laat bijvoorbeeld zien dat mannen (zowel wit als zwart), wanneer ze worden voorgesteld aan een zwarte man, een sterker verhoogde hartslag manifesteren dan wanneer ze worden voorgesteld aan een witte man. Mannen en vrouwen glimlachen in eerste instantie minder wanneer iemand de kamer binnenkomt die een andere huidskleur heeft dan zijzelf; als ze eenmaal worden voorgesteld, glimlachen ze juist méér. Het lijkt erop dat de eerste reactie de ware gevoelens verraadt, en dat men in tweede instantie zichzelf herstelt door middel van meer gecontroleerd gedrag (Vrana & Rollock, 1998).

De hierboven beschreven discrepantie tussen de attitudes die worden gerapporteerd in enquêtes en het feitelijke gedrag van mensen heeft aanleiding gegeven tot de term *modern racisme* en *seksisme* (Dovidio e.a., 1996; McConahay & Hough, 1978; Pettigrew & Meertens, 1995). Kenmerken van deze moderne 'ismen' zijn (Swim e.a., 1995): (1) ontkenning dat er sprake is van discriminatie tegen minderheden ('discriminatie van allochtonen is in Nederland geen probleem meer'); (2) vijandigheid tegenover de claim op gelijke rechten door leden van minderheidsgroepen ('zij drijven het te ver door, door altijd maar te roepen dat ze worden gediscrimineerd'); (3) ergernis over speciale maatregelen voor minderheden ('er wordt meer gedaan voor allochtonen dan voor autochtonen'); en (4) de overtuiging dat een negatieve beoordeling van leden van minderheidsgroepen niet gebaseerd is op stereotypen maar op het gedrag van de betrokkene ('ik heb niets tegen homo's, maar ze moeten het niet zo nadrukkelijk laten zien') (vgl. Gaertner & Dovidio, 1986). Merk op dat deze laatste component is terug te vinden in bijvoorbeeld het verhaal over Ann Hopkins (het was 'niet omdat ze een vrouw was, maar omdat ze een naar mens was') en in de eerder besproken effecten van pseudo-informatie (paragraaf 5.4.1, p.221).

Het probleem is dat het in het dagelijks leven, waarin de verschillende kenmerken van een persoon niet experimenteel ontrafeld kunnen worden, inderdaad vaak onduidelijk is of een oordeel over een persoon nu is gebaseerd op sekse, huidskleur of andere categoriekenmerken, of uitsluitend op gedrag en persoonlijkheid (vgl. Wilson & Brekke, 1994). Het dagelijks leven is één grote aaneenschakeling van *mixed motive*-gevallen (zie Hopkins versus Price Waterhouse, paragraaf 5.4.2, p.223) waarin oordelen over personen totstandkomen op basis van een combinatie van vele factoren, en het onmogelijk is te bepalen welke factor doorslaggevend is. Ongetwijfeld zijn er gevallen waarin leden van minderheidsgroepen ten onrechte menen dat ze het slachtoffer zijn van discriminatie. Leden van minderheidsgroepen merken het in elk geval eerder op wanneer iemand het object is van seksisme of racisme (Inman & Baron, 1996). Maar hoewel ze het duidelijk in de gaten hebben wanneer anderen worden gediscrimineerd, hebben ze over het algemeen niet het gevoel dat zij zelf persoonlijk worden gediscrimineerd (Crosby, 1984; Ruggiero & Major, 1998;

Ruggiero & Taylor, 1995; Taylor e.a., 1990). Dit hangt vermoedelijk samen met het feit dat mensen nooit in hun eigen 'controlegroep' kunnen zitten (Fiske, 1998): als je een vrouw bent, of een allochtoon, dan zie je alleen hoe andere mensen tegen jou doen; je ziet nooit hoe ze tegen je *zouden* doen als je een autochtone man was met precies dezelfde persoonlijkheid. De informatie die je krijgt over het gedrag van anderen tegenover jouzelf is nergens mee te vergelijken.

Hiermee samenhangend zullen mensen in het algemeen terughoudend zijn met roepen dat ze gediscrimineerd worden. Je kunt dat immers moeilijk aantonen, en je loopt het risico dat je extra negatief wordt beoordeeld. Immers, als je bijvoorbeeld wordt afgewezen voor een baan en je zegt dat het is vanwege je sekse of huidskleur, dan kun je worden gezien als een arrogante persoon die niet gewoon wil aanvaarden dat hij ongeschikt was voor de baan, of een nare persoon die anderen de schuld wil geven van zijn mislukkingen. Doordat moderne vormen van discriminatie worden verstopt achter redelijk lijkende argumenten, is het heel moeilijk het te bewijzen als je er het slachtoffer van bent. Er wordt immers niet openlijk gezegd dat een afwijzing of een negatieve beoordeling is toe te schrijven aan de groep waartoe de persoon hoort. In de meeste gevallen zal de discriminerende partij dat zelf niet eens beseffen.

Moderne, verborgen vormen van discriminatie lijken jammer genoeg precies dezelfde effecten te hebben als de oudere, openlijke vormen. Modern racisme is zelfs sterker negatief gerelateerd aan de kans dat men stemt op een lid van een minderheidsgroep dan 'ouderwets' expliciet racisme (Swim e.a., 1995). Het probleem is alleen dat het veel moeilijker te bestrijden is. Met iemand die beweert dat 'het enige recht van een vrouw het aanrecht' is, kun je de discussie aangaan. Maar met iemand die volhoudt dat 'het niet is omdat ze een vrouw is (of omdat ze zwart is, of wat dan ook), maar omdat ze zoveel praatjes heeft', is dat veel moeilijker. Want ook hier doet zich het probleem voor dat stereotyperende mensen nooit te weten komen hoe hun oordeel zou uitpakken in de 'controleconditie', bij de waarneming van een witte man met precies hetzelfde gedrag en evenveel 'praatjes'.

Als je de kenmerken van moderne 'ismen' bekijkt, zou je de indruk kunnen krijgen dat het gaat over andere mensen. Je kent ze wel, die mensen die hun vooroordelen weten te verdoezelen met smoezen. Maar vergis je niet: subtiele, verborgen vormen van discriminatie komen voor onder mensen met de beste bedoelingen (Fiske, 1998), waaronder wijzelf. Wij allemaal, ook degenen die hun best doen om iedereen rechtvaardig en gelijk te behandelen, dragen tot op zekere hoogte verborgen vooroordelen met ons mee. Wij allemaal hebben ongetwijfeld in ons leven wel eens een mening gehad die werd gekleurd door stereotypen, zonder het te beseffen. Onze cultuur is zo sterk doordrongen van stereotypen dat we er niet omheen kunnen. De ontkenning hiervan is het grootste obstakel voor het veranderen van stereotypen.

6 De waarneming van personen

Roos Vonk

6.1 Inleiding

Probeer eens om je zo goed mogelijk een indruk te vormen van Marian op basis van de volgende beschrijving.

> *Marian studeert Frans. Ze woont in een studentenhuis in Groningen.*
> *Ze komt oorspronkelijk uit een klein plaatsje in Drente.*
> *Marian wordt door haar studiegenoten en huisgenoten beschreven als opgewekt, spontaan, eerlijk en behulpzaam.*
> *Vorige week haalde Marian boodschappen voor een huisgenoot die ziek was. Bij de supermarkt zag ze een oudere vrouw die met een grote doos vol boodschappen liep te sjouwen, en ze bood aan even te helpen om de boodschappen naar de auto te dragen. Toen dat gebeurd was ging ze de winkel in. Ze nam een zak drop voor haar huisgenoot en een reep dure chocola voor zichzelf. Ze keek om zich heen en toen ze constateerde dat niemand haar kon zien, stak ze de reep in haar zak. Nadat ze wat andere boodschappen in haar karretje had geladen, ging ze naar de kassa. Ze vroeg aan een mevrouw die in de rij stond of ze even voor mocht, maar de mevrouw weigerde dat. 'Stomme trut', zei Marian hardop. Daarna liep ze naar een andere kassa, waar een klein jongetje stond die kennelijk boodschappen deed voor zijn moeder. 'Dames gaan voor', zei ze tegen hem, terwijl ze haar karretje ertussen schoof voordat hij besefte wat er gebeurde. Terwijl ze afrekende maakte ze een vriendelijk praatje met de caissière. Daarna fietste ze naar huis. Onderweg zag ze een studiegenote. Ze stapte af en stelde voor om even gezellig iets te gaan drinken in het café aan de overkant.*

Aan het begin van deze beschrijving kun je Marian in allerlei categorieën plaatsen: vrouw, studente, studente Frans, 'meisje uit de provincie'. Het effect van je stereotypen over deze categorieën verdwijnt echter al snel, doordat je direct daarna *individuerende informatie* (zie paragraaf 5.4.3, p.230) krijgt over Marian: door middel van de persoonsbeschrijving die door haar kennissen is gegeven wordt een individu-schema (paragraaf 4.2.3, p.151) over Marian opgeroepen: Marian is een aardige meid. Voorzover stereotypen dan nog van invloed zijn (je zou Marian bijvoorbeeld nog kunnen categoriseren als een gezellige, spontane 'boerenmeid' uit de provincie, waar de mensen elkaar nog helpen), wordt die invloed steeds geringer naarmate je verder leest. Je krijgt een enorme hoeveelheid individuerende informatie over Marian, en die informatie is moeilijk categoriseerbaar. Als je serieus probeert je een beeld van Marian te vormen, móet je wel overgaan tot 'piecemeal' integratie van al haar gedragingen zoals in het vorige hoofdstuk beschreven (paragraaf 5.4.3, p.230). In dit voorbeeld verdwijnt de invloed van stereotypen naar de achtergrond door de grote hoeveelheid individuerende informatie die wordt verstrekt, en doordat je als lezer genoeg tijd hebt om deze informatie te verwerken (behalve dan als het nu een paar uur voor je tentamen is en je deze tekst voor het eerst aan het bekijken bent). Tijdens het lezen van de beschrijving bouw je een indruk op van Marian als individu. In dit specifieke voorbeeld is dat overigens niet eenvoudig, omdat haar gedragingen sterk wisselend zijn. Sommige gedragingen zijn consistent met het geactiveerde individu-schema, maar andere zijn inconsistent en het is niet helemaal duidelijk waar dat nu door komt. Als je zou moeten vertellen hoe het verhaal verdergaat, kun je alle kanten op: misschien laat ze haar studiegenote alle drankjes betalen en blijft ze nog uren in het café zitten, terwijl die arme zieke huisgenoot op zijn boodschappen ligt te wachten. Misschien biedt ze haar studiegenote één drankje aan en gaat ze daarna thuis koken voor haar huisgenoot. Alles is mogelijk: toekomstig gedrag van Marian is moeilijk te voorspellen.

6.2 Impressievorming

In onderzoek naar impressievorming staat de vraag centraal hoe mensen zich een indruk vormen van een persoon op basis van gedragsinformatie of persoonlijkheidseigenschappen, en hoe ze de verschillende kenmerken en gedragingen van een persoon integreren tot een indruk. In dit onderzoek wordt aan proefpersonen vaak tegenstrijdige informatie over een persoon aangeboden, omdat dit de mogelijkheid biedt het integratieproces te onderzoeken: als de beschrijvingen elkaar tegenspreken, wordt het integratievermogen van de sociale waarnemer op de proef gesteld.

De geschiedenis van onderzoek naar impressievorming is begonnen met het werk van Asch (1946), dat in hoofdstuk 1 kort is beschreven (paragraaf 1.3.1, p.18). Aanvankelijk kregen proefpersonen rijtjes met eigenschappen te lezen (bijvoorbeeld behulpzaam, opgewekt, oneerlijk, bot). In het latere (sociale cognitie-) onderzoek, waarin de rol van schema's centraal staat, wordt een andere methode gehanteerd: eerst wordt een algemene persoonsbeschrijving gegeven van een stimuluspersoon (bijvoorbeeld: 'Marian wordt door de meeste mensen aardig gevonden; ze is eerlijk, vriendelijk en altijd bereid anderen te helpen'), waardoor een individu-schema wordt gecreëerd. Vervolgens wordt een serie gedragsbeschrijvingen gepresenteerd, waarvan sommige consistent zijn met het schema en andere inconsistent. Deze methode is met name veel gebruikt in de jaren tachtig, in het *person memory*-onderzoek (zie paragraaf 2.4.4, p.63: *De vrije herinneringstaak*).

Merk op dat deze methode vergelijkbaar is met wat er gebeurt in onderzoek naar stereotypering, waarin eveneens informatie wordt gepresenteerd die al dan niet consistent is met de verwachting. Het belangrijkste verschil is dat een stereotype een schema is over een hele groep mensen, terwijl in impressievormingsonderzoek een individu-schema wordt gecreëerd. Dit verschil is van belang, omdat we een persoon zien als een *psychologische eenheid* (Asch, 1946). Anders dan bij informatie die ons stereotype over een groep tegenspreekt, kunnen we inconsistenties binnen een persoon niet oplossen door middel van subtypering: een persoon kan immers niet een subtype van zichzelf zijn. Hooguit kunnen we besluiten dat iemand zich in de ene situatie anders gedraagt dan in de andere, maar willen we enig inzicht hebben in de persoon en in staat zijn toekomstig gedrag in nieuwe situaties te voorspellen, dan moeten we toch inzien waarom dat zo is. Als we bijvoorbeeld besluiten dat Marian onaardig wordt zodra ze in de supermarkt komt en dat ze weer aardig doet zodra ze eruit is, dan zijn we niet zoveel verder. Kortom, wanneer we verschillende stukjes informatie over dezelfde persoon krijgen, moeten we die echt met elkaar integreren door te kijken naar de relaties tussen alle losse dingen die we weten.

Zoals we in hoofdstuk 4 hebben gezien, is het gevolg hiervan dat informatie die inconsistent is met een individu-schema in veel omstandigheden cognitieve elaboratie oproept en daardoor goed wordt onthouden (het *superior recall*-effect voor inconsistente informatie, zie paragraaf 2.4.4, p.63 en 4.4.4, p.178). Dit betekent echter niet noodzakelijkerwijs dat inconsistente informatie ook een sterkere invloed heeft op het oordeel over een persoon. Zoals in hoofdstuk 2 is uitgelegd (paragraaf 2.4.5, p.69 over het verband tussen oordeel en herinnering), is er normaal gesproken, bij on-line oordeelsvorming, een zwak verband tussen herinnering en oordeel: als je veel overwegingen wijdt aan een inconsistente beschrijving, wil dat nog niet zeggen dat de beschrijving *evenredig* veel invloed heeft op je indruk van een persoon. Stel dat je boodschappen doet met een vriendin die je kent als opgewekt, spontaan en gezellig. Bij de kassa aangekomen vraagt je vriendin aan een mevrouw of ze voor mag, en als dat wordt geweigerd, zegt ze: 'Stomme trut'. In dit geval zou je bijvoorbeeld kunnen veronderstellen dat de onaardige opmerking samenhangt met het feit dat je vriendin erg spontaan is, waardoor ze er soms dingen uitflapt zonder na te denken. Het gedrag trekt aandacht, maar doordat je een niet-correspondente gevolgtrekking maakt (vgl. Jones & Davis, 1965, paragraaf 3.2.1, p.79), heeft het weinig invloed op je indruk.

Het maken van een niet-correspondente gevolgtrekking impliceert dat er een *betekenisverandering* ('change of meaning'; vgl. hoofdstuk 1, p. 18) optreedt:

de eigenschap die direct met het gedrag correspondeert (in dit geval brutaal of tactloos) wordt zodanig aangepast (impulsief, onnadenkend) dat deze beter bij de andere kenmerken van de persoon past (spontaan). Volgens Asch speelt betekenisverandering een centrale rol bij het integreren van de verschillende stukjes informatie over een persoon. In dit hoofdstuk gaan we eerst wat dieper in op de ideeën van Asch, omdat deze nog altijd van invloed zijn in het onderzoek naar persoonswaarneming (zie ook Hamilton, 1989).

6.2.1 Verandering van betekenis

In hoofdstuk 1 is al opgemerkt dat, volgens Asch (1946), de eigenschappen van personen in hun onderlinge relatie worden waargenomen (zie paragraaf 1.3.1, p.19). Daardoor beïnvloedt de ene eigenschap de betekenis van de andere. Dit werd geïllustreerd door het 'warm–koud-experiment', waarin de ene groep proefpersonen het rijtje *intelligent, bekwaam, ijverig, warm, vastberaden, praktisch, voorzichtig* te lezen kreeg en de andere groep hetzelfde rijtje las met *koud* in plaats van *warm*. Na afloop werd gevraagd de beschreven persoon te beoordelen op een serie eigenschappen, zoals *betrouwbaar, opgewekt, vrijgevig* ('generous') en *serieus*. Veel van deze oordelen werden beïnvloed door de 'warm–koud'-manipulatie. In de 'warm'-groep dacht bijvoorbeeld meer dan 90% van de deelnemers dat de stimuluspersoon vrijgevig was en opgewekt. In de 'koud'-groep vond minder dan 10% dat deze kenmerken van toepassing waren. Welke factoren bepalen nu in welke richting een betekenisverandering verloopt? Waarom wordt de betekenis van *intelligent, bekwaam*, enzovoort beïnvloed door dat ene woordje *koud*, en niet omgekeerd? Volgens Asch zijn *warm* en *koud* zogenoemde *centrale eigenschappen*: eigenschappen die de *gestalt* van de impressie bepalen volgens het principe 'het geheel is meer dan de som der delen'. Om te demonstreren dat sommige eigenschappen centraal zijn en andere niet, voerde Asch een ander experiment uit, waarin de eigenschappen warm en koud werden vervangen door *beleefd* en *onbeleefd*. In dit geval trad geen betekenisverandering op: iemand die intelligent, bekwaam, onbeleefd, enzovoort was, werd ongeveer hetzelfde beoordeeld als iemand die intelligent, bekwaam, beleefd, enzovoort was. *Beleefd* en *onbeleefd* zijn kennelijk geen centrale eigenschappen, concludeerde Asch. Maar daarmee zijn we er niet, want welke factoren bepalen dan of een eigenschap centraal is?

6.2.2 Impliciete persoonlijkheidstheorieën

Een bevredigend antwoord op deze vraag werd gegeven door Wishner (1960) en door Rosenberg, Nelson en Vivekananthan (1968), op basis van onderzoek naar impliciete persoonlijkheidstheorieën (zie paragraaf 4.2.5, p.154). In dit type onderzoek wordt gekeken naar de gelijkenisrelaties die mensen waarnemen tussen eigenschappen onderling. Dat kan worden onderzocht door respondenten te vragen een reeks personen (vrienden, buren, studiegenoten, enzovoort) te beoordelen op een groot aantal eigenschappen, en vervolgens te kijken naar de correlaties tussen die eigenschappen. Het kan ook worden onderzocht door rechtstreeks te vragen naar de gelijkenis tussen eigenschappen. De resultaten van zulk onderzoek worden meestal samengevat in een meerdimensionele afbeelding (met behulp van meerdimensionele schaaltechnieken of factoranalyse) om alle waargenomen gelijkenisrelaties in één keer te kunnen overzien.

Figuur 6.1 toont een denkbeeldig voorbeeld van zo'n afbeelding – in dit geval een twee-dimensionele afbeelding (deels gebaseerd op resultaten van Rosenberg e.a., 1968, en van Vonk, 1993a). Eigenschappen die op elkaar lijken liggen dicht bij elkaar (bijvoorbeeld *zachtaardig* en *gevoelig*) en eigenschappen die juist van elkaar verschillen liggen ver van elkaar af (bijvoorbeeld dominant en onderdanig). Merk op dat de afbeelding twee dimensies van de in hoofdstuk 2 beschreven semantische differentiaal laat zien (zie paragraaf 2.4.5, p.71): langs de horizontale dimensie zien we dat links positieve eigenschappen liggen en rechts negatieve (*evaluatie*): hoe meer een eigenschap naar rechts ligt, hoe negatiever die eigenschap is. Langs de verticale dimensie zien we een verschil tussen sterke, harde en zachte, zwakke kenmerken (*potentie*).

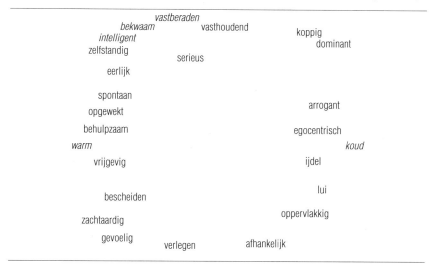

Figuur 6.1

Enkele van de eigenschappen die door Asch als stimulusmateriaal werden gebruikt, komen ook voor in deze afbeelding. Om het 'warm–koud'-effect te begrijpen, moeten we eerst een onderscheid maken tussen drie functies die een eigenschap kon vervullen in het onderzoek van Asch: (1) de gemanipuleerde eigenschappen (in dit geval *warm* en *koud*), dus de eigenschappen die varieerden naar conditie zodat hun effect kon worden vastgesteld; deze zijn in figuur

6.1 schuin gedrukt; (2) de context-eigenschappen (zoals *vastberaden*, *bekwaam* en *intelligent*), de eigenschappen die in beide condities werden aangeboden; ook deze zijn in figuur 6.1 schuin gedrukt; en (3) de eigenschappen waarop de stimuluspersoon werd beoordeeld (zoals *opgewekt* en *vrijgevig*), dat wil zeggen, de afhankelijke variabelen.

In de figuur zien we dat de centrale eigenschappen *warm* en *koud* aan de extremen liggen van de evaluatieve dimensie. Kijken we naar de relaties van deze eigenschappen tot de eigenschappen waarop de persoon werd beoordeeld, dan blijkt dat *warm* sterk lijkt op (samengaat met) *opgewekt* en *vrijgevig*, terwijl *koud* daar ver vanaf ligt. Volgens de impliciete persoonlijkheidstheorie van waarnemers is er dus een sterke relatie tussen enerzijds hoe warm of koud iemand is en anderzijds hoe opgewekt en vrijgevig die persoon is. Anders gezegd: de eigenschappen warm en koud zijn *diagnostisch* bij het bepalen van de opgewektheid en de vrijgevigheid van een persoon (twee van de afhankelijke variabelen in het onderzoek van Asch). Als we van iemand weten dat hij warm is, kunnen we daaruit afleiden dat hij ook wel opgewekt en vrijgevig zal zijn, en als we weten dat hij koud is, is de kans groot dat hij die kenmerken níet heeft.

Moeten we echter beoordelen of een persoon vasthoudend is, dan hebben we weinig aan de informatie dat die persoon warm of koud is: de eigenschap *vasthoudend* heeft een even grote afstand tot *warm* als tot *koud*. In dit geval zouden we er meer aan hebben als we wisten of de persoon zelfstandig is of afhankelijk. De eigenschappen *zelfstandig* en *afhankelijk* zijn diagnostisch als het erom gaat in te schatten hoe vasthoudend een persoon is.

Het patroon van gelijkenisrelaties, zoals afgebeeld in figuur 6.1, komt tot uiting in de resultaten van Asch: oordelen op eigenschappen die zijn gerelateerd aan *warm* en *koud* (zoals *vrijgevig* en *opgewekt*) werden beïnvloed door de 'warm–koud'- manipulatie, maar oordelen op andere eigenschappen, zoals *serieus* en *vasthoudend* (eveneens in de figuur afgebeeld), werden er helemaal niet door beïnvloed. Deze eigenschappen zijn minder sterk gerelateerd aan *warm* en *koud*, en zijn juist sterk gerelateerd aan het rijtje *intelligent*, *bekwaam*, enzovoort, met als gevolg dat respondenten de stimuluspersoon altijd hoog inschatten op deze kenmerken, ongeacht of hij warm of koud was.

Dit alles betekent dat de centraliteit van een eigenschap voornamelijk afhangt van datgene waar de persoon op beoordeeld wordt (de afhankelijke variabele). Een centrale eigenschap is een eigenschap die diagnostisch is bij het geven van een bepaald oordeel, doordat er in onze impliciete persoonlijkheidstheorie een sterke relatie is tussen die eigenschap en de te beoordelen eigenschap. Volgens deze redenering zouden de kenmerken *beleefd* en *onbeleefd* dus ook best centraal kunnen zijn, maar alleen als er om een oordeel wordt gevraagd dat gerelateerd is aan deze kenmerken, bijvoorbeeld als we moeten beoordelen of iemand goede manieren heeft of in hoeverre iemand brutaal is.

6.2.3 Het halo-effect en het primacy-effect

Het ironische is dat, volgens deze analyse, de resultaten van het 'warm–koud'-experiment van Asch – dat in ieder inleidend boek wordt beschreven – nogal triviaal zijn: Asch vond een effect van de 'warm–koud'-manipulatie op díe eigenschappen die een sterke relatie hebben met warm en koud. Niettemin is dit experiment zeer invloedrijk geweest: een enorme schare van onderzoekers (inclusief Kelley in zijn jonge jaren, voordat hij zich op de attributie stortte: Kelley, 1955) heeft zich gebaseerd op het uitgangspunt van Asch dat eigenschappen elkaars betekenis beïnvloeden (bijv. Hamilton & Zanna, 1974; Wyer & Watson, 1969; Wyer, 1974; Zanna & Hamilton, 1977). Dit komt vooral doordat het idee van betekenisverandering intuïtief zo plausibel is. Maar voor veel van dit onderzoek geldt dat de demonstraties van betekenisverandering niet waterdicht zijn.

Dat komt met name doordat de resultaten van dit type onderzoek vaak verklaard kunnen worden op basis van het *halo*-effect (in het Nederlands: aureool-effect): wanneer we eenmaal iets positiefs weten over een persoon, schrijven we nog meer positieve kenmerken aan die persoon toe; weten we iets negatiefs, dan leiden we daar nog meer negatieve kenmerken uit af (Thorndike, 1920; zie ook Nisbett & Wilson, 1977b; Wyer, 1974). Bij gebrek aan verdere informatie gedragen we ons dus een beetje als kinderen, die mensen onderverdelen in de 'good guys' en de 'bad guys': als iemand één positief kenmerk heeft, zal hij voor de rest ook wel 'goed' zijn.

Het 'warm–koud'-experiment van Asch kan worden opgevat als een demonstratie van dit effect (*warm* is een positieve eigenschap, dat leidt ertoe dat men nog meer positieve eigenschappen aan de persoon toeschrijft, zoals *opgewekt* en *vrijgevig*). Hetzelfde geldt voor latere experimenten die onder de noemer 'evidence of meaning change' zijn gepubliceerd. Zo maakten Hamilton en Zanna (1974) gebruik van ambigue eigenschappen: eigenschappen die zowel een positieve als een negatieve betekenis kunnen hebben, zoals *trots* en *vasthoudend*. Deze eigenschappen werden aangeboden in een rijtje met ofwel positieve ofwel negatieve eigenschappen. Verondersteld werd dat de betekenis van de ambigue eigenschappen naar de positieve of de negatieve kant zou schuiven, afhankelijk van de andere eigenschappen in het rijtje. Dat bleek inderdaad zo te zijn: een persoon die als trots werd beschreven werd ofwel gezien als verwaand ofwel als zelfverzekerd, afhankelijk van de andere eigenschappen; een vasthoudende persoon werd in een positieve context gezien als een doorzetter en in een negatieve context als koppig.

Dat kán betekenen dat de betekenis van de ambigue eigenschappen was verschoven in de richting van de andere eigenschappen. Maar het kan ook betekenen dat proefpersonen domweg aannamen dat iemand die positief wordt beschreven, nog wel meer positieve eigenschappen zal hebben, zoals zelfvertrouwen en doorzettingsvermogen, en dat iemand met negatieve kenmerken nog meer negatieve kenmerken heeft. In overeenstemming met deze halo-effect-interpretatie vond Kaplan (1975) dat dergelijke effecten ook optreden bij volstrekt ongerelateerde beoordelingsdimensies, zoals *opgewekt–humeurig*. Iemand die bijvoorbeeld werd beschreven als *behulpzaam, trots* en *vrijgevig* werd vaker opgewekt gevonden dan iemand die werd beschreven als *egocentrisch, trots* en *bot*. Omdat *trots* niet geïnterpreteerd kan worden als *opgewekt*, pleit dit resultaat tegen het *change of meaning*-model van Asch en vóór een halo-effect-interpretatie: men leidde gewoon de ene positieve eigenschap (*opgewekt*) af uit de andere (*behulpzaam, vrijgevig*).

Het primacy-effect

Alsof het nog niet erg genoeg is, werd ook een heel ander bewijs van Asch voor het *change of meaning*-model om zeep geholpen, namelijk het primacy-effect. Zoals we al eerder hebben gezien (onder meer in hoofdstuk 1, paragraaf 1.3.1, p.18), toonde Asch aan dat de eerste informatie die waarnemers krijgen over een persoon meer invloed heeft op hun oordelen dan latere informatie. Dit effect werd door Asch geïnterpreteerd als een illustratie van betekenisverandering: de eerste kenmerken kleuren de betekenis van kenmerken die men daarna waarneemt.

Maar als Asch gebruik had kunnen maken van leestijden (zie paragraaf 2.4.4, p.63), dan had hij kunnen vaststellen dat proefpersonen veel meer aandacht besteden aan de eerste informatie dan aan latere informatie: wanneer ze eenmaal een globaal beeld hebben van een persoon, verslapt hun aandacht. Het is dus mogelijk dat de eerste informatie meer invloed heeft doordat men er eenvoudigweg meer aandacht aan besteedt.

Dit werd gedemonstreerd door Anderson (bijv. 1965; Anderson & Hubert, 1963). Hij vroeg aan proefpersonen de eigenschappen van een stimuluspersoon hardop voor te lezen. Doordat ze elke eigenschap moesten oplezen, moesten ze ook wel aandacht besteden aan elke eigenschap. Door deze eenvoudige ingreep verdween het primacy-effect.

6.2.4 Het geheel versus de som der delen

Een verschijnsel dat het *change of meaning*-model wél ondersteunt, is dat het oordeel over een combinatie van twee of meer kenmerken niet altijd voorspeld kan worden uit oordelen over de afzonderlijke kenmerken. Denk bijvoorbeeld aan een *onverantwoordelijke moeder*. Het woord *moeder* heeft, op zichzelf staand, een enigszins positieve betekenis, het woord *onverantwoordelijk* heeft een negatieve betekenis. Wanneer ze worden gecombineerd, wordt de stimulus die hierdoor ontstaat (onverantwoordelijke moeder) als extreem negatief beoordeeld. De combinatie van kenmerken wordt dus negatiever beoordeeld dan ieder van de kenmerken wanneer ze afzonderlijk worden beoordeeld (Rokeach & Rothman, 1965). Dit is een sterke demonstratie van het Gestaltpsychologische uitgangspunt van Asch, dat het geheel meer is dan de som der delen.

Een ander voorbeeld is dat een combinatie van negatieve en sterke kenmerken (bijvoorbeeld *koud, oneerlijk, wilskrachtig* en *doelgericht*) kan leiden tot een meer negatief oordeel dan een combinatie van negatieve en zwakke kenmerken (*koud, oneerlijk, lui* en *besluiteloos*). Op zichzelf staand zijn de kenmerken *wilskrachtig* en *doelgericht* positiever dan *lui* en *besluiteloos*, maar in de combinatie met *koud* en *oneerlijk* leiden ze tot een uitgesproken negatief oordeel, doordat een beeld ontstaat van een persoon die anderen in hoge mate kan schaden; een persoon die lui en besluiteloos is lijkt daarentegen minder kwaad te kunnen doen (Vonk, 1996).

Een later onderzoek van Asch (Asch & Zukier, 1984) illustreert goed hoe combinaties van eigenschappen op elkaar inwerken. In dit onderzoek kregen respondenten telkens twee eigenschappen voorgelegd, met het verzoek een persoon die deze eigenschappen had in hun eigen woorden te beschrijven. Probeer, voordat je verder leest, zelf maar eens je een beeld te vormen van de volgende personen:
1 een persoon die sociaal en eenzaam is;
2 een persoon die dom en briljant is;
3 een persoon die vijandig en afhankelijk is;
4 een persoon die sentimenteel en een verrader is.

De resultaten van Asch en Zukier ondersteunen Asch' eerdere stelling, dat mensen kijken naar de *relatie* tussen de eigenschappen en dat deze relatie de indruk van een persoon bepaalt. Bij de eigenschappen *sociaal* en *eenzaam* dachten veel respondenten bijvoorbeeld aan iemand die veel vrienden heeft, maar daarmee slechts oppervlakkig contact heeft en die zich diep van binnen eenzaam voelt. Bij de combinatie *dom* en *briljant* beschreef men een persoon die zeer intelligent is, maar verstrooid en onnozel als het om praktische, alledaagse zaken gaat. Een persoon die als *vijandig* en *afhankelijk* werd beschreven, werd door sommigen gezien als iemand die over-afhankelijk was van anderen en gevoelens van vijandigheid had ontwikkeld door anderen verantwoordelijk te maken voor zijn welzijn. De lastigste combinatie vond men het paar *verrader* en *sentimenteel*. Sommige respondenten losten deze tegenstrijdigheid op door een maffiabaas voor ogen te nemen, die sentimenteel is tegenover familieleden, maar iedereen om zeep helpt die hem (of zijn familie) dwarsboomt. Deze resultaten laten zien dat sociale waarnemers zeer creatief zijn bij het leggen van relaties tussen iemands verschillende kenmerken.[1]

In deze voorbeelden was steeds sprake van onderling tegenstrijdige eigenschappen, maar eigenschappen hebben ook een gecombineerd effect wanneer ze allemaal dezelfde strekking hebben. Wanneer iemand heel veel dingen doet die op zich positief zijn, kan dat leiden tot 'te veel van het goede'. Wojciszke

---

1 Overigens is het interessant om op te merken dat respondenten die worden geconfronteerd met dit soort lastige combinaties, in veel gevallen toch weer teruggrijpen op bekende (stereo)typen, zoals het type 'verstrooide professor' en het type 'maffiabaas'.

e.a. (1993) verwijzen in dit verband naar Aristoteles, die vond dat de ware deugd in gematigdheid gezocht moet worden. Zo blijkt dat iemand die alles kan en overal goed in is, aardiger wordt gevonden wanneer hij een keer een blunder maakt (Aronson, Willerman & Floyd, 1966). Voor jezelf opkomen en strijd leveren tegen onrecht is op zich positief, maar iemand die dit herhaaldelijk doet wordt juist gezien als een drammer en wordt negatief beoordeeld (Vonk, 1996). Ook aardig, vriendelijk, behulpzaam gedrag kan 'te veel' zijn: als iemand de hele tijd maar aardig doet en anderen helpt, gaan mensen zich afvragen of die persoon misschien erg afhankelijk of onzeker is; een enkele onaardige opmerking kan dan helpen om de geloofwaardigheid en oprechtheid van het aardige gedrag in stand te houden (Vonk, 1993b).

6.2.5 Het dilution-effect

Een heel ander voorbeeld van de wijze waarop verschillende kenmerken van een persoon op elkaar inwerken is het *dilution*-effect (dilute = aanlengen, verdunnen) (Nisbett, Zukier & Lemley, 1981). In een onderzoek van Nisbett en Lemley (1979; in Nisbett & Ross, 1980) werd aan proefpersonen gevraagd aan te geven hoe groot de kans was dat een bepaalde persoon een kindermishandelaar was. De proefpersonen kregen daarbij een kleine hoeveelheid achtergrondinformatie over de persoon. In de ene conditie hoorden ze alleen dat de persoon 'sadomasochistische seksuele fantasieën' had, een kenmerk dat wordt gezien als sterk diagnostisch voor het te geven oordeel over de kans op kindermishandeling. In de andere conditie werd precies dezelfde informatie gegeven, maar er werd niet-diagnostische informatie aan toegevoegd, namelijk dat de persoon in zijn vrije tijd oude auto's opknapte en dat hij als kind een keer van huis was weggelopen. Hoewel deze informatie niets zegt over de kans op kindermishandeling, werd deze kans in dit geval lager ingeschat.[2] Dat wil zeggen: door toevoeging van extra informatie, die in feite helemaal niets zegt over het te geven oordeel, wordt het oordeel meer gematigd. De extra informatie werkt als een soort aanlenging van het diagnostische kenmerk, waardoor het effect hiervan zwakker wordt (zoals wijn wanneer je er water bij doet).

Een mogelijke verklaring voor dit effect is gebaseerd op het idee dat mensen, wanneer om dergelijke oordelen wordt gevraagd, gebruikmaken van schema's en prototypen (zie hoofdstuk 4). Men stelt zich bijvoorbeeld een typische kindermishandelaar voor, en de informatie over de SM-fantasieën past daar goed in. Door de extra, niet-relevante informatie wordt de gelijkenis tussen het prototype en de beschreven persoon kleiner (Nisbett e.a., 1981). De extra infor-

---

2 Overigens werd in beide condities de kans dat de persoon een kindermishandelaar was enorm overschat: door de informatie over de SM-fantasieën vergat men er rekening mee te houden dat slechts een zeer klein percentage van de mensen kindermishandelaars zijn. Dit verschijnsel, de 'base rate'-fallacy, wordt uitvoeriger beschreven in hoofdstuk 8 (paragraaf 8.4.2, p.340). Op dit punt gaat het uitsluitend om het verschil tussen de twee condities.

matie heeft bovendien het effect dat de persoon wat meer 'profiel' krijgt – meer als een individu wordt gezien, met als gevolg dat men minder geneigd is de persoon plompverloren in een categorie te plaatsen. Het effect zou dus ook kunnen samenhangen met het feit dat extra informatie de mogelijkheid biedt de persoon te individueren. In overeenstemming met dit idee wordt het *dilution*-effect sterker wanneer waarnemers extra goed hun best doen zich een accuraat beeld van een persoon te vormen (Tetlock & Boettger, 1989). Terwijl de meeste vertekeningen in oordelen over anderen (bijvoorbeeld correspondentie-vertekening, stereotypering) zwakker worden als mensen gemotiveerd zijn zich een accuraat beeld te vormen, wordt het *dilution*-effect dus juist sterker.

6.2.6 Specificatie en differentiatie van impressies

De hiervoor besproken resultaten vormen alle illustraties van hetzelfde principe: het geheel is iets anders dan de som der delen doordat ieder kenmerk van een persoon de *Gestalt* van de totale impressie kan veranderen. Dit lijkt misschien in strijd met het primacy-effect en met het idee dat het cognitief nogal inefficiënt is om bij elk stukje nieuwe informatie je totale indruk van een persoon bij te stellen. Zo werkt het ook niet. Als de eerste indruk eenmaal is gevormd, zal men in eerste instantie proberen nieuwe informatie daarin in te passen. Betekenisverandering speelt daarbij een belangrijke rol. Heb je bijvoorbeeld eenmaal een positief beeld van een persoon en je hoort diegene tegen iemand zeggen 'Geen gezicht, dat nieuwe kapsel van jou' (een tactloze opmerking), dan kun je dat interpreteren als onnadenkend en impulsief (neutrale eigenschappen) of zelfs als eerlijk (een positieve eigenschap). Ook andere negatieve kenmerken kunnen een meer neutrale, minder negatieve betekenis krijgen, bijvoorbeeld een verandering van *gierig* naar *zuinig*, van *kieskeurig* naar *kritisch*, of van *koppig* naar *eigenwijs*. Omgekeerd zul je, als je eenmaal een negatief beeld hebt van een persoon, vriendelijk gedrag van die persoon al gauw interpreteren als een poging om zich aardiger voor te doen dan hij is en aldus anderen te misleiden. Op dat moment vind je de persoon niet meer alleen onaardig, maar ook nog manipulerend of slijmerig (vgl. Vonk, 1998a).

Wanneer informatie over een persoon in strijd is met de bestaande indruk, heeft betekenisverandering vaak de vorm van *specificatie* (Vonk, 1994). Bij het eerdere verhaal over Marian bijvoorbeeld zul je, als je leest dat ze iets steelt in de winkel, je afvragen hoe haar kennissen erbij komen dat ze eerlijk is: misschien bedoelen haar kennissen alleen dat ze zegt wat ze denkt, want in andere opzichten is ze niet eerlijk. In dit geval wordt de eigenschap *eerlijk* gespecificeerd naar *zeggen wat je denkt*. Op dezelfde manier werd de eigenschap *dom* in combinatie met *briljant* gespecificeerd als *verstrooid* of *onnozel in praktische aangelegenheden*. Onderzoek van John, Hampson en Goldberg (1991) laat zien dat mensen, wanneer ze een bepaalde verwachting van een persoon hebben, onverwacht gedrag eerder beschrijven in termen van een specifieke eigenschap (bijvoorbeeld *liefdadig* in plaats van *goed*). Een vergelijkbaar verschijnsel wordt beschreven door het *linguistic expectancy*-model (Maass e.a., 1995; zie ook Wigboldus e.a., 1999): gedrag dat afwijkt van de verwachtingen wordt door waarnemers beschreven in meer specifieke termen (bijvoorbeeld 'Piet slaat Jan' of 'Piet kust Jan'), terwijl gedrag dat overeenkomt met de verwachtingen juist meer abstract wordt beschreven ('Piet is agressief', respectievelijk 'Piet is lief') (vgl. de in hoofdstuk 5 beschreven 'linguistic *intergroup* bias', paragraaf 5.2.1, p.203, die naar hetzelfde verschijnsel verwijst, maar dan op het niveau van groepen).

Specificatie van een eigenschap kan ertoe leiden dat de indruk van een persoon wordt *gedifferentieerd*: twee tegenstrijdige kenmerken worden met verschillende levensdomeinen in verband gebracht. De persoon is bijvoorbeeld dom in praktische zaken en briljant in academische zaken; de sentimentele verrader is sentimenteel in contacten met familieleden en is een verrader tegenover buitenstaanders. Door deze differentiatie ontstaan 'sub-impressies' over hoe de persoon is in verschillende situaties. In hoofdstuk 4 (paragraaf 4.2.3, p.151) is hierover al opgemerkt dat de impressie van een persoon, net als het zelf-schema, kan worden gedifferentieerd naar verschillende domeinen. Van mensen die we goed kennen (denk aan goede vrienden, partner, familieleden) hebben we meestal een gedifferentieerde impressie: we weten dat ze in de ene situatie heel anders zijn dan in de andere, precies zoals we dat ook van onszelf weten. Gaat het om minder bekende personen, zoals de stimuluspersonen die in experimenteel onderzoek worden aangeboden, dan zal impressie-differentiatie meestal pas optreden als de inconsistentie tussen twee of meer kenmerken te groot is om ze met elkaar te verenigen. We lossen dit dan op door aan te nemen dat de persoon zich verschillend gedraagt in verschillende levensdomeinen (Vonk, 1993b, 1994; vgl. McConnell, Leibold & Sherman, 1997; Trafimow, 1998). Iemand is bijvoorbeeld zakelijk en hard op het werk en zachtaardig en gemoedelijk in de huiselijke kring, of iemand is verlegen en afwachtend tegenover vreemden en spontaan en uitbundig tegenover bekenden.

6.2.7 Impressie-verandering

Het voorafgaande betekent dat we niet ten koste van alles vasthouden aan onze eerste indruk. Soms besluiten we dat de eerste indruk weliswaar klopt, maar niet in alle situaties. Soms wordt de eerste indruk aangepast. In het verhaal van Marian bijvoorbeeld zul je geneigd zijn je af te vragen of de positieve beschrijving die aan het begin werd gegeven wel accuraat is. Gezien haar gedrag in de supermarkt, is het mogelijk dat je juist de informatie die als eerste werd gegeven gaat herinterpreteren. Misschien hebben haar vrienden toch geen goed beeld van haar. Misschien doet ze zich vaak aardiger voor dan ze is om anderen voor zich in te nemen. In dit geval verandert de impressie als gevolg van de inconsistente informatie.

Welke factoren bepalen of we onze eerste indruk handhaven dan wel bijstellen? Een eerste factor ligt voor de hand: als we veel meer informatie hebben die de aanvankelijke verwachting bevestigt dan informatie die de verwachting ontkracht, is de eerste indruk makkelijker te handhaven dan in het omgekeerde geval (Vonk, 1994). Stel dat iemand negen keer iets aardigs doet en één keer iets onaardigs, dan is het makkelijker om die ene onaardige gedraging te herinterpreteren dan de negen aardige. Hebben we echter een positief beeld van iemand die vervolgens de hele tijd onaardige dingen doet, dan zullen we ons eerste beeld bijstellen. Kortom, informatie die een duidelijke *meerderheid* vormt zal onze impressie overheersen: de minderheidsinformatie wordt weggeredeneerd (bijvoorbeeld door deze toe te schrijven aan externe oorzaken, zie hoofdstuk 3) of ondergaat een betekenisverandering of specificatie.

Een tweede factor is de *volgorde* waarin we de verschillende kenmerken van een persoon leren kennen. De informatie die we als eerste krijgen heeft, zoals bekend, meer invloed dan latere informatie (het primacy-effect; Asch, 1946). Er zijn echter ook omstandigheden waarin het omgekeerde kan gebeuren, met name wanneer er een *tijdsinterval* is tussen de observatie van twee tegenstrijdige kenmerken. Stel dat je iemand kent die je aardig vindt en die je een tijd niet ziet. Als je die persoon na lange tijd weer ziet en vindt dat hij heel onaardig doet, dan zou je kunnen veronderstellen dat de persoon is veranderd (Jones & Goethals, 1972; Silka, 1989). In dit geval krijgt de latere informatie meer gewicht doordat de eerste informatie wordt gezien als 'niet meer van toepassing'.

Een derde variabele die een rol speelt is dat sommige eigenschappen en gedragingen *informatiever* zijn dan andere, waardoor ze onze algehele indruk van een persoon overheersen. Zo zagen we in het eerder beschreven onderzoek van Asch en Zukier (1984) dat bij enkele combinaties van eigenschappen er één eigenschap was die 'de leiding nam' bij het begrijpen van de persoon. Bij *dom–briljant* bijvoorbeeld was *briljant* de leidende eigenschap, die de interpretatie van *dom* kleurde: de domheid van de persoon onderging een betekenisverandering en werd beperkt tot praktische zaken. Nemen we echter het paar *vriendelijk–immoreel*, dan wordt *immoreel* de doorslaggevende eigenschap, die de betekenis van *vriendelijk* sterk beïnvloedt: de persoon wordt gezien als iemand die vriendelijk dóet, maar het niet echt ís.

In deze voorbeelden heeft het ene stukje informatie meer gewicht dan het andere, los van de volgorde waarin de informatie wordt aangeboden, en los van welke informatie in de meerderheid is (beide kanten worden hier immers door slechts één beschrijving weergegeven). Dergelijke *asymmetrieën* treden niet alleen op bij eigenschappen, maar ook bij gedragsinformatie. Wanneer we bijvoorbeeld van iemand weten dat hij de uitgang van het vliegveld niet kon vinden en dat hij een schaakpartij van een grootmeester won, ontstaat hetzelfde beeld als bij het paar *dom–briljant*; zien we dat iemand een reep chocola steelt en een vriendelijk praatje maakt met de caissière, dan hebben we dezelfde situatie als bij *vriendelijk–immoreel*.

Bepaalde eigenschappen en gedragingen hebben dus meer invloed (meer *gewicht*) bij het vormen van een algehele indruk dan andere. Als we dit type eigenschappen en gedragingen tegenkomen, en de informatie is strijdig met onze indruk van een persoon, dan is de kans relatief groot dat onze indruk zal veranderen.

Het is belangrijk te beseffen dat *dom* en *briljant* allebei diagnostisch zijn als het erom gaat te beoordelen of iemand intelligent is, en dat *briljant* niettemin meer invloed heeft; evenzo zijn *vriendelijk* en *immoreel* allebei diagnostisch als we willen weten of iemand aardig is, en desondanks heeft *immoreel* meer gewicht. De eerder beschreven bezwaren tegen het experiment van Asch, dat de ene eigenschap (*warm* respectievelijk *koud*) diagnostischer was dan de andere eigenschappen in het rijtje (*intelligent*, *bekwaam*, enzovoort) zijn hier dus niet van toepassing. Hiermee zijn we – na enkele omzwervingen – weer terug bij Asch, in het bijzonder de 'centrale' eigenschappen die door Asch werden verondersteld: kennelijk is het toch zo dat bepaalde eigenschappen (en gedragingen) inherent meer informatie in zich dragen dan andere. Daardoor kleuren ze de indruk en hebben ze een groter gewicht bij de uiteindelijke beoordeling van een persoon. En opnieuw komt dan de vraag op: waar zit hem dat in? Waarom is *briljant* informatiever dan *dom*? Waarom zegt *manipulerend* meer over een persoon dan *vriendelijk*? Deze vraag staat centraal in de paragraaf 6.3.

6.3 Asymmetrieën in impressievorming

6.3.1 Negativiteitseffecten

In het algemeen heeft negatieve informatie meer invloed op impressies en oordelen dan positieve. Laten we, om dit te illustreren, nog eens kijken naar het verhaal over Marian. In tabel 6.1 staan alle positieve en negatieve gedragingen van Marian een voor een vermeld, met daarachter een score die het oordeel over elke gedraging weergeeft wanneer deze *afzonderlijk* wordt bekeken (men kan hier natuurlijk over van mening verschillen, maar dit is wat de meeste mensen bij benadering vinden van de gedragingen).

Tabel 6.1

	−3 = negatief
	0 = neutraal
	+3 = positief
Haalde boodschappen voor een huisgenoot die ziek was.	+2
Hielp een oudere vrouw met boodschappen dragen.	+2
Nam in de supermarkt een reep chocola zonder te betalen.	−2

Zei 'stomme trut' tegen iemand die haar niet voor liet gaan.	−2
Overdonderde een jongetje zodat ze voor haar beurt kon gaan.	−2
Maakte een vriendelijk praatje met de caissière.	+1
Stelde een studiegenote voor om gezellig iets te gaan drinken.	+1

Als we al deze scores optellen en delen door het totale aantal beschrijvingen, komen we op een gemiddelde van 0. Wanneer men een persoon moet beoordelen die al deze dingen doet, zou men dus, op een schaal van −3 tot +3 zoals hier gebruikt, logischerwijs een neutrale score van ongeveer 0 moeten geven. We nemen dan nog niet eens in overweging dat de beschrijving van Marian begon met een reeks positieve eigenschappen (*opgewekt*, *behulpzaam*, *spontaan* en *eerlijk*): als we die ook in de berekening betrekken, zouden we op een score van ongeveer 1 (matig positief) uitkomen aangezien deze eigenschappen positief zijn en dus het gemiddelde omhoogtrekken. Ook op grond van het primacy-effect zouden we vanwege het positieve begin, een positief oordeel voorspellen.

Ondanks dit alles zullen de meeste mensen, bij het lezen van de eerdere beschrijving van Marian, tot een enigszins negatief oordeel komen (gemiddeld ca. −1 à −1^1/$_2$). De negatieve gedragingen hebben dus een groter gewicht bij het totstandkoming van het eindoordeel (bijv. Dreben, Fiske & Hastie, 1979). Datzelfde zou gebeuren wanneer we een lijstje met eigenschappen van een persoon aanbieden (in plaats van gedragingen), bijvoorbeeld: *behulpzaam*, *opgewekt*, *spontaan*, *agressief*, *brutaal* en *oneerlijk*. De negatieve eigenschappen hebben dan meer gewicht bij de beoordeling van de persoon (bijv. Anderson & Hubert, 1963). We gaan straks uitvoerig in op de vraag hoe dat komt.

6.3.2 Extremiteitseffecten

Extreme informatie heeft meer invloed dan gematigde informatie. Dit betekent dat het negativiteitseffect kan omkeren wanneer de positieve informatie extremer is dan de negatieve (Fiske, 1980). Hieronder wordt dat geïllustreerd door een variant op enkele gedragingen van Marian, waarin de positieve beschrijvingen extremer zijn gemaakt en de negatieve gematigder.

> Bleef de hele week thuis om een huisgenoot te verzorgen die ziek was.
> Bracht de boodschappen van een oudere vrouw naar haar huis in een buitenwijk.
> Nam een paar dropjes uit de zak die ze voor iemand anders had gekocht.
> Mompelde in zichzelf 'trut' toen een mevrouw in de supermarkt haar niet voor liet gaan.

In deze versie krijgen we een meer positief beeld van de beschreven persoon, doordat de positieve gedragingen veel extremer – en daarmee informatiever – zijn dan de negatieve. Volgens hetzelfde principe heeft *briljant* meer gewicht dan *dom* doordat het een meer extreme eigenschap is (het betekent immers buitengewoon intelligent). Zouden we *dom* vervangen door een meer extreme variant, bijvoorbeeld *zwakbegaafd*, dan zou een ander beeld ontstaan (bijvoorbeeld iemand die door zijn zwakbegaafdheid zo nu en dan bij toeval een briljant, origineel perspectief geeft op een bepaalde kwestie). Er is overigens nog een andere reden voor de asymmetrie tussen dom en briljant, die later in dit hoofdstuk wordt beschreven.

Er zijn verschillende mechanismen die negativiteits- en extremiteits-effecten veroorzaken. Deze worden hierna achtereenvolgens besproken.

6.3.3 Het psychologische middelpunt

Mensen hebben een gematigd positief beeld van andere mensen en van de wereld in het algemeen (het *Pollyanna*-principe, genoemd naar de gelijknamige heldin uit het boek *Pollyana* van Eleanor Porter, die over een onverwoestbaar optimisme beschikte: Matlin & Stang, 1978). Ons uitgangspunt is dat de wereld goed is en dat mensen goed zijn. Dat laatste klopt in zekere zin: in het vorige hoofdstuk (bij de bespreking van de illusoire correlatie, paragraaf 5.2.2) is al opgemerkt dat aardig en moreel correct gedrag vaker voorkomt dan onaardig en immoreel gedrag. Iedereen betaalt de meeste tijd voor zijn boodschappen en zegt vriendelijk goedendag tegen kennissen op straat. Dit soort gedrag vinden we niet meer dan normaal. Dit betekent dat *normaal* gedrag in feite *gematigd positief* gedrag is. Het is normaal om een kennis op straat te groeten en in de supermarkt af te rekenen voor je boodschappen. Het is níet normaal om een kennis op straat zomaar een bos bloemen te geven of om de caissière *f* 10,– extra te geven bij het afrekenen (extreem positief gedrag). Het is ook niet normaal om een kennis op straat een klap te geven of om boodschappen mee te nemen zonder te betalen (negatief gedrag). Kortom, negatief gedrag en extreem positief gedrag wijken af van onze verwachting over hoe mensen zich normaliter gedragen.

In figuur 6.2 is een schaal afgebeeld die loopt van –3 (zeer negatief) tot +3 (zeer positief). Het middelpunt van de schaal, 0, is neutraal: niet goed en niet slecht. Wanneer mensen verschillende gedragingen moeten beoordelen op deze schaal, liggen de positieve gedragingen gemiddeld dichter bij het neutrale punt dan de negatieve. Bijvoorbeeld: *iemand prijzen* heeft een score van rond de 1, maar de tegenhanger van dit gedrag, *iemand afkraken*, heeft een score van rond de –2; *betalen voor de boodschappen* heeft een score van hooguit 1, maar *níet betalen* heeft een score tussen –2 en –3. Hetzelfde geldt voor veel eigenschappen: *vriendelijk* en *opgewekt* hebben een score van ongeveer 1, maar *vijandig* en *humeurig* hebben een score van rond de –2. Er zijn wel uitzonderingen te bedenken, maar gemiddeld worden negatieve gedragingen en eigenschappen extremer beoordeeld.

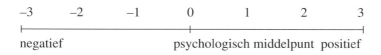

Figuur 6.2

Hoewel het middelpunt van de schaal strikt gezien 0 is, zouden we kunnen zeggen dat het *psychologische* middelpunt veel dichter bij 1 ligt (Parducci, 1968): gedrag dat we vanzelfsprekend vinden, zoals betalen voor boodschappen en vriendelijk doen tegen anderen, heeft een gemiddelde score van ongeveer 1. Dit psychologische middelpunt weerspiegelt onze gematigd positieve verwachting van mensen. Informatie die afwijkt van deze verwachting is opvallend en wordt gezien als informatief (vgl. Jones & Davis, 1965, zie paragraaf 3.2.2, p.83).
Doordat het psychologische middelpunt gematigd positief is, wijkt *alle* negatieve informatie over een persoon ervan af, ook gematigd negatieve informatie. Voor positieve informatie geldt echter dat deze extreem moet zijn, wil de informatie afwijken van de verwachting. Het gevolg is dat wanneer de positieve en de negatieve informatie over een persoon gelijk zijn in extremiteit, de negatieve informatie meer gewicht krijgt. Daarbij doet het er niet toe of ze allebei gematigd zijn (bijvoorbeeld een rondje geven in het café versus het duurste drankje bestellen als iemand anders een rondje geeft) of allebei extreem zijn (bijvoorbeeld duizenden guldens weggeven aan een goed doel versus duizenden guldens stelen). Alleen wanneer de positieve informatie extremer is dan de negatieve (het duurste drankje bestellen als iemand een rondje geeft versus ƒ 1000,– geven aan een goed doel), zal de positieve informatie meer gewicht krijgen, aangezien deze dan sterker afwijkt van het psychologische middelpunt.

6.3.4 Automatische waakzaamheid

Een heel andere factor die bijdraagt aan negativiteitseffecten (maar niet aan extremiteitseffecten) vloeit voort uit de evolutionaire geschiedenis van de mens. Net als andere soorten heeft de mens moeten overleven in een wereld vol gevaren. Enerzijds moesten onze voorouders erop uit om voedsel te vinden, anderzijds konden ze daarbij in levensbedreigende situaties terechtkomen, bijvoorbeeld door het eten van giftige planten of bij de confrontatie met roofdieren. In deze omstandigheden is het functioneel uiterst alert te zijn op negatieve stimuli en het vermijden van die stimuli de hoogste prioriteit te geven.
Volgens een *functionele verklaring* van negativiteitseffecten (Peeters & Czapinski, 1990) kan een stimulus (een persoon of ander object) met negatieve kenmerken het eigen welzijn aantasten. Het is van overlevingswaarde om aan zo'n dreiging meer prioriteit te geven dan aan positieve informatie, om

drie redenen. Ten eerste kan één negatief kenmerk voldoende zijn om de gehele stimulus tot een potentieel gevaar te maken (Abelson & Kanouse, 1966; Kanouse & Hanson, 1972). Een paddestoel kan bijvoorbeeld heel lekker zijn en waardevolle voedingsstoffen bevatten, maar als hij giftig is, houdt alles op. Ten tweede vereist het vermijden van negatieve uitkomsten vaak een snellere reactie dan het bereiken van positieve uitkomsten (Irwin, Tripodi & Bieri, 1967; Pratto & John, 1991). Bij de confrontatie met een roofdier dat onder een fruitboom staat, moet het vermijden van dat dier prioriteit hebben bóven het benaderen van het fruit, anders is het te laat. Het zoeken van voedsel kan wachten, maar het vermijden van een levensbedreigende stimulus niet. Daarmee komen we terecht bij de derde reden: de gevolgen van negatieve gebeurtenissen zijn vaak onomkeerbaar (Kanouse & Hanson, 1972; Wojciszke e.a. 1993). Als de giftige paddestoel wordt opgegeten, als het roofdier niet serieus wordt genomen, dan kan dat leiden tot een negatieve gebeurtenis die niet meer te herstellen is. Men moet dus bedacht zijn op de geringste aanwijzing van gevaar. Zelfs als men ten onrechte besluit dat een paddestoel giftig is of dat een dier gevaarlijk is ('vals alarm'), zijn de gevolgen hiervan minder nadelig dan wanneer men ten onrechte besluit dat het allemaal wel meevalt.

Zo geldt voor de mens, net als voor ieder organisme, dat het vermijden van negatieve stimuli urgenter is dan het benaderen van positieve stimuli. Er zijn aanwijzingen dat de hier beschreven alertheid voor negatieve informatie nog altijd zit ingebakken in de mens. Onze reactie op negatieve informatie treedt vaak automatisch op: zonder dat we er controle over hebben en zonder dat we het beseffen (zie ook paragraaf 7.2.4, p.301). Om dit aan te tonen maakten Pratto en John (1991) gebruik van een Stroop-taak (genoemd naar J.R. Stroop, 1935). Bij deze taak krijgen proefpersonen woorden te zien die in een bepaalde kleur zijn geschreven en moeten ze zo snel mogelijk de betreffende kleur benoemen. Men kan onmiddellijk zien in welke kleur een woord geschreven is, zonder te kijken naar de inhoud van het woord. In het onderzoek van Pratto en John waren de aangeboden woorden positieve en negatieve persoonlijkheidseigenschappen, zoals *eerlijk, lief, gemeen, agressief*. Het bleek dat proefpersonen bij negatieve woorden meer tijd nodig hadden om de kleur te benoemen waarin het woord was geschreven. De verklaring hiervoor is dat de negatieve woorden een automatische waakzaamheidsreactie oproepen, die interfereerde met de kleur-benoemingstaak. Andere aanwijzingen voor deze 'ingebakken' alertheid voor negatieve stimuli komen uit recent onderzoek, waaruit blijkt dat negatieve stimuli meer oogknipperingen (Ohira, Winton & Oyama, 1998) en meer elektro-corticale activiteit oproepen (Ito e.a., 1998) dan positieve, hetgeen wijst op verhoogde informatieverwerking vanaf de allereerste, voorbewuste fase van verwerking.

Ook al hebben we in onze huidige beschaving veel minder te maken met levensbedreigende stimuli, het is nog altijd functioneel om voorrang te geven aan het vermijden van negatieve gebeurtenissen. Als we signalen krijgen dat een persoon gemeen of immoreel is, is het belangrijk die persoon te vermijden of in de gaten te houden. Als we dat niet doen, zou zo iemand dingen kunnen doen waar wij het slachtoffer van worden. We moeten dus in de eerste plaats bedacht zijn op tekenen dat iemand 'slecht' is. Het benaderen van een persoon die 'goed' is en iets positiefs voor ons kan betekenen, dat kan best even wachten.

De hier beschreven visie op de mens verklaart ook hoe het komt dat we een positief beeld van de wereld in het algemeen hebben. Als onze voorouders er al bij voorbaat van uit waren gegaan dat de wereld gevaarlijk en slecht is, dan waren ze bij wijze van spreken de hele dag in hun hut blijven zitten en omgekomen van de honger. Het is precies de combinatie van een positieve verwachting én een grote alertheid voor negatieve signalen die van overlevingswaarde is: de positieve verwachting leidt ertoe dat het organisme bereid is zijn omgeving te verkennen, wat nodig is om voedsel en reproductiepartners te vinden, en het negativiteitseffect leidt ertoe dat het organisme onmiddellijk reageert als er gevaar dreigt, ook al is dat soms ten onrechte.

De functionele visie op negativiteitseffecten is niet alleen toepasbaar op de beoordeling van personen, maar ook op andere gebieden waar negativiteitseffecten blijken op te treden (voor overzichten: Cacioppo, Gardner & Berntson, 1997; Kahneman & Tversky, 1973; Kanouse & Hanson, 1971; Taylor, 1991). Zo blijkt dat negatieve stimuli sterkere fysiologische reacties en meer hersenactiviteit oproepen dan positieve; negatieve stressvolle gebeurtenissen hebben meer invloed op ziekte en welzijn dan positieve stressvolle gebeurtenissen; en bij het nemen van beslissingen wegen nadelen en verliezen zwaarder dan winsten en voordelen (zie paragraaf 8.3.2, p.329).

6.3.5 Ambiguïteit van eigenschappen

Wanneer het specifiek gaat om de beoordeling van personen, is er nog een derde reden waarom negatieve informatie meer gewicht in de schaal legt. Negatieve en extreme eigenschappen en gedragingen zijn minder ambigu dan positieve. In het geval van *eigenschappen* (gedragingen worden in de volgende paragraaf behandeld) heeft dit rechtstreeks te maken met de mogelijkheden tot betekenisverandering: ambigue eigenschappen kunnen meerdere betekenissen hebben, zodat ze makkelijk de betekenis aannemen van de eigenschappen waar ze mee samengaan.

In het algemeen hebben gematigde eigenschappen, zoals *vasthoudend* of *gevoelig*, meer mogelijke betekenissen dan extreme eigenschappen, zoals *koppig* of *overgevoelig* (Birnbaum, 1972). Wanneer we van iemand zeggen dat hij vasthoudend is, kan dat betekenen dat hij een doorzetter is en veel wilskracht heeft, maar het kan ook betekenen dat hij drammerig is en ten koste van alles zijn zin doordrijft, of dat hij rechtlijnig is en niet openstaat voor de mening van anderen. Een gevoelig persoon kan iemand zijn die empathisch is en met anderen meevoelt, maar kan ook iemand zijn die gauw op zijn teentjes is getrapt en niet tegen kritiek kan, of iemand die bij het minste geringste in tranen uitbarst. Wanneer dergelijke gematigde eigenschappen worden gecombineerd met een extreme eigenschap, krijgt de extreme eigenschap een groter gewicht: deze heeft minder mogelijke betekenissen en bepaalt dus welke betekenis de gematigde eigenschap krijgt (Zanna & Hamilton, 1972; Wyer, 1973). Dit wordt geïllustreerd door figuur 6.3. We zien hier dat de eigenschap *gevoelig* een groter gebied van betekenissen heeft dan de eigenschap *humeurig*. Wanneer we van een persoon weten dat hij beide eigenschappen heeft, zoeken we naar het gebied waarin de betekenissen van de twee eigenschappen elkaar overlappen (in figuur 6.3 het gebied waar de twee cirkels elkaar overlappen). Doordat *humeurig* een kleiner gebied van betekenissen heeft, is de kans veel groter dat *gevoelig* naar de negatieve kant trekt (en de betekenis van *snel geïrriteerd* aanneemt) dan omgekeerd.

Figuur 6.3

Dit verschijnsel verklaart niet alleen extremiteitseffecten, maar ook negativiteitseffecten aangezien negatieve eigenschappen vaker extreem zijn dan positieve. Dat komt deels doordat negatieve eigenschappen gemiddeld meer afwijken van het eerder beschreven psychologische middelpunt, maar ook doordat extremiteit en negativiteit sterk samengaan: zoals in het vorige hoofdstuk al is opgemerkt (bij de beschrijving van contrast-effecten, zie paragraaf 5.4.2, p.224), zijn extreme eigenschappen vaak negatief, want ze impliceren een teveel van een kenmerk (zie Peabody, 1967; Van der Pligt & Eiser, 1980). Denk aan *verwaand* en *arrogant* (té zelfverzekerd), *drammerig* (té vastberaden) en *timide* (té afwachtend). Deze eigenschappen hebben allemaal een klein bereik van mogelijke betekenissen, zodat ze de betekenis van andere, meer ambigue eigenschappen sterk kunnen beïnvloeden.

6.3.6 Ambiguïteit van gedrag

Ook voor gedrag geldt dat negatief en extreem gedrag minder ambigu is dan positief en gematigd gedrag. Dit hangt samen met onze *behavior–trait*-schema's (zie hoofdstuk 4, paragraaf 4.2.5, p.154), die kennis bevatten over de associaties tussen eigenschappen en gedrag (Reeder & Brewer, 1979). Zo weten we dat de gedraging *iemand helpen met boodschappen dragen* correspondeert met de eigenschappen *behulpzaam* en *vriendelijk*. Maar we weten óók dat het gedrag van mensen niet altijd een uiting is van hun ware bedoelingen. Iemand kan bijvoorbeeld een vleiende opmerking maken of instemming tonen zonder daar iets van te menen, omdat hij iets gedaan wil krijgen van een ander. Mensen doen zich soms aardiger en moreler voor dan ze zijn, omdat ze aardig gevonden willen worden of omdat ze zich aanpassen aan sociale normen. Ook mensen die onaardig of immoreel zijn doen dit. Iemand die eigenlijk alleen aan zichzelf denkt zal toch af en toe rekening houden met anderen, omdat dit nu eenmaal sociaal gewenst is. Iemand die oneerlijk is zal ook wel eens de waarheid vertellen, al was het alleen maar omdat anders niemand hem meer gelooft.

Aangezien we beseffen dat aardig en moreel correct gedrag het gevolg kan zijn van manipulatie of aanpassing aan sociale normen, vinden we zulk gedrag niet zo informatief. Iedereen, zelfs de grootste slechterik, kan aardige en morele dingen doen. Dit betekent dat zulk gedrag in feite helemaal niets zegt over de onderliggende eigenschap. Iemand die een oudere dame helpt met boodschappen dragen kan heel vriendelijk zijn, hij kan een beetje vriendelijk zijn, hij kan een beetje onvriendelijk zijn, en hij kan zeer onvriendelijk zijn – want ook een super-onvriendelijk persoon kan iets vriendelijks doen (bijvoorbeeld als hij erop uit is de portemonnee van de dame uit haar tas te pikken). In die zin is vriendelijk, behulpzaam gedrag ambigu. Hetzelfde geldt voor eerlijk gedrag.

Omgekeerd is het moeilijk voorstelbaar dat iemand zich onaardiger of immoreler voordoet dan hij eigenlijk is. Iemand die hatelijke dingen zegt of leugens vertelt doet dat niet omdat anderen dit zullen waarderen. Als mensen iets doen waarmee ze zich de afkeuring van hun omgeving op de hals kunnen halen, dan kan dat eigenlijk maar één oorzaak hebben: ze laten hun ware aard zien. In overeenstemming met Jones en Davis' visie (paragraaf 3.2.2, p.81) leidt sociaal onwenselijk gedrag veel eerder tot een correspondente gevolgtrekking, want de relatie tussen het gedrag en de onderliggende eigenschap is duidelijk. Iemand die in een winkel steelt is oneerlijk, want eerlijke mensen doen dat niet. Iemand die in de rij bij de kassa voordringt voor een klein jongetje is onaardig, want een echt aardig mens zou dat niet doen. Sociaal positief gedrag daarentegen kan vele oorzaken hebben. Het kan worden veroorzaakt door correspondente disposities van de persoon (bijvoorbeeld vriendelijkheid), maar ook door niet-correspondente disposities (bijvoorbeeld slijmerigheid) of door externe factoren (bijvoorbeeld sociale normen). Positief gedrag roept bij waarnemers dan ook meer verschillende gevolgtrekkingen op dan negatief gedrag (Krull & Dill, 1998).

Voor extreem versus gematigd gedrag geldt een vergelijkbare redenering. Hoe extremer iemands gedrag, des te kleiner is het gebied van mogelijke gevolgtrekkingen. Iemand die een reep chocola steelt in de supermarkt kan een heel klein beetje immoreel zijn, enigszins immoreel, of zeer immoreel. Maar iemand die de hele maandelijkse AOW-uitkering van een oude dame steelt kan alleen maar zeer immoreel zijn. Aan de positieve kant is het ook mogelijk dat iemands gedrag zo extreem positief is dat er weinig twijfel is over de betekenis. Iemand die zijn eigen leven riskeert om een ander te redden moet bijvoorbeeld wel behoorlijk menslievend zijn.

De hier beschreven waargenomen relaties tussen gedrag en onderliggende eigenschap zijn weergegeven in figuur 6.4 (naar Reeder & Brewer, 1979). De linker verticale lijn weerspiegelt gradaties van *aardig gedrag*, variërend van extreem aardig tot extreem onaardig. De rechter verticale lijn weerspiegelt gradaties van de *eigenschap aardig*. De verbindingslijnen geven weer welke gevolgtrekkingen mogelijk zijn bij een bepaalde gedraging. In principe lopen er vanaf ieder punt op het gedragscontinuüm lijnen naar het eigenschapscontinuüm, maar om de zaak overzichtelijk te houden, zijn in figuur 6.4 alleen lijnen getrokken vanuit het punt voor *tamelijk aardig* gedrag en voor *extreem onaardig* gedrag. We zien dat 'tamelijk aardig' gedrag (zoals boodschappen doen voor iemand die ziek is) kan worden vertoond door iemand die extreem aardig is, tamelijk aardig, een beetje aardig, een beetje onaardig, tamelijk onaardig en extreem onaardig. Dat laatste is minder waarschijnlijk, maar ook een extreem onaardig iemand kan in bepaalde omstandigheden iets doen dat tamelijk aardig is, namelijk als hij er zelf baat bij denkt te hebben. (Een extreem onaardig persoon zal daarentegen niet gauw iets extreem aardigs doen, zoals iemands leven redden, omdat het offer dat daarvoor gebracht moet worden hem te groot is.)

Vanuit het punt *extreem onaardig* op de gedragsdimensie zien we een heel ander patroon: iemand die iets extreem onaardigs doet (bijvoorbeeld zijn partner mishandelen), die kan alleen maar tamelijk onaardig of extreem onaardig zijn. Iemand die maar een klein beetje onaardig is of iemand die aardig is zou zoiets nooit doen. Hij zou het wel kúnnen (in de zin dat hij de fysieke vermogens heeft om zoiets te doen), maar hij zou het niet wíllen. Bij extreem onaardig gedrag zijn de mogelijke gevolgtrekkingen over de onderliggende eigenschap dus zeer beperkt: het gedrag is erg informatief over de positie die de persoon inneemt op de corresponderende eigenschap.

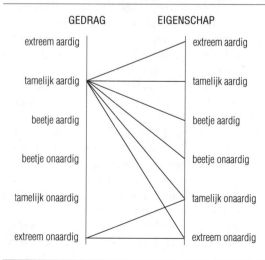

Figuur 6.4

Wanneer we nu van iemand weten dat hij boodschappen heeft gedaan voor een zieke buurman (tamelijk positief) én zijn partner heeft mishandeld (extreem negatief), dan kunnen we niet anders dan besluiten dat de persoon behoorlijk onaardig is. Immers, iemand die iets tamelijk aardigs doet kan best heel onaardig zijn, maar iemand die iets extreem onaardigs doet kan niet aardig zijn. In termen van figuur 6.4: de lijnen die lopen vanaf *tamelijk aardig* gedrag en *extreem onaardig* gedrag convergeren bij het gebied van *tamelijk onaardig* tot *extreem onaardig* als onderliggende eigenschap.

Volgens dezelfde redenering heeft extreem gedrag meer gewicht dan gematigd gedrag, aangezien extreem gedrag (positief of negatief) een beperkt bereik heeft van mogelijke posities op het continuüm van de bijbehorende eigenschap, terwijl gematigd gedrag een groot bereik heeft. Iemand die welbewust zijn eigen leven riskeert om een ander te redden móet wel behoorlijk hoog zijn in moraliteit. Maar iemand die een leugentje om bestwil vertelt (een beetje immoreel) kan alle mogelijke posities hebben op de corresponderende dimensie, want dat doen we immers allemaal wel eens. Worden die twee gedragingen gecombineerd in één persoon, dan zal de meer extreme gedraging dus de doorslag geven.

Het is belangrijk te bedenken dat de hierboven beschreven relaties tussen gedrag en eigenschappen geen wetenschappelijke kennis weerspiegelen over hoe eigenschappen tot uiting komen in gedrag: het is een beschrijving van de intuïtieve kennis die is vervat in de *behavior–trait*-schema's van sociale waarnemers. Dat wil niet zeggen dat mensen met overzichten als in figuur 6.4 in hun hoofd rondlopen. Het wil alleen zeggen dat ze beseffen dat er niet altijd een een-op-eenrelatie is tussen gedrag en eigenschap. We nemen bijvoorbeeld aan dat iemand die erg eerlijk is nooit een oude dame zou beroven, maar dat zo iemand misschien wel eens een leugentje om bestwil vertelt. Dergelijke aannames gebruiken we wanneer we eigenschappen afleiden uit gedrag.

Reeder en zijn collega's (Reeder & Brewer, 1979; Reeder, Henderson & Sullivan; 1982) hebben in diverse experimenten steun gevonden voor de gedachte dat de waargenomen relaties tussen gedrag en eigenschappen een grote rol spelen bij negativiteits- en extremiteitseffecten (voor overzichten: Reeder, 1993; Skowronski & Carlston, 1989). In een onderzoek van Reeder en Spores (1983) bijvoorbeeld kregen proefpersonen verhaaltjes te lezen waarin een stimuluspersoon zich ofwel moreel goed gedroeg, ofwel immoreel. De persoon gaf bijvoorbeeld geld aan een goed doel, of stal geld uit een collectebus. Daarbij werd informatie gegeven over de situatie waarin het gedrag plaatsvond: de persoon werd door een vriendin onder druk gezet om ofwel geld te geven, ofwel het geld te stelen. Uit de resultaten bleek dat de proefpersonen sterk rekening hielden met de situatie bij hun gevolgtrekkingen over positief gedrag: iemand die geld gaf nadat hij daartoe onder druk was gezet werd minder positief beoordeeld dan iemand die geld gaf terwijl hij was aangemoedigd om geld te stelen. Op dezelfde manier werd een actrice die weigerde met een regisseur naar bed te gaan positiever beoordeeld wanneer er was verteld dat ze een rol kon krijgen door met de regisseur naar bed te gaan dan wanneer er was verteld dat ze in zijn achting zou dalen als ze met hem naar bed ging (vgl. paragraaf 2.3.5, p.45 waar dit experiment werd besproken als een voorbeeld van een manipulatie van contextuele informatie). Bij negatief gedrag bleek de situatie echter weinig invloed te hebben: iemand die geld stal werd sowieso negatief beoordeeld, ook al was hij daartoe aangemoedigd door een ander; een actrice die met een regisseur naar bed ging werd immoreel gevonden, zelfs als men wist dat dit haar kansen vergrootte om een rol te krijgen in zijn film.

Volgens Reeder en Spores nemen waarnemers aan dat mensen die hoog zijn in moraliteit nooit iets immoreels zouden doen, ook niet wanneer ze daartoe onder druk worden gezet. Moraliteit betekent juist dat je de verleiding weerstaat om iets immoreels te doen, zelfs als dat in je voordeel is (zoals in het geval van de actrice). Iemand die iets immoreels doet, móet dus wel een corresponderende immorele dispositie hebben. Dezelfde redenering blijkt op te gaan voor vriendelijk, behulpzaam versus onvriendelijk, vijandig gedrag: iemand die zich vijandig en onvriendelijk gedraagt tegenover anderen wordt hoe dan ook onaardig gevonden, zelfs wanneer het duidelijk is dat hij onder druk is gezet om zich zo te gedragen (Vonk & Van Knippenberg, 1994). Men blijkt wel rekening te houden met de mogelijkheid dat de persoon zich aanpast aan wat er van hem wordt gevraagd, maar men vindt toch dat het iets over hem zegt dat hij bereid is dit te doen. Omgekeerd wordt vriendelijk, behulpzaam gedrag niet erg informatief gevonden wanneer zulk gedrag door de situatie wordt aangemoedigd. Dit alles impliceert dat de correspondentie-vertekening (zie paragraaf 3.7.1, p.124) sterker is voor sociaal negatief (onvriendelijk, immoreel) dan positief gedrag: bij sociaal negatief gedrag wordt de invloed van de situatie sterker onderschat. Wellicht heeft dit ook te maken met het feit dat we als waarnemers minder gewend zijn om te corrigeren voor negatieve situationele invloeden. We hebben er minder oefening in gehad. In het dagelijks leven worden mensen immers, via sociale normen, veel meer aangemoedigd tot wenselijk dan tot onwenselijk gedrag.

6.3.7 Impressie-verandering

Hiervoor zijn vier mechanismen beschreven die ertoe leiden dat negatieve informatie meer gewicht heeft bij impressievorming. Diezelfde mechanismen leiden eveneens tot asymmetrieën wanneer men al een indruk heeft van een persoon of een groep, en het gaat om de vraag of die indruk te veranderen is. In hoofdstuk 5, in de sectie over stereotypen-verandering, zagen we al dat positieve stereotypen makkelijker te veranderen zijn dan negatieve (paragraaf 5.5.5, p.243) doordat ze makkelijker te ontkrachten zijn. Datzelfde geldt voor impressies: wanneer men een positieve impressie heeft van een persoon, zal men deze vrij snel herzien zodra die persoon zich vijandig of immoreel gedraagt (Reeder & Coovert, 1986). In feite is één extreem immorele of onaardige gedraging al voldoende om te besluiten dat iemand niet deugt. Anderzijds is een negatieve impressie veel moeilijker te veranderen. Wanneer we eenmaal denken dat iemand onaardig of onbetrouwbaar is, moet er heel wat gebeuren voordat we van gedachten veranderen. Immers, als die persoon aardig en betrouwbaar gedrag vertoont, kan dat worden geïnterpreteerd als strategisch gedrag. Zelfs als we zo iemand het voordeel van de twijfel geven, zullen we toch nog lange tijd alert blijven op de mogelijkheid dat het onwenselijke gedrag terugkeert. Dit komt ook tot uiting in het spreekwoord 'eens een dief, altijd een dief'. We vinden wel dat we mensen een nieuwe kans moeten geven, maar als iemand iets gestolen heeft, zullen we er toch rekening mee houden dat dit opnieuw kan gebeuren.

6.3.8 Positiviteitseffecten

Negativiteitseffecten, zoals hiervoor beschreven, treden op wanneer het erom gaat te beoordelen hoe iemand is in de omgang met andere mensen (hoe aardig of onaardig iemand is tegen anderen) of waar iemand zich bevindt op de moraliteitsdimensie. Gaat het echter om iemands bekwaamheden, dan is het juist omgekeerd en heeft positieve informatie meer invloed. Dit wordt geïllustreerd aan de hand van tabel 6.2, waarin een rijtje gedragingen staat, met daarachter de scores per gedraging op de intelligentie-dimensie.

Tabel 6.2

	−3 = dom 0 = neutraal +3 = intelligent
Kon de uitgang van het vliegveld niet vinden.	−2
Loste een moeilijk cryptogram op.	+2
Wees Zweden aan toen werd gevraagd waar Spanje lag	−3
Wist bij Triviant weinig vragen te beantwoorden.	−2
Won een schaakpartij van een grootmeester.	+3
Legde de relativiteitstheorie aan iemand uit.	+2

Als we het gemiddelde nemen van alle gedragingen, komen we uit op een neutrale score van 0 bij de beoordeling van de intelligentie van de persoon die deze gedragingen vertoont. Bij het lezen van de beschrijvingen krijgen we echter een beeld van iemand die allerlei concrete dingen niet weet, maar die wel het vermogen heeft om moeilijke problemen op te lossen. Ons oordeel over de intelligentie van deze persoon zal dan ook aan de positieve kant zijn (gemiddeld +1 à +2).

Dit positiviteitseffect treedt niet alleen op als het gaat om intelligentie, maar bij alle gedrag waar bepaalde *vaardigheden* voor nodig zijn, zoals fysieke vaardigheden (denk bijvoorbeeld aan sportprestaties), maar ook sociale vaardigheden: als een persoon de ene keer assertief optreedt en de andere keer afwachtend, hebben de assertieve gedragingen een groter gewicht, aangezien ze bepaalde sociale vaardigheden vereisen (Vonk, 1995). Hetzelfde geldt voor het contrast tussen extravert en introvert (Messick & Reeder, 1972, 1974). Kortom, positiviteitseffecten treden op wanneer het gaat om de competentie of, algemener, potentie van een persoon (zie de eerder afgebeelde impliciete persoonlijkheidstheorie in figuur 6.1, paragraaf 6.2.2, p.253: eigenschappen die aan de bovenkant in de afbeelding liggen zijn 'sterker' en hebben meer gewicht dan de zwakkere eigenschappen aan de onderkant).

Positiviteitseffecten worden het best verklaard met de hiervoor beschreven visie van Reeder en Brewer (1979; vgl. Skowronski & Carlston, 1987; zie ook Reeder, 1997) op de waargenomen relaties tussen gedrag en onderliggende eigenschap. Stel dat een student een onvoldoende haalt voor een makkelijk tentamen. Dit kan komen doordat de student dom is en de stof niet begrijpt, maar het kan ook komen doordat hij zijn dag niet heeft, ziek is geweest, geen tijd heeft gehad om zich voor te bereiden, of werd afgeleid door huiselijke problemen. Kortom, een slechte prestatie kan wijzen op een corresponderende lage bekwaamheid, maar het hóeft niet. Een briljante student kan wel eens een onvoldoende halen, de beste voetballer kan een slechte wedstrijd spelen, de titelhouder tennissen kan een wedstrijd verliezen. Het is zelfs mogelijk dat iemand zich opzettelijk minder bekwaam voordoet dan hij is. In de film *Pulp fiction* bijvoorbeeld wordt een bokser betaald (Bruce Willis) om een wedstrijd opzettelijk te verliezen.

Als iemand echter blijk geeft van bepaalde capaciteiten, is dat juist wél informatief. Een schaker die een wedstrijd wint van een grootmeester móet wel goed kunnen schaken; een hardloper die een record breekt moet wel enige talenten hebben op dit gebied. Prestaties zijn informatief, want mensen kunnen zich niet bekwamer voordoen dan ze zijn. Natuurlijk willen mensen wel graag een intelligente en bekwame indruk maken, precies zoals ze ook aardig en moreel gevonden willen worden. Maar als het gaat om kwaliteiten waar bepaalde vaardigheden voor nodig zijn, zal dit streven altijd op de grenzen van hun vermogens stuiten. Iemand die dom is wíl misschien wel intelligent overkomen, maar hij kán het niet. Slechte mensen kunnen iets aardigs zeggen, aanbieden een ander te helpen, een verloren portemonnee terugbrengen. Maar incompetente mensen kunnen geen bekwame dingen doen. Het gevolg hiervan is dat competent gedrag meer invloed heeft op oordelen over iemand dan incompetent gedrag. Volgens hetzelfde principe heeft extravert, spontaan gedrag meer invloed op oordelen dan gesloten, verlegen gedrag: we gaan ervan uit dat het voor een verlegen persoon moeilijker is om spontaan te doen dan omgekeerd. Hetzelfde geldt voor zelfverzekerd versus onzeker gedrag: een zelfverzekerd persoon kan zich onzeker gedragen, maar het omgekeerde is moeilijker (Reeder, Henderson & Sullivan, 1982).

Het probleem bij pogingen om je bekwamer voor te doen dan je bent is dat claims over je eigen bekwaamheid meestal kunnen worden getoetst aan daadwerkelijke prestaties. Reeder en Fulks (1980) voerden een experiment uit dat stoelde op de gedachte dat iedereen het vermogen heeft te zéggen dat hij competent is. Dit impliceert dat het positiviteitseffect afhangt van de feitelijke manifestatie van het gedrag. In de ene conditie lazen proefpersonen over een stimuluspersoon die zei dat hij goed kon schilderen. In de tweede conditie werd deze vaardigheid daadwerkelijk gemanifesteerd in de vorm van een mooi schilderij. In overeenstemming met de voorspelling werd alleen in de tweede conditie een positiviteitseffect gevonden. Wanneer het gaat om vaardigheden, is het dus niet erg effectief om te zeggen dat je ergens heel goed in bent. Integendeel, als zo'n uitspraak niet te verifiëren is, kan het ertoe leiden dat je arrogant en opschepperig wordt gevonden (Godfrey, Jones & Lord, 1986).

Een functionele visie op positiviteitseffecten
Een heel andere visie op positiviteitseffecten wordt geleverd door de eerder beschreven functionele benadering. Volgens deze benadering is het belangrijk een onderscheid te maken tussen eigenschappen die voordelig of nadelig zijn voor andere mensen en eigenschappen die voordelig of nadelig zijn voor de persoon zélf (Peeters & Czapinski, 1990; De Bruin, 1999). Eigenschappen die te maken hebben met hoe aardig en moreel een persoon is (bijvoorbeeld vriendelijk, eerlijk) hebben vooral gevolgen voor degenen met wie deze persoon omgaat. Deze eigenschappen worden *other-profitable* genoemd. In de figuur van eigenschappen (figuur 6.1) valt de dimensie van 'other-profitability' samen met de horizontale, evaluatieve dimensie. Wanneer iemand vriendelijk en eerlijk is, hebben andere mensen daar baat bij; wanneer iemand vijandig en immoreel is, hebben andere mensen daar last van.³

Een heel ander verhaal geldt voor eigenschappen die te maken hebben met competentie en potentie (de verticale dimensie in figuur 6.1, p.253): deze eigenschappen zijn *self-profitable*. Iemand die intelligent, zelfverzekerd en assertief is heeft daar zelf baat bij. Iemand die dom, onzeker en zwak is heeft daar zelf meer last van dan anderen. Dit verklaart waarom op deze dimensie geen negativiteitseffecten optreden: iemand die laag scoort op de competentie/potentie-dimensie en weinig bekwaamheden heeft, kan anderen niet schaden. Er is dus geen functionele noodzaak om alert te zijn op dat soort informatie (Peeters & Czapinski, 1990).

Het is echter wél nuttig om alert te zijn op informatie die bekwaamheid en kracht weerspiegelt. Immers, iemand die sterk is of andere vaardigheden heeft kan zijn omgeving veel meer beïnvloeden dan iemand die zwak is en niets kan. Vanuit een functioneel, evolutionair perspectief kan iemand die zwak en onbekwaam is 'for all practical purposes' genegeerd worden. Maar als iemand sterk en bekwaam is, moet men gaan opletten, want zo iemand heeft het vermogen om het welzijn van anderen te schaden of te bevorderen. Dit verklaart ook waarom het negativiteitseffect wordt versterkt wanneer negatieve en sterke kenmerken

---

3 Deze *other-profitability*-dimensie wordt het meest gebruikt in onze dagelijkse beoordelingen van personen (Wojciszke e.a., 1993, 1998): we zijn in eerste instantie gericht op het bepalen van de gevolgen die iemands gedrag heeft voor anderen, aangezien wijzelf immers ook tot die anderen horen (De Bruin, 1999; Vonk, 1999b).

samengaan in dezelfde persoon (Vonk, 1996). Iemand die 'slecht' en sterk is vormt een veel groter potentieel gevaar dan iemand die 'slecht' en zwak is. Vandaar dat de opmerking 'Als jij hersens had, zou je gevaarlijk zijn' in feite een dubbele belediging impliceert: men zegt hiermee niet alleen dat de ander 'slecht' is, maar ook nog eens dat de ander te dom is om schade aan te richten.

6.3.9 Gemotiveerde gedachten

Bij de verschillende mechanismen die hier zijn beschreven als oorzaken van asymmetrieën in impressievorming is een globaal onderscheid te maken tussen cognitieve en motivationele factoren. Het psychologische middelpunt (paragraaf 6.3.3, p.264) en de geringe ambiguïteit van negatieve en extreme eigenschappen en gedragingen (paragraaf 6.3.5, p.267 en 6.3.6, p.268) weerspiegelen een cognitief mechanisme. In deze benadering wordt de sociale waarnemer bekeken als iemand die op een zinnige manier nagaat wat de betekenis van bepaalde informatie is, gebruikmakend van algemene verwachtingen, van cognitieve schema's over eigenschappen en gedragingen, en van attributieregels. Met name het model van Reeder is sterk gebaseerd op theorieën over hoe mensen de oorzaak van gedrag vaststellen, in het bijzonder de theorie van Jones en Davis.

In de functionele visie op asymmetrieën (paragraaf 6.3.4, p.265) ligt de nadruk op de belangen en motieven van de waarnemer: men geeft meer gewicht aan informatie die erop wijst dat een persoon het welzijn van andere mensen kan beïnvloeden, met name als dat in negatieve zin is. In deze visie staan niet zozeer de *oorzaken* van iemands gedrag centraal, als wel de *gevolgen* die het gedrag kan hebben (Vonk, 1998c).

Daarmee richt deze benadering zich op het motivationele aspect van persoonswaarneming – een aspect dat in dit hoofdstuk wat onderbelicht is, maar dat toch van wezenlijk belang is in de dagelijkse waarneming. In het werk van Asch, waarin rijtjes met eigenschappen worden aangeboden, en het latere 'person memory'-onderzoek, waarin het rijtjes met gedragingen betreft, wordt de sociale waarnemer vooral beschouwd als iemand die min of meer belangeloos naar anderen kijkt en hun gedrag beoordeelt alsof het hem zelf niets aangaat. Dit soort onderzoek is natuurlijk wel van belang om meer te weten te komen over de vraag hoe mensen verschillende stukjes informatie combineren tot een coherente impressie. Niettemin moeten we bedenken dat mensen in het dagelijks leven vaak helemaal niet belangeloos naar anderen kijken. In essentie is alle waarneming doel- en handelingsgericht (Fiske, 1992; Hilton & Darley, 1991; Ostrom, 1984): als we ons een beeld vormen van een ander, doen we dat meestal niet zomaar voor de lol, maar omdat we iets te maken hebben met die ander en omdat we in staat willen zijn adequaat te reageren op diens gedrag.

De rol van deze doelen en belangen hebben we in hoofdstuk 5 al gezien bij de bespreking van effecten van stereotypen (paragraaf 5.4.3, p.230: *Individuatie*):

als iemand belangrijk voor ons is, bijvoorbeeld omdat we van die persoon afhankelijk zijn, laten we onze stereotypen varen en gaan we over tot individuatie en 'piecemeal' integratie – een proces dat, zoals uit het voorafgaande is gebleken, soms knap ingewikkeld kan zijn. Daarnaast kunnen afhankelijkheid en het vooruitzicht van een verder contact met een persoon echter nog andere effecten hebben. Eén daarvan is dat we de ander graag aardig willen vinden. Als we weten dat we een interactie met iemand zullen hebben, of dat iemand ons wel en wee kan beïnvloeden, zijn we gemotiveerd tot een positief beeld van die persoon te komen (bijv. Berscheid e.a., 1976; Darley & Berscheid, 1967). In dit geval zijn negativiteitseffecten dan ook zwakker (Vonk, 1996, 1998d): tenzij de ander het al te bont maakt, zijn we bereid hem het voordeel van de twijfel te geven.

Het feit dat onze waarnemingen worden beïnvloed door motieven en belangen betekent dat onze uiteindelijke indruk van anderen vaak niet alleen is gebaseerd op de informatie die we hebben gekregen, maar ook op onze eigen voorkeuren. We hebben vaak duidelijke *impressie-preferenties* (Vonk, 1998d) die het hele proces van impressievorming kunnen sturen. Zo denken we in het algemeen grondiger en kritischer na over informatie die de door ons nagestreefde conclusie tegenspreekt dan over informatie die de gewenste conclusie bevestigt, hetgeen kan leiden tot allerlei *motivationele vertekeningen* in beoordelingen (zie bijv. Ditto & Lopez, 1992; Kunda, 1990; Pyszczynski & Greenberg, 1987; zie ook Ditto e.a., 1998). Overigens kan gemotiveerde waarneming er ook toe leiden dat andere vertekeningen juist weer ongedaan worden gemaakt. Zo kwam eerder in dit boek naar voren dat afhankelijkheid leidt tot een algehele extra cognitieve inspanning, hetgeen resulteert in een verzwakking van de correspondentie-vertekening (paragraaf 3.7.1, p.124; Vonk, 1999a) en een verminderd gebruik van stereotypen (paragraaf 5.4.3, p.231; Fiske & Neuberg, 1990). Maar het meest robuuste effect van afhankelijkheid en een verwachting van verder contact is de voorkeur voor een positieve indruk van de ander.

Enerzijds is dat, in het licht van de functionele waarde van negativiteitseffecten, niet erg verstandig. Immers, juist als we een verder contact met iemand hebben, moeten we erop bedacht zijn dat de ander ons kan schaden. In het licht van de 'self-fulfilling prophecy' daarentegen (zie paragraaf 4.4.6, p.188) is een dergelijke optimistische houding wel degelijk functioneel: door iemand bij voorbaat positief te benaderen wordt de kans vergroot dat de ander aardig doet en dat het contact prettig verloopt. Juist in de dagelijkse interacties met anderen is ons er veel aan gelegen de mensen in onze omgeving niet direct te veroordelen. We willen niet de hele tijd ruziemaken, of iedereen aan de kant zetten die een keer iets doet wat ons niet bevalt. We willen anderen aardig vinden, en we willen dat zij óns aardig vinden. Onze belangen in de interactie met anderen brengen ook vaak met zich mee dat we niet alleen bezig zijn met de vraag 'Wat vind ik van die persoon?' maar ook met de vraag 'Wat vindt die persoon van mij?' Over dit laatste gaat de volgende paragraaf van dit hoofdstuk.

6.4 Zelfpresentatie

Zelfpresentatie, ook wel *impression management* genoemd (voor overzichten: Baumeister, 1982; Leary, 1995; Leary & Kowalski, 1990; Schlenker & Weigold, 1992; Tedeschi, 1981), is de tegenhanger van persoonswaarneming of impressie*vorming*. Door middel van zelfpresentatie proberen we invloed uit te oefenen op de indruk die anderen zich van ons vormen. Anders gezegd, we proberen de impressie die anderen zich vormen te 'managen' (beheersen). Als je bijvoorbeeld voor het eerst bij de ouders van je partner komt, of als je gaat solliciteren, zorg je ervoor dat je een goede indruk maakt. Een extreem voorbeeld van zelfpresentatie is een oplichter die rijke vrouwen het hof maakt, met het doel er met hun geld vandoor te gaan: deze persoon presenteert zichzelf aan elke vrouw als liefdevol en trouw, toont gevoelens die absoluut niet stroken met de werkelijkheid en verzwijgt zijn ware bedoelingen. Een ander extreem voorbeeld is de vroegere dienstplichtige die afgekeurd wilde worden op grond van mentale instabiliteit (S-5): deze persoon deed bij de keuring alsof hij 'gek' was.

Ook in meer alledaagse gevallen brengt zelfpresentatie soms met zich mee dat we de waarheid een beetje geweld aandoen. We zitten bijvoorbeeld heel lang te luisteren naar iemands verhalen omdat we aardig en begrijpend willen zijn, terwijl we eigenlijk willen zeggen 'Hou toch op met dat gezanik'. Of we zeggen tijdens een sollicitatiegesprek dat we goed Frans spreken, terwijl we ons afvragen hoe we ons daar ooit uit moeten redden als we de baan eenmaal hebben. Bij de meeste vormen van zelfpresentatie is er echter geen sprake van bedrog en leugenarij. Zoals we al zagen bij de bespreking van het zelf-schema (paragraaf 4.2.4, p.152) beschikt ieder mens over veel verschillende persoonlijkheidskenmerken, kwaliteiten, interesses, meningen, voorkeuren, enzovoort (bijv. Sande, Goethals & Radloff, 1988). Als gevolg hiervan kunnen we in de interactie met anderen bepaalde kanten van onszelf naar voren halen en andere kanten afzwakken of onderdrukken (Leary, 1995, Schlenker & Weigold, 1992; Tice e.a., 1995).

Zelfpresentatie houdt dus in dat we bepaalde kenmerken van onszelf selecteren of benadrukken en andere kenmerken verbergen, zodanig dat de indruk die de ander zich vormt op de gewenste manier wordt beïnvloed. Wat precies gewenst is hangt af van de situatie en onze doelstellingen in die situatie. Kwaliteiten die we in een sollicitatiegesprek overdrijven zullen we in sociale contacten juist afzwakken, omdat we dan vinden dat bescheidenheid ons siert. Dit betekent echter niet dat we in het ene geval ons 'ware zelf' laten zien en in het andere geval de boel bedriegen. We laten eenvoudigweg verschillende kanten van onszelf zien in verschillende omstandigheden.

Er zijn mensen die zeggen dat ze altijd en overal 'zichzelf' zijn en zich niet aanpassen aan de situatie. Zulke opmerkingen moeten met de nodige scepsis worden bekeken. Proefpersonen die menen dat ze zich niet laten beïnvloeden door hun omgeving blijken zich in discussies extra sterk te verzetten tegen de mening van de ander (Schlenker & Weigold, 1990). Dat wil zeggen, ze gaan in de discussie afwijken van hun eigen mening om het verschil met de mening van de ander groter te maken. Het is alsof ze willen laten zien hoe weinig ze zich door de ander laten beïnvloeden door juist een tegengesteld standpunt in te nemen. Maar daardoor gaan hun uitspraken ook meer afwijken van hun eigen mening. Dit wijst erop dat er ook hier sprake is van een vorm van zelfpresentatie: men presenteert zichzelf als autonoom en niet-beïnvloedbaar.

Zelfpresentatie is in feite iets wat iedereen elke dag doet, en dat is maar goed ook (Leary, 1995). Als iedereen 'gewoon zichzelf' was en zich niet aanpaste aan de omgeving, zou bijvoorbeeld bijna niemand zijn hand voor zijn mond houden als hij nieste; op begrafenissen zou er geregeld iemand vreugde tonen over de dood van de overledene; en heel wat bezoekjes aan schoonfamilies zouden ontaarden in scheldpartijen. Dat we ons meestal niet bewust zijn van onze zelfpresentaties komt doordat veel zelfpresentatie-gedrag automatisch totstandkomt (Schlenker & Weigold, 1992), vooral als het gaat om veelvoorkomend gedrag zoals vriendelijk zijn tegen anderen (bijv. Baumeister, Hutton & Tice, 1989). Binnen een cultuur hebben alle mensen bepaalde zelfpresentatie-gewoonten waar ze helemaal niet bij nadenken (bijvoorbeeld glimlachen als je aan iemand wordt voorgesteld). Maar ook idiosyncratische zelfpresentaties kunnen zich ontwikkelen tot een tweede natuur, en daarmee ook het zelfbeeld gaan beïnvloeden (Jones e.a., 1981; Schlenker, 1986; Schlenker & Trudeau, 1990). Aangezien mensen zich veelal op een positieve manier presenteren, pakt dat vaak goed uit, maar het kan ook negatief uitpakken. Mensen die zich bijvoorbeeld heel afhankelijk en hulpbehoevend opstellen om iets van anderen gedaan te krijgen kunnen, wanneer ze daar een gewoonte van maken, zichzelf gaan zien als onzelfstandig en hulpeloos (Baumeister & Scher, 1988).

6.4.1 Motieven voor zelfpresentatie

Waarom kan het ons eigenlijk iets schelen wat anderen van ons denken? Mensen hebben verschillende motieven om zichzelf op een bepaalde manier te presenteren. De socioloog Goffman (1955, 1959), die gezien kan worden als een pionier op dit onderzoeksgebied, beschouwde zelfpresentatie als een basisconditie van alle sociale interactie. In de interactie met anderen vervullen mensen bepaalde rollen ten opzichte van elkaar. Zelfpresentatie fungeert om aan de ander duidelijk te maken welke rol je van plan bent te vervullen (zie ook Swann, 1987). Als interactie-partners van elkaar weten welke rol de ander wil innemen, kunnen ze daar rekening mee houden en verloopt de interactie soepel zolang iedereen zich aan zijn rol houdt. Als iemand opeens ophoudt die rol te vervullen, of als een ander hem niet accepteert in die rol, ontstaat een stroeve, moeizame interactie (bijvoorbeeld als op een verjaardag degene die altijd het hoogste woord heeft opeens heel stil en afwachtend is, met als gevolg dat pijnlijke stiltes ontstaan; of als iemand zich presenteert als deskundige door zijn kennis te etaleren, terwijl een ander die kennis als onjuist ontmaskert en daarmee impliciet zegt: 'Ik accepteer niet dat jij de rol van deskundige inneemt'.) In zekere zin is zelfpresentatie de smeerolie van het sociale verkeer. Vandaar ook dat het zo moeilijk is om, wanneer je eenmaal een bepaalde rol vervult in de interactie met een andere persoon, daar weer uit te stappen. Op het moment dat je dat doet, is de smeerolie van de interactie totaal verdwenen en moeten beide partijen opnieuw naar een positie zoeken.

Een tweede motief voor zelfpresentatie vloeit voort uit de behoefte aan een positief zelfbeeld (voor een overzicht van onderzoek naar deze behoefte: Sedikides & Strube, 1997) en uit de behoefte aan goedkeuring van anderen (Thibaut & Kelley, 1978). Door middel van positieve zelfpresentaties verkleinen mensen de kans dat ze door anderen worden afgewezen en vergroten ze de kans dat ze worden opgenomen in een sociaal netwerk. De behoefte om 'erbij te horen' en de angst om verstoten te worden zijn zeer fundamenteel (Baumeister & Leary, 1992). Zelfs wanneer er helemaal niets concreets bij te winnen valt, zullen mensen er altijd instinctief voor zorgen dat ze aardig worden gevonden (vgl. Jellison & Gentry, 1978). Mogelijk is deze behoefte ontstaan in de loop van de evolutie, waar mensen het grootste deel van de tijd in groepen hebben geleefd en niet konden overleven als ze uit de groep werden verstoten.

Ten derde hebben mensen niet alleen de behoefte een positief beeld van zichzelf te presenteren, maar ook een accuraat beeld. Mensen willen graag door anderen worden gezien zoals ze zichzelf zien (Swann, 1990; Swann e.a., 1990; zie ook Sedikides & Strube, 1997). Zelfpresentatie kan dus ook dienen om een bepaalde indruk te herstellen als men denkt dat de ander onjuiste conclusies heeft getrokken. Als iemand bijvoorbeeld lijkt te denken dat je lichtzinnig bent terwijl je vindt dat dat niet klopt, kun je je als reactie daarop extra degelijk en serieus gaan gedragen. Dit type zelfpresentatie, waarbij men een accuraat beeld van zichzelf presenteert, vereist waarschijnlijk nog betere sociale vaardigheden dan het presenteren van een geflatteerd beeld (Cheek & Hogan, 1983; zie ook Paulhus, Graf & Van Selst, 1989, voor een onderzoek waaruit blijkt dat mensen zich met name extra positief presenteren onder condities van cognitieve 'load', hetgeen suggereert dat positieve zelfpresentaties grotendeels automatisch totstandkomen).

Ten vierde kan zelfpresentatie worden gezien als een instrument waarmee men het gedrag van anderen kan beïnvloeden (Jones, 1964, 1990). Door middel van zelfpresentatie kunnen mensen er bijvoorbeeld voor zorgen dat ze worden aangenomen (wanneer ze zichzelf presenteren als bekwaam en goed passend bij het bedrijf waar ze solliciteren), dat ze iemand die ze fysiek aantrekkelijk vinden het bed in praten (wanneer ze zichzelf presenteren als aardig, aantrekkelijk en oprecht geïnteresseerd in de ander), dat iemand een vervelend klusje voor hen doet (wanneer ze zichzelf als hulpeloos presenteren; Kowalski & Leary, 1990), dat de tegenstander op een dwaalspoor wordt gezet (wanneer ze zich presenteren als dom of onbekwaam; Shepperd & Socherman, 1997), of dat ze worden gehoorzaamd door minder machtige personen (wanneer ze zichzelf presenteren als streng en ongenaakbaar; voor overzichten: Jones & Pittman, 1982; Vonk, 2001).

Tenslotte dient zelfpresentatie soms niet zozeer het eigenbelang, als wel het belang van een ander. Men doet bijvoorbeeld extra aardig tegen een persoon die in de put zit. Met name één vorm van zelfpresentatie, 'je van de domme houden' ('playing dumb') wordt vaak aangewend ten behoeve van de ander (Vonk, 2001). Vrouwen laten bijvoorbeeld hun man wel eens winnen met een spelletje omdat hij er anders de pest in krijgt, of ze verbergen hun opleiding of hun expertise omdat sommige mannen zich onzeker gaan voelen door een competente vrouw (Dean e.a., 1975). Meer in het algemeen verbergen mensen soms hun talenten of prestaties omdat een ander zich hierdoor bedreigd of geïntimideerd zou kunnen voelen (Exline & Lobel, 1999).

Doordat zelfpresentatiegedrag vaak dient om het gedrag of de gevoelens van anderen te beïnvloeden, kan het vele verschillende vormen aannemen. Immers, in bepaalde omstandigheden is het effectief om jezelf te presenteren als autonoom en zelfstandig, in andere juist als afhankelijk en hulpeloos; soms hebben mensen er belang bij dat ze worden gezien als vriendelijk en meegaand, soms juist als zakelijk en onbuigzaam. In feite kan ieder gedrag het resultaat zijn van zelfpresentatie (Leary, 1995). Of iemand nu aardig doet of onaardig, zelfstandig of afhankelijk, ijverig of lui, intelligent of onwetend, psychologisch gezond of 'gestoord' – er is altijd wel een situatie denkbaar waarin iemand dat doet om een bepaalde indruk over te brengen. Zelfs gedrag op het gebied van eten en seks kan het gevolg zijn van zelfpresentatie. Zo blijkt dat vrouwen minder eten wanneer ze dineren met een man en bang zijn dat hij hen niet vrouwelijk genoeg vindt (Mori, Chaiken & Pliner, 1987).

Twee vormen van zelfpresentatie komen echter beduidend vaker voor dan andere, en zijn dan ook het meest uitgebreid onderzocht door sociaal-psychologen. De eerste wordt in de Engelstalige literatuur *ingratiation* genoemd (Jones, 1964): zorgen dat je aardig gevonden wordt. Deze vorm van zelfpresentatie ligt op de sociale dimensie van persoonswaarneming (vgl. de sociaal-evaluatieve dimensie in figuur 6.1 en de *other-profitability*-dimensie, beschreven in paragraaf 6.3.8, p.275). De tweede, *zelfpromotie* (promotie in de zin van, jezelf verkopen en jezelf opwaarderen) ligt op de bekwaamheidsdimensie (vgl. de potentie-dimensie in figuur 6.1 en de *self-profitability*-dimensie in paragraaf 6.3.8): ervoor zorgen dat je competent wordt gevonden (voor een bespreking van andere vormen: Jones & Pittman, 1982; Vonk, 2001).

6.4.2 Persoonswaarneming en zelfpresentatie

Effectieve zelfpresentatie vereist dat mensen een adequate inschatting maken van de ander en van hoe ze door de ander worden waargenomen (Schneider, 1981). Ongemerkt registreren mensen voortdurend hoe de ander op hun gedrag reageert, en stellen ze hun gedrag bij op basis van die reacties (Leary & Kowalski, 1990). Dit is nodig om ervoor te zorgen dat de beoogde impressie inderdaad wordt bewerkstelligd. Mensen die zichzelf op een bepaalde manier presenteren moeten dat doen binnen de grenzen van wat voor de ander nog geloofwaardig is. In de meeste situaties wil iedereen wel overkomen als aardig en intelligent. Maar als men zich buiten de grenzen van de geloofwaardigheid begeeft, loopt men het risico dat men wordt gezien als een slijmerd (bij pogingen om aardig gevonden te worden) of als een opschepper (bij pogingen om intelligent gevonden te worden). In onze cultuur wordt het belangrijk gevonden dat mensen 'echt' en authentiek zijn (Gergen, 1968; Vonk, 1999c). Mensen willen daarom niet het risico lopen dat hun zelfpresentaties worden geïnterpreteerd als een teken van onechtheid of aanstellerij, want dat is sociaal onwenselijk.

Uit experimenteel onderzoek naar zelfpresentatie blijkt dan ook dat proefpersonen sterk rekening houden met wat de ander weet en verwacht. Als de ander weinig over hen weet, presenteren ze zich zo gunstig mogelijk (bijv. Schlenker, 1975), maar als de ander verwacht dat ze op een bepaald kenmerk niet zo goed scoren, presenteren ze zichzelf uiterst bescheiden op dat kenmerk (Baumeister & Jones 1978). Kortom, mensen passen hun zelfpresentaties aan aan wat anderen over hen menen te weten. Ook als mensen weten dat bepaalde beweringen over hun capaciteiten later geverifieerd kunnen worden, bijvoorbeeld door middel van een test, presenteren ze zichzelf in overeenstemming met hun verwachting over hoe ze bij de test zullen presteren. Ze willen niet het risico lopen dat ze meer kwaliteiten claimen dan ze kunnen bewijzen – en terecht, want waarnemers oordelen zeer negatief over mensen die zich bekwamer voordoen dan ze zijn (Schlenker & Leary, 1982), of die bepaalde talenten zeggen te hebben terwijl dat niet geverifieerd kan worden (Vonk, 1999c).

Wanneer het gaat om zelfpresentatie op het gebied van bekwaamheden, zoals in de onderzoeken hierboven, lijken mensen zich goed bewust te zijn van de zogenoemde *paradox van de zelfpromotor* (Jones, 1990): hoe meer je jezelf presenteert als bekwaam en deskundig, des te groter is de kans dat je naderhand niet kunt voldoen aan de geclaimde talenten en wordt gezien als een opschepper, hetgeen juist leidt tot een negatieve beoordeling. Meer in het algemeen vereist adequate zelfpromotie een uiterst subtiele aanpak, aangezien mensen die hun talenten naar voren schuiven al gauw als onaardig worden gezien (Godfrey, Jones & Lord, 1986; zie ook het in paragraaf 2.3.7, p.48 genoemde onderzoek van Rudman, 1998, waaruit bleek dat dit voor vrouwen extra sterk geldt). Het oordeel 'onaardig' ligt weliswaar op een andere beoordelingsdimensie (namelijk de sociaal-evaluatieve en niet de bekwaamheidsdimensie), maar via een halo-effect (zie paragraaf 6.2.3, p.255) kan dit er makkelijk toe leiden dat de zelfpromotor ook onbekwaam wordt gevonden. Men heeft dan dus het tegendeel bereikt van wat men beoogde.

Ook bij 'ingratiation' zijn er valkuilen. In dit geval wordt wel eens gesproken van het '*ingratiater's dilemma*' (Jones, 1990): hoe meer je afhankelijk bent van een persoon, des te groter is de behoefte om door die persoon aardig gevonden te worden (denk bijvoorbeeld aan een chef); maar hoe groter de afhankelijkheid, des te eerder zal men worden verdacht van vleierij als men aardig doet tegen die persoon (Vonk, 1998a). Kortom, juist als het nodig is om aardig over te komen, zal men bij de andere partij een gezonde dosis wantrouwen tegenkomen, waardoor de kans groter is dat men als een 'slijmerd' wordt gezien zodra men aardig doet.

6.4.3 De waarneming van zelfpresentatie-gedrag

Het eerste deel van dit hoofdstuk ging helemaal over het *vormen* van indrukken; het laatste gedeelte ging over het *presenteren* van indrukken. In het dagelijks leven hebben die twee natuurlijk veel met elkaar te maken. Hiervoor zagen we al dat effectieve zelfpresentatie vereist dat men een goed beeld van de ander heeft. Men moet immers weten wat door die ander positief en geloofwaardig wordt gevonden. Omgekeerd moeten mensen die zich een indruk vormen van een persoon ook rekening houden met de mogelijkheid van zelfpresentatie. Dat gebeurt niet altijd. Met name bij een oppervlakkige, onnadenkende verwerking lijken persoonswaarnemers geneigd om het gedrag van anderen 'at face value' te nemen: als iemand zegt dat hij het met ons eens is (wat een vorm van 'ingratiation' kan zijn), of dat hij bepaalde talenten heeft (wat een vorm van zelfpromotie kan zijn), dan nemen we vaak klakkeloos aan dat het zo is. Deze neiging is vergelijkbaar met de correspondentie-vertekening: we houden vaak te weinig rekening met het feit dat het gedrag van mensen niet altijd correspondeert met hun werkelijke bedoelingen.

In bepaalde situaties lijken waarnemers echter goed in staat te zijn tot het herkennen van zelfpresentatie-motieven. Op grond van bepaalde signalen kan men een persoon gaan verdenken van verborgen bedoelingen ('*suspicion of ulterior motivation*'; Fein, Hilton & Miller, 1990; zie ook paragraaf 3.7.1, p.128-129). Stel bijvoorbeeld dat je leest over een jongeman die uitgaat met een rijke weduwe. In dit geval wordt meteen je achterdocht gewekt: je vraagt je af of de jongeman geïnteresseerd is in de vrouw zelf of in haar geld. Op zo'n moment weet je niet zeker wat je ervan moet denken. Dat leidt ertoe dat je (a) de beschikbare informatie grondiger gaat overdenken en (b) je oordeel over de persoon opschort tot je meer zekerheid hebt over diens motieven. In een dergelijke situatie geven mensen zeer gematigde oordelen, totdat ze diagnostische informatie krijgen over de betrokkene (Fein e.a., 1990). Je hoort later bijvoorbeeld dat de jongeman een verloren portemonnee terugbrengt bij de eigenaar, of juist dat hij het geld houdt. Die informatie heeft dan veel invloed op je interpretatie van de eerder gepresenteerde informatie: je bepaalt op basis van die informatie of de jongeman integer is of niet, en dus ook gelijk of zijn bedoelingen met de rijke weduwe oprecht zijn.

Volgens Fein (1996) wordt in dit soort gevallen de correspondentie-vertekening overwonnen doordat men beter gaat nadenken over de motieven van de betrokkene. Doordat men niet zeker weet of de verdenking terecht is, pleegt men een attributionele analyse waarin alle mogelijke oorzaken van het gedrag, ook niet-correspondente en situationele oorzaken, worden overwogen.

Deze visie suggereert dat waarnemers alleen in staat zijn om zelfpresentatie-motieven te identificeren wanneer ze alle cognitieve zeilen bij zetten. Het is echter denkbaar dat zelfpresentatie-gedrag ook herkend kan worden zonder uitvoerige overdenkingen, door middel van het gebruik van schema's. De reden dat het verhaal over de jongeman een verdenking oproept is juist dat dit verhaal een cultureel schema activeert over Don Juan-achtige types die in hun onderhoud voorzien door rijke dames te verleiden. Zo hebben we ook een duidelijk schema over bijvoorbeeld de 'hielenlikker' die aardig doet naar boven en onaardig naar beneden. Dit schema wordt geactiveerd wanneer we zien dat iemand aardig gedrag vertoont tegenover superieuren. Ook wanneer de cognitieve capaciteit beperkt is, kan zo'n persoon snel in die categorie worden geplaatst (Vonk, 1998a). Het is mogelijk dat schema's in het algemeen heel bruikbaar zijn bij het herkennen van zelfpresentatie-gedrag, doordat ze ook kennis kunnen bevatten over situaties die bepaalde zelfpresentaties oproepen (zoals de relatie tussen sollicitatiegesprekken en zelfpromotie, of tussen afhankelijkheid en 'ingratiation') en over prototypische manifestaties van zelfpresentatie (bijvoorbeeld de vraag 'Wat doet zo'n mooi meisje hier helemaal alleen?' bij een versierpoging). De kunst voor de ware 'impression manager' is dan natuurlijk juist weer om te vermijden dat die schema's worden geactiveerd.

6.4.4 Ten slotte

In het vorige hoofdstuk is opgemerkt dat sociale waarnemers zich vaak verlaten op stereotypen aangezien dit de vorming van een indruk vergemakkelijkt. In dit hoofdstuk is naar voren gekomen dat individuatie inderdaad een complex proces is, waarin verschillende stukken informatie over een persoon op een of andere manier geïntegreerd moeten worden. Daarbij is met name aandacht besteed aan het feit dat bepaalde soorten informatie in deze integratie meer invloed hebben dan andere. In het algemeen kunnen we zeggen dat de meeste invloed wordt uitgeoefend door de eerst beschikbare informatie, door extreme informatie, door informatie die wijst op een hoge bekwaamheid of dominantie, en door sociaal-negatieve informatie. Merk op dat dit laatste aspect – het negativiteitseffect in impressievorming – in zekere zin voortvloeit uit het idee van zelfpresentatie: als waarnemers weten we dat mensen meestal proberen om zo positief mogelijk over te komen, dat wil zeggen dat 'ingratiation' aan de orde van de dag is. Juist om die reden zegt vriendelijk gedrag weinig over een persoon. Het idee van zelfpresentatie ligt dan ook impliciet besloten in Jones en Davis' (1965) beschrijving van de effecten van sociale wenselijkheid op correspondente gevolgtrekkingen (zie paragraaf 3.2.2, p.81).

In dit hoofdstuk, en in vrijwel al het relevante onderzoek, zijn de thema's persoonswaarneming en zelfpresentatie afzonderlijk behandeld. In de dagelijkse interactie met andere mensen zijn we echter vaak gelijktijdig bezig met beide activiteiten. Soms ligt de nadruk meer op het een, soms meer op het ander (afhankelijk van onze doelstellingen en de situatie), maar met name in contacten met minder bekende personen moeten we vaak tegelijkertijd een indruk van een ander vormen en een beeld van onszelf presenteren (Osborne & Gilbert, 1992). Gezien de complexiteit van beide activiteiten, is het een klein wonder dat we hier gewoonlijk redelijk goed in slagen. Er is nog niet veel onderzoek gedaan naar de vraag hoe, en onder invloed van welke factoren, deze activiteiten gecombineerd worden bij de ontmoeting met anderen. Eén ding is in elk geval duidelijk: als we gelijktijdig een indruk willen vormen én onszelf goed willen presenteren, moeten we een van de twee automatisch doen, omdat we slechts aan één ding tegelijk bewust aandacht kunnen besteden. Díe aspecten van persoonswaarneming en zelfpresentatie die automatisch totstandkomen (zoals STI's en stereotypering, respectievelijk goed geoefende en positieve zelfpresentaties) zijn dan ook onmisbaar in de dagelijkse contacten met anderen. In het volgende hoofdstuk wordt uitgebreid aandacht besteed aan automatische processen en de tegenhanger ervan, gecontroleerde processen.

7 Automaticiteit en controle

Ap Dijksterhuis

7.1 Inleiding

Mensen kunnen tijdens het autorijden sinterklaasgedichten verzinnen. Mensen kunnen aan voetstappen op de trap horen wie eraan komt, ook als ze aan het lezen zijn. Mensen kunnen de titel voor een werkstuk bedenken tijdens het douchen. Oma's kunnen tegelijkertijd een trui breien en naar Lingo kijken.
Hoe kan het dat we tegelijkertijd verschillende, toch behoorlijk ingewikkelde dingen kunnen doen? In de bovengenoemde voorbeelden is het antwoord eenvoudig: doordat slechts één van de twee onze aandacht vergt. Het andere doen we *automatisch*. Het verzinnen van gedichten, het lezen van een boek, het bedenken van een titel en het volgen van een spelletje Lingo wordt mogelijk gemaakt doordat autorijden, breien, douchen, respectievelijk het omzetten van 'trapgeluiden' in 'daar komt Henk' automatische processen zijn die (vaak na enige oefening, dat wel) onze aandacht niet of nauwelijks meer nodig hebben. In dit hoofdstuk staan automatische processen centraal. Onze gedachten en gevoelens, alsmede een groot gedeelte van ons gedrag, komen geheel of gedeeltelijk automatisch tot stand. We hebben er geen bewuste aandacht bij nodig; sterker nog, we zijn ons er vaak niet eens van bewust. We doen veel dingen zonder dat daaraan een intentie of een duidelijk doel ten grondslag ligt, met andere woorden, zonder dat we ze echt *willen* doen. Ook doen we veel dingen die we niet of nauwelijks kunnen sturen of controleren. Dit alles betekent dat we veel dingen automatisch doen. Psychologische processen zijn volledig automatisch als ze (a) onbewust verlopen, (b) geen aandacht vergen, (c) niet intentioneel totstandkomen, en (d) moeilijk te sturen of te controleren zijn (Bargh, 1989). Vaak worden processen al automatisch genoemd als ze slechts aan een deel van deze vier voorwaarden voldoen. We komen daar straks nog op terug (paragraaf 7.2.3, p.296).
Veel mensen (zowel leken als onderzoekers) vonden en vinden het idee van automatische processen niet erg aantrekkelijk. Het is geruststellender om te denken dat al ons gedrag doelgericht is en het gevolg is van bewust genomen beslissingen. Dat geeft ons het idee dat wij de baas zijn in eigen huis (vgl. het idee van causale agenten, beschreven in paragraaf 3.7.2, p.131). Het bestaan

van onbewuste processen en onbewust gedrag daarentegen geeft velen een wat ongemakkelijk gevoel. Het lijkt erop dat ons denken en ons gedrag niet meer door onszelf bepaald wordt, maar dat het met ons aan de haal gaat. Het is dus geen wonder dat onderzoekers die hebben beweerd dat de meeste psychologische processen automatisch of onbewust verlopen, of zelfs onderzoekers die voorzichtig hebben geopperd dat automatische of onbewuste processen meer aandacht zouden moeten krijgen, in het verleden bijna altijd tegen de stroom in moesten roeien. De meeste van hun collega's wilden er niets van weten.

In de laatste twintig jaar is er veel veranderd. Ten eerste zien steeds meer mensen in dat het feit dat zoveel processen automatisch zijn bijzonder nuttig is. De capaciteit van ons bewustzijn is beperkt: het kan eigenlijk maar één ding tegelijk. We kunnen niet tegelijkertijd een moeilijk boek lezen en sinterklaasgedichten schrijven. Dit betekent: hoe meer we automatisch doen, hoe vaker we 'ruimte' (of aandacht) over hebben voor dingen die we bewust *moeten* doen. We hebben, met andere woorden, onze sinterklaasgedichten op tijd af dankzij het feit dat autorijden of fietsen automatisch gaat. William James, de 'vader' van de Amerikaanse psychologie, zei al in de vorige eeuw: 'We must make automatic and habitual, as early as possible, as many useful actions as we can' (1890, p. 122), dat wil zeggen: zorg ervoor dat je zoveel mogelijk automatisch kunt, want dit zorgt ervoor dat je tijd en ruimte overhoudt voor andere dingen. Vergelijk het maar met de situatie waarin autorijden nog niet automatisch gaat, zoals tijdens de eerste paar rijlessen. Het is onmogelijk (of op z'n minst gevaarlijk) om dan sinterklaasgedichten te verzinnen.

Ook zijn de meeste mensen zich er nu van bewust dat veel psychologische processen die te maken hebben met oordeelsvorming, leren, geheugen en sociaal gedrag veel beter te begrijpen zijn wanneer we kijken welke onderdelen ervan automatisch verlopen en welke niet. Het inzicht is doorgedrongen dat automaticiteitsonderzoek ons in staat stelt om bepaalde processen effectief te veranderen. Als we weten dat het gebruik van stereotypen en vooroordelen bij de waarneming gedeeltelijk automatisch verloopt (zoals we later in dit hoofdstuk zullen zien; zie ook paragraaf 5.3.1, p.210 en 5.3.4, p.216), weten we ook welke onderdelen makkelijk te controleren of te veranderen zijn en welke juist niet.

Deze ontwikkelingen hebben ertoe geleid dat automaticiteitsonderzoek vandaag de dag heel belangrijk is binnen de sociale psychologie. Veel onderzoek naar persoonswaarneming, sociale beoordeling, stereotypering, attributie, attitudes en sociaal gedrag wordt gekenmerkt door het idee dat een groot deel van ons denken en doen automatisch is (zie bijvoorbeeld ook paragraaf 2.4.1, p.49 waar werd opgemerkt dat datgene waar we ons van bewust zijn slechts het topje van een ijsberg is: de rest komt onbewust en automatisch tot stand).

In dit hoofdstuk wordt allereerst iets verteld over de geschiedenis van automaticiteitsonderzoek. Daarna wordt besproken wat automaticiteit precies is en welke soorten automaticiteit er zijn. Vervolgens gaan we uitgebreid in op automaticiteit in affect (ons 'voelen') en automaticiteit in gedrag. In paragraaf 7.3 wordt ingegaan op de tegenpool van automaticiteit: controle.

7.2 Automaticiteit

7.2.1 Geschiedenis van automaticiteitsonderzoek

Twee onderzoekstradities zijn van bijzonder belang geweest voor het huidige onderzoek naar automatische processen (Bargh, 1996; Wegner & Bargh, 1998). De eerste betreft het onderzoek naar het aanleren (en automatiseren) van vaardigheden (*skill acquisition*). De tweede heeft betrekking op selectieve aandacht (*selective attention*).

Het aanleren van vaardigheden
Rond de eeuwwisseling wezen verschillende psychologen erop dat mensen de vaardigheden die ze vaak nodig hebben min of meer vanzelf gaan automatiseren (Freud, 1901; James, 1890). Hierbij kun je weer denken aan de voorbeelden aan het begin van dit hoofdstuk. Fietsen, typen, autorijden, douchen, tandenpoetsen en aardappels schillen zijn handelingen waarbij we in het begin onze aandacht nodig hebben. Na verloop van tijd echter worden deze vaardigheden automatisch. Ze vergen geen of nauwelijks aandacht meer. Zoals eerder vermeld (James, 1890), dit automatiseringsproces is nuttig: hoe meer dingen we automatiseren, hoe meer tijd we kunnen besteden aan andere dingen. Freud (1901), die natuurlijk het belang van het onderbewuste (toch een beetje z'n stokpaardje) wilde benadrukken, ging nog een stapje verder. Hij veronderstelde dat we veel dingen zelfs beter doen als ze automatisch zijn.
Zowel James als Freud spraken zich ook uit over de verrassende snelheid waarmee we gedrag automatiseren. Stel, je verhuist naar een andere stad en je moet voor het eerst ergens naartoe, bijvoorbeeld naar de universiteit. Voordat je dat doet, kijk je op de kaart of laat je je door anderen uitleggen hoe je moet fietsen. Vervolgens stap je op de fiets, je let goed op ('o ja, Roos zei dat ik bij de bakker op de Markt linksaf moest gaan') en je bereikt, na een fietstocht die veel aandacht vergt: ('zit ik wel goed, of had ik hier rechtsaf gemoeten?'), de universiteit. De volgende ochtend stap je echter al op de fiets zonder enige voorbereiding en denk je tijdens de tocht veel minder na over de route. De derde ochtend is het proces al bijna volledig geautomatiseerd. Het zien van de bakker zorgt automatisch voor het links afslaan, zonder dat deze beslissing je bewustzijn bereikt. Als je op de zestiende ochtend op de universiteit verschijnt en een vriendin zegt: 'Heb je die nieuwe videotheek gezien op de Markt, op die hoek waar vroeger een bakker zat?', is de kans groot dat je zegt: 'Nee, ik was in gedachten toen ik er langs fietste. Ik heb de hele Markt niet gezien'. Je hebt dan geen bewuste waarneming van de omgeving meer nodig om de weg te vinden. Op de drieëntwintigste dag moet je, voordat je naar de universiteit gaat, eerst even ergens iets ophalen. Daarvoor moet je bij de Markt rechtdoor. De kans is groot dat je dan, in gedachten verzonken, gewoon weer linksaf gaat bij de Markt. Je fietst naar de universiteit zonder enige gedachte te wijden aan de route: dat wordt automatisch geregeld.

Natuurlijk gaat het aanleren van sommige vaardigheden sneller dan het aanleren van andere en natuurlijk is de ene persoon wat sneller dan de andere (iedereen heeft wel zo'n kennis die overal de weg kwijt raakt), maar de boodschap is duidelijk: automatiseren van gedrag gaat snel. We zijn er goed in.

Toen enige tientallen jaren na Freud en James de behavioristen de psychologie gingen domineren (zie ook paragraaf 1.2.2, p.15), gebeurden er eigenlijk twee dingen. Ten eerste kreeg de manier waarop gedrag (aan)geleerd werd enorm veel aandacht (ook al weten we nu meer over hoe ratten de weg vinden in een doolhof dan over hoe mensen dit doen). Ten tweede, en dit is belangrijk, gebeurde dit vanuit een ander perspectief. Behavioristen 'maakten' gedrag door middel van conditionering. Ze hadden geen enkele interesse in mentale processen. Of gedrag bewuste sturing nodig had of niet, was voor hen een volstrekt irrelevante vraag. Sterker nog, behavioristen gruwden van een term als 'onbewust'. Wetenschap is aan dezelfde krachten onderhevig als popmuziek of strandmode. Soms is iets 'in', en even later is iets helemaal 'uit'. Freud was in het behavioristische tijdperk duidelijk 'uit', en de termen die met Freud geassocieerd werden, zoals onbewust, werden dan ook niet gebruikt.[1]

De aandacht voor de automaticiteit van mentale processen (en ook van vaardigheden) keerde terug tijdens de cognitieve revolutie (zie paragraaf 1.4.2, p.26). Halverwege de jaren zeventig verschenen er verschillende artikelen waarin een onderscheid werd gemaakt tussen twee soorten processen: automatische en gecontroleerde (Posner & Snyder, 1975; Shiffrin & Schneider, 1977). Men ging ervan uit dat alles óf automatisch óf gecontroleerd was en dat het van groot belang was te achterhalen wat automatisch was en wat gecontroleerd.

Het werk van Shiffrin en Schneider (1977) is van bijzonder belang geweest voor het huidige automaticiteitsonderzoek. Automatische processen kosten volgens deze auteurs geen aandacht, ze kunnen parallel lopen aan andere processen. Gecontroleerde processen vergen wél aandacht en kunnen niet parallel aan andere gecontroleerde processen plaatsvinden. Shiffrin en Schneider toonden aan dat gecontroleerde processen automatisch kunnen worden na oefening. Proefpersonen in hun experimenten keken naar een computerscherm waarop een aantal letters stonden. Het aantal letters wisselde per beeld. Soms stonden er veel letters op (zestien), soms minder (negen) en soms heel weinig (vier). Er stond telkens één letter 'G' tussen, elke keer op een andere plaats. De opdracht voor de proefpersonen was simpel: ze moesten telkens zo snel mogelijk bepalen waar de letter 'G' stond. In het begin van de taak keken proefpersonen één voor één naar de letters totdat ze de 'G' hadden achterhaald. Op een

---

[1] Freud beschreef het onderbewustzijn bijna als iets magisch en iets bovennatuurlijks. Dit was onwetenschappelijk in de ogen van anderen (behavioristen), en vooral om die reden moesten mensen later lange tijd niets hebben van termen als 'onbewust' of 'onderbewustzijn'. Ondanks de nadruk die Freud dus op het onderbewustzijn legde, is hij, ongewild uiteraard, eigenlijk schadelijk geweest voor het denken over automaticiteit (zie Gilbert, 1989).

computerscherm met zestien letters duurde het gemiddeld dan ook langer om deze letter te vinden dan op een scherm met maar vier letters. De onderzoekers namen echter aan dat, als proefpersonen dit lang genoeg zouden doen, het zoekproces automatisch zou worden en dat mensen in staat zouden zijn de letters tegelijkertijd te bekijken. Ze hoefden de letters dan niet meer één voor één te bekijken, ze zouden een soort automatische 'scan' ontwikkelen waarmee de letter 'G' altijd meteen werd geïdentificeerd. De resultaten bevestigden dit vermoeden. Wanneer proefpersonen de taak lang genoeg uitvoerden, maakte het niets meer uit of er vier, negen of zestien letters op het scherm stonden. Ze vonden de 'G' altijd even snel.

Mensen kunnen vaardigheden door oefening volledig automatiseren. We hoeven alleen aan het begin een beslissing te nemen (ik ga naar de universiteit of: ik moet de letter 'G' zo snel mogelijk vinden), waarna alles zich automatisch voltrekt. Het op de fiets gaan zitten, het links afslaan op de Markt en zelfs het door rood fietsen op het kruispunt waar toch nooit iets aankomt zijn allemaal 'gedelegeerd' naar het onderbewuste. Het bewustzijn bemoeit zich er niet meer mee.

Selectieve aandacht
Vanaf de jaren vijftig is er veel onderzoek gedaan naar selectieve aandacht. Voor het huidige automaticiteitsonderzoek is vooral van belang dat dit onderzoek gebaseerd was op het uitgangspunt dat informatie onbewust waargenomen en verwerkt kan worden (zie ook paragraaf 2.4.1, p.49). Het startsein voor onderzoek naar onbewuste verwerking werd gegeven door Broadbent (1958; zie ook Bruner, 1957). Broadbent stelde dat mensen hun aandacht bewust op iets kunnen richten en dat deze gerichte aandacht ervoor zorgt dat we andere dingen volkomen kunnen negeren. Hij veronderstelde het bestaan van een soort 'intern filter', dat informatie waarop we onze aandacht niet richten tegenhoudt voor verdere verwerking. Als je een voetbalwedstrijd aan het bekijken bent op de televisie en je wilt niet afgeleid worden, dan passeren alleen de relevante dingen dit filter. Andere dingen, zoals voorbijfietsende mensen, een miauwende kat en een lekkende kraan, worden tegengehouden. We nemen ze wel waar (je kunt niet zomaar je oren uitschakelen), maar direct na de waarneming stopt het filter de verdere verwerking zodat de kat of de kraan niet het bewustzijn bereiken.

Korte tijd later liet Treisman (1960) echter zien dat er gaten in zulke filters zitten. Haar experiment was extreem belangrijk voor het huidige denken over onbewuste waarneming. Proefpersonen deden een dichotische luistertaak (zie paragraaf 2.4.4, p.61, voor een bespreking en een ander voorbeeld van deze techniek). Ze kregen een koptelefoon op en via het rechterkanaal kregen ze een verhaal te horen. Ze kregen de opdracht dit verhaal, tijdens het luisteren, hardop na te vertellen. De uitdrukkelijke opdracht was ook om de geluiden uit het linkerkanaal te negeren. Na een tijdje ging het verhaal echter ongemerkt over van het rechter- naar het linkerkanaal. Hoewel proefpersonen de opdracht hadden dit kanaal te negeren, gingen sommigen gewoon door met het navertellen zonder dat ze de verandering zelfs maar opmerkten. Als proefpersonen het linkerkanaal echt perfect konden negeren (of, met andere woorden, als het filter goed gewerkt had), zou dit niet gebeurd zijn. In dat geval zouden ze namelijk niets opgevangen hebben uit dit kanaal. Uit de resultaten bleek dus dat de informatie in het tweede kanaal wel degelijk tot op zekere hoogte werd verwerkt.

Denk nu even terug aan het voorbeeld aan het begin van dit hoofdstuk over geluiden op de trap. Stel, je leest een boek terwijl een huisgenoot die je al een tijdje kent de trap opkomt. Je hoort de voetstappen wel, maar ze dringen niet door tot je bewustzijn. Kort daarna wordt er op je deur geklopt. Op dat moment hoor je de voetstappen niet meer. Toch weet je wie er voor de deur staat. Je hebt automatisch de voetstappen omgezet in 'daar komt Henk'. Dit is een voorbeeld van onbewuste waarneming en verwerking.

De ideeën van Broadbent en het onderzoek van Treisman zijn belangrijk geweest omdat ze een omslag in het denken over waarneming teweegbrachten. Voor die tijd dacht men over het algemeen dat waarneming een functie was van externe factoren. Je hoort iets beter naarmate het geluid harder wordt. Je ziet iets beter naarmate het dichterbij komt. Nu weten we dat ook kenmerken van de waarnemer van groot belang zijn.

Ten eerste worden waarneming en verwerking gestuurd door allerlei tijdelijke of contextuele factoren. In hoofdstuk 4 is al beschreven hoe schema's onze aandacht beïnvloeden (paragraaf 4.4.1, p.167). Als een schema geactiveerd is, is de kans groter dat we dingen waarnemen die in dat schema passen. Dat geldt ook voor doelen, verwachtingen en behoeften. In z'n algemeenheid zou je kunnen zeggen dat alles wat op een bepaald moment relevant is (bijvoorbeeld in verband met een doel dat je nastreeft) makkelijker wordt waargenomen en verwerkt. Een speciaal geval hiervan is 'zelf-relevantie'. Dingen die van groot belang zijn voor jou als individu worden het gemakkelijkst waargenomen. Het beste voorbeeld is je eigen naam (Cherry, 1953; vgl. ook het 'cocktailparty'-effect, genoemd in paragraaf 2.4.1, p.49). Je eigen naam gaat door elk filter, om in Broadbents termen te spreken. Als je op een feestje praat met een paar mensen en twee meter verderop vindt een ander gesprek plaats, dan ben je meestal goed in staat dat gesprek te negeren. Op het moment dat in dat tweede gesprek echter jouw naam genoemd wordt, hoor je dat meteen en wordt het een stuk moeilijker het gesprek te negeren.

Ten tweede worden waarneming en verwerking niet alleen bepaald door de relevantie van een stimulus voor de waarnemer, maar ook door de ervaringen van de waarnemer. Iemand die vreemde voetstappen op de trap hoort, hoort alleen voetstappen. Iemand die de persoon op de trap goed kent, hoort geen voetstappen: hij 'hoort' Henk. Door ervaring wordt onbewuste waarneming dus veel effectiever.

Een goed voorbeeld van onbewuste verwerking van informatie is verwerking onder narcose, een toestand waarin het bewustzijn geheel is uitgeschakeld. Recent is aangetoond dat mensen onder narcose informatie wel degelijk tot op zekere hoogte verwerken (wat dus betekent dat chirurgen tijdens de operatie op hun woorden moeten letten; ze kunnen niet zomaar zeggen 'dat komt niet meer goed', want dat beïnvloedt het herstel van de patiënt). Een voorbeeld van verwerking onder narcose is geleverd door Jelicic en collega's (Jelicic e.a., 1992). Zij lieten mensen onder narcose woorden horen. Het ging om vier woorden: twee woorden die naar kleuren verwijzen (groen en geel) en twee die naar fruit verwijzen (peer en banaan). Een ander gedeelte van de proefpersonen onder narcose kreeg deze woorden niet te horen. Nadat de proefpersonen uit de narcose waren ontwaakt, werd gevraagd een aantal kleuren en een aantal soorten fruit te noemen. Uit de resultaten bleek dat proefpersonen die de woorden hadden gehoord deze woorden vaker noemden dan degenen in de controlegroep. De woorden die tijdens de narcose werden aangeboden hadden dus in elk geval geleid tot een verhoogde toegankelijkheid van die woorden.

Een meer anekdotisch voorbeeld werd recent geleverd door een sociaal-psychologe die van de nood een deugd maakte (Banaji, 1997). Deze onderzoekster moest naar het ziekenhuis om onder algehele narcose geopereerd te worden. Tijdens de operatie gebruikten haar studenten haar als proefpersoon. Ze hadden op een geluidsband paarsgewijs letters en woorden opgenomen, zoals 'F-bloem' en 'K-oorlog'. De letter F werd telkens gekoppeld aan een positief woord (fijn, zomer, ijsje, enzovoort), terwijl de letter K telkens gekoppeld werd aan een negatief woord (geweer, koud, enzovoort). De onderzoekster wist niet wat er op de cassette stond. Tijdens de narcose werd de opname afgespeeld. Nadat ze bijgekomen was, deed ze een reactietijden-experiment waarin ze zo snel mogelijk op woorden moest reageren die op een computerscherm verschenen. Voordat de woorden op het scherm verschenen, verscheen er eerst een K of een F in beeld. Het bleek dat de onderzoekster sneller op positieve woorden reageerde wanneer die werden aangeboden na de letter F en sneller op negatieve woorden wanneer die werden aangeboden na de letter K. Met andere woorden, ondanks een volledige uitschakeling van het bewustzijn had ze tijdens de narcose de associaties 'K = negatief' en 'F = positief' geleerd.

De les die uit het onderzoek naar selectieve aandacht getrokken kan worden is de volgende: verwerking van informatie vindt voor een belangrijk deel automatisch plaats. Soms bereikt de informatie het bewustzijn, maar meestal niet. Tot op zekere hoogte wordt alle informatie echter wel degelijk verwerkt, ook onbewust.

7.2.2 Drie soorten automaticiteit

Tot nu toe zijn de termen 'automatisch' en 'automaticiteit' gebruikt om een grote verzameling van verschillende processen aan te duiden. Soms ging het om processen die zich buiten het bewustzijn afspelen. Soms ging het om processen die geen aandacht of geen moeite kosten. Soms ging het om processen die weliswaar onbewust verlopen maar toch via een bewuste beslissing in gang gezet worden (zoals autorijden en naar de universiteit fietsen). Automaticiteit is dan ook geen eenduidig begrip. Ten eerste zijn er verschillende soorten automaticiteit. Ten tweede zijn er verschillende criteria waarmee je automatische en niet-automatische processen kunt onderscheiden (Bargh, 1994). Er wordt onderscheid gemaakt tussen drie soorten automaticiteit: voorbewuste, nabewuste en doelafhankelijke automaticiteit (Bargh, 1989).

Voorbewuste automaticiteit
Voorbewuste automaticiteit is de meest pure vorm van automaticiteit. Het enige dat nodig is om een voorbewust proces in gang te zetten is een 'proximale stimulus'. Je ziet iets, bijvoorbeeld een zwarte persoon, en dat activeert een negatief stereotype over zwarte mensen (zie paragraaf 5.3.1). Deze reactie treedt op zelfs als de proximale stimulus niet bewust wordt waargenomen. De reactie moet dus wel volledig automatisch zijn, want de waarnemer zelf weet niet eens dat hij iets heeft waargenomen.

Als we een persoon zien, activeren we automatisch een sociale categorie waartoe die persoon behoort. Via voorbewuste processen concluderen we of mensen oud zijn of jong, of ze zwart zijn of wit, en of we een vrouw of een man voor ons hebben. Deze sociale categorieën gebruiken we zo vaak dat ze chronisch toegankelijk zijn geworden (vgl. paragraaf 4.2.6, p.157). Veel voorbewuste waarnemingsprocessen komen voort uit chronische toegankelijkheid van bepaalde categorieën of eigenschappen. Voorbeelden zijn categorieën als vrouw en man, en persoonlijkheidseigenschappen die voor een individu van belang zijn (zie paragraaf 4.2.5, p.154). Deze worden chronisch toegankelijk, en een proximale stimulus (zoals een persoon) is in dat geval voldoende om ervoor te zorgen dat deze constructen worden geactiveerd en de waarneming gaan beïnvloeden. Door de chronische toegankelijkheid kunnen deze constructen voorbewust toegepast worden. Wanneer het gedrag van een persoon een chronisch toegankelijke eigenschap activeert, is het resultaat dan ook een 'spontaneous trait inference' (STI; zie paragraaf 3.6.2, p.118) die volledig automatisch is (Bargh, 1989).

In het algemeen treedt voorbewuste automaticiteit vaker op dan de twee vormen die hierna worden beschreven, simpelweg doordat er alleen maar een proximale stimulus voor nodig is en meer niet.

Nabewuste automaticiteit
Nabewuste automatische processen hebben hetzelfde effect als voorbewuste processen. Het belangrijke verschil is echter, zoals de naam al suggereert, dat nabewuste processen pas optreden als de stimulus het bewustzijn heeft bereikt. Een proximale stimulus is niet voldoende; we hebben er ook bewustzijn bij nodig. Het bewustzijn zet dan als het ware onbewuste processen in gang. Een voorbeeld: als je 's avonds een aangrijpende film hebt gezien, denk je daar vaak nog even over na. Als je een paar uur later in bed ligt, denk je aan andere

dingen, zoals het tentamen de volgende dag, maar toch zal de film vaak nog even terugkomen in je gedachten. Je zit rustig voor jezelf te repeteren wat William James ook alweer gezegd had en opeens zie je het gezicht van Anthony Hopkins uit *Silence of the Lambs* weer voor je. Dit betekent dat, op onbewust niveau, die film waarschijnlijk nooit echt weggeweest is uit je gedachten. Dat is nabewuste automaticiteit. Dingen waarvan je je al niet meer bewust bent sudderen nog een tijdje door in je onderbewuste en ze beïnvloeden je nog wel degelijk.

Een andere manifestatie hiervan zien we bij het zogenoemde *tip of the tongue*-verschijnsel. Je probeert je een naam te herinneren; de naam ligt op het puntje van je tong, maar je kunt er nét niet opkomen. Je geeft het op en gaat ergens anders aan denken. Even later weet je de naam ineens. Voorzover jij weet, heb je besloten niet meer aan de naam te denken. Maar het zoekproces is toch in gang gezet en wordt vervolgd zonder dat je er bewust mee bezig bent. Er is veel andekdotisch materiaal over dergelijke onbewuste oplossingen van problemen en creatieve ingevingen bij wetenschappers, schrijvers en kunstenaars (Ghiselin, 1952).

Ook oordelen over anderen staan vaak onder invloed van nabewuste automaticiteit. Higgins, Rholes en Jones (1977) toonden dit aan in een experiment. Ze lieten proefpersonen een lijst van tien woorden leren. In één conditie zaten, onder andere, de positieve karaktereigenschappen 'avontuurlijk' en 'onafhankelijk' in de lijst. In een andere conditie waren negatieve karaktereigenschappen als 'roekeloos' en 'eigenwijs' opgenomen. Vlak daarna werd aan dezelfde proefpersonen gevraagd – in een zogenaamd ander, ongerelateerd experiment – zich een indruk te vormen van ene 'Donald'. Donald had onder andere de Mount McKinley beklommen en was de Coloradorivier afgevaren met een kano. Uit de indrukken die proefpersonen zich vormden bleek dat de eigenschappen die ze eerder hadden geleerd hun indruk had beïnvloed. Proefpersonen die de positieve eigenschappen (zoals avontuurlijk) hadden geleerd hadden een duidelijk positiever beeld van Donald dan proefpersonen die de negatieve eigenschappen (zoals roekeloos) hadden geleerd. In dit geval waren de eerder aangeboden woorden wel in het bewustzijn van de proefpersonen geweest. De invloed op de beoordeling van Donald was echter onbewust en automatisch.

Doelafhankelijke automaticiteit
De derde en minst zuivere vorm van automaticiteit is doelafhankelijke automaticiteit. Voorbewuste en nabewuste automaticiteit zijn *niet-conditioneel*. Dat wil zeggen, gegeven een proximale stimulus (voorbewust) of een bewustzijnservaring (nabewust), treden de automatische processen altijd op. Doelafhankelijke automaticiteit is echter *conditioneel*, oftewel afhankelijk van een doel of een bepaalde context. Veel gedrag werkt zo. Denk maar weer aan het voorbeeld van de fietstocht naar de universiteit. De nadering van de hoek met de videotheek (waar vroeger de bakker zat) zorgt ervoor dat je links

afslaat, gegeven dat je naar de universiteit wilt. Als je ergens anders naar toe wilt, waarbij je niet linksaf hoeft te gaan, dan doe je dat ook niet (aangenomen dat je je gedachten erbij hebt natuurlijk). Dit is een vorm van doelafhankelijke automaticiteit. Als het automatisme niet-conditioneel (voor- of nabewust) was, zou je bij het zien van de videotheek altijd en onvermijdelijk links afslaan; je zou niet anders kúnnen. Ook het gebruik van sommige categorieën en eigenschappen is doelafhankelijk, namelijk díe categorieën en eigenschappen die niet chronisch maar tijdelijk toegankelijk zijn, doordat ze in een bepaalde context van belang zijn (zie paragraaf 3.7.4, p.136 en 4.2.6, p.155).

Samenvattend: voorbewuste automaticiteit heeft alleen een *proximale stimulus* nodig. Het bewustzijn speelt geen rol. Nabewuste automaticiteit heeft wel *bewustzijn* nodig. Het treedt op nadat we ons van een stimulus bewust zijn geweest. Doelafhankelijke automaticiteit treedt alleen op *onder bepaalde omstandigheden*. We hebben er een specifiek doel voor nodig. Je moet er wel op bedacht zijn dat de drie soorten niet altijd gemakkelijk uit elkaar te houden zijn. Zo kunnen verwerkingsprocessen met dezelfde uitkomst op verschillende manieren totstandkomen. Denk maar aan schema's over persoonlijkheidseigenschappen (paragraaf 4.2.5, p.154), zoals *eerlijk*. De invloed van dit schema op de indruk die we van een persoon vormen kan voorbewust totstandkomen (als dit schema bij de waarnemer chronisch toegankelijk is), het kan nabewust totstandkomen (als we net hebben nagedacht over iets dat met eerlijkheid te maken heeft) en het kan doelafhankelijk zijn (als het schema extra belangrijk is gegeven een bepaalde context, bijvoorbeeld als iemand 50 gulden van je wil lenen).

7.2.3 Vier criteria voor automaticiteit

In de jaren zeventig en tachtig werd er een strikt onderscheid gemaakt tussen automatische en gecontroleerde processen (Shiffrin & Schneider, 1977). Een automatisch proces werd gedefinieerd als een proces dat voldoet aan allevier de eerdergenoemde voorwaarden. Een gecontroleerd proces was de tegenhanger: je bent je ervan bewust, het vergt aandacht en is dus cognitief inefficiënt, het is intentioneel en het is controleerbaar. Bargh (1989, 1994) en enkele anderen hebben echter opgemerkt dat volgens deze definities maar weinig processen echt automatisch zijn, terwijl er ook maar weinig echt gecontroleerd zijn. De meeste processen zijn een combinatie. Fietsen voltrekt zich bijvoorbeeld grotendeels onbewust en efficiënt, maar het is wel intentioneel en controleerbaar. Om die reden heeft Bargh (1994) voorgesteld om automaticiteit versus controle te zien als een continuüm, waarbij een proces meer automatisch is naarmate het meer voldoet aan de vier genoemde criteria. Op die vier criteria gaan we nu dieper in.

Bewustzijn
Er zijn in feite twee soorten onbewuste processen. In de eerste plaats kun je je

niet bewust zijn van een stimulus en dus ook niet van de gevolgen van die stimulus. Het is echter ook vaak zo dat je je wel bewust bent van een stimulus maar niet van de gevolgen van die stimulus. In het eerste geval is er sprake van *subliminale perceptie*. Dit is perceptie die onder de bewustzijnsdrempel blijft. Je neemt iets wel waar, maar zo kort of oppervlakkig dat het je bewustzijn niet bereikt. Bargh en Pietromonaco (1982) toonden de invloed van subliminale perceptie op persoonsindrukken aan. Ze lieten zien dat het door Higgins, Rholes en Jones (1977) aangetoonde effect van geactiveerde eigenschappen (zie 'nabewuste automaticiteit', paragraaf 7.2.2, p.294) ook voorbewust tot stand kan komen. Proefpersonen moesten achter een computerscherm gaan zitten. Ze kregen één voor één korte flitsen te zien op het scherm. Wat de proefpersonen niet wisten was dat de flitsen woorden waren. De woorden verschenen echter zo kort op het scherm (in de meeste 'subliminale perceptie'-experimenten zo ongeveer 30 tot 50 milliseconden) dat je ze niet bewust kon waarnemen. Het leken gewoon korte flitsen en als proefpersonen achteraf werd verteld dat het eigenlijk woorden waren, reageerden ze dan ook verbaasd. In totaal kregen ze 100 woorden te zien. In één conditie waren 80 van die 100 woorden gerelateerd aan de eigenschap *vijandig* (zoals *beledigen*, *wreed*, *gemeen*). In de andere conditie waren die woorden vervangen door neutrale woorden die niets met vijandigheid te maken hadden (zoals *mensen*, *aantal*, *altijd*). Na deze taak kregen alle proefpersonen een stukje te lezen over Donald (net als in Higgins, Rholes & Jones, 1977; de hoofdfiguur in dit soort experimenten schijnt altijd Donald te heten). Daarna moesten proefpersonen hun indruk geven van Donald. Zoals de onderzoekers verwachtten, bleek de groep die de vijandige woordjes had gezien Donald veel vijandiger te vinden dan degenen in de andere conditie. Met andere woorden, ondanks het feit dat proefpersonen het gevoel hadden dat ze geen woorden hadden gezien, hadden de aangeboden woorden wel degelijk effect op hun beoordeling.

Op grond van dit onderzoek (en ander onderzoek naar subliminale perceptie) moeten we aannemen dat *waarneming* niet gelijkgesteld kan worden aan *bewuste waarneming*. In feite zijn er drie soorten stimuli. Er zijn stimuli die we niet waarnemen, simpelweg doordat ze onze zintuigen nooit bereiken. Er zijn stimuli die we 'gewoon' waarnemen en waar we ons bewust van worden. En er zit een grote groep tussenin: stimuli die we onbewust waarnemen. Deze onbewuste of subliminale waarneming is niet alleen belangrijk vanwege de gevolgen, zoals het bovengenoemde experiment laat zien; het is ook belangrijk te erkennen dat we vrijwel constant enorm veel dingen subliminaal waarnemen. Til je hoofd maar eens op en kijk om je heen. Beweeg je hoofd een beetje snel zodat je in één à twee seconden alles om je heen (voor, achter, links, rechts) ziet. Zijn er meer dingen die je bewust ziet of zijn er meer dingen waar je je ogen slechts enkele milliseconden op richt (en die je dus niet bewust waarneemt)?

Zoals eerder vermeld zijn er ook processen waarbij je je wel bewust bent van een stimulus maar niet van de gevolgen van die stimulus. Het beschreven onderzoek van Higgins, Rholes en Jones (1977) is hier een voorbeeld van. Proefpersonen leerden woordjes maar beseften niet dat dit vervolgens hun indruk van Donald stuurde. En tenslotte zijn er dan nog gevallen waarin je je bewust bent van de stimulus en ook van de effecten ervan op je gedachten. Maar, zoals eerder gezegd, we mogen aannemen dat deze laatste categorie een uiterst kleine minderheid vormt.

Efficiëntie
Een proces wordt efficiënt genoemd als we er geen of nauwelijks aandacht voor nodig hebben. Veel gedrag, zoals fietsen, lopen of autorijden, is efficiënt. Het voltrekt zich zonder dat we onze aandacht erop hoeven te richten. Voor veel fundamentele waarnemingsprocessen geldt hetzelfde. Het herkennen van gezichten of het herkennen van bekende geluiden (zoals voetstappen op de trap) zijn efficiënte processen. Zonder er aandacht op te hoeven vestigen kunnen we geluiden of uiterlijke kenmerken omzetten in gevolgtrekkingen als 'dat is Henk'.
Of processen efficiënt zijn is belangrijk, omdat het bepaalt of we dingen parallel kunnen doen aan iets anders. De voorbeelden aan het begin van dit hoofdstuk illustreren dit. Doordat we één ding efficiënt doen (fietsen, breien), kunnen we tegelijkertijd andere dingen doen. Efficiënte processen worden derhalve niet verstoord als er tegelijkertijd iets anders gedaan moet worden. Voor niet-efficiënte processen geldt uiteraard het omgekeerde: deze processen worden verstoord zodra we iets anders tegelijkertijd willen doen. Niemand zal tegelijkertijd sinterklaasgedichten verzinnen en een boek lezen. Beide processen zijn niet-efficiënt en gaan derhalve niet samen.
Een illustratie hiervan is het onderzoek van Daniel Gilbert waarin de hypothese wordt getoetst dat de fundamentele attributiefout ontstaat doordat het afleiden van eigenschappen efficiënt is en het corrigeren voor externe invloeden niet (zie paragraaf 2.3.2, p.42 en 3.6.3, p.120). In het zogenoemde *sexual fantasies*-experiment (Gilbert, Pelham & Krull, 1988) keken proefpersonen naar een 'stomme film' waarop een vrouw te zien was die praatte (men kon niet horen wat ze zei) en zich zenuwachtig gedroeg. Aan sommige proefpersonen werd verteld dat de vrouw vragen beantwoordde van een interviewer en dat de vragen gingen over haar seksuele fantasieën. Deze achtergrondinformatie bood dus een situationele verklaring voor het nerveuze gedrag. In één conditie (controlegroep) konden proefpersonen gewoon naar de band kijken. In een andere conditie moesten ze tijdens het kijken allerlei woorden onthouden (deze proefpersonen keken dus naar de opname terwijl ze, bij wijze van spreken, sinterklaasgedichten moesten bedenken). Deze concurrerende taak bleek ten koste te gaan van situationele correctie, want de proefpersonen in deze groep vonden de vrouw nerveuzer dan de proefpersonen in de controlegroep: zij leidden wel uit het gedrag af dat de vrouw nerveus was (deze afleiding is cognitief efficiënt en werd dus niet verstoord door de concurrerende taak), maar ze corrigeerden onvoldoende voor de invloed van de situatie (de vragen over seks). Deze methode om efficiëntie te onderzoeken is overigens de meest gebruikte: om te zien of een proces efficiënt is (dat wil

zeggen, kenmerken van een automatisme heeft), laat men proefpersonen tegelijkertijd iets anders doen (iets dat niet efficiënt is en dus veel cognitieve inspanning vergt), zoals het onthouden van een getal of een moeilijke naam. Als een activiteit hieronder lijdt, is deze niet efficiënt. Lijdt de activiteit niet onder de concurrerende taak, dan is deze wel efficiënt.

Intentie
We noemen een proces intentioneel als het proces het gevolg is van de 'wil'. Processen waarbij de wil geen rol speelt zijn niet-intentioneel. Veel gedrag dat wel aan de vorige criteria (onbewust en efficiënt) van automaticiteit voldoet, voldoet niet aan dit derde criterium. Fietsen is bijvoorbeeld intentioneel. Veel gedrag dat automatisch is geworden door oefening is het gevolg van onze wil en derhalve intentioneel.
Veel automatische *waarnemings*processen zijn echter wel niet-intentioneel. Zo zagen we in hoofdstuk 5 (paragraaf 5.3.1, p.210) dat veel stereotypen automatisch worden geactiveerd, ook bij mensen die dat helemaal niet willen zoals de laag-bevooroordeelden in de onderzoeken van Devine en Monteith. Je kunt je wel voorstellen dat dit veel stof geeft voor discussie. Veel mensen willen niet stereotyperen en bevooroordeeld zijn, maar dat valt niet altijd mee aangezien stereotypen vaak niet-intentioneel worden geactiveerd. Dit heeft ook implicaties voor de rechtspraak in zaken waar discriminatie in het spel is. We nemen immers aan dat mensen niet verantwoordelijk kunnen worden gehouden voor niet-intentioneel gedrag. We zien dat bijvoorbeeld in de rechtszaak 'Hopkins versus Price Waterhouse', die werd beschreven in hoofdstuk 5 (paragraaf 5.4.2, p.223). In deze zaak trad Susan Fiske, een sociaal-psychologe die veel onderzoek heeft gedaan naar stereotypen, op als getuige-deskundige. De rechter vond het belangrijk om van Fiske te horen dat bedrijven maatregelen kunnen treffen om stereotypering te ontmoedigen. Immers, als mensen automatisch stereotyperen, zonder dat iemand er iets aan kan doen, dan kan een bedrijf als Price Waterhouse niet verantwoordelijk worden gesteld voor het aanmoedigen van sekse-stereotypering (Fiske e.a., 1991). Enige jaren na deze zaak beschreef Fiske (1989, p. 254) hoe dit probleem haar tot de volgende nachtmerrie had gebracht.

> *Na een getuigenis te hebben gegeven voor de aanklager in een zaak van flagrante en aantoonbare stereotypering wordt een cognitief-sociaal-psychologe door de advocaat van de verdachte onderworpen aan een kruisverhoor. De vijandige advocaat, die groter dan Goliath oprijst uit de banken, zegt: 'Vertel ons eens, professor, is het de intentie van mensen om te discrimineren?' ... Na enige druk mompelt de psychologe dat, ja inderdaad, een gangbare interpretatie van de cognitieve benadering is dat mensen niet intentioneel stereotyperen. Hierop zegt de advocaat triomfantelijk: 'Geen verdere vragen, edelachtbare.' De verdachte wordt lachend naar buiten geleid, en de psychologe blijft achter, tandenknarsend over het misbruik van de wetenschap buiten de ivoren toren.*

Fiske beschrijft hier een serieus probleem. Als we mensen alleen verantwoordelijk houden voor intentioneel gedrag (vaak is er ook nog de aanname dat we pas verantwoordelijk zijn voor iets als we dat bewust doen; dit maakt het probleem nog erger) én als we aannemen dat discriminatie (onder andere) het gevolg is van de niet-intentionele activatie van stereotypen, dan is het moeilijk mensen te straffen voor discriminatie. En inderdaad blijkt dat de activatie van stereotypen vaak niet-intentioneel totstandkomt. Gelukkig zijn er inmiddels ook aanwijzingen dat geactiveerde stereotypen weer onderdrukt kunnen worden onder invloed van goede bedoelingen (zie paragraaf 5.5.6, p.245). Hoe dan ook kunnen gegevens over automaticiteit en stereotypen niet worden opgevat als een vrijbrief voor organisaties of overheden om heersende negatieve opvattingen over de capaciteiten van vrouwelijke medewerkers in stand te houden.

Controle
Het vierde criterium voor automaticiteit betreft de controleerbaarheid van een proces. Waar intentie betrekking heeft op het starten van een proces, heeft controle betrekking op het stoppen of bijsturen van een eenmaal in gang gezet proces. Processen die niet te stoppen of te sturen zijn noemen we oncontroleerbaar. We gaan hier niet al te diep in op controle, omdat het laatste gedeelte van dit hoofdstuk in z'n geheel gewijd is aan controle.
Veel gedrag is tot op zekere hoogte controleerbaar wanneer we ons er eenmaal van bewust zijn. Als je bij de videotheek altijd links afslaat en je moet op een bepaalde dag rechtdoor, kan dat misgaan. Maar als je dit eenmaal merkt (als je geluk hebt meteen, als je pech hebt pas na een paar kilometer), kun je uiteraard ingrijpen. Vaak is het zo dat bewustzijn een voorwaarde is voor controle. Veel automatische waarnemings- en denkprocessen zijn moeilijk te controleren. Het onderdrukken van bepaalde gedachten (bijvoorbeeld gedachten aan eten als je wilt afvallen, of gedachten aan je ex die het uit heeft gemaakt) of, algemener gezegd, het controleren van de inhoud van je bewustzijn, is bijvoorbeeld buitengewoon moeilijk. Later in dit hoofdstuk komen we hierop terug.

Even resumeren: de vier criteria voor automaticiteit zijn bewustzijn, efficiëntie, intentie en controle. Een proces kan automatisch genoemd worden als het onbewust is, of als het efficiënt is en geen aandacht vergt, of als het niet-intentioneel is, of als het oncontroleerbaar is. De meeste processen die automatisch worden genoemd voldoen aan sommige criteria en niet aan andere. Processen die aan alle criteria voldoen en processen die aan geen enkel criterium voldoen zijn allebei relatief zeldzaam. Voorbeelden van volledig automatische processen zijn reflexen. We sluiten bijvoorbeeld onze ogen wanneer er een voorwerp (een sneeuwbal of zo) nadert. Dit proces voldoet aan allevier de criteria. Je bent je er niet bewust van, het is efficiënt, onintentioneel en oncontroleerbaar. In de voorafgaande hoofdstukken is al ruim aandacht besteed aan automaticiteit bij *cognitieve* processen, zoals 'spontaneous trait inferences' (paragraaf

3.6.2, p.118) en stereotypering (paragraaf 5.3.1, p.209 en 5.3.4, p.216). We hebben al gezien dat beide aspecten van persoonswaarneming veel kenmerken van een automatisme hebben en in bepaalde omstandigheden volledig automatisch verlopen (bijvoorbeeld subliminale stereotypen-activatie en STI's op basis van chronisch toegankelijke constructen). In de rest van deze sectie worden twee andere onderzoeksdomeinen behandeld waarin automaticiteit van belang is, namelijk *affect* en *gedrag*.

7.2.4 Automaticiteit in evaluatie en affect

Het hoeft geen betoog dat het snel en accuraat evalueren van stimuli van groot belang is 'voor ieder individu, of het nu een mens, een gnoe, of een garnaal betreft. Of een organisme 'goed' is of 'slecht' is van groot belang. Het kan zelfs van direct belang zijn voor ons voortbestaan (vgl. de functionele visie op asymmetrieën in impressievorming, paragraaf 6.3.4, p.265). Onze evolutionaire geschiedenis heeft er dan ook voor gezorgd dat we snel kunnen zien of we een stimulus kunnen benaderen of juist beter kunnen vermijden. Een snelle beoordeling in termen van 'benaderbaar' (bijvoorbeeld voedsel) of 'te vermijden' (bijvoorbeeld een giftige slang) is van essentieel belang voor de kans om te overleven (LeDoux, 1995). Niet alleen beoordelen we stimuli dus direct als 'goed' of 'slecht', er volgt ook vaak een onmiddellijke gedragsreactie op die beoordeling in de vorm van een neiging om de stimulus te benaderen dan wel te vermijden (Chen & Bargh, 1999)

In deze paragraaf worden twee onderzoekslijnen besproken. Allereerst wordt aandacht besteed aan het proces van evalueren zelf. Daarbij komt de vraag aan de orde hoe we informatie indelen in positieve en negatieve informatie. Vervolgens kijken we naar verschillen in de verwerking van positieve en negatieve informatie.

Automatische evaluatie
Zajonc publiceerde in 1980 een belangrijk artikel onder de titel *Feeling and thinking: Preferences need no inferences*, bedoelend dat voorkeuren (die affectief, evaluatief zijn) kunnen bestaan los van cognitieve gevolgtrekkingen en overwegingen. Zajonc veronderstelde dat we stimuli sneller evalueren dan dat we ze bewust begrijpen. Je weet dus, volgens Zajonc (1980), bij het zien van het woord 'graf' eerder dat het een negatief woord is dan wat het precies betekent. Hij baseerde zijn ideeën mede op onderzoek naar het *mere exposure-*effect (Zajonc, 1968; voor een overzicht: Bornstein, 1989; zie ook paragraaf 5.5.1, p.235), dat inhoudt dat mensen een stimulus positiever gaan waarderen en beoordelen naarmate ze deze vaker tegengekomen zijn (althans bij stimuli die niet meteen al een negatieve reactie oproepen). Een leuke illustratie van dit effect werd gegeven door Moreland en Beach (1992). Ze namen foto's van vier verschillende vrouwelijke studenten die ongeveer even aantrekkelijk waren. Deze vier studenten volgden een cursus. De eerste studente ging nooit

naar college, de tweede ging vijf keer, de derde ging tien keer, en de laatste ging vijftien keer naar college. Na afloop van de cursus werden de andere deelnemers aan de cursus geconfronteerd met de vier foto's. Aan deze proefpersonen werd gevraagd om bij elke foto aan te geven hoe positief ze de persoon evalueerden (met vragen als: hoe intelligent vind je de persoon? hoe aantrekkelijk vind je de persoon?). De onderzoekers voorspelden, op basis van het *mere exposure*-effect, dat hoe vaker een persoon naar college was geweest (en dus hoe vaker de andere cursisten haar hadden gezien), hoe positiever de persoon beoordeeld zou worden. Deze hypothese kwam inderdaad uit.

Van belang is dat het *mere exposure*-effect niet afhankelijk is van bewuste verwerking. Bornstein, Leone en Galley (1987) deden een onderzoek waarbij ze *sub*liminaal allerlei geometrische figuren aanboden. Sommige figuren werden vaker getoond dan andere. Na afloop werd aan proefpersonen gevraagd de verschillende figuren te evalueren. Ook hier gold: hoe vaker een figuur was getoond, des te positiever werd deze beoordeeld, terwijl de proefpersonen de figuren helemaal niet bewust hadden gezien en dus ook niet herkenden (zie ook Murphy, Monahan & Zajonc, 1995). Het feit dat proefpersonen de stimuli niet herkenden maar wel positiever beoordeelden naarmate ze deze vaker (onbewust) hadden gezien, ondersteunt Zajonc's stelling dat affect (beoordelingen op een goed–slecht-dimensie) helemaal los staat van cognitie (het herkennen van de stimulus).

Deze stelling heeft niettemin veel stof doen opwaaien en resulteerde in een stevige discussie (zie Lazarus, 1982, 1984; Zajonc, 1984). Voor een groot deel is die discussie terug te voeren op verschillende definities: Zajonc hanteerde duidelijk een meer beperkte definitie van cognitie dan zijn opponent Lazarus. Als we aannemen dat cognitieve processen ook onbewust kunnen zijn, kunnen veel van de door Zajonc naar voren gebrachte affectieve reacties worden gezien als een gevolg van automatische cognitieve processen (zoals het onbewust en automatisch herkennen van een geometrische figuur). Recent onderzoek van Bargh en zijn collega's (Bargh, Litt, Pratto & Spielman, 1989; zie ook Marcel, 1983) suggereert echter wel dat affectieve processen in elk geval méér automatisch en onbewust kunnen verlopen dan cognitieve. Zij deden een experiment waarin ze proefpersonen één voor één woorden lieten zien. Deze woorden werden subliminaal aangeboden, waarbij sommige nog korter aangeboden werden dan andere. Na elk woord moesten proefpersonen een vraag beantwoorden. Soms werd gevraagd of het woord dat ze zagen positief of negatief was. Bij andere woorden kregen de proefpersonen twee mogelijke synoniemen te zien en moesten ze aangeven welk woord een synoniem was van het subliminaal gepresenteerde woord. Stel dat proefpersonen bijvoorbeeld het woord 'vijandig' zagen, dan moesten ze in sommige gevallen zeggen of het woord positief of negatief was, en in andere gevallen of het een synoniem was van 'agressief' of van 'gierig'. De eerste vraag is gericht op affect en evaluatie, de tweede op cognitie en descriptie. Aangezien *alle* woorden subliminaal werden aangeboden, moesten de proefpersonen bij elke vraag domweg gokken. Immers, naar hun idee hadden ze helemaal geen woord gezien. Uit de resultaten bleek niettemin dat ze de eerste vraag (positief of negatief) veel beter beantwoordden dan de tweede (synoniemen). Het aangeven van het juiste synoniem deden proefpersonen alleen redelijk goed bij langere aanbiedingstijden. Bij kortere (dus zeer subliminale) aanbiedingstijden konden proefpersonen nog wel bepalen of het woord positief of negatief was, maar niet meer wat het juiste synoniem was. Zajonc's ideeën werden hiermee gesteund. Je kunt iets evalueren zonder het bewust te begrijpen. Met andere woorden, je weet of iets goed of slecht is vóórdat je precies weet wat het is.

Verdere evidentie voor automatische evaluatie komt voort uit een paradigma dat werd geïntroduceerd door Fazio en zijn collega's (Fazio e.a., 1986). In hun onderzoek lieten ze proefpersonen heel kort (maar niet subliminaal) een woord zien, bijvoorbeeld *oorlog* of *vrede*. Meteen daarop (300 milliseconden later) werd een tweede woord gepresenteerd. Dit tweede woord was heel duidelijk positief of negatief, bijvoorbeeld *heerlijk* of *afschuwelijk*. Aan de proefpersonen werd gevraagd zo snel mogelijk aan te geven of het tweede woord positief of negatief was. De centrale afhankelijke variabele was de reactietijd bij de vraag naar het tweede woord. De redenering was als volgt: aangenomen dat het eerste aangeboden woord een affectieve reactie oproept, zou deze reactie het gemak van het oordeel over het tweede woord moeten beïnvloeden. Als de woorden allebei positief of allebei negatief worden beoordeeld, zijn hun evaluaties *congruent* (bijvoorbeeld als het eerste woord *vrede* is en het tweede *heerlijk*). In dit geval zou de evaluatie van het tweede woord heel snel en makkelijk moeten verlopen, want het eerste woord heeft al de juiste respons toegankelijk gemaakt. Als het ene woord negatief en het andere positief wordt beoordeeld, dan zijn de evaluaties *incongruent* (bijvoorbeeld als het eerste woord *oorlog* is en het tweede *heerlijk*), hetgeen de reactie bij het tweede woord bemoeilijkt. Kortom, de snelheid van antwoorden bij het tweede woord verschaft informatie over de automatische evaluatie van het eerste woord. De resultaten bevestigden deze veronderstelling: bij het tweede woord werd gemiddeld sneller antwoord gegeven als het evaluatief congruent was met het eerste woord dan als het incongruent was (zie ook Bargh e.a, 1996).

In later onderzoek is aangetoond dat automatische evaluatie ook optreedt wanneer de proefpersoon tegelijkertijd een concurrerende taak moet uitvoeren, of wanneer de eerste stimulus subliminaal wordt aangeboden (zie bijv. Hermans & Eelen, 1997). Dit betekent dat het effect efficiënt en onbewust is. Dit laatste, onbewuste evaluatie, wordt ook gedemonstreerd door onderzoek naar *subliminale affectieve priming*. In onderzoek van Murphy en Zajonc (1993; zie ook Murphy, Monahan & Zajonc, 1995) kregen proefpersonen bijvoorbeeld subliminaal een afbeelding te zien van een lachend ☺ of een huilend ☹ gezichtje. Meteen daarop werd een afbeelding van een Chinees karakter aangeboden. Anders dan in het onderzoek van Fazio e.a. gaat het hier om een stimulus die de proefpersonen nooit eerder hebben gezien en die ze op dat moment dus voor het eerst moeten beoordelen. Na een lachend gezichtje (positieve subliminale prime) blijkt de beoordeling van het daarop gepresenteerde Chinese karakter positiever te zijn dan na een huilend gezichtje.

Verschillen in de verwerking van positieve en negatieve informatie
In hoofdstuk 6 (bij de bespreking van 'automatische waakzaamheid', paragraaf 6.3.4, p.265) is opgemerkt dat negatieve, bedreigende informatie vaak meer invloed heeft dan positieve informatie, en dat dit functioneel is voor ieder organisme dat moet overleven in een wereld vol gevaren. Het is bijvoorbeeld niet zo erg als je niet meteen opmerkt dat er een lekkere taart in de keuken staat, maar het niet op tijd signaleren van een aanstormende leeuw (of auto, in moderne tijden) kan vervelende consequenties hebben. De vraag rijst dan ook of negatieve informatie misschien sneller en meer automatisch wordt waargenomen dan positieve informatie. In hoofdstuk 6 werd al een experiment van Pratto en John (1991) beschreven waaruit blijkt dat mensen een automatische waakzaamheidsreactie hebben op negatieve stimuli. Een ander relevant experiment is van Hansen en Hansen (1988). Zij lieten proefpersonen tegelijkertijd een aantal foto's met gezichten zien. Op elke foto stond één boos gezicht te midden van een aantal blije gezichten, of één blij gezicht te midden van een aantal boze gezichten. Aan proefpersonen werd telkens gevraagd zo snel mogelijk aan te geven waar het ene boze of het ene blije gezicht stond afgebeeld. Uit de resultaten bleek dat proefpersonen een boos gezicht te midden van blije gezichten sneller herkennen dan een blij gezicht te midden van boze gezichten. Ook maakte het voor de herkenning van de boze gezichten niet uit of deze werden omringd door weinig of door veel blije gezichten. Men zag ze altijd even snel. Met de blije gezichten was dit niet zo: hoe meer boze gezichten eromheen stonden, hoe langer het duurde voordat het blije gezicht werd herkend. Hoewel er wel het een en ander is aan te merken op de studie van Hansen en Hansen, steunt deze toch het idee dat negatieve informatie (in dit geval boze gezichten) sneller wordt opgemerkt dan positieve. Andere studies laten zien dat boze gezichten *arousal* opwekken, zelfs als ze subliminaal worden aangeboden (Dimberg & Ohman, 1996).
Samengevat: mensen hebben maar heel weinig tijd nodig om vast te stellen of een stimulus positief of negatief is. We kunnen ervan uitgaan dat de evaluatie van stimuli in veel gevallen alle kenmerken van een automatisme heeft (onbewust, efficiënt, niet-intentioneel, oncontroleerbaar) en een voorbewust proces is. Voorts lijkt het erop dat dit alles in nog sterkere mate geldt voor negatieve dan voor positieve stimuli.

7.2.5 Automaticiteit in gedrag

We gaan ervan uit dat ons gedrag wordt bepaald door onze wil. We doen dingen niet zomaar. Als we haast hebben, lopen we snel; als we een rustige wandeling willen maken lopen we langzaam. Veel gedrag blijkt echter helemaal niet te worden gestuurd word door bewuste overwegingen. Mensen vangen soms stimuli op uit de omgeving en zonder tussenkomst van het bewustzijn leidt dit tot gedrag. Hierna worden drie vormen van automatisch gedrag besproken. De eerste vorm bouwt voort op het onderzoek naar het automatiseren van vaardigheden. Het gaat om gedrag dat oorspronkelijk niet automatisch is, maar dat door oefening geautomatiseerd wordt. Dit gedrag bespreken we onder de noemer *gewoontegedrag*. Daarna gaan we in op de onbewuste activatie van doelen. We zullen zien dat doelen en motieven, net als stereotypen en eigenschappen, automatisch geactiveerd kunnen worden. Doelen die automatisch geactiveerd worden, worden in de Angelsaksische literatuur *automotives* genoemd (Bargh, 1990). Ten derde bespreken we *ideomotorisch gedrag*. Dit gedrag is een rechtstreeks gevolg van de waarneming van stimuli in de omgeving.

Gewoontegedrag
Gewoontegedrag is gedrag dat geautomatiseerd is nadat we dit gedrag vaak hebben uitgevoerd. Zo kunnen we het eerder aangehaalde voorbeeld van fietsen naar de universiteit karakteriseren als gewoontegedrag. We hebben geen bewuste processen nodig om dit gedrag uit te voeren. Het doel 'ik moet naar college' is voldoende om ervoor te zorgen dat je op je fiets springt en de rit voltooit. Dit geldt echter alleen voor iemand voor wie de route een gewoonte is. Mensen die altijd de bus nemen en om wat voor reden dan ook (het is al mei, ik heb nog zes weken om vijf kilo af te vallen voordat ik het strand op ga!) besluiten de fiets te nemen, hebben hun bewustzijn wel nodig. Allereerst moeten ze bewust besluiten om de fiets te nemen in plaats van de bus. Daarna is er vaak ook nog bewuste sturing nodig om ervoor te zorgen dat ze inderdaad naar hun fiets lopen en niet alsnog per ongeluk naar de bushalte.
Veel gewoontegedrag probeerde men lange tijd (en helaas nog steeds) te verklaren met behulp van attitudes. Als wetenschappers wilden verklaren waarom iemand altijd naar de universiteit fietste, vroegen ze naar attitudes ten aanzien van de fiets en ten aanzien van alternatieven als de bus. Het meeste onderzoek toonde aan dat deze attitudes slechts een matige voorspeller zijn van gedrag. Achteraf is dat ook wel logisch. Men veronderstelde een bewuste afweging. Mensen zouden als het ware elke ochtend moeten denken: met de bus heb ik minder vrijheid dan met de fiets en aangezien het mooi weer is en ik dus niet nat kan worden, ga ik vanmorgen maar met de fiets naar de universiteit. Na de vele bladzijden die je nu over automaticiteit hebt gelezen, zie je waarschijnlijk meteen dat dit kletskoek is. Dit soort overwogen beslissingen nemen we slechts af en toe. Meestal denken we niet na en zitten we al op de fiets voordat we dergelijke afwegingen hebben gemaakt.
Uit later onderzoek is dan ook gebleken dat het voorspellen van toekomstig gedrag veel beter gaat op basis van gedrag uit het verleden dan op basis van attitudes (Bentler & Speckart, 1979; Ouellette & Wood, 1998). Als je wilt weten of iemand volgende week met de fiets naar de universiteit gaat, vraag je gewoon hoe hij de laatste paar weken (of maanden) naar de universiteit is

gegaan. Je weet dan of die persoon een gewoonte heeft ontwikkeld en je krijgt een veel betere voorspeller van gedrag. Hetzelfde geldt bijvoorbeeld voor het gebruik van de veiligheidsgordel in de auto. Mensen die de gordel omdoen voordat ze gaan rijden, denken niet elke keer: laat ik hem maar om doen, voor het geval er een botsing komt. Ze zijn het gewoon gewend en doen het zonder erbij na te denken.

Gewoonten ontstaan door frequentie. Hoe vaker je de fiets neemt naar de universiteit, hoe sterker de gewoonte wordt. Op een gegeven moment associeer je 'universiteit' automatisch met 'fiets' (Bargh, 1997). Het doel 'ik moet naar de universiteit' leidt dan onbewust tot de respons 'de fiets pakken'.

Gewoontegedrag is een vorm van doelafhankelijke automaticiteit. 'Universiteit' roept alleen de respons 'fiets' op als we naar de universiteit willen. Als je de krant leest waarin een stuk is opgenomen over jouw universiteit, spring je natuurlijk niet meteen op je fiets. Je hebt een specifiek doel nodig. Gewoontegedrag is wél onbewust en efficiënt. Het voltrekt zich autonoom zodat je je aandacht kunt richten op iets anders, zoals het schrijven van sinterklaasgedichten.

Auto-motieven
Met hun onderzoek naar 'automotives' lieten Bargh en Gollwitzer (1994) zien dat doelen automatisch geactiveerd kunnen worden. In een experiment van Bargh, Gollwitzer, Lee Chai en Barndollar (1998) werden proefpersonen in twee groepen verdeeld. In de ene groep werd het doel om een goede prestatie te leveren geactiveerd, in de andere groep werd het doel om empathisch en meelevend te zijn geactiveerd. Dit werd bereikt door proefpersonen woorden te laten lezen die betrekking hadden op een van de twee doelen. De 'prestatiegroep' las woorden als *succes* en *inspanning*, terwijl de 'empathie-groep' woorden las als *behulpzaam* en *samenwerken*. (Buiten deze woorden lazen proefpersonen ook andere woorden die niets met deze doelen te maken hadden, zodat het niet opviel dat er doelen geactiveerd werden.) Later, in een zogenaamde ongerelateerde taak, moesten proefpersonen samen met een andere proefpersoon puzzels oplossen. Deze andere proefpersoon was geen echte proefpersoon maar een medewerker van de onderzoekers die geïnstrueerd was om net te doen of hij heel slecht was in het oplossen van de puzzels. De onderzoekers voorspelden dat de doelen het gedrag van de proefpersonen zouden bepalen. Proefpersonen bij wie het empathie-doel geactiveerd was zouden rekening houden met de gevoelens van de ander en zouden zelf ook niet al te goed gaan presteren. Van proefpersonen met het prestatie-doel werd verwacht dat ze puur op hun eigen prestaties zouden letten en zich niets zouden aantrekken van de gevoelens van de andere proefpersoon. Deze proefpersonen zouden dus beter gaan presteren dan die in de empathie-groep. De resultaten bevestigden deze hypothese.

Bargh en collega's toonden hiermee aan dat doelen, wanneer ze eenmaal zijn geactiveerd, automatisch het gedrag beïnvloeden. Men was zich in dit onderzoek wel bewust van de woorden die waren aangeboden, maar niet van het effect dat deze hadden op het eigen gedrag. Overigens kan dit effect ook volledig voorbewust zijn, zo blijkt uit studies waarin de doelactiverende woorden subliminaal worden aangeboden.

Ideomotorisch gedrag
Ideomotorisch gedrag is een rechtstreeks gevolg van de waarneming. Als we iemand iets zien doen, ontstaat automatisch de (onbewuste) tendens om dit na te doen. Zo nemen we bijvoorbeeld accenten over van anderen. Iedereen die ouders heeft die een dialect spreken weet dit. Ga een weekend naar huis en zondagavond spreek je heel anders dan zaterdagochtend. Het geldt echter ook voor heel ander gedrag. Het hartstochtelijk volgen van een sportwedstrijd heeft vaak zulke gevolgen. Mensen die graag naar de Tour de France kijken fietsen in juli vaak harder (naar de stad, naar de universiteit, waarheen doet er niet toe) dan normaal. Veel mensen die thuis op de bank naar een voetbalwedstrijd kijken voetballen 'een klein beetje mee'. Ze maken beenbewegingen die er weliswaar niet zo soepel uitzien als die van Ronald de Boer, maar toch zitten ze ook niet helemaal stil.
Je hoeft gedrag niet letterlijk en fysiek waar te nemen om het na te doen. Ook als je iets in gedachten waarneemt, heeft dat effect. Als je bijvoorbeeld denkt aan bejaarden, komen er associaties met traagheid in je op. Bargh, Chen en Burrows (1996) onderzochten de mogelijkheid dat dit mentale 'zien' ook rechtstreeks het gedrag kan beïnvloeden (zie ook paragraaf 4.4.6, p.188 waar dit onderzoek werd beschreven als een voorbeeld van de effecten van schema's op gedrag). In hun experiment werden proefpersonen in twee groepen verdeeld. Bij de ene groep werd het stereotype van bejaarden geactiveerd, terwijl dit bij de andere groep niet gebeurde. Daarna vertelde de proefleider dat het experiment was afgelopen. Stiekem werd echter de tijd gemeten die een proefpersoon erover deed om de dichtstbijzijnde lift te bereiken (het experiment werd gedaan op de 7^e verdieping, zodat de onderzoekers er zeker van konden zijn dat iedereen naar de lift zou lopen). De resultaten waren verbluffend: proefpersonen bij wie het stereotype van bejaarden was geactiveerd liepen beduidend langzamer dan de andere proefpersonen. Het beeld van de trage bejaarde in de gedachten van de proefpersonen leidde er dus toe dat het trage gedrag werd overgenomen.
In ons eigen laboratorium hebben we een variant op dit *ideomotor-effect* aangetoond (Dijksterhuis & Van Knippenberg, 1998). Aan proefpersonen werd gevraagd om alles wat ze wisten op te schrijven over ofwel professoren (een stereotiep intelligente groep), ofwel secretaresses (een neutrale groep wat betreft intelligentie). Daarna moesten ze (in een zogenaamd ongerelateerd experiment) veertig Triviant-vragen beantwoorden. Degenen bij wie door de eerdere taak het stereotype over professoren was geactiveerd beantwoordden deze vragen beduidend beter dan de andere groep. Een vervolgexperiment liet zien dat het stereotype over voetbalsupporters tot het omgekeerde effect leidt:

hier werden proefpersonen (tijdelijk) dommer van. Overigens is het wel zo dat men bepaalde kenmerken inderdaad moet associëren met een groep, anders kan het effect van die kenmerken niet optreden (Dijksterhuis, Aarts, Bargh & Van Knippenberg, 1998). Activatie van het stereotype over bejaarden kan er bijvoorbeeld toe leiden dat proefpersonen vergeetachtig worden, maar dit geldt alleen voor degenen die de eigenschap 'vergeetachtig' inderdaad associëren met bejaarden.

In de hier beschreven onderzoeken leidde activatie van een stereotype tot gedrag dat overeenkomt met het stereotype – een proces dat in zekere zin vergelijkbaar is met het in hoofdstuk 5 (paragraaf 5.4.1, p.219) beschreven assimilatie-effect van stereotypen: het gedrag trekt naar het stereotype toe. Een contrast-effect, waarbij het gedrag juist wegschuift van het geactiveerde stereotype (paragraaf 5.4.2, p.224), is echter ook mogelijk (Dijksterhuis, Spears e.a., 1998). Dit effect treedt op wanneer gedachten over een concrete persoon worden geactiveerd, bijvoorbeeld *Ronald Reagan* in plaats van *bejaarden* in het algemeen, of *Einstein* in plaats van het algemene kenmerk *intelligentie*.[2]

Ideomotor-effecten zijn inmiddels aangetoond met behulp van verschillende stereotypen en eigenschappen. Stereotypen en eigenschappen kunnen automatisch geactiveerd worden en hebben, net als doelen, een directe invloed op gedrag. Deze effecten verlopen onbewust: proefpersonen in dit onderzoek zijn na afloop hogelijk verbaasd over de reactie tussen de twee taken die ze hebben uitgevoerd. De effecten zijn ook cognitief efficiënt en niet-intentioneel; in het experiment met de voetbalsupporters is het bijvoorbeeld niet de bedoeling van de proefpersonen geweest om domme antwoorden te geven.

7.2.6 Samenvatting

Deze paragraaf was gericht op automaticiteit. Allereerst is aandacht besteed aan de geschiedenis van automaticiteitsonderzoek. Daarin stonden twee onderzoekslijnen centraal. De ene onderzoekslijn (het aanleren van vaardigheden) benadrukte het feit dat we gedrag kunnen automatiseren door oefening. De tweede onderzoekslijn (selectieve aandacht) benadrukte dat we allerlei stimuli onbewust kunnen waarnemen. Daarna is er een onderscheid aangebracht tussen verschillende vormen van automaticiteit. Automaticiteit kan voorbewust of nabewust optreden. In beide gevallen is het niet-conditioneel: het treedt altijd op, gegeven de aanwezigheid van een stimulus. Ook kan automa-

---

2 Deze verschillende effecten van activatie van een algemene categorie versus een concreet exemplaar corresponderen met stereotype-effecten bij de beoordeling van personen (Stapel & Koomen, 1998). Wanneer een algemene categorie wordt geactiveerd, of een eigenschap die met een categorie wordt gebruikt, zullen oordelen over een lid van die groep assimileren naar het stereotype. Het stereotype en de geactiveerde eigenschap worden in dat geval gebruikt als interpretatiekader. Wanneer echter een concreet exemplaar wordt geactiveerd, zal eerder een contrast-effect optreden. Het geactiveerde exemplaar wordt dan gebruikt als vergelijkingsstandaard bij de beoordeling (vgl. paragraaf 5.4.2, p.225: *Stereotypen als beoordelingsstandaard*).

ticiteit doelafhankelijk zijn. In dat geval is automaticiteit conditioneel omdat het alleen optreedt gegeven bepaalde doelen. Er zijn vier verschillende criteria die kunnen maken dat iets automatisch is. Processen kunnen onbewust of bewust zijn, ze kunnen efficiënt of inefficiënt zijn, ze kunnen niet-intentioneel of intentioneel zijn en ze kunnen oncontroleerbaar of controleerbaar zijn. In het eerste geval is er telkens sprake van een automatisch proces, in tweede geval niet.

Vervolgens zijn enkele voorbeelden besproken van automatische activiteiten. We hebben gezien dat niet alleen stereotypen en persoonlijkheidseigenschappen automatisch geactiveerd worden (zoals al in hoofdstuk 3 en 5 naar voren is gekomen), maar dat hetzelfde geldt voor evaluaties en affect; en dat niet alleen de waarneming automatisch kan zijn, maar ook ons gedrag, zoals bij gewoontegedrag, gedrag dat door auto-motieven wordt gestuurd, en ideomotorisch gedrag.

7.3 Controle

Automaticiteitsonderzoek wijst erop dat veel gedrag eigenlijk door de vingers van ons bewustzijn glipt. Stimuli uit de omgeving bepalen onbewust wat we denken, voelen en doen, en de invloed die we daarop kunnen uitoefenen is beperkt of geheel afwezig. Velen vinden dit geen aantrekkelijke gedachte. Mensen hebben graag het gevoel dat ze hun eigen functioneren goed onder controle hebben. Het idee dat we zelf bepalen wat we denken en doen is veel comfortabeler. We houden onszelf dan ook vaak voor dat we alles zelf in de hand hebben.

In het onderzoek naar controle worden de effecten van onze wil, of van onze intenties, op ons doen en laten bekeken. Mensen die willen afvallen proberen niet aan eten te denken en uit de buurt van de koelkast te blijven. Mensen die een ex-geliefde willen vergeten proberen eveneens hun gedachten en gevoelens te controleren. Ook liggen we allemaal wel eens te woelen in bed en doen we verwoede pogingen om in slaap te vallen. Al deze voorbeelden hebben te maken met controle. In al deze gevallen willen we onze gedachten, gevoelens of ons gedrag in een bepaalde richting duwen.

In de rest van dit hoofdstuk zal blijken dat sommige dingen makkelijker te controleren zijn dan andere. Wegner en Bargh (1998) geven enkele voorbeelden: complex gedrag waarvan we ons bewust zijn (of waarvan we ons ineens bewust worden) is vaak makkelijk te controleren. Als je op de fiets zit en je merkt opeens dat je geleidelijk midden op de weg bent gaan rijden, dan stuur je bij. Andere dingen zijn volstrekt oncontroleerbaar. Als je probeert je adem in te houden, zal je lichaam het altijd winnen van je wil, zelfs al moet je lichaam, als uiterste consequentie, besluiten je eerst flauw te laten vallen. Dit zijn natuurlijk extreme voorbeelden; de meeste processen zijn domweg 'enigszins' controleerbaar.

Controle is een wijds begrip. We behandelen hier dan ook niet alle vormen van controle. We beperken ons tot het onderzoek dat het belangrijkste is voor de sociale psychologie. Ten eerste bespreken we de voorgeschiedenis van het onderzoek naar controle. Daarna volgt de uitleg van een theoretisch model dat Daniel Wegner heeft ontwikkeld om controleprocessen te verklaren. Enkele toepassingen van dit model komen aan bod. Voorts komt het begrip 'zelfregulatie', een speciale vorm van controle, aan de orde. Ook hiervan bespreken we enkele toepassingen. Het hoofdstuk eindigt met een stukje filosofie.

7.3.1 Geschiedenis van onderzoek naar controle

Alle processen waarbij we proberen bewuste (maar ook onbewuste) invloed uit te oefenen op onze waarneming, op ons denken, op onze gevoelens en op ons gedrag kunnen controleprocessen worden genoemd. Er zijn dan ook veel klassieke onderzoekslijnen die van belang zijn voor het huidige onderzoek naar controle. Er worden er hier drie uitgelicht.

Aandacht
James (1890) beschouwde het feit dat wij tot op zekere hoogte kunnen kiezen waarop we onze aandacht richten als het belangrijkste uitvloeisel van onze 'wil'. Als we ons ergens op willen concentreren, doen we dit door ons te richten op bepaalde stimuli en andere stimuli te negeren. Het negeren van irrelevante stimuli is niet altijd even eenvoudig, maar we zijn er toch behoorlijk goed in. Tijdens het lezen van een mooi boek of het kijken naar een spannende film kunnen we vaak de rest van de wereld gemakkelijk langs ons heen laten gaan. Eerder in dit hoofdstuk (paragraaf 7.2.1: *Selectieve aandacht,* p.291) is het werk van Broadbent (1958) besproken. Broadbent ging ervan uit dat, als we onze aandacht ergens op willen richten, we een soort filter gebruiken dat alleen relevante informatie doorlaat. Het onderzoek van Treisman (1960), waarbij proefpersonen een koptelefoon op hadden en de instructie kregen de geluiden van één kanaal te negeren, liet weliswaar zien dat zo'n filter niet perfect werkt, maar toch kun je zeker wel zeggen dat we onze aandacht vaak behoorlijk goed kunnen controleren. Het is belangrijk te onderkennen dat het richten van je aandacht op iets nog niet hetzelfde proces is als het negeren van andere, irrelevante stimuli. Het zijn in feite twee verschillende processen, en succesvolle controle van aandacht is veel meer afhankelijk van het tweede proces dan van het eerste: de moeilijkheid van een boek lezen terwijl de tv aanstaat is niet dat je je niet kunt richten op je boek, maar dat je de tv niet kunt negeren.

Aandacht stellen we vaak gelijk met aandacht die naar buiten gericht is. We hebben aandacht voor iets dat iemand vertelt, voor een boek of voor een televisieprogramma. Aandacht kan echter ook naar binnen gericht zijn. We kunnen tegen onszelf zeggen: 'Nu wil ik in slaap vallen, dus ik ga schaapjes tellen' of 'Ik wil afvallen dus ik moet die gedachten aan chocola uit m'n hoofd zien te bannen'. Ook hier geldt weer dat het negeren van ongewenste gedachten (chocola) vaak belangrijker (en veel moeilijker) is dan het zich richten op gewenste gedachten (schaapjes).

Het onderdrukken van gedachten
Onderzoek naar het onderdrukken van gedachten of, iets pompeuzer gezegd, naar de controle van de inhoud van ons bewustzijn, komt vooral voort uit het werk van Freud en andere psychoanalytici. Zij waren geïnteresseerd in de wijze waarop mensen ongewenste emoties en driften probeerden te onderdrukken. Dit betreft de bovengenoemde naar binnen gerichte aandacht. We hebben vaak goede redenen om onze gedachten te willen controleren. Het kan moeilijk zijn om in slaap te vallen of om niet te denken aan chocola, maar de gevolgen van zulke falende controleprocessen zijn niet rampzalig. Bij veel klinische problemen ligt dit anders. Mensen met trauma's hebben vaak last van steeds terugkerende herinneringen met een sterke emotionele lading, die een verstrekkende invloed kunnen hebben op hun leven en dat van de mensen in hun naaste omgeving. Ook bij het omgaan met stress is de controle van gedachten belangrijk. Het is dan ook geen wonder dat veel onderzoek op dit gebied is gedaan door klinisch psychologen. Het model van Wegner, dat later uitgebreid besproken gaat worden, is vooral gebaseerd op onderzoek naar het onderdrukken van gedachten.

Zelfregulatie
Zelfregulatie is een speciale vorm van controle en heeft vooral betrekking op de controle van gedrag. Mensen streven allerlei *doelen* na. De een wil op een bepaalde dag uiterlijk om vier uur thuis zijn, de ander wil stoppen met roken en een derde wil minister-president worden. Ook hanteren mensen verschillende *normen*. De meeste mensen willen geen vooroordelen gebruiken of agressief overkomen op anderen. De processen die een rol spelen bij het nastreven van deze doelen en het naleven van deze normen vallen onder de noemer zelfregulatie. Ook zelfregulatieonderzoek is sterk gekleurd door de klinische psychologie, waar deze processen in verband zijn gebracht met controle over verslaving en depressie. Voorts wordt zelfregulatie in verband gebracht met de bestrijding van anti-normatief en gewelddadig gedrag. Het idee hierachter is dat, wanneer zelfregulatie wegvalt of slecht functioneert, gedrag niet meer gestuurd wordt door doelen of normen. Ander gedrag, zoals door de omgeving opgewekt agressief gedrag, kan dan vrij spel krijgen. Tenslotte wordt er de laatste paar jaar onderzoek gedaan naar de relatie tussen zelfregulatie en processen waarvan we sinds kort weten dat ze automatisch zijn, zoals de activatie van stereotypen en de rechtstreekse invloed van stereotypen op gedrag (ideomotorisch gedrag). We komen hierop in de volgende paragraaf nog terug.

7.3.2 Het onderdrukken van cognities, gevoelens en gedrag

In 1987 (Wegner, Schneider, Carter & White, 1987) begon Daniel Wegner onderzoek te doen naar het onderdrukken van gedachten. Zijn eerste, grappige, experiment ging als volgt. Aan proefpersonen werd gevraagd om vijf minuten hardop na te denken. De helft van de proefpersonen kreeg de opdracht om aan witte beren te denken, de andere helft kreeg juist de opdracht om daar níet aan te denken: ze mochten denken aan alles wat ze wilden, maar niet aan witte beren. Aan beide groepen werd gevraagd om op een bel te drukken telkens als ze aan witte beren dachten. Vervolgens kregen alle proefpersonen opnieuw de opdracht om vijf minuten na te denken, maar nu was het omgekeerd: degenen die eerst aan witte beren hadden gedacht, mochten daar nu juist niet aan denken, en degenen die eerst gedachten aan witte beren hadden onderdrukt, moesten er nu juist wel aan denken. Opnieuw moesten ze op de bel drukken telkens als ze aan witte beren dachten. Proefpersonen die in de eerste ronde de gedachte aan witte beren hadden moeten onderdrukken, bleken tijdens dit tweede onderdeel veel vaker aan witte beren te denken dan proefpersonen in de controlegroep tijdens de eerste ronde (die aan witte beren moesten denken vóórdat ze die gedachte moesten onderdrukken). Dat betekent: wanneer je aanvankelijk iets onderdrukt, komt het later (wanneer je het niet meer onderdrukt) juist extra vaak (en makkelijk) terug in je bewustzijn. Wegner noemde dit effect het *rebound*-effect.

Ter verklaring van het rebound-effect veronderstelde Wegner (1994) dat een poging om iets (bijvoorbeeld een gedachte) te onderdrukken twee processen gelijktijdig in gang zet: een *operating*-proces en een *monitoring*-proces. Het operating-proces zoekt naar stimuli die niets met de te onderdrukken gedachte te maken hebben: het zorgt ervoor dat ons bewustzijn zich met iets anders bezighoudt dan met de te onderdrukken gedachte. Het zoekt naar andere stimuli, zoals rode auto's of groene fietsen. Het monitoring-proces let juist op de te onderdrukken gedachte: het zoekt naar de te onderdrukken stimulus om na te gaan of het onderdrukken goed lukt en om een signaal te geven als er onverhoopt een gedachte aan de 'verboden' stimulus opduikt. Wegner stelt dat het monitoring-proces zorgt voor rebound-effecten. Door het bewustzijn af te zoeken naar 'witte beren'-gedachten, worden die gedachten juist geactiveerd (in een verhoogde staat van toegankelijkheid gebracht; zie paragraaf 4.2.6, p.155). Het monitoring-proces doet dus het omgekeerde van wat je wilt bereiken. Vandaar dat Wegner dit later het *ironic monitoring*-proces is gaan noemen. Dit proces zorgde ervoor dat proefpersonen die eerst de gedachte aan witte beren moesten onderdrukken er later meer aan dachten dan degenen die niet hoefden te onderdrukken.

Meestal kunnen we bepaalde gedachten aardig onderdrukken dankzij het operating-proces. Zolang het operating-proces zorgt voor voldoende andere gedachten, is er niets aan de hand. Het probleem is dat het monitoring-proces automatisch is en het operating-proces niet. Het operating-proces vergt cognitieve inspanning en werkt niet goed als mensen tijdens het onderdrukken iets anders moeten doen, zoals het onthouden van een serie getallen. Het is dus niet efficiënt. Als je meerdere dingen tegelijk doet, is de kans groot dat er een rebound-effect optreedt. Het monitoring-proces blijft gewoon werken, het operating-proces werkt slecht of helemaal niet en het resultaat is dat de te onderdrukken gedachte juist extra stevig je bewustzijn komt bestoken. Onder deze omstandigheden is het resultaat van controle dus het omgekeerde van wat wordt beoogd: het verbannen van een gedachte uit je bewustzijn leidt ertoe dat de gedachte moeilijker weg te krijgen is dan ooit tevoren.

Een voorbeeld hiervan wordt gegeven door een onderzoek van Wegner, Erber en Zanakos (1993). Zij vroegen hun proefpersonen om ofwel een vervelende gebeurtenis ofwel juist een leuke gebeurtenis uit hun verleden op te schrijven. Daarna werd gevraagd op te schrijven wat voor soort gedachten bij hen opkwamen naar aanleiding van de gebeurtenis. Vervolgens kregen de proefpersonen ofwel de instructie om te proberen verdrietig te zijn, ofwel de instructie om te proberen juist blij te zijn, ofwel ze kregen geen instructie. Aan proefpersonen werd dus gevraagd hun emoties te controleren. Daarna werden de gevoelens van de proefpersonen gemeten. Uit de resultaten bleek dat controle mogelijk was. Proefpersonen die geïnstrueerd waren blij te zijn waren inderdaad vrolijker dan proefpersonen die geen instructie hadden gehad. Deze proefpersonen waren op hun beurt weer blijer dan proefpersonen die de instructie gekregen hadden om verdrietig te zijn. Deze effecten waren onafhankelijk van hetgeen proefpersonen in eerste instantie opschreven (een verdrietige of een leuke gebeurtenis).

In andere condities deden proefpersonen hetzelfde, maar ze moesten tegelijkertijd een nummer onthouden. Hier waren de resultaten precies omgekeerd. Proefpersonen die de instructie hadden gekregen om blij te zijn voelden zich veel minder goed dan proefpersonen die waren geïnstrueerd om verdrietig te zijn. In dit geval trad dus een rebound-effect op dat kan worden verklaard met het 'operating'- en het 'monitoring'-proces. Als je je blij wilt voelen, gaat het operating-proces op zoek naar prettige gedachten terwijl het monitoring-proces negatieve gedachten 'in de gaten houdt'. Als je al je aandacht erbij kunt houden, werkt dit goed en voel je je inderdaad blij. Het operating-proces is echter niet efficiënt en het monitoring-proces wel, dus wanneer je tegelijkertijd een nummer moet onthouden (of iets anders moet doen dat aandacht vergt), gaat dit ten koste van het operating-proces. Het monitoring-proces houdt stand, met als resultaat dat negatieve gedachten de boventoon gaan voeren. Je voelt je dus juist verdrietiger.

Wegners ideeën zijn door hem en door anderen toegepast op verschillende domeinen, zoals het onderdrukken van cognities, van emoties en van gedrag. In het volgende gedeelte worden deze toepassingen belicht.

Cognities
Allereerst is het model van Wegner toegepast op het onderdrukken van stereotypen. Dit onderzoek (Macrae, Bodenhausen, Milne & Jetten, 1994) is al beschreven in hoofdstuk 5 (paragraaf 5.5.6, p.244): proefpersonen die aanvankelijk stereotypen over skinheads moesten onderdrukken, maakten naderhand sterker gebruik van stereotypen over skinheads dan proefpersonen die geen

stereotypen hoefden te onderdrukken. Ze vertoonden dus een rebound-effect. Een andere toepassing van Wegners ideeën is geleverd door Newman, Duff en Baumeister (1997). Zij onderzochten een fenomeen genaamd *defensieve projectie* (zie ook paragraaf 4.4.2, p.172). Dit is een oud begrip dat door Freud is geïntroduceerd: we zijn geneigd om op anderen die eigenschappen en motieven te projecteren die we in onszelf ontkennen of onderdrukken. Iemand die bijvoorbeeld absoluut niet als lui gezien wil worden, en derhalve ontkent dat hij lui is, zal anderen sneller als lui waarnemen. Newman en collega's deden een aantal experimenten waarin ze een cognitieve verklaring van defensieve projectie toetsten. In een van hun experimenten vroegen ze proefpersonen welke eigenschap ze het ergst zouden vinden om zelf te hebben. Proefpersonen konden kiezen uit verschillende negatieve eigenschappen, zoals *gemeen*, *egoïstisch* en *bot*. Daarna kregen ze informatie over een andere persoon (Diane, geen Donald dit keer) die ze moesten beoordelen. Uit de resultaten bleek dat juist de eigenschap die mensen onder geen beding zelf wilden hebben hun indruk van Diane het meest beïnvloedde. Proefpersonen die *gemeen* de meest onwenselijke eigenschap voor zichzelf vonden, vonden Diane gemener dan proefpersonen die bijvoorbeeld *bot* hadden gekozen als meest onwenselijke eigenschap.

Newman e.a. verklaren dit als volgt. Mensen die een bepaalde eigenschap absoluut niet dulden van zichzelf zullen gedachten aan deze eigenschap onderdrukken. Als iemand absoluut niet lui wil zijn, zal hij of zij bij elk gedrag van zichzelf dat ook maar enigszins lui genoemd kan worden (bijvoorbeeld televisiekijken) de eigenschap *lui* onderdrukken. Door het televisiekijken bijvoorbeeld te bestempelen als *ontspannen* in plaats van *lui* kun je voorkomen dat je jezelf als lui gaat zien. Als je echter een eigenschap vaak onderdrukt – en nu komt Wegners theorie – wordt die eigenschap extra toegankelijk. En zoals we eerder hebben gezien (in paragraaf 4.2.6, p.155), heeft verhoogde toegankelijkheid weer tot gevolg dat zo'n eigenschap de interpretatie van het gedrag van anderen beïnvloedt. Bij het waarnemen van gedrag van anderen wordt de eigenschap immers niet onderdrukt. De verhoogde toegankelijkheid, die is ontstaan door het monitoren van gedachten aan de eigen luiheid, leidt er dan toe dat die eigenschap al gauw als interpretatiekader in het bewustzijn opduikt.

Affect
Wegner (Wegner & Gold, 1995) heeft ook het onderdrukken van emotioneel geladen gedachten onderzocht, namelijk gedachten aan een 'oude vlam'. Hierbij paste hij dezelfde methode toe als in het eerder besproken 'witte beren'-experiment. De helft van de proefpersonen kreeg de instructie om gedachten aan een ex-geliefde te onderdrukken, terwijl de andere helft deze instructie niet kreeg. In een volgende fase werd aan alle proefpersonen gevraagd hardop na te denken over hun oude vlam. Zoals verwacht, hadden de proefpersonen die in een eerdere fase deze gedachten moesten onderdrukken nu juist meer gedachten aan hun ex dan de andere proefpersonen. Ook hier

trad dus een rebound-effect op. Overigens trad dit effect alleen op bij proefpersonen die niet meer terugverlangden naar hun oude vlam; bij degenen die hun ex eigenlijk liever terug wilden, trad geen rebound-effect op, maar werd alleen een verhoogde emotionele activiteit geconstateerd. Een mogelijke verklaring hiervoor is dat deze mensen, tegen de instructies in, de hele tijd gedachten aan hun ex zijn blijven onderdrukken (ook toen ze aan hun ex moesten denken) om te voorkomen dat ze zich ellendig zouden gaan voelen of in het bijzijn van de onderzoeker in tranen zouden uitbarsten.

Gedrag
Wegner paste zijn theorie ook toe op insomnia (slapeloosheid). Hij vroeg proefpersonen thuis een dagboek bij te houden waarin ze aangaven hoe laat ze naar bed gingen en hoe laat ze in slaap vielen. In bed moesten proefpersonen naar een cassette luisteren. Sommige cassettes begonnen met de instructie om zo snel mogelijk in slaap te vallen. Op andere cassettes werd deze instructie niet gegeven. Voorts stond op sommige cassettes rustgevende muziek, terwijl op andere cassettes wilde muziek stond. Uit de resultaten bleek dat de instructie om in slaap te vallen wel werkte bij de rustige muziek: proefpersonen die geïnstrueerd waren in slaap te vallen deden dat sneller dan degenen die deze instructie niet kregen. Bij de wilde muziek was het echter andersom: degenen die geïnstrueerd waren om in slaap te vallen bleven extra lang wakker. Ook hier werd dus een rebound-effect gevonden. Je kunt de wilde muziek vergelijken met condities waarin de cognitieve capaciteit wordt belast (bijvoorbeeld condities waarin proefpersonen een getal moeten onthouden), omdat deze muziek de aandacht afleidt. De wilde muziek verhindert hierdoor het operating-proces (het leidt bijvoorbeeld de aandacht af van gedachten aan schaapjes) maar niet het monitoring-proces (het aftasten van het bewustzijn op zoek naar ongewenste gedachten aan dingen die je wakker houden, zoals gepieker over het werk). Het resultaat van de inspanningen is dan het omgekeerde van wat je beoogde. Als je dus snel in slaap wilt vallen, moet je uitkijken. Zo gauw er iets is dat je kan afleiden (een lekkende kraan), zal het monitoring-proces het winnen van het operating-proces en blijf je extra lang wakker. Je kunt dan beter proberen juist zo lang mogelijk wakker te blijven, zodat het rebound-effect ervoor zorgt dat je snel in slaap valt.

Wegners model waarschuwt ons vooral voor de valkuilen van controle. Rebound-effecten zorgen er vaak voor dat het omgekeerde gebeurt van wat we willen. In het 'witte beren'-experiment en het onderzoek van Macrae zagen we dat rebound-effecten optreden zodra je geen moeite meer doet om de ongewenste gedachte te onderdrukken. In de vele experimenten van Wegner zelf werd duidelijk dat rebound-effecten ook tijdens het onderdrukken al optreden, namelijk als je afgeleid wordt of als je meerdere dingen tegelijk doet.

7.3.3 Zelfregulatie als beperkte bron

Het reguleren en onderdrukken van de eigen gevoelens, gedachten en gedragingen lijkt een proces te zijn dat in alle gevallen door dezelfde innerlijke 'agent' wordt bestuurd. We zouden deze agent de wilskracht kunnen noemen. Recent onderzoek suggereert dat de wilskracht vrij makkelijk uitgeput raakt en dat het vermogen tot zelfregulatie hierdoor beperkt is: wanneer mensen bepaalde neigingen op het ene vlak moeten onderdrukken, blijken ze vervolgens op andere vlakken minder goed in staat tot zelfregulatie. Hun vermogen om zichzelf iets op te leggen, raakt dan kennelijk uitgeput.

Dit wordt geïllustreerd door een experiment van Baumeister e.a. (1998, Exp. 1). Proefpersonen kwamen zogenaamd meedoen aan een onderzoek waarin ze eten moesten proeven. Vooraf mochten ze minstens drie uur lang niets eten. Bij aankomst hadden ze dus wel trek. Ze werden in een vertrek gebracht waarin ze konden ruiken dat er chocoladekoekjes waren gebakken. Een deel van de proefpersonen werd verteld dat ze deze koekjes moesten gaan proeven, waarna ze alleen werden gelaten met een schaal koekjes. Andere personen kregen te horen dat ze radijsjes moesten proeven. Er stond wel een schaal chocoladekoekjes in de ruimte waar ze alleen werden gelaten, maar daar mochten ze niet aankomen omdat dit hun smaak zou bederven. Ze mochten alleen van de radijzen eten. Deze personen moesten zich dus flink onder controle houden (zelfregulatie van gedrag). Na afloop van de 'smaaktest' moesten alle proefpersonen een taak uitvoeren waarbij ze anagrammen moesten oplossen die in werkelijkheid onoplosbaar waren. Hierbij moest men zich dus inzetten voor een vervelende, frustrerende taak (zelfregulatie van cognitieve inspanning). De proefpersonen die van de koekjes af moesten blijven, bleken deze taak minder lang vol te houden dan de groep die koekjes had gegeten (en ook minder lang dan een controlegroep die alleen de anagrammen deed en de 'smaaktest' had overgeslagen). Hun vermogen om zichzelf een inspanning op de leggen was kennelijk 'op'.

Vergelijkbare resultaten zijn gevonden in andere experimenten (Muraven e.a., 1998). Wanneer mensen bijvoorbeeld hun emotionele reacties op een film moeten onderdrukken, kunnen ze zich daarna minder lang fysiek inspannen; wanneer ze bepaalde gedachten moeten onderdrukken (zoals gedachten aan een witte beer), houden ze het later minder lang vol bij moeilijke puzzels en zijn ze ook minder goed in staat om de uiting van hun gevoelens te beheersen. Het vermogen tot zelfregulatie is dus beperkt. Wanneer het wordt uitgeput, moet men zich eerst herstellen (positieve gevoelens en rust lijken hierbij effectief te zijn) voordat men zichzelf weer nieuwe beperkingen kan opleggen (Baumeister e.a., 1998). Kortom, als het een enorme opgave voor je is om dit boek te bestuderen, dan kun je beter niet in dezelfde periode ook aan de lijn doen, want dan is de kans groot dat een van de twee wilsinspanningen minder goed slaagt.

7.3.4 Zelfregulatie en zelfbewustzijn

De term *zelfbewustzijn* verwijst naar datgene waarop de aandacht is gericht (Wicklund, 1975): mensen kunnen hun aandacht richten op de omgeving (extern) maar ook op zichzelf en op hun doelen en normen (intern). Bij naar binnen gerichte aandacht is het zelfbewustzijn hoog, bij extern gerichte aandacht is het laag. Naarmate de aandacht meer intern gericht is, is het gedrag meer onderhevig aan *zelfregulatie*, dat wil zeggen dat men in sterkere mate probeert de eigen doelen te verwezenlijken en de eigen normen en waarden na te leven. Naarmate de aandacht meer extern gericht is, wordt het gedrag meer bepaald door externe factoren en is er minder sprake van zelfregulatie.

Een van de eerste experimentele demonstraties van de effecten van zelfbewustzijn kwam van Wicklund en Duval (1971). Ze deelden proefpersonen in twee condities in. In de ene conditie deden proefpersonen het gehele experiment in een ruimte waar een camera op hen was gericht en ze zichzelf op een monitor zagen. Dit leidt ertoe dat het zelfbewustzijn wordt verhoogd. In de controleconditie zagen ze zichzelf niet. In beide condities moesten de proefpersonen korte opstellen overschrijven (de opstellen waren dus al geschreven) waarin bepaalde uitspraken verdedigd werden (bijvoorbeeld: 'Zowel jongens als meisjes moeten in het leger'). In een voorstudie was al bepaald dat een grote meerderheid van de studenten het niet eens was met deze uitspraken. Na het overschrijven van de betogen werd naar hun mening gevraagd over deze uitspraken. De centrale vraag was of de mening van de proefpersonen was veranderd door het overschrijven van de opstellen.

Het idee achter dit experiment was als volgt: mensen die zichzelf zien op een tv-scherm (of in een spiegel, een andere methode die veel wordt gebruikt om zelfbewustzijn te manipuleren) worden zeer zelfbewust. Zij richten hun aandacht intern en zullen vasthouden aan hun eigen normen en meningen. Mensen die niet zelfbewust zijn zullen zich meer laten beïnvloeden door de omstandigheden en hun mening aanpassen aan de argumenten van anderen. Deze verwachtingen werden bevestigd door de resultaten.

Carver en Scheier (1981) hebben een model ontwikkeld om te verklaren hoe zelfbewustzijn van invloed is op zelfregulatie. Volgens deze auteurs kan zelfregulatie worden vergeleken met de thermostaat van een verwarming, die steeds nagaat of de temperatuur nog de ingestelde waarde heeft (bijvoorbeeld 20°C) en een signaal geeft als de temperatuur zakt en er dus warmte geleverd moet worden. Mensen hebben in feite zo'n interne thermostaat voor hun eigen doelen en normen. Je hebt bijvoorbeeld als doel om per dag 20 bladzijden te leren uit dit boek. Als je achterligt op je schema, registreert je interne 'thermostaat' dit en geeft hij een signaal dat er harder gewerkt moet worden. Volgens Carver en Scheier is het zo dat dit proces van zelfregulatie beter werkt naarmate men meer zelfbewust is, doordat men zich dan ook meer bewust is van de eigen doelen en normen. Een afwijking daarvan wordt dan eerder opgemerkt en ervaren als een aanleiding om in actie te komen.

Stereotypering
Zelfregulatie zorgt ervoor dat we onze eigen normen naleven. De meeste mensen hebben egalitaire normen en beschouwen stereotypering als iets dat zoveel mogelijk vermeden dient te worden (dat geldt althans voor studenten, die gewoonlijk proefpersonen zijn in sociaal-psychologische experimenten). Hieruit vloeit voort dat zelfregulatie zou kunnen leiden tot een verminderd gebruik van stereotypen. Dit idee is onder meer onderzocht door Macrae, Bodenhausen en Milne (1998). Aan proefpersonen werd verteld dat de onderzoekers geïnteresseerd waren in 'galvanic skin responses' (huidweerstand) tijdens het spreken. Ze werden aangesloten op een apparaat dat deze responsen zogenaamd vastlegde en er werd gevraagd om dertig seconden hardop te praten. Om iets te hebben om over te praten kregen de proefpersonen een foto van een fabrieksarbeider te zien. In werkelijkheid waren de onderzoekers helemaal niet geïnteresseerd in de huidweerstand, maar in het gebruik van stereotypen bij het beschrijven van de fabrieksarbeider. Er waren twee condities: sommige proefpersonen zaten in een kamer met een camera en een tv-scherm, zodat hun zelfbewustzijn was verhoogd, en anderen niet. Macrae e.a. gingen ervan uit dat verhoogd zelfbewustzijn ertoe zou leiden dat het gedrag meer wordt gereguleerd in de richting van de eigen – egalitaire – normen, zodat stereotypering minder wordt. Dit idee bleek te kloppen, zelfs al waren de proefpersonen zich er absoluut niet van bewust dat het onderzoek iets met stereotypen te maken had. Proefpersonen in de tv-conditie stereotypeerden minder dan de andere, niet-zelfbewuste proefpersonen tijdens het spreken over de fabrieksarbeider. We mogen aannemen dat het stereotype wel (automatisch) werd geactiveerd, maar dat het gebruik ervan onder invloed van zelfregulatie werd onderdrukt. Dit betekent dat stereotypen niet alleen onderdrukt kunnen worden als men expliciet de opdracht heeft om dat te doen (zoals in de onderzoeken die werden besproken in paragraaf 5.5.6, p.244); ook een verhoogd zelfbewustzijn kan het gebruik van stereotypen verminderen, althans bij mensen die op grond van hun eigen normen vinden dat stereotypering verkeerd is.

Gedrag
De invloed van zelfbewustzijn en zelfregulatie op gedrag is vaak onderzocht. Net als in het stereotyperingsonderzoek geldt voor allerlei gedrag dat zelfbewustzijn ertoe leidt dat mensen zich meer richten op hun normen en waarden. Als voorbeeld kan het onderzoek van Scheier, Fenigstein en Buss (1974) dienen. Zij deden een experiment dat doet denken aan de klassieke studies van Milgram. Proefpersonen fungeerden als leraren. Een (zogenaamde) andere proefpersoon trad op als leerling. Telkens als de leerling een fout maakte, moest de leraar de leerling een elektrische schok geven. Sommige proefpersonen zaten in een kamer met een spiegel. Zoals verwacht, zorgde de spiegel ervoor dat deze proefpersonen minder schokken (en minder zware schokken) gaven dan proefpersonen die in een kamer zonder spiegel zaten. Het duidelijk anti-normatieve gedrag werd dus gereguleerd door een verhoogd zelfbewust-

zijn. Vergelijkbare effecten zijn vaak gevonden. Een laag zelfbewustzijn leidt vaak tot anti-normatief gedrag terwijl een hoog zelfbewustzijn leidt tot meer normatief gedrag. Zo is laag zelfbewustzijn in verband gebracht met agressie, en verhoogd zelfbewustzijn met behulpzaamheid. Zelfregulatie heeft dus een grote controlerende invloed op ons gedrag.

Al met al lijkt het erop dat zelfregulatie een krachtig controlemechanisme is. Het beïnvloedt, vaak zonder dat we er ons bewust van zijn, ons gedrag. (Paradoxaal genoeg is het dus soms een vorm van automatische controle.) Het zorgt ervoor dat we onze doelen effectiever nastreven en onze normen en waarden beter naleven. Aan het einde van de sectie over automaticiteit (7.2) leek het er waarschijnlijk op dat we continu een prooi zijn van onze omgeving. Onze omgeving lijkt op ons in te werken zonder dat we dat beseffen. Ten dele is dat natuurlijk ook zo, maar zelfregulatie zorgt ervoor dat we de omgeving niet zomaar haar gang laten gaan en contact houden met onze eigen innerlijke maatstaven.

7.3.5 Samenvatting

In deze sectie werd het onderzoek naar controle besproken. Er is eerst aandacht besteed aan de voorgeschiedenis van het huidige onderzoek. Drie onderzoekslijnen stonden daarbij centraal: aandacht, het onderdrukken van gedachten en zelfregulatie. In het huidige onderzoek naar controleprocessen zijn twee onderzoekslijnen het meest relevant. De eerste betreft het intentioneel onderdrukken van gedachten. Wegners model is uitgebreid besproken, waarbij aandacht is besteed aan het rebound-effect. Daarna zijn toepassingen van Wegners model bij de controle van gedachten, emoties en gedrag beschreven. Een tweede belangrijke onderzoekslijn betreft zelfregulatie. De relatie tussen zelfbewustzijn en zelfregulatie is besproken, alsmede de rol van zelfregulatie in stereotypering en gedrag.

7.3.6 Ten slotte

In het begin van dit hoofdstuk is gezegd dat het idee van automaticiteit controversieel is. In zekere zin geldt dit voor controle ook. Waar veel mensen het idee van automaticiteit (en automatisch gedrag) vervelend vonden, heeft het idee van controle eveneens weerstanden opgeroepen, omdat controle moeilijk te verklaren is. De vraag rijst namelijk: wie controleert er? Welke instantie in onze hersenen is capabel genoeg om andere instanties te controleren? Dat dit probleem filosofische proporties aanneemt zal duidelijk zijn. Als je de vraag 'wie controleert er?' beantwoordt met 'ik', dan is de volgende vraag: 'hoe kan "ik" degene zijn die controleert én degene die gecontroleerd wordt?'
God was lange tijd de beste kandidaat om controle te verklaren, maar nadat wetenschappers erin geslaagd waren om de invloed van religie op wetenschap

overboord te zetten, deed het idee van een *homunculus* zijn intrede. De homunculus werd gezien als een mannetje (of vrouwtje) dat onze hersenen bestuurde. Hij was verantwoordelijk voor bewustzijn en voor bewuste controle. Er werd natuurlijk niet letterlijk gedacht aan een mannetje, maar het idee dat er iets in ons hoofd zat dat aan de touwtjes trok, een soort centrale 'executive', was lange tijd (en bij velen nog steeds) populair.

Dit idee is echter ook fel bekritiseerd. Volgens Ryle (1949) moeten we, als we menselijk functioneren op een wetenschappelijke manier willen verklaren, een mens als een machine bekijken. Het idee van een machine stelt psychologen in staat wetmatigheden te ontdekken, net zoals natuurkundigen wetmatigheden ontdekken over het heelal. Een homunculus was volgens hem een 'ghost in the machine' – en met geesten komen we niets verder, vond Ryle.

Inmiddels weten we dat er ook op neurologisch niveau geen aanwijzingen zijn voor humunculusachtige instanties. Er is geen hersengedeelte dat fundamenteel anders werkt dan alle andere en dat een aparte status verdient. We kunnen niet zomaar een stuk hersenen aanwijzen en zeggen: 'Controle zit dáár'. Dennett (1991, p. 29) zei in dit verband: 'The trouble with brains ... is when you look in them, you discover that there's nobody home'.

Wat gebeurt er dan? Eén manier om ernaar te kijken is de volgende: de gedachten en beslissingen die zich aan ons voordoen als activiteiten van een controlerend 'ik' zijn in feite het product van allerlei onbewuste, ongecontroleerde processen. Het is dus weliswaar prettig te constateren dat we tot op zekere hoogte onze cognities, gevoelens en gedrag kunnen controleren, maar de bewuste beslissingen die we in dit verband nemen zijn het product van de onbewuste activiteiten van honderden 'homunculusjes', waarbij het eigenlijk zo is dat die honderden homunculusjes de beslissing al genomen hebben. Op het moment dat een bepaalde gedachte of beslissing het bewustzijn bereikt, is het eigenlijke werk al gedaan door allerlei onbewuste processen.

8 Beslissen en kiezen

Henk Aarts en Marcel Zeelenberg

8.1 Inleiding

Een week geleden heeft Albert zijn doctoraal diploma officieel in ontvangst genomen. Zijn studie psychologie, die hij destijds weloverwogen had gekozen, is met succes afgerond. De woorden van zijn afstudeerbegeleider tijdens de uitreiking waren dan ook lovend. Er werd hem zelfs een baan aangeboden bij de universiteit. Het onderzoeksbureau in Wijk bij Duurstede, waar hij zijn afstudeeropdracht heeft voltooid, was ook al erg tevreden over zijn werk. Zo tevreden, dat ze hem gevraagd hebben voor een baan die daar binnenkort vrijkomt. Aan de ene kant voelt hij zich daardoor enorm gevleid. Aan de andere kant lijkt hem een onderzoeksbaan op de universiteit ook wel wat. Maar wat voor perspectief biedt dat dan? Dan kan hij in ieder geval in Amsterdam blijven wonen. Als hij voor de baan in Wijk bij Duurstede kiest, zal hij waarschijnlijk moeten verhuizen of een nieuw mobiliteitspatroon moeten opbouwen. Zijn trouwe route van thuis naar de universiteit op de fiets zal dan moeten worden vervangen door een andere vervoerswijze. Misschien moet hij wel een auto kopen, en van zijn vader weet hij dat het nemen van een dergelijke beslissing geen 'piece of cake' is. Door al dat nadenken over het verdere verloop van zijn toekomst voelt hij zich wat gespannen. Hij besluit eerst maar eens lekker op vakantie te gaan. Maar waarheen dan? Weer iets om je kop over te breken. Hij belt zijn vriend, die ook net is afgestudeerd, om te vragen of deze meegaat. Diezelfde avond nog zitten ze samen in hun favoriete kroeg en smeden reisplannen voor de nabije toekomst.

Net als Albert wordt iedereen wel eens geconfronteerd met keuzeproblemen. Sommige keuzeproblemen ervaren we als erg belangrijk omdat de oplossing ervan grote gevolgen kan hebben, zoals de keuze voor een baan of een auto. Deze keuzen gaan vaak gepaard met diep nadenken; we besteden er veel tijd aan. Andere keuzeproblemen komen regelmatig terug of zijn van minder groot belang, zoals de keuze voor een vakantiebestemming of een kroeg om met iemand af te spreken. Over dergelijke keuzen denken we over het algemeen minder diep na: ze zijn vaak het resultaat van een vluchtige inschatting of simpelweg routine, ook al kunnen we in principe kiezen uit verschillende mogelijkheden. Hoe maken we al die keuzen? En hoe zorgen we ervoor dat we niet verzuipen in de vele mogelijkheden waar we dagelijks uit kunnen kiezen? Dit hoofdstuk gaat over beslissen en de processen die leiden tot het maken van een keuze.

8.2 De psychologie van beslissen

Waarom en hoe mensen beslissingen nemen is reeds lange tijd onderwerp van studie. Beslissen en kiezen stond bijvoorbeeld al centraal bij klassieke filosofen (zie Boon, 1984), die onder meer aandacht besteedden aan de vraag of de mens een wil (of keuzevrijheid) heeft, en hoe de mens aan de kennis komt waarop keuzen worden gebaseerd. Descartes (1596–1650) maakte een sterk onderscheid tussen lichaam en geest. Het lichaam gehoorzaamt aan de wetten der natuur (het moet bijvoorbeeld eten voor energie), maar die wetten worden overtreden door de geest of de ziel. De geest kan denken en heeft een eigen wil. Wat de geest heeft bedacht, of de wil heeft besloten, beïnvloedt het functioneren van het lichaam. Aan de andere kant staat het lichaam in contact met de buitenwereld en levert zintuiglijke indrukken af aan de geest, die daarop weer besluiten kan afstemmen. Tegenwoordig wordt deze vier eeuwen oude 'lichaam en geest-scheiding' van Descartes door veel wetenschappers met argusogen bekeken (zie bijv. Ryle, 1949). Het is namelijk wetenschappelijk moeilijk te behappen dat een onzichtbare kracht ons als het ware influistert wat we moeten doen (en mogelijkerwijs ons lichaam weer verlaat wanneer we dood zijn). Niettemin vinden veel mensen het een prettige en mystieke gedachte dat er een geest bestaat die ons lichaam en gedrag stuurt.
In de psychologie is het onderzoek naar beslissen nog niet zo oud. De voornaamste oorzaak hiervan is dat onderzoek binnen de psychologie tot de jaren zestig sterk gedomineerd werd door een behavioristische benadering (Skinner, 1938; Watson, 1914; zie ook paragraaf 1.2.2, p.15). In de ogen van een behaviorist kiezen mensen domweg het gedrag dat geassocieerd is geraakt met een beloning. Wat zich verder nog in hun hoofd afspeelt is niet observeerbaar en niet interessant. Een afwijkende visie hierop had de behaviorist Tolman (1932). Tolman ontdekte dat leren mogelijk is zonder beloning: ratten die in zijn experimenten een tijdje rondscharrelden in een doolhof, zonder dat daar voedsel aanwezig was, bleken een aanzienlijke voorsprong te hebben op 'onervaren' ratten wanneer beide groepen later voedsel in deze doolhof moesten vinden. Volgens Tolman vormden de ratten zich een 'cognitieve kaart' (zie ook paragraaf 4.2, p.144) van de doolhof terwijl ze erin rondneusden, waardoor het later makkelijker was de weg te vinden. In zekere zin kan Tolman dan ook worden gezien als cognitief psycholoog 'avant la lettre'.

Tolman stelde verder dat de *verwachting* van beloning een bepaalde *waarde* voor het organisme vertegenwoordigt en het organisme aanzet tot bepaald gedrag. Hij sprak in dit verband van 'purposive behaviorism', waarmee hij wilde aangeven dat veel gedrag doelgericht is. Met de introductie van de termen 'verwachting' en 'waarde' werd het onderzoek naar de psychologie van beslissen een feit. Deze twee begrippen spelen een cruciale rol bij de keuzen die we maken. Ze vormen als het ware de fundamenten van de beslissing: verondersteld wordt dat de keuze om een specifieke gedraging te vertonen wordt bepaald door (a) de verwachting dat het gedrag tot een bepaalde uitkomst leidt en (b) de waarde die aan de uitkomst wordt toegekend. In het geval van de keuze voor een baan kan Albert bijvoorbeeld nagaan (a) hoe waarschijnlijk het is dat hij zich na verloop van tijd een grachtenpand kan veroorloven en (b) hoeveel waarde hij hecht aan die mogelijkheid.

In dit hoofdstuk bespreken we enkele thema's uit psychologisch besliskundig onderzoek die relevant zijn om de cognitieve processen achter het sociale gedrag van mensen beter te begrijpen. We beginnen met de presentatie van een beslismodel dat grosso modo aangeeft hoe het beslisproces verloopt (merk op dat dit een beschrijving is van het mediërende proces tussen stimulus en respons, zie paragraaf 1.2.2, p.15). Vervolgens bespreken we onderzoeksthema's die binnen de psychologische besliskunde veel aandacht hebben gekregen.

8.2.1 Het beslisproces: van doelactivatie naar keuze-implementatie

Keuzen staan in dienst van het bereiken van doelen. Wanneer men een bepaald doel wil bereiken, wordt een beslisproces op gang gebracht dat uiteindelijk uitmondt in een keuze. Die keuze bepaalt hoe we het betreffende doel gaan bereiken. In het algemeen wordt dit proces voorgesteld als een reeks van stappen die min of meer serieel worden doorlopen (zie bijv. Ajzen, 1996; Denisi, Cafferty & Meglino, 1984; Slovic, Lichtenstein & Fischhoff, 1988). Dit beslisproces is schematisch weergegeven in figuur 8.1. Het is belangrijk te beseffen dat dit model een ideaalbeeld schetst van een beslisproces zoals het wordt doorlopen wanneer de beslisser volledig rationeel te werk zou gaan.

Te zien is dat het beslisproces begint met de *activatie van een doel*: er wordt een discrepantie ervaren tussen de situatie of toestand die men wil bereiken en de situatie zoals die op dat moment feitelijk is. Je wilt bijvoorbeeld een voldoende hebben voor de cursus 'Cognitieve sociale psychologie,' maar op dit moment heb je die voldoende nog niet. Door deze discrepantie wordt het doel geactiveerd om het tentamen te halen (stap 1).

Wanneer het doel eenmaal vaststaat, zal men *actiemogelijkheden genereren* waaruit gekozen kan worden om het doel te bereiken. Als men al wat vaker hetzelfde doel heeft nagestreefd en derhalve kennis en ervaring heeft opgedaan, kunnen deze mogelijkheden uit het geheugen worden gehaald. Bij een totaal nieuw probleem zullen andere bronnen moeten worden aangeboord

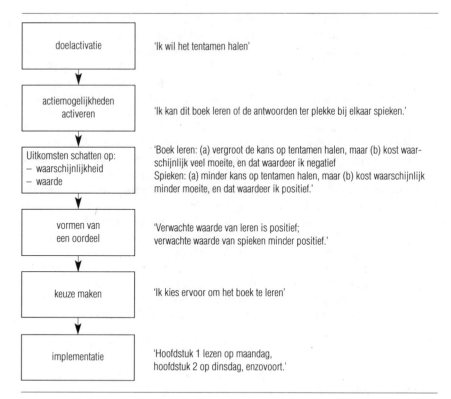

Figuur 8.1 Beslisproces van doelgericht keuzegedrag

(bijvoorbeeld vrienden vragen, tijdschriften lezen). Soms kan er maar één actiemogelijkheid worden bedacht (bijvoorbeeld wanneer men ernstige gezondheidsklachten heeft vanwege roken, dan lijkt stoppen de enige oplossing). Vaak zal er uit meerdere gedragsopties gekozen kunnen worden om dat ene doel te bereiken (bijvoorbeeld wanneer je naar Rome wil reizen, dan kan dat via verschillende wegen). Stel dat jij jezelf het doel hebt gesteld om het tentamen Cognitieve Sociale Psychologie te halen. Je zou dan twee actiemogelijkheden kunnen bedenken die kunnen leiden tot het bereiken van dat doel: je bestudeert dit boek goed of je spiekt de antwoorden ter plekke bij elkaar (stap 2).

Nadat actiemogelijkheden gegenereerd zijn, wordt een inschatting gemaakt van de *kansen of waarschijnlijkheden* van uitkomsten die geassocieerd zijn met de verschillende actiemogelijkheden of gedragsalternatieven. Tevens worden er waarden toegekend aan de uitkomsten. Met andere woorden, men vraagt zich bij elke uitkomst af (a) wat de kans is dat deze uitkomst optreedt en (b) hoeveel deze uitkomst waard is. Bijvoorbeeld: de kans dat je het tentamen haalt door het leren van dit boek zou wel eens groter kunnen zijn dan door te spieken. Het leren van het boek kost moeite en heeft daarom een negatieve waarde, maar die wordt wellicht gecompenseerd door je interesse voor de stof, die een positieve waarde oplevert (stap 3).

Deze waarschijnlijkheden en waarden van uitkomsten worden per gedragsalternatief geïntegreerd tot een *oordeel*: de verwachte waarde wanneer het gedrag uitgevoerd zou worden. Idealiter wordt iedere optie op alle mogelijke uitkomsten geëvalueerd om tot een beslissing te komen; de actiemogelijkheid met de hoogste verwachte waarde wordt uiteindelijk gekozen. Zo zou je de verwachte waarde van het leren van het boek als groter kunnen beoordelen dan de verwachte waarde van spieken (zie stap 4). Vandaar dat je nu dit hoofdstuk zit te lezen ...

Soms is het duidelijk dat de verschillende alternatieven bij een keuzeprobleem ongeveer even waarschijnlijk zijn. Als Albert bijvoorbeeld moet kiezen tussen een baan in de plaats waar hij woont en een baan in Wijk bij Duurstede, dan is het duidelijk dat hij in het ene geval wel met de fiets naar zijn werk kan en in het andere geval niet. In zo'n geval hoeft de beslisser geen rekening te houden met verschillen in kansen en kan hij vaak volstaan met het verwerken van informatie over waarden van uitkomsten van alternatieven. Veel consumentenaankopen verlopen op die manier. Bij de aankoop van een televisietoestel is bijvoorbeeld de prijs en de beeldgrootte van de verschillende toestellen bekend. Je kunt dan voor de verschillende merken de prijs en de beeldkwaliteit integreren tot een oordeel (afhankelijk van de waarde die deze aspecten voor jou hebben) zonder rekening te houden met verschillen in kansen.

Uiteindelijk wordt de gekozen actie *geïmplementeerd* (stap 6). Soms wordt deze stap uitgesteld totdat de juiste gelegenheid zich voordoet. In dit geval kan het maken van een implementatieplan de kans vergroten dat de gekozen actie ook daadwerkelijk uitgevoerd wordt (Gollwitzer, 1993; Gollwitzer & Brandstätter, 1997). In zo'n plan wordt dan bijvoorbeeld gespecificeerd wanneer, waar en hoe men de actie wil gaan uitvoeren. Bijvoorbeeld: de kans dat je dit boek ook echt op tijd gaat leren zou vergroot kunnen worden als je van tevoren een plan van aanpak maakt waarin je stelt dat je vanaf het begin van de cursus iedere middag tussen 14.00 uur en 17.00 uur (wanneer) thuis achter je bureau (waar) het boek gaat doorlezen en na elke paragraaf een samenvatting maakt (hoe).

Merk op dat géén beslissing nemen ook een keuze is (bijvoorbeeld doorgaan met roken). In dat geval weet de persoon nog niet precies wat hij wil of heeft het huidige gedrag na veel tobben toch meer wenselijke gevolgen dan een alternatief. Dus: het boek níet gaan leren voor het tentamen, of het leren steeds weer uitstellen, is ook een keuze.

Het uitvoeren van de gekozen actie kan uiteindelijk weer informatie opleveren voor volgende beslissingen. Afhankelijk van de tevredenheid over de verkregen uitkomsten kunnen eerdere inschattingen en oordelen bevestigd dan wel weerlegd en aangepast worden voor toekomstig gebruik. Zo zou het halen van een onvoldoende voor een bij elkaar gespiekt tentamen je toekomstige beslissingen kunnen beïnvloeden.

Het hier geschetste beslismodel wekt misschien de indruk dat keuzegedrag enkel een rekenkundige bezigheid is (zogenoemde cognitieve algebra; Anderson, 1970), waarbij het bezit van een zakjapanner onontbeerlijk is. Keuzen en acties worden echter niet alleen gestuurd door wiskundige berekeningen (hoewel dit soms wel voor keuzen over geldzaken lijkt op te gaan). We maken meer gebruik van cognitieve schema's (zie hoofdstuk 4), met behulp waarvan we ons iets kunnen voorstellen bij wat ons te wachten staat (bijv. Schank & Abelson, 1977; Vallacher & Wegner, 1987). Wanneer je bijvoorbeeld moet beslissen of je rechten of psychologie gaat studeren, zul je waarschijnlijk een beeld hebben van wat deze studies inhouden. Bij rechten studeren hoort bijvoorbeeld de voorstelling van 'ontgroeningsrituelen in een dispuuthuis', terwijl de studie psychologie bijvoorbeeld het beeld oproept van 'slap ouwehoeren in werkgroepen'. Dergelijke mentale representaties kunnen de keuze beïnvloeden zonder dat daar een uitvoerige informatie-verzameling en -verwerking aan voorafgaat. Kortom, naast een aantal impliciete rekenkundige regels omvat het cognitieve proces van beslissen ook het gebruik van mentale beelden die opgeslagen zijn in de vorm van schema's. Wanneer een doel wordt geactiveerd, zal de keuze voor een mogelijke handeling dus vaak bepaald worden door een mentale voorstelling van de verwachte waarde van die handeling.

Afwijkingen van het model
Het model in figuur 8.1 is een *normatief model*: het schrijft voor hoe beslissers te werk zouden móeten gaan om tot een rationele keuze komen. Het is dan ook geen beschrijving van wat mensen gewoonlijk doen in het dagelijks leven. Het beslisproces verloopt bij lange na niet altijd zoals in figuur 8.1. Mensen gebruiken bijvoorbeeld vuistregels en sluiproutes om het beslisproces te verkorten en vereenvoudigen, zoals we later in dit hoofdstuk nog zullen zien. Verder worden veel beslissingen uit gewoonte of op basis van routine uitgevoerd (vgl. paragraaf 7.2.5, *Gewoontegedrag,* p.305). In deze gevallen kan verondersteld worden dat de activatie van het doel direct tot de implementatiefase leidt. Bijvoorbeeld: het doel om naar het werk te gaan kan bij Albert acuut (zonder nadenken) leiden tot het pakken van de auto om vervolgens van Amsterdam via de A2 naar Wijk bij Duurstede te rijden. Immers, dat is wat hij na verloop van tijd elke ochtend zal doen. Door een dergelijke strategie wordt het grootste stuk van het beslistraject overgeslagen.
De verschillende componenten van het beslisproces in figuur 8.1 hebben niet allemaal gelijke aandacht gekregen in de psychologische besliskunde. Er is met name veel aandacht besteed aan de wijze waarop kansen en waarden van uitkomsten worden gegenereerd, en hoe deze twee aspecten worden geïntegreerd tot een eindoordeel (stap 3 en 4). In de volgende sectie gaan we uitvoeriger in op dit onderzoek.

8.3 De fundamenten van beslissingen: verwachte waarden van uitkomsten

8.3.1 Verwachte waarde: kans x waarde

Om te bestuderen hoe mensen hun opbrengsten kunnen maximaliseren, zijn door economen en statistici modellen geformuleerd over het nemen van beslissingen (Von Neumann & Morgenstern, 1947; Savage, 1954). Voor het nemen van een rationele beslissing (denk bijvoorbeeld aan al dan niet een lot van de staatsloterij kopen) is het noodzakelijk om te weten (a) wat de kans is dat een handeling tot een bepaalde uitkomst leidt en (b) welke waarde men hecht aan die uitkomst. In formule:

$$EV = \sum_{j=1}^{m} p_j \cdot v_j$$

Hierbij is p_j de kans (probability) dat een bepaalde uitkomst j optreedt, v_j de waarde (value) die aan de uitkomst j is verbonden, m het aantal verschillende uitkomsten dat in de beslissing wordt betrokken, en EV de verwachte waarde (expected value). De kansen en waarden van verschillende mogelijke uitkomsten van het gedrag worden dus bij elkaar opgeteld.

Een voorbeeld: stel dat je overweegt mee te doen aan een loterij waarin 1000 loten worden verkocht. Er wordt 1 prijs van 10.000 gulden verloot en 10 prijzen van 100 gulden. Een lot kost 15 gulden. Zou je mee willen doen aan deze loterij? Om deze vraag te beantwoorden is het nuttig om te kijken wat de verwachte waarde van een lot is. In dit voorbeeld is er een kans van 1/1000 om 10.000 gulden te winnen en een kans van 1/100 (namelijk 10/1000) om 100 gulden te winnen. Invullen van de formule levert de verwachte waarde van het lot op: (0,001 x 10.000) + (0,01 x 100) = 10 + 1 = 11 gulden. Als je dus bereid was om 15 gulden te betalen voor een lot, dan betaal je volgens de formule hierboven te veel. Met andere woorden, je keuze om mee te doen aan deze loterij is niet erg rationeel.

Het feitelijke gedrag van mensen zal nogal eens afwijken van rationele beslisregels als gevolg van de invloed van psychologische, subjectieve processen. In de formule hierboven is er op minstens drie plaatsen ruimte voor dat soort processen. Ten eerste is de *waarde* van een uitkomst een subjectief begrip. Ten tweede worden *kansen* vaak op een subjectieve manier vastgesteld. De psychologische bepaling van waarden en van kansen worden hierna achtereenvolgens besproken. En ten derde kunnen bij de uiteindelijke *beoordeling* van de verwachte waarde, de kansen en waarden verschillend wegen in het eindoordeel. Men kan op grond van subjectieve criteria meer gewicht geven aan ofwel de kans op een bepaalde uitkomst, ofwel de waarde van die uitkomst. Bijvoorbeeld: bij het nemen van beslissingen over de nabije toekomst lijken mensen zich vooral te laten beïnvloeden door de haalbaarheid van een gewenste uitkomst (de kans op succes), terwijl ze bij het nemen van beslissingen over de latere toekomst zich meer laten leiden door de aantrekkelijkheid (waarde) van een optie (Liberman & Trope, 1998).

Psychologische waarde
De psychologische waarde van geld neemt niet evenredig toe met een toename in objectieve geldbedragen (Bernoulli, 1738/1954). De relatie tussen geld en psychologische waarde kan worden weergegeven middels een logaritmische functie, zoals in figuur 8.2.

Figuur 8.2 De relatie tussen objectieve en subjectieve waarde van geld

Te zien is dat een objectieve toename leidt tot een steeds kleinere toename in de psychologische waarde. In de economie staat dit gegeven bekend als de wet van de afnemende meeropbrengst. Een toename van 10 gulden bij een beginbedrag van 100 gulden (dus van 100 naar 110) wordt bijvoorbeeld als waardevoller beschouwd dan een toename van 10 gulden bij een beginbedrag van 1000 gulden (van 1000 naar 1010). Er is dus steeds meer geld nodig om het verschil waar te nemen met je eerdere welvaart. Zo zal een miljonair minder waarde hechten aan het winnen van 100 gulden dan iemand met een uitkering. Deze psychologische, subjectieve waarde wordt *utiliteit* of nut genoemd.

Psychologische kansen
In bepaalde gevallen kan de kans op een uitkomst op een objectieve wijze worden bepaald, namelijk door te kijken naar de relatieve frequentie van een bepaalde uitkomst (bijvoorbeeld 1 op de 1000 mensen kan de hoofdprijs van 10.000 gulden winnen). Kansen van uitkomsten zijn echter niet altijd op die manier vast te stellen, te meer omdat sommige uitkomsten nog nooit of slechts één keer zijn voorgekomen. Het is bijvoorbeeld moeilijk te bepalen hoe groot de kans is dat buitenaardse wezens in de toekomst met een ruimteschip op aarde landen en een dodelijk dodelijk virus verspreiden. In zulke gevallen moeten we een subjectieve kansinschatting maken. De kans dat buitenaardse wezens ons komen bezoeken en een dodelijk virus verspreiden zal door een NASA-deskundige waarschijnlijk lager ingeschat worden dan door een persoon

die zich al jarenlang literair vermaakt met sciencefiction-boeken (terwijl beiden het er misschien wel over eens zijn dat de subjectieve waarde van die uitkomst erg vervelend is). De NASA-deskundige zou zijn kansschatting waarschijnlijk baseren op objectieve statistische gegevens, terwijl de liefhebber van sciencefiction-verhalen zijn kansoordeel wellicht laat leiden door het gemak waarmee hij zich een dergelijke ramp kan voorstellen (een gevolg van de beschikbaarheidsheuristiek, zie verder paragraaf 8.4.3, p.345).

Door rekening te houden met subjectieve waarden en kansen ontstaat een aangepaste versie van de formule hierboven. In deze aangepaste versie wordt de variabele 'waarde' vervangen door 'utiliteit' (psychologische waarde) en de variabele 'waarschijnlijkheid' door 'subjectieve kans'. Dit model, dat meer ruimte biedt voor de psychologie van het beslissen, wordt het *subjective expected utility*-model genoemd (SEU; bijv. Edwards, 1954).

8.3.2 Prospecttheorie

Hoewel het SEU-model ruimte geeft aan de psychologie van het bepalen van waarden en kansen, schiet het model toch tekort omdat het niet beschrijft of verklaart hoe precies de afwijkingen tussen objectieve en subjectieve oordelen totstandkomen. Bij een willekeurige beslissing zou je met dit model niet goed kunnen voorspellen hoe de beslissing uitpakt, omdat je niet weet wat je precies moet invullen voor de variabelen utiliteit en subjectieve kans. Het feit dat daar een belangrijk psychologisch element in zit, wil niet zeggen dat de uitkomst volkomen grillig of willekeurig is. Psychologische waarden en kansen blijken op een *systematische* manier af te wijken van objectieve waarden en kansen. Die afwijkingen zijn dus te beschrijven, te verklaren en te voorspellen. Dit is gedaan door Kahneman en Tversky (1979) in hun prospecttheorie.

De prospecttheorie veronderstelt, net als het SEU-model, dat het fundament van beslissingen wordt gevormd door psychologische waarden en kansen (zie ook Abelson & Levi, 1985). Het verschil is dat in de prospecttheorie specifiek wordt beschreven waarom en hoe psychologische waarden en kansen afwijken van objectieve kansen en waarden. Kahneman en Tversky laten hiermee zien dat subjectieve kansen en waarden weliswaar niet rationeel zijn, maar ook niet grillig (Tversky & Kahneman, 1992). We bespreken eerst hoe volgens de prospecttheorie psychologische waarden totstandkomen. Daarna gaan we in op de psychologische kansen.

Psychologische waarden I: het reflectie-effect
De prospecttheorie neemt aan, net als het SEU-model, dat een stijging in winst steeds minder subjectieve waarde heeft (zie figuur 8.2). Het gevolg hiervan is, volgens Kahneman en Tversky, dat mensen zich bij een mogelijke winst risicomijdend gedragen: ze zullen eerder kiezen voor een kleine maar zekere winst dan voor een grote maar onzekere winst. Het volgende voorbeeld van een keuzeprobleem illustreert dit effect (Kahneman & Tversky, 1979).

Probleem 1:
Je hebt 1000 gulden gekregen. Er is een mogelijkheid om nog meer geld te krijgen. Je wordt nu gevraagd om tussen alternatief A en B te kiezen.

Alternatief A: 50% kans om 1000 gulden te winnen
Alternatief B: een zekere winst van 500 gulden

Van de studenten die het keuzeprobleem op deze manier kregen voorgelegd bleek 84% te kiezen voor alternatief B. Dat wil zeggen, bij de meerderheid heeft de zekerheid om 500 gulden te winnen de voorkeur boven 50% kans om 1000 gulden te winnen en 50% kans om niets te winnen. Merk op dat de verwachte totaalopbrengst voor de alternatieven A en B gelijk is, namelijk 1500 gulden: de 1000 gulden die je al gekregen hebt plus een verwachte waarde van 500 gulden (bij alternatief A: 0,5 x 1000 = 500, bij alternatief B: 1 x 500 = 500). Wanneer het gaat om verliezen gebeurt het omgekeerde. Dit kunnen we demonstreren door dezelfde situatie te presenteren in termen van verlies in plaats van winst.

Probleem 2:
Je hebt 2000 gulden gekregen. Je wordt nu gevraagd om tussen alternatief C en D te kiezen.

Alternatief C: 50% kans om 1000 gulden te verliezen
Alternatief D: een zeker verlies van 500 gulden

Merk op dat in dit keuzeprobleem de verwachte waarde identiek is aan de eerder beschreven situatie. Ook hier is de verwachte totaalopbrengst 1500 gulden: 2000 gulden die je gekregen hebt *min* een verwachte waarde van 500 gulden (bij alternatief C: 0,5 x –1000 = –500, bij alternatief D: 1 x –500 = –500). In dit keuzeprobleem bleek echter bijna 70% van de studenten te kiezen voor de risicovolle optie C. Mensen geven dus de voorkeur aan risicovolle keuzen wanneer er verliezen op het spel staan: ze kiezen eerder voor een onzeker groot verlies dan voor een zeker klein verlies. In geval van een mogelijke winst daarentegen kiest men eerder voor een zekere kleine winst dan voor een onzekere grote winst. Hoe kan dit verschil worden verklaard?
Volgens de prospecttheorie komt dit door de subjectieve waarde van winsten en verliezen. Zoals al werd opgemerkt (zie figuur 8.2) hebben mensen het idee dat er relatief meer waarde wordt gewonnen van bijvoorbeeld 0 naar 500 gulden dan van 500 naar 1000 gulden. Zo ook wordt er bij verlies relatief meer waarde verloren van 0 naar 500 gulden dan van 500 naar 1000 gulden. Dit is weergegeven in figuur 8.3. In deze figuur staat de objectieve waarde (bijvoorbeeld in guldens) op de *X*-as en de subjectieve waarde op de *Y*-as. De subjectieve waarde is hier een arbitrair gekozen eenheid die loopt van –4 tot +4 (bijvoorbeeld een ant-

woordschaal waarbij −4 = zeer negatief, 0 = neutraal en +4 = zeer positief). Merk op dat de waardefunctie voor winst (de curve boven de *X*-as in figuur 8.3) overeenkomt met de utiliteitsfunctie die in figuur 8.2 werd gepresenteerd.

Wanneer we deze winstcurve (het gedeelte van figuur 8.3 boven de *X*-as) gebruiken om de voorkeuren van de studenten uit het eerder besproken Probleem 1 te verklaren, wordt duidelijk hoe het komt dat de meerderheid voor alternatief B kiest. Bij alternatief A, een kans van 50% om 1000 gulden te winnen, zien we het volgende als we (met behulp van de curve in figuur 8.3) de waarde van 1000 gulden omzetten naar een psychologische waarde:

0,5 (kans) x 2,5 (subjectieve waarde van +1000 gulden) = 1,25

Voor alternatief B, een zekere kans op 500 gulden, geldt:

1 (kans) x 2 (subjectieve waarde van +500 gulden) = 2

Het is dus zo klaar als een klontje dat men alternatief B prefereert, want daar is de (psychologische) winst groter.

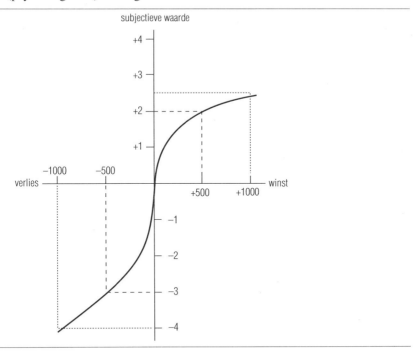

Figuur 8.3 De relatie tussen objectieve en subjectieve waarde volgens de prospecttheorie

Kijken we naar de waardefunctie voor verlies (het gedeelte onder de *X*-as in figuur 8.3), dan zien we dat een inkomstendaling van bijvoorbeeld 0 naar –500 gulden negatiever wordt gewaardeerd dan een (objectief gelijk) verlies dat toeneemt van –500 naar –1000 gulden. De voorkeur voor alternatief C in het eerder besproken Probleem 2 kan weer worden voorspeld uit de curve, want voor alternatief C (50% kans op een verlies van 1000 gulden) geldt:

0,5 (kans) x –4 (subjectieve waarde van –1000 gulden) = –2

Voor alternatief D geldt:

1 (kans) x –3 (subjectieve waarde van –500 gulden) = –3

Het ligt dus voor de hand dat men alternatief C prefereert, want daar is het (psychologische) verlies kleiner.
Terzijde: het zal de oplettende lezer opvallen dat de psychologische waarden van verlies groter zijn dan die van winst: een winst van bijvoorbeeld 500 gulden komt in ons voorbeeld overeen met een subjectieve waarde van ongeveer +2, terwijl een verlies van 500 gulden overeenkomt met een waarde van –3 (zie figuur 8.3). Dat komt doordat de verliescurve steiler is dan de winstcurve. We komen daar straks nog op terug. Op dit moment doet dat verschil er nog niets toe. Waar het hier om gaat is dat een zekere winst als gunstiger wordt ervaren dan een onzekere kans op een grotere winst, terwijl bij verlies juist de voorkeur wordt gegeven aan een onzeker maar groter verlies. Dit verschil wordt puur veroorzaakt doordat de uiteindelijke verwachte waarde van een uitkomst groter is bij kleinere, zekere objectieve waarden. Bij winst is dat natuurlijk gunstig en bij verlies juist ongunstig, aangezien mensen immers streven naar een zo groot mogelijke winst en een zo klein mogelijk verlies.
Kijk je naar de berekeningen hierboven, dan lijken de keuzen van de proefpersonen in probleem 1 en 2 niet meer dan logisch. Maar zo logisch is het niet. Het betekent namelijk dat men bij precies hetzelfde keuzeprobleem verschillende beslissingen neemt, afhankelijk van hoe het probleem wordt gepresenteerd. Worden de mogelijke uitkomsten gepresenteerd als winst (in figuur 8.3 rechts van de oorsprong), dan gaan mensen zich risicomijdend gedragen (bijvoorbeeld: de zekerheid om 500 gulden te winnen heeft de voorkeur boven 50% kans om 1000 gulden te winnen). Wanneer de uitkomst als een verlies wordt gepresenteerd (in figuur 8.3 links van de oorsprong), dan gaat men juist risicozoekend handelen (bijvoorbeeld 50% kans om 1000 gulden te verliezen wordt verkozen boven de zekerheid om 500 gulden te verliezen). Deze omslag van risicomijden bij winst naar risicozoeken bij verlies wordt het *reflectie-effect* genoemd.
Het reflectie-effect heeft als consequentie dat voorkeuren beïnvloed worden door de wijze waarop een keuzeprobleem wordt gepresenteerd. Dit effect van presentatie wordt ook wel het *framing*-effect genoemd; precies hetzelfde keu-

zeprobleem kan worden 'geframed' (geformuleerd, gepresenteerd) in termen van winst of juist van verlies (voor een recent overzicht: Kühberger 1998). Hieronder wordt een voorbeeld gegeven van twee scenario's die Tversky en Kahneman (1981) gebruikten om dit te demonstreren.

> *Stel je voor dat de Verenigde Staten zich voorbereiden op het uitbreken van een zeldzame Aziatische ziekte, waarvan verwacht wordt dat deze 600 mensen zal doden. Er zijn twee medische behandelingen om de ziekte te bestrijden. Op basis van wetenschappelijk onderzoek wordt aangenomen dat deze behandelingen de volgende gevolgen hebben:*
>
> *A Bij het volgen van behandeling A wordt het leven van 200 mensen gered.*
> *B Bij het volgen van behandeling B is er een kans van 1/3 dat het leven van 600 mensen wordt gered en een kans van 2/3 dat van niemand het leven wordt gered.*
>
> *Welke behandeling heeft je voorkeur?*

In deze vorm gepresenteerd bleek de meerderheid van de respondenten (72%) de voorkeur te geven aan behandeling A, hetgeen de risicomijdende keuze is (want de uitkomst van behandeling A is zeker). In een andere conditie van het experiment werden de twee behandelingen als volgt gepresenteerd.

> *C Bij het volgen van behandeling C zullen 400 mensen sterven.*
> *D Bij het volgen van behandeling D is er een kans van 1/3 dat niemand zal sterven en een kans van 2/3 dat 600 mensen zullen sterven.*

Je ziet dat het keuzeprobleem identiek is aan het vorige, het is alleen anders geformuleerd. Wanneer de behandelingen op deze wijze werden gepresenteerd bleek ineens 78% van de mensen te kiezen voor behandeling D, de risicozoekende optie. Volgens de prospecttheorie ontstaat dit effect van de 'framing' van het probleem doordat de eerste versie wordt waargenomen in termen van winst (levens redden), terwijl de tweede versie wordt waargenomen in termen van verlies (mensen sterven).

Psychologische waarden II: loss aversion
Zoals daarnet al even werd opgemerkt, verloopt de waardecurve voor verlies steiler dan die voor winst (zie figuur 8.3). Hiermee wordt aangegeven dat verliezen extremer worden gewaardeerd en als 'intenser' worden ervaren dan winsten. Een objectief verlies van bijvoorbeeld 500 gulden wordt subjectief sterker gevoeld dan een objectieve winst van 500 gulden. In figuur 8.3 komt 500 gulden verlies overeen met een subjectieve waarde van –3, terwijl 500 gulden

winst overeenkomt met een subjectieve waarde van +2. Deze asymmetrie van winst en verlies heeft tot gevolg dat mensen over het algemeen de voorkeur geven aan het vermijden van verlies boven het verkrijgen van winst, een verschijnsel dat in de literatuur bekend staat als *loss aversion*. Merk op dat er een parallel is tussen dit effect en het in hoofdstuk 6 besproken negativiteitseffect (paragraaf 6.3.1, p.262), dat ertoe leidt dat negatieve informatie over een stimulus een groter psychologisch gewicht heeft dan positieve (vgl. Taylor, 1991).

Dat deze asymmetrie van winst en verlies een belangrijke rol speelt bij de keuzen die mensen maken blijkt uit een experiment van Meyerowitz en Chaiken (1987). Zij onderzochten de mogelijke effecten van framing (winst- of verliespresentatie) op de beslissing van vrouwen om hun borsten te gaan onderzoeken op mogelijke symptomen van borstkanker. De onderzoekers gaven jonge vrouwen een brochure over zelfonderzoek van borsten, waarin de beslissing werd gepresenteerd in termen van winst, verlies of geen van beide. In de 'winst'-brochure stond bijvoorbeeld onder meer: 'Door zelf borstonderzoek te doen houd je bij hoe normale, gezonde borsten aanvoelen waardoor je beter voorbereid bent om veranderingen te ontdekken wanneer je ouder wordt'. In de 'verlies'-brochure werd op dit punt gezegd: 'Door geen borstonderzoek te doen houd je niet bij hoe normale, gezonde borsten aanvoelen waardoor je slechter voorbereid bent om veranderingen te ontdekken wanneer je ouder wordt'. In de 'geen framing'-conditie werden deze zinnen niet vermeld. Vier maanden na het verstrekken van de brochures bleek dat 57% van de vrouwen die de 'verlies'-brochure hadden gelezen inderdaad hun eigen borsten onderzochten, terwijl dit percentage in de 'winst'-brochure- conditie slechts 38% bedroeg en in de controleconditie 39%. Deze resultaten laten dus zien hoe 'loss aversion' kan worden gebruikt om gezondheidsgedrag te bevorderen.

Een ander gevolg van 'loss aversion' is het *endowment*-effect (Kahneman, Knetsch & Thaler, 1990; zie ook Van Dijk & D. van Knippenberg, 1998): de subjectieve waarde van een product neemt toe zodra het onderdeel vormt van iemands persoonlijk bezit. In onderzoek naar dit effect krijgen proefpersonen gewoonlijk iets cadeau van de onderzoeker, bijvoorbeeld een pen (to endow = begiftigen, cadeau doen). Wanneer vervolgens wordt gevraagd een verkoopprijs te noemen voor dit product, dat in het bezit van de proefpersoon is gekomen, vraagt men gemiddeld een hogere prijs dan wat men ervoor zou betalen als men het product nog niet had. De verklaring hiervoor is dat een verlies sterker wordt gevoeld dan een winst (een pen die je door verkoop niet meer bezit wordt als verlies ervaren; een pen die je door aankoop verwerft wordt als winst ervaren). Van deze asymmetrie wordt handig gebruik gemaakt door bedrijven die een product aanprijzen op proefbasis ('U mag ons product vier weken proberen. Als u niet geheel tevreden bent, geeft u het terug en retourneren wij het volledige aankoopbedrag'): producten die op proefbasis worden aangeboden nemen (door het endowment-effect) voor de nieuwe eigenaar subjectief in waarde toe, waardoor velen het onaantrekkelijk vinden om ze terug te geven in ruil voor de oorspronkelijke prijs.

Psychologische kansen
Tot nu toe hebben we gezien hoe de prospecttheorie subjectieve waarden van uitkomsten verklaart en voorspelt. Ook de tweede component van beslissingen, de kans op een bepaalde uitkomst, wordt door de theorie beschreven. De prospecttheorie stelt dat mensen aan kleine kansen (kleiner dan zo ongeveer 10%) relatief veel gewicht geven en aan middelmatige tot grote kansen (globaal tussen 10% en 90%) relatief weinig gewicht geven. Deze relatie tussen objectieve kansen en subjectieve gewichten is weergegeven in figuur 8.4. De stippellijn in deze figuur geeft aan hoe het verband zou zijn als objectieve en subjectieve kansen perfect in overeenstemming waren. De dikgedrukte lijn geeft aan hoe het feitelijke verband hiervan afwijkt.

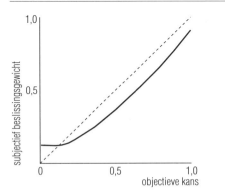

Figuur 8.4 De relatie tussen objectieve kansen en subjectieve beslissings gewichten volgens de prospecttheorie

We zagen daarnet al dat een kans van 50% om 1000 gulden te winnen minder aantrekkelijk wordt gevonden dan de zekerheid om 500 gulden te winnen. We zagen ook dat bij verlies het omgekeerde geldt: 50% kans om 1000 gulden te verliezen wordt veelal verkozen boven de zekerheid om 500 gulden te verliezen. Gaat het echter om veel kleinere kansen, dan werkt het anders doordat een kleine kans relatief veel gewicht krijgt. Kijk maar eens naar het volgende beslisprobleem.

Maak een keuze tussen alternatief A en B.
Alternatief A: 0,1% kans om 5000 gulden te winnen
Alternatief B: een zekere winst van 5 gulden

Van de studenten die dit probleem kregen voorgelegd, bleek bijna 75% te kiezen voor alternatief A. Merk op dat dagelijks duizenden mensen in feite deze beslissing nemen wanneer ze deelnemen aan een loterij. Gaat het om verlies, dan geldt weer het omgekeerde.

Maak een keuze tussen alternatief C en D.
Alternatief C: 0,1% kans om 5000 gulden te verliezen
Alternatief D: een zeker verlies van 5 gulden

In dit keuzeprobleem bleek meer dan 80% van de studenten te kiezen voor het zekere verlies (alternatief D). Kortom, kleine kansen hebben relatief veel gewicht in beslissingen, zowel bij winst als bij verlies. Dit leidt ertoe dat men zich risicozoekend gaat gedragen bij een kleine kans op winst – een neiging waar organisatoren van loterijen van profiteren – en juist risicomijdend bij een kleine kans op verlies – een neiging waar veel plezier aan wordt beleefd door verzekeringsmaatschappijen.

Samenvattend: de prospecttheorie laat zien dat subjectief verwachte waarden (utiliteiten) niet altijd gelijk zijn aan objectief verwachte waarden. Het verband tussen subjectieve en objectieve beoordelingen van mogelijke uitkomsten lijkt grillig, maar er zit wel degelijk systematiek in. De systematiek is alleen tamelijk complex, doordat rekening moet worden gehouden met (a) de 'framing' van een beslisprobleem (in termen van winst versus verlies), (b) de grootte van de winsten dan wel de verliezen, en (c) de grootte van de kansen. Voor middelmatige tot grote kansen geldt dat men bij winst de voorkeur geeft aan zekerheid en bij verlies aan risico. Als gevolg hiervan worden verwachte waarden beïnvloed door de wijze waarop een keuzeprobleem is gepresenteerd. Wanneer het probleem in termen van winst wordt gepresenteerd, kiezen mensen voor zekerheid. Wordt het probleem in termen van verlies gepresenteerd, dan geven mensen de voorkeur aan risico. Voor zeer kleine kansen geldt echter het omgekeerde, doordat deze relatief zwaar wegen. Tenslotte moet er ook nog rekening mee worden gehouden dat negatieve uitkomsten zwaarder wegen dan positieve (dit geldt zowel voor grote als voor kleine kansen), waardoor asymmetrieën ontstaan tussen winst en verlies.

8.4 Frequentie- en kansschattingen[1]

8.4.1 Inleiding

Bij de beschrijving van de prospecttheorie zagen we dat waarden en kansen, wanneer ze eenmaal bekend zijn, op een subjectieve manier worden gewogen. Hierdoor zullen menselijke beslissingen vaak afwijken van rationele, economische beslismodellen. In de praktijk van alledag komt daar nog een andere complicatie bij. In de keuzeproblemen die in de vorige sectie zijn beschreven waren de kansen steeds bekend, bijvoorbeeld 1 op de 10 mensen wint 500 gulden, 200 van de 600 mensen worden gered. Maar bij de meeste beslisproblemen in het dagelijks leven zijn de kansen niet of heel moeilijk te bepalen.

---

1   Deze paragraaf is geschreven in samenwerking met Roos Vonk.

Denk bijvoorbeeld aan de kans om besmet te raken met het HIV-virus door zonder condoom seks te hebben met een onbekend persoon. In dergelijke gevallen moeten mensen de kans op bepaalde uitkomsten zelf schatten. Dit geeft ruimte aan allerlei vertekeningen, waarvan sommige al eerder in dit boek zijn beschreven. Het verschijnsel van *onrealistisch optimisme* (paragraaf 3.7.7, p.140) bijvoorbeeld brengt met zich mee dat mensen de kans op allerlei negatieve uitkomsten (zoals de kans om met HIV besmet te raken) onderschatten wanneer het om henzelf gaat ('dat zal mij niet overkomen'). En het verschijnsel van *false consensus* (paragraaf 3.7.3, p.133) impliceert dat mensen de frequentie overschatten van hun eigen bezigheden en voorkeuren, met als gevolg dat ze ook de kans overschatten dat hun liefhebberijen en meningen door een willekeurige ander worden gedeeld. Als je dus bijvoorbeeld zelf een kuis type bent, zul je de promiscuïteit van een potentiële partner waarschijnlijk onderschatten.

Het schatten van kansen is een zeer complexe aangelegenheid, te meer daar leken in het algemeen maar bar weinig inzicht hebben in kansrekening. Zoals bij alle complexe zaken kan men ook een ingewikkeld beslisprobleem vereenvoudigen door gebruik te maken van schema's. Men kan bijvoorbeeld aannemen dat de kans op een HIV-besmetting relatief groot is bij een losbandige partner die het met de zeden niet zo nauw lijkt te nemen, en die leeft volgens het motto 'wie dan leeft, wie dan zorgt'. Daarnaast maken mensen ook gebruik van vuistregels, *heuristieken* genoemd, waarmee ze op een snelle manier kansen en frequenties kunnen bepalen. In deze paragraaf (8.4) behandelen we enkele van die heuristieken. Merk op dat een heuristiek iets anders is dan een schema, omdat schema's per definitie een inhoudsdomein hebben (zie paragraaf 4.3.1, p.159). Een heuristiek daarentegen is een algemene vuistregel die in principe op elk inhoudsdomein kan worden toegepast, zoals we straks nog zullen zien.

Tversky en Kahneman (1974) merken op dat er een parallel is tussen het subjectief bepalen van waarschijnlijkheden of frequenties en het subjectief vaststellen van fysieke kwantiteiten, zoals afstand en grootte. Aangezien we aan de meeste beoordelingen over fysieke stimuli niet veel tijd besteden en ons veelal baseren op onvolledige informatie, moet er vaak een vuistregel aan te pas komen. Bijvoorbeeld: de waarneming van de afstand tussen jezelf en een object wordt mede bepaald door de waargenomen grootte van het object: naarmate objecten als kleiner worden waargenomen, wordt onze afstand tot het object als groter ingeschat. We maken dus vaak gebruik van de vuistregel: 'Objecten die kleiner zijn, zijn verder weg'. Deze regel is nuttig, omdat bij objecten van gelijke grootte het als kleiner waargenomen object inderdaad verder van ons weg ligt. De vuistregel zal dus gewoonlijk tot de juiste inschatting leiden. In bepaalde gevallen kan deze vuistregel echter leiden tot beoordelingsfouten. Stel bijvoorbeeld dat je een bonsaiboompje aanziet voor een gewone boom, dan zou je de afstand tot het boompje wel eens danig kunnen overschatten. Een andere beoordelingsfout die het gevolg is van de 'kleiner is verder weg'-regel is de Ponzo-illusie, die is afgebeeld in figuur 8.5. In deze figuur lijkt de bovenste verticale streep langer te zijn dan de onderste doordat we de figuur bekijken alsof er perspectief in zit (denk bijvoorbeeld aan treinrails met bielzen). Daardoor nemen we aan dat het bovenste dwarsbalkje verder weg is en dus dat het groter moet zijn dan het onderste.

Figuur 8.5 Ponzo-illusie

De Ponzo-illusie is een voorbeeld van een *visuele illusie*, die ontstaat door de manier waarop ons visuele systeem werkt. Meestal werkt het goed, maar in bijzondere gevallen leiden de vuistregels die we gebruiken tot beoordelingsfouten. Datzelfde geldt in feite voor ons cognitieve systeem. Zo bestaan er ook *cognitieve* illusies en vertekeningen (voor overzichten: Gigerenzer, 1991; Nisbett & Ross, 1980; Piattelli Palmarini, 1996; Plous, 1993). Deze zijn het gevolg van het ten onrechte toepassen van vuistregels – heuristieken – die op zichzelf wel deugen, maar in die bepaalde situatie nét even niet zo functioneel zijn.

Vertekeningen bij het subjectief vaststellen van waarschijnlijkheden en frequentieschattingen komen eveneens op deze manier tot stand. Zoals mensen bij het waarnemen gebruikmaken van de vuistregel 'kleiner is verder weg', zo maken ze ook gebruik van verschillende heuristieken bij het beoordelen van frequenties en kansen. Tversky en Kahneman hebben diverse van deze heuristieken beschreven (voor een overzicht: Kahneman, Slovic & Tversky, 1982). We bespreken er hier drie die van belang zijn in het onderzoek naar beslissen, namelijk de representativiteitsheuristiek (*representativeness heuristic*), de beschikbaarheidsheuristiek (*availability heuristic*) en de verankering- en aanpassings-heuristiek (*anchor and adjustment heuristic*).

8.4.2 De representativiteitsheuristiek

> *Boudewijn is een verlegen en terughoudende student. Hij is graag alleen en gaat liever om met dingen dan met mensen. Hij heeft een grote drang naar netheid en structuur en een enorme passie voor details. Hij is niet erg modebewust en ook niet maatschappelijk geëngageerd. Hij gaat zelden uit. Hij staat elke dag vroeg op en werkt hard aan zijn studie.*

Hoe waarschijnlijk is het volgens jou dat Boudewijn medicijnen studeert? Natuurkunde? Psychologie?
Bij het beantwoorden van deze vraag maak je gebruik van je stereotypen over

de verschillende studierichtingen. Het waarschijnlijkheidsoordeel wordt sterk bepaald door de mate waarin de beschrijving van Boudewijn representatief is voor een bepaalde studierichting. Veel mensen zullen dan ook tot de conclusie komen dat natuurkunde de meest waarschijnlijke studierichting van Boudewijn is, aangezien de beschrijving overeenkomt met het stereotype over de typische bètastudent.

De algemene vuistregel van de representativiteitsheuristiek is: *hoe meer kenmerken een stimulus A gemeen heeft met een stimulus B, des te waarschijnlijker is het dat A en B bij elkaar horen*. Deze heuristiek wordt gebruikt wanneer we een waarschijnlijkheidsoordeel moeten vormen over de vraag of A representatief is voor B. Daarbij kunnen A en B naar drie verschillende soorten stimuli verwijzen (Nisbett & Ross, 1980).

Ten eerste kan A een exemplaar zijn en B een categorie, waarbij de vraag is of A lid is van B, bijvoorbeeld wanneer men zich afvraagt of Boudewijn lid is van de categorie natuurkundestudenten, of wanneer men een verhaal leest over een groep bedreigde dieren in Kenia en moet beoordelen of het olifanten zijn. De beoordeling betreft dan de kans dat A lid is van groep B.

Ten tweede kan A een resultaat of uitkomst zijn en B een proces dat tot een bepaalde uitkomst leidt. Men gebruikt de representativiteitsheuristiek als men de kans moet schatten dat uitkomst A het resultaat is van proces B. Zo zal men, wanneer iemand met een dobbelsteen gooit, bij tien achtereenvolgende worpen van 6 eerder zeggen dat dit 'geen toeval' is (de uitkomst, tien worpen van 6, is niet representatief voor het proces 'toeval') dan bij tien worpen met verschillende resultaten.

Ten derde kan A een oorzaak zijn en B een gevolg, wanneer men de kans moet schatten hoe waarschijnlijk het is dat een gebeurtenis een bepaald effect zal hebben, of hoe waarschijnlijk het is dat een gebeurtenis een bepaalde oorzaak heeft. Zo wordt in sommige primitieve culturen gedacht dat het eten van de longen van een vos helpt tegen longaandoeningen; vossen zijn bekend om hun sterke longen, zodat er een gelijkenis is tussen de gebeurtenis en het beoogde effect. Ook bakerpraatjes over de oorzaak van bepaalde problemen bij kinderen ('zijn moeder is tijdens de zwangerschap door een hond gebeten, daardoor is hij nu zo bang voor honden') kunnen verklaard worden door de representativiteitsheuristiek.

In het algemeen echter is de representativiteitsheuristiek zeer functioneel. Gebruik van deze heuristiek leidt ertoe dat we met weinig inspanning redelijke tot zeer accurate kansschattingen kunnen geven. Immers, de vuistregel *hoe meer A lijkt op B, des te waarschijnlijker is het dat A en B bij elkaar horen* is gewoonlijk correct. Wanneer een dier bijvoorbeeld grijs is, groot, een slurf heeft en grote ivoren slagtanden, dan kun je er donder op zeggen dat het een olifant is. Voor de representativiteitsheuristiek geldt, net als voor andere heuristieken en cognitieve sluipwegen, dat met de heuristiek zélf niet zoveel mis is, maar dat zij soms ten onrechte wordt gebruikt. In die gevallen kan het gebruik van deze heuristiek vertekeningen en beoordelingsfouten met zich meebrengen.

Dat komt met name doordat de vuistregel voorbijgaat aan enkele factoren die van groot belang zijn bij het maken van kansschattingen. We bespreken hierna vier van deze factoren.

Initiële waarschijnlijkheden
We gaan even terug naar Boudewijn. Stel dat je helemaal niets over Boudewijn weet en dat je moet aangeven wat hij studeert. In dat geval zou je misschien eerder medicijnen of psychologie hebben gekozen, domweg omdat veel studenten die richtingen volgen. Natuurkunde is een relatief kleine studierichting. De waarschijnlijkheid dat een willekeurige student natuurkunde studeert is dus veel lager dan bij een grote richting als medicijnen. Bij het gebruik van de representativiteitsheuristiek worden zulke initiële waarschijnlijkheden, oftewel *base-rates*, genegeerd: door de representativiteit van een bepaalde stimulus verliest men de 'base-rate' uit het oog. We spreken dan van de *base-rate fallacy*: het ten onrechte negeren van initiële waarschijnlijkheden. Om deze vertekening aan te tonen vertelden Kahneman en Tversky (1973) in een experiment aan hun proefpersonen dat een panel van psychologen een persoonlijkheidsbeschrijving had gemaakt van 30 ingenieurs en 70 juristen. De proefpersoon kreeg enkele van die beschrijvingen te lezen, willekeurig geselecteerd uit de 100 beschrijvingen die er waren. Een voorbeeld van een beschrijving was:

> *Jack is 45 jaar. Hij is getrouwd en heeft vier kinderen. Over het algemeen is hij conservatief, alert en ambitieus. Hij heeft nauwelijks interesse in sociale en politieke onderwerpen en stopt zijn vrije tijd voornamelijk in hobby's, zoals tapijten maken, zeilen en wiskundige puzzels.*

Dezelfde beschrijvingen werden ook voorgelegd aan een tweede groep studenten, alleen dit keer werd verteld dat de beschrijvingen afkomstig waren uit een groep van 70 ingenieurs en 30 juristen (met andere woorden, de verhouding werd omgewisseld). Proefpersonen werd gevraagd twee kansschattingen te maken. Allereerst moesten ze aangeven hoe waarschijnlijk het is dat een persoon die willekeurig uit de groep van 100 personen werd getrokken een ingenieur zou zijn. Niet echt verrassend bleek dat proefpersonen deze kans op circa 30% inschatten in de ene conditie en op circa 70% in de andere. Met andere woorden, ze gebruikten de 'base-rate'-informatie die in het probleem gegeven was. Ten tweede werd gevraagd om bij elk van de beschrijvingen de kans te schatten dat de beschreven persoon afkomstig was uit de groep ingenieurs. Bij deze schattingen bleek de base-rate informatie veel minder effect te hebben: men vond het bijvoorbeeld vrij waarschijnlijk dat Jack een ingenieur was, ook in de conditie waar slechts 30% van de groep uit ingenieurs bestond. Proefpersonen lieten zich dus leiden door de representativiteit van de beschrijvingen ten opzichte van hun stereotype over ingenieurs en juristen.

Conjunctieve gebeurtenissen
Stel dat bij de eerdere beschrijving van Boudewijn was gevraagd wat je het meest waarschijnlijk lijkt:

a *Boudewijn studeert bestuurskunde.*
b *Boudewijn studeert bestuurskunde, maar hij gaat overstappen naar natuurkunde.*

Vanwege de representativiteit van de beschrijving voor de categorie natuurkundestudenten, laten veel mensen zich in dit geval verleiden tot de tweede keuze. Daarmee schenden ze een fundamentele regel over kansen. De conjunctie (het samenvallen) van twee gebeurtenissen (zoals eerst bestuurskunde studeren en daarna natuurkunde studeren) kan per definitie niet waarschijnlijker zijn dan de kans op iedere afzonderlijke gebeurtenis. De categorie studenten die bestuurskunde doet en van studierichting gaat veranderen (naar welke andere richting dan ook) is een deelverzameling van de categorie die bestuurskunde doet. Dus: als antwoord B waar is, dan is A ook waar, maar niet omgekeerd.
Wanneer één van de elementen van een conjunctieve gebeurtenis echter sterk representatief is, gaat men de kans op deze gebeurtenis overschatten. Het representatieve element springt eruit en krijgt meer aandacht. Naarmate er in de beschrijving van een categorie meer details worden gegeven (bijvoorbeeld Boudewijn wil overstappen naar natuurkunde + hij gaat niet vaak uit + hij is erg handig op de computer + hij heeft zijn cd's keurig op alfabet in de kast staan), wordt de categorie statistisch steeds minder waarschijnlijk, maar tegelijkertijd wel representatiever en dus subjectief waarschijnlijker. Dit leidt ertoe dat de waarschijnlijkheid van de conjunctieve gebeurtenis wordt overschat. Ook hier is er sprake van het negeren van 'base-rates'. In dit specifieke geval spreken we van de *conjunction fallacy* (Tversky & Kahneman, 1983). Deze vertekening werd door Tversky en Kahneman onder meer gedemonstreerd met behulp van de volgende opdracht:

> *Linda is 31 jaar oud, vrijgezel, openhartig en erg pienter. Ze is afgestudeerd in de filosofie. Tijdens haar studie was ze erg betrokken bij onderwerpen als discriminatie en sociale onrechtvaardigheid en nam ze actief deel aan demonstraties tegen kernenergie.*
> *Geef bij elk van de volgende beroepen/bezigheden aan hoe groot de kans is dat Linda die uitoefent.*
>
> 1 *Linda geeft les op een basisschool.*
> 2 *Linda werkt in een boekhandel en zit op yoga.*
> 3 *Linda is actief in de vrouwenbeweging.*
> 4 *Linda is sociaal werkster.*
> 5 *Linda werkt bij een bank.*
> 6 *Linda is verzekeringsagent.*
> 7 *Linda werkt bij een bank en is actief in de vrouwenbeweging.*

Dat Linda actief is in de vrouwenbeweging (de derde optie) wordt door de meeste mensen erg waarschijnlijk geacht. Van belang in dit onderzoek is de vergelijking tussen het vijfde en zevende alternatief. De meeste mensen menen dat het laatste alternatief (bank + vrouwenbeweging) waarschijnlijker is dan het vijfde (alleen bank). Ook hier geldt echter weer dat de statistische kans dat een willekeurige persoon in beide categorieën hoort kleiner is dan de kans dat iemand tot één van de categorieën hoort. De zevende mogelijkheid is een deelverzameling van de vijfde. De vijfde mogelijkheid móet dus waarschijnlijker zijn dan de zevende, zelfs al heeft iemand nog zoveel kenmerken van een feministe.

Verrassend is dat het bij dit type experimenten niets uitmaakt of de proefpersoon een volkomen leek is op het gebied van statistiek of een deskundige. In alle gevallen gaat gemiddeld zo'n 85% van de respondenten de fout in. Proefpersonen gebruiken de representativiteitsheuristiek zelfs wanneer ze expliciet bekend zijn met de statistische regel dat de kans op een conjunctie altijd kleiner is dan de kans op elk van de afzonderlijke gebeurtenissen (Epstein e.a., 1999). Ook inhoudelijke kennis op het betreffende gebied lijkt weinig uit te maken. Zo maken artsen dezelfde fout wanneer ze de waarschijnlijkheid moeten bepalen dat iemand bepaalde symptomen bij een ziekte heeft (bijvoorbeeld bij griep: koorts én hoofdpijn of één van de twee).

Kansen en willekeurigheid
Een echtpaar krijgt zes kinderen. Welke opeenvolging van jongens en meisjes (hierna: J en M) lijkt je het meest waarschijnlijk?
1 MJJMMJ
2 MMMJJJ
3 JJJJJJ

De meeste mensen vinden de eerste mogelijkheid het meest waarschijnlijk (Kahneman & Tversky, 1972): de volgorde van jongens en meisjes correspondeert met het idee over een toevallige reeks (aangenomen dat de sekse van het kind door toeval wordt bepaald). In werkelijkheid is deze mogelijkheid echter even waarschijnlijk als de tweede, terwijl de derde mogelijkheid (zes jongens achter elkaar) zelfs nog iets waarschijnlijker is omdat er meer jongens dan meisjes worden geboren. Mensen verwachten echter vaak dat een sequentie van gebeurtenissen die op willekeurige wijze tot stand is gekomen inderdaad de typische kenmerken van willekeurigheid bezit, zelfs als de sequentie erg kort is zoals in dit geval. De reeks MJJMMJ is dus het meest representatief voor het idee van een willeurige, toevallige reeks. Op langere termijn is het natuurlijk inderdaad zo dat er ongeveer evenveel jongens als meisjes worden geboren. De misvatting zit in de aanname dat dit ook bij een korte reeks het geval is.

Deze misvatting over toeval wordt ook wel eens de *gambler's fallacy* genoemd, omdat ze is terug te vinden bij sommige casinobezoekers. Nadat het rouletteballetje acht keer op rood is gevallen, denkt men dat de volgende ronde wel eens zwart kon opleveren. Immers, na zoveel keren rood moet zwart weer komen, want dat is representatiever voor toeval dan wanneer er weer rood zou komen. Vergeten wordt dat de kans op rood bij elke nieuwe worp gewoon 50 % is, ongeacht wat er daarvoor is gebeurd. Men ziet kans als een zichzelf corrigerend proces waarin afwijkingen in de ene richting (bijvoorbeeld vaak rood bij roulette) snel gevolgd zullen worden door afwijkingen in de andere richting (vaak zwart). De gambler's fallacy treedt overigens niet alleen op bij leken en rekenkundige analfabeten. Ook goed getrainde onderzoekers hebben ermee te kampen (Tversky & Kahneman, 1971, 1974). Iedere onderzoeker die wel eens een tabel met 'random' nummers heeft geraadpleegd, heeft waarschijnlijk gedacht dat de tabel wel opmerkelijk veel vaste patronen of lange reeksen van hetzelfde nummer bevatte.

De omvang van de steekproef
Stel je voor dat je als onderzoeksassistent een verkeersonderzoek uitvoert in een dorp in Twente, waarbij je moet observeren hoeveel procent van de fietsers 's avonds licht op de fiets hebben. Bij de eerste vijf fietsers die je ziet, constateer je tot je verbazing dat maar liefst vier van de vijf met licht rijden. Hoe zeker ben je er nu van dat de volgende (de zesde) fietser ook licht zal hebben?
Stel nu dat je *vijftig* fietsers hebt geobserveerd van wie er *dertig* licht blijken te hebben. Hoe zeker ben je er nu van dat de volgende (5^e) fietser ook licht zal hebben?
De meeste mensen die dit oordeel moeten geven voelen zich zekerder wanneer vier van de vijf fietsers licht hebben dan wanneer dit bij dertig van de vijftig fietsers het geval is. Immers, vier van de vijf is 80%, terwijl dertig van de vijftig slechts 60% is. Met deze redenering gaat men echter voorbij aan het feit dat grotere steekproeven betere voorspellingen geven over populatiekenmerken (in dit geval, licht op de fiets hebben) dan kleinere steekproeven. In feite is dertig van de vijftig een meer betrouwbare indicator, want een grotere steekproef wordt minder sterk beïnvloed door toevallige afwijkingen. De kans dat een persoon uit de populatie (de bewoners van het Twentse dorp) afwijkt van het gemiddelde van de steekproef wordt dus kleiner naarmate de grootte van de steekproef toeneemt. Door het toepassen van de representativiteitsheuristiek let men echter met name op de verhouding en niet op de grootte van de steekproef: men neemt aan dat de kleine steekproef van vijf fietsers even representatief is voor de populatie als de grote steekproef van vijftig fietsers. In werkelijkheid is een kleine steekproef altijd minder representatief, want de kans is groter dat een kleine steekproef meer toevallige vertekeningen bevat. Zelfs in de stad waar je studeert en waar bijna niemand met licht fietst, zul je wel eens vijf fietsers achter elkaar signaleren van wie er vier licht hebben.
Merk op dat er een parallel is tussen het negeren van de steekproefgrootte en de hiervoor beschreven 'gambler's fallacy'. Bij het schatten van de kans op zes jongens in een rij, of zes keer achter elkaar rood bij roulette, houden we er geen rekening mee dat een steekproef van zes wel erg klein is, en dus niet representatief is voor een toevallige reeks (dat wil zeggen, voor de populatie

van alle geboorten of de populatie van alle ronden in een roulettespel). Op dezelfde manier houden we er geen rekening mee dat een steekproef van vijf Twentse fietsers te klein is en dus niet representatief is voor de populatie.

Deze onderschatting van het belang van steekproefgrootte beïnvloedt onze dagelijkse beslissingen op veel manieren (zie Nisbett & Ross, 1980, p. 79–82). Studenten besluiten bijvoorbeeld om al dan niet naar de colleges van een bepaalde docent te gaan op grond van wat één of twee medestudenten hierover hebben verteld. Mensen besluiten dat het met de gevaren van roken wel meevalt, gezien hun oude opa die rookte en zonder mankeren 90 jaar is geworden. Als in een weekblad wordt vermeld dat onderzoek een negatief verband aantoont tussen intelligentie en het geloof in God (Hulspas, 1997), trekken onmiddellijk allerlei briefschrijvers ten strijde met voorbeelden van intelligente mensen die in God geloven (bijvoorbeeld Einstein, om maar niet de minste te noemen). Vaak ook worden de eigen ervaringen representatiever gevonden dan die van anderen, zelfs al vormen die anderen een grotere steekproef. Zo gaan selecteurs bij het kiezen van de beste kandidaat voor een baan makkelijk voorbij aan de adviezen van eerdere werkgevers, terwijl die adviezen gebaseerd zijn op een veel groter aantal observaties dan het ene gesprek dat de selecteur heeft gevoerd.

Zelfs de meest vooraanstaande beslissers in onze samenleving lijden aan het hier beschreven euvel. Zo vertellen Nisbett en Ross (1980, p. 79–80) over een collega die, met het oog op de milieuproblematiek, geregeld in het Amerikaanse Congres wordt uitgenodigd om statistische gegevens te presenteren over bijvoorbeeld het benzineverbruik van bepaalde auto's. Haar bevindingen, gebaseerd op tientallen auto's, worden dan vaak pardoes 'weerlegd' door een congreslid die informatie blijkt te hebben over één geval. 'What do you mean, the Blatzmobil gets 20 miles per gallon on the road? My neigbor has one, and he gets only fifteen.' Opvallend genoeg wordt er dan vaak gereageerd alsof de stemmen staken: één statistische schatting tegenover één collega die een buurman heeft, tja, hoe nu verder ...

Dit lijkt misschien weer een typisch geval van de onnozelheid die we van het Amerikaanse Congres inmiddels wel verwachten, maar in feite zijn we allemaal geneigd aan onze eigen ervaringen meer gewicht te geven dan aan statistieken. Een factor die hiermee samenhangt is dat we ons sterker laten leiden door *levendige* informatie over concrete gevallen, aangezien levendigheid leidt tot verhoogde saillantie (vgl. paragraaf 3.7.4, p.135). Die ene vitale opa is saillanter dan de saaie statistieken over de effecten van het roken, en heeft daardoor meer invloed op onze beoordelingen. Of, in de woorden van Joseph Stalin: 'De dood van een enkele Russische soldaat is een tragedie. De dood van een miljoen soldaten is een statistiek.'

Met deze voorbeelden zijn we aangekomen bij een andere heuristiek, de beschikbaarheidsheuristiek. Want niet alleen wordt opa ten onrechte gezien als representatief voor de populatie van rokers, de feiten over opa zijn ook veel meer *cognitief beschikbaar* dan die over roken in het algemeen.

8.4.3 De beschikbaarheidsheuristiek

Als je wilt weten hoe groot de kans is dat je als sociaal-psycholoog een baan vindt, kun je informatie inwinnen bij arbeidsbureaus, universiteiten, enzovoort. Dat is veel werk. Je kunt het ook minder grondig aanpakken. Je kunt nagaan hoeveel mensen je kent die sociale psychologie hebben gestudeerd en een baan hebben. Als je snel een heel stel bekenden te binnen schiet die werk hebben en sociaal-psycholoog zijn, zul je concluderen dat de kans op werk voor een sociaal psycholoog relatief groot is. Kost het je behoorlijk veel moeite om een werkende sociaal-psycholoog in je kennissenkring te ontdekken, en heb je vooral gedachten aan die studiegenoot die nu al maanden werkzoekend is, dan zul je constateren dat het voor sociaal-psychologen moeilijk is om aan de bak te komen.

In dit voorbeeld gebruik je de snelheid of het gemak waarmee voorbeelden in je gedachten komen als een indicatie van frequentie of waarschijnlijkheid. Anders gezegd, je gebruikt de vuistregel: *hoe makkelijker de voorbeelden van een voorval me te binnen schieten, des te frequenter is dat voorval*. Deze vuistregel wordt de beschikbaarheidsheuristiek (availability heuristic) genoemd, verwijzend naar cognitieve beschikbaarheid: het gemak en de snelheid waarmee je bepaalde informatie uit je geheugen kunt halen.[2] Naarmate proefpersonen een bepaalde gebeurtenis sneller beschikbaar hebben in hun geheugen, nemen ze aan dat die gebeurtenis vaker optreedt (Tversky & Kahneman, 1973; Macleod & Campbell, 1992; Manis e.a., 1993).

Deze heuristiek werd onder andere gedemonstreerd in een onderzoek van Tversky en Kahneman (1973). Aan proefpersonen werd onder meer gevraagd een schatting te geven van het aantal woorden in de Engelse taal dat begint met een R en van het aantal woorden waarin R de derde letter is. Het aantal woorden met R als eerste letter werd hierbij sterk overschat, doordat het makkelijker is woorden te bedenken die met een bepaalde letter beginnen. In werkelijkheid is het aantal woorden met R als derde letter veel frequenter, maar voorbeelden als 'street', 'care' en 'arrange' schieten je nu eenmaal niet makke-

---

[2] Merk op dat de term beschikbaarheid ('availability') lijkt op het in hoofdstuk 4 (paragraaf 4.2.6, p 155) beschreven begrip toegankelijkheid ('accessibility'). Beide begrippen verwijzen naar het gemak waarmee iets in het bewustzijn komt. Dat 'iets' is bij toegankelijkheid vaak een construct of een schema (bijvoorbeeld het schema over vrouwelijke managers), bij beschikbaarheid vaak een voorbeeld of gebeurtenis (bijvoorbeeld voorbeelden van vrouwen die de top hebben bereikt, als je zou moeten schatten hoeveel vrouwen de top bereiken). De begrippen komen sterk overeen en worden door sommige auteurs ook door elkaar gebruikt (bijv. Nisbett & Ross, 1980). In het algemeen wordt het begrip toegankelijkheid meer gebruikt in de literatuur op het gebied van schema's en automaticiteit, met name om te verwijzen naar niet-intentionele, onbewuste activatie van kennis. De term beschikbaarheid wordt meer gebruikt in de context van heuristieken en schattingen, om te verwijzen naar het gemak waarmee men bepaalde voorbeelden of voorvallen kan ophalen uit het geheugen (vaker een bewust en intentioneel proces). Maar 'for all practical purposes' kun je wel concluderen dat kennis die sterk toegankelijk is ook cognitief beschikbaar is, en omgekeerd.

lijk te binnen. Als gevolg van de verminderde beschikbaarheid van deze woorden werd dit aantal dus onderschat.

Je zou misschien denken dat de beschikbaarheidsheuristiek vooral werkt op basis van de hoeveelheid voorvallen die men zich kan herinneren: hoe meer voorbeelden je ergens van kunt bedenken, des te hoger schat je de frequentie ervan. Je moet hierbij echter bedenken dat er een verband is tussen de *hoeveelheid* voorbeelden die je je herinnert en een andere variabele, namelijk het subjectief ervaren *gemak* waarmee je je die voorbeelden herinnert. Als je bijvoorbeeld alle bekende Nederlanders moet noemen die psycholoog zijn, dan zal dat makkelijker gaan naarmate je er meer kent en er dus ook meer kunt noemen. De vraag is nu of de beschikbaarheidsheuristiek werkt op basis van de hoeveelheid of het gemak van de herinnering: overschatten we iets als we ons er *veel* voorbeelden van kunnen herinneren, of als we ons er *makkelijk* voorbeelden van kunnen herinneren? Om deze twee variabelen uit elkaar te trekken voerden Schwarz e.a. (1991) een experiment uit waarin studenten werd gevraagd om ofwel zes, ofwel twaalf voorbeelden op te schrijven van situaties waarin ze zich assertief hadden gedragen. Aangenomen werd dat het herinneren van zes voorbeelden een makkelijker taak is dan het herinneren van twaalf voorbeelden. Na deze geheugentaak werd aan alle studenten gevraagd hun eigen assertiviteit te beoordelen. De redenering van de onderzoekers was: wanneer de herinneringstaak relatief moeilijk is (twaalf voorbeelden), gebruiken mensen de subjectieve ervaring van moeilijkheid als een relevant signaal; daardoor zullen ze hun eigen assertiviteit lager beoordelen dan als de taak makkelijk is (zes voorbeelden). In overeenstemming met de hypothese werd inderdaad de eigen assertiviteit hoger beoordeeld wanneer men zes in plaats van twaalf voorbeelden moest bedenken. Dit betekent dat het subjectieve gemak van de taak en niet de hoeveelheid herinnerde voorbeelden wordt gebruikt bij het toepassen van de beschikbaarheidsheuristiek (zie ook Aarts & Dijksterhuis, 1999; Wänke, Bless & Biller, 1996).

Naast het ophalen van eerder geregistreerde voorbeelden uit het geheugen, speelt ook het gemak waarmee men zich een gebeurtenis kan *voorstellen* een rol bij de beschikbaarheidsheuristiek. Gebeurtenissen die makkelijk zijn voor te stellen, worden als waarschijnlijker beschouwd dan gebeurtenissen die moeilijker zijn voor te stellen (Anderson, 1983; Johnson & Sherman, 1990). Stel dat een vriend of vriendin die je al lang kent je vraagt om mee te gaan op een lange vakantie. Doordat je de persoon goed kent, kun je je wellicht makkelijk een voorstelling maken van de dingen waar je je aan zou kunnen ergeren bij die persoon (bijvoorbeeld iemands neiging om veel te babbelen of juist om heel afwachtend te zijn). Vergeleken met een vriend of vriendin die je nog maar kort kent, lijkt het dan waarschijnlijker dat je tijdens de vakantie de nodige irritaties zult hebben (wellicht ten onrechte, want de onhebbelijkheden van die andere persoon ken je nog niet).

Net als de representativiteitsheuristiek is met het toepassen van de beschikbaarheidsheuristiek weinig cognitieve arbeid gemoeid: het gemak waarmee je je bepaalde voorvallen herinnert is natuurlijk veel sneller vast te stellen dan de feitelijke frequentie van die voorvallen. Ook zal de beschikbaarheidsheuristiek vaak leiden tot accurate oordelen. Immers, wanneer voorbeelden van iets snel en makkelijk uit het geheugen kunnen worden opgehaald, dan komt dit gewoonlijk doordat er veel van zijn. Gebruikmakend van de beschikbaarheidsheuristiek kunnen we bijvoorbeeld snel tot de conclusie komen dat er meer woorden beginnen met een R dan met een F, hetgeen juist is. Er zijn echter een aantal factoren die ervoor zorgen dat de beschikbaarheidsheuristiek tot vergissingen kan leiden.

Allereerst kan de mate van *bekendheid* met een bepaald domein ertoe leiden dat waarschijnlijkheidsoordelen vertekend worden. Zo zal een sociaal-psycholoog meer bekend zijn met het werkveld van de sociale psychologie dan een ingenieur. Een sociaal-psycholoog zal daardoor meer afgestudeerde sociaal-psychologen met een baan kennen dan een ingenieur. Het gevolg is dat de sociaal-psycholoog de kans op werk na het volgen van de studie sociale psychologie waarschijnlijker acht dan de ingenieur. De beschikbaarheidsheuristiek biedt hiermee ook een verklaring voor het *false-consensus*-effect (zie paragraaf 3.7.3, p.133). Mensen gaan veel om met mensen die dezelfde kenmerken delen (bijvoorbeeld politieke voorkeur, hobby's), waardoor voorbeelden van die kenmerken makkelijk in hun gedachten komen en dus worden overschat.

De *levendigheid* ('vividness') van gebeurtenissen is een andere factor die de accuraatheid van frequentieschattingen kan beïnvloeden. Levendige gebeurtenissen of gebeurtenissen die tot de verbeelding spreken, trekken meer aandacht en worden goed onthouden. Als gevolg hiervan kan men zich zulke gebeurtenissen sneller en makkelijker voor de geest halen, waardoor de frequentie ervan wordt overschat (voor een overzicht: Nisbett & Ross, 1980, hoofdstuk 3). Gebeurtenissen zijn onder meer levendig als ze een emotionele reactie oproepen of als er veel concrete details waarneembaar zijn. Denk bijvoorbeeld aan een brand of een vliegtuigongeluk. Het beeld van een uitslaande brand – van gewonde mensen die uit het huis worden gehaald, huilende mensen die toekijken hoe hun bezittingen in vlammen opgaan, iemand die wanhopig schreeuwt dat de hond nog binnen is – is veel levendiger dan een statistiek over het aantal doden en gewonden bij de brand. Vandaar ook dat het aantal sterfgevallen door brand of vliegtuigongelukken sterk wordt overschat, terwijl doodsoorzaken als hart- en vaatziekten of kanker (niet voor niets de 'quiet killers' genoemd) juist worden onderschat (Slovic e.a., 1982).

Naast emotionele intensiteit en concreetheid zijn er nog andere factoren die bijdragen aan de ervaren levendigheid van een gebeurtenis, namelijk zintuiglijke nabijheid en nabijheid in tijd en plaats (Nisbett & Ross, 1980). Iets wat direct waarneembaar is, of wat recent is gebeurd, of wat zich dichtbij de waarnemer heeft afgespeeld (bijvoorbeeld een brand in je eigen buurt) is levendiger en zal dus meer van invloed zijn op frequentieschattingen. Dit verklaart ook waarom mensen vaak meer gewicht geven aan eigen ervaringen ('in Enschede is veel criminaliteit: toen ik daar was, werd ik gelijk beroofd') of aan ervaringen van een buurman of familielid (zoals een vitale opa die rookt) dan aan droge statistieken, die in feite veel betrouwbaarder informatie verschaffen. Zolang de persoonlijke ervaring wordt gezien als relevant voor de schatting (Schwarz e.a., 1991), lijkt één ervaring meer waard te zijn dan honderden cijfers. Overigens is het ook niet altijd onzinnig om meer gewicht te geven aan dingen die men zelf heeft gezien of die men uit de eerste hand heeft. In zekere zin weerspiegelt het een gezonde 'ik geloof het als ik het zie'-houding. Maar onder invloed van de beschikbaarheidsheuristiek, kan deze neiging er wel toe leiden dat onze schattingen sterk gekleurd raken door meer bekende of meer levendige gevallen.

Een heel andere vergissing, die deels door de beschikbaarheidsheuristiek wordt veroorzaakt, is de neiging om te volharden in onjuiste ideeën (Ross, Lepper & Hubbard, 1975; Ross e.a., 1977). Stel dat je in een damesweekblad leest dat tegenpolen elkaar aantrekken en dat mensen die van elkaar verschillen zich op de langere duur gelukkiger voelen in hun relatie. Je gaat dan zelf allerlei redenen bedenken waarom dit zo zou zijn. Tegenpolen vullen elkaar aan; het is spannender dan wanneer je in alles op elkaar lijkt; als de een dominant is, kan de ander dat niet ook zijn. Een tijdje later lees je in een van je studieboeken (bijv. Brehm, 1992) dat juist mensen die op elkaar lijken zich tot elkaar aangetrokken voelen en langer bij elkaar blijven in een relatie. Het is dan moeilijk de implicaties hiervan tot je door te laten dringen, want redenen waarom dit precies tegengesteld zou zijn, zijn voor jou veel beter beschikbaar. Hierdoor is het mogelijk dat je op langere termijn toch zult volharden in de eerdere, onjuiste opvatting. Door de beschikbaarheid van verklaringen voor die opvatting, kun je je er makkelijker iets bij voorstellen. Kom je een potentiële partner tegen die je tegenpool is, dan zul je je makkelijker kunnen voorstellen dat zich een bloeiende relatie met die persoon kan ontwikkelen dan met iemand die op je lijkt.

Voor de beschikbaarheidsheuristiek geldt, net als voor andere heuristieken, dat de vuistregel op zichzelf heel bruikbaar is. Het gemak waarmee we ons een voorval kunnen herinneren of voorstellen is zeker gecorreleerd met de waarschijnlijkheid van zo'n voorval. Het enige probleem is dat de informatie die in ons geheugen is opgeslagen, en het gemak waarmee we die informatie weer kunnen ophalen, geen volmaakte afspiegeling vormt van de wereld. Ten eerste is bepaalde informatie feitelijk meer beschikbaar voor sommige mensen dan voor anderen, door verschillen in bekendheid met een bepaald stimulusdomein. Ten tweede zal sommige informatie beter worden opgeslagen doordat we er meer aandacht aan besteden, met name levendige informatie. En ten derde is bepaalde informatie ook weer makkelijker op te halen uit het geheugen, mede onder invloed van toevallige gebeurtenissen die bepaalde kennis kunnen activeren. Voorzover dit soort factoren het gemak van de herinnering of de voorstelling vertekent, zullen oordelen die onder invloed van de beschikbaarheidsheuristiek totstandkomen logischerwijs ook vertekend zijn.

8.4.4 Ankering en aanpassing[3]

Probeer de volgende twee vragen eens te beantwoorden.

1. Zijn er meer of minder dan 50 restaurants in Den Haag?
a minder dan 50
b meer dan 50

2. Geef nu een zo precies mogelijke schatting van het aantal restaurants in Den Haag.
In Den Haag zijn ... restaurants.

Wanneer de tweede vraag op deze manier wordt ingeleid, schat je het aantal Haagse restaurants waarschijnlijk te laag in. Ook als je denkt dat het aantal groter is dan 50, zal het aantal van 50 dat in de eerste vraag wordt vermeld toch je schatting beïnvloeden. Bij een onderzoekje onder psychologiestudenten was de schatting van het aantal Haagse restaurants – wanneer de vraag op deze manier werd gesteld – gemiddeld 170. In een andere conditie werd het getal 50 in de eerste vraag vervangen door 1000; de tweede vraag was hetzelfde. Hier pakte de schatting bij de tweede vraag beduidend hoger uit (gemiddeld 825 restaurants).
Dit verschil illustreert het verschijnsel van *ankering*: kwantitatieve schattingen assimileren in de richting van een of ander beschikbaar vergelijkingsgetal (de zogenoemde ankerwaarde; in bovenstaande vraag het getal 50 dan wel 1000). Of, zoals Tversky en Kahneman (1974, p. 1128) het formuleerden: 'In veel situaties maken mensen schattingen door te starten vanaf een beginwaarde. (...) Verschillende beginwaarden resulteren in verschillende schattingen, die vertekend zijn in de richting van de beginwaarden.'
Ankering is een robuust fenomeen. Ankerwaarden beïnvloeden niet alleen de schattingen van hoeveelheden, bijvoorbeeld in antwoord op kennisvragen (hoe hoog is de Mount Everest, hoe oud werd Ghandi, enzovoort) maar ook kwantitatieve oordelen (over bijvoorbeeld de mate van pathologie van patiënten, de hoogte van een rechtvaardig salaris, persoonlijke effectiviteit en de taxatiewaarde van onroerend goed). Ankerwaarden beïnvloeden ook de schattingen van kansen (bijvoorbeeld de kans op een kernoorlog of op een epidemie) en waarderingen van bepaalde loterijen en weddenschappen.
Het ankereffect verdwijnt niet wanneer proefpersonen vooraf worden gewaarschuwd voor het effect, of worden gemotiveerd om zo accuraat mogelijk te zijn doordat er een beloning in het vooruitzicht wordt gesteld (Wilson e.a., 1996). Ankering treedt op bij leken, maar ook bij deskundigen wanneer zij oordelen geven over hun eigen expertisegebied. Een voorbeeld van het laatste wordt gegeven door Mussweiler en Englich (1998). Zij vroegen rechters om de straf-

---

3 Deze paragraaf is geschreven door Dancker Daamen. De tekst is deels ontleend aan Daamen, 1999.

maat te bepalen voor een bepaald delict (een verkrachting). Alle relevante informatie was beschikbaar (getuigenverklaringen, verklaringen van experts, relevante artikelen uit het wetboek van strafrecht, enzovoort). De helft van de rechters kreeg te horen dat de eis van de officier van justitie twee maanden was, de andere helft dat de eis 34 maanden was. De veroordeling door de rechters werd sterk beïnvloed door de eis van de aanklager: de strafmaat was gemiddeld 19 maanden cel bij de lage eis en 31 maanden bij de hoge eis (een jaar verschil!). Blijkbaar diende de eis van de officier als ankerwaarde. Dit experiment werd herhaald bij twee nieuwe groepen rechters met exact dezelfde taak en informatie, maar met één verschil: de eis werd niet geformuleerd door een officier van justitie maar door een eerstejaarsstudent informatica. Ook in dit geval, waarbij de eiser evident niet ter zake kundig was, assimileerde het oordeel van de rechters naar de eis, zij het minder sterk dan bij een deskundige aanklager.
Er zijn vier verklaringen voor ankering.

De *conversational hint*-verklaring stelt dat er een suggestie uitgaat van de vraag naar het vergelijkende oordeel (vraag 1 in het restaurant-voorbeeld): beoordelaars zouden veronderstellen dat iemand (bijvoorbeeld een onderzoeker) alleen een vraag stelt over een bepaalde waarde als er verschil van mening over bestaat of de accurate waarde daarboven of daaronder ligt (vgl. Schwarz, 1994; Schwarz, Strack, Hilton & Naderer, 1991). Zo zou de vraag naar het vergelijkende oordeel ('Zijn er meer of minder dan 50 restaurants in Den Haag?') kunnen suggereren dat het genoemde aantal enige plausibiliteit bezit (blijkbaar zijn er mensen die denken dat er minder dan 50 restaurants zijn, anders zouden ze dat niet zo vragen). Daardoor krijgt de ankerwaarde te veel gewicht bij de uiteindelijke schatting. Deze *conversational hint*-verklaring past echter slecht bij het gegeven dat ankereffecten ook blijken op te treden wanneer het voor beoordelaars volstrekt duidelijk zou moeten zijn dat de ankerwaarde niet relevant is voor de schattingstaak. Tversky en Kahneman (1974) vroegen bijvoorbeeld aan proefpersonen of ze het percentage Afrikaanse landen wilden schatten dat participeert in de Verenigde Naties. Voordat de proefpersonen hun antwoord gaven, werd eerst aan een 'rad van fortuin' gedraaid dat willekeurig een getal tussen de 0 en 100 aangaf. De proefpersonen moesten aangeven of het percentage Afrikaanse staten in de VN hoger of lager was dan het rad-getal. De resultaten van dit experiment lieten zien dat wanneer de pijl van het rad bijvoorbeeld het getal 65 aangaf, de schatting van het percentage Afrikaanse VN-leden hoger uitviel (circa 45%) dan wanneer de pijl op het getal 10 uitkwam (circa 25%). Of, een ander voorbeeld: wanneer proefpersonen een kwantitatieve voorspelling moesten doen over hun eigen toekomstige prestaties, lieten ze zich bij deze taak beïnvloeden door een overduidelijk irrelevante ankerwaarde, namelijk een willekeurig aan hen toegekend proefpersoonnummer (Switzer & Sniezek, 1991). Bij dergelijke onderzoeken wordt niet gesuggereerd dat de ankerwaarde plausibel is (integendeel, er wordt juist duidelijk gemaakt dat de ankerwaarde onbruikbaar is voor de schatting). Desondanks wordt een sterk ankereffect gevonden. Dat kan dus niet verklaard worden door het idee van een 'conversational hint'.

Een tweede verklaring stelt dat beoordelaars de ankerwaarde gebruiken als *startpunt voor aanpassing*. De beoordelaar neemt eerst de ankerwaarde in overweging, bepaalt of deze te hoog of te laag is, leidt vervolgens een schatting af door aanpassing in de juiste richting totdat een acceptabele waarde is gevonden. De aanpassing is meestal onvoldoende, misschien doordat ze wordt afgebroken bij de dichtstbijzijnde grens van een groot gebied van acceptabele waarden (Jackowitz & Kahneman, 1995, p. 1161–62). Toegepast op het restaurant-voorbeeld: beoordelaars zijn zeer onzeker over het juiste aantal restaurants in Den Haag, maar ze hebben op basis van bijvoorbeeld de grootte van de stad of andere relevante overwegingen wel een idee van het minimum- en het maximumaantal. Wanneer ze door de vraag naar het vergelijkende oordeel ('Zijn er meer of minder dan 50 restaurants in Den Haag?') starten bij het getal 50, denken ze bijvoorbeeld: een stad als Den Haag heeft in ieder geval meer dan 50 restaurants, ik denk toch wel minstens 100. Op de vraag naar hun definitieve schatting geven ze vervolgens die minimumwaarde (100). Starten ze door het vergelijkende oordeel bij 1000, dan denken ze bijvoorbeeld: een stad als Den Haag heeft vast geen duizend restaurants, ik denk hooguit achthonderd, en dat aantal (800) geven ze vervolgens als hun schatting. Dus: afhankelijk van het startpunt (50 of 1000) komen de schattingen van beoordelaars uit bij de onder- of bovengrens van het aantal Haagse restaurants dat zij voor mogelijk houden (respectievelijk 100 of 800).

Een derde verklaring voor het ankereffect bij kwantitatieve oordelen is het *Selective Accessibility Model*, SAM (Strack & Mussweiler, 1997; Mussweiler & Strack, in druk). In dit model wordt verondersteld dat mensen bij het vergelijkende oordeel de voorlopige hypothese toetsen dat het juiste antwoord gelijk is aan de ankerwaarde en daarbij een confirmatieve teststrategie gebruiken (zie de 'confirmation bias', beschreven in paragraaf 4.4.6, p.190 waarbij mensen informatie zoeken die hun voorlopige hypothese bevestigt). Door deze strategie wordt de toegankelijkheid van anker-consistente informatie in het geheugen verhoogd. Toegepast op het restaurant-voorbeeld zullen beoordelaars naar aanleiding van de vraag 'Zijn er meer of minder dan 1000 restaurants in Den Haag?' beginnen met het toetsen van de voorlopige hypothese dat 1000 in de buurt van het goede antwoord zit. Daardoor krijgen ze gedachten als: Den Haag heeft een uitgestrekt centrum met talloze straten met elk een aantal restaurants, of: Den Haag is een van onze grootste steden en met al die ambassades en ministeries zullen er wel heel veel mensen uit eten gaan. Als beoordelaars daarentegen moeten beoordelen of het aantal restaurants kleiner of groter is dan 50, dan zullen andere gedachten makkelijker opkomen, zoals: Den Haag is geen echte toeristenstad, en heeft geen bloeiend uitgaansleven, dus zullen er wel niet zoveel restaurants zijn. Deze recente overwegingen worden relatief toegankelijk (vergelijk het effect van recente activatie op toegankelijkheid beschreven in paragraaf 4.2.6, p.156) en zullen dan ook sneller gebruikt worden bij het maken van de uiteindelijke schatting.

In een serie experimenten van Mussweiler en collega's leverden reactietijden ondersteuning aan het idee van een hogere toegankelijkheid van anker-consistente informatie. Zij vroegen bijvoorbeeld aan proefpersonen of de gemiddelde prijs van een Duitse auto minder of meer was dan 20.000 DM (in de lage anker-conditie) of 40.000 DM (in de hoge anker-conditie). Daarna kregen proefpersonen een lexicale beslissingstaak, waarin ze zo snel mogelijk moesten aangeven of bepaalde lettercombinaties een bestaand woord vormen (zie paragraaf 2.4.3, p.60). Daarbij kregen ze woorden voorgelegd die geassocieerd zijn met goedkope auto's (bijvoorbeeld Volkswagen, Golf) en met dure auto's (bijvoorbeeld Mercedes, BMW), neutrale woorden en non-woorden (dat wil zeggen: lettercombinaties die geen bestaand woord vormen). Overeenkomstig de verwachting herkenden de proefpersonen met de lage ankerwaarde de 'goedkope auto'-woorden sneller als bestaande woorden dan de 'dure auto'-woorden. Bij proefpersonen met de hoge ankerwaarde was dit patroon precies omgekeerd (Mussweiler & Strack, 1998). Kortom, door de gegeven ankerwaarde waren de proefpersonen gaan denken aan automerken die in de buurt van de genoemde prijscategorie komen. Die merken waren dus ook toegankelijker geworden, met als gevolg dat ze het uiteindelijke oordeel over de gemiddelde prijs van een auto sterker konden beïnvloeden.

De vierde verklaring van het ankereffect is de zogenoemde '*numerieke priming*'-theorie (zie Jackowitz & Kahneman, 1995). Volgens deze theorie is de schatting van een hoeveelheid of een kans een complexe geheugentaak waarbij onbewust en oncontroleerbaar (dus automatisch, zie hoofdstuk 7) getallen worden geactiveerd die volgens de beoordelaar mogelijk zijn als antwoord op de gevraagde schatting. De uiteindelijke schatting is volgens deze theorie een gewogen gemiddelde van de geactiveerde getallen. Volgens deze theorie reageren beoordelaars in eerste instantie op de ankerwaarde in het vergelijkende oordeel met het geloven in de juistheid van deze waarde. Dat wil zeggen, op het moment dat er wordt gevraagd of het aantal restaurants in Den Haag meer of minder dan 50 is, neem je in eerste instantie (onbewust en automatisch) aan dat het goede antwoord ongeveer 50 is. Dit idee is deels gebaseerd op het werk van Spinoza (zie Gilbert, 1991): volgens deze filosoof hebben mensen een natuurlijke neiging om datgene wat ze zien voor waar aan te nemen vóórdat ze er kritisch over gaan nadenken. Om iets te kunnen begrijpen moet men in eerste instantie aannemen dat het zo is. Pas daarna vraagt men zich af of het echt wel juist is. Neem bijvoorbeeld de stelling: 'De bewoners van Veganesië houden van lekker eten'. Om de betekenis van de stelling te kunnen begrijpen moet je in eerste instantie aannemen dat er inderdaad een land bestaat dat Veganesië heet en dat daar mensen wonen. Pas in tweede instantie denk je: Veganesië, is dat eigenlijk wel een bestaand land? Kortom, iets begrijpen gaat samen met het voorlopig als waar accepteren (los van of men het daarna alsnog verwerpt). Men moet dus ook een ankerwaarde accepteren om de betekenis ervan te kunnen begrijpen. Volgens de 'numerieke priming'-theorie wordt, door deze aanvankelijke acceptatie van de ankerwaarde, deze waarde geactiveerd als een van de mogelijke antwoorden bij de uiteindelijke schatting. Het gaat in deze verklaring dus om een puur automatische priming van getallen, om *numerieke* priming (en niet om priming van bepaalde voorbeelden of overwegingen, zoals in het SAM waarbij een hoge ankerwaarde andere, inhoudelijk geassocieerde kennis activeert dan een lage ankerwaarde).[4]

Zoals gezegd is het ankereffect zeer robuust. Onder bepaalde omstandigheden wordt het echter zwakker, bijvoorbeeld wanneer het vergelijkende oordeel (de eerste vraag in ons voorbeeld) heel snel en onder tijdsdruk gegeven moet worden (Mussweiler, 1997) of wanneer er niet om een vergelijkend oordeel werd gevraagd en de ankerwaarde op een andere manier wordt geïntroduceerd (Daamen, in druk). Het is echter geen voorwaarde voor ankering dat de ankerwaarde via een vraag aan de beoordelaar wordt gepresenteerd. Beoordelaars kunnen ook zelf een ankerwaarde kiezen. Bij salarisonderhandelingen voor een toekomstige baan blijken sollicitanten bijvoorbeeld te ankeren op het salarisniveau van hun huidige baan, ook wanneer deze informatie haar relevantie heeft verloren (Daamen & Wilke, 1994). Fiske en Taylor (1991) opperen dat, bij kwantitatieve oordelen over eigenschappen van anderen, de score die we onszelf toekennen op de betreffende eigenschap waarschijnlijk de meest beschikbare ankerwaarde is en onze oordelen zal beïnvloeden. In hoofdstuk 3 zagen we ook al dat mensen geneigd zijn hun eigen gedragingen en eigenschappen te gebruiken als norm of standaard bij het beoordelen van anderen (Dunning & Hayes, 1996, zie paragraaf 3.7.3, p.133).

Een andere demonstratie van de invloed van ankering waarbij de ankerwaarde door de beoordelaar zelf wordt gegenereerd, is de volgende.

> *Probeer binnen 5 seconden te schatten wat de uitkomst is van:*
> *1x2x3x4x5x6x7x8= ...*
> *Lees verder als je je schatting hebt gegeven.*

In een experiment van Tversky en Kahneman (1974) werd deze opgave aan proefpersonen voorgelegd. In een andere conditie werd gevraagd om binnen 5 seconden de uitkomst te schatten van: 8x7x6x5x4x3x2x1. Vijf seconden is natuurlijk voor de meeste mensen veel te kort om deze som uit te rekenen. Proefpersonen bleken in de eerste conditie gemiddeld een lagere uitkomst te schatten (hier was de gemiddelde schatting 512) dan in de tweede conditie (gemiddelde schatting 2250). Verondersteld wordt dat de proefpersonen in de tweede conditie (afnemende getallenreeks) verankerd raakten op het product van 8, 7 en 6 (dat konden ze nog net uitrekenen in vijf seconden, onmiddellijk daarna moesten ze hun antwoord geven), terwijl de proefpersonen in de eerste conditie (toenemende getallenreeks) wellicht het product van 1, 2 en 3 als anker gebruikten. Overigens waren alle proefpersonen verankerd op een te laag getal, het goede antwoord is namelijk 40.320.

---

[4] Overigens zijn er in Den Haag volgens de *Gouden Gids* 530 restaurants

Concluderend: kwantitatieve oordelen (schattingen van kansen of hoeveelheden) blijken vaak te assimileren in de richting van een beschikbaar vergelijkingsgetal (de ankerwaarde). Van belang is dat dit getal soms relevant is (zoals in het experiment hierboven met de sommen), maar soms ook volstrekt irrelevant (zoals in het experiment met het rad van fortuin). Ook voor ankering geldt dat het kan leiden tot accurate oordelen, met name als de ankerwaarde relevant is voor de schattingstaak en niet sterk afwijkt van het juiste antwoord. Maar het kan ook leiden tot vertekende oordelen, bijvoorbeeld als de ankerwaarde extreem is of niet van belang voor de schatting, en als het gebruik van het anker ons afhoudt van het voldoende in rekening brengen van andere, meer relevante informatie.

In deze sectie zijn enkele vuistregels behandeld die mensen gebruiken om op een efficiënte manier schattingen te geven van frequenties en waarschijnlijkheden. Deze vuistregels, die in het algemeen vrij effectief zijn, kunnen in bepaalde gevallen leiden tot grove vertekeningen in kansschattingen. Wanneer die kansschattingen dan worden gebruikt als basis voor een beslissing, is het duidelijk dat het resultaat niet optimaal zal zijn.

8.5 Beslisstrategieën: kiezen uit verschillende mogelijkheden

Tot nu is in dit hoofdstuk beschreven hoe waarschijnlijkheden en waarden van uitkomsten van keuzemogelijkheden worden geschat (bijvoorbeeld op basis van heuristieken) en hoe ze worden gewogen (bijvoorbeeld volgens de principes van de prospecttheorie) bij het vormen van een eindoordeel – een oordeel over de verwachte waarde van een gedraging. Alsof het vormen van zo'n oordeel nog niet ingewikkeld genoeg is, moeten mensen in het dagelijks leven vaak een oordeel vormen over meerdere gedragsmogelijkheden tegelijk. De vraag is vaak niet óf je al dan niet een televisie koopt, maar welk merk en in welke prijscategorie; niet óf je met vakantie gaat, maar waar naartoe en met welk vervoermiddel. Bovendien zijn er vaak meerdere uitkomsten verbonden aan elk van die verschillende keuzemogelijkheden. Denk maar aan het probleem van Albert, die uit twee banen kan kiezen. De vraag is dan niet alleen 'hoeveel geld levert een bepaalde keuze me op': ook andere uitkomsten spelen een rol, zoals 'zijn de collega's aardig', 'moet ik verhuizen', 'is het werk interessant'. In dergelijke complexe keuzesituaties kunnen mensen verschillende strategieën volgen om tot een beslissing te komen. We spreken dan van beslisstrategieën.

8.5.1 Het traceren van beslisstrategieën

Stel je voor dat je na je studie enorm toe bent aan een vakantie. In tabel 8.1 staat een rapport uit de *Consumentengids* over enkele compleet verzorgde vliegvakanties (aangeduid met A t/m E). Deze reizen worden met elkaar vergeleken op vijf kenmerken (dat wil zeggen, uitkomsten die je bij de keuze voor deze reis zou verkrijgen), namelijk: gemiddelde temperatuur, reistijd, kwaliteit van het zeewater, prijs en hoeveelheid neerslag in de betreffende reismaand.[5] Als beslisser word je hier geconfronteerd met een keuzeprobleem waarbij je op basis van informatie over een aantal uitkomsten van verschillende alternatieven de beste keuze moet maken. Er wordt dus een vorm van 'problem solving' gevergd (Newell & Simon, 1972). In besliskundig onderzoek worden dergelijke keuzeproblemen aan proefpersonen voorgelegd om beslisstrategieën te achterhalen. Welke reis zou jij kiezen?

Tabel 8.1 Vijf vliegvakanties vergeleken op vijf uitkomsten

	temperatuur (in °C)	reistijd	kwaliteit zeewater	prijs	hoeveelheid neerslag
reis A	19	2 uur	goed	1450,–	30 mm
reis B	22	6 uur	matig	1000,–	25 mm
reis C	26	4 uur	matig	1200,–	50 mm
reis D	30	9 uur	zeer goed	1650,–	40 mm
reis E	24	7 uur	goed	1500,–	15 mm

Wanneer we in dit keuzevoorbeeld alleen maar vragen om aan te geven welke reis je zou kiezen, dan kunnen we op grond van het antwoord niet zomaar zeggen welke strategie je hebt gevolgd om tot je keuze te komen. Zonder aanvullende metingen is het onmogelijk te achterhalen wat zich in je hoofd (de 'black box') heeft afgespeeld tijdens het raadplegen van de informatie in de tabel en het maken van je keuze. Hoe kunnen we er nu achterkomen welke strategie beslissers in een dergelijke keuzesituatie volgen?
In de besliskunde zijn verschillende onderzoekstechnieken ontwikkeld om na te gaan hoe mensen te werk gaan in een complexe keuzesituatie, waarbij ze moeten kiezen uit verschillende mogelijkheden die ieder meerdere uitkomsten hebben (bijv. Ford e.a., 1989). Een techniek is bijvoorbeeld de 'hardop denken'-procedure (bijv. Ericsson & Simon, 1980). Bij deze techniek wordt proefpersonen gevraagd om gedurende het oplossen van het keuzeprobleem al hun gedachten uit te spreken. (Aangezien mensen niet echt gewend zijn om dit te

---

5 In dit voorbeeld doen we alsof er bij elke uitkomst 100% zekerheid is dat de betreffende uitkomst ook optreedt, maar in feite is het wat ingewikkelder. Bijvoorbeeld: de gemiddelde temperatuur van bestemming A is 19°C, wat eigenlijk betekent dat er een kans van 90% is dat het daar 18 tot 20 graden is. We nemen echter aan dat die kansen bij elke bestemming hetzelfde zijn. We laten ze dus weg omdat we geen rekening hoeven te houden met verschillen in kansen van uitkomsten. Dit is ook wel eens anders. Bijvoorbeeld: bij een bepaalde bestemming is de kans groot dat de reistijd uiteindelijk langer is dan gepland en bij andere reizen heb je meer zekerheid over stiptheid. In die gevallen zou je ook de kansen kunnen opnemen in het keuzeprobleem (bijvoorbeeld als aparte kolom in de tabel).

doen, wordt dit eerst geoefend met een ander – ongerelateerd – probleem.) Het hardop denken wordt vastgelegd op een geluidsband. De verbale protocollen worden vervolgens geanalyseerd door alle tekst te coderen en te scoren in vooraf vastgelegde categorieën.
Een voorbeeld van de gedachten die een proefpersoon zou kunnen hebben bij het reis-keuzeprobleem staat hieronder.

> ... Temperatuur, eens kijken, 19 graden is wel koud, die valt af. Maar 30 graden dat hoeft nou ook weer niet. Dat vind ik eigenlijk te warm, bovendien is het duur dus die valt af. 22 of 26 graden is goed en die zijn ook goed betaalbaar, dat is wel wat. Vier uur reistijd dat kan ook nog wel, die dan maar doen, maar o jee de kwaliteit van het water is matig. Wat zouden ze daarmee bedoelen, zou het vervuild zijn? Kun je erin zwemmen? Dat is toch wel belangrijk. Misschien dan maar optie E, daar is het water goed. Het is wel een lange reis, daar zie ik niks in. Maar de temperatuur is mooi en er is weinig neerslag, dat is ook heel gunstig.

Dit voorbeeld laat een bepaalde combinatie van strategieën zien. We komen daar straks nog op terug.
'Hardop denken'-procedures hebben als nadeel dat ze zeer arbeidsintensief zijn. Het verzamelen van de gedachten van de proefpersoon en het scoren in categorieën is monnikenwerk. Bovendien kan de instructie om hardop te denken tijdens de taak het beslisproces verstoren, waardoor een andere strategie wordt gevolgd dan onder normale omstandigheden het geval zou zijn (bijv. Biehal & Chakravarti, 1989; zie ook paragraaf 2.1.1, p.32, over de nadelen van introspectie).
Een minder gebruikte techniek om het beslisproces te traceren is het registreren van *oogbewegingen* tijdens het gebruiken van de tabel (zie bijv. Rosen & Rosenkoetter, 1976). Hierbij wordt proefpersonen een apparaat op de ogen gezet waarmee verschillende aspecten kunnen worden gemeten die indicatief zijn voor de wijze waarop informatie is verzameld en gebruikt tijdens het oplossen van het keuzeprobleem (bijvoorbeeld: tijd van kijken naar informatie, de volgorde waarin informatie wordt bekeken). Deze methode vergt echter nogal wat technische precisie: het hoofd van de proefpersoon dient vastgezet te worden, zodat storende hoofdbewegingen worden voorkomen. Bovendien moeten proefpersonen met een bril of contactlenzen van deelname worden uitgesloten. Verder wordt de oogbeweging-methode problematisch wanneer er veel informatie (bijvoorbeeld 10 vakantiereizen en 10 uitkomsten) op een te klein oppervlak wordt aangeboden. In dat geval is het apparaat niet meer in staat om precieze metingen te verrichten (hoewel momenteel wordt gewerkt aan nieuwe technische mogelijkheden om dit probleem te verhelpen).
Een andere, minder arbeidsintensieve – en dus relatief veel gebruikte – techniek is het *informatiezoek-bord* (bijv. Payne, Bettman & Johnson, 1993; zie ook paragraaf 2.4.4, p.62). Bij deze methode ziet de tabel die aan proef-

personen wordt aangeboden er in wezen net zo uit als tabel 8.1: men ziet een tabel met in de rijen de keuzemogelijkheden en in de kolommen de uitkomsten. Daarbij kan het gaan om verschillende consumentenproducten, maar bijvoorbeeld ook om studierichtingen, banen, tijdsbestedingen, huisdieren, enzovoort. De onderzoeker wil weten hóe precies een proefpersoon naar zo'n tabel kijkt. Je kunt je voorstellen dat er tal van manieren zijn om de complexe informatie in zo'n tabel te verwerken. Je kunt bijvoorbeeld eerst van één product (bijvoorbeeld reis A) nagaan hoe dit scoort op alle uitkomsten. Stel dat je weet dat reis A naar Sardinië is en je wilde daar altijd al naartoe, dan zul je waarschijnlijk eerst alle uitkomsten van die optie bekijken. Een andere mogelijkheid is dat je eerst kijkt hoe elk product scoort op één of twee uitkomsten die je belangrijk vindt, om al meteen enkele opties te laten afvallen. De proefpersoon in ons voorbeeld ging op deze manier te werk: eerst werd gekeken naar temperatuur en prijs, waarbij bestemmingen die te koud of te duur waren gelijk afvielen.

Om te kunnen vaststellen wat een proefpersoon precies doet, wordt de informatie in de cellen afgedekt. In eerste instantie ziet de proefpersoon dus alleen een lege tabel van keuzemogelijkheden x uitkomsten. Net als in tabel 8.1 zijn de keuzemogelijkheden weergegeven in de rijen en de uitkomsten in de kolommen. Op deze wijze ontstaat een matrix waarin achter elke cel informatie is verborgen over alternatief/uitkomst combinaties (zie figuur 8.6).

De proefpersoon krijgt de mogelijkheid om de informatie uit de cellen zelf op te vragen, bijvoorbeeld door op een vakje te klikken met de muis (bij een computergestuurd experiment). Als je bijvoorbeeld in de tabel van figuur 8.6 klikt

	temperatuur in °C	reistijd	kwaliteit zeewater	prijs	neerslag (in mm)
reis A					
reis B					
reis C					
reis D					
reis E					

Figuur 8.6 Informatiebord met afgedekte cellen over vijf vakantiereizen en uitkomsten

op de prijs van 'reis A', dan krijg je te zien dat deze '1450 gulden' kost (zie tabel 8.1). Deze informatie blijft in beeld totdat je op een ander vakje klikt. Dan komt de informatie uit die cel in beeld en verdwijnt de informatie uit de vorige cel. Er is dus altijd maar één cel tegelijk in beeld. Dat betekent dat je soms vaker op een bepaalde cel moet klikken, omdat je vergeten bent wat daar ook alweer stond. Je gaat hiermee net zo lang door tot je een beslissing hebt genomen. Je hoeft dus niet alle vakjes open te klikken, maar je stopt zodra je weet wat je gaat kiezen.

De proefpersoon is vrij in het inspecteren van de cellen wat betreft hoeveelheid en volgorde (bijvoorbeeld eerst enige of alle informatie over één optie, of eerst informatie over een bepaald kenmerk voor één of alle opties). De onderzoeker krijgt zo inzicht in (a) de hoeveelheid informatie die wordt gevraagd, (b) het soort informatie en (c) de volgorde waarin informatie wordt opgevraagd. Dat zegt iets over het type beslisstrategie dat wordt gehanteerd (zie bijv. Koele & Westenberg, 1995).[6]

Mensen kunnen in een dergelijke situatie verschillende beslisstrategieën gebruiken om tot een keuze te komen. In de literatuur worden ruwweg twee strategieën onderscheiden, te weten: de compensatorische strategie en de non-compensatorische strategie (bijv. Beach & Mitchell, 1978; Payne, 1976). Het toepassen van de twee strategieën verschilt in de uitgebreidheid en de benodigde mentale arbeid, en derhalve in de mate waarin ze resulteren in weloverwogen beslissingen. We lichten deze twee beslisstrategieën in de volgende paragrafen toe.

8.5.2 Weloverwogen beslissen: de compensatorische beslisstrategie

Je hebt lang moeten sparen, maar je hebt nu eindelijk genoeg om twee weken weg te gaan met een compleet verzorgde vliegreis. Vanwege de hoge kosten vind je het kiezen van de juiste reis belangrijk – een keuze waar je goed over na wilt denken, want als je eenmaal hebt betaald, kun je niet meer van mening veranderen. Je krijgt nu de vijf reizen met de vijf bijbehorende uitkomsten uit het eerdere voorbeeld voorgeschoteld. Hoe ga je te werk?

In dit geval zou je een compensatorische beslisregel kunnen gebruiken. Je gaat er dan van uit dat een slechte score op een bepaalde uitkomst van een keuzemogelijkheid kan worden gecompenseerd door een goede score op een andere uitkomst van diezelfde keuzemogelijkheid. Zo zou de relatief hoge prijs van reis D gecompenseerd kunnen worden door de zeer goede kwaliteit van het

---

6 De hier beschreven technieken bieden dus eigenlijk de mogelijkheid om het proces van beslissen te onderzoeken. Dit in tegenstelling tot het onderzoek naar 'verwachte waarde'-modellen, waar slechts wordt gekeken welke keuzen er worden gemaakt op basis van aangeboden informatie, en de structuur van de beslissing wordt afgeleid uit de relatie tussen aangeboden informatie (input) en gemaakte keuze (output). 'Verwachte waarde'-modellen worden dan ook wel structuurmodellen genoemd, terwijl theorieën over beslisstrategieën (bijvoorbeeld via informatiezoek-borden) bekend staan als procesmodellen.

zeewater, waardoor reis D niet onmiddellijk afvalt.
Dit idee komt overeen met een belangrijke aanname in normatieve 'verwachte waarde'-modellen (zoals aan het begin van dit hoofdstuk besproken), namelijk dat de mens streeft naar het maximaliseren van nut (utiliteit) en bereid is zich mentaal uit te sloven om dat te bereiken. Compensatorische beslisregels gaan uit van het principe dat de verwachte waarde op een bepaalde uitkomst gecompenseerd kan worden door de verwachte waarde op een andere uitkomst (Abelson & Levi, 1985; Bettman, Johnson, & Payne, 1991; Payne, 1982).
Een compensatorische beslisstrategie vereist dat voor alle keuzealternatieven informatie over dezelfde verwachte uitkomsten wordt verzameld, verwerkt en gecombineerd, om de opties optimaal met elkaar te kunnen vergelijken. Immers, als je de beste optie wilt kiezen door de utiliteiten van alle alternatieven te vergelijken, dan moet dit wel gebeuren op basis van dezelfde informatie. Het missen van informatie over een uitkomst van een alternatief betekent dat je niet met zekerheid kunt stellen dat die optie slechter of beter is dan een andere. Vandaar dat het hanteren van compensatorische regels een relatief moeilijk en arbeidsintensief karwei is. Sommige mensen gebruiken zelfs pen en papier wanneer ze deze strategie hanteren (Beach & Mitchell, 1978).
Het keuzeprobleem kan ook enigszins worden vereenvoudigd door alleen de belangrijke uitkomsten van alle keuzealternatieven te betrekken in het keuzeproces. Dat wil zeggen, men selecteert uit de set van mogelijke uitkomsten alleen de belangrijkste uitkomsten (bijvoorbeeld temperatuur, kwaliteit van het zeewater en prijs) en sommeert deze uitkomsten van alle keuzealternatieven (in dit geval de vijf reizen) om tot de beste keuze te komen. In dit geval is het beslisproces minder uitgebreid, maar de systematiek van beslissen is gelijk aan die van de compensatorische regel.
In het informatiezoek-bord zal de compensatorische strategie tot uiting komen doordat de informatie uit alle cellen (of in elk geval alle belangrijke uitkomsten) is opgevraagd, zodat er een gelijke spreiding is van opgevraagde informatie over de alternatieven. Dat wil zeggen, van alle alternatieven zijn dezelfde en evenveel uitkomsten in het keuzeproces betrokken. Ook de onderliggende systematiek van de gehanteerde beslisregel is in het informatiezoek-bord te achterhalen. Een persoon kan bijvoorbeeld eerst de informatie van alle uitkomsten van het ene alternatief opvragen, daarna van het andere alternatief, enzovoort. De beslisser gaat dan zogenaamd alternatief-gewijs te werk.

8.5.3 Een vluchtige analyse van het keuzeprobleem: de non-compensatorische beslisstrategie

In besliskundig onderzoek zijn verschillende soorten beslisstrategieën ontdekt die afwijken van compensatorische beslisregels (bijv. Beach & Mitchell, 1978; Payne, 1976; zie ook Payne e.a., 1993): de zogenoemde non-compensatorische beslisstrategieën. Deze worden ook wel heuristische strategieën genoemd, om aan te geven dat beslissers de cognitieve arbeid beperken en het beslistraject verkorten (zoals ook heuristieken dat doen, zie paragraaf 8.4.1, p.337). Uit onderzoek in de cognitieve psychologie is gebleken dat mensen doorgaans niet alle beschikbare informatie gebruiken voordat ze een keuze maken, omdat dit simpelweg hun aandacht en rekenkundige bekwaamheden te boven gaat (Broadbent, 1958). Bovendien moeten er dagelijks ontzettend veel beslissingen genomen worden, waarbij we vaak ook nog afgeleid worden door interessantere dingen. Om het hoofd te kunnen bieden aan de complexe keuzeomgeving hanteren mensen heuristische beslisregels. Zoals Simon (1956, p.129) zei: 'Organisms adapt well enough to "satisfice"; they do not, in general, optimize'. We nemen dus vaak genoegen met een *voldoende* resultaat, ook al is dit wellicht niet het *beste* resultaat, omdat dat laatste te veel denkwerk zou vergen.

Het belangrijkste kenmerk dat alle non-compensatorische beslisregels met elkaar gemeen hebben, is dat een keuzealternatief onmiddellijk wordt verworpen wanneer deze een slechte waarde op een belangrijke uitkomst heeft, ongeacht de waarden op andere uitkomsten. We zien dat in het voorbeeld van onze proefpersoon, waar een vakantiebestemming afvalt vanwege de lage temperatuur, ondanks de gunstige prijs. In dit soort gevallen kan men op basis van informatie over één belangrijk geachte uitkomst al bepalen of een optie überhaupt te overwegen valt, zonder dat men hoeft te kijken naar andere uitkomsten van die optie. Deze wijze van versimpeling is non compensatorisch, omdat een slechte score op een bepaalde uitkomst *niet* gecompenseerd kan worden door een goede score op een andere uitkomst. We zullen hieronder twee van dergelijke beslisregels kort bespreken (voor een uitgebreidere beschrijving, zie Svenson, 1979; Bettman e.a., 1991).

De eerste is de *satisficing*-regel (Simon, 1955). Bij het volgen van deze regel worden alternatieven een voor een bekeken. De waarde van iedere uitkomst van een alternatief wordt allereerst vergeleken met van tevoren vastgestelde normen (bijvoorbeeld minimaal 20 graden en niet duurder dan 1500 gulden). Als een van de waarden van een uitkomst beneden de vastgestelde norm valt, dan wordt het alternatief meteen verworpen. Het eerste alternatief dat voldoet aan de waarden van de vastgestelde normen wordt gekozen. Bij deze beslisstrategie heeft het alternatief dat men het eerste tegenkomt meer kans om te worden gekozen dan alternatieven die men later tegenkomt. De satisficing-regel wordt bijvoorbeeld gebruikt door sommige mensen die nieuwe kleren of schoenen nodig hebben: ze gaan een winkel in en als ze daar een kledingstuk of paar schoenen vinden dat voldoet aan hun eisen, dan kopen ze het meteen. Artikelen in andere winkels, die misschien even goed of zelfs beter voldoen aan de criteria, maken minder kans om te worden gekozen. Bij de satisficing-regel geeft dat niet, want waar het om gaat is dat een artikel 'voldoende' is. Niet iedereen heeft zin eerst alle schoenenwinkels van de stad in en uit te lopen, om uiteindelijk het paar te kopen dat in de eerste winkel lag (volgens sommigen stereotiep vrouwelijk gedrag, maar volgens ons een mogelijk gevolg van een compensatorische beslisstrategie).

De satisficing-heuristiek kan ook meer noodgedwongen worden gebruikt, bijvoorbeeld wanneer je een kamer zoekt in een stad met een enorme woningnood. Je zult dan al snel genoegen nemen met de kamer die je als eerste aangeboden krijgt, te meer daar de van te voren vastgestelde normen relatief laag zullen zijn (bijvoorbeeld de kamer mag best in een buitenwijk liggen en hoeft niet groot te zijn). Bovendien zal er in een dergelijke situatie vaak sprake zijn van haast en weinig bedenktijd. Er staan namelijk nog vele anderen te trappelen om de betreffende kamer te huren.

Een andere non-compensatorische beslisregel is de *elimination by aspect*-regel, die als eerste beschreven is door Tversky (1972). Deze beslisregel begint met het vaststellen van de belangrijkste uitkomst, bijvoorbeeld de prijs. Dan wordt er een drempelwaarde voor die uitkomst vastgesteld, en alle alternatieven die beneden de drempelwaarde van die uitkomst uitkomen worden uitgesloten (geëlimineerd, vandaar de term 'eliminatie per aspect'). Als er meer dan één alternatief overblijft, dan wordt dit proces vervolgd met de op één na belangrijkste uitkomst, dan de derde, enzovoort, totdat er één alternatief overblijft. Het lijkt aannemelijk dat de *elimination by aspect*-regel eerder wordt gebruikt wanneer bepaalde waardes van uitkomsten saillant of belangrijk zijn of worden gemaakt (vgl. Slovic, 1975). Wanneer je bijvoorbeeld erg graag wilt diepzeeduiken tijdens je vakantie, dan is schoon en helder zeewater van groot belang en zal de eerste selectie van reizen plaatsvinden op basis van dat criterium. De reizen naar bestemmingen waar de waterkwaliteit matig is vallen dan af. De mogelijke aankoop van Alberts auto (mocht hij in Wijk bij Duurstede gaan werken) zou ook volgens de *elimination by aspect*-regel kunnen verlopen. Immers, er zijn enorm veel auto's te koop en er zijn ook veel relevante uitkomsten. Door een heuristische beslisregel toe te passen vermindert Albert de cognitieve belasting van de beslissing.

Ook non compensatorische beslisstrategieën kunnen via het informatiezoekbord achterhaald worden. Neem bijvoorbeeld de satisficing-regel. Via het informatie-zoekbord in figuur 8.6 zou het volgen van deze regel blijken wanneer een persoon eerst alle uitkomsten opvraagt van reis A, dan van reis B, en vervolgens B kiest. Dat wil zeggen, de persoon is tevreden over de betreffende vakantiebestemming omdat deze voldoet aan de vooraf gestelde normen en eisen. We zien dus ook hier weer dat de hoeveelheid opgevraagde informatie, de spreiding van zoeken over alternatieven (die hier zeer ongelijk is, want er wordt alleen informatie vergaard over twee alternatieven) en het zoekpatroon informatie verschaffen over de gevolgde beslisstrategie.

Het hanteren van de *elimination by aspect*-regel blijkt uit het informatie-zoekgedrag wanneer een persoon bijvoorbeeld eerst van alle reizen informatie opvraagt over de reistijd, en vervolgens de prijs bekijkt voor reis A en C (met andere woorden, de andere reizen zijn op basis van informatie over de reistijd geëlimineerd: meer dan 4 uur vliegen is te lang). Merk op dat het zoekproces bij het hanteren van de *elimination by aspect*-regel uitkomstgewijs verloopt (men bekijkt alle alternatieven per uitkomst), terwijl het bij de satisficing-

regel alternatiefgewijs is (men bekijkt alle uitkomsten per alternatief).
Samengevat: het toepassen van een compensatorische regel betekent dat een negatieve waarde op een belangrijke uitkomst kan worden goedgemaakt door positieve waarden op een of meer andere uitkomsten. Het gebruiken van compensatorische regels vergt relatief veel tijd en cognitieve inspanning. Het voordeel is dat het volgen van deze regel de kans vergroot dat het beste alternatief uit een set van mogelijkheden wordt gekozen. Het toepassen van een non-compensatorische regel betekent dat een negatieve waarde op een belangrijke uitkomst niet kan worden goedgemaakt door positievere waarden op andere uitkomsten. Het volgen van dergelijke regels vermindert de mentale belasting doordat het beslisproces wordt verkort: de beslisser hoeft niet alle (relevante) uitkomsten van alle alternatieven in overweging te nemen om tot een keuze te komen.

Opgemerkt moet worden dat beide soorten beslisstrategieën vaak door elkaar worden gebruikt (Beach & Mitchell, 1987; Potter & Beach, 1992). Er kan een onderscheid gemaakt worden tussen de zogenoemde 'screening-fase' en de 'overwegingsfase'. In de screening-fase wordt een non-compensatorische regel gebruikt om uit een set van mogelijke alternatieven tot een eerste selectie te komen (in het voorbeeld van onze proefpersoon: reis D valt meteen af vanwege de prijs en reis A valt af vanwege de temperatuur). Om een uiteindelijke keuze te kunnen maken uit de overgebleven opties (de overwegingsset) gaat men daarna verder met een compensatorische regel (reis B, C en E worden met elkaar vergeleken op basis van informatie over alle kenmerken; in ons voorbeeld besluit de proefpersoon dat de lange reis van een optie wordt gecompenseerd door de gunstige temperatuur en de geringe hoeveelheid neerslag).

8.5.4 Wanneer welke strategie?

In het algemeen leidt een non-compensatorische strategie tot een suboptimale keuze, dat wil zeggen: een keuze die, volgens de eerder beschreven formule van verwachte waarde (paragraaf 8.3.1, p.327) niet de hoogste utiliteit heeft. In bepaalde gevallen is een non-compensatorische strategie echter toch het meest bruikbaar. Als je bijvoorbeeld niet meer dan 1500 gulden kunt uitgeven aan een vakantie, dan kun je de 'beste' vakantie (gegeven de randvoorwaarde) heel goed bepalen zonder naar de prijzen van alle mogelijke alternatieven te kijken. Het is in zo'n geval juist heel functioneel om alternatieven met een te hoge prijs gelijk te elimineren.

Ook wanneer men maar een beperkte hoeveelheid tijd heeft, valt een non-compensatorische beslisregel te verkiezen boven een compensatorische. Payne, Bettman en Johnson (1988) voerden verschillende experimenten uit om te kijken welke beslisregels onder verschillende omstandigheden tot de beste keuze leidden. Als proefpersonen onder tijdsdruk stonden, bleken non-compensatorische strategieën (zoals 'elimination by aspect') een even goede of soms zelfs betere beslissing op te leveren dan de compensatorische. Het nadeel van compensatorische regels onder tijdsdruk is dat het beslistraject niet volledig afgewerkt kan worden, zodat er halverwege het proces, als de tijd om is, een beslissing moet worden genomen. In zulke gevallen is het beter direct al een non-compensatorische strategie te kiezen.

Eerder hebben we al gezien dat de keuzeomgeving waarin we ons begeven doorgaans complex is en dat mensen eerder streven naar een 'goed genoeg', voldoende resultaat dan naar het beste, optimale resultaat (Simon, 1956). Immers, om onze doelen te bereiken kunnen we vaak kiezen uit veel actiemogelijkheden (denk aan de hoeveelheid producten en merken in de supermarkt), maar in de praktijk zullen we die nooit allemaal overwegen. Verder lijken veel keuzeproblemen waar we dagelijks tegenaan lopen niet echt van levensbelang. Kortom, we hebben vaak niet de *cognitieve capaciteit* of de *motivatie* om een compensatorische strategie te gebruiken.

Het effect van cognitieve capaciteit zagen we hiervoor al: bij een beperkte hoeveelheid tijd is een non-compensatorische strategie gewoonlijk het meest effectief. Ook wanneer het aantal mogelijke alternatieven erg groot is, komt de cognitieve capaciteit van de beslisser onder druk te staan. In een experiment van Payne (1976) werd proefpersonen een aantal beslisproblemen voorgelegd die varieerden in het aantal keuzealternatieven (bijvoorbeeld 3 versus 6); het aantal uitkomsten werd gelijk gehouden. Analyse van het beslisproces liet zien dat men bij relatief weinig alternatieven meer compensatorische regels hanteerde, terwijl bij relatief veel alternatieven er meer gebruik werd gemaakt van heuristische regels. Kennelijk laat de complexe keuzesituatie (in geval van veel alternatieven) het gebruik van uitgebreide, compensatorische beslisregels niet toe (zie ook Ford e.a., 1989).

In een experiment van Hattrup en Ford (1995, Exp. 2) werd het effect van motivatie onderzocht. Proefpersonen werden geconfronteerd met een complex keuzeprobleem waarin ze via een informatie-bord informatie konden opvragen over 10 uitkomsten van 8 denkbeeldige personen. De taak van de proefpersonen was om aan te geven in hoeverre ze met iedere persoon zouden willen samenwerken. De helft van de proefpersonen werd gevraagd om na de keuzetaak aan de onderzoeksleider een korte uitleg te geven over hun voorkeuren. Deze proefpersonen dienden dus hun keuzen te verantwoorden ten overstaan van een onbekend persoon (een manipulatie van 'accountability', zie paragraaf 2.3.1, p.40), hetgeen hen zou motiveren om zoveel mogelijk argumenten te verzamelen voor hun standpunt. De andere proefpersonen hoefden geen verantwoording af te leggen. De resultaten lieten zien dat proefpersonen in de accountability-conditie een meer uitgebreide informatie-zoek-strategie volgden dan de controlegroep. Dit resultaat suggereert dat het afleggen van verantwoording mensen motiveert om meer compensatorische strategieën te gebruiken.

8.5.5 Kiezen zonder nadenken: de habituele beslissing

Hoewel het aanwenden van non-compensatorische beslisregels de mentale belasting reduceert, blijft er toch altijd een bepaalde hoeveelheid denkwerk noodzakelijk om deze regels toe te passen en tot een beslissing te komen. Immers, keuzealternatieven zullen altijd op ten minste één uitkomst vergeleken worden. Gelukkig bestaat een groot deel van onze dagelijkse keuzes uit beslissingen die we al vaker hebben genomen. Wanneer we ons eigen handelen wat nauwkeuriger bekijken, zien we dat een groot deel ervan eigenlijk wekelijks, zo niet dagelijks, onder nagenoeg dezelfde omstandigheden plaatsvindt. Ga bij jezelf alleen maar na hoe vaak je boodschappen haalt, een maaltijd klaarmaakt, de afwas doet, vrienden bezoekt, enzovoort. Kortom, ons gedrag is sterk repetitief, en de gemaakte keuzen daarmee ook. Doelgericht gedrag dat vaak op dezelfde manier voorkomt wordt in de psychologie als *habitueel* omschreven, ook wel als gewoontegedrag (Aarts, Verplanken & Van Knippenberg, 1998; Ronis, Yates & Kirscht, 1989; zie ook James, 1890).

Het gevolg van regelmatig dezelfde actiemogelijkheid kiezen en uitvoeren is dat we op den duur niet meer hoeven na te denken. Dat wil zeggen, het subjectief vaststellen van verwachte waarden en zelfs het vluchtig bekijken van erg belangrijke uitkomsten wordt overbodig. Het keuzeproces wordt niet verkort (zoals bij heuristische beslissingen), het wordt gewoon volledig overgeslagen (zelfs in accountability-condities; Aarts, Verplanken & Van Knippenberg, 1994). Hierdoor houden we cognitieve capaciteit over voor zaken waar we wél over na moeten denken. Met name als mensen onder tijdsdruk staan, blijken ze terug te vallen op routines, ook als die routines in die situatie minder adequaat zijn (Betsch, Fiedler & Brinkmann, 1998).

Gedrag dat vaker voorkomt wordt habitueel: zodra een bepaald doel is geactiveerd, wordt ook automatisch de keuze voor een bijbehorende gedraging geactiveerd (bijv. Aarts & Dijksterhuis, in druk; Bargh, 1997; Mitchell & Beach, 1990; zie ook paragraaf 7.2.5, p.305). Als je bijvoorbeeld besluit om naar de universiteit te gaan (doel), wordt automatisch het vervoermiddel 'fiets' geactiveerd (aangenomen dat je normaliter met de fiets gaat). Je hoeft dan niet te overwegen of je vandaag met de bus, fiets, auto, of benenwagen zult gaan. Misschien ga je zelfs wel op de fiets op dagen dat je dat beter niet had kunnen doen, bijvoorbeeld als het sneeuwt, domweg doordat je er geen gedachten aan wijdt. Iets vergelijkbaars overkwam ook Albert op zijn tweede werkdag. Op weg naar zijn nieuwe baan in Wijk bij Duurstede nam hij de fiets om naar het station te gaan. Diep in gedachten verzonken over de vraag welke auto hij zou gaan aanschaffen, stond hij plotseling voor het universiteitsgebouw: de reisbestemming die hij eerder al zo vaak had bereikt op zijn fiets. De macht der gewoonte is vaak sterker dan de meest geavanceerde beslisstrategie.

8.5.6 Ten slotte

In dit hoofdstuk hebben we een aantal thema's de revue laten passeren over het beslisproces dat ten grondslag ligt aan doelgericht keuzegedrag. We hebben gezien dat normatieve beslismodellen veronderstellen dat we alle informatie die relevant is voor het maken van keuzen verzamelen en gebruiken om tot de beste keuze te komen. Onderzoek binnen zowel de psychologische besliskunde als de cognitieve sociale psychologie laat echter zien dat dit meer uitzondering dan regel is. We passen voortdurend vuistregels toe en versimpelen het beslisproces door heuristische beslisregels te gebruiken. In veel gevallen worden onze keuzen zelfs automatisch gemaakt. Deze 'versimpelings'-processen lijken niet altijd opgeheven te worden wanneer we voldoende tijd hebben of geïnstrueerd worden om na te denken over de keuze. Onderzoeken binnen de psychologische besliskunde en de cognitieve sociale psychologie hebben dus één ding gemeen, namelijk erg veel aanwijzingen dat doelgericht keuzegedrag eerder heuristisch en automatisch verloopt dan weloverwogen. Natuurlijk maken we wel eens weloverwogen keuzen, bijvoorbeeld in onbekende situaties, als er veel op het spel staat, als we niet onder tijdsdruk staan en als er een klein aantal keuzeopties is.

In dit hoofdstuk is duidelijk geworden dat menselijke beslissingen vaak afwijken van rationele modellen. We moeten hierbij wel bedenken dat wat optimaal is in rationele of economische zin, niet altijd optimaal is in pragmatische of functionele zin. Soms kan het ene gebrek domweg niet gecompenseerd worden door het andere (bijvoorbeeld als je maar 1200 gulden tot je beschikking hebt en daarvan op vakantie moet). Het is dan volkomen rationeel (en functioneel) om non-compensatorisch te werk te gaan. Ook kan gesteld worden dat het functioneel is om meer gewicht toe te kennen aan grote verliezen dan aan grote winsten (zie ook paragraaf 6.3.4, p.266). De functionaliteit van heuristieken is eveneens al genoemd: we zagen dat heuristieken in het algemeen zeer nuttige sluipweggetjes leveren en ingewikkelde redeneringen overbodig maken. Alleen in bijzondere gevallen slaat men ten onrechte zo'n sluipweggetje in en komt men ongemerkt op de verkeerde bestemming.

Mensen moeten dagelijks enorm veel keuzen maken. Deze keuzen staan vaak direct in dienst van de doelen die ze nastreven. Kijk nog eens naar Albert. Nu hij eindelijk klaar is met zijn studie, had hij eigenlijk gehoopt even niet meer te hoeven nadenken. Het tegendeel is echter waar. Bij elke nieuwe beslissing wordt hij met weer nieuwe keuzeproblemen geconfronteerd; hoe gaat hij naar zijn werk, welke auto zal hij kopen, zal hij verhuizen, zo ja, zal hij een huis kopen of huren, wil hij een appartement of een doorzonwoning, hoe moet het huis worden ingericht, enzovoort. Sommige van deze keuzen zullen waarschijnlijk weloverwogen totstandkomen, maar een groter aantal komt via heuristieken en gewoonte tot stand. Dat is maar goed ook. Want Albert zal in zijn leven nog ontelbaar veel beslissingen moeten gaan nemen waarover hij niet altijd diep kan of wil nadenken.

9 Affect en cognitie

Marcel Zeelenberg en Henk Aarts

9.1 Inleiding

Albert heeft van de week een nieuwe tweedehands auto gekocht. Hij ging praten met de dealer en heeft zich laten overhalen een Datsun Sport te kopen. De verkoper informeerde hem over alle goede eigenschappen van deze sportieve auto en Albert werd alsmaar enthousiaster. Op zeker moment was hij zo overtuigd dat hij de auto meteen kocht, terwijl deze eigenlijk iets te duur was voor zijn budget. Hij voelde zich blij en was trots op zijn besluitvaardigheid. Maar zo gauw hij thuiskwam en de reactie van zijn vriendin zag, was het gedaan met zijn trots en blijdschap. 'Hoe kunnen we nou met deze auto door de stad rijden. Dit is toch een doodordinaire patserswagen en nog hartstikke duur ook', zei ze. 'Ik schaam me dood. Hiermee rijden we toch onwijs voor schut!' Zijn vriendin was duidelijk in hem teleurgesteld. Albert was boos op zichzelf, en op de verkoper. Maar bovenal had hij ook spijt, hij kon zijn haren wel uit zijn hoofd trekken. Hij had de auto contant betaald en er was geen weg meer terug. Als ik dit geweten had, had ik die Datsun nooit gekocht, dacht Albert. Hij beloofde zichzelf nooit meer op zo'n manier een grote aankoop te doen. Voortaan zou hij zijn vriendin meenemen, en zouden ze samen besluiten. Ook zou hij niet meer meteen op zijn gevoel afgaan, maar goed nadenken en er een nachtje over slapen.
Later die dag, toen Albert 's avonds met zijn goede vriend Richard in de kroeg zat en niet meer aan dit voorval dacht, was zijn boosheid en spijt grotendeels weggezakt. Toch voelde hij zich niet echt prettig. Hierdoor kon hij niet lachen om de grappen van Richard, terwijl die toch altijd zo leuk zijn. Ook had hij geen zin om zijn vriend Ruud, die hij toevallig tegenkwam, wat geld te lenen. Toen deze hem benaderde, kon hij niet inzien waarom hij hem wat zou lenen. Hij kon zich alleen maar herinneren dat hij zich altijd aan hem gestoord had en vroeg zich af waarom deze jongen eigenlijk een vriend van hem was.

Dit hoofdstuk gaat over affect en cognitie, oftewel over gevoel en verstand. Tot zover in dit boek is het voornamelijk cognitie wat de klok slaat, maar zoals we in dit hoofdstuk laten zien neemt affect een steeds centralere rol in binnen het sociale-cognitie-onderzoek. Dit lijkt een natuurlijke ontwikkeling van het vakgebied te zijn. Het sociale cognitie-onderzoek ontstond als gevolg van toenemende specialisatie, waardoor cognitieve aspecten van het sociale gedrag van mensen een apart onderwerp van studie werden (zie paragraaf 1.4.1, p.25). Hoe succesvol deze benadering ook is, het is ook duidelijk geworden dat sociaal gedrag voor een groot deel niet door een puur cognitieve benadering begrepen kan worden. In het huidig sociaal-cognitieve onderzoek zien we dan ook veel vaker aandacht voor affect en motivatie. Deze aandacht is zo overweldigend dat er gesproken kan worden van een affectieve revolutie, in reactie op de eerdere cognitieve revolutie (zie paragraaf 1.4.2, p.26).

In het begin van de wetenschappelijke psychologie werden emoties gezien als hinderlijk, verstorend en disfunctioneel. De heersende mening was, voortbouwend op ideeën van Plato en Aristoteles, dat er in de menselijke geest een competitie is tussen de rationele en de irrationele (= affectieve) krachten. Hierin dient de ratio te waken en te regeren over de grillige emoties die ons psychologisch evenwicht ontregelen en onaangepast gedrag veroorzaken. Ook de filosoof René Descartes ('ik denk, dus ik besta', en niet: 'ik voel, dus ik besta') zag emoties als verstorende elementen die ertoe kunnen leiden dat intelligente mensen domme dingen doen. Zijn studie van emoties (Descartes, 1647) was er dan ook op gericht inzicht in de emoties te verschaffen, teneinde ze beter te kunnen controleren. Ook in de twintigste eeuw werden emoties nog steeds gezien als een foutenbron. Zo schreef een van de belangrijke grondleggers van het behaviorisme (Watson, 1929, p. 216): 'The shock of an emotional stimulus throws the organism for the moment at least into a chaotic state'. Met andere woorden, emoties staan helder nadenken in de weg. Behavioristen waren ook van mening dat de wetenschappelijke studie van affect, net zoals die van cognitie, gedoemd was te mislukken. Affect werd namelijk gezien als puur subjectief en alleen onderzoekbaar via introspectie (zie paragraaf 2.1.1, p.31), een methode die behavioristen verafschuwden.

Als gevolg van deze houding ten opzichte van affect duurde het tot de jaren tachtig voordat systematisch onderzoek naar de relatie tussen affect en cognitie goed op gang kwam. Dat wil niet zeggen dat er geen eerdere pogingen gedaan waren om de relatie tussen affect en cognitie in kaart te brengen. Het onderzoek van Schachter (bijv. Schachter & Singer, 1962), dat we later in dit hoofdstuk bespreken, is daar een voorbeeld van. Maar pas door het werk van Zajonc (dat is genoemd in paragraaf 7.2.4, p.301) kwam de rol van affect meer systematisch in de schijnwerpers te staan in het onderzoek naar sociaal-cognitieve processen. Vandaag de dag wordt affect niet langer gezien als een storende variabele die maar beter genegeerd kan worden.

9.1.1 De relatie tussen gevoel en verstand

In het dagelijks leven worden gevoel en verstand vaak als tegengesteld beschouwd, waarbij aangenomen wordt dat de emotionele ervaring het nuchtere denken in de weg staat. Zo ook door bijvoorbeeld Albert, die denkt dat zijn beslissing verkeerd was omdat hij zich op zijn gevoel baseerde en daardoor niet goed nadacht. In dit hoofdstuk zullen we echter zien dat gevoel en verstand, affect en cognitie, onlosmakelijk met elkaar verbonden zijn. Ze kunnen elkaar wederzijds beïnvloeden. Zo zul je lezen dat cognities emoties kunnen veroorzaken. Albert ervaart spijt juist doordat hij nadenkt over de keuze die hij gemaakt heeft en over wat hij anders had moeten kiezen. Zijn vriendin is teleurgesteld omdat zij zo'n keuze niet van hem verwacht had. Ook schaamt ze zich omdat ze niet met die auto door haar vrienden gezien wil worden. Al deze emoties ontstaan als het resultaat van een cognitief proces (vgl. ook Weiners attributietheorie die onder meer stelt dat attributies van invloed zijn op affect; zie paragraaf 3.4, p.98). Omgekeerd kunnen affectieve toestanden ook cognities beïnvloeden. Wanneer Albert in de kroeg zit en chagrijnig is, is dat van invloed op hoe hij over zijn vrienden denkt en welke gedragingen hij zich van hen herinnert. Ook beïnvloedt het hoe grappig hij bepaalde opmerkingen vindt. Zijn negatieve stemming lijkt zijn denkprocessen dus op een of andere manier te kleuren en te sturen.

Behalve invloed op cognities, heeft affect ook invloed op gedrag. Zo leent Albert geen geld aan zijn vriend doordat hij chagrijnig is. Er zijn ook gedragseffecten op langere termijn. Albert zal waarschijnlijk de volgende keer zijn vriendin mee nemen als hij een grote aankoop gaat doen. Affectieve toestanden lijken dus belangrijke motivationele krachten te zijn: drijfveren die ons gedrag sturen. Daarnaast laten mensen zich ook leiden door de *anticipatie* van emoties – gedachten over emoties die ze op een later moment kunnen ervaren. We stappen in de achtbaan, drinken een paar biertjes, beginnen een relatie omdat we verwachten dat we ons bij deze gedragingen goed zullen voelen. We lopen 's avonds een straatje om als we een groep enge opgeschoten jongens zien staan, we drinken (meestal) niet te veel en besluiten geen ruzie met de baas te maken, omdat we weten dat deze gedragingen tot negatieve emoties kunnen leiden. We baseren onze beslissingen dus vaak op hoe we denken dat we ons later zullen voelen in een bepaalde situatie of bij een bepaalde uitkomst. In termen van het 'verwachte uitkomst'-model uit het vorige hoofdstuk (paragraaf 8.3.1, p.327): de waarde die we aan een uitkomst toekennen wordt deels bepaald door het gevoel wat we verwachten te ervaren op het moment dat die uitkomst optreedt. Het is overigens nog maar de vraag in hoeverre mensen in staat zijn hun toekomstige affectieve toestanden goed te voorspellen. We komen daar later nog op terug.

In de rest van dit hoofdstuk bespreken we hoe cognitie affect beïnvloedt en hoe affect cognitie beïnvloedt (voor recente overzichten van deze thema's: Clore e.a., 1994; Forgas, 1999). Ook richten we ons op de invloed van affect op gedrag en de mogelijkheden om toekomstige affectieve toestanden te voorspellen. Voordat we hieraan beginnen, leggen we eerst uit wat we precies met affect bedoelen, en hoe affect en cognitie aan elkaar gerelateerd zijn. Toegegeven, het lezen (en schrijven) van een stuk tekst over definities van concepten en hun onderlinge verhoudingen is niet echt de meest opwindende bezigheid. Maar het is wel van belang om vooraf onderscheid te maken tussen de begrippen 'affect', 'emotie' en 'stemming', zodat duidelijk is waar we het precies over hebben.

9.2 Wat is affect?

Tot nu toe hebben we de woorden affect, emotie, gevoel en stemming gebruikt alsof ze volledig uitwisselbaar zouden zijn. Dit is natuurlijk niet het geval, er zijn duidelijke verschillen tussen deze begrippen (zie bijv. Morris, 1989). Affect is de meest algemene term en verwijst naar een subjectieve evaluatie van iets op een positief–negatief (of prettig–onprettig) dimensie (vgl. Clore, Schwarz & Conway, 1994; zie ook paragraaf 2.4.1, p.50, waar wordt opgemerkt dat affect niet alleen verwijst naar heftige emoties, maar ook naar een evaluatieve reactie op een stimulus). Affect omvat dus zowel emoties als stemmingen. Andere begrippen die een evaluatie op een positief–negatief-dimensie weergeven, en dus ook affectief genoemd kunnen worden, zijn attitudes, voorkeuren, en andere evaluaties, bijvoorbeeld of je een persoon of een groep al dan niet aardig vindt en positief beoordeelt (Olson, Roese & Zanna, 1996). We richten ons hier vooral op emoties en stemmingen.

9.2.1 Emoties

Het kenmerkende van emoties is dat ze een duidelijk object hebben (Averill, 1980; Frijda, 1988). Emoties zijn affectieve toestanden die ergens over gaan. We zijn boos op een verkoper, teleurgesteld in onze partner, hebben spijt van een keuze, en zijn bang voor een groepje enge opgeschoten jongens. Doordat emoties een object hebben en dus ergens op gericht zijn, zijn ze over het algemeen kort van duur: als we onze aandacht ergens anders op richten, verdwijnt de emotie.[1] Vaak zal het echter moeilijk zijn de aandacht direct op iets anders te richten, juist doordat de emotie de aandacht naar het object toestuurt. Maar aangezien er altijd andere gebeurtenissen volgen op de emotie-opwekkende gebeurtenis en deze de aandacht zullen vragen, zal een emotie over het algemeen kortdurend zijn.

---

[1] Het is natuurlijk wel zo dat emotionele gebeurtenissen soms een zeer langdurige invloed op ons leven hebben. Dit kan bijvoorbeeld het geval zijn nadat iemand een geliefde of kind verloren heeft, of slachtoffer van een misdrijf was. Emotionele gebeurtenissen kunnen dus zeker wel langetermijngevolgen hebben. Dat wil echter niet zeggen dat de betrokkenen zich voortdurend in die emotionele toestand bevinden. Ze zullen vooral emoties ervaren wanneer ze weer terugdenken aan de gebeurtenis.

Emoties zijn meestal relatief intens. Dit komt doordat we emoties ervaren wanneer op een of andere manier onze belangen in het geding zijn (Frijda, 1986). Van deze belangen zijn we ons niet altijd even bewust. Het kan zijn dat we door iets erg geëmotioneerd raken, terwijl we dat eigenlijk niet verwacht hadden. Zo kun je onverwacht sterk geraakt worden door het overlijden van een bekende, of kan het voorkomen dat je bij het uitraken van een relatie pas inziet hoe belangrijk je partner eigenlijk voor je was. (De muziekgroep De Dijk gaf dit treffend weer met 'een man weet pas wat ie mist, als ze er niet is'.) Emoties kunnen op deze manier aangeven wat we belangrijk vinden.

Volgens Nico Frijda (1986, p. 251) is een kenmerk van emoties dat ze een verandering in *actiebereidheid* met zich meebrengen. Die verandering is het gevolg van een bepaalde *appraisal* (inschatting of beoordeling) van een situatie door degene die de emoties ervaart. Emoties gaan hierdoor gepaard met bepaalde emotie-specifieke actietendensen (impulsen om te handelen, neigingen om bepaalde gedragingen te vertonen) om de belangen die in het geding zijn te behartigen (Frijda, 1986). Actietendensen, of veranderingen in actiebereidheid zoals ze ook wel genoemd worden, verwijzen naar motivaties om bepaalde gedragingen te vertonen en doelen te bereiken. Het kan hierbij ook gaan om een afnemende motivatie om iets te doen. De emotie teleurstelling bijvoorbeeld kan ertoe leiden dat we juist gedemotiveerd raken: we zien er 'geen gat meer in' (bijvoorbeeld als je teleurgesteld bent over een onvoldoende voor je tentamen). We ervaren dan de afwezigheid van een actietendens (Van Dijk, 1999). De meeste actietendensen zijn echter neigingen om een bepaalde handeling juist wel te vertonen. Als we spijt voelen kunnen we onszelf wel voor de kop slaan en bij boosheid willen we een ander wel voor de kop slaan. Bij angst willen we vluchten, haatgevoelens brengen met zich mee dat we ver bij een ander vandaan willen zijn en de emotie liefde zorgt er juist voor dat we dicht bij die ander willen zijn. Het moge duidelijk zijn dat we niet altijd aan deze actietendensen gehoor geven. Vaak zullen we ze onderdrukken en ervoor zorgen dat we het specifieke emotionele gedrag niet vertonen. Veelal doen we dit omdat sociale normen dit emotionele gedrag belemmeren of reguleren (vgl. paragraaf 7.3.4, p.317, over zelfregulatie), en er aldus toe leiden dat onze belangen niet direct door dit gedrag behartigd worden. Wanneer een student bijvoorbeeld bang is op het moment dat de docent hem opeens vraagt een voordracht voor de hele groep te houden, zal hij (meestal) niet zomaar wegrennen; wanneer we boos zijn op de huisbaas, verkopen we hem of haar meestal geen oplawaai. Maar ook al leiden actietendensen niet altijd tot gedrag, de ervaring van de impuls tot handelen ('ik zou willen ...') is wel een typisch onderdeel van een emotionele beleving (Frijda, 1984). Er is zelfs beweerd dat dit aspect een centrale plaats in emotieonderzoek zou moeten innemen (Frijda & Zeelenberg, 1999).

Verschillende emoties kunnen niet alleen van elkaar onderscheiden worden op grond van hun specifieke actietendensen, maar ook op grond van de *gevoelens* die opgeroepen worden. Emoties en gevoelens zijn namelijk geen synoniemen van elkaar. Een emotie is een conglomeraat van ervaringen, en gevoelens zijn daar een (belangrijk) onderdeel van, maar een emotie omvat meer dan dat, bijvoorbeeld de zojuist genoemde actietendens. Gevoelens zijn fenomenologische ervaringen die vaak affectief van aard zijn, maar niet altijd. Schwarz en Clore (1996) maken onderscheid tussen drie soorten gevoelens op basis van de informatie die door deze gevoelens wordt overgebracht. Zo zijn er: 'lichamelijke gevoelens' zoals honger, pijn en lichamelijke opwinding ('arousal'), die ons informeren over onze lichamelijke toestand; 'cognitieve gevoelens', zoals verbazing, verwarring en bekendheid – gevoelens die ons informeren over onze kennis van iets[2] en 'affectieve gevoelens', zoals blijdschap en triestheid, die ons informeren over hoe het ervoor staat met onze belangen en doelen.

Affectieve gevoelens lijken een noodzakelijke voorwaarde voor een emotie te zijn. Dat wil zeggen dat elke emotie gepaard gaat met affectieve gevoelens. Het ervaren van een affectief gevoel betekent echter nog niet per definitie dat we ook een emotie ervaren. Emoties zijn meeromvattend en intenser. Denk bijvoorbeeld aan de affectieve ervaringen die we kunnen hebben wanneer we naar tv-reclames kijken. Deze reclames kunnen ons een prettig gevoel geven, of juist irritaties opwekken. Omdat deze affectieve ervaringen zo mild van aard zijn en niet gepaard gaan met actietendensen (de irritatie is vaak niet zo sterk dat we de tv uitzetten, en het goede gevoel is vaak niet sterk genoeg om tot aankoop van het product over te gaan), spreken we niet over emoties maar over gevoelens (Burke & Edell, 1989).

Emoties omvatten dus actietendensen en gevoelens. Een derde aspect van emoties is dat ze vaak vergezeld gaan van specifieke *gedachten*. Jaloezie is niet alleen een gevoel, maar gaat vaak gepaard met gedachten over degene die je liefhebt in innige omhelzing met een ander (Parrott, 1988). Bij andere emoties ervaren we weer andere gedachten. Zo gaat de emotie spijt gepaard met gedachten over kansen die we misgelopen zijn en fouten die we gemaakt hebben (Roseman, Wiest & Swartz, 1994; Zeelenberg e.a., 1998). Emoties kunnen dus worden veroorzaakt door gedachten, maar kunnen omgekeerd zelf ook gedachten opwekken.

Kortom, een emotie heeft een duidelijk object, een duidelijk begin, is vrij intens en kortdurend en gaat gepaard met specifieke actietendensen, gevoelens en gedachten. Een emotie is een affectieve ervaring die ergens over gaat.

Waarom ervaren we eigenlijk emoties? Emoties hebben een *adaptieve functie* (voor een recent overzicht: Brehm, 1999). Zoals we eerder al vermeldden, ervaren we emoties wanneer onze belangen in het geding zijn. Dat wil zeggen, er gebeurt iets (of er gebeurt iets juist niet) dat gevolgen heeft voor ons welbevinden en dat resulteert in het ervaren van een emotie. Emoties treden dan op

---

2 Een voorbeeld van een cognitief gevoel is het 'puntje van de tong'-fenomeen (zie ook paragraaf 7.2.2, p.295: *Nabewuste automaticiteit*). Dit slaat op het gevoel dat je er zeker van bent dat je iets weet, maar dat je er op dat moment niet op kunt komen ('ik weet dat ik het weet, maar wat was het nou?'). Zo bestaat er ook een 'puntje van de neus'-fenomeen dat je ervaart wanneer je een bekende geur ruikt maar die niet goed kunt plaatsen.

als belangenbehartigers door de specifieke actietendensen die ze oproepen (Frijda, 1993; Frijda & Tcherkassof, 1997). Emoties zorgen er dus voor dat we prioriteit geven aan gedragingen die onze belangen dienen. Wanneer we bijvoorbeeld angstig zijn, maakt de angst ons klaar om weg te rennen. Zijn we boos, dan worden we voorbereid om te vechten. Nu zou je kunnen beargumenteren dat je hiervoor geen emoties nodig hebt, omdat je ook gewoon al redenerend tegen jezelf kunt zeggen: 'Daar komt een auto aan die veel te hard rijdt, het kon wel eens zo zijn dat de bestuurder mij niet op tijd ziet, dus laat ik maar opzij springen.' Maar het voordeel van emoties is dat de reactie sneller totstandkomt (Brehm, 1999). De eerste reactie op een stimulus is vaak affectief, niet cognitief (vgl. de stelling van Zajonc, beschreven in paragraaf 7.2.4, p.301). Zodra een emotie wordt geactiveerd, worden automatisch de bijbehorende gedragspatronen geactiveerd. Je ziet de auto naderen, je voelt angst en je springt opzij, dit alles binnen een seconde. Er is geen tijd over om te gaan twijfelen aan je inschatting. Natuurlijk word je wel eens bang terwijl dat achteraf niet nodig bleek ('vals alarm'), maar voor je eigen belang kun je maar beter iets te vaak bang zijn dan te weinig (vgl. de adaptieve waarde van het negativiteitseffect in paragraaf 6.3.4, p.267).

Deze adaptieve, motivationele functie is echter niet de enige functie van emoties. Emoties hebben ook een *sociale, communicatieve functie*. Zo kan het tonen van berouw en schaamte ervoor zorgen dat degene die is geschaad door jouw gedrag jou je zonden vergeeft en je weer accepteert. Deze communicatieve functie wordt gedemonstreerd door een onderzoek waarin proefpersonen in hun eentje dan wel samen met een ander naar grappige filmfragmenten keken (Fridlund, 1991). Het bleek dat degenen die samen keken meer lachten dan degenen die alleen keken. Dit kon niet verklaard worden doordat degenen die samen keken de film misschien leuker zouden vinden vanwege de verhoogde gezelligheid (zie ook Jakobs, Manstead & Fischer, 1999). Ook het huilen van baby's (en volwassenen) heeft een communicatieve functie. Wanneer een baby huilt, laat hij de verzorgers zien dat zijn belangen in het geding zijn (honger, vieze luier). Het moge duidelijk zijn dat ook het communiceren van emoties overlevingswaarde heeft. Dit gaat nog een stap verder dan overlevingswaarde voor het individu alleen, want door middel van emotionele expressie kun je ook soortgenoten informeren of een bepaalde stimulus of een omgeving goed of slecht is.

Een derde functie van emoties, tenslotte, is dat het tonen ervan een *strategische functie* kan hebben. Mensen kunnen hun emoties overdrijven, of zelfs simuleren, om het gedrag van anderen te beïnvloeden (zie ook paragraaf 6.4, p.278, over zelfpresentatie). Docenten en ouders kunnen hun boosheid extra aanzetten om aan te geven dat er met hen niet te sollen valt. Geliefden kunnen hun partner vertellen dat ze erg in de ander teleurgesteld zijn (meer teleurgesteld dan ze in werkelijkheid zijn) in de hoop dat de ander voortaan meer rekening houdt met hun wensen. Minder machtige personen overdrijven vaak hun gevoelens van misère, verdriet, enzovoort met de bedoeling om hulp en steun te krijgen of anderen emotioneel te chanteren, terwijl meer machtige personen vaker hun woede overdrijven om hun zin te krijgen (voor een overzicht: Vonk, in druk).

9.2.2 Stemmingen

Stemmingen onderscheiden zich in verschillende opzichten van emoties. Om te beginnen hebben stemmingen geen duidelijk object. Ten tweede zijn ze milder, minder heftig. Het zijn affectieve toestanden waarin we ons bevinden. We voelen ons rot, zijn chagrijnig of 'down', of we voelen ons juist goed, blij en in een goed humeur. Stemmingen kunnen het gevolg zijn van een opeenstapeling van gebeurtenissen die ieder op zich te onbelangrijk zijn om echte emoties op te roepen. Doordat stemmingen geen object hebben, gaan ze ook niet gepaard met duidelijke actietendensen en gedachten. (Immers, waar zouden deze op gericht moeten zijn?) Stemmingen kunnen echter wel op andere manieren cognities en gedrag beïnvloeden. Juist doordat stemmingen zo algemeen en diffuus zijn, hebben ze de potentie om veel verschillende processen te beïnvloeden. (Deze worden later in dit hoofdstuk uitgebreid behandeld, zie paragraaf 9.3, p.383.) Een stemming is dus een algemene affectieve toestand die positief of negatief van aard is, die niet een eenduidige oorzaak heeft en waarin geen duidelijk begin en eind te onderscheiden is.

Ondanks de hier beschreven verschillen hebben emoties en stemmingen natuurlijk veel met elkaar te maken. Zo kunnen emoties overgaan in stemmingen wanneer de focus op de externe stimulus (het object) verdwijnt (Frijda, 1986, p. 382). In het openingsvoorbeeld van dit hoofdstuk zagen we bijvoorbeeld dat Alberts boosheid gericht was op de autoverkoper en op zichzelf. Na verloop van tijd verdwenen de gedachten over deze gebeurtenis naar de achtergrond, en zo ook de specifieke emoties en gevoelens. Het is echter mogelijk, zoals bij Albert gebeurde, dat er wel een aspecifieke negatieve affectieve ervaring blijft hangen. Als deze ervaring niet toegeschreven wordt aan de gebeurtenis, maar gewoon sluimerend aanwezig is, spreken we van een stemming. Wanneer Albert zich weer van het onbestendige gevoel bewust wordt en het in verband brengt met de autoaankoop, kan het weer tot gevoelens en zelfs emoties leiden. Hij kan dan weer boos worden en spijt voelen, met alle bijbehorende gedachten, gevoelens en actietendensen.[3]

Samengevat: affect is een algemene term die zowel emoties als stemmingen omvat. Emoties zijn objectgerichte affectieve ervaringen die gepaard gaan met

---

[3] We gaan hier voorbij aan het freudiaanse idee over ***displacement*** (verplaatsing), dat inhoudt dat je de oorzaak van je emoties ook op andere personen of stimuli kunt projecteren. Bijvoorbeeld: wanneer je eigenlijk boos op je baas bent en dat onderdrukt, kan het voorkomen dat je later thuis boos wordt op je partner. Deze boosheid is dan ook een emotie, omdat ze een duidelijk object heeft. Alhoewel je kunt beargumenteren dat dit objectief het verkeerde object is, doet dat niets af aan de ervaring van woede op die persoon, de partner in dit geval.

specifieke gedachten, gevoelens en actietendensen. Stemmingen zijn milde affectieve toestanden die geen object hebben. Door hun algemeenheid hebben stemmingen invloed op veel verschillende cognitieve processen en gedragingen.

9.3   De invloed van cognitie op affect

In hoofdstuk 7 (paragraaf 7.2.4, p.301) hebben we de opvattingen van Zajonc (1980) over de relatie tussen affect en cognitie besproken. Volgens Zajoncs visie zijn affect en cognitie grotendeels onafhankelijk van elkaar. Om hun adaptieve functie als belangenbehartigers te kunnen vervullen moeten emoties snel en direct optreden als reactie op een stimulus, zonder dat er eerst allerlei cognitieve overwegingen worden gemaakt (zie ook LeDoux, 1995; Phaf, 1995). Emoties leiden dan ook vaak een heel eigen leven, zonder dat bewuste cognities er al te veel invloed op lijken te hebben. Met zijn stelling 'Preferences need no inferences', gaf Zajonc in feite aan dat affectieve reacties onmiddellijk optreden en niet worden gemedieerd door cognities. Dit is soms inderdaad het geval. Als er bijvoorbeeld in een druk café iemand tegen je aanbotst, ben je in eerste instantie toch kwaad, ook al zie je dat die persoon het per ongeluk deed. De initiële affectieve reactie heeft hier duidelijk een adaptieve functie (onder meer het beschermen van de interpersoonlijke ruimte die ieder mens nodig heeft). Maar affectieve reacties kunnen ook totstandkomen als reactie op cognitieve processen. Vaak zijn dat weliswaar zeer elementaire processen (veelal gaat het om eenvoudigweg betekenis geven aan gedrag en niet om een geavanceerde attributionele analyse), maar er is toch een minimum aan betekenisgeving (appraisal) nodig. Deze sectie gaat over de invloed van die betekenisgeving op affect. Het onderzoek op dit gebied heeft zich toegespitst op emotie. We zullen ons dan ook tot de invloed van cognitie op emoties beperken.

9.3.1   Appraisal

Arnolds appraisal-theorie
In 1960 publiceerde de filosofe Magda Arnold haar tweeluik *Emotion and Personality*, waarin ze onder meer kritiek gaf op de theorie van William James (1894). James stelde dat emoties slechts een epifenomeen (bijproduct) zijn van de lichamelijke veranderingen die een stimulus kan oproepen. Volgens James worden we bijvoorbeeld bang voor een beer *doordat* we vluchten. We zien de beer en automatisch wordt een vluchtrespons geactiveerd en rennen we weg. De emoties die we ervaren ontstaan doordat we ons bewust zijn van deze lichamelijke verandering (lichamelijke 'arousal', dat wil zeggen, een snellere hartslag, snellere ademhaling en dergelijke). Volgens deze visie is er geen *beoordeling* nodig om een emotie te ervaren. Slechts de *perceptie* van de beer

en de automatische gedragsreactie daarop is voldoende.

Volgens Arnold zijn er twee problemen met de visie van James. Ten eerste kan deze niet verklaren hoe het komt dat sommige stimuli het vermogen krijgen om emoties op te roepen, terwijl ze dat eerst niet deden. Bijvoorbeeld: wanneer je een vriend hebt gehad die aftershave van Paco Rabanne gebruikte, en die vriend heeft je op een nogal grove wijze belazerd, dan kan het ruiken van de geur van Paco Rabanne genoeg zijn om weer boos te worden en je bedonderd te voelen. Deze geur wekte in eerste instantie geen emoties op (of misschien zelfs positieve emoties), maar door de associatie met negatieve ervaringen doet ie dat nu wel. Ten tweede geeft de benadering van James niet aan waarom bepaalde stimuli het vermogen hebben om emoties op te wekken en andere niet. James kan ook niet verklaren waarom we niet vluchten wanneer we een beer in de dierentuin zien, terwijl we wel vluchten als we er eentje in het wild tegenkomen.

Volgens Arnold zit er nog een stap tussen perceptie en emotie, namelijk de *appraisal* (beoordeling of inschatting) van de situatie of de stimulus. Voordat we vluchten voor een beer, moeten we eerst die beer als gevaarlijk beoordelen. Of er een emotie ervaren wordt en welke specifieke emotie, is een gevolg van hoe een persoon de situatie inschat, en dit is weer afhankelijk van de belangen en ervaringen van die persoon. 'To arouse emotion, the object must be appraised as affecting me in some way, affecting me personally as an individual with my particular experience and my particular aims' (Arnold, 1960, p. 171). De appraisal-benadering geeft meteen aan hoe het kan dat één en dezelfde stimulus tot verschillende emoties kan leiden, terwijl ook verschillende stimuli tot één en dezelfde emotie kunnen leiden. Een emotionele reactie is afhankelijk van hoe de situatie ingeschat (appraised) wordt. Zo zul je erg bang worden voor een mes als een onbekende op straat je ermee bedreigt, terwijl datzelfde mes een positieve betekenis kan hebben als je moeder er de appeltaart mee aansnijdt.

Appraisals, de cognitieve beoordelingen of inschattingen van een situatie of gebeurtenis, kunnen uitgebreide, bewuste cognitieve processen zijn, maar ook snelle, min of meer onbewuste, processen. In het voorbeeld van het mes gaat het om een snelle, directe appraisal die bijna volledig automatisch totstandkomt, maar de appraisal kan ook ontstaan door cognitieve processen van een hogere orde, zoals causale attributies. Zo zal de ene student die zakt voor zijn tentamen dit wijten aan het slechte college van de docent of de moeilijkheidsgraad van het tentamen, terwijl een andere student met dezelfde resultaten vooral zichzelf en zijn avondje doorzakken de vorige avond als oorzaak ziet. De eerste student zal vooral boos en geïrriteerd zijn, terwijl de tweede zich waarschijnlijk schuldig voelt en spijt zal hebben van zijn uitspatting zo vlak voor het tentamen (zie Weiners attributietheorie in paragraaf 3.4.2, p.102).

9.3.2 Schachters cognitieve emotietheorie

Evenals Arnold (1960) was Stanley Schachter (1964; Schachter & Singer 1962) van mening dat er tussen de perceptie van lichamelijke veranderingen en het ervaren van emoties een cognitieve beoordeling plaatsvindt.[4] Volgens Schachter is het proces echter als volgt: je ziet een beer, je rent weg, daarna interpreteer je waarom je lichaam 'aroused' is. In dit geval zul je de arousal aan de beer toeschrijven en angst voelen. Dat wil zeggen, de emotie 'angst' ontstaat doordat een bepaalde attributie wordt gemaakt bij de lichamelijke veranderingen die men ervaart (zie ook paragraaf 3.5.3, p.113 over de zelf-attributie van emoties). Precies dezelfde fysieke activatie kan echter ook resulteren in een andere emotie wanneer er geen gevaar wordt waargenomen. Wanneer je net hebt gesport, heb je dezelfde fysieke ervaringen als wanneer je bang bent (versnelde hartslag, ademhaling, enzovoort), maar je voelt je dan eerder voldaan omdat je aan je conditie hebt gewerkt, en niet bang.

In tabel 9.1 zijn de verschillende benaderingen van emoties schematisch weergegeven. Het grote verschil tussen de theorie van James en de cognitieve benadering van Schachter is dat volgens James lichamelijke opwinding direct tot de beleving van emoties leidt. James veronderstelt dus dat elke emotie het gevolg is van een specifieke, bij die emotie behorende arousal, terwijl Schachter beweert dat arousal aspecifiek is en dat het verschil in emoties voortkomt uit hoe die arousal door het individu beoordeeld of geattribueerd wordt. Dit idee werd bevestigd door middel van een ingenieus experiment van Schachter en Singer (1962) dat uitvoeriger staat beschreven in hoofdstuk 3 (paragraaf 3.5.3, p.113). Uit dit experiment bleek dat de emotie die een stimulus opwekt afhankelijk is van hoe de situatie geïnterpreteerd wordt. Het biedt dus ondersteuning voor het idee dat cognitieve appraisals van essentieel belang zijn voor het ontstaan van emoties – hetgeen aardig overeenkomt met de bewering van Shakespeare's Hamlet dat 'nothing is either good or bad, but thinking makes it so'.

Tabel 9.1 Schematische weergave van de verschillende benaderingen over het ontstaan van emoties

James (1894)	Stimulus -> Arousal -> Emotie
Arnold (1960)	Stimulus -> Appraisal -> Arousal -> Emotie
Schachter (1964)	Stimulus -> Arousal -> Appraisal -> Emotie

---

[4] Merk op dat deze theorieën er alle van uitgaan dat er fysiologische arousal moet zijn om een emotie te doen ontstaan. In meer recente appraisal-theorieën (bijv. Frijda, 1986; Lazarus, 1991; Scherer, 1984) is het uitgangspunt dat appraisal op zich een voldoende voorwaarde is voor het ontstaan van emoties.

9.3.3 Moderne appraisal-theorieën

Meer recente appraisal-theorieën gaan uit van Arnolds idee dat de beoordeling of inschatting van een situatie cruciaal is bij het ontstaan van emoties. Het grote verschil is dat in de huidige theorieën ervan uitgegaan wordt dat gebeurtenissen op een aantal criteria of dimensies beoordeeld worden, en dat specifieke emoties een gevolg zijn van specifieke uitkomsten van dit proces. De discussie op dit gebied richt zich dan ook vooral op de vraag hoeveel dimensies we nodig hebben om alle emoties van elkaar te onderscheiden, en welke dimensies dat dan zijn (zie bijv. Frijda, Kuipers & Ter Schure, 1989; Parkinson & Manstead, 1992; Roseman, Antoniou & Jose, 1996; Scherer, 1984). Ook is het zo dat in deze theorieën vrijwel geen aandacht meer besteed wordt aan de fysieke arousal die juist zo'n grote rol speelde in de benaderingen van James en Schachter. Er zijn verschillende appraisal-theorieën die verschillende appraisal-dimensies onderscheiden (bijv. Smith & Ellsworth, 1985; Frijda e.a., 1989; Roseman e.a., 1996; Scherer, 1984). Veel van de dimensies komen in elke theorie terug, namelijk:
– de valentie of plezierigheid van een gebeurtenis;
– de nieuwheid of onverwachtheid van een gebeurtenis;
– 'agency': de mate waarin men zich verantwoordelijk voelt voor een gebeurtenis.

De belangrijkste factor lijkt valentie te zijn. Deze appraisal vindt over het algemeen als eerste plaats en maakt onderscheid tussen positieve en negatieve emoties. Dit wordt ook wel de 'primary appraisal' genoemd (Lazarus, 1991). Positieve emoties zijn minder gedifferentieerd dan negatieve. Over het algemeen zijn we vooral blij na een gebeurtenis die als positief beoordeeld wordt. Wanneer we ook nog eens onszelf als de veroorzaker van de positieve uitkomst zien, zullen we ook de emotie trots ervaren. Wordt de gebeurtenis negatief beoordeeld, dan bepalen de andere appraisal-dimensies, zoals 'agency' (verantwoordelijkheid), welke specifieke emotie ervaren wordt. Dit wordt ook wel 'secondary appraisal' genoemd. Zo blijken de emoties schuld, schaamte en spijt met name te worden ervaren wanneer we onszelf voor de situatie verantwoordelijk achten (bijvoorbeeld als je jezelf verantwoordelijk acht voor het behalen van een onvoldoende). Boosheid, minachting, irritatie en walging gaan samen met de inschatting dat anderen verantwoordelijk zijn voor de situatie (bijvoorbeeld als je de docent verantwoordelijk acht), en triestheid en frustratie treden vooral op wanneer we omgevingsfactoren verantwoordelijk houden (bijvoorbeeld als je de onvoldoende toeschrijft aan het feit dat je door een botsing onderweg te laat op het tentamen kwam en je niet kon concentreren) (vergelijk deze driedeling met Kelley's indeling in persoon, entiteit en omstandigheid als oorzaak van een gebeurtenis; zie paragraaf 3.3.1, p.90). De attributie-theorie van Weiner (paragraaf 3.4, p.98) is natuurlijk ook op deze appraisal-dimensie (verantwoordelijkheid) van toepassing.

Naast plezierigheid, 'agency' en onverwachtheid zijn er nog andere appraisaldimensies, die weer andere emoties typeren. Zo blijkt de emotie angst te maken te hebben met het beoordelen van de situatie als onzeker,[5] en is het kenmerkend voor spijt en teleurstelling dat het object van de emotie een gebeurtenis uit het verleden is (Frijda e.a., 1989; Van Dijk, Van der Pligt & Zeelenberg, 1998). Gevoelens van gekwetstheid ontstaan wanneer men het gedrag van een ander beoordeelt als een devaluatie van de relatie die men met die persoon heeft (Leary e.a., 1998). Manstead en Tetlock (1989) beschrijven verder dimensies die het sociale karakter van emoties benadrukken, zoals consistentie met normen (van anderen en van het individu zelf). Emoties als schuld en schaamte blijken goed door deze meer sociale dimensies getypeerd te worden. Zo ontstaat schaamte uit een inconsistentie met publieke normen, terwijl schuld eerder voortkomt uit een inconsistentie met de eigen normen. Je kunt je bijvoorbeeld schamen wanneer je op een drukke bruiloft in je spijkerbroek verschijnt, terwijl alle andere gasten strak in 'black-tie'-tenue zijn. Een gevoel van schuld zal daarentegen eerder ontstaan als je jezelf erop betrapt dat je heimelijk jaloers bent op het geluk van het bruidspaar, terwijl je eigen normen je voorschrijven dat je juist blij voor hen zou moeten zijn. Schuld is ook het gevoel dat wordt ervaren door laag-bevooroordeelde personen wanneer ze zichzelf betrappen op discriminatie (zie paragraaf 5.3.1, p. 210 en 5.3.4, p.216); hun gedrag is dan in strijd met hun eigen normen.

Appraisal-theorieën, zoals die van Arnold, Schachter en de meer recente theorieën, beschrijven wanneer welke emotie ervaren wordt, afhankelijk van hoe een situatie beoordeeld ('appraised') wordt. Deze theorieën doen echter geen uitspraak over hoe deze beoordelingen precies totstandkomen. Dit is gedeeltelijk het domein van attributietheorieën, die in hoofdstuk 3 al uitvoerig zijn beschreven. We zullen daarom in dit hoofdstuk niet ingaan op de relatie tussen attributie en emotie. We zullen echter wel enige aandacht besteden aan een ander cognitief proces dat van invloed is op emotionele reacties, namelijk contrafeitelijk denken.

9.3.4 Contrafeitelijk denken

Stel je voor dat Albert elke dag met dezelfde trein naar zijn werk in Wijk bij Duurstede gaat. Klokslag 10 voor 8 springt hij op de fiets en rijdt naar het station om de trein van 5 over 8 te halen. Op een ochtend is het al voorbij half 9 als hij wakker schrikt. De stroom is 's nachts uitgevallen, waardoor de wekker is ontregeld. Als hij opschiet kan hij nog net de trein van 5 over 9 halen. Om 5 voor 9

---

[5] Je kunt je afvragen of onzekerheid altijd nodig is om angst te voelen. Zouden we niet ook angst voelen wanneer we bijvoorbeeld zeker weten dat er iets ergs gaat gebeuren (bijvoorbeeld als we zeker weten dat die enge opgeschoten jongens onze portemonnee gaan inpikken)? Je moet echter bedenken dat er in zulke situaties altijd een onzekerheidsmarge overblijft, bijvoorbeeld over de vraag hoe het precies zal gaan (gaan ze me pijn doen, zullen ze nog meer stelen) en hoe we de situatie zullen ervaren.

vliegt hij de deur uit en zo hard als hij kan fietst hij naar het station. Bij de videotheek op de Markt gaat hij keihard de hoek om. Net op dat moment komt er van de andere kant een fietser. De fietsers knallen in volle vaart tegen elkaar aan. Het volgende wat Albert weet is dat hij in het ziekenhuis ligt met een stel gebroken ribben en een hersenschudding.

Wanneer we ons nu in Albert verplaatsen, zouden we makkelijk kunnen denken: als hij nu maar niet net die dag een uur later van huis was gegaan, dan was hij die andere fietser nooit tegengekomen; als de stroom maar niet was uitgevallen, dan was dit nooit gebeurd. Doordat Albert is afgeweken van zijn gewone routine, komen gedachten aan hoe het anders had kunnen gaan – contrafeitelijke gedachten – heel makkelijk bij ons op: als hij zijn gewone routine had gevolgd, dan was dit niet gebeurd. Hierdoor lijkt het ongeluk eigenlijk erger dan wanneer precies hetzelfde ongeluk een uur eerder was gebeurd, tijdens de normale fietstocht voor de trein van 5 over 8. We zouden dan niet zo snel denken aan 'hoe het anders had kunnen gaan'.

In hoofdstuk 8 zijn verschillende heuristieken besproken die mensen gebruiken bij het beoordelen van gebeurtenissen en het inschatten van kansen. Een daarvan was de beschikbaarheidsheuristiek, waarbij het gemak van het terugvinden van informatie in het geheugen wordt gebruikt als indicatie voor de frequentie van een gebeurtenis (paragraaf 8.4.3, p.345). De *simulatieheuristiek* is hieraan nauw gerelateerd. Deze heuristiek verwijst echter niet naar het herinneren, maar naar het in gedachten reconstrueren van gebeurtenissen of het construeren van alternatieve gebeurtenissen. Bij gebruik van de simulatieheuristiek wordt het gemak waarmee een gebeurtenis mentaal gereconstrueerd of gesimuleerd kan worden, gezien als indicatie voor de waarschijnlijkheid dat die gebeurtenis ook echt had kunnen optreden. De simulatieheuristiek kan gebruikt worden bij het schatten van zowel de waarschijnlijkheid van toekomstige gebeurtenissen als de kans dat een gebeurtenis die al voorbij is anders had kunnen verlopen. In het voorbeeld van Albert is het heel makkelijk om in gedachten een normale ochtendroutine te simuleren, waarin de botsing met de andere fietser niet plaatsvindt. Albert vertrekt immers elke dag op tijd. Die alternatieve gebeurtenis was dus ook echt waarschijnlijker dan het dramatische voorval dat zich nu heeft voltrokken.

Het gebruik van de simulatieheuristiek heeft gevolgen voor de emoties die de betrokkene ervaart. Zo zullen negatieve gebeurtenissen waarbij je gemakkelijk een alternatieve, betere afloop kunt bedenken de negatieve emoties versterken. Kahneman en Tversky (1982) illustreerden dit met een studie waarin proefpersonen het volgende verhaal lazen.

> *De vliegtuigen van meneer Jansen en meneer Pietersen, die naar verschillende bestemmingen reisden, zouden beide tegelijkertijd vertrekken. Daarom besloten de heren een taxi te delen van de stad naar het vliegveld. Onderweg kwamen ze in een enorme file terecht en ze arriveerden 30 minuten na de tijd waarop hun vliegtuig zou vertrekken.*
> *Meneer Jansen hoorde dat zijn vliegtuig op tijd was vertrokken.*

Meneer Pietersen hoorde dat zijn vlucht vertraagd was, en zojuist pas was vertrokken.
Wie baalde er het meest?

Van de proefpersonen gaf 96% aan dat meneer Pietersen het meest de pest in zou hebben, of, met andere woorden, dat hij een sterkere emotionele reactie zou vertonen. Volgens Kahneman en Tversky komt dat doordat het voor hem gemakkelijker is zich voor te stellen dat hij zijn vliegtuig wel gehaald zou hebben. Het is voor meneer Pietersen makkelijker een mentale simulatie van het gebeurde te maken en daar een paar kleine dingen in te veranderen, zodanig dat hij een paar minuten eerder was en het vliegtuig toch had gehaald (bijvoorbeeld: als het vliegtuig nu nog iets langer vertraagd was, of: als we in de file op een andere rijstrook waren gaan staan, die ging sneller). Dit cognitieve proces, waarin gebeurtenissen mentaal gesimuleerd worden en mentaal ongedaan gemaakt worden door factoren in die simulatie te veranderen, wordt *counterfactual thinking* genoemd (letterlijk, contrafeitelijk denken: het genereren van gedachten die tegen reeds voltrokken feiten ingaan; Kahneman & Miller, 1986; voor een overzicht: Roese, 1997). Wanneer er makkelijk *counterfactuals* (contrafeiten: alternatieve feiten, uitkomsten) gegenereerd kunnen worden die positiever zijn dan de verkregen uitkomst, zal de affectieve reactie op een negatieve uitkomst versterkt worden. Men zal zich dus meer gefrustreerd voelen als het makkelijk is zich een positiever resultaat voor te stellen, dat wil zeggen, als de situatie heel dicht bij dat positieve resultaat in de buurt komt. Het omgekeerde geldt voor positieve uitkomsten: Albert zal zich blijer voelen wanneer hij, door zijn vertraging, in de trein van 5 over 9 zijn jeugdliefde tegenkomt dan wanneer hij deze persoon in zijn 'normale' trein van 5 over 8 tegenkomt. De versterking van affectieve reacties door contrafeitelijk denken is echter sterker bij negatieve uitkomsten, doordat er in dat geval meer contrafeiten gegenereerd worden (Sanna & Turley, 1996).
Een mooie studie over hoe contrafeitelijk denken affectieve reacties kan beïnvloeden is gerapporteerd door Medvec, Madey en Gilovich (1995). Deze onderzoekers wilden laten zien dat de emotionele reactie op een uitkomst afhankelijk is van de alternatieve uitkomst die de persoon genereert. Om dit te doen richtten zij zich op het domein van prestaties in de sport. Zij beargumenteerden dat sporters die brons winnen wel eens blijer konden zijn dan degenen die beter gepresteerd hadden en zilver gewonnen hadden. De redenering ging als volgt: voor de winnaar van de zilveren medaille is de meest opvallende alternatieve uitkomst het winnen van de gouden medaille. De blijdschap van de winnaars van het zilver zal dus getemperd worden door de vergelijking met goud. Voor sporters met een bronzen medaille is de meest opvallende alternatieve uitkomst het behalen van de vierde plaats; dan hadden ze niets gewonnen, terwijl ze nu een medaille hebben. De blijdschap van de winnaars van het brons zal dus versterkt worden. Om dit te onderzoeken, vergeleken Medvec, Madey en Gilovich de affectieve reacties van de winnaars van bronzen en zilveren medailles op de Olympische

Spelen in Barcelona. Video-opnamen van deze sporters, zowel op het moment dat ze de medaille wonnen als op het moment dat ze die uitgereikt kregen, werden door onafhankelijke beoordelaars gecodeerd. De resultaten lieten zien dat de winnaars van brons meer gevoelens van blijdschap tonen dan winnaars van zilver. In een later onderzoek van Medvec en Savitsky (1997) werd dit resultaat – mensen die betere prestaties hebben geleverd voelen zich slechter – gerepliceerd voor studenten die een tentamen net niet gehaald hebben of ruim niet gehaald hebben. De eersten waren duidelijk minder blij.

Deze onderzoeken tonen dus aan dat de intensiteit van affectieve reacties door contrafeitelijk denken wordt beïnvloed. Maar de invloed van contrafeitelijk denken gaat verder. Zo blijkt dit mechanisme ook te kunnen bepalen welke specifieke emotie ervaren wordt. Dit werd voor het eerst aangetoond door Niedenthal, Tangney en Gavanski (1994). Zij gingen ervan uit dat een groot verschil tussen de emoties schuld en schaamte eruit bestaat dat schuld vooral te maken heeft met het vertonen van 'slecht' *gedrag*, terwijl schaamte vooral te maken heeft met een 'slecht' *persoon* zijn. Van hieruit redenerend suggereerden zij dat mensen die een negatieve gebeurtenis mentaal ongedaan maken door hun gedrag te veranderen ('had ik maar nooit mijn vriendin bedrogen, dan waren we nu nog bij elkaar') vooral de emotie schuld zouden moeten voelen, terwijl mensen die dit doen door mentaal hun karakter te veranderen ('was ik maar niet zo'n onbetrouwbaar persoon, dan waren we nu nog bij elkaar') vooral de emotie schaamte zouden voelen. Om dit te onderzoeken vroegen zij proefpersonen zich te verplaatsen in de volgende situatie.

> *Een goede vriend(in) van je, die zelden afspraakjes heeft, heeft nu een afspraakje om met een zekere Chris naar een feestje te gaan en vraagt jou mee. Het is het eerste afspraakje van je vriend(in) met Chris. Jij gaat mee en ontdekt dat Chris niet alleen erg aantrekkelijk is, maar ook met je flirt. Jij flirt terug. Ook al ben je niet echt in Chris geïnteresseerd, geef je toch aan het eind van de avond je telefoonnummer. De volgende dag vertelt je vriend(in) dolenthousiast hoe leuk hij/zij Chris vindt.*

Hierna werden de proefpersonen aangezet tot het genereren van contrafeiten. Dit werd gedaan door de helft van de proefpersonen zinnen te laten afmaken die begonnen met: 'Was ik maar (niet) ...' De andere helft werd gevraagd zinnen af te maken die begonnen met: 'Had ik maar (niet) ...' De formulering van het eerste type zin moedigt mensen aan de zin af te maken met een opmerking over het soort persoon dat ze waren, en dus hun *persoonlijkheid* mentaal te veranderen. Het tweede type zin moedigt mensen aan het beschreven *gedrag* te reconstrueren. Overeenkomstig met de voorspellingen van Niedenthal e.a., gaven de proefpersonen in de eerste conditie na afloop vaker aan dat ze zich in zo'n situatie zouden schamen, terwijl de personen in de tweede conditie zich meer schuldig voelden. Dit onderscheid tussen slecht *zijn* en slecht *doen* is dus een tweede factor die bepaalt of men zich schuldig voelt dan wel zich schaamt over sociaal

ongewenst gedrag, naast het eerder beschreven verschil tussen inconsistentie van het gedrag met eigen normen versus publieke normen (zie p. 379).
In recent onderzoek lieten Zeelenberg e.a. (1998) zien dat ook het verschil tussen de emoties spijt en teleurstelling door specifieke contrafeiten beïnvloed kan worden. Zo blijken mensen vooral spijt te hebben als ze een negatieve uitkomst kunnen veranderen door hun eigen keuzen of gedragingen te veranderen, terwijl ze vooral teleurstelling voelen wanneer ze oncontroleerbare omstandigheden mentaal veranderen. Zo zal iemand die natgeregend is spijt voelen wanneer hij denkt: 'had ik mijn paraplu maar meegenomen ...,' maar hij zal vooral teleurstelling voelen wanneer hij denkt: 'als deze bui nou maar overgewaaid was ...'
Het mentaal simuleren van een gebeurtenis en het in die simulatie ongedaan maken van een uitkomst – met andere woorden contrafeitelijk denken – is dus van invloed op de *intensiteit* van affectieve reacties. Datgene wat er in dit proces veranderd wordt bepaalt *welke* specifieke emotie ervaren wordt. Wanneer keuzen of gedragingen van de persoon zelf veranderd worden en de uitkomst daardoor beter wordt, zal men spijt ervaren ('als ik goed gestudeerd had, zou ik een voldoende voor het tentamen gehaald hebben'). Als een uitkomst beter wordt nadat iemand in een simulatie zijn persoonlijkheid veranderd heeft, kan dit tot schaamte leiden ('als ik meer om anderen zou geven, had ik dat oude dametje wel geholpen toen die jongens haar tasje roofden'). Zo leiden verschillende vormen van contrafeitelijk denken tot verschillende emoties.

9.4 De invloed van affect op cognitie

In het voorafgaande hebben we gezien hoe cognities (namelijk appraisals en contrafeitelijk denken) van invloed kunnen zijn op affect. Omgekeerd kunnen affectieve ervaringen van invloed zijn op de manier waarop we informatie verwerken, en dus op onze cognities (voor overzichten: Forgas, 1995, 1999; Clore e.a., 1994). Om de invloed van affect op een systematische manier te onderzoeken wordt vaak gebruikgemaakt van methoden om experimenteel stemmingen of emoties te induceren.[6] Dit geldt voor zowel emoties als stemmingen. Het verschil tussen het opwekken van deze beide affectieve toestanden is kleiner dan het lijkt. Als proefpersonen een verband leggen tussen de inductiemethode en de hierdoor veroorzaakte affectieve staat, is er sprake van een

---

6 Natuurlijk kan men ook de invloed van affect op cognities onderzoeken zonder het affect experimenteel te induceren. Zo zou men gebruik kunnen maken van emoties die vanzelf optreden, bijvoorbeeld na het zakken of slagen voor een examen. Het nadeel van deze methoden is dat proefpersonen niet aselect aan condities zijn toegewezen en dat de emotieopwekkende gebeurtenis niet onder controle gehouden kan worden. Hierdoor weten we niet of er misschien andere verschillen zijn tussen de groepen dan het feit dat ze verschillen in affectieve toestand. Waarschijnlijk verschillen mensen die zakken of slagen voor examens in meerdere opzichten van elkaar. Als het mogelijk (en ethisch verantwoord) is om affect experimenteel te manipuleren, verdient dit dus de voorkeur.

object, en dus van een emotie. Dit is bijvoorbeeld het geval als proefpersonen van de onderzoeker een cadeautje krijgen, waardoor ze zich blij verrast voelen (Isen, Nygren & Ashby, 1988). Leggen ze dit verband niet, dan is er sprake van een stemming. Ook kan het zo zijn dat ze het verband aanvankelijk wel leggen, maar daarna aan een zogenaamd ongerelateerd onderzoek meedoen. In dat 'ongerelateerde' onderzoek wordt hun aandacht op andere zaken gericht, zodat ze niet meer denken aan de stimulus die hun affectieve toestand heeft veroorzaakt. Op dat moment gaat de emotie over in een algemene stemming. Hoewel het dus mogelijk is om zowel stemmingen als emoties experimenteel op te wekken, heeft onderzoek op dit gebied zich vrijwel volledig gericht op de invloed van stemmingen. In al dit onderzoek worden proefpersonen in een positieve of negatieve (of soms ook een neutrale) stemming gebracht, afhankelijk van de conditie waaraan ze zijn toegewezen, waarna hun wordt gevraagd een bepaalde taak uit te voeren (zie ook paragraaf 2.3.3, p.43 waarin stemmingsmanipulaties zijn beschreven als vorm van manipulatie van 'de toestand van de proefpersoon').

9.4.1 Stemmingsinductiemethoden

Er zijn verschillende manieren om proefpersonen in een bepaalde stemming te brengen (een stemming te induceren).[7] Een inductiemethode die veel gebruikt wordt is de zogenoemde *Velten-techniek* (Velten, 1968). Een proefpersoon wordt gevraagd een aantal uitspraken hardop voor te lezen. Dit zijn uitspraken die over de proefpersoon zelf gaan (deze methode wordt daarom ook wel *self-referent statement*-methode genoemd). De proefpersoon moet proberen het gevoel op te roepen dat bij de uitspraak past. In de 'negatieve stemming'-conditie krijgen de proefpersonen zinnen te lezen als: 'Ik zit voortdurend in de put', 'Ik kan wel huilen', 'Alles is dor en dood in mij', 'Ik heb het gevoel dat ik niets waard ben'. Hiervan krijgt de proefpersoon er zo'n 60 te lezen. In de 'positieve stemming'-conditie lezen proefpersonen zinnen als: 'Ik voel me vrolijk', 'Ik ben trots op mezelf', 'Mijn leven is fantastisch', 'Het lijkt erop dat alles mij lukt'. Binnen de Velten-methode is het ook mogelijk een neutrale stemming te induceren. Dit wordt gedaan met zinnen als: 'Ik ben vanochtend opgestaan', 'Ik lees deze zinnen aandachtig', 'Ik heb goede en minder goede gewoonten', 'Soms wandel ik door de stad', 'Mijn tafel is hoger dan mijn stoel'. Het idee is natuurlijk dat gedurende deze procedure de proefpersonen steeds meer in een positieve, negatieve of neutrale stemming terechtkomen.

Een andere methode die regelmatig gebruikt wordt is het tonen van een stuk *film* of het laten lezen van een *verhaal* dat emotioneel geladen is. Zo wordt proefpersonen soms een stuk van de film *The Champ* getoond om een negatieve stemming op te wekken. Deze film gaat over de pogingen van een 8-jarig

---

[7] Het is hier niet ons doel om uitputtend alle inductietechnieken te bespreken en evalueren (zie voor zulke overzichten: Gerrads-Hesse, Spies & Hesse, 1994; Martin, 1990; Stegge & Merum Terwogt, 1993).

jongetje om zijn ouders weer bij elkaar te krijgen. In de laatste, zeer dramatische scène zien we hoe het jongetje er getuige van is dat de vader tijdens een bokswedstrijd wordt doodgeslagen. Om een positieve stemming te induceren kan men proefpersonen bijvoorbeeld een stuk van een film van Eddie Murphy laten zien. Proefpersonen kunnen in een neutrale stemming gebracht worden met bijvoorbeeld een natuurfilm.

Andere stemmingsinductiemethoden zijn *facial expression* en *posturing*. Bij deze technieken wordt gebruikgemaakt van het feit dat bepaalde lichamelijke uitingen een stemming kunnen *opwekken*, hoewel mensen zich daar gewoonlijk niet van bewust zijn. Als je bijvoorbeeld lacht, ga je je vanzelf blij voelen; als je rechtop gaat zitten tijdens het uitvoeren van een taak, voel je je trotser over je prestaties dan als je een meer 'in elkaar gezakte' houding aanneemt (Stepper & Strack, 1993). Bij deze methoden wordt hiervan gebruikgemaakt door proefpersonen te vragen een bepaalde gezichtsuitdrukking ('facial expression'), aan te nemen (bijvoorbeeld blijdschap of woede; zie bijv. Laird, 1974), of een bepaalde lichaamshouding (posture). Om het verband tussen de beoogde stemming en de instigerende stimulus te vertroebelen, hebben Strack en zijn collega's (1988) een geraffineerde manipulatie bedacht. Zij vroegen proefpersonen in de ene conditie een potlood dwars tussen de tanden te houden (op dezelfde manier waarop malle mannen soms een roos tussen de tanden houden tijdens het dansen van een tango), en in de andere conditie om de achterkant van een potlood in het midden van de mond tussen de lippen te houden, zonder het potlood met de tanden aan te raken (op dezelfde manier waarop je een sigaret in de mond houdt). Beide groepen proefpersonen lazen stripverhalen terwijl ze het potlood op de voorgeschreven manier in de mond hielden. Proefpersonen die het potlood tussen hun tanden vasthielden bleken de stripverhalen als vrolijker en meer humoristisch te beoordelen dan proefpersonen in de andere groep. Het idee hierachter is dat, om een potlood op de bedoelde manier tussen de tanden te houden, je gebruikmaakt van precies dezelfde spieren die ook actief zijn als je lacht. Proefpersonen in deze conditie kregen dus van hun lichaam het signaal 'ik voel me blij' en schreven dit toe aan de lolligheid van de strip (zie Bems zelfwaarnemingstheorie in paragraaf 3.5, p.107). Hou je het potlood tussen de lippen, dan wordt activiteit in diezelfde spieren juist onderdrukt. Het is dan onmogelijk om te lachen of glimlachen, probeer het maar eens.

Er zijn verschillende criteria die bepalen welke methode het meest geschikt is om een stemming te induceren, bijvoorbeeld de *intensiteit* van de opgewekte stemming die de onderzoeker nastreeft. Een onderzoeker kan kiezen voor een bepaalde methode omdat die *makkelijk* in het gebruik is (hoe lang duurt de inductieprocedure en kan deze ook groepsgewijs plaats vinden?). Andere criteria zijn *duur* (hoe lang duurt de geïnduceerde affectieve toestand?), *specificiteit* (wordt alleen een positieve dan wel negatieve stemming opgeroepen, of kunnen er ook meer specifieke angstige of verdrietige stemmingen opgeroepen worden?), gevoeligheid voor *demand characteristics* (zijn de affectieve toestanden 'echt' of heeft de proefpersoon in de gaten wat er van hem of haar verwacht wordt?), en *ethiek* (met name in geval van een negatieve stemming: is de methode ethisch verantwoord?). Op basis van dit soort criteria kan men per onderzoek bepalen welke inductiemethode het meest geschikt is.

Nu we weten hoe de inductie van affectieve toestanden in zijn werk gaat, richten we ons op de vraag hoe deze affectieve toestanden cognitieve processen beïnvloeden. Grofweg zijn er twee manieren waarop affect van invloed kan zijn op cognitieve processen. De eerste, die we affect-priming noemen, houdt in dat affect – net als andere primes (zie paragraaf 2.3.3, p.43 – invloed heeft op de gedachten die bij ons opkomen en op de wijze waarop we externe informatie verwerken. De tweede vorm van affectieve beïnvloeding, 'affect als informatie', ontstaat doordat onze gevoelens en stemmingen zelf ook als een bron van informatie over onze omgeving kunnen worden opgevat (Schwarz & Clore, 1996). We zullen deze twee soorten invloed van affect op cognities nu uitgebreider behandelen.

9.4.2 Affect-priming

Onze affectieve toestanden zijn van invloed op de inhoud van onze gedachten, dus op *wat* we denken. Zo zagen we in het openingsvoorbeeld dat Albert, toen hij in een slechte bui was, zich eigenlijk alleen maar negatieve gedragingen van Ruud kon herinneren. De negatieve stemming van Albert werkt hier als een prime die de toegankelijkheid van negatief geëvalueerde informatie in het geheugen vergroot (Bower, 1981; Isen, 1987). Daardoor is de kans groter dat die negatieve informatie in het bewustzijn komt (vgl. paragraaf 4.2.6, p.155 over toegankelijke constructen) Deze prime kan er op drie manieren toe leiden dat oordelen over een stimulus congruent zijn met de stemming waarin men verkeert (dat wil zeggen dat men een stimulus positiever beoordeelt als men in een positieve stemming is).

1 Via selectieve *herinnering*, zoals in het voorbeeld van Albert: door zijn slechte stemming herinnert Albert zich met name dingen van Ruud die hem niet bevallen (voor een recent overzicht: McFarland & Buehler, 1998).
2 Via selectieve *aandacht*: omdat het onmogelijk is om bij het vormen van een evaluatief oordeel gebruik te maken van alle informatie waarmee we overspoeld worden, beperken we ons tot een klein gedeelte ervan. Onze aandacht is dus selectief (zie paragraaf 1.2.1, p.13 en 7.2.1, p.291). Onze affectieve toestand kan onze aandacht sturen: affect-congruente informatie krijgt meer aandacht dan affect-incongruente informatie (Bower, 1981). Iemand in een positieve affectieve staat (goede stemming) zal dus meer aandacht besteden aan positieve informatie, maar iemand in een negatieve affectieve staat zal meer aandacht besteden aan negatieve informatie. Zo zal Albert waarschijnlijk meer aandacht gegeven aan de flauwe grapjes van Richard dan aan de leuke, terwijl hij een leuk grapje misschien niet eens opmerkt doordat hij zit te balen.

3 Via selectieve *encodering*: doordat bepaalde constructen meer toegankelijk zijn in bepaalde affectieve toestanden, worden deze sneller gebruikt om nieuwe informatie te interpreteren. Om terug te komen op een voorbeeld uit hoofdstuk 4: wanneer een student tegen een docent zegt: 'Ik ben het er helemaal niet mee eens!', zul je dit eerder interpreteren als betweterig (= negatief) wanneer je in slechte bui bent, doordat negatieve kenmerken toegankelijker voor je zijn; in een goede bui zul je hetzelfde gedrag eerder zien als een teken van gezonde assertiviteit of spontaniteit. In het geval van Albert kan hij de grappen van Richard interpreteren als: 'Hij wil weer zonodig de leukste zijn, waarom kan hij zich nooit eens op de achtergrond houden?' Ook het verzoek om geld te lenen kan hij door zijn slechte bui anders interpreteren, bijvoorbeeld als gezeur of als een teken van hoe geldverslindend Ruud is.

Merk op dat de affectieve toestand in deze gevallen *indirect* van invloed is op beoordelingen, beslissingen en gedragingen: de invloed verloopt *via* de invloed op de informatie die in het geheugen geactiveerd wordt (Isen, Shalker, Clark & Karp, 1978) of de informatie die tot het bewustzijn doordringt.

9.4.3 Affect als bron van informatie

Eerder in dit hoofdstuk is opgemerkt dat emoties een belangrijke adaptieve functie hebben: ze geven een signaal dat iets in de omgeving van belang is en dat we moeten reageren, bijvoorbeeld door te vechten of te vluchten (bijv. Frijda, 1988). Door deze functie vormen emoties en andere affectieve ervaringen op zichzelf een bron van informatie, die een meer directe invloed heeft op oordelen (Schwarz, 1990; Schwarz & Clore, 1983, 1988; zie ook Martin e.a., 1996). Als je een oordeel moet geven over een bepaald onderwerp, zul je je vaak eerst afvragen: wat voor gevoel geeft het me? Je uiteindelijke oordeel zal dan (mede) daarop gebaseerd zijn. Mensen onthouden vaak niet alle feiten en details over een stimulus: ze onthouden vooral of ze iets 'goed' of 'slecht' vinden, en niet welke kenmerken precies ten grondslag liggen aan dat evaluatieve oordeel (vgl. paragraaf 4.4.5, p.184 waar een onderzoek van Carlston werd beschreven waarin proefpersonen wel onthielden of ze een gedraging – helpen met spieken bij een tentamen – goed of slecht vonden, maar niet meer wisten wat de actor precies had gedaan). Dit betekent dat het affect dat geassocieerd is met een stimulus vaak de belangrijkste bron van informatie is wanneer men een oordeel moet geven over die stimulus (of wanneer men een beslissing moet nemen; Hirt e.a., 1999). Zo zul je bijvoorbeeld snel een persoon uit de weg gaan die je een onprettig gevoel geeft, zelfs al weet je niet precies waar dat gevoel vandaan komt.

Mensen zijn echter niet altijd goed in staat een onderscheid te maken tussen hun affectieve toestand van dat moment en het affect dat door een stimulus opgeroepen wordt. Zoals eerder gezegd zijn stemmingen diffuus en niet gekoppeld aan een bepaald object, maar ze kunnen wel – ten onrechte – daaraan gekoppeld raken. Een oordeel over een bepaald persoon of ander object kan dus abusievelijk gebaseerd zijn op een affectieve toestand die in feite door heel andere factoren is ontstaan. Bijvoorbeeld: door allerlei beslommeringen thuis ben je in niet zo'n goede bui. Je probeert er niet meer aan te denken, maar het nare gevoel op de achtergrond blijft aanwezig. Wanneer je op college komt bij een nieuwe docent en je vraagt je af wat je eigenlijk van die docent vindt, kan het gebeuren dat je je oordeel baseert op je negatieve stemming. Je hebt een onprettig gevoel en de docent die voor je neus staat (de meest saillante stimulus op dat moment) lijkt de meest waarschijnlijke oorzaak te zijn van dat gevoel. Je gebruikt dat gevoel als bron van informatie: 'Als ik me hier niet prettig voel, zal het wel zo zijn dat die docent vervelend is.' Er is dan sprake van een *mis-attributie* (vgl. de in paragraaf 3.5.3, p.112 beschreven zelfattributie van emoties).

Merk op dat, volgens deze redenering, emoties niet alleen door de situatie bepaald worden (of de interpretatie van de situatie), zoals door appraisal-theorieën wordt benadrukt: emoties *verschaffen* de persoon informatie over de situatie en worden gebruikt om de situatie te interpreteren. Dit wordt geïllustreerd door een onderzoek van Schwarz en Clore (1983), waarin mensen gebeld werden door een onderzoeker die hun vroeg mee te werken aan een telefonisch onderzoek. Een van de onderdelen van dit onderzoek ging over de algehele tevredenheid met hun leven. Het bleek dat mensen veel tevredener waren met hun leven op zonnige dagen dan op regenachtige dagen. Wanneer de interviewer echter voordat het onderzoek begon de respondenten terloops vroeg wat voor weer het eigenlijk bij hen was, verdween dit effect. De verklaring hiervoor is dat de respondenten in deze laatste conditie zich ervan bewust werden dat hun vervelende of blije gevoelens door het weer waren beïnvloed, en deze gevoelens niet meer ten onrechte gebruikten als informatie over hoe tevreden ze waren met hun leven.

9.4.4 Invloed van affect op diepte van informatieverwerking

In het voorafgaande hebben we het gehad over de invloed van affect op *wat* we denken. Affect heeft echter ook invloed op de *wijze* waarop we denken, dat wil zeggen op de manier van informatieverwerking. Mensen in een positieve stemming verwerken informatie relatief oppervlakkig, terwijl mensen in een negatieve stemming juist grondiger en 'dieper' verwerken (Bodenhausen, 1993; Edwards & Weary, 1993; Mackie & Worth, 1989). Het gevolg hiervan is dat allerlei cognitieve vertekeningen sterker worden onder invloed van een goede stemming. De correspondentie-vertekening (zie paragraaf 3.7.1, p.129) neemt bijvoorbeeld toe bij mensen met een goede stemming (Forgas, 1988). Ook maken deze mensen meer gebruik van stereotypen, en categoriseren ze anderen meer in termen van 'wij' versus 'zij', aangezien dit relatief weinig cognitieve inspanning vergt (Bodenhausen e.a., 1994; voor andere verklaringen van dit effect, zie Abele e.a., 1998; Bless e.a, 1996; voor kwalificaties bij

deze resultaten zie Forgas & Fiedler, 1996).
Er zijn verschillende verklaringen voor de meer oppervlakkige informatieverwerking bij een positieve stemming. Ten eerste, zoals we daarnet al zagen, informeert een affectieve toestand ons of de huidige situatie in orde is of niet (Bless e.a., 1990; Schwarz, 1990; Schwarz e.a., 1991; Schwarz & Clore, 1983). Als we in een positieve stemming zijn, is dat een teken dat de situatie in orde is en dat het niet noodzakelijk is om iets te veranderen. Een negatieve stemming geeft daarentegen aan dat er iets mis is, dat de situatie veranderd moet worden en dat het dus noodzakelijk is om goed na te denken over alle informatie die aangeboden wordt. Hierdoor leidt een negatieve stemming tot meer uitgebreide verwerking van informatie (vgl. paragraaf 3.6.1, p.117, waar werd opgemerkt dat negatieve gebeurtenissen mensen aanzetten tot causale analyse, onder meer met het doel de gebeurtenis te kunnen beheersen of voorspellen).
Een gerelateerde verklaring is gebaseerd op het *mood maintenance*-principe (Isen, 1984), dat stelt dat mensen die in een positieve stemming zijn dat graag zo willen houden. Elke activiteit die de positieve stemming kan veranderen wordt vermeden, zo ook grondig nadenken over aangeboden informatie. Iemand in een negatieve stemming zal daarentegen juist op zoek gaan naar oplossingen om uit deze stemming te komen. Alle beschikbare informatie zal daarom goed overdacht worden.
Volgens deze twee verklaringen hebben mensen met een goede stemming een verminderde *motivatie* om informatie grondig te verwerken. Een derde verklaring is dat mensen in een goede stemming een verminderde cognitieve *capaciteit* hebben (bijv. Mackie & Worth, 1989, 1991; Worth & Mackie, 1987). Positief affect roept positieve herinneringen en positieve constructen op, en die informatie lijkt meer divers en meer verspreid in het geheugen opgeslagen te zijn dan negatieve informatie. Wanneer positieve informatie uit het geheugen opgehaald wordt, is daar dus meer cognitieve capaciteit voor nodig dan bij negatieve informatie (Isen, 1984). Bij een positieve stemming wordt alle cognitieve capaciteit aangewend om stemmingscongruent materiaal uit het geheugen op te halen. Mackie en Worth (1989) vonden ondersteuning voor deze verklaring. Zij lieten zien dat, wanneer proefpersonen meer tijd krijgen om een boodschap te lezen, proefpersonen in een positieve stemming net zo grondig informatie verwerken als proefpersonen in een negatieve stemming: ze genereerden evenveel gedachten (cognitieve responsen, zie inleiding van hoofdstuk 2) bij het lezen van een betoog. De conclusie die hieruit getrokken werd, was dat beperkte verwerking te wijten is aan een beperkte capaciteit en niet aan motivatie. Proefpersonen in een positieve stemming blijken immers wél meer te verwerken als zij daarvoor ruim de tijd krijgen, zodat hun cognitieve capaciteit niet meer beperkt is.
Resultaten van andere onderzoeken (Bless e.a., 1990; Bless, Mackie & Schwarz, 1992; Innes & Ahrens, 1991) ondersteunen echter het *mood maintenance*-idee. Zo bleek bijvoorbeeld uit onderzoek van Bless e.a. (1990) dat proefpersonen in een positieve stemming een overredende boodschap grondiger verwerken

wanneer door middel van een instructie hun motivatie wordt verhoogd (namelijk de expliciete instructie om op de kwaliteit van de argumenten te letten bij het lezen van een betoog). Bless en zijn collega's concludeerden op grond hiervan dat mensen met een positieve stemming wel degelijk grondig kúnnen verwerken, als ze maar wíllen. Als het alleen een kwestie was van cognitieve capaciteit, zou een eenvoudige instructie om de motivatie te verhogen de beperking niet opheffen.

Het moet gezegd worden dat de motivationele en de cognitieve verklaring niet altijd zo eenvoudig van elkaar te onderscheiden zijn. In het onderzoek van Mackie en Worth werd de proefpersonen verteld dat zij zoveel tijd mochten gebruiken als ze wilden om de informatie te lezen. Je zou kunnen zeggen dat hiermee impliciet wordt gesuggereerd dat de onderzoeker geïnteresseerd is in een zorgvuldig overdachte reactie. De instructie kan dus ook beschouwd worden als een instructie om de motivatie tot meer verwerken te verhogen. In het onderzoek van Bless e.a. (1990) kregen proefpersonen de instructie om aandacht te schenken aan de kwaliteit van de argumenten. Het is denkbaar dat deze proefpersonen meer tijd namen om hun oordeel te vormen, hetgeen impliceert dat ze een grotere capaciteit gebruikten. Vooralsnog moeten we het erop houden dat beide factoren een rol spelen en dat de benaderingen elkaar dus aanvullen (zie Schwarz e.a., 1991).

9.4.5 Effecten van stemming versus emotie

Hiervoor hebben we het steeds gehad over effecten van stemming. Zoals eerder opgemerkt, heeft vrijwel al het onderzoek zich hierop gericht. Doordat stemmingen algemeen zijn en niet zijn gekoppeld aan een bepaald object, kunnen ze makkelijk invloed uitoefenen op allerlei uiteenlopende processen en op oordelen over 'onschuldige' stimuli die in feite niets met de stemming te maken hebben. Emoties daarentegen zijn duidelijk gericht op een object, en zullen daardoor minder gauw generaliseren naar andere objecten. Dit betekent dat de effecten van emoties (a) beperkter en (b) specifieker zijn dan die van stemmingen.

De meer beperkte invloed van emoties op informatieverwerking wordt geïllustreerd door een onderzoek van Keltner, Locke en Audrain (1993). In dit onderzoek werd de invloed van affectieve toestanden op 'algemene tevredenheid met het leven' gemeten. Vooraf werd de affectieve toestand gemanipuleerd door proefpersonen te vragen zich een levendige herinnering van een negatieve levensgebeurtenis voor de geest te halen. Sommige proefpersonen werd gevraagd aan te geven welke emoties ze precies hadden ervaren, terwijl anderen gevraagd werd aan te geven waar en hoe de gebeurtenis precies plaats vond. Het idee was dat proefpersonen in beide gevallen negatief affect zouden ervaren. Wanneer de proefpersonen echter hun specifieke emoties hadden beschreven, zou hun affectieve toestand gekoppeld zijn aan de toenmalige levensgebeurtenis en niet aan hun huidige leven. Als gevolg daarvan zou het oordeel over hun huidige leven minder sterk beïnvloed moeten worden door de negatieve herinnering. Inderdaad bleek dat de proefpersonen die de emoties benoemden meer tevredenheid met hun leven rapporteerden dan de andere proefpersonen, ook al waren beide groepen in een even negatieve affectieve toestand.

Ander onderzoek laat zien dat de effecten van emoties niet noodzakelijkerwijs beperkter zijn, maar wel specifieker. Zo blijkt dat de emotie angst vooral de waarneming van risico's beïnvloedt, en niet de waarneming van schuld, terwijl de emotie boosheid wel de waarneming van schuld maar niet die van risico's beïnvloedt (Gallagher & Clore, 1985, geciteerd in Schwarz & Clore, 1996).

9.4.6 Het beheersen van doodsangst

Een zeer basale emotie waarmee ieder mens op zeker moment wordt geconfronteerd, is de angst voor de dood. Deze angst heeft de mens gemeen met andere dieren. Ieder organisme heeft een ingebakken neiging tot zelfbehoud, een instinct om de eigen dood te voorkomen ten koste van alles. Het verschil tussen de mens en andere soorten is dat de mens zich ervan bewust is dat de eigen dood onafwendbaar is. Volgens de *'terror management'-theorie* van Greenberg, Pyszczynski en Solomon (1986; Solomon, Greenberg & Pyszczynski, 1991) zou deze combinatie van het besef van de eigen sterfelijkheid en het instinct tot zelfbehoud een alles overheersende, verlammende angst moeten creëren.

Dat we die angst niet voortdurend voelen is te danken aan een buffer die we in onze cultuur hebben gecreëerd en die bestaat uit twee componenten. De eerste wordt *culturele wereldvisie* ('cultural worldview') genoemd: een verzameling van binnen een cultuur gedeelde overtuigingen over hoe de wereld in elkaar zit. Deze overtuigingen geven een gevoel van zin en betekenis, een idee van continuïteit en stabiliteit. Bovendien verschaffen ze een stelsel van normen en waarden en aldus een belofte van onsterfelijkheid (in elk geval in symbolische zin) voor degenen die zich voegen naar de standaard van de culturele wereldvisie. Volgens de theorie is dit ook een cruciale factor in de oersterke behoefte van mensen om 'erbij te horen' (zie paragraaf 6.4.1, p.280). Door te worden opgenomen in een collectief dat zin en continuïteit geeft aan het leven, schept men een illusie van onschendbaarheid.

Een tweede component van de buffer tegen de doodsangst is *zelfwaardering*. Volgens de theorie is zelfwaardering in feite niets anders dan de mate waarin men het gevoel heeft dat men voldoet aan de standaard van de culturele wereldvisie. Daarnaast kan men ook een illusie van onschendbaarheid ontlenen aan het gevoel dat men bijzonder is en superieur. In overeenstemming met dit idee blijken mensen met een hoge zelfwaardering, of mensen bij wie de zelfwaardering experimenteel wordt opgekrikt (bijvoorbeeld door middel van valse feedback) minder tekenen van angst te vertonen wanneer ze worden geconfronteerd met beelden van de dood of gedachten aan de dood. Deze mensen lijken beter in staat te zijn om constructen die aan de dood gerelateerd zijn te onderdrukken (Harmon-Jones e.a., 1997).

De angst voor de eigen dood, en het streven om de buffer tegen die angst in stand te houden en te beschermen, heeft invloed op cognitieve processen (en overigens ook op gedrag, bijvoorbeeld roekeloos rijden; Taubman Ben-Ari e.a., 1999). In onderzoek naar deze effecten wordt voor proefpersonen de dood saillant gemaakt, vaak door hun te vragen een beschrijving te geven van hun eigen dood, soms door mensen op straat te ondervragen op een plaats waar ze recht tegenover een begrafenisonderneming staan (Pyszczynski e.a., 1996). Het effect van deze manipulaties is allereerst dat de culturele wereldvisie wordt beschermd (*worldview defense*): men gaat positiever oordelen over personen die de wereldvisie bevestigen en negatiever over personen die de wereldvisie ter discussie stellen (voor een overzicht: Greenberg, Pyszczynski & Solomon, 1995). Verhoogde saillantie van de dood leidt bijvoorbeeld tot strengere straffen voor mensen die de normen schenden en een hardere beoordeling van bijvoorbeeld prostituees. Ook het *false-consensus*-effect (paragraaf 3.7.3, p.133) wordt sterker door de confrontatie met de dood: men wil immers het idee hebben dat de eigen wereldvisie correspondeert met die van de groep, want dat schept vertrouwen in de eigenwaarde. Hierdoor wordt de waargenomen consensus voor de eigen opvattingen overschat (Pyszczynski e.a., 1996; zie ook Simon e.a., 1997).

Een ander effect van mortaliteits-saillantie is dat de neiging tot ingroup-favoritisme (zie paragraaf 5.2.1, p.199) sterker wordt (voor een overzicht: Greenberg, Pyszczynski & Solomon, 1995): men denkt positiever over mensen die het eigen land prijzen dan over mensen die het bekritiseren, en over leden van de eigen godsdienstige groep dan over die met een andere godsdienst (Greenberg e.a., 1990), men neemt fysiek meer afstand van allochtonen en in een 'minimale groepen'-experiment gaat men extra veel punten toekennen aan ingroup-leden en minder aan outgroup-leden (Harmon-Jones e.a., 1996).

Kortom, volgens de *terror management*-theorie heeft de angst voor de dood – of beter, het streven om die angst in toom te houden – gevolgen voor cognities doordat het de behoefte wekt om de wereldvisie en het gevoel van eigenwaarde in bescherming te nemen. Dat heeft invloed op enkele cognitieve verschijnselen die we in dit boek al zijn tegengekomen. Volgens de theorie zijn deze verschijnselen in feite een gevolg van de behoefte om de doodsangst te reguleren. Het feit dat ze sterker worden wanneer aan de dood gerelateerde gedachten saillant worden gemaakt, ondersteunt dit idee. Van belang in deze context is dat de effecten van mortaliteits-saillantie specifiek lijken te zijn voor het probleem van de dood, en niet optreden bij gedachten aan andere nare gebeurtenissen (Greenberg e.a., 1994).

9.4.7 Samenvatting

Affect – zowel stemmingen als emoties – kan experimenteel opgewekt worden en leent zich net zo goed voor gecontroleerd onderzoek als cognitie. Resultaten van dit onderzoek laten zien dat affect cognitieve processen kan beïnvloeden. Deze beïnvloeding kan ontstaan doordat affect als een prime fungeert die de aandacht, encodering en herinnering kleurt, maar ook doordat affect zelf als een bron van informatie over de omgeving wordt opgevat. De effecten van stemmingen zijn algemener dan die van emoties. In de laatste paragraaf zagen we dat een fundamentele vorm van affect, de angst voor de dood, eveneens van invloed is op cognitieve processen.

9.5 De invloed van affect op gedrag

Binnen het domein van de sociale cognitie is in het verleden weinig aandacht geweest voor gedrag. Toch zijn er wel uitzonderingen, als bijvoorbeeld onderzoek naar de relatie tussen schema's en gedrag (paragraaf 4.4.6, p.187), automaticiteit versus controle in gedrag (paragraaf 7.2.5 p.304) en onderzoek naar beoordelingen en keuzegedrag (zie hoofdstuk 8). In het onderzoek naar affect zijn drie onderzoekslijnen te onderscheiden waarin de relatie tussen affect en gedrag wordt bestudeerd. De eerste richt zich op de effecten van stemming op hulpvaardig gedrag, de tweede op de effecten van stemming op beslissingen, en de derde op de vraag hoe verwachtingen van latere emoties ons huidige gedrag beïnvloeden.

9.5.1 Affect en hulpvaardigheid

In het openingsvoorbeeld lazen we dat Albert geen zin had om zijn vriend Ruud te helpen toen hij in een chagrijnige bui was. Betekent dit dat mensen in een negatieve affectieve toestand minder hulpvaardig zijn? Het antwoord hierop is ja en nee (Carlson, Charlin & Miller, 1988; Carlson & Miller, 1987; Salovey & Rosenhan, 1989). Van belang is hoe mensen hun negatieve affectieve toestand interpreteren – of, in andere woorden, hoe de situatie appraised wordt, of welke attributies er gemaakt worden. Wanneer mensen zich als het slachtoffer van een negatieve gebeurtenis zien, zullen ze niet geneigd zijn anderen te helpen. Mensen die zichzelf daarentegen zien als oorzaak van een negatieve gebeurtenis kunnen, doordat ze zich verantwoordelijk voelen, juist wél extra hulp gaan aanbieden.

In het laatste geval kunnen twee processen ten grondslag liggen aan de toename van hulpvaardigheid bij een negatieve stemming. Ten eerste is het mogelijk dat mensen zich schuldig voelen. Schuldgevoel leidt tot een verhoogd zelfbewustzijn (Carlson & Miller, 1987) en dat leidt weer tot een verhoogde gevoeligheid voor sociale normen (Schaller & Cialdini, 1990.) Aangezien die normen stellen dat je anderen moet helpen, kan schuldgevoel langs deze weg leiden tot een verhoogde neiging tot hulp geven.

Een tweede mogelijkheid is dat mensen in een negatieve stemming eerder anderen helpen omdat ze weten dat dit een goed gevoel geeft. Door een ander te helpen kunnen ze dus in een betere stemming komen (Cialdini, Darby, & Vincent, 1973). Zo vonden Cialdini e.a. (1973) dat studenten die per ongeluk iemand kwaad hadden gedaan, en zich daar rot over voelden, vaker gebruikmaakten van de gelegenheid om een goed doel te steunen (door een aantal telefoontjes te plegen) dan studenten uit een controlegroep. Maar wanneer deze studenten eerst onverwacht een dollar cadeau kregen, verdween het effect en hielpen ze gemiddeld even vaak als een controle-groep. Het idee is dat de studenten die onverwacht een dollar hadden gekregen hun slechte stemming al kwijt waren. Daarom was er geen noodzaak meer om hun slechte stemming te herstellen door middel van een goede daad.

Kortom, in bepaalde gevallen zullen mensen in een negatieve stemming hulp bieden om van hun stemming af te komen. Maar over het algemeen zijn mensen in een positieve stemming meer geneigd anderen te helpen. Ze doen dat echter alleen wanneer ze ervan verzekerd zijn dat hun hulpvaardige gedrag er niet voor zorgt dat hun goede stemming bedorven wordt, maar juist dat deze versterkt wordt (Isen & Simmonds, 1978). Dit betekent niet dat je ervan verzekerd hoeft te zijn dat je hulp effectief is, maar wel dat je ervan verzekerd wilt zijn dat, áls het niet effectief is, je er geen kater aan overhoudt (Carlson e.a., 1988). Een andere voorwaarde voor het geven van hulp bij een goede stemming wordt beschreven door het *social outlook*-principe. Dit houdt in dat positieve stemmingen die door een interpersoonlijke gebeurtenis opgewekt worden (bijvoorbeeld een leuke ontmoeting in de trein) de aandacht richten op de goede kant van de mens en leiden tot extra hulpbereidheid. Positieve stemmingen die door een niet-sociale gebeurtenis opgewekt worden (bijvoorbeeld: je ziet dat je saldo bij de bank er gunstig uitziet) leiden daarentegen niet tot een meer hulpvaardige instelling.

9.5.2 Affect en beslissingen

Bij het nemen van beslissingen en het maken van keuzes worden we vaak beïnvloed door onze emoties en stemmingen. Wanneer we in een positieve stemming zijn, blijken we creatiever problemen op te lossen en flexibeler informatie te integreren (Isen, 1987, 1993). We zijn in een positieve stemming wat luchthartiger, waardoor we de informatie die op ons afkomt weliswaar minder grondig en analytisch verwerken (zoals eerder beschreven, paragraaf 9.4.4, p.389), maar tegelijkertijd ook makkelijker op nieuwe ideeën komen. In een negatieve stemming is onze aandacht meer geconcentreerd, gericht op hetgeen waar we mee bezig zijn en dat kan leiden tot het over het hoofd zien van alternatieve handelingsmogelijkheden (Fiedler, 1988). Affect kan dus beslissingen beïnvloeden via effecten op informatieverwerking.

Ook op andere manieren is onze affectieve toestand van invloed op onze beslissingen. Eerder, in hoofdstuk 8 (paragraaf 8.3.1, p.327), heb je gelezen dat 'verwachting' en 'waarde' de twee cruciale begrippen zijn in de psychologische besliskunde. Verwachtingen hebben alles te maken met hoe we de kansen op bepaalde uitkomsten inschatten; waarden hebben van doen met hoe plezierig of onplezierig we die uitkomsten vinden. Beide variabelen worden beïnvloed door de stemming van de beslisser.

Johnson en Tversky (1983) vonden dat proefpersonen in een positieve stemming, vergeleken met proefpersonen in een neutrale stemming,[8] de kans op gewenste uitkomsten overschatten en die op ongewenste uitkomsten onderschatten. Op grond hiervan zou je verwachten dat mensen in een positieve stemming geneigd zijn om meer risico te nemen bij het nemen van beslissingen. Immers, zij zullen deze risico's lager inschatten. Mensen in een positieve stemming blijken echter tegelijkertijd negatieve uitkomsten onplezieriger te vinden dan mensen in een neutrale stemming (Isen e.a., 1988). Bij het nemen van beslissingen zouden deze twee neigingen (enerzijds de kans op negatieve uitkomsten onderschatten, maar anderzijds deze uitkomsten wel negatiever waarderen) elkaar kunnen opheffen. In een later onderzoek werd gevonden dat het effect van stemming op het zwaarder wegen van negatieve uitkomsten sterker was (Nygren e.a., 1996). In een positieve stemming zullen mensen dus over het algemeen minder risico nemen dan in een neutrale stemming.

9.5.3 Effecten van geanticipeerde emoties: spijt

Bij het nemen van beslissingen zijn niet alleen de gevoelens van dat moment van belang: mensen houden ook rekening met hun toekomstige gevoelens. Ze *anticiperen* op de emoties die ze later kunnen ervaren. In dit geval worden beslissingen beïnvloed door verwachtingen over toekomstige affectieve toestanden.[9] Dit idee werd in het begin van de jaren tachtig door enkele economen naar voren gebracht. Zij richtten zich op de rol van de emotie spijt en de positieve tegenhanger blijdschap (zie Bell, 1982; Loomes & Sugden, 1982; Sage & White, 1983). In later werk werd ook de rol van teleurstelling en opluchting (Bell, 1985; Loomes & Sugden, 1986), schaamte en trots (Simonson, 1989) en schuld, boosheid en triestheid (Baron, 1992) onderzocht. We zullen

---

8 Veel onderzoek is gericht op de invloed van positieve stemmingen, in vergelijking met neutrale en niet met negatieve stemmingen. In de Verenigde Staten, waar veel van dit onderzoek is uitgevoerd, moet elk onderzoek eerst worden goedgekeurd door een ethische commissie. Het induceren van een negatieve stemming in bepaalde condities maakt het moeilijker om die goedkeuring te krijgen, vandaar dat deze conditie nogal eens ontbreekt.

9 Je zou kunnen zeggen dat de invloed van geanticipeerde emoties niet echt een invloed van affect is, maar meer een invloed van cognities over affect. Immers, het gaat over verwachtingen van toekomstig affect. Het is echter nog niet duidelijk of deze geanticipeerde affectieve toestanden puur cognitief zijn, of dat ze ook affectieve kenmerken hebben.

ons hier beperken tot de emotie spijt en de *spijttheorie*, een theorie over de rol van spijt bij het maken van keuzen onder onzekerheid (voor een overzicht: Zeelenberg, 1999a,b), omdat juist spijt (of liever, de anticipatie daarop) een belangrijke rol speelt bij het kiezen tussen verschillende mogelijkheden in het dagelijks leven.

In hoofstuk 8, over beslissen, is reeds duidelijk gemaakt hoe mensen bij het maken van keuzes de verschillende uitkomsten van opties kunnen combineren om tot een beslissing te komen. Wanneer je, zoals in het openingsvoorbeeld van hoofdstuk 8, na je studie kunt kiezen tussen twee banen, kan het zo zijn dat je rekening houdt met mogelijke spijt achteraf (zie bijv. Bar-Hillel & Neter, 1996). De spijttheorie gaat ervan uit dat verwachtingen over de emoties die voortkomen uit een bepaalde uitkomst ook in de afweging meegenomen worden. Hoe de anticipatie op spijt van invloed is op gedrag, is te lezen in de volgende passage uit Ronald Gipharts (1991) roman *Giph*, waarin de gelijknamige hoofdpersoon zegt (p. 74):

> *Voor een generatie die nooit iets meemaakt – de onze – is maar weinig nodig om literair geil te worden. Wij zijn bijvoorbeeld ieder jaar op de Nacht van de Poëzie te vinden, om ieder jaar opnieuw vast te stellen dat die oersaai en strontvervelend is, en toch komen we (net als al die andere mensen) ieder jaar weer, uit angst iets te missen.*

Zoals deze passage suggereert, proberen we vaak op zo'n manier te kiezen dat we achteraf zo weinig mogelijk spijt ervaren. Giph geeft impliciet aan dat hij er minder spijt van heeft als hij samen met anderen naar een feest gaat waar niets te beleven is dan wanneer hij besloten zou hebben om niet te gaan en achteraf van de anderen hoort dat hij heel wat misgelopen is. In dit geval kiest hij dus voor de spijt-minimaliserende optie, namelijk naar het feest gaan dat waarschijnlijk toch wel saai zal zijn. Beide keuzen kunnen in feite tot spijt leiden. Wel naar het feest gaan resulteert in spijt als het feest wederom saai en strontvervelend is. Niet gaan resulteert in spijt als achteraf blijkt dat het een spetterend feest was. Ook al is het eerste, spijt van wel gaan, volgens Giph aannemelijker, hij kiest er toch voor om de veel ergere spijt te voorkomen die hij zou kunnen krijgen wanneer hij niet gaat.

In dit voorbeeld is het van belang dat de persoon verwacht achteraf te zullen horen hoe het feest is geweest. Als je dat namelijk niet te horen krijgt, weet je niet wat je had kúnnen hebben en is er dus niets om spijt van te hebben (Zeelenberg e.a., 1996): wat niet weet, wat niet deert. De verwachting om achteraf te horen welke uitkomsten je precies misgelopen bent, kan er dus voor zorgen dat mensen rekening gaan houden met de mogelijke spijt die deze uitkomst-informatie met zich meebrengt. Het resultaat is dat ze keuzes maken die de mogelijke spijt minimaliseren. De anticipatie op deze mogelijke spijt beïnvloedt de beslissing.

Ook in het dagelijks leven zijn talrijke voorbeelden te vinden van situaties waarin de anticipatie van spijt ons gedrag stuurt. Interessant is dat deze geanticipeerde emoties door derden gebruikt kunnen worden om ons gedrag te beïnvloeden, bijvoorbeeld door de Postcodeloterij. In de Postcodeloterij is het winnende nummer een postcode. Het gevolg hiervan is dat iedereen die in Nederland woont automatisch een lotnummer heeft. De beslissing om in de loterij mee te spelen verandert hierdoor van de beslissing om een lot te kopen tot een beslissing om je eigen lot geldig te maken. Als je besluit om niet te spelen, kun je achteraf te horen krijgen dat je gewonnen had wanneer je wel gespeeld had. Bij andere loterijen, zoals de Staatsloterij, kom je daar natuurlijk nooit achter. Nu lijkt het ons niet onwaarschijnlijk dat er mensen zijn die besluiten mee te spelen omdat ze niet achteraf willen horen dat ze een prijs zijn misgelopen. Op deze manier is het meespelen eigenlijk een soort verzekering tegen de negatieve emoties die je kunt ervaren als je niet meespeelt en erachter komt dat je gewonnen zou hebben.

De verwachting van uitkomst-informatie is echter niet de enige conditie waaronder we rekening houden met mogelijke gevoelens achteraf. Ook wanneer we om een of andere reden nadenken over de spijt die we achteraf kunnen voelen, kan dit ons gedrag sturen. Zo bleek uit een onderzoek van Richard, Van der Pligt en De Vries (1996a) dat bij bewuste reflectie over mogelijke spijt achteraf het vermijden van negatieve emoties een belangrijker rol gaat spelen. Deze onderzoekers vroegen de helft van een groep eerstejaarsstudenten hoe ze zich zouden voelen *nadat* ze onveilige seks hadden, en de andere helft hoe ze zich zouden voelen *wanneer* ze onveilige seks hadden. Het is niet verwonderlijk dat respondenten die gevraagd werd naar gevoelens *na* de seks meer negatieve gevoelens rapporteerden. Op een tweede meting na vijf maanden gaven zij echter ook aan een positievere intentie te hebben ten opzichte van het gebruik van condooms dan de andere groep. Tevens – en dat is het interessantste – gaven deze proefpersonen aan dat zij in de tussenliggende periode gemiddeld vaker condooms gebruikt hadden dan proefpersonen uit de andere groep. Het saillant maken van gevoelens die achteraf ervaren kunnen worden, vergroot dus het gewicht van deze gevoelens tijdens het beslisproces, en beïnvloedt daarmee het gedrag.[10]

De anticipatie van spijt kan niet alleen bepalen welke keuze iemand maakt, het kan er ook toe leiden dat iemand helemaal niets kiest uit angst om spijt te krijgen (*inactie-inertie*; Tykocinski & Pittman, 1995, 1998). Stel je de volgende situatie voor:

---

10 Uit ander onderzoek van Richard, Van der Pligt en De Vries (1996b; zie ook Richard, 1994) blijkt dat beslissingen niet alleen worden beïnvloed door het streven naar het minimaliseren van spijt, maar ook van teleurstelling, schuld en schaamte, en het maximaliseren van positieve emoties als blijdschap en trots.

In de zomervakantie heb je een baantje. Met dat baantje ben je van maandag tot en met donderdag heel druk. Je besluit dat je, op de dag dat je niet hoeft te werken, wilt gaan sporten bij een fitnesscentrum. Er zijn twee fitnesscentra in de stad. De ene is 5 minuten bij jou vandaan, maar een vriend van je vertelt dat ze nog maar een paar nieuwe leden accepteren, dus je moet er wel snel bij zijn, anders is het te laat. Aan het eind van de week is het er echter nog steeds niet van gekomen je aan te melden. Je hoort dat het nu te laat is omdat de inschrijving van nieuwe leden juist de vorige dag is gesloten. Het andere fitnesscentrum is 30 minuten bij jou vandaan.

Tykocinski en Pittman (1998, Exp. 1) vroegen proefpersonen of ze zich nu zouden laten inschrijven bij het andere sportcentrum. In de hier beschreven conditie, waarin het eerste centrum heel dichtbij was, waren proefpersonen beduidend minder geneigd zich bij het tweede centrum in te schrijven dan in een conditie waarin het eerste centrum ook al 25 minuten weg was (in plaats van 5). Merk op dat deze beslissing niet echt rationeel is, want in beide gevallen gaat het uiteindelijk om de keuze voor een sportcentrum dat 30 minuten weg is. Verondersteld wordt dat de proefpersonen die zich in het verhaal hierboven verplaatsten een gevoel van spijt hadden (versterkt door de contrafeitelijke gedachte: als ik nu maar net een dag eerder die inschrijving had geregeld ...) en, als gevolg daarvan, helemaal niets meer wilden doen, omdat ze niet herinnerd wilden worden aan dit nare gevoel. Immers, als ze zich toch zouden inschrijven bij het tweede centrum, zouden ze elke keer dat ze erheen gingen moeten denken aan de gemiste kans bij het centrum dat om de hoek was en weer opnieuw spijt voelen. In overeenstemming met deze verklaring bleek de neiging om niets te doen extra sterk te zijn wanneer er werd verteld dat men het eerste centrum altijd voorbij zou komen op weg naar het tweede. Men zou dan dus elke week worden herinnerd aan het gevoel van spijt. Door deze verwachting ging men maar liever helemaal niet sporten.

Eerder zagen we al dat een gevoel van teleurstelling ertoe kan leiden dat bepaald gedrag (zoals studeren voor een tentamen) niet meer optreedt (Van Dijk, 1999). We zien hier dat de anticipatie op spijt hetzelfde effect kan hebben. In die situaties is affect dus ook van invloed op gedrag, in die zin dat gedrag achterwege blijft.

9.5.4 Het voorspellen van toekomstig affect[11]

Uit het voorafgaande blijkt dat beslissingen vaak gebaseerd zijn op verwachte toekomstige affectieve toestanden (vgl. March, 1987). We gaan bijvoorbeeld naar een bepaalde vakantiebestemming omdat we verwachten dat we daar al

---

11 Deze paragraaf is geschreven in samenwerking met Roos Vonk. Een deel van de tekst is ontleend aan: Vonk, R. (1998). 'Kunnen wij ons gevoel voorspellen?' *Psychologie, 17*, maart 1998, p. 14–17.

onze zorgen zullen vergeten. We zeggen iemand de waarheid omdat we verwachten dat we ons dan opgelucht zullen voelen. We werken hard aan een vervelende taak om te voorkomen dat we ons een lamlendige luilak voelen. We gaan trouwen omdat we verwachten dat we ons dan gelukkig voelen. Of we gaan juist scheiden om precies dezelfde reden.

Onze verwachtingen van toekomstige gevoelens bepalen dus in grote mate ons gedrag. Een belangrijke vraag is dan ook in hoeverre we in staat zijn onze gevoelens accuraat te voorspellen. In de meeste situaties zullen onze voorspellingen vrij goed weergeven hoe we ons later voelen (Loewenstein & Schkade, 1999; Mellers, Schwartz & Ritov, 1999); slechts onder bijzondere omstandigheden zullen onze uiteindelijke gevoelens lijnrecht tegengesteld zijn aan wat we hadden verwacht. Wat echter wel vaak voorkomt is dat we ons vergissen in de *intensiteit* en in de *duur* van onze gevoelens. Zo blijkt één op de drie echtparen minder gelukkig te zijn met het huwelijk dan ze hadden verwacht, althans als we het percentage echtscheidingen als maat mogen nemen. Dat wil zeggen, het huwelijksgeluk is vaak minder intens dan men had verwacht en het duurt minder lang.

Hoewel mensen de intensiteit en de duur van hun gevoelens wel eens *onder*schatten, is er vaker sprake van *over*schatting. Een overschatting van intensiteit treedt bijvoorbeeld vaak op als het gaat om het plezier dat mensen tijdens hun vakantie zullen hebben. Thompson en haar collega's (1997) vroegen aan vakantiegangers om op verschillende momenten vóór, tijdens en na hun vakantie aan te geven hoeveel ze genoten van de vakantie. Het bleek dat mensen *voor* en *na* de vakantie veel positiever scoorden dan *tijdens* de vakantie. Vooraf dacht men dat het geweldig zou worden, en achteraf vond men dat het dat ook was geweest. Maar de scores die tijdens de vakantie waren gegeven, waren veel minder jubelend. Deze scores werden veel sterker beïnvloed door concrete ergernissen van het moment, zoals een vertraagde bus, een regenbui of een onvriendelijke ober. Als we vooraf en achteraf aan onze vakantie denken, staan we niet stil bij al die ergernisjes, terwijl ze toch in hoge mate ons gevoel van het moment kleuren. In dit geval is er dus niet alleen sprake van het verkeerd voorspellen van de eigen gevoelens, maar ook van een verkeerde herinnering achteraf. Dit verschijnsel wordt het *rosy effect* genoemd: een te rooskleurige kijk op hoe we ons hebben gevoeld of zullen voelen op een later moment.

Maar ook onze negatieve gevoelens overschatten we vaak, met name als het gaat om de duur ervan. We denken vooraf dat onze ellende veel langer zal aanhouden dan feitelijk het geval is. Dit wordt geïllustreerd door een serie onderzoeken van Gilbert en zijn collega's (1998), die in dit verband spreken van de *durability bias* (duurzaamheidsvertekening). In een van de onderzoeken werden studenten ondervraagd die op dat moment een relatie hadden en studenten die ongeveer twee maanden geleden hun partner kwijt waren geraakt. Aan iedereen werd gevraagd hoe gelukkig ze zich voelden op dat moment. Aan degenen die een relatie hadden werd tevens gevraagd hoe ze zich twee maanden later *zouden* voelen als ze *nu* hun partner kwijtraakten. Uit de resultaten bleek dat iedereen ongeveer even gelukkig was. Degenen die een verbroken relatie achter de rug hadden, voelden zich dus niet ongelukkiger dan degenen die hun partner nog hadden. Deze laatste studenten dachten echter dat ze zich twee maanden na een verbroken relatie beduidend ongelukkiger zouden voelen. Degenen die daadwerkelijk een verbroken relatie achter de rug hadden, lieten zien dat dit reuze meeviel; zij waren al aardig hersteld van hun misère.

Er zijn volgens Gilbert e.a. verschillende redenen waarom we de duur van onze affectieve reacties kunnen overschatten. Een eerste reden is dat we onjuiste theorieën hebben over wat ons blij of verdrietig maakt (bijvoorbeeld: als ik duizend gulden per maand extra zou verdienen, zou ik over het algemeen een stuk blijer zijn). Deze inaccurate theorieën kunnen zelfs betrekking hebben op ervaringen die we al eens hebben gehad (bijvoorbeeld het zakken voor tentamens). Je zou denken dat je in die gevallen wel leert van je foute voorspellingen over hoe je je zult voelen, maar dat blijkt niet altijd te lukken. Dat komt mede doordat herinneringen aan affectieve toestanden uit het verleden niet altijd betrouwbaar zijn (zoals we net ook al zagen). Onze herinneringen worden vooral bepaald door de *'piek en einde'-regel* (Fredrickson & Kahneman, 1993). Je herinnering aan een feestje bijvoorbeeld wordt met name bepaald door de leukste ervaring op dat feestje en hoe leuk het was vlak voordat je weg ging. Zo kan het zijn dat een feestje dat gemiddeld erg saai was, maar waarin één erg leuk moment was, als leuker wordt onthouden dan een gemiddeld goed feest. Een andere factor die de herinnering vertekent is dat mensen, wanneer ze zich herinneren wat hun emoties op een bepaald moment waren, vaak meer gebruikmaken van heuristieken over het effect van bepaalde gebeurtenissen. Wanneer mensen zichzelf bijvoorbeeld zien als hoog in neuroticisme, rapporteren ze achteraf meer negatieve emoties naar aanleiding van een gebeurtenis dan ze feitelijk hebben gehad, terwijl mensen die zichzelf zien als opgewekt en extravert juist meer positieve emoties rapporteren (Feldman Barrett, 1997). Kennelijk gebruikt men kennis over zichzelf om achteraf te bepalen hoe men zich in een bepaalde situatie heeft gevoeld (bijvoorbeeld: aangezien ik al gauw van streek ben, zal ik me tijdens dat onderzoek wel erg druk hebben gemaakt en me naar hebben gevoeld). Door dit soort factoren is de herinnering aan de eigen emoties vaak onbetrouwbaar, met als gevolg dat men er weinig aan heeft als het gaat om het voorspellen van toekomstige gevoelens.

Een tweede oorzaak van de duurzaamheids-vertekening is dat we er soms baat bij hebben onszelf een beetje in de maling te nemen. Zo is het niet onverstandig om te denken dat je na het zakken voor het tentamen 'Cognitieve Sociale Psychologie' je wekenlang rot zou voelen. Dit idee kan er namelijk voor zorgen dat je harder studeert en je tentamen gewoon haalt. Het overschatten van de ellende na een ongewenste gebeurtenis heeft dus een motiverende functie bij het voorkómen van die gebeurtenis.

Een derde oorzaak is de zogenoemde onvoldoende correctie. Stel dat je pro-

beert in te schatten hoe je je voelt een maand nadat je bent afgewezen voor die ene baan die je het allerliefst wilde hebben. Je denkt dan eerst aan het gevoel dat je zult ervaren direct na de afwijzing, dus als je voor het eerst hoort dat je de baan niet krijgt. Vervolgens maak je een correctie voor de factor tijd, dat wil zeggen, je houdt er rekening mee dat het eerste gevoel na een maand minder heftig is. Deze correctie is echter vaak onvoldoende, vergelijkbaar met het ankereffect dat in hoofdstuk 8 is beschreven (paragraaf 8.4.4, p.349): de eerste gedachte aan hoe je je zult voelen werkt als een anker, en heeft een onevenredig grote invloed op het uiteindelijke oordeel. Daar komt bij dat je, wanneer je vooraf je gevoel probeert te voorspellen, te veel gefixeerd bent op de afwijzing en te weinig denkt aan alle andere dingen die gaan gebeuren in de daaropvolgende weken – niet alleen uitzicht op andere banen, maar ook een gezellig avondje uit, een financiële meevaller, een leuke ontmoeting; allemaal gebeurtenissen die onvermijdelijk van invloed zijn op hoe je je een maand later voelt.
Een vierde oorzaak van duurzaamheids-overschattingen, juist als het gaat om negatieve gevoelens, is dat mensen bij het voorspellen van hun gevoelens geen rekening houden met het psychologische afweersysteem waar ze over beschikken. Zolang je je partner nog hebt, lijkt het misschien alsof je niet zonder hem of haar kunt, maar als je partner je in de steek heeft gelaten, ga je na een tijdje toch denken: zo leuk was hij nou ook weer niet, of: ik hield niet echt van hem (zie ook Sprecher, 1999). Je gaat meer denken aan de dingen waar je ontevreden over was, of aan de voordelen van het leven alleen, of aan de leuke kanten van een eventuele nieuwe relatie. Hetzelfde gebeurt als je wordt afgewezen voor een baan. Mensen hebben het opmerkelijke vermogen om van de nood een deugd te maken, dankzij een psychologisch immuunsysteem dat onder meer bestaat uit selectieve waarneming ('die ene persoon in de sollicitatiecommissie was duidelijk onder de indruk van mijn werk'), kritische overwegingen op die momenten dat het van pas komt ('een gesprek van een half uur is veel te kort om een goed beeld te krijgen van een sollicitant'; vergelijk de in hoofdstuk 6 beschreven motivationele vertekeningen, paragraaf 6.3.9, p.277) en allerlei strategieën van dissonantie-reductie ('ik wilde eigenlijk toch al die baan niet hebben'; zie paragraaf 1.3.2, p.21).
Dit psychologisch afweersysteem wordt door Gilbert e.a. een *onzichtbaar schild* genoemd. Het is een schild, omdat het mensen beschermt tegen de psychologische gevolgen van negatieve gebeurtenissen. En het is onzichtbaar, want we beseffen zelf niet dat we ons beter gaan voelen dankzij de trucjes van dit afweersysteem. Dat is maar goed ook, want anders zou het niet erg effectief zijn. Als je net hebt bedacht dat je ex eigenlijk maar een onaangenaam persoon was, en je beseft opeens dat je alleen maar de werkelijkheid hebt verdraaid om je beter te kunnen voelen, dan werkt het natuurlijk niet.
De onzichtbaarheid van ons afweersysteem kan verklaren hoe het komt dat we overschatten hoe lang het duurt voordat we een negatieve gebeurtenis hebben verwerkt. Na een verbroken relatie of een afwijzing voor die ene baan hebben we het idee dat we nog maanden ongelukkig zullen blijven. We staan er dan

niet bij stil dat in die periode ons afweersysteem in actie komt en maakt dat we ons beter gaan voelen.

9.5.5 Samenvatting

Eerder in dit hoofdstuk zagen we dat affectieve toestanden van invloed zijn op cognitie (bijvoorbeeld herinnering, diepte van informatieverwerking) en op motivatie (het streven om informatie zodanig te verwerken dat een goede stemming gehandhaafd kan worden). Affect is daarnaast ook van invloed op onze gedragingen. Die invloed kan op twee manieren plaatsvinden. Ten eerste worden onze gedragingen beïnvloed door de affectieve toestand waarin we verkeren. Zo zijn we over het algemeen hulpvaardiger wanneer we in een goed humeur zijn dan wanneer we in een slecht humeur zijn. Ten tweede worden onze gedragingen beïnvloed door verwachtingen over toekomstige affectieve toestanden. Over het algemeen kunnen we vrij goed voorspellen hoe we ons zullen voelen over de uitkomsten van bepaalde beslissingen; we houden hier rekening mee bij het nemen van beslissingen, bijvoorbeeld door de kans op spijt te minimaliseren. Soms zijn we echter geneigd de intensiteit en de duur van onze toekomstige gevoelens te overschatten. In die gevallen kan ons gedrag dus worden beïnvloed door een wat overtrokken beeld van onze latere gevoelens.

9.5.6 Ten slotte

In dit hoofdstuk is een overzicht gegeven van de rol van affect in de cognitieve sociale psychologie. De drie belangrijkste vragen in dit hoofdstuk waren gericht op de rol van cognities in het ontstaan van affect, de invloed van affect op cognitieve processen en de invloed van affect op gedrag. Zo zagen we dat cognities bepalen of er emoties worden opgeroepen en zo ja, welke emoties. Het is niet zo dat stimuli vanzelf bepaalde emoties oproepen. Stimuli moeten eerst op een bepaalde manier geïnterpreteerd worden in relatie tot de eigen doelen en belangen. Sociale cognitie-onderzoekers houden zich bezig met hoe deze beoordelingsprocessen verlopen en wat de resultaten ervan zijn voor de beleving van emoties. Bij de bespreking van de omgekeerde vraag, hoe beïnvloedt affect cognitieve processen, zagen we dat affectieve toestanden effect hebben op cognitie, motivatie en uiteindelijk ook op gedrag. Met dat laatste zijn we weer terug bij een punt uit het begin van dit hoofdstuk, namelijk dat affect een adaptieve functie heeft: het stelt het organisme in staat om snel te reageren op een stimulus en te zorgen dat de eigen belangen niet worden geschaad.

Affect – emoties en stemmingen – speelt een belangrijke rol bij vrijwel alle dagelijkse gedragingen. Zo ervoer Albert een aantal verschillende emoties voor, tijdens en na de keuze voor de tweedehands Datsun. Sommige van deze emoties bepaalden zijn keuze, anderen volgden op zijn keuze en gaven richting aan het daarop volgende gedrag. Zijn relatie met zijn vriendin werd op de proef gesteld door de emoties die zij ervoer naar aanleiding van zijn gedrag. Zelfs 's avonds in de kroeg kon Albert niet gewoon rustig een pilsje drinken zonder geïrriteerd aan die ochtend te denken. Die irritatie was er weer de oorzaak van dat hij zich niet zo vriendelijk gedroeg tegenover zijn vrienden. Zo zie je dat emoties verstrekkende gevolgen kunnen hebben. Dat geldt natuurlijk ook voor positieve emoties. Als je in een goede stemming bent, zul je aardiger zijn tegen anderen en die zullen weer aardiger tegen jou zijn, hetgeen weer maakt dat je je nog beter voelt (vgl. de self-fulfilling prophecy, paragraaf 4.4.6, p.189). Op deze manier is er een voortdurende wisselwerking tussen affect en gedrag, en daarmee ook tussen het individu en de omgeving. Die invloed is heel wezenlijk omdat je je affectieve systeem niet 'uit' kunt zetten. Het negeren van emoties of stemmingen is onbegonnen werk. Mensen proberen het vaak genoeg, maar zoals we al eerder zagen (paragraaf 7.3.2, p.314) heeft dat vaak alleen maar een averechts effect.

Het bestaan van affect maakt het onderzoeken van sociaal gedrag behoorlijk ingewikkeld. Immers, mensen reageren niet zomaar op een stimulus, maar vooral op hoe de stimulus ingeschat wordt ('appraisal'; vgl. paragraaf 1.2.1, p.13). Deze inschatting kan dan weer allerlei emoties oproepen die verschillende motieven met zich meebrengen. Het gedrag dat volgt is daar weer een functie van. Een en dezelfde opmerking kan als compliment of juist als belediging opgevat worden; in het laatste geval kan de opmerking angst of woede of verdriet oproepen; de gedragsreactie in geval van bijvoorbeeld verdriet kan ook weer variëren, bijvoorbeeld het verdriet uiten of zich terugtrekken. De reactie op een eenvoudige opmerking is dus niet gemakkelijk te voorspellen. Affect is vaak een centrale schakel in de 'black box' tussen stimulus en respons. Dit maakt dat affect een interessant onderzoeksgebied is voor sociale cognitie-psychologen. Maar onze emoties en stemmingen zijn natuurlijk meer dan dat. Ze zijn tevens datgene wat sjeu geeft aan het leven.

Literatuur

Aarts, H. & Dijksterhuis, A. (in druk). How often did I do it: Ease of retrieval and frequency estimates of past behavior. *Acta Psychologica* .

Aarts, H., Verplanken, B. & Knippenberg, A. van (1994). De rol van gewoonte bij afwegingsprocessen: toepassing op vervoerskeuzes. In P.A.M. van Lange, F. Siero, B. Verplanken & E. van Schie (Red.), *Toegepaste Sociale Psychologie,* deel 8 Delft: Eburon.

Aarts, H., Verplanken, B. & Knippenberg, A. van (1998). Predicting behavior from actions in the past: Repeated decision making or a matter of habit? *Journal of Applied Social Psychology, 28,* 1356-1375.

Abele, A., Gendolla, G.H.E. & Petzold, P. (1998). Positive mood and ingroup-outgroup differentiation in a minimal group setting. *Personality and Social Psychology Bulletin, 24*, 1343-1357.

Abelson, R.P. (1976). Script processing in attitude formation and decision making. In J.S. Carroll & J.W. Payne (Eds.), *Cognition and social behavior*. Hillsdale, NJ: Erlbaum.

Abelson, R.P. & Kanouse, D.E. (1966). Subjective acceptance of verbal generalizations. In Feldman, S. (Ed.), *Cognitive consistency*. New York: Academic Press.

Abelson, R.P. & Levi, A. (1985). Decision making and decision theory. In G. Lindzey & E. Aronson (Eds.), *Handbook of social psychology* (3rd ed., vol.1). New York: Random House.

Abramson, L.Y. & Alloy, L.B (1981). Depression, nondepression, and cognitive illusions: A reply to Schwartz. *Journal of Experimental Psychology: General, 110*, 436-447

Abramson, L.Y., Seligman M.E.P. & Teasdale J.D. (1978). Learned helplessness in humans: Critique and reformulation. *Journal of Abnormal Psychology, 87,* 49-74.

Ajzen, I. (1996). The social psychology of decision making. In E.T. Higgins & A. Kruglanksi (Eds.), *Social psychology: Handbook of basic principles*. New York: Guilford press.

Allison, S.T., Mackie, D.M. & Messick, D.M. (1996). Outcome biases in social perception: Implications for dispositional inference, attitude change, stereotyping, and social behavior. *Advances in Experimental Social Psychology, 28,* pp. 53-93. New York: Academic Press.

Allport, G.W. (1954). *The nature of prejudice*. Reading, MA: Addison-Wesley.

Amirkhan, J.H. (1998). Attributions as predictors of coping and distress. *Personality and Social Psychology Bulletin, 24,* 1006-1018.

Anderson, C.A. (1983). Imagination and expectation: The effects of imagining behavioral scripts on personal intentions. *Journal of Personality ands Social Psychology, 45,* 293-305.

Anderson, C.A. (1999). Attributional style, depression, and loneliness: A cross-cultural comparison of American and Chines students. *Personality and Social Psychology Bulletin, 25,* 482-499.

Anderson, C.A. & Jennings, D.L. (1980). When experiences of failure promote expectations of success: The impact of attributing failure to ineffective strategies. *Journal of Personality, 48,* 393-407.

Anderson, J.R. (1983). A spreading activation theory of memory. *Journal of Verbal Learning and Verbal Behavior, 22,* 261-295.

Anderson, J.R. & Bower, G.H. (1973). *Human associative memory.* Washington, DC: Winston.

Anderson, J.R., Kline, P.J. & Beasly, C.M. (1979). A general learning theory and its applications to schema abstraction. In G.H. Bower (Ed.), *The psychology of learning and motivation* (Vol. 13). New York: Academic Press.

Anderson, N.H. (1965). Primacy effects in personality impression formation using a generalized order effect paradigm. *Journal of Personality and Social Psychology, 2,* 1-9.

Anderson, N.H. (1967). Averaging model analysis of set size effect in impression formation. *Journal of Experimental Social Psychology, 75,* 158-165.

Anderson, N.H. (1968). Application of a linear-serial model to a personality-impression task using serial presentation. *Journal of Personality and Social Psychology, 10,* 354-362.

Anderson, N.H. (1970). Functional measurement and psychological judgment. *Psychological Review, 77,* 153-170.

Anderson, N.H. (1971). Two more tests against change of meaning in adjective combinations. *Journal of Verbal Learning and Verbal Behavior, 10,* 75-85.

Anderson, N.H. & Hubert, S. (1963). Effects of concomitant verbal recall on order effects in personality impression formation. *Journal of Verbal Learning and Verbal Behavior, 2,* 379-391.

Arkin, R.M. & Duval, S. (1975). Focus of attention and causal attributions of actors and observers. *Journal of Experimental Social Psychology, 11,* 427-438.

Arnold, M.B. (1960). *Emotion and personality* (vol. 1 & 2). New York: Columbia University Press.

Aronson, E., Willerman, B. & Floyd, J. (1966). The effect of a pratfall on increasing interpersonal attractiveness. *Psychonomic Science, 4,* 157-158.

Arriaga, X.B. & Rusbult, C.E. (1998). Standing in my partner's shoes: Perspective taking and reactions to accommodative dilemmas. *Personality and Social Psychology Bulletin, 24,* 927-948.

Arvey, R.D. (1979). Unfair discrimination in the employment interview: Legal and psychological aspects. *Psychological Bulletin, 86,* 736-765.

Asch, S.E. (1946). Forming impressions of personality. *Journal of Abnormal and Social Psychology, 41,* 258-290.

Asch, S.E. & Zukier, H. (1984). Thinking about persons. *Journal of Personality and Social Psychology, 46*, 1230-1240.

Ashmore, R.D., Del Boca, F.K. & Titus, D. (1984). *Types of women and men: Yours, mine, and ours*. Paper presented at the 1984 American Psychological Association Convention, Toronto.

Ashton, M.C. & Esses, V.M. (1999). Stereotype accuracy: Estimating the academic performance of ethnic groups. *Personality and Social Psychology Bulletin, 25*, 225-236.

Averill, J.R. (1980). A constructivist view of emotion. In R. Plutchik & H. Kellerman (Eds.), *Emotions: Theory, research, and experience* (vol. 1, pp. 305-339). New York: Academic Press.

Banaji, M.R. (1997). *Stereotypes and the Implicit Association Test*. Workshop t.b.v. het Kurt Lewin Instituut. Katholieke Universiteit Nijmegen, april 1997.

Banaji, M.R. & Bhaskar, R. (1998). Implicit stereotypes and memory: The bounded rationality of social beliefs. In D.L. Schacter & E. Scarry (Eds.), *Belief and memory*. Cambridge, MA: Harvard University Press.

Bar-Hillel, M. & Neter, E. (1996). Why are people reluctant to exchange lottery tickets? *Journal of Personality and Social Psychology, 70*, 17-27.

Bargh, J.A. (1989). Conditional automaticity: Varieties of automatic influence in social perception and cognition. In J.S. Uleman and J.A. Bargh (Eds.), *Unintended thought* (pp. 3-51). New York: Guilford.

Bargh, J.A. (1990). Auto-motives: Preconscious determinants of thought and behavior. In E.T Higgins and R.M. Sorrentino (Eds.), *Handbook of motivation and cognition* (vol. 2). New York: Guilford.

Bargh, J.A. (1994). The four horsemen of automaticity: Awareness, intention, efficiency, and control in social cognition. In R.S. Wyer Jr. & T.K. Srull (Eds.), *Handbook of social cognition* (2nd ed.). Hillsdale, NJ: Erlbaum.

Bargh, J.A. (1996). Automaticity in social psychology. In E.T. Higgins and A.W. Kruglanski (Eds.), *Social Psychology: Handbook of basic principles*. New York: Guilford.

Bargh, J.A. (1997). The automaticity of everyday life. In R.S. Wyer (Ed.), *Advances in Social cognition* (vol. 10). Mahwah, NJ: Erlbaum.

Bargh, J.A., Bond, R.N., Lombardi, W.J. & Tota, M.E. (1986). The additive nature of chronic and temporary sources of construct accessibility. *Journal of Personality and Social Psychology, 50*, 869-878.

Bargh, J.A., Chen, M. & Burrows, L. (1996). Automaticity of social behavior: Direct effects of trait construct and stereotype activation on action. *Journal of Personality and Social Psychology, 71*, 230-244.

Bargh, J.A., Gollwitzer, P.M., Lee Chai, A. & Barndollar, K. (1998). *Bypassing the will: Nonconscious self-regulation through automatic goal pursuit*. Ter publicatie aangeboden manuscript.

Bargh, J.A., Litt, J. Pratto, F. & Spielman, L.A. (1989). On the preconscious evaluation of social stimuli. In A.F. Bennett & K.M. McConkey (Eds.), *Cognition in individual and social contexts: Proceedings of the XXV International Congress of Psychology*. Amsterdam: Elsevier/North-Holland.

Bargh, J.A. & Pietromonaco, P. (1982). Automatic information processing and social perception: The influence of trait information presented outside of conscious awareness on impression formation. *Journal of Personality and Social Psychology, 43*, 437-449.

Bargh, J.A. & Pratto, F. (1986). Individual construct accessibility and perceptual selection. *Journal of Experimental Social Psychology, 22*, 293-311.

Bargh, J.A., Raymond, P., Pryor, J.B. & Strack, F. (1995). Attractiveness of the underling: An automatic power-sex association and its consequences for sexual harassment and aggression. *Journal of Personality of Social Psychology, 68*, 768-781.

Bargh, J.A. & Thein, R.D. (1985). Individual construct accessibility, person memory, and the recall-judgment link: The case of information overload. *Journal of Personality and Social Psychology, 49*, 1129-1146.

Baron, J. (1992). The effect of normative beliefs on anticipated emotions. *Journal of Personality and Social Psychology, 63*, 320330.

Baron, R.A., Byrne, D. & Johnson, B.T. (1998). *Exploring social psychology*. Boston: Allyn & Bacon.

Bartlett, F.C. (1932). *Remembering*. Cambridge (UK): Cambridge University Press.

Bartolini, T., Kresge, J., McLennan, M., Windham, B., Buhr, T.A. & Pryor, B. (1988). Perceptions of personal characteristics of men and women under three conditions of eyewear. *Perceptual and Motor Skills, 67*, 101-105.

Basow, S.A. (1986). *Gender stereotypes: Traditions and alternatives*. Monterey, CA: Brooks.

Batson, C.D. (1998). Altruism and prosocial behavior. In D.T. Gilbert, S.T. Fiske & G. Lindzey (Eds.), *The Handbook of Social Psychology* (4th ed., vol. 2, pp. 282-316). New York: McGraw-Hill.

Baumeister, R.F. (1982). A self-presentational view of social phenomena. *Psychological Bulletin, 91*, 3-26.

Baumeister, R.F., Bratslavsky, E., Muraven, M. & Tice, D.M. (1998). Ego depletion: Is the active self a limited resource? *Journal of Personality and Social Psychology, 74,* 1252-1265.

Baumeister, R.F., Hutton, D.G. & Tice, D.M. (1989). Cognitive processes during deliberate self-presentation: How self-presenters alter and misinterpret the behavior of their interaction partners. *Journal of Experimental Social Psychology, 25,* 59-78.

Baumeister, R.F. & Jones, E.E. (1978). When self-presentation is constrained by the target's knowledge: Consistency and compensation. *Journal of Personality and Social Psychology, 36,* 608-618.

Baumeister, R. F. & Leary, M. R. (1995). The need to belong: Desire for interpersonal attachments as a fundamental human motivation. *Psychological Bulletin, 117*, 497-529.

Baumeister, R.F. & Scher, S.J. (1988). Self-defeating behavior patterns among normal individuals: Review and analysis of common self-destructive tendencies. *Psychological Bulletin, 104*, 3-22.

Beach, L.R. & Potter, R.E. (1992). The pre-choice screening of options. *Acta Psychologica, 81*, 115-126.

Beach, L.R. & Mitchell, T.R. (1978). A contingency model for the selection of decision strategies. *Academy of Management Review, 3*, 439-449.

Beach, L.R. & Mitchell, T.R. (1987). Image theory: Principles, goals, and plans in decision making. *Acta Psychologica, 66,* 201-220.

Beauregard, K.S. & Dunning, D. (1998). Turning up the contrast: Self-enhancement motives prompt egocentric contrast effects in social judgments. *Journal of Personality and Social Psychology, 74,* 606-621.

Becker, H.S. (1963). *Outsiders: Studies in the sociology of deviance.* New York: Free Press.

Bell, D.E. (1982). Regret in decision making under uncertainty. *Operations Research, 30*, 961-981.

Bell, D.E. (1985). Disappointment in decision making under uncertainty. *Operations Research, 33*, 1-27.

Bellezza, F.S. & Bower, G.H. (1981). Person stereotypes and memory for people. *Journal of Personality and Social Psychology, 41*, 856-865.

Belmore, S.M. (1987). Determinants of attention during impression formation. *Journal of Experimental Psychology: Learning, Memory, and Cognition, 13,* 480-489.

Bem, D.J. (1967). Self-perception: An alternative interpretation of cognitive dissonance phenomena. *Psychological Review, 74,* 183-200.

Bem, D.J. (1972). Self-perception theory. In L. Berkowitz (Ed.), *Advances in experimental social psychology* (Vol. 6). New York: Academic Press.

Bem, D.J. (1979). Social psychology. In E.R. Hilgard, R.L. Atkinson & R.C. Atkinson: *Introduction to Psychology.* New York: Harcourt Brace Jovanovich.

Bem, S. L. (1974). The measurement of psychological androgyny. *Journal of Consulting and Clinical Psychology, 42,* 155-162.

Bentler, P.M. & Speckart, G. (1979). Models of attitude-behavior relations. *Psychological Review, 86,* 452-464.

Berkowitz, L. (1959). *Aggression: A social-psychological analysis.* New York: McGraw-Hill.

Berkowitz, L. (1986). *A survey of social psychology.* New York: Holt, Rinehart & Winston.

Berkowitz, L. & Donnerstein, E. (1982). External validity is more than skin deep. *American Psychologist, 37,* 245-257.

Bernoulli, D. (1738/1954). Exposition of a new theory on the measurement of risk, translated by Louise Sommer. *Econometrica, 22*, 22-36.

Berry, D. & McArthur, L.Z. (1985). Some components and consequences of a baby face. *Journal of Personality and Social Psychology, 48*, 312-323.

Berscheid, E., Graziano, W., Monson, T. & Dermer, M. (1976). Outcome dependency: Attention, attribution, and attraction. *Journal of Personality and Social Psychology, 34*, 978-989.

Betsch, T., Fiedler, K. & Brinkmann, J. (1998). Behavioral routines in decision making. *European Journal of Social Psychology, 28,* 861-878.

Bettman, J.R., Johnson, E.J. & Payne, J.W. (1991). Consumer decision making. In: T.S. Robertson & H.H. Kassarjian (Eds.), *Handbook of consumer behavior.* Englewood Cliffs, NJ: Prentice-Hall.

Bettman, J.R. & Weitz, B.A. (1983). Attributions in the boardroom: Causal reasoning in corporate annual reports. *Administrative Science Quarterly, 28,* 165-183.

Biehal, G.J. & Chakravarti, D. (1989). The effects of concurrent verbalization on choice processing. *Journal of Marketing research, 26,* 84-96.

Bierbrauer, G. (1979). Why did he do it? Attribution of obedience and the phenomenon of dispositional bias. *European Journal of Social Psychology, 9,* 67-84.

Biernat, M., Crandall, C.S., Young, L.V., Kobrynowicz, D. & Halpin, S.M. (1998). All that you can be: Stereotyping of self and others in a military context. *Journal of Personality and Social Psychology, 75,* 301-317.

Biernat, M., Manis, M. & Nelson, T.E. (1991). Stereotypes and standards of judgment. *Journal of Personality and Social Psychology, 60,* 485-499.

Billig, M. & Tajfel, H. (1973). Social categorization and similarity in intergroup behavior. *European Journal of Social Psychology, 3,* 27-52.

Birnbaum, M.H. (1972). Morality judgments: Test of an averaging model. *Journal of Experimental Psychology, 93,* 35-42.

Bless, H., Hamilton, D.L. & Mackie, D.M. (1990). *Mood effects on the organization of person information.* Ongepubliceerde data.

Bless, H., Mackie, D.M. & Schwarz, N. (1992). Mood effects on attitude judgments: independent effects of mood before and after message elaboration. *Journal of Personality and Social Psychology, 63,* 585-595.

Bless, H., Schwarz, N. & Wieland, R. (1996). Mood and the impact of category membership and individuating information. *European Journal of Social Psychology, 26,* 935-959.

Bodenhausen, G.V. (1988). Stereotypic biases in social decision making and memory: Testing process models of stereotype use. *Journal of Personality and Social Psychology, 55,* 726-737.

Bodenhausen, G.V. (1993). Emotions, arousal and stereotypic judgments: A heuristic model of affect and stereotyping. In D.M. Mackie & D.L. Hamilton (Eds.), *Affect, cognition, and stereotyping: Interactive processes in group perception* (pp. 13-37). San Diego: Academic Press.

Bodenhausen, G.V., Kramer, G.P. & Süsser, K. (1994). Happiness and stereotypic thinking in social judgment. *Journal of Personality and Social Psychology, 66,* 621-632.

Bodenhausen, G.V. & Lichtenstein, M. (1987). Social stereotypes and information-processing strategies: The impact of task complexity. *Journal of Personality and Social Psychology, 52,* 871-880.

Boon, L. (1984). *Geschiedenis van de psychologie.* Meppel: Boom.

Bornstein, R.F. (1989). Exposure and affect: Overview and meta-analysis of research, 1968-198. *Psychological Bulletin, 106,* 265-289.

Bornstein, R.F., Leone, D.R. & Galley, D.J. (1987). The generalizability of subliminal mere exposure effects: Influence of stimuli perceived without awareness on social behavior. *Journal of Personality and Social Psychology, 53*, 1070-1079.

Bower, G.H. (1975). Cognitive psychology: An introduction. In W.K. Estes (Ed.), *Handbook of learning and cognitive processes* (vol. 1). Hillsdale, NJ: Lawrence Erlbaum.

Bower, G.H. (1981). Mood and memory. *American Psychologist, 36*, 129-148.

Bower, G.H. (1991). Mood congruity of social judgments. In J.P. Forgas (Ed.), *Emotion and social judgments* (pp. 31-53). Oxford: Pergamon Press.

Bower, G.H., Black, J. & Turner, T. (1979). Scripts in text comprehension and memory. *Cognitive Psychology, 11*, 177-220.

Braddock, J.H., II & McPartland, J.M. (1987). How minorities continue to be excluded from equal employment opportunities: Research on labor market and institutional barriers. *Journal of Social Issues, 43*, 5-39.

Bradley, G.W. (1978). Self-serving biases in the attribution process: A reexamination of the fact or fiction question. *Journal of Personality and Social Psychology, 36*, 56-71.

Brehm, J.W. (1999). The intensity of emotion. *Personality and Social Psychology Review, 3*, 2-22.

Brehm, S.S. (1992). *Intimate relationships*. New York: McGraw-Hill.

Brewer, B.W. (1993). Self-identity and specific vulnerability to depressed mood. *Journal of Personality, 61*, 343-364.

Brewer, M.B. (1979). In-group bias in the minimal intergroup situation: A cognitive-motivational analysis. *Psychological Bulletin, 86*, 307-324.

Brewer, M.B. (1991). The social self: On being the same and different at the same time. *Personality and Social Psychology Bulletin, 17*, 475-482.

Brewer, M.B. (1993). Social identity, distinctiveness, and in-group homogeneity. *Social Cognition, 11*, 150-164.

Brewer, M.B. & Brown, R.J. (1998). Intergroup Relations. In D.T. Gilbert, S.T Fiske & G. Lindzey (Eds.), *The Handbook of Social Psychology* (4th ed., vol. 2, pp. 357-411). New York: McGraw-Hill.

Brewer, M.B., Dull, V. & Lui, L. (1981). Perceptions of the elderly: Stereotypes a prototypes. *Journal of Personality and Social Psychology, 41*, 656-670.

Brigham, J.C. & Barkowitz, P. (1978). Do "they all look alike"? The effect of race, sex, experience, and attitudes on the ability to recognize faces. *Journal of Applied Social Psychology, 8*, 306-318.

Brigham, J.C. & Malpass, R.S. (1985). The role of experience and contact in the recognition of own- and other-race faces. *Journal of Social Issues, 41*, 139-156.

Broadbent, D.E. (1958). *Perception and communication*. London: Pergamon Press.

Bruin, E.N.M. de (1999). *Good for you or good for me: Interpersonal consequences of personality characteristics*. Amsterdam: Vrije Universiteit. Dissertatie, in druk.

Bruner, J.S. (1957a). Going beyond the information given. In H. Gulber e.a. (Eds.), *Contemporary approaches to cognition*. Cambridge, Mass: Harvard University Press.

Bruner, J.S. (1957b). On perceptual readiness. *Psychological Review, 64*, 123-152.

Bruner, J.S. & Tagiuri, R. (1954). The perception of people. In G. Lindzey (Ed.), *Handbook of social psychology* (vol. 2, pp. 634-654). Reading, Mass: Addison-Wesley.

Buck, R. (1990). William James, the nature of knowledge, and current issues in emotion, cognition, and communication. *Personality and Social Psychology Bulletin, 16,* 612- 625.

Burke, M.C. & Edell, J.A. (1989). Ad-based emotions, affect, and cognition. *Journal of Marketing Research, 26,* 69-83.

Bushman, B.J., Baumeister, R.F. & Stack, A.D. (1999). Catharsis, aggression, and persuasive influence: Self-fulfilling or self-defeating prophecies? *Journal of Personality and Social Psychology, 76,* 367-376.

Byrne, D. (1971). *The attraction paradigm.* New York: Academic Press.

Cacioppo, J.T. & Petty, R.E. (1981). Social psychological procedures for cognitive response assessment. In: T. Merluzzi, C. Glass & M. Genest (Eds.), *Cognitive assessment.* New York: Guilford Press.

Cacioppo, J.T. & Petty, R.E. (1982). The need for cognition. *Journal of Personality and Social Psychology, 42,* 116-131.

Cacioppo, J.T., Gardner, W.L. & Berntson, G.G. (1997). Beyond bipolar conceptualizations and measures: The case of attitudes and evaluative space. *Personality and Social Psychology Review, 1,* 3-25.

Cacioppo, J.T. & Tassinary, L.G. (1990). Inferring psychological significance from physiological signals. *American Psychologist, 45,* 16-28.

Campbell, J.D. (1986). Similarity and uniqueness: The effects of attribute type, relevance, and individual differences in self-esteem and depression. *Journal of Personality and Social Psychology, 59,* 281-294.

Cantor, N. & Mischel, W. (1977). Traits as prototypes: Effects on recognition memory. *Journal of Personality and Social Psychology, 35,* 38-48.

Carlson, M., Charlin, V. & Miller, N. (1988). Positive mood and helping behavior: A test of six hypotheses. *Journal of Personality and Social Psychology, 55,* 211-229.

Carlson, M. & Miller, N. (1987). Explanation of the relation between negative mood and helping. *Psychological Bulletin, 102,* 91-108.

Carlston, D.E. (1980). The recall and use of traits and events in social inference processes. *Journal of Experimental Social Psychology, 16,* 303-328.

Carlston, D.E. & Skowronski (1994). Savings in the relearning of trait information as evidence for spontaneous inference generation. *Journal of Personality and Social Psychology, 66,* 840-856.

Carlston, D.E., Skowronski, J.J. & Sparks, C. (1995). Savings in relearning: On the formation of behavior-based trait associations and inferences. *Journal of Personality and Social Psychology, 69,* 420-436.

Carlston, D.E. & Smith, E.R. (1996). Principles of mental representation. In E.T. Higgins & A.W. Kruglanski (Eds.), *Social psychology: Handbook of basic principles* (pp. 184-210). New York: Guilford.

Carver, C.S., Ganellen, R.J., Froming, W.J. & Chambers, W. (1983). Modelling: An analysis in terms of category accessibility. *Journal of Experimental Social Psychology, 19*, 403-421.

Carver, C.S. & Scheier, M.F. (1981). *Attention and self-regulation: A control theory approach to human behavior*. New York: Springer.

Cavalieri, P. & Singer, P. (1993). (Eds.) *The great ape project: Equality beyond humanity*. St. Martin's Press.

Chapman, L.J. (1967). Illusory correlation in observational report. *Journal of Verbal Learning and Verbal Behavior, 5*, 151-155.

Cheek, J.M. & Hogan, R. (1983). Self-concepts, self-presentations, and moral judgments. In J. Suls & A.G. Greenwald (Eds.), *Psychological perspectives on the self* (vol. 2, pp. 249-273). Hillsdale, NJ: Erlbaum.

Chen, M. & Bargh, J.A. (1997). Nonconscious behavioral confirmation processes: The self-fulfilling consequences of automatic stereotype activation. *Journal of Experimental Social Psychology, 33*, 541-560.

Chen, M. & Bargh, J.A. (1999). Consequences of automatic evaluation: Immediate behavioral predispositions to approach or avoid the stimulus. *Personality and Social Psychology Bulletin, 25*, 215-224.

Cherry, E.C. (1953). Some experiments on the recognition of speech, with one and two ears. *Journal of the Acoustic Society of America, 25*, 975-979.

Choi, I. & Nisbett, R. E. (1998). Situational salience and cultural differences in the correspondence bias and actor-observer bias. *Personality and Social Psychology Bulletin, 24*, 949-960.

Cialdini, R.B., Darby, B.L. & Vincent, J.E. (1973). Transgression and altruism: A case for hedonism. *Journal of Experimental Social Psychology, 9*, 502-516.

Clark, L.F. & Woll, S.B. (1981). Stereotype biases: A reconstructive analysis of their role in reconstructive memory. *Journal of Personality and Social Psychology, 41*, 1064-1072.

Clary, E.G. & Tesser, A. (1983). Reactions to unexpected events: The naive scientist and interpretative activity. *Personality and Social Psychology Bulletin, 9*, 609-620.

Clore, G.L. & Parrot, G. (1991). Moods and their vicissitudes: thoughts and feelings as information. In J.P. Forgas (Ed.), *Emotion and social judgments* (pp. 107-123). Oxford: Pergamon Press.

Clore, G.L., Schwarz, N. & Conway, M. (1994). Affective causes and consequences of social information processing. In R.S. Wyer and T.K. Srull (Eds.), *Handbook of Social Cognition*, 2nd edition (vol. 1, 323-417). Hillsdale, NJ: Erlbaum.

Coats, S. & Smith, E.R. (1999). Perceptions of gender subtypes: Sensitivity to recent exemplar activation and in-group/out-group differences. *Personality and Social Psychology Bulletin, 25*, 515-526.

Cohen, C.E. (1981). Person categories and social perception: Testing some boundaries of the processing effects of prior knowledge. *Journal of Personality and Social Psychology, 40*, 441-452.

Collins, A.M. & Loftus, E.F. (1975). A spreading-activation theory of semantic processing. *Psychological Review, 82*, 407-428.

Cooper, J. & Fazio, R.H. (1984). A new look at dissonance theory. In L. Berkowitz (Ed.), *Advances in Experimental Social Psychology* (vol. 17, pp. 229-266).

Corneille, O., Leyens, J.P., Yzerbyt, V.Y. & Walther, E. (1999). Judgeability concerns: The interplay of information, applicability, and accountability in the overattribution bias. *Journal of Personality and Social Psychology, 76*, 377-387.

Costrich, N., Feinstein, J., Kidder, L., Marecek, J. & Pascale, L. (1975). When stereotypes hurt: Three studies of penalties for sex-role reversals. *Journal of Experimental Social Psychology, 11*, 520-530.

Craik, F.I.M. & Lockhart, R.S. (1972). Levels of processing: A framework for memory research. *Journal of Verbal Learning and Verbal Behavior, 11*, 671-684.

Craik, F.I.M. & Tulving, E. (1975). Depth of processing and the retention of words in episodic memory. *Journal of Experimental Psychology: General, 104*, 268-294.

Crocker, J., Hannah, D.B. & Weber, R. (1983). Person memory and causal attributions. *Journal of Personality and Social Psychology, 44*, 55-66.

Crombach, H.F.M., Koppen, P.J. van & Wagenaar, W.A. (1992). *Dubieuze zaken: De psychologie van strafrechtelijk bewijs*. Amsterdam: Contact.

Crosby, F. (1984). The denial of personal discrimination. *American Behavioral Scientist, 27*, 371-386.

Crosby, F., Bromley, S. & Saxe, L. (1980). Recent unobtrusive studies of black and white discrimination and prejudice: A literature review. *Psychological Bulletin, 87*, 546-563.

Cunningham, J.D. & Kelley, H.H. (1975). Causal attributions for interpersonal events of varying magnitudes. *Journal of Personality, 43*, 74-93.

Daamen, D.D.L. & Wilke, H.A.M. (1994) An anchoring-and-adjustment perspective on salary negotiations. In G. Antonides & W.F. van Raaij (Eds.) *Integrating views on economic behavior*. Proceedings IAREP/SABE conference, pp. 1359-1373. Rotterdam: Erasmus University.

Daamen, D.D.L. (1999). Assimilatie en contrast bij kansschattingen en de geloofwaardigheid van ankerinformatie. In C. Rutte, D. van Knippenberg, C. Martijn en D. Stapel (Red.). *Fundamentele Sociale Psychologie*, deel 13.

Dardenne, B. & Leyens, J.P. (1995). Confirmation bias as a social skill. *Personality and Social Psychology Bulletin, 21*, 1229-1239.

Darley, J.M. & Berscheid, E. (1967). Increased liking as a result of the anticipation of personal contact. *Human Relations, 20*, 29-39.

Darley, J.M. & Gross, P.H. (1983). A hypothesis-confirming bias in labeling effects. *Journal of Personality and Social Psychology, 44*, 20-33.

Darley, J.M., Fleming, J.H., Hilton, J.L. & Swann, W.B., Jr. (1988). Dispelling negative expectancies: The impact of interaction goals and target characteristics on the expectancy confirmation process. *Journal of Experimental Social Psychology, 24*, 19-36.

Dawes, R.M. (1989). Statistical criteria for a truly false consensus effect. *Journal of Experimental Social Psychology, 25*, 1-17.

Day, J.D., Borkowski, J.G., Punzo, D. & Howsepian, B. (1994). Enhancing possible selves in Mexican American students. *Motivation and emotion, 18*, 79-103.

Dean, D., Braito, R., Powers, E. & Brant, B. (1975). Cultural contradictions and sex roles revisited: A replication and reassessment. *The Sociological Quarterly, 16,* 207-215.

Deaux, K. (1976). Sex: A perspective on the attribution process. In J.H. Harvey, W.J. Ickes & R.F. Kidd (Eds.), *New directions in attribution research* (vol. 1, pp. 335-352). Hillsdale, NJ: Erlbaum.

Deaux, K. (1984). From individual differences to social categories: Analysis of a decade's research on gender. *American Psychologist, 39,* 105-116.

Deaux, K. & Emswiller, T. (1974). Explanations for successful performance on sex-linked tasks: What is skill for the male is luck for the female. *Journal of Personality and Social Psychology, 29,* 80-85.

Deaux, K. & Lewis, L.L. (1984). The structure of gender stereotypes: Interrelationships among components and gender label. *Journal of Personality and Social Psychology, 46,* 991-1004.

Deaux, K. & Taynor, J. (1973). Evaluation of male and female ability: Bias works two ways. *Psychological Reports, 32,* 261-262.

DeNisi, A.S., Cafferty, T.P. & Meglino, B.M. (1984). A cognitive view of the performance appraisal process: A model and research propositions. *Organizational Behavior and Human Performance, 33,* 360-496.

Dennett, D. (1991). *Consciousness explained.* New York: Basic Books.

Descartes, R. (1647). *Les passions de l'âme.* Paris: Vrin.

Deschamps, J.C. & Brown, R. (1983)l. Superordinate goals and intergroup conflict. *British Journal of Social Psychology, 22,* 189-195.

Desforges, D.M., Lord, C.G., Pugh, M.A., Sia, T.L. et al. (1997). Role of group representativeness in the generalization of the contact hypothesis. *Basis and Applied Social Psychology, 19,* 183-204.

Devine, P.G. (1989). Stereotypes and prejudice: Their automatic and controlled components. *Journal of Personality and Social Psychology, 56,* 680-690.

Devine, P.G. & Baker, S.M. (1991). Measurement of racial stereotype subtyping. *Personality and Social Psychology Bulletin, 17,* 44-50.

Devine, P.G. & Elliot, A.J. (1995). Are racial stereotypes really fading? The Princeton trilogy revisited. *Personality and Social Psychology Bulletin, 21,* 1139-1150.

Devine, P.G., Monteith, M.J., Zuwerink, J.R. & Elliot, A.J. (1991). Prejudice with and without compunction. *Journal of Personality and Social Psychology, 60,* 817-830.

Devine, P.G., Sedikides, C. & Fuhrman, R.W. (1989). Goals in social information processing: The case of anticipated interaction. *Journal of Personality and Social Psychology, 56,* 680-690.

Diehl, M. (1990). The minimal group paradigm: Theoretical explanations and empirical findings. *European Review of Social Psychology, 1,* 263-292.

Dijk, E. van & Knippenberg, D. van (1998) Trading wine: On the endowment effect, loss aversion, and the comparability of consumer goods. *Economic Psychology, 19,* 485-495.

Dijk, W.W. van (1999). *Dashed hopes and shattered dreams: On the psychology of disappointment.* Dissertatie, Universiteit van Amsterdam.

Dijksterhuis, A., Aarts, H., Bargh, J.A. & Knippenberg, A. van (1998). *Unintentional forgetting: Direct contact as a trailblazer for automatic behavior.* Ter publicatie aangeboden manuscript.

Dijksterhuis, A. & Knippenberg, A. van (1995). Memory for stereotype-consistent and stereotype-inconsistent information as a function of processing pace. *European Journal of Social Psychology, 25,* 689-694.

Dijksterhuis, A. & Knippenberg, A. van (1996). The knife that cuts both ways: Facilitated and inhibited access to traits as a result of stereotype activation. *Journal of Experimental Social Psychology, 32,* 271-288.

Dijksterhuis, A. & Knippenberg, A. van (1998). The relation between perception and behavior or how to win a game of Trivial Pursuit. *Journal of Personality and Social Psychology, 74,* 865-877.

Dijksterhuis, A. & Knippenberg, A. van (1999). On the parameters of associative strength: Central tendency and variability as determinants of stereotype accessibility. *Personality and Social Psychology Bulletin, 25,* 527-536.

Dijksterhuis, A., Knippenberg, A. van, Kruglanski, A.W. & Schaper, C. (1996). Motivated social cognition: Need for closure effects on memory and judgments. *Journal of Experimental Social Psychology, 32,* 254-270.

Dijksterhuis, A., Spears, R., Postmes, T., Stapel, D.A., Koomen, W., Knippenberg, A. van & Scheepers, D. (1998). Seeing one thing and doing another: Contrast effects in automatic behavior. *Journal of Personality and Social Psychology, 75,* 862-871.

Dimberg, U. & Ohman, A. (1996). Behold the Wrath: Psychophysiological responses to facial stimuli: *Motivation and Emotion, 20,* 149-181.

Dion, K.L., Berscheid, E. & Walster, E. (1972). What is beautiful is good. *Journal of Personality and Social Psychology, 24,* 285-290.

Ditto, P.H. & Lopez, D.F. (1992). Motivated scepticism: Use of differential decision criteria for preferred and nonpreferred conclusions. *Journal of Personality and Social Psychology, 63,* 568-584.

Ditto, P.H., Scepansky, J.A., Munro, G.D., Apanovitch, A.M. & Lockhart, L.K. (1998). Motivated sensitivity to preference-inconsistent information. *Journal of Personality and Social Psychology, 75,* 53-69.

Dovidio, J.F., Brigham, J.C., Johnson, B.T. & Gaertner, S.L. (1996). Stereotyping, prejudice, and discrimination: Another look. In N. Macrae, C. Stangor & M. Hewstone (Eds.), *Stereotypes and stereotyping* (pp. 276-319). New York: Guilford.

Dreben, E.K., Fiske, S.T. & Hastie, R. (1979). The independence of evaluative and item information: Impression and recall order effects in behavior-based impression formation. *Journal of Personality and Social Psychology, 37,* 1758-1768.

Dreu, C.K.W. de, Carnevale, P.J., Emans, B.J.M. & Vliert, E. van de (1995). Effects of frames in negotiation: Loss aversion, mismatching, and frame adoption. *Organizational Behavior and Human Decision Processes, 60,* 193-207.

Driscoll, D.M., Hamilton, D.L. & Sorrentino, R.M. (1991). Uncertainty orientation and recall of person-descriptive information. *Personality and Social Psychology Bulletin, 17,* 494-500.

Duncan, B.L. (1976). Differential social perception and attribution of intergroup violence: Testing the lower limits of stereotyping of blacks. *Journal of Personality and Social Psychology, 34*, 590-598.

Dunning, D. & Hayes, A.F. (1996). Evidence for egocentric comparison in social judgment. *Journal of Personality and Social Psychology, 71,* 213-229.

Dunning, D. & Sherman, D.A. (1997). Stereotypes and tacit inference. *Journal of Personality and Social Psychology, 73*, 459-471.

Dutton, D. & Aron, A.P. (1974). Some evidence for heightened sexual attraction under conditions of high anxiety. *Journal of Personality and Social Psychology, 23,* 510-517.

Eagly, A.H., Ashmore, R.D., Makhijani, M.G., Longo, L.C. (1991). What is beautiful is good, but ...: A meta-analytic review of research on the physical attractiveness stereotype. *Psychological Bulletin, 110*, 109-128.

Eagly, A.H., Makhijani, M.G. & Klonsky, B.G. (1992). Gender and the evaluation of leaders: A meta-analysis. *Psychological Bulletin, 111*, 3-22.

Eagly, A.H. & Wood, W. (1982). Inferred sex differences in status as a determinant of gender stereotypes about social influence. *Journal of Personality and Social Psychology, 43*, 915-928.

Ebbesen, E.B. (1981). Cognitive processes in inferences about a person's personality. In E.T. Higgins, C.P. Herman & M.P. Zanna (Eds.), *Social cognition: The Ontario Symposium* (vol. 1). Hillsdale NJ: Lawrence Erlbaum.

Eckes, T. (1994). Explorations in gender cognition: Content and structure of female and male subtypes. *Social Cognition, 12*, 37-60.

Edwards, J.A. & Weary, G. (1993). Depressions and the impression formation continuum: From piecemeal to category-based processing. *Journal of Personality and Social Psychology, 64*, 636-645.

Edwards, W. (1954). The theory of decision making. *Psychological Bulletin, 51*, 380-417.

Eisenberger, R. Cameron, J. (1996). Detrimental effects of reward: Reality or myth? *American Psychologist, 51*, 1153-1166.

Eisenman, R. (1993). Belief that drug usage in the United States is increasing when it is really decreasing: An example of the availability heuristic. *Bulletin of the Psychonomic Society, 31*, 249-252.

Enzle, M.E. & Schopflocher, D. (1978). Instigation of attributional processes by attributional questions. *Personality and Social Psychology Bulletin, 4*, 595-598.

Epstein, S. (1973). The self-concept revisited: Or a theory of a theory. *American Psychologist, 28*, 404-416.

Epstein, S., Donovan, S. & Denes-Raj, V. (1999). The missing link in the paradox of the Linda conjunction problem: Beyond knowing and thinking of the conjunction rule, the intrinsic appeal of heuristic processing. *Personality and Social Psychology Bulletin, 25*, 204-214.

Erber, R. & Fiske, S.T. (1984). Outcome dependency and attention to inconsistent information about others. *Journal of Personality and Social Psychology, 47*, 709-726.

Erickson, D.J. & Krull, D.S. (1999). Distinguishing judgments about what from judgments about why: Effects of behavior extremity on correspondent inferences and causal attributions. *Basic and Applied Social Psychology.*

Ericsson, K.A. & Simon, H.A. (1980). Verbal reports as data. *Psychological Review, 87,* 215-251.

Exline, J. & Lobel, M. (1999). The perils of outperformance: Sensitivity about being the target of a threatening upward comparison. *Psychological Bulletin, 125.*

Fazio, R.H. (1990). A practical guide to the use of response latency in social psychological research. In C. Hendrick & M.S. Clark (Eds.), *Research methods in personality and social psychology.* Newbury Park: Sage.

Fazio, R.H., Jackson, J.R., Dunton, B.C. & Williams, C.J. (1995). Variability in automatic activation as an unobtrusive measure of racial attitudes: A bona fide pipeline? *Journal of Personality and Social Psychology, 69,* 1013-1027.

Fazio, R.H., Sanbonmatsu, D., Powell, M. & Kardes, F. (1986). On the automatic activation of attitudes. *Journal of Personality and Social Psychology, 50,* 229-238.

Fazio, R.H., Zanna, M.P., & Cooper, J. (1977). Dissonance and self-perception: An integrative view of each theory's proper domain of application. *Journal of Experimental Social Psychology, 13,* 464-479.

Feather, N.T. & Simon, J.G. (1975). Causal attributions for success and failure in sex-linked occupations: Impressions of personality, causal attributions, and perceived likelihood of different consequences. *Journal of Personality and Social Psychology, 31,* 20-31.

Fechner, G.T. (1860). *Element der psychophysik.* Leipzig: Breitkopf & Harterl.

Fein, S. (1996). Effects of suspicion on attributional thinking and the correspondence bias. *Journal of Personality and Social Psychology, 70,* 1164-1184.

Fein, S. & Hilton, J.L. (1992). Attitudes toward groups and behavioral intentions toward individual group members: The impact of nondiagnostic information. *Journal of Experimental Social Psychology, 28,* 101-124.

Fein, S., Hilton, J.L. & Miller, D.T. (1990). Suspicion of ulterior motivation and the correspondence bias. *Journal of Personality and Social Psychology, 58,* 753-764.

Fein, S. & Spencer, S.J. (1997). Prejudice as self-image maintenance: Affirming the self through negative evaluations of others. *Journal of Personality and Social Psychology, 73,* 31-44.

Feingold, A. (1992). Good-looking people are not what we think. *Psychological Bulletin, 111,* 304-341.

Feldman Barrett, L. (1998). The relationships among momentary emotion experiences, personality descriptions, and retrospective ratings of emotion. *Personality and Social Psychology Bulletin, 23,* 1100-1110.

Feldman-Summers, S. & Kiesler, S.B. (1974). Those who are number two try harder: The effect of sex on attributions of causality. *Journal of Personality and Social Psychology, 30,* 846-855.

Festinger, L. (1957). *A theory of cognitive dissonance.* Evanston, IL: Row, Peterson.

Festinger, L. & Carlsmith, J.M. (1959). Cognitive consequences of forced compliance. *Journal of Abnormal and Social Psychology, 58,* 203-210.

Fiedler, K. (1988). Emotional mood, cognitive style, and behavioral regulation. In K. Fiedler & J. Forgas (Eds.), *Affect, cognition, and social behavior: New evidence and integrative attempts* (pp. 44-62). Toronto: Hogrefe.

Fiedler, K. & Armbruster, T. (1994). Two halves may be more than one whole: Category-split effects on frequency illusions. *Journal of Personality and Social Psychology, 66*, 633-645.

Fischer, A.H. (1991). Sociale cognitie en emoties. In N.K. de Vries & J. van der Pligt (Red.), *Cognitieve sociale psychologie* (pp. 415-433). Boom: Meppel.

Fischhoff, B. (1982). For those condemned to study the past: Heuristics and biases in hindsight. In D. Kahneman, P. Slovic & A. Tversky (Eds.), *Judgment under uncertainty: Heuristics and biases*. Cambridge: Cambridge University Press.

Fiske, S.T. (1980). Attention and weight in person perception: The impact of negative and extreme behavior. *Journal of Personality and Social Psychology, 38*, 889-906.

Fiske, S.T. (1982). Schema-triggered affect: Applications to social perception. In M.S. Clark & S.T. Fiske (Eds.), *Affect and cognition: The 17th annual Carnegie symposium on cognition*, pp. 55-78. Hillsdale, NJ: Erlbaum.

Fiske, S.T. (1989). Examining the role of intent: Toward understanding its role in stereotyping and prejudice. In J. S. Uleman & J. A. Bargh (Eds.) *Unintended thought*. New York: Guilford.

Fiske, S.T. (1992). Thinking is for doing: Portraits of social cognition from daguerreotype to laserphoto. *Journal of Personality and Social Psychology, 63*, 877-889.

Fiske, S.T. (1993). Controlling other people: The impact of power on stereotyping. *American Psychologist, 48*, 621-628.

Fiske, S.T. (1998). Stereotyping, prejudice, and discrimination. In D.T. Gilbert, S.T. Fiske & G. Lindzey (Eds.), *The Handbook of Social Psychology* (4th ed., pp. 357-411). New York: McGraw-Hill.

Fiske, S.T., Bersoff, D.N., Borgida, E., Deaux, K. & Heilman, M.E. (1991). Social science research on trial: Use of sex stereotyping research in Price Waterhouse v. Hopkins. *American Psychologist, 46*, 1049-1060.

Fiske, S.T. & Dépret, E. (1996). Control, interdependence and power: Understanding social cognition in its social context. in W. Stroebe & M. Hewstone (Eds.), *European Review of Social Psychology* (vol. 7, pp. 31-61). Wiley & Sons Ltd.

Fiske, S.T., Kenny, D.A. & Taylor, S.E. (1982). Structural models for the mediation of salience effects on attribution. *Journal of Experimental Social Psychology, 18*, 105-127.

Fiske, S.T. & Kinder, D.R. (1981). Involvement, expertise, and schema use: Evidence from political cognition. In N. Cantor & J.F. Kihlstrom (Eds.), *Personality, cognition, and social interaction*, pp. 171-190. Hillsdale, NJ: Erlbaum.

Fiske, S.T., Kinder, D.R. & Larter, W.M. (1983). The novice and the expert: Knowledge-based strategies in political cognition. *Journal of Experimental Social Psychology, 19*, 381-400.

Fiske, S.T. & Linville, P.W. (1980). What does the schema concept buy us? *Personality and Social Psychology Bulletin, 6*, 543-557.

Fiske, S.T. & Neuberg, S.L. (1990). A continuum of impression-formation, from category-based to individuating processes. In M.P. Zanna (Ed.), *Advances in experimental social psychology* (vol. 23, pp. 1-74). New York: Academic Press.

Fiske, S.T., Neuberg, S.L., Beattie, A.E. & Milberg, S.J. (1987). Category-based and attribute-based reactions to others: Some informational conditions of stereotyping and individuating processes. *Journal of Experimental Social Psychology, 23,* 399-427.

Fiske, S.T. & Taylor, S.E. (1984). *Social Cognition.* New York: Random House.

Fiske, S.T. & Taylor, S.E. (1991). *Social cognition* (2nd ed.) New York: McGraw-Hill.

Flanagan, M.F. & Dippboye, R.L. (1980). Representativeness does have implications for the generalizability of laboratory and field research findings. *American Psychologist, 35,* 464-467.

Fletcher, G.J.O. & Ward, C. (1988). Attribution theory and processes: A cross-cultural perspective. In M.H. Bond (Ed.), *The cross-cultural challenge to social psychology* (pp. 230-244). Newbury Park, CA: Sage Publications, Inc.

Ford, J.K., Schmitt, N., Schechtman, S.L., Hults, B.M. & Doherty, M.L. (1989). Process tracing methods: contributions, problems, and neglected research questions. *Organizational Behavior and Human Decision Processes, 43,* 75-117.

Ford, T.E. & Kruglanski, A.W. (1995). Effects of epistemic motivations on the use of accessible constructs in social judgment. *Personality and Social Psychology Bulletin, 21,* 950-962.

Ford, T.E. & Stangor, C. (1992). The role of diagnosticity in stereotype formation: Perceiving group means and variances. *Journal of Personality and Social Psychology, 63,* 356-367.

Forgas, J.P. (1983). What is social about social cognition? *British Journal of Social Psychology, 22,* 129-144.

Forgas, J.P. (1988). Happy but mistaken? Mood effects on the fundamental attribution error. *Journal of Personality and Social Psychology, 75.*

Forgas, J.P. (1995). Affect in social judgment: Review and a new Affect Infusion Model (AIM). *Psychological Bulletin, 117,* 39-66.

Forgas, J.P. (1998). On being happy and mistaken: Mood effects on the fundamental attribution error. *Journal of Personality and Social Psychology, 75,* 318-331.

Forgas, J.P. (1999). *Feeling and thinking: The role of affect in social cognition.* New York: Cambridge University Press.

Forgas, J.P. & Bower, G.H. (1987). Mood effects on person perception judgments. *Journal of Personality and Social Psychology, 53,* 53-60.

Forgas, J.P. & Fiedler, K. (1996). Us and them: Mood effects on intergroup discrimination. *Journal of Personality and Social Psychology, 70,* 28-40.

Förster, J. & Strack, F. (1998). Subjective theories about encoding may influence recognition: Judgmental regulation in human memory. *Social Cognition, 16,* 78-92.

Försterling, F. (1985). Attributional retraining: A review. *Psychological Bulletin, 98,* 495-512.

Foster, C.A., Witcher, B.S., Campbell, W.K. & Green, J.D. (1998). Arousal and

attraction: Evidence for automatic and controlled components. *Journal of Personality and Social Psychology, 74,* 86-101.
Frank, R.H. (1988). Passions within reason: The strategic role of emotions. In S. Maital (Ed.) *Applied Behavioral Economics*, vol. II (pp. 769-783). Brighton: Harvester Wheatseaf.
Fredrickson, B.L. & Kahneman, D. (1993). Duration neglect in retrospective evaluations of affective episodes. *Journal of Personality and Social Psychology, 65,* 44-55.
Freedman, J.L. & Fraser, S.C. (1966). Compliance without pressure: The foot-in-the-door technique. *Journal of Personality and Social Psychology, 4,* 195-202.
Freud, S. (1901/1965). *The psychopathology of everyday life.* New York: Norton.
Freund, T., Kruglanski, A.W. & Shpitzajzen, A. (1985). The freezing and unfreezing of impression primacy: Effects of the need for structure and the fear of invalidity. *Personality and Social Psychology Bulletin, 11,* 479-487.
Fridlund, A.J. (1991). Sociality of solitary smiling: Potentiation by an implicit audience. *Journal of Personality and Social Psychology, 60,* 229-240.
Frijda, N.H. (1984). Emotion, cognitive structure, and action tendency. *Cognition and Emotion, 1,* 115-143.
Frijda, N.H. (1986). *The emotions.* Cambridge: Cambridge University Press.
Frijda, N.H. (1988). *De emoties.* Amsterdam: Bert Bakker.
Frijda, N.H. (1993). Moods, emotion episodes and emotions. In M. Lewis & J.M. Haviland (Eds.), *Handbook of Emotions* (pp. 381-403). New York: Guilford Press.
Frijda, N.H., Kuipers, P. & Schure, E. ter (1989). Relations among emotion, appraisal and emotional action readiness. *Journal of Personality and Social Psychology, 57,* 212-228.
Frijda, N.H. & Tcherkassof, A. (1997). Facial expression as modes of action readiness. In J.A. Russell & J.M. Fernández Dols (Eds.), *The psychology of facial expression* (pp. 78-102). New York: Cambridge University Press.
Frijda, N.H. & Zeelenberg, M. (1999). Appraisal: What is the dependent? In K.R. Scherer, A. Schorr, T. Johnstone (Eds.). *Appraisal processes in emotion: theory, methods, research.* New York: Oxford University Press.
Funder, D.C. (1987). Errors and mistakes: Evaluating the accuracy of social judgment. *Psychological Bulletin, 101,* 75-90.
Gaertner, S.L. & Dovidio, J.F. (1986). The aversive form of racism. In J.F. Dovidio & S.L. Gaertner (Eds.), *Prejudice, discrimination, and racism* (pp. 61-89). San Diego, CA: Academic Press.
Gaertner, S.L., Dovidio, J.F., Rust, M.C., Nier, J.A., Banker, B.S., Ward, C.M., Mottola, G.R. & Houlette, M. (1999). Reducing intergroup bias: Elements of intergroup cooperation. *Journal of Personality and Social Psychology, 76,* 388-402.
Gallagher, D. & Clore, G.L. (1985, May). *Effects of fear and anger on judgments of risk and blame.* Paper presented at the meeting of the Midwestern Psychological Association, Chicago, Il.
Gara, M.A. & Rosenberg, S. (1979). The identification of persons as supersets and

subsets in free-response personality descriptions. *Journal of Personality and Social Psychology, 37,* 2161-2170.

Geen, R.G. (1998). Aggression and antisocial behavior. In D.T. Gilbert, S.T. Fiske & G. Lindzey (Eds.), *The Handbook of Social Psychology* (4th ed., vol. 2, pp. 317-356). New York: McGraw-Hill.

Gergen, K.J. (1968). Personal consistency and the presentation of the self. In C. Gordon & K.J. Gergen (Eds.), *The self in social interaction* (vol. 1). New York: Wiley.

Gergen, K.J. (1989). Social psychology and the wrong revolution. *European Journal of Social Psychology, 19,* 463-484.

Gernsbacher, M.A. & Faust, M.E. (1991). The mechanism of suppression: *A component of general comprehension skill. Journal of Experimental Psychology: Learning, Memory, and Cognition, 17,* 245-262.

Gerrads-Hesse, A., Spies, K. & Hesse, F.W. (1994). Experimental inductions of emotional states and their effectiveness: A review. *British Journal of Psychology, 85,* 55-78.

Ghiselin (1952). (Ed.) *The creative process.* New York: New American Library.

Gigerenzer, G. (1991). How to make cognitive illusions disappear: Beyond "heuristics and biases". *European Review of Social Psychology, 2,* pp. 83-115.

Gilbert, D.T. (1989). Thinking lightly about others: Automatic components of the social inference process. In J.S. Uleman & J.A. Bargh (Eds.), *Unintended thought* (pp. 189-211). New York: Guilford.

Gilbert, D.T. (1991). How mental systems believe. *American Psychologist, 46,* 107-119.

Gilbert, D.T. & Hixon, J.G. (1991). The trouble of thinking: Activation and application of stereotypic beliefs. *Journal of Personality and Social Psychology, 60,* 509-517.

Gilbert, D.T. & Jones, E.E. (1986). Perceiver-induced constraint: Interpretations of self-generated reality. *Journal of Personality and Social Psychology, 50,* 269-280.

Gilbert, D.T. & Malone, P.S. (1995). The correspondence bias. *Psychological Bulletin, 117,* 21-38.

Gilbert, D.T., Pelham, B.W. & Krull, D.S. (1988). On cognitive busyness: When person perceivers meet persons perceived. *Journal of Personality and Social Psychology, 54,* 733-740.

Gilbert, D.T., Pinel, E.C., Wilson, T.D., Blumberg, S.J. & Wheatley, T.P. (1998). Immune neglect: A source of durability bias in affective forecasting. *Journal of Personality and Social Psychology, 75,* 617–638.

Giphart, R. (1993). *Giph.* Amsterdam: Nijgh & Van Ditmar.

Glick, P. & Fiske, S.T. (1998). Sexism and other "isms": Interdependence, status, and the ambivalent content of stereotypes. In W.B. Swann Jr., L.A. Gilbert & J. Langlois (Eds), *The many faces of Janet Taylor Spence.* Washington, DC: American Psychological Association.

Glick, P., Zion, C. & Nelson, C. (1988). What mediates sex discrimination in hiring decisions? *Journal of Personality and Social Psychology, 55,* 178-186.

Godfrey, D., Jones, E.E. & Lord, C. (1986). Self-promotion is not ingratiating. *Journal of Personality and Social Psychology, 50,* 106-115.
Goethals, G.R. & Darley, J.M. (1977). Social comparison theory: An attributional approach. In J.M. Suls & R.L. Miller (Eds.), *Social comparison processes: Theoretical and empirical perspectives* (pp. 259-278). Washington, DC: Hemisphere.
Goffman, E. (1955). On face-work. *Psychiatry, 18,* 213-231.
Goffman, E. (1959). *The presentation of self in everyday life.* Garden City, New York: Doubleday/Anchor Books.
Gollwitzer, P.M. (1993). Goal achievement: The role of intentions. In W. Stroebe & M. Hewstone (Eds.), *European Review of Social Psychology* (vol. 4, pp. 141-185). Chichester: Wiley.
Gollwitzer, P.M. & Brandstätter, V. (1997). Implementation intentions and effective goal pursuit. *Journal of Personality and Social Psychology, 73,* 186-199.
Goodwin, S.A., Gubin, A., Fiske, S.T. & Yzerbyt, V.Y. (1999). *Power can bics impression formation: Stereotyping subordinates by default and by design.* Ter publicatie aangeboden manuscript.
Gordon, R.A. & Anderson, K.S. (1995). Perceptions of race-stereotypic and race-nonstereotypic crimes: The impact of response-time instructions on attributions and judgments. *Basic and Applied Social Psychology, 16,* 455-470.
Grant, P.R. & Holmes, J.G. (1982). The influence of stereotypes in impression formation: A reply to Locksley, Hepburn, and Ortiz. *Social Psychology Quarterly, 45,* 274-276.
Greenberg, J., Pyszczynski, T. & Solomon, S. (1986). The causes and consequences of the need for self-esteem: A terror management theory. In R.F. Baumeister (Ed.), *Public self and private self* (pp. 189-212). New York: Springer.
Greenberg, J., Pyszczynski, T. & Solomon, S. (1995). Toward a dual-motive depth psychology of self and social behavior. In M. Kernis (Ed.), *Self, efficacy, and agency* (pp. 73-99). New York: Plenum.
Greenberg, J., Pyszczynski, T., Solomon, S., Rosenblatt, A., Veeder, M., Kirkland, S. & Lyon, D. (1990). Evidence for terror management theory II: The effects of mortality salience reactions to those who threaten or bolster the cultural worldview. *Journal of Personality and Social Psychology, 58,* 308-318.
Greenberg, J., Pyszczynski, T., Solomon, S., Simon, L. & Breus, M. (1994). The role of consciousness and accessibility of death-related thoughts in mortality salience effects. *Journal of Personality and Social Psychology, 67,* 627-637.
Greenwald, A.G., McGhee, D.E. & Schwartz, J.L. (1998). Measuring individual differences in implicit cognition: The implicit association test. *Journal of Personality and Social Psychology, 74,* 1464-1480.
Greenwald, A.G. & Pratkanis, A.R. (1984). The self. In R.S. Wyer & T.K. Srull (Eds.), *Handbook of social cognition* (vol. 3, pp.129-178). Hillsdale, NJ: Erlbaum.
Groot, A.D. de (1946). *Het denken van den schaker.* Rijksuniversiteit Groningen: Academisch proefschrift.
Groot, A.D. de & Gobet, F. (1996). *Perceptions and memories in chess: Studies in the heuristics of the professional eye.* Assen: Van Gorkum.

Gross, S.R. & Miller, N. (1997). The "golden section" and bias in perceptions of social consensus. *Personality and Social Psychology Review, 1,* 241-271.

Gurwitz, S.B. & Markus, M. (1978). Effects of anticipated interaction, sex, and homosexual stereotypes on first impressions. *Journal of Abnormal and Social Psychology, 8,* 47-56.

Hacker, H.M. (1951). Women as a minority group. *Social Forces, 30,* 60-69.

Haddock, G. & Zanna, M.P. (1994). Preferring "housewives" to "feminists": Categorization and the favorability of attitudes toward women. *Psychology of Women Quarterly, 18,* 25-52.

Hamberger, J. & Hewstone, M. (1997). Inter-ethnic contact as a predictor of blatant and subtle prejudice: Tests of a model in four West European nations. *British Journal of Social Psychology, 36.*

Hamilton, D.L. (1979). A cognitive-attributional analysis of stereotyping. In L. Berkowitz (Ed.), *Advances in experimental social psychology* (vol. 12). New York: Academic Press.

Hamilton, D.L. (1988). Causal attribution viewed from an information processing perspective. In D. Bar-Tal & A.W. Kruglanski (Eds.), *The social psychology of knowledge,* pp. 359-385. Cambridge, England: Cambridge University Press.

Hamilton, D.L. (1989). Understanding impression formation: What has memory research contributed? In P.R. Soloman, G.R. Goethals, C.M. Kelley & B.R. Stephens (Eds.), *Memory: Interdisciplinary approaches.* New York: Springer.

Hamilton, D.L. & Gifford, R.K. (1976). Illusory correlation in interpersonal perception: A cognitive basis of stereotypic judgments. *Journal of Experimental Social Psychology, 12,* 392-407.

Hamilton, D.L., Katz, L.B. & Leirer, V.O. (1980). Cognitive representation of personality impressions: Organizational processes in first impression formation. *Journal of Personality and Social Psychology, 39,* 1050-1063.

Hamilton, D.L. & Sherman, S.J. (1989). Illusory correlations: Implications for stereotype theory and research. In D. Bar-Tal, C.F. Graumann, A.W. Kruglanski & W. Stroebe (Eds.), *Stereotypes and prejudice: Changing conceptions* (pp. 59-82). New York: Springer.

Hamilton, D.L. & Zanna, M.P. (1974). Context effects in impression formation: Changes in connotative meaning. *Journal of Personality and Social Psychology, 29,* 649-654.

Hansen, C. H. & Hansen, R. D. (1988). Finding the face in the crowd: An anger superiority effect. *Journal of Personality and Social Psychology, 54,* 917-924.

Harmon-Jones, E., Brehm, J.W., Greenberg, J., Simon, L. & Nelson, D.E. (1996). Evidence that the production of aversive consequences is not necessary to create cognitive dissonance. *Journal of Personality and Social Psychology, 70,* 5-16.

Harmon-Jones, E., Greenberg, J., Solomon, S. & Simon, L. (1996). The effects of mortality salience on intergroup discrimination between minimal groups. *European Journal of Social Psychology, 26,* 677-681.

Harmon-Jones, E., Simon, L., Greenberg, J., Pyszczynski, T., Solomon, S. & McGregor, H. (1997). Terror management theory and self-esteem: Evidence that increased self-esteem reduces mortality salience effects. *Journal of Personality and Social Psychology, 72*, 24-36.

Harris, M.J., Milich, R., Johnson, E.M. & Hoover, D.W. (1990). Effects of expectancies on children's social interactions. *Journal of Experimental Social Psychology, 26*, 1-12.

Harter, S. (1993). Causes and consequences of low self-esteem in children and adolescents. In R. Baumeister (Ed.), *Self-esteem: The puzzle of low self-regard* (pp. 87-116). New York: Plenum.

Hartwick, J. (1979). Memory for trait information: A signal detection analysis. *Journal of Experimental Social Psychology, 15*, 533-552.

Hastie, R. (1980). Memory for behavioral information that confirms or contradicts a personality impression. In R. Hastie, T.M. Ostrom, E.B. Ebbesen, R.S. Wyer Jr., D.L. Hamilton & D.E. Carlston (Eds.), *Person memory: The cognitive basis of social perception* (pp. 155-177). Hillsdale, NJ: Lawrence Erlbaum.

Hastie, R. (1984). Causes and effects of causal attribution. *Journal of Personality and Social Psychology, 46*, 44-56.

Hastie, R. & Kumar, P.A. (1979). Person memory: Personality traits as organizing principles in memory for behaviors. *Journal of Personality and Social Psychology, 12*, 422-435.

Hastie, R., Ostrom, T.M, Ebbesen, E.B., Wyer R.S. Jr., Hamilton, D.L. & Carlston, D.E. (Eds.), *Person memory: The cognitive basis of social perception* . Hillsdale, NJ: Lawrence Erlbaum.

Hastie, R. & Park, B. (1986). The relationship between memory and judgment depends on whether the judgment task is memory-based or on-line. *Psychological Review, 93*, 258-268.

Hattrup, K. & Ford, J.K. 91995). The role of information characteristics and accountability in moderating stereotype-driven processes during social decision making. *Organizational Behavior and Human Decision Processes, 63*, 73-86.

Hawkins, S.A. & Hastie, R. (1990). Hindsight: Biased judgments of past events after the outcomes are known. *Psychological Bulletin, 107*, 311-327.

Head, H. (1920). *Studies in neurology* (vol. 2). London: Hodder & Stoughton.

Heider, F. (1944). Social perception and phenomenal causality. *Psychological Review, 51*, 358-374.

Heider, F. (1958). *The psychology of interpersonal relations*. New York: Wiley.

Heilman, M.E. (1984). Information as a deterrent against sex discrimination: The effects of applicant sex and information type on preliminary employment decisions. *Organizational Behavior and Human Performance, 33*, 174-186.

Hense, R., Penner, L. & Nelson, D. (1995). Implicit memory for age stereotypes. *Social Cognition, 13*, 399-415.

Herek, G.M. & Capitanio, J.P. (1996). "Some of my best friends": Intergroup contact, concealable stigma, and heterosexuals' attitudes toward gay men and lesbians. *Personality and Social Psychology Bulletin, 22*, 412-424.

Hermans, D. & Eelen, P. (1997). Automatische stimulusevaluatie. *Nederlands tijdschrift voor de psychologie, 52*, 57-66.

Herr, P.M., Sherman, S.J. & Fazio, R.H. (1983). On the consequences of priming: Assimilation and contrast effects. *Journal of Experimental Social Psychology, 19*, 323-340.

Hewstone, M. (1990). The "ultimate attribution error"? A review of the literature on intergroup causal attribution. *European Journal of Social Psychology, 20*, 311-335.

Hewstone, M. (1994). Revision and change of stereotypic beliefs: In search of the elusive subtyping model. In W. Stroebe & M. Hewstone (Eds.), *European Review of Social Psychology, 5*, pp. 69-109.

Hewstone, M., Jaspars, J. & Lalljee, M. (1982). Social representations, social attribution, and social identity: The intergroup images of "public" and "comprehensive" schoolboys. *European Journal of Social Psychology, 12*, 241-269.

Hewstone, M. & Lord, C.G. (1998). Changing intergroup cognitions and intergroup behavior: The role of typicality. In C. Sedikides, J. Schopler & C.A. Insko (Eds.), *Intergroup cognition and Intergroup Behavior* (pp. 367-392). Mahwah, NJ: Erlbaum.

Higgins, E.T. (in druk). Social cognition: learning about what matters in the social world. *European Journal of social Psychology.*

Higgins, E.T. & Bargh, J.A. (1987). Social cognition and social perception. *Annual Review of Psychology, 38*, 369-425.

Higgins, E.T. & King, G.A. (1981). Accessibility of social constructs: Information processing consequences of individual and contextual variability. In N. Cantor & J. Kihlstrom (Eds.), *Personality, cognition, and social interaction* (pp. 69-121). Hillsdale, NJ: Erlbaum.

Higgins, E.T., King, G.A. & Mavin, G.H. (1982). Individual construct accessibility and subjective impressions and recall. *Journal of Personality and Social Psychology, 43*, 35-47.

Higgins, E.T., Rholes, W.S. & Jones, C.R. (1977). Category accessibility and impression formation. *Journal of Experimental Social Psychology, 13*, 141-154.

Hilton, J.L. & Darley, J.M. (1985). Constructing other persons: A limit on the effect. *Journal of Experimental Social Psychology, 21*, 1-18.

Hilton, J.L. & Darley, J.M. (1991). The effects of interaction goals on person perception. *Advances in Experimental Social Psychology, 24*, 235-267.

Hilton, J.L., Fein, S. & Miller, D.T. (1993). Suspicion and dispositional inference. *Personality and Social Psychology Bulletin, 19*, 501-512.

Hilton, J.L. & Von Hippel, W. (1990). The role of consistency in the judgment of stereotype-relevant behaviors. *Personality and Social Psychology Bulletin, 16*, 430-448.

Hilton, J.L. & Von Hippel, W. (1996). Stereotypes. In J.T. Spence, J.M. Darley & D.J. Foss (Eds.), *Annual Review of Psychology* (vol. 47, pp. 237-271). Palo Alto, CA: Annual Reviews.

Hirt, E.R., McDonald, H.E., Levine, G.M., Melton, R.J. & Martin, L.L. (1999). One person's enjoyment is another person's boredom: Mood effects on responsiveness to framing. *Personality and Social Psychology Bulletin, 25*, 76-91.

Hoogstraaten, J. (1979). *De machteloze onderzoeker*. Meppel: Boom.
Hoving, H. (1967). *Júf, daar zit een weduwe in de boom*. Amsterdam: Arbeiderspers.
Hulspas, M. (1997). *Intermediair*, 13 november.
Inman, M.L. & Baron, R.S. (1996). Influence of prototypes on perceptions of prejudice. *Journal of Personality and Social Psychology, 70*, 727-739.
Innes, J.M. & Ahrens, C.R. (1991). Positive mood, processing goals and the effects of information on evaluative judgment. In J. Forgas (Ed.), *Emotion and social judgment* (pp. 223-239). Oxford: Pergamon Press.
Irwin, M., Tripodi, T. & Bieri, J. (1967). Affective stimulus valence and cognitive complexity, *Journal of Personality and Social Psychology, 5*, 444-448.
Isen, A.M. (1984). Toward understanding the role of affect in cognition: In R.S. Wyer, Jr & T.K.. Srull (Eds.), *Handbook of Social Cognition* (vol. 3, pp. 203-253). Hillsdale, NJ: Erlbaum.
Isen, A.M. (1987). Positive affect, cognitive processes, and social behavior. *Advances in Experimental Social Psychology, 20*, 203-253.
Isen, A.M. (1993). The influence of positive affect on cognitive organization: some implications for consumer decision making in response to advertising. In A.A. Mitchell (Ed.), *Advertising Exposure, Memory and Choice* (pp. 239-258) Hillsdale, NJ: Erlbaum.
Isen, A.M., Nygren, T.E. & Ashby, F.G. (1988) The influence of positive affect on the subjective utility of gains and losses: It's not worth the risk. *Journal of Personality and Social Psychology, 55*, 710-717.
Isen, A.M., Shalker, T.E., Clark, M.S. & Karp, L. (1978). Affect, accessibility of material in memory, and behavior: A cognitive loop? *Journal of Personality and Social Psychology, 36*, 1-12.
Isen, A.M. & Simmonds, S.F. (1978). The effect of feeling good on a helping task that is incompatible with good mood. *Social Psychology, 41*, 346-349.
Ito, T.A., Larsen, J.T., Smith, N.K. & Cacioppo, J.T. (1998). Negative information weighs more heavily in the brain: The negativity bias in evaluative categorizations. *Journal of Personality and Social Psychology, 75*, 887-900.
Jackowitz, K.E. & Kahneman, D. (1995). Measurements of anchoring in estimation tasks. *Personality and Social Psychology Bulletin, 21*, 1161-1166.
Jakobs, E., Manstead, A.S.R. & Fischer, A.H. (1999). Social motives and subjective feelings as determinants of facial displays: The case of smiling. *Personality and Social Psychology Bulletin, 25*, 424-435.
James, W. (1890/1950). *The principles of psychology*. Minneola, NJ: Dover.
James, W. (1984). What is an emotion? *Mind, 19*, 188-205.
Jeffery, K.M. & Mischel, W. (1979). Effects of purpose on organization and recall of information in person perception. *Journal of Personality, 47*, 397-419.
Jelicic, M., Bonke, B., Wolters, G. & Phaf, R.H. (1992). Implicit memory for words presented during anaesthesia. *European Journal of Cognitive Psychology, 4*, 71-80.
Jellison, J.M. & Gentry, K.W. (1978). A self-presentational interpretation of the seeking of social approval. *Personality and Social Psychology Bulletin, 4*, 227-230.

John, O.P., Hampson, S.E. & Goldberg, L.R. (1991). The basic level in personality-trait hierarchies: Studies of trait use and accessibility in different contexts. *Journal of Personality and Social Psychology, 60,* 348-361.

Johnson, E. & Tversky, A. (1983). Affect, generalization, and the perception of risk. *Journal of Personality and Social Psychology, 45,* 20-31.

Johnson, M.K. & Sherman, S.J. (1990). Constructing and reconstructing the past and the future in the present. In E.T. Higgins & R.M. Sorrentino (Eds.), *Handbook of motivation and social cognition; Foundations of social behavior* (vol. 2). New York: Guilford.

Johnston, L. & Hewstone, M. (1990). Intergroup contact: Social identity and social cognition. In D. Abrams & M.A. Hogg (Eds.), *Social identity theory: Constructive and clinical advances.* Harvester Wheatsheaf.

Johnston, L. & Hewstone, M. (1992). Cognitive models of stereotype change. 3. Subtyping and the perceived typicality of disconfirming group members. *Journal of Experimental Social Psychology, 28,* 360-386.

Jones, E.E. (1964). *Ingratiation.* New York: Appleton-Century-Crofts.

Jones, E.E. (1979). The rocky road from acts to dispositions. *American Psychologist, 34,* 107-117.

Jones, E.E. (1990). *Interpersonal perception.* New York: Freeman & Company.

Jones, E.E. & Davis, K.E. (1965). From acts to dispositions: The attribution process in person perception. In L. Berkowitz (Ed.), *Advances in experimental social psychology* (vol. 2, pp. 220-266). New York: Academic Press.

Jones, E.E., Davis, K.E. & Gergen, K.J. (1961). Role playing variations and their informational value for person perception. *Journal of Abnormal and Social Psychology, 63,* 302-310.

Jones, E.E. & DeCharmes, R. (1957). Changes in social perception as a function of the personal relevance of the behavior. *Sociometry, 20,* 75-85.

Jones, E.E. & Goethals, G.R. (1972). Order effects in impression formation: Attribution context and the nature of the entity. In E.E. Jones, D.E. Kanouse, H.H. Kelley, R.E. Nisbett, S. Valins & B. Weiner (Eds.), *Attribution: Perceiving the causes of behavior* (pp. 27-46). Morristown, NJ: General Learning.

Jones, E.E. & Harris, V.A. (1967). The attribution of attitudes. *Journal of Experimental Social Psychology, 3,* 1-24.

Jones, E.E. & Nisbett, R. (1972). The actor and the observer: Divergent perceptions of the causes of behavior. In E.E. Jones, D.E. Kanouse, H.H. Kelley, R.E. Nisbett, S. Valins & B. Weiner (Eds.), *Attribution: Perceiving the causes of behavior.* Morristown, NJ: General Learning.

Jones, E.E. & Pittman, T.S. (1982). Toward a general theory of strategic self-presentation. In J. Suls (Ed.), *Psychological perspectives on the self* (vol. 1, pp. 231-262). Hillsdale, NJ: Erlbaum.

Jones, E.E., Rhodewalt, F., Berglas, S.E. & Skelton, J.A. (1981). Effects of strategic self-presentation on subsequent self-esteem. *Journal of Personality and Social Psychology, 41,* 407-421.

Jones, E.E. & Thibaut, J.W. (1958). Interaction goals as bases of inference in interpersonal perception. In R. Tagiuri & K. Petrullo (Eds.), *Person perception and interpersonal behavior*. Stanford: Stanford Univ. Press.

Jussim, L., Coleman, L.M. & Lerch, L. (1987). The nature of stereotypes: a comparison and integration of three theories. *Journal of Personality and Social Psychology, 52*, 536-546.

Jussim, L., McCauley, C.R. & Lee, Y. (1995). Why study stereotype accuracy and inaccuracy? In Y. Lee, L. Jussim & C.R. McCauley, (Eds.), *Stereotype accuracy* (pp. 3-27). Washington, DC: American Psychological Association.

Jussim, L., Nelson, T.E., Manis, M. & Soffin, S. (1995). Prejudice, stereotypes, and labeling effects: Sources of bias in person perception. *Journal of Personality and Social Psychology, 68*, 228-246.

Kahneman, D, Knetsch, J.L. & Thaler, R.H. (1990). Experimental tests of the endowment effect and the Coase theorem. *Journal of Political Economy, 98*, 1325-1348.

Kahneman, D. & Miller, D.T. (1986). Norm theory: Comparing reality to its alternatives. *Psychological Review, 93*, 136-153.

Kahneman, D. & Tversky, A. (1972). Subjective probability: A judgment of representativeness. *Cognitive Psychology, 3*, 430-454.

Kahneman, D. & Tversky, A. (1973). On the psychology of prediction. *Psychological Review, 80*, 237-251.

Kahneman, D. & Tversky, A. (1979). Prospect theory: An analysis of decision under risk. *Econometrica, 47*, 263-291.

Kahneman, D. & Tversky, A. (1982). The simulation heuristic. In D. Kahneman, P. Slovic & A. Tversky (Eds.), *Judgment under uncertainty: Heuristics and biases* (pp. 201-208). New York: Cambridge University Press.

Kanouse, D.E. & Hanson, L.R. (1972). Negativity in evaluations. In E.E. Jones, D.E. Kanouse, H.H. Kelley, R.E. Nisbett, S. Valins & B. Weiner (Eds.), *Attribution: Perceiving the causes of behavior*, pp. 47-62. Morristown, NJ: General Learning.

Kant (1781/1902). *Kritik der reinen Vernunft*. Academie-Ausgabe der Königliche Preuss. Acad. der Wissenschaften, 1902.

Kaplan, M.F. (1975). Evaluative judgments are based on evaluative information: Evidence against meaning change in evaluative context effects. *Memory and Cognition, 3*, 375-380.

Kassin, S.M. (1979). Consensus information, prediction, and causal attribution: A review of the literature and issues. *Journal of Personality and Social Psychology, 37*, 1966-1981.

Kassin, S.M. & Pryor, J.B. (1985). The development of attribution processes. In J.B. Pryor & J. Day (Eds.), *The development of social cognition* (pp. 3-34). New-York: Springer.

Kawakami, K., Dion, K.L. & Dovidio, J.F. (1998). Racial prejudice and stereotype activation. *Personality and Social Psychology Bulletin, 24*, 407-426..

Kelley, H.H. (1967). Attribution theory in social psychology. In D. Levine (Ed.) *Nebraska symposium on motivation* (vol. 15). Lincoln: University of Nebraska Press.

Kelley, H.H. (1972). Attribution in social interaction. In E.E. Jones, D. Kanouse, H.H. Kelley, et al., *Attribution: Perceiving the causes of behavior* (pp. 1-26). Morristown, NJ: General Learning Press.

Kelley, H.H. (1972). *Causal schemata and the attribution process*. Morristown, NJ: General Learning Press.

Kelley, H.H. (1973). The process of causal attribution. *American Psychologist, 28*, 107-128.

Keltner, D., Locke, K.D. & Audrain, P.C. (1993). The influence of attributions on the relevance of negative feelings to satisfaction. *Personality and Social Psychology Bulletin, 19*, 21-30.

Kernis, M.H. (1984). Need for uniqueness, self-schemas, and thought as moderators of the false-consensus effect. *Journal of Experimental Social Psychology, 20*, 350-362.

Kihlstrom, J.F., Cantor, N., Albright, J.S., Chew, B.R., Klein, S.B. & Niedenthal, P.M. (1987). Information processing and the study of the self. In L. Berkowitz (Ed.), *Advances in experimental social psychology* (vol. 21, pp. 145-177). New York: Academic Press.

Kipnis, D. (1976). *The powerholders*. Chicago: The University of Chicago Press.

Klauer, K.C. & Wegener, I. (1998). Unraveling social categorization in the "Who said what?" paradigm. *Journal of Personality and Social Psychology, 75*, 1155-1178.

Klein, W.M. & Kunda, Z. (1992). Motivated person perception: Constructing justifications for desired beliefs. *Journal of Experimental Social Psychology, 28*, 145-168.

Knippenberg, A. van (1991). Sociale identiteit en intergroepsrelaties. In N.K. de Vries & J. van der Pligt (Red.), *Cognitieve sociale psychologie*, pp. 337-367. Meppel: Boom.

Knippenberg, A. van, Twuyver, M. van & Pepels, J. (1994). Factors affecting social categorization processes in memory. *British Journal of Social Psychology, 33*, 419-431.

Koele, P. & Westenberg, M.R.M. (1995). A compensation index for multi-attribute decision strategies. *The Psychonomic Bulletin & Review, 2*, 398-402.

Koffka, K. (1935/1955). *Principles of Gestalt Psychology*. London: Routledge & Kegan Paul Ltd.

Köhler, W. (1929). *Gestalt psychology*. New York: Liveright.

Koltuv, B.B. (1962). Some characteristics of intrajudge trait intercorrelations. *Psychological Monographs, 76*, whole no. 552.

Konst, D., Vonk, R. & Vlist, R. van der (1999). Inferences about causes and consequences of behavior of leaders and subordinates. *Journal of Organizational Behavior,* .

Kowalski, R.M. & Leary, M.R. (1990). Strategic self-presentation and the avoidance of aversive events: Antecedents and consequences of self-enhancement and self-deprecation. *Journal of Experimental Social Psychology, 26*, 322-336.

Kraut, R.E. (1973). Effect of Social labeling on giving to charity. *Journal of Experimental Social Psychology, 9*, 551-562.

Krueger, J. & Clement, R.W. (1994). The truly false consensus effect: An ineradicable and egocentric bias in social perception. *Journal of Personality and Social Psychology, 67*, 596-610.

Krueger, J. & Rothbart, M. (1988). Use of categorical and individuating information in making inferences about personality. *Journal of Personality and Social Psychology, 55*, 187-195.

Kruglanski, A.W. & Freund, T. (1983). The freezing and unfreezing of lay-inferences: effects on impressional primacy, ethnic stereotyping, and numerical anchoring. *Journal of Experimental Social Psychology, 19*, 448-468.

Krull, D.S. (1993). Does the grist change the mill? The effect of the perceiver's inferential goal on the process of social inference. *Personality and Social Psychology Bulletin, 19*, 340-348.

Krull, D.S. & Dill, J.C. (1996). On thinking first and responding fast: Flexibility in social inference processes. *Personality and Social Psychology Bulletin, 22*, 949-959.

Krull, D.S. & Dill, J.C. (1998). Do smiles elicit more inferences than do frowns? The effects of emotional valence on the production of spontaneous inferences. *Personality and Social Psychology Bulletin, 24*, 289-300.

Krull, D.S. & Erickson, D.J. (1995). Judging situations: On the effortful process of taking dispositional information into account. *Social Cognition, 13*, 417-438.

Krull, D.S., Hui-Min Loy, M., Lin, J., Wang, C.F., Chen, S. & Zhao, X. (1999). The fundamental fundamental attribution error: The correspondence bias in individualist and collectivist cultures. *Personality and Social Psychology Bulletin*, in druk.

Kühberger, A. (1998). The influence of framing on risky decisions: A meta-analysis. *Organizational Behavior and Human Decision Processes, 75*, 23-55.

Kulik, J.A. (1983). Confirmatory attribution and the perpetuation of social beliefs. *Journal of Personality and Social Psychology, 44*, 1171-1181.

Kunda, Z. (1990). The case for motivated reasoning. *Psychological Bulletin, 108*, 480-498.

Kunda, Z. & Oleson, K.C. (1995). Maintaining stereotypes in the face of disconfirmation: Constructing grounds for subtyping deviants. *Journal of Personality and Social Psychology, 68*, 565-579.

Kunda, Z., Sinclair, L. & Griffin, D. (1997). Equel ratings but separate meanings: stereotypes and the construal of traits. *Journal of Personality and Social Psychology, 72*, 720-734.

Kunda, Z. & Thagard, P. (1996). Forming impressions from stereotypes, traits, and behaviors: A parallel-constraint-satisfaction theory. *Psychological Review, 103*, 284-308.

Laird, J.D. (1974). Self-attribution of emotion: the effects of expressive behavior on the quality of emotional experience. *Journal of Personality and Social Psychology, 29*, 475-486.

Laird, J.D. (1984). The real role of facial response in the experience of emotion: a reply to Tourangeau and Ellsworth and others. *Journal of Personality and Social Psychology, 47*, 909-917.

Langer, E.J., Blank, A. & Chanowitz, B. (1978). The mindlessness of ostensibly thoughtful action: The role of "placebic" information in interpersonal interaction. *Journal of Personality and Social Psychology, 36*, 635-642.

Lau, R.R. & Russell, D. (1980). Attributions in the sports pages: A field test of some current hypotheses in attribution research. *Journal of Personality and Social Psychology, 39,* 29-38.

Lazarus, R.S. (1966). *Psychological stress and the coping process.* New York: McGraw-Hill.

Lazarus, R.S. (1982). Thoughts on the relations between emotion and cognition. *American Psychologist, 37,* 1019-1024.

Lazarus, R.S. (1984). On the primacy of cognition. *American Psychologist, 39,* 124-129.

Lazarus, R.S. (1991). *Emotion and adaptation.* New York: Oxford University Press.

Leary, M.R. (1995). *Self-presentation: Impression management and interpersonal behavior.* Dubuque, IA: Brown & Benchmark.

Leary, M.R. & Kowalski, R.M. (1990). Impression management: A literature review and two-component model. *Psychological Bulletin, 107,* 34-47.

Leary, M.R., Nezlek, J.B., Downs, D., Radfort-Davenport, D., Martin, J. & McMullen, A. (1994). Self-presentation in everyday interactions: Effects of target familiarity and gender composition. *Journal of Personality and Social Psychology, 67,* 664-673.

Leary, M.R., Springer, C., Negell, L., Ansel, E. & Evans, K. (1998). The causes, phenomenology, and consequences of hurt feelings. *Journal of Personality and Social Psychology, 74,* 1225-1237.

LeDoux, J.E. (1995). Emotion: Clues from the brain. *Annual Review of Psychology, 46,* 209-235.

Lepore, L. & Brown, R. (1997). Category and stereotype activation: Is prejudice inevitable? *Journal of Personality and Social Psychology, 72,* 275-287.

Lepper, M.R. (1998). A whole much less than the sum of its parts. Comment. *American Psychologist, 53,* 675-676.

Lepper, M.R., Greene, D. & Nisbett, R.E. (1973). Undermining children's intrinsic interests with extrinsic rewards: A test of the "overjustification" hypothesis. *Journal of Personality and Social Psychology, 28,* 129-137.

Lerner, M.J. (1970). The desire for justice and reactions to victims. In J. Macaulay and L. Berkowitz (Eds.), *Altruism and helping behavior* (pp. 205-229). New York: Academic Press.

Leyens, J.P., Dardenne, B. & Fiske, S.T. (1998). Why and under what circumstances is a hypothesis-consistent testing strategy preferred in interviews? *British Journal of Social Psychology, 37,* 259-274.

Liberman, N. & Trope, Y. (1998). The role of feasibility and desirability considerations in near and distant future decisions: A test of temporal construal theory. *Journal of Personality and Social Psychology, 75,* 5-18.

Linville, P.S. (1982). The complexity-extremity effect and age-based stereotyping. *Journal of Personality and Social Psychology, 42,* 193-211.

Linville, P.S. (1987). Self-complexity as a cognitive buffer against stress-related depression and illness. *Journal of Personality and Social Psychology*, 52, 663-676.
Linville, P.S. (1998). The heterogeneity of homogeneity. In J. Cooper & J. Darley (Eds.), *Attribution processes, person perception, and social interaction: The legacy of Ned Jones*. Washington, DC: American Psychological Association.
Linville, P.S., Fischer, G.W. & Salovey, P. (1989). Perceived distributions of the characteristics of in-group and out-group members: Empirical evidence and a computer simulation. *Journal of Personality and Social Psychology*, 57, 165-188.
Linville, P.S. & Jones, E.E. (1980). Polarized appraisals of outgroup members. *Journal of Personality and Social Psychology*, 38, 689-703.
Locksley, A., Borgida, E., Brekke, N. & Hepburn, C. (1980). Sex stereotypes and social judgment. *Journal of Personality and Social Psychology*, 39, 821-831.
Locksley, A., Hepburn, C. & Ortiz, V. (1982a). Social stereotypes and judgments of individuals: An instance of the base-rate fallacy. *Journal of Experimental Social Psychology*, 18, 23-42.
Locksley, A., Hepburn, C. & Ortiz, V. (1982b). On the effects of social stereotypes on judgments of individuals: A comment on Grant and Holmes' "The integration of implicit personality theory schemas and stereotypic images". *Social Psychology Quarterly*, 45, 270-273.
Loewenstein, G. & Schkade, D. (1999). Wouldn't it be nice?: Predicting future feelings. In E. Diener, N. Schwartz, D. Kahneman (Eds.). *Hedonic psychology: Scientific approaches to enjoyment, suffering, and well-being*. New York: Russell Sage Foundation Press.
Loftus, E.F. (1993). The reality of repressed memories. *American Psychologist*, 48, 518-537.
Loftus, E.F. (1994). The repressed memories controversy. Comment. *American Psychologist*, 49, 443-445.
Loomes, G. & Sugden, R. (1982). Regret theory: An alternative theory of rational choice under uncertainty. *Economic Journal, 92,* 805-824.
Loomes, G. & Sugden, R. (1986). Disappointment and dynamic inconsistency in choice under uncertainty. *Review of Economic Studies, 53,* 271-282.
Lui, L. & Brewer, M.B. (1983). Recognition accuracy as evidence of category-consistency effects in person memory. *Social Cognition*, 2, 89-107.
Maass, A. Ceccarelli, R. & Rudin, S. (1996). Linguistic intergroup bias: Evidence for in-group-protective motivation. *Journal of Personality and Social Psychology*, 71, 512-526.
Maass, A., Milesi, A., Zabbini, S. & Stahlberg, D. (1995). Linguistic intergroup bias: Differential expectancies or ingroup protection? *Journal of Personality and Social Psychology*, 68, 116-126.
Maass, A., Salvi, D., Arcuri, L. & Semin, G. (1989). Language use in intergroup contexts: The linguistic intergroup bias. *Journal of Personality and Social Psychology*, 57, 981-993.
Mackie, D.M. & Worth, L.T. (1989). Processing deficits and the mediation of positive affect in persuasion. *Journal of Personality and Social Psychology, 57,* 27-40.

Mackie, D.M. & Worth, L.T. (1991). Feeling good, but not thinking straight: the impact of positive mood on persuasion. In J. Forgas (Ed.), *Emotion and social judgments* (pp. 201- 210). Oxford, England: Pergamon Press.

MacLeod, C. & Campbell, L. (1992). Memory accessibility and probability judgments: An experimental evaluation of the availability heuristic. *Journal of Personality and Social Psychology, 63,* 890-902.

Macrae, C.N., Bodenhausen, G.V. & Milne, A.B. (1995). The dissection of selection in person perception: Inhibitory processes in social stereotyping. *Journal of Personality and Social Psychology, 69,* 397-407.

Macrae, C.N., Bodenhausen, G.V. & Milne, A.B. (1998). Saying no to unwanted thoughts: The role of self-awareness in the regulation of mental life. *Journal of Personality and Social Psychology, 74,* 578-589.

Macrae, C.N., Bodenhausen, G.V., Milne, A.B., Castelli, L., Schloerscheidt, A.M. & Greco, S. (1998). On activating exemplars. *Journal of Experimental Social Psychology, 34,* 330-354.

Macrae, C.N., Bodenhausen, G.V., Milne, A.B. & Jetten, J. (1994). Out of mind but back in sight: Stereotypes on the rebound. *Journal of Personality and Social Psychology, 67,* 808-817.

Macrae, C.N., Bodenhausen, G.V., Milne, A.B., Thorn, T.M.J. & Castelli, L. (1997). On the activation of stereotypes: The moderating role of processing objectives. *Journal of Experimental Social Psychology , 33,* 471-489.

Macrae, C.N., Hewstone, M. & Griffiths, R.J. (1993). Processing load and memory for stereotype-based information. *European Journal of Social Psychology, 23,* 77-87.

Macrae, C.N., Milne, A.B. & Bodenhausen, G.V. (1994). Stereotypes as energy-saving devices: A peek inside the cognitive toolbox. *Journal of Personality and Social Psychology, 66,* 37-47.

Madon, S., Jussim, L., Keiper, S., Eccles, J., Smith, A. & Palumbo, P. (1998). The accuracy and power of sex, social class, and ethnic stereotypes: A naturalistic study in person perception. *Personality and Social Psychology Bulletin, 24,* 1304-1318.

Maier, N.R.F. (1931). Reasoning in humans: II. The solution of a problem and its appearance in consciousness. *Journal of Comparative Psychology, 12,* 181-194.

Malle, B.F. (1999). How people explain behavior: A new theoretical framework. *Review of Personality and Social Psychology, 3,* 23-48.

Malle, B.F. & Ickes, W.J. (1999). Fritz Heider: Philosopher and social psychologist. Chapter to appear in G. A. Kimble & M. Wertheimer (Eds.), *Portraits of Pioneers in Psychology (*vol. *IV).* Washington, DC and Mahwah, NJ: American Psychological Association and Erlbaum.

Malle, B.F. & Knobe, J. (1997). The folk concept of intentionality. *Journal of Experimental Social Psychology, 33,* 101-121.

Manis, M., Biernat, M. & Nelson, T.F. (1991). Comparison and expectancy processes in human judgment. *Journal of Personality and Social Psychology, 61,* 203-211.

Manis, M. & Paskewitz, J.R. (1984). Judging psychopathology: Expectation and contrast. *Journal of Experimental Social Psychology, 20,* 363-381.

Manis, M., Paskewitz, J. & Cotler, S. (1986). Stereotypes and social judgment.

Journal of Personality and Social Psychology, 50, 461-473.

Manis, M., Shedler, J., Jonides, J. & Nelson, T.E. (1993). Availability heuristic in judgments of set size and frequency of occurrence. *Journal of Personality and Social Psychology, 65,* 448-457.

Manstead, A.S.R. & Tetlock, P.E. (1989). Cognitive appraisals and emotional experience: Further evidence. *Cognition and Emotion, 3,* 225-240.

Marcel, A.J. (1983). Conscious and unconscious perception: Experiments on visual masking and word recognition. *Cognitive Psychology, 15,* 197-237.

March, J.G. (1978). Rationality, ambiguity, and the engineering of choice. *The Bell Journal of Economics, 9,* 587-608.

Marks, G. (1984). Thinking one's abilities are unique and one's opinions are common. *Personality and Social Psychology Bulletin, 10,* 203-208.

Marks, G. & Miller, N. (1987). Ten years of research on the false consensus effect: An empirical and theoretical review. *Psychological Bulletin, 102,* 72-90.

Markus, H. (1977). Self-schemata and processing information about the self. *Journal of Personality and Social Psychology, 35,* 63-78.

Markus, H. & Cross, S. (1992). The interpersonal self. In L.A. Pervin (Ed.), *Handbook of personality theory and research* (pp. 576-608). New York: Guilford.

Markus, H. & Kitayama, S. (1994). A collective fear of the collective: Implications for selves and theories of selves. *Personality and Social Psychology Bulletin, 20,* 568-579.

Markus, H. & Nurius, P. (1986). Possible selves. *American Psychologist, 41,* 954-969.

Markus, H. & Wurf, E. (1987). The dynamic self-concept: A social psychological perspective. *Annual Review of Psychology, 38,* 299-337.

Martin, L.L. (1986). Set/reset: Use and disuse of concepts in impression formation. *Journal of Personality and Social Psychology, 51,* 493-504.

Martin, L.L., Seta, J.J. & Crelia, R.A. (1990). Assimilation and contrast as a function of people's ability to expend effort in forming an impression. *Journal of Personality and Social Psychology, 59,* 27-37.

Martin, L.L. & Ward, D.W., Achee, J.W. & Wyer, R.S. Jr. (1996). Mood as input: People have to interpret the motivational implications of their moods. *Journal of Personality and Social Psychology, 64,* 317-326.

Martin, M. (1990). On the induction of mood. *Clinical Psychology Review, 10,* 669-697.

Matlin, M. & Stang, D. (1978). *The Polyanna principle.* Cambridge, Mass: Schenkman.

Maurer, K.L., Park, B. & Rothbart, M. (1995). Subtyping versus subgrouping processes in stereotype representation. *Journal of Personality and Social Psychology, 69,* 812-824.

McArthur, L.Z. & Freedman, S.A. (1980). Illusory correlation in impression formation: Variations in the shared distinctiveness effect as a function of the distinctive person's age, race, and sex. *Journal of Personality and Social Psychology, 39,* 615-624.

McCann, C.D., Ostrom, T.M., Tyner, L.K. & Mitchell, M.L. (1985). Person perception in heterogeneous groups. *Journal of Personality and Social Psychology, 49,* 1449-1459.

McCauley, C.R., Jussim, L.J. & Lee, Y. (1995). Stereotype accuracy: Toward appreciating group differences. In Y. Lee, L. Jussim & C.R. McCauley, (Eds.), *Stereotype accuracy* (pp. 293-312). Washington, DC: American Psychological Association.

McClelland, J.L., McNaughton, B.L. & O'Reilly, R.C. (1995). Why there are complementary learning systems in the hippocampus and neocortex: Insights from the successes and failures of connectionist models of learning and memory. *Psychological Review, 102,* 419-457.

McClure, J. (1998). Discounting causes of behavior: Are two reasons better than one? *Journal of Personality and Social Psychology, 74,* 7-20.

McClure, J. & Hilton, D.J. (1997). For you can't always get what you want: When preconditions are better explanations than goals. *British Journal of Social Psychology, 36,* 223-240.

McConahay, J.B. (1983). Modern racism and modern discrimination: The effects of race, racial attitudes, and context on simulated hiring decisions. *Personality and Social Psychology Bulletin, 9,* 551-448.

McConahay, J.B. & Hough, J.C. Jr. (1976). Symbolic racism. *Journal of Social Issues, 32,* 23-45.

McConnell, A.R., Leibold, J.M. & Sherman, S.J. (1997). Within-target illusory correlations and the formation of context-dependent attitudes. *Journal of Personality and Social Psychology, 73,* 675-686.

McFarland, C. & Buehler, R. (1998). The impact of negative affect on autobiographical memory: The role of self-focused attention to moods. *Journal of Personality and Social Psychology, 75,* 1424-1440.

McGuire, W.J., McGuire, C.V. (1981). The spontaneous self-concept as affected by personal distinctiveness. In M.D. Lynch, A. Norem-Hebeisen & K. Gergen (Eds.), *The self-concept* (pp. 147-171). New York: Ballinger.

McGuire, W.J., McGuire, C.V., Child, P. & Fujioka, T.A. (1978). Salience of ethnicity in the spontaneous self-concept as a function of one's ethnic distinctiveness in the social environment. *Journal of Personality and Social Psychology, 36,* 511-520.

McGuire, W.J., McGuire, C.V. & Winton, W. (1979). Effects of household sex composition on the salience of one's gender in the spontaneous self-concept. *Journal of Experimental Social Psychology, 15,* 77-90.

McKelvie, S. (1997). Perception of faces with and without spectacles. *Perceptual and Motor Skills, 84,* 497-498.

Medvec, V.H. & Savitsky (1997). When doing better means feeling worse: The effects of cut-off points on counterfactual thinking and satisfaction. *Journal of Personality and Social Psychology, 72,* 1284-1296.

Medvec, V.H., Madey, S.F. & Gilovich, T. (1995). When less is more: Counterfactual thinking and satisfaction among Olympic athletes. *Journal of Personality and Social Psychology, 69,* 603-610.

Mellers, B., Schwartz, A. & Ritov, I. (1999). *Emotion-based choice.* Ter publicatie aangeboden manuscript.

Messick, D.M. & Mackie, D.M. (1989). Intergroup relations. In M.R. Rosenzweig (Ed.), *Annual Review of Psychology* (vol. 40, pp. 45-81). Palo Alto, CA: Annual Reviews.

Messick, D.M. & Reeder, G.D. (1972). Perceived motivation, role variations, and the attribution of personal characteristics. *Journal of Experimental Social Psychology*, 8, 482-491.

Messick, D.M. & Reeder, G.D. (1974). Roles, occupations, behaviors, and attributions. *Journal of Experimental Social Psychology*, 10, 126-132.

Meyer, J.W. & Sobieszek, B.I. (1972). Effects of a child's sex on adult interpretations of its behavior. *Developmental Psychology*, 6, 42-48.

Meyerowitz, B.E., Chaiken, S. (1987). The effect of message framing on breast self-examination. Attitudes, intentions, and behavior. *Journal of Personality and Social Psychology,* 52, 500-510.

McGregor, I. & Holmes, J.G. (1999). How storytelling shapes memory and impressions of relationship events over time. *Journal of Personality and Social Psychology,* 76, 403-419.

Milgram, S. (1963). Behavioral study of obedience. *Journal of Abnormal and Social Psychology,* 67, 371-378.

Milgram, S. (1974). *Obedience to authority: An experimental view.* New York: Harper and Row.

Miller, C.T. (1988). Categorization and the physical attractiveness stereotype. *Social Cognition,* 6, 231-251.

Miller, D.T. & Norman, S.A. (1975). Actor-observer differences in perceptions of effective control. *Journal of Personality and Social Psychology, 31,* 503-515.

Miller, D.T., Norman, S.A. & Wright, E. (1978). Distortions in person perception as a consequence of the need for effective control. *Journal of Personality and Social Psychology, 36,* 598-602.

Miller, D.T. & Ross, M. (1975). Self-serving biases in the attribution of causality: Fact or fiction? *Psychological Bulletin, 82,* 213-225.

Miller, N. & Brewer, M.B. (Eds.) (1984). *Groups in contact: The psychology of desegregation.* New York: Academic Press.

Miller, R.L., Brickman, P. & Bolen, D. (1975). Attribution versus persuasion as a means for modifying behavior. *Journal of Personality and Social Psychology, 31,* 430-441.

Minsky, M. (1975). A framework for representing knowledge. In P.H. Winston (Ed.), *The psychology of computer vision.* New York: McGraw-Hill.

Mitchell, T.R. & Beach, L.R. (1990). Do I love thee? Let me count ... Toward an understanding of intuitive and automatic decision making. *Organizational Behavior and Human Decision Processes, 47,* 1-20.

Monteith, M.J., Devine, P.G. & Zuwerink, J.R. (1993). Self-directed versus other-directed affect as a consequence of prejudice-related discrepancies. *Journal of Personality and Social Psychology, 64,* 198-210.

Monteith, M.J., Sherman, J.W. & Devine, P.G. (1998). Suppression as a stereotype control strategy. *Personality and Social Psychology Review, 2,* 63-82.

Monteith, M.J., Spicer, C.V. & Tooman, G. D. (1998). Consequences of stereotype suppression: Stereotypes on AND not on the rebound. *Journal of Experimental Social Psychology, 34*, 355-377.

Monteith, M.J. & Voils, C.I. (1998). Proneness to prejudiced responses: Toward understanding the authenticity of self-reported discrepancies. *Journal of Personality and Social Psychology, 75*, 901-916.

Montepare, J.M. & McArthur, L.Z. (1988). Impressions of people created by age-related qualities of their gaits. *Journal of Personality and Social Psychology, 55*, 547-556.

Moreland, R.L. & Beach, S.R. (1992). Exposure effects in the classroom: The development of affinity among students. *Journal of Experimental Social Psychology, 28*, 255-276.

Morgan, H.J. & Janoff-Bulman, R. (1994). Positive and negative self-complexity. Patterns of adjustment following traumatic versus non-traumatic life experiences. *Journal of Social and Clinical Psychology, 13*, 63-85.

Mori, D., Chaiken, S. & Pliner, P. (1987). "Eating lightly" and the self-presentation of femininity. *Journal of Personality and Social Psychology, 53*, 693-702.

Morris, W.M. (1989). *Mood: The frame of mind*. New York: Springer.

Moskowitz, G.B. & Roman, R.J. (1992). Spontaneous trait inferences as self-generated primes: Implications for conscious social judgment. *Journal of Personality and Social Psychology, 62,* 728-738.

Mueller, C.M. & Dweck, C.S. (1998). Praise for intelligence can undermine children's motivation and performance. *Journal of Personality and Social Psychology, 75*, 33-52.

Mullen, B., Brown, R. & Smith, C. (1992). Ingroup bias as a function of salience, relevance, and status: An integration. *European Journal of Social Psychology, 22*, 103-122.

Mullen, B. & Hu, L. (1989). Perceptions of ingroup and outgroup variability: A meta-analytic integration. *Basic and Applied Social Psychology, 10*, 233-252.

Mullen, B. & Johnson, C. (1990). Distinctiveness-based illusory correlations and stereotyping: A meta-analytic integration. *British Journal of Social Psychology, 29*, 11-28.

Mullen, B. & Riordan, C.A. (1988). Self-serving attributions for performance in naturalistic settings: A meta-analytic review. *Journal of Applied Social Psychology, 18*, 3-22.

Muraven, M., Tice, D.M. & Baumeister, R.F. (1998). Self-control as limited resource: Regulatory depletion patterns. *Journal of Personality and Social Psychology, 74*, 774-789.

Murphy, S.T., Monahan, J.L. & Zajonc, R.B. (1995). Additivity of nonconscious affect: Combined effects of priming and exposure. *Journal of Personality and Social Psychology, 69,* 589-602.

Murphy, S.T. & Zajonc, R.B. (1993). Affect, cognition, and awareness: Affective priming with suboptimal and optimal stimulus presentation. *Journal of Personality and Social Psychology, 64,* 723-739.

Murray, J. & Abramson, P.R. (1983). An investigation of the effects of client gender and attractiveness on psychotherapists' judgments. In J. Murray & P.R. Abramson (Eds.), *Bias in psychotherapy*. New York: Praeger.

Mussweiler, T. (1997). *A selective accessibility model of anchoring: Linking the anchoring heuristic to hypothesis-consistent testing and semantic priming.* Lengerich: Papst Science Publishers.

Mussweiler, T. & Englich, B. (1998). *Legal judgment under uncertainty: Anchoring effects in juridical sentencing.* Manuscript in voorbereiding, Universität Würzburg.

Mussweiler, T. & Strack, F. (1998). *The use of category and exemplar knowledge in the solution of anchoring task*. Manuscript in voorbereiding, Universität Würzburg.

Mussweiler, T. & Strack, F. (1999). Comparing is believing: A selective accessibility model of judgmental anchoring. In M. Hewstone & W. Stroebe (Eds.), *European Review of Social Psychology*, (vol.10), in druk.

Neely, J.H. (1991). Semantic priming effects in visual word recognition: A selective review of current findings and theories. In D. Besner & G.W. Humphreys (Eds.), *Basic processes in reading: Visual word recognition* (pp. 264-336). Hillsdale, NJ: Erlbaum.

Neisser, U. (1967). *Cognitive psychology*. New York: Appleton-Century-Crofts.

Neisser, U. (1976). *Cognition and reality: Principles and implications of cognitive psychology*. San Francisco, CA: Freeman.

Nelson, T.E., Biernat, M.R. & Manis, M. (1990). Everyday base rates (sex stereotypes): Potent and resilient. *Journal of Personality and Social Psychology, 59*, 664-675.

Neuberg, S.L. & Fiske, S.T. (1987). Motivational influences on impression formation: Outcome dependency, accuracy-driven attention, and individuating processes. *Journal of Personality and Social Psychology, 53*, 431-444.

Newell, A. & Simon, H.A. (1972). *Human problem solving*. Englewood Cliffs, NJ: Prentice-Hall.

Newman, L.S. (1996). Trait impressions as heuristics for predicting future behavior. *Personality and Social Psychology Bulletin, 22*, 395-411.

Newman, L.S., Duff, K.J. & Baumeister, R.F. (1997). A new look at defensive projection: Thought suppression, accessibility, and biased person perception. *Journal of Personality and Social Psychology, 72*, 980-1001.

Newman, L.S. & Uleman, J.S. (1989). Spontaneous trait inference. In J.S. Uleman & J.A. Bargh (Eds.), *Unintended thought*, pp. 155-188. New York: The Guilford Press.

Newtson, D. (1974). Dispositional inferences from effects of actions: Effects chosen and effects foregone. *Journal of Experimental Social Psychology, 10*, 489-496.

Niedenthal, P.M. & Beike, D.R. (1997). Interrelated and isolated self-concepts. *Personality and Social Psychology Review, 1*, 106-128.

Niedenthal, P.M., Setterlund, M.B. & Wherry, M.B. (1992). Possible self-complexity and affective reactions to goal-relevant evaluation. *Journal of Personality and Social Psychology, 63*, 5-16.

Niedenthal, P.M., Tangney, J.P. & Gavanski, I. (1994). "If only I weren't" versus "if only I hadn't": Distinguishing shame and guilt in counterfactual thinking. *Journal of Personality and Social Psychology, 67*, 585-595.

Nisbett, R.E., Borgida, E., Crandall, R. & Reed, H. (1976). Popular induction: Information is not necessarily informative. In J.S. Carroll & J.W. Payne (Eds.), *Cognition and social behavior* (pp. 113-134). Hillsdale, NJ: Erlbaum.

Nisbett, R.E. & Ross, L. (1980). *Human inference: Strategies and shortcomings of social judgment*. Englewood Cliffs, NJ: Prentice-Hall.

Nisbett, R.E. & Wilson, T.D. (1977a). Telling more than we can know: Verbal reports on mental processes. *Psychological Review, 84*, 231-259.

Nisbett, R.E. & Wilson, T.D. (1977b). The halo effect: Evidence for unconscious alteration of judgments. *Journal of Personality and Social Psychology, 35*, 250-256.

Nisbett, R.E., Zukier, H. & Lemley, R.E. (1981). The dilution effect: Nondiagnostic information weakens the implications of diagnostic information. *Cognitive Psychology, 13,* 248-277.

Norvell, N. & Worchel, S.A. (1981). A reexamination of the relation between equal status contact and intergroup attraction. *Journal of Personality and Social Psychology, 41,* 902-908.

Noseworthy, C.M. & Lott, A. (1984). The Cognitive Organization of Gender-Stereotypic Categories. *Personality and Social Psychology Bulletin, 10,* 475-481.

Nygren, T.E., Isen, A.M., Taylor, P.J. & Dulin, J. (1996). The influence of positive aaffect on the decision rule in risk situations. *Organizational Behavior and Human Decision Proceses, 66*, 59-72.

Ohira, H., Winton, W.M. & Oyama, M. (1998). Effects of stimulus valence on recognition memory and endogeneous eyeblinks: Further evidence for positive-negative asymmetry. *Personality and Social Psychology Bulletin, 24*, 986-994.

Olson, J.M. & Roese, N.J. (1995). The perceived funniness of humorous stimuli. *Personality and Social Psychology Bulletin, 21,* 908-913.

Olson, J.M., Roese, N.J. & Zanna, M.P. (1996). Expectancies. In E.T. Higgins & A.W. Kruglanski (Eds.), *Social Psychology: Handbook of basic principles* (pp. 211-238). New York: Guilford.

Osborne, R.E. & Gilbert, D.T. (1992). The preoccupational hazards of social life. *Journal of Personality and Social Psychology, 62*, 219-228.

Osgood, C.E. (1962). Studies on the generality of affective meaning systems. *American Psychologist, 17*, 10-28.

Osgood, C.E., Suci, G.J. & Tannenbaum, P.H. (1957). *The measurement of meaning*. Urbana, IL: University of Illinois Press.

Ostrom, T.M. (1984). The sovereignty of social cognition. In R.S. Wyer & T.K. Srull (Eds.), *Handbook of social cognition* (vol. 1, pp. 1-38). Hillsdale, NJ: Erlbaum.

Ostrom, T.M. (1989). Three catechisms for social memory. In P.R. Soloman, G.R. Goethals, C.M. Kelley & B.R. Stephens (Eds.), *Memory: Interdisciplinary approaches* (pp. 201-220). New York: Springer.

Ostrom, T.M. & Sedikides, C. (1992). Outgroup-homogeneity effect in natural and minimal groups. *Psychological Bulletin, 112*, 536-552.

Ouelette, J. & Wood, W. (1998). Habit and intention in everyday life. The multiple processes by which past behavior predicts future behavior. *Psychological Bulletin, 124*, 54-74.

Overwalle, F. van, Drenth, T. & Marsman, G. (1999). Spontaneous trait inferences: Are they linked to the actor or to the action? *Personality and Social Psychology Bulletin, 25,* 450-462.

Owens, J., Bower, G.H. & Black, J.B. (1979). The "soap-opera" effect in story recall. *Memory and cognition, 7,* 185-191.

Parducci, A. (1968). The relativism of absolute judgments. *Scientific American,* 219, 84-90.

Park, B. & Hastie, R. (1987). Perception of variability in category development: Instance- versus abstraction-based stereotypes. *Journal of Personality and Social Psychology, 53,* 621-635.

Park, B. & Judd, C.M. (1990). Measures and models of perceived group variability. *Journal of Personality and Social Psychology, 59,* 173-191.

Park, B., Ryan, C.S. & Judd, C.M. (1992). Role of meaningful subgroups in explaining differences in perceived variability for in-groups and out-groups. *Journal of Personality and Social Psychology, 63,* 553-567.

Parrott, (1988). The role of cognition in emotional experience. In W.J. Baker, L.P. Mos, H.V. Rappard & H.J. Stam (Eds.), *Recent trends in theoretical psychology* (pp. 327-337). New York: Springer.

Paulhus, D.L., Graf, P. & Van Selst, M. (1989). Attentional load increases the positivity of self-presentation. *Social Cognition, 7,* 389-400.

Payne, J.W. (1976). Task complexity and contingent processing in decision making. An information search and protocol analysis. *Organizational Behavior and Human Decision Processes, 16,* 587-608.

Payne, J.W. (1982). Contingent decision making. *Psychological Bulletin, 92,* 382-402.

Payne, J.W., Bettman, J.R. & Johnson, E.J. (1988). Adaptive strategy selection in decision making. *Journal of Experimental Psychology: Learning, Memory, and Cognition, 14,* 534-552.

Payne, J.W., Bettman, J.R. & Johnson, E.J. (1993). *The adaptive decision maker.* Cambridge: University Press.

Peabody, D. (1967). Trait inferences: Evaluative and descriptive aspects. *Journal of Personality and Social Psychology Monograph, 7* (whole no. 644).

Peeters, G. & Czapinski, J. (1990). Positive-negative asymmetry in evaluations: The distinction between affective and informational negativity effects. In W. Stroebe & M. Hewstone (Eds.), *European Review of Social Psychology* (vol.1, pp. 33-60). Wiley & Sons.

Pennington, N. & Hastie, R. (1988). Explanation-based decision making: Effects of memory structure on judgment. *Journal of Experimental Psychology: Learning, Memory, and Cognition, 14,* 521-533.

Pennington, N. & Hastie, R. (1992). Explaining the evidence: Tests of the story model for juror decision making. *Journal of Personality and Social Psychology, 62,* 189-206.

Perdue, C.W. & Gurtman, M.B. (1990). Evidence for the automaticity of ageism. *Journal of Experimental Social Psychology, 26,* 199-216.

Pettigrew, T.F. (1979). The ultimate attribution error: Extending Allport's cognitive analysis of prejudice. *Personality and Social Psychology Bulletin, 5,* 461-476.

Pettigrew, T.F. (1997). Generalized intergroup contact effects on prejudice. *Personality and Social Psychology Bulletin, 23,* 173-185.

Pettigrew, T.F. (1998). The affective component of prejudice: Empirical support for the new view. In S.A. Tuch & J.K. Martin (Eds.), *Racial attitudes in the 1990s: Continuity and change.* Westport, CT: Praeger.

Pettigrew, T.F. & Meertens, R.W. (1995). Subtle and blatant prejudice in western Europe. *European Journal of Social Psychology, 25,* 57-75.

Petty, R.E. & Wegener, D. (1993). Flexible correction processes in social judgment: Correcting for context-induced contrast. *Journal of Experimental Social Psychology, 29,* 137-165.

Phaf, R.H. (1995). Emoties zonder bewustzijn? *Nederlands Tijdschrift voor de Psychologie, 50,* 191-201.

Piattelli Palmarini, M. (1996). *Onvermijdelijke illusies.* Utrecht: Het Spectrum.

Piliavin, I.M., Rodin, J. & Piliavin, J.A. (1969). Good samaritanism: An underground phenomenon? *Journal of Personality and Social Psychology, 13,* 289-299.

Pligt, J. van der & Eiser, J.R. (1980). Negative and descriptive extremity in impression formation. *European Journal of Social Psychology, 10,* 415-419.

Pligt, J. van der, Zeelenberg, M., Dijk, W.W. van, Vries, N.K. de & Richard, R., (1998). Affect, attitudes, and decisions: Let's be more specific. In W. Stroebe & M. Hewstone (Eds.), *European Review of Social Psychology*, vol. 8. Chichester: John Wiley & Sons.

Plous, S. (1993). *The psychology of judgment and decision making.* New York: McGraw-Hill.

Popper, K.R. (1959). *The logic of scientific discovery.* New York: Harper.

Posner, M.I. & Snyder, C.R.R. (1975). Attention and cognitive control. In R. L. Solso (Ed.), *Information processing and cognition: The Loyola symposium* (pp. 55-85). Hillsdale, NJ: Erlbaum.

Postman, L. (1955). The probability approach and nomothetic theory. *Psychological Review, 62,* 218-115.

Pratto, F. & John, O.P. (1991). Automatic vigilance: The attention-grabbing power of negative social information. *Journal of Personality and Social Psychology, 61,* 380-391.

Price, R.H. & Bouffard, D.L. (1974). Behavioral appropriateness and situational constraint as dimensions of social behavior. *Journal of Personality and Social Psychology, 30,* 579-586.

Pyszczynski, T.A. & Greenberg, J. (1987). Toward an integration of cognitive and motivational perspectives on social inference: A biased hypothesis-testing model. in L. Berkowitz (Ed.), *Advances in Experimental Social Psychology* (vol. 20, pp. 297-341). San Diego, CA: Academic Press.

Pyszczynski, T.A., Wicklund, R.A., Floresku, S., Gauch, G., Koch, H. Solomon, S. & Greenberg, J. (1996). Whistling in the dark: Exaggerated consensus estimates in response to incidental reminders of mortality. *Psychological Science, 7,* 332-336.

Quattrone, G.A. (1982). Overattribution and unit formation: When behavior engulfs the person. *Journal of Personality and Social Psychology, 42,* 593-607.

Quattrone, G.A. & Jones, E.E. (1980). The perception of variability within in-groups and out-groups: Implications for the law of small numbers. *Journal of Personality and Social Psychology, 38,* 141-152.

Rasinski, K.A., Crocker, J. & Hastie, R. (1985). Another look at sex stereotypes and social judgments: An analysis of the social perceiver's use of subjective probabilities. *Journal of Personality and Social Psychology, 49,* 317-326.

Reeder, G.D. (1985). Implicit relations between dispositions and behaviors: Effects on dispositional attributions. In J.H. Harvey & G. Weary (Eds.), *Attribution: Basic issues and applications,* pp. 87-116. New York: Academic Press.

Reeder, G.D. (1993). Trait-behavior relations and dispositional inference. *Personality and Social Psychology Bulletin, 19,* 586-593.

Reeder, G.D. (1997). Dispositional inferences of ability: Content and process. *Journal of Experimental Social Psychology, 33,* 171-189.

Reeder, G.D. & Brewer, M.B. (1979). A schematic model of dispositional attribution in interpersonal perception. *Psychological Review, 86,* 61-79.

Reeder, G.D. & Coovert, M.D. (1986). Revising an impression of morality. *Social Cognition, 4,* 1-17.

Reeder, G.D. & Fulks, J.L. (1980). When actions speak louder than words: Implicational schemata and the attribution of ability. *Journal of Experimental Social Psychology, 16,* 33-46.

Reeder, G.D., Henderson, D.J. & Sullivan, J.J. (1982). From dispositions to behaviors: The flip side of attribution. *Journal of Research in Personality, 16,* 355-375.

Reeder, G.D. & Spores, J.M. (1983). The attribution of morality. *Journal of Personality and Social Psychology, 44,* 736-745.

Regan, P.C., Snyder, M. & Kassin, S.M. (1995). Unrealistic optimism: Self-enhancement or person positivity? *Personality and Social Psychology Bulletin, 21,* 1073-1082.

Regan, D.T., & Totten, J. (1975). Empathy and attribution: Turning observers into actors. *Journal of Personality and Social Psychology, 32,* 850-856.

Reid, A., Lancuba, V. & Morrow, B. (1997). Clothing style and formation of impressions. *Perceptual and Motor Skills, 84,* 257-258.

Richard, R. (1994). *Regret is what you get: the impact of anticipated feelings and emotions on human behaviour.* Doctoral dissertation, University of Amsterdam.

Richard, R., Pligt, J. van der & Vries, N.K. de (1996a). Anticipated regret and time perspective: Changing sexual risk-taking behaviour. *Journal of Behavioural Decision Making, 9,* 185-199.

Richard, R., Pligt, J. van der & Vries, N.K. de (1996b). Anticipated affect and behavioral choice. *Basic and Applied Social Psychology, 18,* 111-129.

Roberts, B.W. & Donahue, E.M. (1994). One personality, multiple selves: Integrating personality and social roles. *Journal of Personality, 62,* 199-218.

Robins, R.W., Spranca, M.D. & Mendelsohn, G.A. (1996). The actor-observer effect revisited: Effects of individual differences and repeated social interactions on

actor and observer attributions. *Journal of Personality and Social Psychology, 71,* 375-389.
Roese, N.J. (1997). Counterfactual thinking. *Psychological Bulletin, 121,* 133-148.
Rojahn, K. & Pettigrew, T.F. (1991). Memory for schema-relevant information: A meta-analytic resolution. *British Journal of Social Psychology, 31,* 81-109.
Rokeach, M. & Rothman, G. (1965). The principle of belief congruence and the congruity principle as models of cognitive interaction. *Psychological Review, 72,* 128-142.
Ronis, D.L., Yates, J.F. & Kirscht, J.P. (1989). Attitudes, decisions, and habits as determinants of repeated behavior. In A.R. Pratkanis, S.J. Breckler & A.G. Greenwald (Eds.), *Attitude structure and function.* Hillsdale, NJ: Erlbaum.
Rosch, E.H. (1973). Natural categories. *Cognitive Psychology, 4,* 328-350.
Roseman, I.J., Antoniou, A.A. & Jose, P.E. (1996). Appraisal determinants of emotions: Constructing a more accurate and comprehensive theory. *Cognition and Emotion, 10,* 241-277.
Roseman, I.J., Wiest, C. & Swartz, T.S. (1994). Phenomenology, behaviors, and goals differentiate discrete emotions. *Journal of Personality and Social Psychology, 67,* 206-211.
Rosen, L.D. & Rosenkoetter, P. (1976). An eye fixation analysis of choice and judgment with multiattribute stimuli. *Memory and Cognition, 4,* 747-752.
Rosenbaum, M.E. (1972). *A dimensional analysis of the perceived causes of success and failure.* Unpublished doctoral dissertation, University of California, Los Angeles.
Rosenberg, M. (1979). *Conceiving the self.* New York: Basic Books.
Rosenberg, M.J. & Hovland, C.I. (1960). Cognitive, affective, and behavioral components of attitudes. In C.I. Hovland & M.J. Rosenberg (Eds.), *Attitude organization and change: An analysis of consistency among attitude components* (pp. 1-14). New Haven, CT: Yale University Press.
Rosenberg, S., Nelson, C. & Vivekananthan, P.S. (1968). A multidimensional approach to the structure of personality impressions. *Journal of Personality and Social Psychology, 9,* 283-294.
Rosenhan, D.L., Slovey, P. & Hargis, K. (1981). The joys of helping: Focus of attention mediates the impact of positive affect on helping. *Journal of Personality and Social Psychology, 40,* 899-905.
Rosenthal, R. & Jacobson, L.F. (1968). *Pygmalion in the classroom.* New York: Holt, Rinehart & Winston.
Ross, L. (1977). The intuitive psychologist and his shortcomings: Distortions in the attribution process. *Advances in Experimental Social Psychology, 10,* 174-220.
Ross, L., Greene, D. & House, P. (1977). The "false consensus effect": An egocentric bias in social perception. *Journal of Experimental Social Psychology, 13,* 279-301.
Ross, L., Lepper, M.R. & Hubbard, M. (1975). Perseverance in self perception and social perception: Biased attributional processes in the debriefing paradigm. *Journal of Personality and Social Psychology, 32,* 880-892.
Ross, L., Lepper, M.R., Strack, F. & Steinmetz, J.L. (1977). Social explanation and

social expectation: The effects of real and hypothetical explanations upon subjective likelihood. *Journal of Personality and Social Psychology, 35,* 817-829.

Ross, M. & Fletcher, G.J.O. (1985). Attribution and social perception. In G. Lindzey & E. Aronson (Eds.), *Handbook of social psychology* (3rd ed., vol. 2, pp. 73-122). New York: Random House.

Ross, M. & Sicoly, F. (1979). Egocentric biases in availability and attribution. *Journal of Personality and Social Psychology, 37,* 322-337.

Rothbart, M. (1981). Memory processes and social beliefs. In D. Hamilton (Ed.), *Cognitive processes in stereotyping and intergroup behavior* (pp. 145-182). Hillsdale, NJ: Erlbaum.

Rothbart, M., Evans, M. & Fulero, S. (1979). Recall for confirming events: Memory processes and the maintenance of social stereotypes. *Journal of Experimental Social Psychology, 15,* 343-355.

Rothbart, M. & Lewis, S. (1988). Inferring category attributes from exemplar attributes: Geometric shapes and social categories. *Journal of Personality and Social Psychology, 55,* 861-872.

Rothbart, M. & Park, B. (1986). On the confirmability and disconfirmability of trait concepts. *Journal of Personality and Social Psychology, 50,* 131-142.

Rothgerber, H. (1997). External intergroup threat as an antecedent to perceptions of in-group and out-group homogeneity. *Journal of Personality and Social Psychology, 73,* 1206-1212.

Rotter, J.B. (1966). Generalized expectancies for internal versus external control of reinforcement. *Psychological Monographs, 80* (1, whole no. 609).

Rudman, L.A. (1998). Self-promotion as a risk factor for women: The costs and benefits of counterstereotypical impression management. *Journal of Personality and Social Psychology, 74,* 629-645.

Rudman, L.A. & Glick, P. (1999). Feminized management and backlash toward agentic women: The hidden costs to women of a kinder, gentler image of middle managers. *Journal of Personality and Social Psychology, 77,* 1004-1010.

Rudman, L.A., Greenwald, A.G. & McGhee, D.E. (1996, oktober). *Powerful women, warm men? Implicit associations among gender, potency, and nurturance.* Paper gepresenteerd bij de Society of Experimental Social Psychology, oktober 1996 Sturbridge, MA.

Ruggiero, K.M. & Major, B.N. (1998). Group status and attributions to discrimination: Are low- or high-status group members more likely to blame their failure on discrimination? *Personality and Social Psychology Bulletin, 24,* 821-837.

Ruggiero, K.M. & Taylor, D.M. (1995). Coping with discrimination: How disadvantaged group members perceive the discrimination that confronts them. *Journal of Personality and Social Psychology, 68,* 826-838.

Ruscher, J.B. & Fiske, S.T. (1990). Interpersonal competition can cause individuating processes. *Journal of Personality and Social Psychology, 58,* 832-842.

Russell, D. (1982). The causal dimension scale: A measure of how individuals perceive causes. *Journal of Personality and Social Psychology, 42,* 1137-1145.

Ryan, C.S. & Bogart, L.M. (1997). Development of new group members' in-group and out-group stereotypes: Changes in perceived group variability and ethnocentrism. *Journal of Personality and Social Psychology, 73*, 719-732.

Ryle, G. (1949). *The concept of mind*. London: Hutchinson.

Sagarin, B.J., Rhoads, K.V.L. & Cialdini, R.B. (1998). Deceiver's distrust: Denigration as a consequence of undiscovered deception. *Personality and Social Psychology Bulletin, 24*, 1167-1176.

Sage, A.P. & White, F.B. (1983). Decision and information structures in regret: Models of judgment and choice. IEEE: *Transitions on Systems, Man, and Cybernetics, 13*, 136-143.

Salovey, P. & Rosenhan, D.L. (1989). Mood states and prosocial behavior. In H. Wagner & A.S.R. Manstead (Eds.), *Handbook of social psychophysiology* (pp. 371-391). Chichester, Wiley.

Sande, G.N., Goethals, G.R. & Radloff, C.E. (1988). Perceiving one's own traits and other's: The multifaceted self. *Journal of Personality and Social Psychology, 54*, 13-20.

Sanna, L.J. & Turley, K.J. (1996). Antecedents to spontaneous counterfactual thinking: Effects of expectancy violation ad outcome valence. *Personality and Social Psychology Bulletin, 22*, 906-919.

Satrapa, A., Burrattino Melhado, M., Curado Coelho, M.M., Otta, E., Taubemblatt, R. & Fayetti Siqueira, W. de (1992). Influence of style of dress on formation of first impressions. *Perceptual and Motor Skills, 74*, 159-162.

Savage, L.J. (1954). *The foundations of statistics*. New York: Wiley.

Scarberry, N.C., Ratcliff, C.D., Lord, C.G., Lanicek, D.L. & Desforges, D.M. (1997). Effects of individuating information on the generalization part of Allport's contact hypothesis. *Personality and Social Psychology Bulletin, 23*, 1291-1299.

Schachter, S. (1964). The interaction of cognitive and physiological determinants of emotional state. In L. Berkowitz (Ed.), *Advances in experimental social psychology* (vol. 1, pp. 49-82). New York: Academic Press.

Schachter, S. & Singer, J.E. (1962). Cognitive, social, and physiological determinants of emotional state. *Psychological Review, 69*, 379-399.

Schacter, D.L. (1994). Priming and multiple memory systems: Perceptual mechanisms of implicit memory. In D.L. Schacter & E. Tulving (Eds), *Memory systems* (pp. 233-268). Cambridge MA: MIT Press.

Schaller, M., Boyd, C., Yohannes, J. & O'Brien (1995). The prejudiced personality revisited: Personal need for structure and formation of erroneous group stereotypes. *Journal of Personality and Social Psychology, 68*, 544-555.

Schaller, M. & Cialdini, R.B. (1990). Happiness, sadness, and helping. In E.T. Higgins & R.M. Sorrentino (Eds.), *Handbook of Motivation and Cognition: Foundations of Social Behavior, 2* (pp. 265-296). New York: Guilford Press.

Schank, R.C. & Abelson, R.P. (1977). *Scripts, plans, goals, and understanding*. Hillsdale, NJ: Erlbaum.

Scheier, M.F., Fenigstein, A. & Buss, A.H. (1974). Self-awareness and physical aggression. *Journal of Experimental Social Psychology, 10*, 264-273.

Scherer, K.R. (1984). Criteria for emotion-antecedent appraisal: A review. In V.

Hamilton, G.H. Bower & N.H. Frijda (Eds.), *Cognitive perspectives on emotion and motivation* (pp. 89-126). Dordrecht: Kluwer.

Schlenker, B.R. (1975). Self-presentation: Managing the impression of consistency when reality interferes with self-enhancement. *Journal of Personality and Social Psychology, 32*, 1030-1037.

Schlenker, B.R. (1980). *Impression management: The self-concept, social identity, and interpersonal relations.* Monterey, CA: Brooks/Cole.

Schlenker, B.R. & Leary, M.R. (1982). Audiences' reactions to self-enhancing, self-denigrating, and accurate self-presentations. *Journal of Experimental Social Psychology, 18*, 89-104.

Schlenker, B.R. & Trudeau, J.V. (1990). The impact of self-presentations on private self-beliefs: Effects of prior self-beliefs and misattribution. *Journal of Personality and Social Psychology, 58*, 22-32.

Schlenker, B.R. & Weigold, M.F. (1990). Self-consciousness and self-presentation: Being autonomous versus appearing autonomous. *Journal of Personality and Social Psychology, 59*, 820-828.

Schlenker, B.R. & Weigold, M.F. (1992). Interpersonal processes involving impression regulation and management. *Annual Review of Psychology, 43*, 133-168.

Schneider, D.J. (1973). Implicit personality theory: A review. *Psychological Bulletin, 79*, 294-309.

Schneider, D.J. (1981). Tactical self-presentations: Toward a broader conception. In J.T. Tedeschi (Ed.), *Impression management theory and social psychological research* (pp. 23-40). New York: Academic Press.

Schoeneman, T.J. & Rubanowitz, D.E. (1985) Attributions in the advice columns: actors and observers, causes and reasons. *Personality and Social Psychology Bulletin, 11,* 315-325.

Schwarz, N. (1990). Feelings as information: informational and motivational functions of affective states. In E.T. Higgins & R.M. Sorrentino (Eds.), *Handbook of Motivation and Cognition: Foundations of Social Behavior, 2* (pp. 527-561). New York: Guilford.

Schwarz, N. (1994). Judgment in a social context: Biases, shortcomings, and the logic of conversation. In M. Zanna (Ed.), *Advances in Experimental Social Psychology* (vol. 26, pp. 125-162). San Diego: Academic Press.

Schwarz, N. & Bless, H. (1991). Happy and mindless, but sad and smart? The impact of affective states on analytic reasoning. In J.P. Forgas (Ed.), *Emotion and social judgments* (pp. 55-71). Oxford: Pergamon Press.

Schwarz, N. & Bless, H. (1992). Constructing reality and its alternatives: An inclusion/exclusion model of assimilation and contrast effects in social judgment. In L.L. Martin & A. Tesser (Eds.), *The construction of social judgment.* Hillsdale: Erlbaum.

Schwarz, N., Bless, H. & Bohner, G. (1991). Mood and persuasion: affective states influence the processing of persuasive communications. *Advances in Experimental Social Psychology, 24*, 161-199.

Schwarz, N. & Clore, G.L. (1983). Mood, misattribution and judgments of well-being:

informative and directive functions of affective states. *Journal of Personality and Social Psychology, 45*, 513-523.

Schwarz, N. & Clore, G.L. (1988). How do I feel about it? The informative function of affective states. In K. Fiedler & J. Forgas (Eds.), *Affect, Cognition, and Social Behavior: New Evidence and Integrative attempts* (pp. 44-62). Toronto: Hogrefe.

Schwarz, N. & Clore, G.L. (1996). Feelings and phenomenological experiences. In E.T. Higgins & A.W. Kruglanski (Eds.), *Social Psychology: Handbook of basic principles* (pp. 433-465). New York: Guilford.

Schwarz, N., Strack, F., Hilton, D. & Naderer, G. (1991). Base rates, representativeness, and the logic of conversation: The contextual relevance of "irrelevant" information. *Social Cognition, 9,* 67-84.

Sears, D.O. (1986). College sophomores in the laboratory: Influences of a narrow data base on social psychology's view of human nature. *Journal of Personality and Social Psychology, 51,* 515-530.

Sedikides, C. & Anderson, C.A. (1992). Causal explanations of defection: A knowledge structure approach. *Personality and Social Psychology Bulletin, 18,* 420-429.

Sedikides, C., Campbell, W.K., Reeder, G.D. & Elliot, A.J. (1998). The self-serving bias in relational context. *Journal of Personality and Social Psychology, 74,* 378-386.

Sedikides, C. & Skowronski, J.J. (1993). The self in impression formation: Trait centrality and social perception. *Journal of Experimental Social Psychology, 29,* 347-357.

Sedikides, C. & Strube, M. (1997). Self-evaluation: To thine own self be good, to thine own self be sure, to thine own self be true, and to thine own self be better. *Advances in Experimental Social Psychology, 29,* 209-269.

Seligman, M.E.P., Abramson, L.Y., Semmel, A. & Von Baeyer, C. (1979). Depressive attributional style. *Journal of Abnormal Psychology, 88,* 242-247.

Semin, G.R. (1986). The individual, the social, and the social individual. *British Journal of Social Psychology, 25,* 177-180.

Shaver, K.G. (1970). Defensive attribution: Effects of severity and relevance on the responsibility assigned for an accident. *Journal of Personality and Social Psychology, 14,* 101-113.

Shaver, K.G. (1985). *The attribution of blame.* New York: Springer.

Shaw, B. (1916/1978). *Pygmalion.* Middlesex: Penguin Books.

Shepperd, J.A. & Socherman, R.E. (1997). On the manipulative behavior of low machiavellians: feigning incompetence to 'sandbag' an opponent. *Journal of Personality and Social Psychology, 72,* 1448-1459.

Sherif, M. (1966). *In common predicament.* Boston: Houghton Mifflin.

Sherif, M., Harvey, O.J., White, B.J., Hood, W.R. & Sherif, C.W. (1961). *Intergroup cooperation and competition: The Robbers Cave experiment.* Norman, OK: University Book Exchange.

Sherif, M. & Sherif, C.W. (1953). *Groups in harmony and tension.* New York: Harper.

Sherman, S.J. (1980). On the self-erasing nature of errors of prediction. *Journal of Personality and Social Psychology, 39,* 211-221.

Sherman, S.J., Chassin, L. & Pression, C.C. (1998). *Implicit and explicit attitudes toward cigarette smoking* (1998). Paper gepresenteerd bij de Small Group Meeting of Social Cognition. Juni 1998, Mirano, Italië.

Sherman, S.J., Judd, C.M. & Park, B. (1989). Social cognition. *Annual Review of Psychology, 40*, 281-326.

Sherman, S.J., Presson, C.C. & Chassin, L. (1984). Mechanisms underlying the false consensus effect: The special role of threats to the self. *Personality and Social Psychology Bulletin, 10,* 127-138.

Shiffrin, R.M. & Schneider, W. (1977). Controlled and automatic human information processing: II. Perceptual learning, automatic attending, and a general theory. *Psychological Review, 84*, 127-190.

Silka, L. (1989). *Intuitive judgments of charge:* New York: Springer-Verlag

Simon, H.A. (1955). A behavioral model of rational choice. *Quarterly Journal of Economics, 69*, 99-118.

Simon, H.A. (1956). Rational choice and the structure of the environment. *Psychological Review, 63,* 129-138.

Simon, L., Greenberg, J., Arndt, J. & Pyszczynski, T., Clement, R. & Solomon, S. (1997). Perceived consensus, uniqueness, and terror management: Compensatory responses to threats to inclusion and distinctiveness following mortality salience. *Personality and Social Psychology Bulletin, 23*, 1055-1065.

Simon, L., Greenberg, J., Arndt, J. & Pyszczynski, T., Clement, R. & Solomon, S. (1997). Perceived consensus, uniqueness, and terror management: Compensatory responses to threats to inclusion and distinctiveness following mortality salience. *Personality and Social Psychology Bulletin, 23*, 1055-1065.

Simon, L., Greenberg, J., & Brehm, J. (1995). Trivialization: The forgotten mode of dissonance reduction. *Journal of Personality and social Psychology, 68* 247-260.

Simonson, I. (1992). The influence of anticipating regret and responsibility on purchase decisions. *Journal of Consumer Research, 19*, 105-118.

Skinner, B.F. (1938). *The behavior of organisms*. New York: Appleton-Century-Crofts.

Skowronski, J.J. & Carlston, D.E. (1987). Social judgment and social memory: The role of cue diagnosticity in negativity, positivity, and extremity biases. *Journal of Personality and Social Psychology, 52*, 689-699.

Skowronski, J.J. & Carlston, D.E. (1989). Negativity and extremity biases in impression formation: A review of explanations. *Psychological Bulletin, 105*, 131-142.

Skowronski, J.J., Carlston, D.E., Mae, L. & Crawford, M.T. (1998). Spontaneous trait transference: Communicators take on the qualities they describe in others. *Journal of Personality and Social Psychology, 74,* 837-848.

Slovic, P. (1975). Choice between equally valued alternatives. *Journal of Experimental Psychology: Human Perception and Performance, 1,* 280-237.

Slovic, P., Fischhoff, B. & Lichtenstein, S. (1982). Facts versus fears: Understanding perceived risk. In D. Kahneman, P. Slovic & A. Tversky (Eds.), *Judgment under uncertainty: Heuristics and biases* (pp. 463-489). New York: Cambridge University Press.

Slovic, P., Lichtenstein, S. & Fischhoff, B. (1988). Decision making. In R.C. Atkinson, R.J. Hernstein, G. Lindzey & R. D. Luce (Eds.), *Stevens' Handbook of experimental psychology* (2nd ed., vol. 2, pp. 673-738). New York: Wiley.

Smith, C.A. & Ellsworth, P.C. (1985). Patterns of cognitive appraisal in emotion. *Journal of Personality and Social Psychology, 48,* 813-838.

Smith, E.R. (1996). What do connectionism and social psychology offer each other? *Journal of Personality and Social Psychology, 70,* 893-912.

Smith, E.R. (1998). Mental representation and memory. In D. Gilbert, S.T. Fiske & G. Lindzey (Eds.), *Handbook of social psychology* (4th ed., vol. 1, pp. 391-445). New York: McGraw-Hill.

Smith, E.R. & DeCoster, J. (1998). Knowledge acquisition, accessibility, and use in person perception and stereotyping: Simulation with a recurrent connectionist framework. *Journal of Personality and Social Psychology, 74,* 21-35.

Smith, E.R. & Miller, F.D. (1983). Mediation among attributional inferences and comprehension processes: Initial findings and a general method. *Journal of Personality and Social Psychology, 44,* 492-505.

Smith, P.B. & Bond, M.H. (1994). *Social psychology across cultures: Analysis and perspectives.* Needham Heights, MA: Allyn and Bacon.

Snyder, M. (1992). Motivational foundations of behavioral confirmation. *Advances in Experimental Social Psychology, 25,* 67-114.

Snyder, M. & Frankel, A. (1986). Observer bias: A stringent test for behavior engulfing the field. *Journal of Personality and Social Psychology, 34,* 857-864.

Snyder, M. & Haugen, J.A. (1995). Why does behavioral confirmation occur? A functional perspective on the role of the target. *Personality and Social Psychology Bulletin, 21,* 963-974.

Snyder, M. & Stukas, A.A. (1999). Interpersonal processes: The interplay of cognitive, motivational, and behavioral activities in Social interaction. *Annual Review of Psychology, 50* .

Snyder, M. & Swann, W.B., Jr. (1976). When actions reflect attitudes: The politics of impression management. *Journal of Personality and Social Psychology, 34,* 1034-1042.

Snyder, M. & Swann, W.B., Jr. (1978). Hypothesis-testing processes in social interaction. *Journal of Personality and Social Psychology, 36,* 1202-1212.

Snyder, M., Tanke, E.D. & Berscheid, E. (1977). Social perception and interpersonal behavior: On the self-fulfilling nature of social stereotypes. *Journal of Personality and Social Psychology, 35,* 656-666.

Snyder, M. & Uranowitz, S.W. (1978). Reconstructing the past: Some cognitive consequences of person perception. *Journal of Personality and Social Psychology, 36,* 941-950.

Solomon, S., Greenberg, J. & Pyszczynski, T. (1991). A terror management theory of social behavior: The psychological functions of self-esteem and cultural worldviews. In M. Zanna (Ed.), *Advances in Experimental Social Psychology* (vol. 24, pp. 91-159). San Diego, CA: Academic Press.

Spencer, S.J., Fein, S., Wolfe, C.T., Fong, C. & Dunn, M.A. (1998). Automatic activation of stereotypes: The role of self-image threat. *Personality and Social Psychology Bulletin, 24*, 1139-1152.

Sprecher, S. (1999). "I love you more today than yesterday": Romantic partners' perceptions of changes in love and related affect over time. *Journal of Personality and Social Psychology, 76,* 46-53.

Srull, T.K. (1981). Person memory: Some tests of associative storage and retrieval models. *Journal of Experimental Psychology: Human Learning and Memory, 7,* 440-463.

Srull, T.K., Lichtenstein, M. & Rothbart, M. (1985). Associative storage and retrieval processes in person memory. *Journal of Experimental Psychology: Learning, Memory, and Cognition, 11,* 316-345.

Srull, T.K. & Wyer, R.S. (1989). Person memory and judgment. *Psychological Review, 96,* 58-83.

Stangor, C. & Duan, C.D. (1991). Effect of multiple task demands upon memory for information about social groups. *Journal of Experimental Social Psychology, 27,* 357-378.

Stangor, C., Lynch, L., Duan, C. & Glass, B. (1992). Categorization of individuals on the basis of multiple social features. *Journal of Personality and Social Psychology, 62,* 207-218.

Stangor, C. & McMillan, D. (1992). Memory for expectancy-congruent and expectancy-incongruent information: A review of the social and social developmental literatures. *Psychological Bulletin, 111,* 42-61.

Stangor, C., Sullivan, L.A. & Ford, T.E. (1991). Affective and cognitive determinants of prejudice. *Social Cognition, 9,* 59-80.

Stapel, D.A. & Koomen, W. (1997). Social categorization and perceptual judgment of size: When perception is social. *Journal of Personality and Social Psychology, 73,* 1177-1190.

Stapel, D.A. & Koomen, W. (1998). When stereotype activation results in (counter)stereotypical judgments: Priming stereotype-relevant traits and exemplars. *Journal of Experimental Social Psychology, 34,* 136-163.

Stapel, D.A., Koomen, W. & Pligt, J. van der (1996). The referents of trait inferences: The impact of trait concepts versus actor-trait links on subsequent judgments. *Journal of Personality and Social Psychology, 70,* 437-450.

Stapel, D.A., Koomen, W. & Pligt, J. van der (1997). Categories of category accessibility: The impact of trait versus exemplar priming on person judgments. *Journal of Experimental Social Psychology, 33,* 44-76.

Stapel, D.A., Koomen, W. & Zeelenberg, M. (1998). The impact of accuracy motivation on interpretation, comparison, and correction processes: Accuracy x knowledge accessibility effects. *Journal of Personality and Social Psychology, 74,* 878-893.

Stegge H. & Merum Terwogt, M. (1993). Experimentele emotie-inductie. *De Psycholoog,* juni, 237-244.

Stephan, W.G. & Rosenfield, D. (1978). Effects of desegregation on racial attitudes. *Journal of Personality and Social Psychology, 36,* 795-804.

Stepper, S. & Strack, F. (1993). Proprioceptive determinants of emotional and nonemotional feelings. *Journal of Personality and Social Psychology, 64*, 211-220.

Strack, F, Martin, L.L. & Stepper, S. (1988). Inhibiting and facilitating conditions of human smile: A nonobtrusive test of the facial feedback hypothesis. *Journal of Personality and Social Psychology, 54*, 768-777.

Strack, F. & Mussweiler, T. (1997). Explaining the enigmatic anchoring effect: Mechanisms of selective accessibility. *Journal of Personality an Social Psychology, 73*, 437-446.

Stroop, J.R. (1935). Studies of interference in serial verbal reactions. *Journal of Experimental Psychology, 18*, 643-662.

Svenson, O. (1979). Process descriptions of decision making. *Organizational Behavior and Human Performance, 23*, 86-112.

Svenson, O. (1981). Are we all less risky and more skilful than our fellow drivers? *Acta Psychologica, 47*, 143-148.

Swann, W.B., Jr. (1984). Quest for accuracy in person perception: A matter of pragmatics. *Psychological Review, 91*, 457-477.

Swann, W.B., Jr. (1987). Identity negotiation: Where two roads meet. *Journal of Personality and Social Psychology, 53*, 1038-1051.

Swann, W.B., Jr. (1990). To be adored or to be known: The interplay of self-enhancement and self-verification. In R.M. Sorrentino & E.T. Higgins (Eds.), *Handbook of Motivation and Cognition* (vol. 2, pp. 408-450). New York: Guilford.

Swann, W.B., Jr. & Guillano, T. (1987). Confirmatory search strategies in social interaction: How, when, why, and with what consequences. *Journal of Consulting and Clinical Psychology, 5*, 511-524.

Swann, W.B., Jr., Hixon, J.G., Stein-Seroussi, A. & Gilbert, D.T. (1990). The fleeting gleam of praise: Cognitive processes underlying behavioral reactions to self-relevant feedback. *Journal of Personality and Social Psychology, 59*, 17-26.

Swim, J.K., Aikin, K.J., Hall, W.S. & Hunter, B.A. (1995). Sexism and racism: Old-fashioned and modern prejudices. *Journal of Personality and Social Psychology, 68*, 199-214.

Swim, J.K, Borgida, E., Maruyama, G. & Myers, D.G. (1989). Joan McKay versus John McKay: Do gender stereotypes bias evaluations? *Psychological Bulletin, 105*, 409-429.

Swim, J.K. & Sanna, L.J. (1996). He's skilled, she's lucky: A meta-analysis of observers' attributions for women's and men's successes and failures. *Personality and Social Psychology Bulletin, 22*, 507-519.

Switzer, F.S. & Sniezek, J.A. (1991). Judgment processes in motivation: Anchoring and adjustment effects on judgment and behavior. *Organizational Behavior and Human Decision Processes, 49*, 208-229.

Symons, C.S. & Johnson, B.T. (1997). The self-reference effect in memory: A meta-analysis. *Psychological Bulletin, 121*, 371-394.

Tajfel, H. (1969). Cognitive aspects of prejudice. *Journal of Social Issues, 25*, 79-98.

Tajfel, H. (1970). Experiments in intergroup discrimination. *Scientific American, 223*,

96-102.

Tajfel, H. (1972). La categorization sociale. In S. Moscovici (Ed.), *Introduction à la psychologie sociale* (vol. 1, pp. 272-302). Parijs: Larousse.

Tajfel, H. (Ed.) (1978). *Differentiation between social groups*. London: Academic Press.

Tajfel, H. & Turner, J.C. (1979). An integrative theory of intergroup conflict. In W.G. Austin & S. Worchel (Eds.), *The social psychology of intergroup relations*. Monterey, CA: Brooks/Cole.

Tajfel, H. & Wilkes, A.L. (1963). Classification and qualitative judgement. *British Journal of Psychology, 54*, 101-114.

Tang, S. & Hall, V. (1995). The overjustification effect: A meta-analysis. *Applied Cognitive Psychology, 9*, 365-404.

Taubman Ben-Ari, O., Florian, V. & Mikulincer, M. (1999). The impact of mortality salience on reckless driving: A test of terror management mechanisms. *Journal of Personality and Social Psychology, 76*, 35-45.

Taylor, D.M., Wright, S.C., Moghaddam, F.M. & Lalonde, R.N. (1990). The personal/group discrimination discrepancy: Perceiving my group, but not myself, to be a target for discrimination. *Personality and Social Psychology Bulletin, 16*, 254-262.

Taylor, S.E. (1981). A categorization approach to stereotyping. In D.L. Hamilton (Ed.), *Cognitive processes in stereotyping and intergroup behavior* (pp. 8-114). Hillsdale, NJ: Erlbaum.

Taylor, S.E. (1991). Asymmetrical effects of positive and negative events: The mobilization-minimization hypothesis. *Psychological Bulletin, 110*, 67-85.

Taylor, S.E. & Crocker, J. (1981). Schematic basis of Social information processing. In E.T. Higgins, C.P. Herman & M.P. Zanna (Eds.), *Social cognition: The Ontario Symposium on personality and social psychology*. Hillsdale, NJ: Lawrence Erlbaum.

Taylor, S.E. & Fiske, S.T. (1978). Salience, attention, and attribution: Top of the head phenomena. In L. Berkowitz (Ed.), *Advances in Experimental Social Psychology* (vol. 11, pp. 249-288). New York: Academic Press.

Taylor, S.E., Fiske, S.T., Etcoff, N. & Ruderman, A. (1978). Categorical and contextual bases of person memory and stereotyping. *Journal of Personality and Social Psychology, 36*, 778-793.

Tedeschi, J.T. (1981). *Impression management theory and social psychological research*. New York: Academic Press.

Tetlock, P.E. (1992). The impact of accountability on judgment and choice: Toward a social contingency model. In M.P. Zanna (Ed.), *Advances in Experimental Social Psychology* (vol. 25, pp. 331-376). San Diego, CA: Academic Press.

Tetlock, P.E. & Boettger, R. (1989). Accountability: A social magnifier of the dilution effect. *Journal of Personality and Social Psychology, 57*, 388-398.

Tetlock, P.E. & Kim, J.I. (1987). Accountability and judgment processes in a personality prediction task. *Journal of Personality and Social Psychology, 52*, 700-709.

Thibaut, J.W. & Kelley, H.H. (1978). *Interpersonal relations: A theory of interdependence*. New York: Wiley.

Thomas, W.I. & Thomas, D.S. (1928). *The child in America*. New York: Knopf.

Thompson, L. (1997). Paper gepresenteerd voor de Society of Experimental Social Psychology. Oktober 1997, Toronto, Canada.

Thompson, S.C. & Kelley, J.J. (1981). Judgments of responsibility for activities in close relationships. *Journal of Personality and Social Psychology, 41*, 469-477.

Thorndike, E.L. (1920). A constant error in psychological ratings. *Journal of Applied Psychology, 4*, 25-29.

Thorndyke, P.W. & Hayes-Roth, B. (1979). The use of schemata in the acquisition and transfer of knowledge. *Cognitive Psychology, 11*, 82-106.

Tice, D.M., Butler, J.L., Muraven, M.B. & Stillwell, A.M. (1995). When modesty prevails: Differential favorability of self-presentation to friends and strangers. *Journal of Personality and Social Psychology, 69*, 1120-1138.

Tolman, E.C. (1932). *Purposive behavior in animals and men*. New York: Appleton-Century-Crofts.

Trafimow, D. (1998). Situation-specific effects in person memory. *Personality and Social Psychology Bulletin, 24*, 314-321.

Treisman, A. (1960). Contextual cues in selective listening. *Quarterly Journal of Experimental Psychology, 52*, 347-353.

Trope, Y. (1986). Identification and inferential processes in dispositional attribution. *Psychological Review, 93*, 239-257.

Trope, Y. (1989). The multiple roles of context in dispositional judgment. In J.N. Bassili (Ed.), *On-line cognition in person perception*, pp. 123-140. Hillsdale, NJ: Lawrence Erlbaum.

Trope, Y. & Alfieri, T. (1997). Effortfulness and flexibility in dispositional judgment processes. *Journal of Personality and Social Psychology, 73*, 662-674.

Trope, Y. & Liberman, A. (1996). Social hypothesis testing: Cognitive and motivational mechanisms. In E.T. Higgins and A.W. Kruglanski (Eds.) *Social Psychology: Handbook of basic principles* (pp. 239-270). New York: Guilford.

Tulving, E. (1972). Episodic and semantic memory. In E. Tulving & W. Donaldson (Eds.), *Organization of memory* (pp. 381-403). New York: Academic Press.

Tulving, E. & Thomson, D.M. (1973). Encoding specificity and retrieval processes in episodic memory. *Psychological Review, 80*, 352-373.

Tversky, A. (1971). Belief in the law of small numbers. *Psychological Bulletin, 76*, 105-110.

Tversky, A. & Kahneman, D. (1974). Judgment under uncertainty: Heuristics and biases. *Science, 185*, 1124-1131.

Tversky, A. & Kahneman, D. (1981). The framing of decisions and the psychology of choice. *Science, 211*, 453-458.

Tversky, A. & Kahneman, D. (1983). Extensional versus intuitive reasoning: The conjunction fallacy in probability judgment. *Psychological Review, 90*, 293-315.

Tversky, A. & Kahneman, D. (1992). Advances in prospect theory: Cumulative representation of uncertainty. *Journal of Risk and Uncertainty, 5*, 297-323.

Tykocinski, O.E. & Pittman, T.S. (1998). The consequences of doing noting: Inaction inertia as avoidance of anticipated counterfactual regret. *Journal of Personality and Social Psychology, 75*, 607-616.

Tykocinski, O.E., Pittman, T.S. & Uttle, E.E. (1995). Inaction inertia: Forgoing future benefits as a result of an initial failure to act. *Journal of Personality and Social Psychology, 68,* 793-803.

Uleman, J.S., Hon, A., Roman, R.J. & Moskowitz, G.B. (1996). On-line evidence for spontaneous trait inferences at encoding. *Personality and Social Psychology Bulletin, 22,* 377-394.

Uleman, J.S. & Moskowitz, G.B. (1994). Unintended effects of goals on unintended inferences. *Journal of Personality and Social Psychology, 66,* 490-501.

Uleman, J.S., Moskowitz, G.B., Roman, R.J. & Rhee, E. (1993). Tacit, manifest, and intentional reference: How spontaneous trait inferences refer to persons. *Social Cognition, 11,* 321-351.

Uleman, J.S., Newman, L.S. & Moskowitz, G.B. (1996). People as flexible interpreters: Evidence and issues from spontaneous trait inference. *Advances in Experimental Social Psychology, 28,* 211-279.

Vallacher, R.R. & Wegner, D.M. (1987). What do people think they're doing? Action identification and human behavior. *Psychological Review, 94,* 3-15.

Vanman, E.J., Dawson, M.E. & Brennan, P.A. (1998). Affective reactions in the blink of an eye: Individual differences in subjective experience and physiological responses to emotional stimuli. *Personality and Social Psychology Bulletin, 24,* 994-1005.

Velten, E. (1968). A laboratory task for induction of mood states. *Behavior Research and Therapy, 6,* 473-482.

Von Neumann, J. & Morgenstern, O. (1947). *Theory of games and economic behavior.* Princeton, NJ: Princeton University Press.

Vonk, R. (1993a). Individual differences and common dimensions in Implicit Personality Theory. *British Journal of Social Psychology, 32,* 209-226.

Vonk, R. (1993b). The negativity effect in trait ratings and in open-ended descriptions of persons. *Personality and Social Psychology Bulletin, 19,* 269-278.

Vonk, R. (1994). Trait inferences, impression formation, and person memory: Strategies in processing inconsistent information about persons. In W. Stroebe & M. Hewstone (Eds.), *European Review of Social Psychology* (vol. 5, pp. 111-149). New York: Wiley.

Vonk, R. (1995). Effects of inconsistent behaviors on person impressions: A multidimensional study. *Personality and Social Psychology Bulletin, 21,* 674-685.

Vonk, R. (1996). Negativity and potency effects in impression formation. *European Journal of Social Psychology, 26,* 851-865.

Vonk, R. (1998a). The Slime effect: Suspicion and dislike of likeable behaviors towards superiors. *Journal of Personality and Social Psychology, 74,* 849-864.

Vonk, R. (1998b). *De eerste indruk: Bekijken en bekeken worden.* Meppel: Boom.

Vonk, R. (1998c). Effects of behavioral causes and consequences on person judgments. *Personality and Social Psychology Bulletin, 24,* 1065-1074.

Vonk, R. (1998d). Effects of cooperative and competitive outcome dependency on attention and impressions. *Journal of Experimental Social Psychology, 34,* 265-288.

Vonk, R. (1999a). Effects of outcome dependency on correspondence bias.

Personality and Social Psychology Bulletin, 25, 110-117.
Vonk, R. (1999b). Effects of other-profitability and self-profitability on evaluative judgements of behaviours. *European Journal of Social Psychology, 29*
Vonk, R. (1999c). Impression formation and impression management: Motives, traits, and likeability inferred from self-promoting and self-deprecating behavior. *Social Cognition, 17,* 390-412.
Vonk, R. (2001). Aversive self-presentations. In R.M. Kowalski (Ed.), *Behaving badly: Aversive interpersonal behaviors* (vol. 2, pp. 79-155). Washington, DC: American Psychological Association.
Vonk, R. & Ashmore, R.D. (1993). The multi-faceted self: Androgyny reassessed by open-ended self descriptions. *Social Psychology Quarterly, 56,* 278-287.
Vonk, R. & Ashmore, R.D. (1999). *Thinking about gender types: The cognitive organization of female and male types.* Ter publicatie aangeboden manuscript.
Vonk, R. & Ellemers, N. (1993). Effecten van seksestereotypen op oordelen over mannen en vrouwen. *Nederlands Tijdschrift voor de Psychologie, 48,* 212-225.
Vonk, R. & Knippenberg, A. van (1994). The sovereignty of negative inference: Suspicion of ulterior motives does not reduce the negativity effect. *Social Cognition, 12,* 169-186.
Vonk, R. & Knippenberg, A. van (1995). Processing attitude statements from ingroup and outgroup members: Effects of within-group and within-person inconsistencies on reading times. *Journal of Personality and Social Psychology, 68,* 215-227.
Vonk, R., Knegtmans, J., Daamen, D. & Verplanken, B. (1992). Impressievorming in het lab: Over het nut van laboratorium-experimenten, geheugenmaten en reactietijden. *Gedrag en Organisatie, 5,* 106-118.
Vonk, R. & Konst, D. (1998). Intergroup bias and correspondence bias: People engage in situational correction when it suits them. *British Journal of Social Psychology, 37,* 379-385.
Vonk, R. & Olde Monnikhof, M. (1998). Gender subgroups: Intergroup bias within the sexes. *European Journal of Social Psychology, 28,* 37-47.
Vrana, S.R. & Rollock, D. (1998). Physiological response to a minimal social encounter: Effects of gender, ethnicity, and social context. *Psychophysiology, 35,* 462-469.
Vrij, A. & Dingemans, L. (1996). Physical effort of police officers as a determinant of their behavior toward criminals. *Journal of Social Psychology, 136,* 461-468.
Wagenaar, W.A. (1996). Ik heb het zelf op TV gezien! *Psychologie, 4,* 51-52.
Walker, P. & Antaki, C. (1986). Sexual orientation as a basis for categorization in recall. *British Journal of Social Psychology, 25,* 337-339.
Walster, E. (1966). Assignment of responsibility for a car accident. *Journal of Personality and Social Psychology, 3,* 73-79.
Waltson, B.S. & O'Leary, V.E. (1981). Differential perception of women and men. In L. Wheeler (Ed.), *Review of Personality and Social Psychology* (vol. 2, pp. 9-41).
Wänke, M., Bless, H. & Biller, B. (1996). Subjective experience versus content of information in the construction of attitude judgments. *Personality and Social Psychology Bulletin, 22,* 1105-1113.

Watson, J. (1929). *Psychology from the standpoint of a behaviorist* (3rd ed., revised). Philadelphia: Lippincott.
Watson, J. (1914). *Behavior: An introduction to comparative behavior.* New York: Holt.
Weber, R. & Crocker, J. (1983). Cognitive processes in the revision of stereotypic beliefs. *Journal of Personality and Social Psychology, 45,* 961-977.
Wegner, D. & Petty, R.R (1995). Flexible correction processes in social judgment: The role of naive theories in corrections for perceived bias. *Journal of Personality and Social Psychology, 68,* 36-51.
Wegner, D.M. (1989). *White bears and other unwanted thoughts: Suppression, obsession, and the psychology of mental control.* New York: Viking Press.
Wegner, D.M. (1994). Ironic processes of mental control. *Psychological Review, 101,* 34-52.
Wegner, D.M., Ansfield, M. & Pilloff, D. (1998). The putt and the pendulum: Ironic effects of the mental control of action. *Psychological Science, 9,* 196-199.
Wegner, D.M. & Bargh, J.A. (1998). Control and automaticity in social life. In D.T. Gilbert, S.T. Fiske and G. Lindzey (Eds.), *The Handbook of Social Psychology* (4th ed.). New York: McGraw-Hill.
Wegner, D.M., Erber, R. & Zanakos, S. (1993). Ironic processes in the mental control of mood and mood-related thought. *Journal of Personality and Social Psychology, 65,* 1093-1104.
Wegner, D.M. & Gold, D.B. (1995). Fanning old flames: Emotional and cognitive effects of suppressing thoughts of a past relationship. *Journal of Personality of Social Psychology, 68,* 782-792.
Wegner, D.M., Schneider, D. J., Carter, S. & White, T. (1987). Paradoxical effects of thought suppression. *Journal of Personality and Social Psychology, 53,* 5-13.
Weiner, B. (1979). A theory of motivation for some classroom experiences. *Journal of Educational Psychology, 39,* 3-25.
Weiner, B. (1982). The emotional consequences of causal attributions. In M.S. Clark & S.T. Fiske (Eds.), *Affect and cognition: The 17th Annual Carnegie Symposium on Cognition* (pp. 185-209). Hillsdale, NJ: Erlbaum.
Weiner, B. (1985a). An attributional theory of achievement motivation and emotion. *Psychological Review, 92,* 548-573.
Weiner, B. (1985b). 'Spontaneous' causal thinking. *Psychological Bulletin, 97,* 74-84.
Weiner, B. (1986). Attribution, emotion and action. In: R.M. Sorrentino & E.T. Higgins (Eds.), *Handbook of Motivation and Cognition* (pp. 281-312). Chichester: Wiley.
Weiner, B., Frieze, I.H., Kukla, A., Reed, L., Rest, S. & Rosenbaum, R.M. (1972). Perceiving the causes of success and failure. In E.E. Jones, D.E. Kanouse, H.H. Kelley, R.E. Nisbett, S. Valins & B. Weiner (Eds.), *Attribution: Perceiving the causes of behavior.* Morristown, NJ: General Learning.
Weiner, B. & Kukla, A. (1970). An attributional analysis of achievement motivation. *Journal of Personality and Social Psychology, 15,* 1-20.
Weiner, B., Russell, D. & Lerman, D. (1978). Affective consequences of causal ascriptions. In J.H. Harvey, W.J. Ickes & R.F. Kidd (Eds.), *New directions in attribution research* (vol. 2, pp. 59-90). Hillsdale, NJ: Erlbaum.

Weiner, B., Russell, D. & Lerman, D. (1979). The cognition-emotion process in achievement-related contexts. *Journal of Personality and Social Psychology, 37,* 1211-1220.

Weinstein, N.D. (1980). Unrealistic optimism about future life events. *Journal of Personality and Social Psychology, 39,* 806-820.

White, J.D. & Carlston, D.E. (1983). Consequences of schemata for attention, impressions, and recall in complex social interactions. *Journal of Personality and Social Psychology, 45,* 538-549.

White, P.A. (1988). Causal processing: Origins and development. *Psychological Bulletin, 104,* 36-52.

White, P.A. & Younger, D.P. (1988). Differences in the ascription of transient internal states to self and other. *Journal of Experimental Social Psychology, 24,* 292-309.

Whitney, P., Waring, D.A. & Zingmark, B. (1992). Task effects on the spontaneous activation of trait concepts. *Social Cognition, 10,* 377-396.

Wicklund, R. (1975). Objective self-awareness. In L. Berkowitz (Ed.), *Advances in experimental social psychology* (vol. 8). New York: Academic Press.

Wicklund, R. & Duval, S. (1971). Opinion change and performance facilitation as a result of objective self-awareness. *Journal of Experimental Social Psychology, 7,* 319-342.

Wigboldus, D. H. J. (1998). *Stereotyping, language and communication.* Proefschrift. Vrije Universiteit, Amsterdam.

Wigboldus, D.H.J., Dijksterhuis, A. & Knippenberg, A. van (1999). Het effect van stereotypen op de spontane inferentie van eigenschappen. In C. Rutte, D. van Knippenberg, C. Matijn & D. Stapel (Red.), *Fundamentele Sociale Psychologie,* deel 13.

Wigboldus, D.H.J., Spears, R. & Semin, G.R. (1999). Stereotyping, language and categorisation: The influence of the communicative context on the production of a linguistic intergroup bias. In N. Ellemers, R. Spears & B. Doosje (Eds.), *Social identity: context, commitment, content.* Oxford: Blackwell.

Wilder, D.A. (1981). Perceiving persons as a group: Categorization and intergroup relations. In D.L. Hamilton (Ed.), *Cognitive processes in stereotyping and intergroup behavior* (pp. 213-258). Hillsdale, NJ: Erlbaum.

Wilder, D.A., Simon, A.F. & Faith, M. (1996). Enhancing the impact of counter-stereotypical information: Dispositional attributions for deviance. *Journal of Personality and Social Psychology, 71,* 276-287.

Wilder, D.A. & Thompson, J.E. (1988). Assimilation and contrast effects in the judgment of groups. *Journal of Personality and Social Psychology, 54,* 62-73.

Williams, J.E. & Best, D.L. (1982). *Measuring sex stereotypes: A thirty-nation study.* Beverly Hills: Sage Publications.

Wilson T.D. & Brekke, N.C. (1994). Mental contamination and mental correction: Unwanted influences on judgments and evaluation. *Psychological Bulletin, 116,* 117-142.

Wilson, T.D., Houston, C.E., Etling, K.M. & Brekke, N. (1996). A new look at anchoring effects: Basic anchoring and its antecedents. *Journal of Experimental Psychology: General, 125*, 387-402.

Wilson, T.D. & Linville, P.W. (1982). Improving the academic performance of college freshmen: Attribution therapy revisited. *Journal of Personality and Social Psychology, 42,* 367-376.

Winter, L. & Uleman, J.S. (1984). When are social judgments made? Evidence for the spontaneousness of trait inferences. *Journal of Personality and Social Psychology, 47,* 237-252.

Wishner, J. (1960). Reanalysis of "impressions of personality". *Psychological Review, 67,* 96-112.

Wittenbrink, B., Judd, C. M. & Park, B. (1997). Evidence for racial prejudice at the implicit level and its relationship with questionnaire measures. *Journal of Personality and Social Psychology, 72,* 262-274.

Wojciszke, B. (1994). Inferring interpersonal attitudes: hypotheses and the information-gathering process. *European Journal of Social Psychology, 24,* 383-401.

Wojciszke, B., Bazinska, R. & Jaworski, M. (1998). On the dominance of moral categories in impression formation. *Personality and Social Psychology Bulletin, 24,* 1251-1263.

Wojciszke, B., Brycz, H. & Borkenau, P. (1993). Effects of information content and evaluative extremity on positivity and negativity biases. *Journal of Personality and Social Psychology, 64,* 327-335.

Wong, P.T.P. & Weiner, B. (1981). When people ask "why" questions and the heuristics of attributional search. *Journal of Personality and Social Psychology, 40,* 650-663.

Worth, L.T. & Mackie, D.M. (1987). Cognitive mediation of positive affect in persuasion. *Social Cognition, 5,* 76-94.

Wundt, W. (1897). *Outlines of psychology.* New York: Stechert.

Wyer, R.S. (1970). The prediction of evaluations of social role occupants as a function of the favorableness, relevance, and probability associated with attributes of these occupants. *Sociometry, 33,* 79-96.

Wyer, R.S. (1973). Category ratings for "subjective expected values": Implications for attitude formation and change. *Psychological Review, 80,* 446-467.

Wyer, R.S. (1974). Changes in meaning and halo effects in personality impression formation. *Journal of Personality and Social Psychology, 6,* 829-835.

Wyer, R.S. Jr., Budesheim, T.L., Lambert, A.J. & Swann, S. (1994). Person memory and judgment: Pragmatic influences on impressions formed in a social context. *Journal of Personality and Social Psychology, 66,* 254-267.

Wyer, R.S., Bodenhausen, G.V. & Srull, T.K. (1984). The cognitive representation of persons and groups and its effect on recall and recognition memory. *Journal of Experimental Social Psychology, 20,* 445-469.

Wyer, R.S. & Gordon, S.E. (1982). The recall of information about persons and groups. *Journal of Experimental Social Psychology, 18,* 128-164.

Wyer, R.S. & Gordon, S.E. (1984). The cognitive representation of social information. In R.S. Wyer & T.K. Srull (Eds.), *Handbook of social cognition* (vol. 2, pp. 73-

150). Hillsdale: Erlbaum.

Wyer, R.S. & Srull, T.K. (1981). Category accessibility: Some theoretical and empirical issues concerning the processing of social stimulus information. In E.T. Higgins, C.P. Herman & M.P. Zanna (Eds.), *Social cognition: The Ontario symposium on personality and social psychology*, pp. 161-197. Hillsdale, NJ: Lawrence Erlbaum.

Wyer, R.S. & Watson, S.F. (1969). Context effects in impression formation. *Journal of Personality and Social Psychology, 12*, 22-23.

Yzerbyt, V.Y. & Leyens, J.P. (1991). Requesting information to form an impression: The influence of valence and confirmatory status. *Journal of Experimental Social Psychology, 27,* 337-356.

Yzerbyt, V.Y., Leyens, J.P. & Corneille, O. (1999). Social judgeability and the bogus pipeline: The role of naive theories of judgment in impression formation. *Social Cognition*, in druk.

Yzerbyt, V.Y, Rocher, S. & Schadron, G. (1997). Stereotypes as explanations: A subjective essentialistic view of group perceptions. In R. Spears, P.J. Oakes, N. Ellemers & S.A. Haslam (Eds.), *The social psychology of stereotyping and group life* (pp. 20-50). Cambridge: Blackwell.

Yzerbyt, V.Y., Schadron, G., Leyens, J.Ph. & Rocher, S. (1994). Social judgeability: The impact of meta-informational cues on the use of stereotypes. *Journal of Personality and Social Psychology, 66*, 48-55.

Zadny, J. & Gerard, H.B. (1974). Attributed intentions and informational selectivity. *Journal of Experimental Social Psychology, 10*, 34-52.

Zajonc, R.B. (1968). Attitudinal effects of mere exposure. *Psychological Monographs, 9*, Part 2 (Monograph Supplement), 1-27.

Zajonc, R.B. (1980). Feeling and thinking: preferences need no inferences. *American Psychologist, 35*, 151-175.

Zajonc, R.B. (1984). On the primacy of affect. *American Psychologist, 39*, 117-123.

Zanna, M.P. & Cooper, J. (1974). Dissonance and the pill: An attribution approach to studying the arousal properties of dissonance. *Journal of Personality and Social Psychology, 29,* 703-709.

Zanna, M.P. & Hamilton, D.L. (1972). Attribute dimensions and patterns of trait inferences. *Psychonomic Science, 27*, 353-354.

Zanna, M.P. & Hamilton, D.L. (1977). Further evidence of meaning change in impression formation. *Journal of Experimental Social Psychology, 13*, 224-238.

Zárate, M.A., Bonilla, S. & Luévano, M. (1995). Ethnic influences on exemplar retrieval and stereotyping. *Social Cognition, 13,* 145-162.

Zárate, M.A. & Smith, E.R. (1990). Person categorization and stereotyping. *Social Cognition, 8,* 161-185.

Zebrowitz, L.A. & Collins, M.A. (1997). Accurate social perception at zero acquaintance: The affordances of a Gibsonian approach. *Personality and Social Psychology Review, 1,* 204-223.

Zebrowitz, L.A., Collins, M.A. & Dutta, R. (1998). The relationship between appearance and personality across the life-span. *Personality and Social*

Psychology Bulletin, 24, 736-749.

Zeegers, W. (1988). *Andere tijden, andere mensen: De sociale representatie van identiteit.* Amsterdam: Bert Bakker.

Zeelenberg, M. & Beattie, J. (1997). Consequences of regret aversion 2: Additional effects of feedback on decision making. *Organizational Behavior and Human Decision Processes, 75,* 63-78.

Zeelenberg, M., Beattie, J., Pligt, J. van der & Vries, N.K. de (1996). Consequences of regret aversion: Effects of expected feedback on risky decision making. *Organizational Behavior and Human Decision Processes, 65,* 148-158.

Zeelenberg, M., Dijk, W.W. van, Manstead, A.S.R. & Pligt, J. van der (1998). The experience of regret and disappointment. *Cognition and Emotion, 12,* 221-230.

Zeelenberg, M., Dijk, W.W. van, Pligt, J. van der, Manstead, A.S.R., Empelen. P. van & Reinderman, D. (1998). Emotional reactions to outcomes of decisions : The role of counterfactual thought in the experience of regret and disappointment. *Organizational Behavior and Human Decision Processes, 75,* 117-141.

Zeelenberg, M., Pligt, J. van der & Manstead, A.S.R. (1998). Undoing regret on Dutch television: Apologizing for interpersonal regrets involving actions and inactions. *Personality and Social Psychology Bulletin, 24,* 1113-1119.

Zillman, D., Katcher, A.H. & Milawsky, B. (1972). Excitation transfer from physical exercise to subsequent aggressive behavior. *Journal of Experimental Social Psychology, 8,* 247-259.

Zuckerman, M. (1979). Attribution of success and failure revisited: Or, the motivational bias is alive and well in attribution theory. *Journal of Personality, 47,* 245-287.

Auteursregister

Aarts, 308, 346, 364
Abele, 388
Abelson, 26, 147, 266, 326, 329, 359
Abramson, 100, 106, 138, 187
Ahrens, 389
Ajzen, 323
Alfieri, 121
Allison, 140
Alloy, 138
Allport, 235, 236, 238
Amirkhan, 105
Anderson, C.A, 100, 138, 176, 182, 346
Anderson, J.R., 64, 164
Anderson, K.S., 220
Anderson, N.H., 19, 256, 263, 326
Antaki, 171
Antoniou, 378
Aristoteles, 258, 368
Arkin, 132
Armbruster, 208
Arnold, 375, 376, 377, 379
Aron, 113
Aronson, 258
Arriaga, 132
Asch, 18, 25, 29, 31, 67, 151, 250, 252, 261, 276
Ashby, 384

Ashmore, 153, 226, 239
Ashton, 236
Audrain, 390
Averill, 370

Baker, 239, 240
Banaji, 293
Bar-Hillel, 396
Bargh, 118, 119, 155, 166, 179, 188, 190, 194, 211, 222, 228, 287, 289, 294, 296, 297, 301, 302, 306, 308, 309, 364
Barkowitz, 204
Barndollar, 306
Baron, 22, 247, 395
Bartlett, 146
Bartolini, 185
Basow, 220
Batson, 103, 246
Baumeister, 159, 173, 278, 279, 280, 282, 314, 316
Beach, 301, 358, 359, 363, 364
Beasly, 164
Beauregard, 134
Becker, 192
Beike, 152
Bell, 395
Bellezza, 181
Belmore, 63

Bem, D.J., 22, 78, 107, 109, 124, 131, 385
Bem, S.L., 153
Bentler, 305
Berkowitz, 23, 35, 200
Bernoulli, 328
Berntson, 267
Berry, 185
Berscheid, 185, 189, 277
Best, 150
Betsch, 364
Bettman, 115, 356, 359, 360, 362
Biehal, 356
Bierbrauer, 25
Bieri, 266
Biernat, 198, 218, 225
Biller, 346
Billig, 202
Birnbaum, 267
Black, 168, 182
Bless, 220, 346, 388, 389
Bodenhausen, 47, 174, 181, 182, 187, 213, 220, 222, 244, 313, 318, 388
Boettger, 259
Bogart, 204
Bolen, 192
Bond, 128
Boon, 322
Borgida, 227
Bornstein, 301, 302

Boufard, 186
Bower, 64, 168, 181, 182, 386
Braddock, 246
Bradley, 137
Brandstätter, 325
Brehm, J., 21
Brehm, J.W., 372, 373
Brehm, S.S., 348
Brekke, 227, 247
Brennan, 247
Brewer, 135, 153, 181, 199, 203, 204, 206, 236, 268, 270, 271, 274
Brickman, 192
Brigham, 204
Brinkmann, 364
Broadbent, 291, 310, 360
Bromley, 246
Brown, 199, 204, 206, 216, 236
Bruin, de, 275
Bruner, 12, 26, 154, 166, 291
Buehler, 386
Burke, 372
Burrows, 188, 307
Bushman, 159
Buss, 318
Byrne, 22, 202

Cacioppo, 31, 247, 267
Cafferty, 323
Cameron, 108
Campbell, 135, 345
Cantor, 26
Capitanio, 237
Carlsmith, 21, 24, 109
Carlson, 393
Carlston, 51, 60, 61, 122, 168, 184, 271, 274, 387
Carter, 312

Carver, 188, 317
Cavalieri, 206
Chaiken, 281, 334
Chakravarti, 356
Chapman, 208
Charlin, 393
Chassin, 135
Cheek, 280
Chen, 188, 190, 301, 307
Cherry, 292
Choi, 128
Cialdini, 135, 393, 394
Clark, 181, 387
Clary, 116
Clement, 133, 134
Clore, 369, 372, 383, 386, 387, 388, 389, 391
Coats, 205
Cohen, 181
Collins, 185, 189
Conway, 370
Cooper, 23, 110, 112
Coovert, 272
Corneille, 221
Costrich, 224
Craik, 51
Crocker, 130, 169, 228, 238, 239, 240, 241
Crombach, 183
Crosby, 246, 247
Cross, 152
Cunniff, 58
Cunningham, 95
Czapinski, 265, 275

Daamen, 353
Dardenne, 192
Darley, 185, 190, 206, 221, 276, 277
Davis, 78, 79, 82, 97, 117, 124, 155, 176, 243, 251, 265, 269, 276
Dawes, 133

Dawson, 247
Day, 154
Dean, 281
Deaux, 219, 220, 228
DeCharms, 87
DeCoster, 64
Del Boca, 226
Delmas, 118
DeNisi, 323
Dennett, 320
Dépret, 232
Descartes, 322, 368
Deschamps, 236
Desforges, 242
Devine, 209, 212, 216, 217, 226, 231, 239, 240, 245
Diehl, 201
Dijk, E. van, 334
Dijk, W.W. van, 379, 398
Dijksterhuis, 73, 214, 215, 222, 308, 346, 364
Dill, 130, 269
Dimberg, 304
Dingemans, 114
Dion, 185, 216
Dippboye, 38
Ditto, 277
Donahue, 152
Donnersheim, 35
Dovidio, 216, 246, 247
Dreben, 263
Driscoll, 179
Duan, 222
Duff, 173, 314
Duncan, 171, 219, 220
Dunning, 132, 134, 219, 220, 353
Dutta, 189
Dutton, 113
Duval, 132, 317
Dweck, 105
Eagly, 151, 185, 225

Ebbesen, 184
Eckes, 239
Edell, 372
Edwards, J.A., 388
Edwards, W., 329
Eelen, 303
Einstein, 344
Eisenberger, 108
Eiser, 226, 268
Ellemers, 218, 221
Elliot, 226
Ellsworth, 378
Emswiller, 219
Englich, 349
Enzle, 56, 115
Epstein, 26, 342
Erber, 231, 313
Erickson, 115, 130
Ericsson, 355
Esses, 236
Evans, 178
Exline, 281

Faith, 242
Faust, 50
Fazio, 23, 112, 217, 224, 303
Feather, 220
Fein, 129, 202, 229, 283, 284
Feingold, 189
Feldman Barrett, 400
Feldman-Summers, 220
Fenigstein, 318
Festinger, 20, 21, 24, 25, 109, 131
Fiedler, 208, 364, 389, 394
Fischer, 205, 373
Fischhoff, 140, 323
Fiske, 31, 40, 47, 132, 135, 147, 151, 161, 164, 166, 178, 179, 185, 203, 209, 214, 216, 220, 222, 224, 225, 226, 230, 231, 232, 244, 247, 248, 263, 276, 277, 299, 353
Flanagan, 38
Fletcher, 128, 137
Floyd, 258
Ford, J.K., 355, 363
Ford, T.E., 215, 216, 218
Forgas, 34, 129, 369, 383, 388, 389
Förster, 180
Försterling, 105
Foster, 109, 113, 114
Frankel, 127
Fraser, 193
Fredrickson, 400
Freedman, 193, 208
Freud, 289, 290, 311, 314
Freund, 222, 231
Fridlund, 373
Frijda, 370, 371, 373, 377, 378, 379, 387
Fuhrman, 231
Fulero, 178
Fulks, 274
Funder, 141, 194

Gaertner, 236, 246, 247
Gallagher, 391
Galley, 302
Gara, 157
Gardner, 267
Gavanski, 382
Geen, 246
Gentry, 280
Gerard, 146
Gergen, 34, 82, 282
Gernsbacher, 49
Gerrads-Hesse, 384
Ghiselin, 295
Gifford, 207, 208
Gigerenzer, 338
Gilbert, 41, 44, 94, 118, 121, 122, 125, 127, 130, 131, 194, 211, 285, 298, 399, 400, 401
Gilovich, 381
Giphart, 396
Glick, 226, 246
Gobet, 147
Godfrey, 275, 282
Goethals, 151, 206, 261, 278
Goffman, 279
Gold, 314
Goldberg, 259
Gollwitzer, 306, 325
Goodwin, 233
Gordon, 163, 178, 220
Graf, 280
Grant, 226,
Greenberg, 21, 277, 391, 392
Greene, 108, 132
Greenwald, 73, 74, 75, 152
Griffiths, 222
Groot, de, 147
Gross, 134, 185, 221
Guiliano, 190
Gurtman, 216, 217
Gurwitz, 185

Hacker, 226
Haddock, 226
Hall, 108
Hamberger, 26
Hamilton, 67, 68, 120, 169, 176, 179, 207, 208, 252, 255, 268
Hampson, 259
Hannah, 130
Hansen, 304
Hanson, 265, 266, 267
Harmon-Jones, 110, 392

Harris, 42, 84, 124, 190
Harter, 137
Harvey, 115
Hastie, 64, 68, 69, 70, 116, 117, 140, 150, 161, 178, 183, 205, 228, 263
Hattrup, 363
Haugen, 192
Hawkins, 140
Hayes, 132, 353
Hayes-Roth, 156
Head, 146
Heider, 23, 25, 56, 78, 99, 125
Heilman, 228
Henderson, 271, 274
Hense, 216
Hepburn, 227
Herek, 237
Hermans, 303
Herr, 224
Hesse, 384
Hewstone, 203, 216, 222, 238, 239, 241, 242
Higgins, 155, 157, 158, 166, 172, 194, 228, 295, 297
Hilton, 96, 129, 190, 208, 219, 229, 236, 276, 283, 350
Hippel, von, 208, 219, 236
Hirt, 387
Hixon, 211
Hogan, 280
Holmes, 183, 228
Hoogstraten, 75
Hough, 247
House, 132
Hoving, 148, 173
Hu, 204
Hubbard, 348
Hubert, 256, 263
Hulspas, 344

Hutton, 279

Ickes, 23, 88
Inman, 247
Innes, 389
Irwin, 266
Isen, 384, 386, 387, 389, 394, 395
Ito, 266

Jackowitz, 351, 352
Jacobson, 188
Jakobs, 373
James, 289, 290, 310, 375, 376, 377
Janoff-Bulman, 154
Jaspars, 203
Jeffery, 128
Jelicic, 293
Jellison, 280
Jennings, 100
Jetten, 187, 313
John, 259, 266, 304
Johnson, B.T., 22, 177
Johnson, C., 208
Johnson, E., 395
Johnson, E.J., 256, 359, 362
Johnson, M.K., 346
Johnston, 239, 242
Jones, 26, 42, 78, 79, 82, 84, 87, 97, 110, 117, 124, 131, 155, 176, 204, 224, 226, 237, 243, 251, 261, 265, 269, 275, 276, 279, 280, 281, 282, 295, 297
Jose, 378
Judd, 28, 73, 205, 216, 240
Jussim, 186, 216, 226, 236, 245
Kahneman, 227, 329,

333, 334, 337, 338, 340, 341, 342, 343, 345, 349, 350, 351, 352, 353, 380, 381, 400, 267
Kanouse, 266, 267
Kant, 145, 160
Kaplan, 256
Karp, 387
Kassin, 128, 132, 141
Katz, 67, 169
Kawakami, 216
Kelley, 78, 89, 94, 95, 99, 139, 159, 225, 255, 280, 378
Keltner, 390
Kenny, 135
Kernis, 135
Kiesler, 220
Kihlstrom, 177
Kim, 231
King, 157, 158, 172
Kirscht, 364
Kitayama, 128
Klauer, 53
Kline, 164
Klonsky, 225
Kloot, van der, 66
Knetsch, 334
Knippenberg, A. van, 54, 63, 66, 73, 171, 200, 205, 214, 215, 222, 272, 307, 334, 364
Knippenberg, D. van, 334
Knobe, 88
Koele, 358
Koffka, 19
Köhler, 19
Koltuv, 158
Konst, 117, 203
Koomen, 46, 218, 221, 225, 308
Koppen, van, 183
Kowalski, 278, 280, 281

Auteursregister

Kraut, 192
Krueger, 133, 134, 215, 228, 229
Kruglanski, 218, 222, 231
Krull, 41, 115, 121, 128, 130, 269, 298
Kühberger, 333
Kuipers, 378
Kukla, 100
Kulik, 130
Kumar, 178, 218, 220, 239, 277
Kunda, 218, 220, 240
Kurlycheck, 159

Laird, 385
Lalljee, 203
Lancuba, 185,
Langer, 167, 168
Lau, 115
Lazarus, 302, 377, 378
Leary, 278, 279, 280, 281, 282, 379
LeDoux, 301, 375
Lee, 236
Lee Chai, 306
Leibold, 260
Leirer, 67, 169
Lemley, 258
Leone, 302
Lepore, 216
Lepper, 108, 348
Levi, 329, 359
Lewis, 228, 242
Leyens, 62, 192
Liberman, 62, 190, 328
Lichtenstein, 222, 323
Linville, 104, 147, 153, 164, 204, 205, 224, 226
Litt, 302
Lobel, 281
Locke, 390
Lockhart, 51

Locksley, 227, 234
Loewenstein, 399
Loftus, 183, 184
Loomes, 395
Lopez, 277
Lord, 242, 275, 282
Lott, 239
Lui, 181

Maass, 203, 260
Mackie, 140, 206, 388, 389
Macleod, 345
MacMillan, 178
Macrae, 161, 174, 187, 211, 212, 213, 222, 244, 245, 313, 315, 318
Madey, 381
Madon, 236
Maier, 32
Major, 247
Makhijani, 225
Malle, 23, 88
Malone, 94, 125, 130, 194
Malpass, 204
Manis, 198, 218, 225, 345
Manstead, 373, 378, 379
Marcel, 302
March, 398
Marks 134, 135
Markus, 128, 152, 154, 185
Martin, L.L., 387
Martin, M., 384
Matlin, 264
Maurer, 240
Mavin, 157
McArthur, 185, 208
McCann, 214
McCauley, 236
McClelland, 64

McClure, 96
McConahay, 246, 247
McConnell, 260
McFarland, 386
McGhee, 75
McGregor, 183
McGuire, 153
McKelvie, 185
McPartland, 246
Medvec, 381
Meertens, 200, 247
Meglino, 323
Mellers, 399
Mendelson, 132
Merum Terwogt, 384
Messick, 140, 206, 274
Meyerowitz, 334
Milgram, 16, 17, 24, 246, 318
Miller, C.T., 170
Miller, D.T., 127, 129, 138, 283, 381
Miller, F.D., 56, 116, 120
Miller, N., 134, 135, 236, 393
Miller, R.L., 192
Milne, 174, 187, 213, 222, 313, 318
Minsky, 26, 173
Mischel, 26, 128
Mitchell, 358, 359, 362, 364
Monahan, 302, 303
Monteith, 212, 245, 246
Montepare, 185
Moreland, 301
Morgan, 154
Morgenstern, 327
Mori, 281
Morris, 370
Morrow, 185
Moskowitz, 45, 57, 58, 221
Mueller, 105

Mullen, 137, 199, 204, 208
Muraven, 316
Murphy, 137, 302, 303
Murray, 187
Mussweiler, 349, 351, 352, 353

Naderer, 350
Neely, 60
Neisser, 26, 147
Nelson, 198, 216, 218, 225, 246, 252
Neter, 396
Neuberg, 40, 47, 220, 230, 231, 277
Neumann, von, 327
Newell, 355
Newman, 57, 118, 127, 178, 314
Niedenthal, 152, 154, 382
Nisbett, 33, 43, 108, 115, 128, 131, 132, 255, 258, 338, 339, 344, 345, 347
Norman, 127
Norvell, 236
Noseworthy, 239
Nurius, 154
Nygren, 384, 395

O'Leary, 220
Ohira, 266
Ohman, 304
Olde Monnikhof, 205
Oleson, 240
Olson, 109, 370
Ortiz, 227
Osborne, 285
Osgood, 71
Ostrom, 38, 204, 276
Ouellette, 305
Overwalle, van, 123
Owens, 168
Oyama, 266

Parducci, 265
Park, 28, 69, 70, 73, 150, 161, 205, 216, 240, 243
Parkinson, 378
Parrott, 372
Paulhus, 280
Payne, 356, 358, 359, 362, 363
Peabody, 226, 268
Peeters, 265, 275
Pelham, 41, 121, 298
Penne, 216
Pennington, 183
Pepels, 54, 171
Perdue, 216, 217
Pettigrew, 178, 186, 200, 203, 237, 247
Petty, 31
Phaf, 375
Piattelli Palmarini, 338
Pietromonaco, 297
Piliavin, 103
Pittman, 280, 281, 397, 398
Plato, 368
Pligt, van der, 46, 221, 226, 379, 397
Pliner, 281
Plous, 338
Popper, 166, 191
Posner, 290
Postman, 35
Potter, 362
Pratkanis, 152
Pratto, 222, 266, 302, 304
Presson, 135
Price, 186
Pryor, 128
Pyszczynski, 277, 391, 392

Quattrone, 120, 204, 237

Radloff, 151, 278

Rasinski, 228,
Reeder, 120, 154, 268, 270, 271, 272, 274, 276
Regan, 140
Reggiero, 247
Reid, 185
Rhoads, 135
Rholes, 295, 297
Richard, 397
Riordan, 137
Ritov, 399
Roberts, 152
Robins, 132
Rocher, 220
Roese, 109, 370, 381
Rojahn, 178
Rokeach, 256
Rollock, 247
Roman, 45, 221
Ronis, 364
Rosch, 163
Roseman, 372, 378
Rosen, 356
Rosenbaum, 100
Rosenberg, S., 157, 252, 253
Rosenfield, 236
Rosenhan, 393
Rosenkoetter, 356
Rosenthal, 188
Ross, L., 115, 124, 133, 134, 338, 339, 344, 345, 347, 348
Ross, M., 137, 138
Rothbart, 178, 228, 229, 238, 240, 242, 243
Rothgerber, 206
Rothman, 256
Rotter, 99
Rubanowitz, 131
Rudman, 48, 75
Ruggiero, 247, 248
Rusbult, 132
Ruscher, 232

Russell, 101, 115
Ryan, 204, 205, 240
Ryle, 320, 322

Sagarin, 135
Sage, 396
Salovey, 205, 393
Sande, 151, 207, 278
Sanna, 220, 381
Satrapa, 185
Savage, 327
Savitsky, 382
Saxe, 246
Scarberry, 236, 237
Schachter, 49, 113, 124, 368, 377, 379
Schadron, 220
Schaller, 393
Schank, 147, 326
Scheier, 317, 318
Scher, 279
Scherer, 377, 378
Schkade, 399
Schlenker, 278, 279, 282
Schneider, 154, 281, 290, 296, 312
Schoeneman, 131
Schopflocher, 56, 115
Schwartz, 399
Schwarz, 220, 346, 348, 350, 370, 372, 386, 387, 388, 389, 390, 391
Sears, 35
Sedikides, 137, 172, 176, 182, 192, 204, 231, 280
Seligman, 100, 106, 138
Selst, van, 280
Setterlund, 154
Shakespeare, 377
Shalker, 387
Shaver, 88, 139
Shaw, 189
Shepperd, 280

Sherif, 200
Sherman, 28, 74, 126, 135, 208, 219, 220, 223, 245, 260, 346
Shiffrin, 290, 296
Shpitzajzen, 231
Sicoly, 138
Silka, 261
Simmonds, 394
Simon, A.F., 242
Simon, H.A., 355, 360, 363
Simon, J.G., 220
Simon, L., 21, 135
Simonson, 395
Singer, 113, 206, 377
Skinner, 322
Skowronski, 60, 123, 172, 271, 274
Slovic, 323, 347
Smith, C., 199
Smith, C.A., 378
Smith, E.R., 51, 56, 64, 116, 120, 205
Smith, P.B., 128
Sniezek, 350
Snyder, 127, 140, 180, 181, 188, 289, 190, 192, 290
Socherman, 280
Solomon, 391, 392
Sorrentino, 179
Spears, 308
Speckart, 305
Spencer, 202
Spicer, 245
Spielman, 302
Spies, 384
Spinoza, 352
Spores, 271
Spranca, 132
Sprecher, 401
Srull, 64, 66, 68, 156, 178, 179, 181, 182
Stack, 159

Stang, 264
Stangor, 170, 178, 215, 216, 222
Stapel, 46, 218, 221, 225, 308
Stegge, 384
Stephan, 236,
Stepper, 385
Strack, 180, 350, 351, 352, 385
Strube, 192, 280
Stukas, 188
Suci, 71
Sugden, 395
Sullivan, 216, 271, 274
Svenson, 135, 360
Swann, 166, 172, 190, 194, 279
Swartz, 372
Swim, 185, 220, 221, 247, 248
Switzer, 350
Symons, 177

Tagiuri, 26, 154
Tajfel, 198, 199, 201, 202
Tang, 108
Tangney, 382
Tanke, 189
Tannenbaum, 71
Tassinary, 247
Taylor, D.M., 248
Taylor, S.E., 53, 132, 135, 151, 161, 164, 166, 169, 170, 178, 179, 225, 267, 353
Taynor, 219
Tcherkassof, 373
Teasdale, 100, 106
Tedeschi, 278
Ter Schure, 378
Tesser, 116
Tetlock, 231, 259, 379
Thagard, 218
Thaler, 334

Thein, 179
Thibaut, 26, 280
Thomas, 16
Thompson, 139, 200, 399
Thomson, 57
Thorndike, 255
Thorndyke, 156
Tice, 158, 278, 279
Titus, 226
Tolman, 322
Tooman, 245
Trafimow, 68, 260
Treisman, 291, 310
Tripodi, 266
Trope, 62, 120, 121, 126, 190, 328
Trudeau, 279
Tulving, 51, 52, 57
Turley, 381
Turner, 202
Tversky, 227, 267, 329, 333, 337, 338, 340, 341, 342, 343, 345, 349, 350, 353, 380, 395
Twuyver, van, 54, 171
Tykocinski, 397, 398

Uleman, 57, 58, 60, 118, 122
Uranowitz, 180, 181

Vanman, 247
Velten, 384
Verplanken, 364
Vivekananthan, 252
Vlist, van der, 117
Voils, 212, 246
Vonk, 35, 44, 53, 63, 66, 68, 73, 80, 117, 127, 128, 140, 153, 162, 192, 203, 205, 218, 220, 226, 232, 239, 253, 257, 258, 259, 260, 261, 272, 274,
275, 276, 277, 280, 281, 282, 283, 284, 374
Vrana, 247
Vries, de, 397
Vrij, 114

Wagenaar, 160, 161, 183
Walker, 171
Walster, 139, 185
Walton, 143
Waltson, 220
Wänke, 346
Ward, 128
Waring, 60
Warren, 159
Wason, 191
Watson, 255, 322, 368
Weary, 388
Weber, 130, 238, 239, 240, 241,
Wegener, 53
Wegner, 289, 309, 311, 312, 314
Wegnes, 245
Weigold, 278, 279
Weiner, 62, 78, 97, 98, 100, 101, 116, 138, 369, 376
Weinstein, 141
Weitz, 115
Westenberg, 358
Wetzel, 134
Wherry, 154
White, F.B., 395
White, J.D., 61, 168
White, P.A., 128, 133
White, T., 312
Whitney, 60
Wicklund, 317
Wiest, 372
Wigboldus, 203, 260
Wilder, 199, 200, 242
Wilke, 353
Wilkes, 198
Willerman, 258
Williams, 150
Wilson, 33, 43, 104, 115, 247, 255, 349
Winter, 57, 58, 118
Winton, 266
Wishner, 252
Wittenbrink, 73, 216, 217
Wojciszke, 62, 257, 266, 275
Woll, 181
Wong, 62
Wood, 227, 305
Worchell, 236
Worth, 388, 389
Wundt, 31
Wurff, 152
Wyer, 68, 123, 156, 163, 178, 181, 182, 186, 255, 268

Yates, 364
Younger, 133
Yzerbyt, 62, 220, 221, 233

Zadney, 146
Zajonc, 235, 301, 302, 303, 368, 373, 375
Zanakos, 313
Zanna, 110, 112, 226, 255, 268, 370
Zárate, 214
Zebrowitz-McArthur, 185, 189, 190
Zeegers, 157
Zeelenberg, 225, 371, 372, 379, 383, 396
Zillman, 114
Zingmark, 60
Zion, 246
Zuckerman, 137
Zukier, 31, 257, 258, 261

Zakenregister

Aandacht, 39, 42, 43, 49, 61-68, 75, 166-168, 172, 287, 293, 310, 386
   selectieve, 289, 291, 293, 310
Accountability, 40, 231, 363, 364
Activatie, 52, 64, 155, 156, 158, 172, 188, 210, 211, 213
   van stereotypen, 209, 210, 213, 216-218, 246, 299, 300, 301, 311
Actor-observer-verschil, 131, 136, 141
Affect, 50, 102, 103, 104, 185-188, 216, 217, 245, 301, 302, 309, 314, 367-403
   en attributie, 102, 371, 381, 390, 396
Afhankelijkheid, uitkomstafhankelijkheid, 40, 117, 231-233, 277
Androgynie, 153
Ankereffect, ankering, 134, 349-351, 353, 401
Antwoord- en reactietijden, 55, 116, 211, 217, 351
Arousal, 20, 22, 110-114, 372, 375, 377
Assimilatie, assimileren, 199, 218, 220, 222, 223, 225, 227, 229, 233, 234, 236, 254, 308, 349, 350, 354
Associatief netwerk, zie geheugen, -model, 177
Attitude, 71, 111, 112, 217, 247, 288, 305, 370
Attributie, 23, 24, 28, 57, 77-141, 175, 186, 193, 194, 203, 221, 288, 369, 376, 377, 379, 388, 389, 393
   defensief, 139, 141
   -dimensies,
      consistentie, 89, 91-93, 97, 104
      controleerbaarheid, 24, 100, 103
      globaliteit, 100, 103
      locus, 99, 103
      stabiliteit, 24, 99
   egocentrisch, 141
   en affect, 102, 371, 381, 390, 396
   en consensus, 89, 91-93, 97, 132, 133
   en consistentie, 89, 91-93, 97, 103
   en distinctiviteit, 89-93, 97, 208, 215
   en stereotypen, 174, 175, 219
   -stijl, 106, 138
   van attitudes, 79, 84, 109
   van intentie, 80, 86, 88
   van prestaties, 97, 98
   van verantwoordelijkheid, 88, 139, 141
   zelf-, 107-115, 131, 388
   zelf-dienend, 137
Augmentation, 96, 97, 108, 110
Averaging, 18

Base rate-fallacy, 258, 340
Behaviorisme, behaviorist(isch), 15, 32, 146, 290, 322, 368
Beschikbaarheid(-sheuristiek), 345-348, 380
Betekenisverandering, 18, 251, 255, 256, 259, 261, 267
Bewustzijn, 294, 296, 309
Black box, 15, 26, 355

Capaciteit,
   cognitieve, 222, 230, 315, 363, 364, 389
Categorisatie, categoriseren, 50, 53, 170, 171, 196, 194, 213, 198, 199, 294, 388
   her-, 239
   sekse-, 54
   sociale, 44, 199, 202, 206, 234
Change of meaning, 18, 251, 255, 256, 259, 261, 267
Cocktailparty-fenomeen, 49
Cognitieve,
   capaciteit, 222, 230, 315, 363, 364, 389
   dissonantie, 20, 33, 109-112, 124, 126, 130, 401
      trivialiseren, 21,
      -reductie, 21, 111, 135, 401
   elaboratie 51, 69, 174, 175, 177-179, 181, 251
Competitie, 232, 236
Confirmation bias, 190, 192, 351
Conjunction fallacy, 341
Consensus, 89, 91-93, 97, 133
Consistentie, zie attributie
Construct,
   (chronisch) toegankelijk, 119, 136, 155, 157, 158, 162, 167, 171, 172, 174, 179, 184, 188, 301, 386
Contact,
   -hypothese, 237
   intergroeps-, 236
Context, 45, 46, 135
Contrafeitelijk denken, counterfactual thinking, 381-383, 398
Contrast, 199, 218, 224-227, 229, 234, 308
Correctie,
   situationele, 120, 121, 122, 124, 127, 129, 298
Correspondente gevolgtrekking, 79, 115, 118, 155, 184, 225, 269, 284
Correspondentie-vertekening (zie ook vertekening, fundamentele attributiefout), 24, 41, 42, 45, 124-131, 140, 141, 259, 272, 277, 283, 298, 388
Counterfactual thinking, zie contrafeitelijk denken

Diagnostisch, 227-229, 234, 254, 258, 262, 283
Dilution-effect, 258, 259
Discounting, 95-97, 108
Discriminatie, 29, 149, 209, 247, 248, 299, 300
   sekse-, 223-225, 244, 246, 248
Dissonantie
   cognitieve, 20, 33, 109-112, 124, 126, 130, 401
   -reductie, 21, 111, 135, 401
Distinctiviteit, zie attributie

Elaboratie,
   cognitieve 51, 69, 174, 175, 177-179, 181, 251
Empathie, 132, 237, 306
Encodering, encoderen, 50, 54, 171, 181, 387
   -specificiteit, 57
Endowment-effect, 334
Etnocentrisme, 236
Evaluatie (evalueren), 50, 71, 217, 253, 301, 303, 304, 309, 370
Extremiteitseffect, 263, 265, 268, 271

False consensus(-effect), 94, 126, 132-135, 337, 347, 392
Foot in the door-effect, 193
Fundamentele attributiefout, zie ook correspondentie-vertekening, 24, 124, 298
Framing, 332-334
Frequentie- en kansschattingen, 70, 71, 335, 342-358
Functieleer, 26, 27, 51, 146

Gambler's fallacy, 342, 343
Geheugen, 27, 51, 146, 155, 158, 159, 162, 177, 179, 183, 219, 380

associatief netwerk, 51, 63, 158
episodisch, 52, 56
expliciet, 51, 70
impliciet, 51, 58, 70, 122, 123
semantisch, 52, 56
Gehoorzaamheid, 16, 17, 124
Gestalt, 19, 38, 252, 256
Gevolgtrekking
correspondente, 79, 115, 118, 154, 184, 225, 269, 284
zie ook spontaneous trait inference

Halo-effect, 255, 256, 282
Hedonische relevantie, 87, 88, 124
Heuristiek, 160, 337, 354, 360, 365, 380, 400
beschikbaarheids-, 345-348, 380
simulatie-, 380
representativiteits-, 338-340, 343
Hindsight bias, 140
Hulpeloosheid, 106, 138

Ideomotor effect, 188, 190, 305, 307, 308
Illusie,
cognitieve, 338
visuele, 338
Illusoire correlatie(-effect), 107, 108, 208, 264
Impliciete associatie test, 73
Impliciete persoonlijkheidstheorie, 26, 154, 158, 162, 173, 184, 252, 254, 274
Impressie, 151, 160, 162, 164, 178, 196, 259, 260, 262, 276
-vorming, 250, 251, 272, 284
-verandering, 260, 272
Impression management, 278-284, 373
Inconsistentie, inconsistente informatie, 168, 175-179, 220, 225, 230, 236, 238, 240, 241, 251, 260
Individuatie, individuerende informatie, 230, 232, 234, 237, 249, 250, 258, 259, 277, 284
Informatiezoek-bord, 62, 356

Ingroup, 199, 201-203, 205, 207, 236, 392
-favoritisme, 199, 200, 202, 203, 392
Introspectie, 31, 55

Kans- en frequentieschattingen, 70, 71, 335, 342-358

Labeling, 192
Lexicale beslissing(-staak), 60, 71, 72, 211, 215, 216, 352
Linguistic expectancy-model, 260
Linguistic intergroup bias, 203
Locus, 102
of control, 99, 105

Macht, 233
Memory-based, 56
Mere exposure(-effect), 301, 302, 235
Minimale groepen, 201-204, 392

Nabewust, 294-296, 308
'Name-matching'-paradigma, 170
Need for cognition, 179
Negativiteitseffect, 262, 263, 265, 267, 268, 271, 273, 275-277, 284, 334

Onbewust, 287, 290, 292, 295, 302, 308, 309
On-line (oordeelsvorming), 56, 69, 181, 184, 251
Optimisme, onrealistisch, 140, 337
Outgroup, 199, 201-203, 205, 206, 232, 235, 236, 392
-homogeniteits-effect, 204-205
Overload, 41, 178

Perceptual readiness, 26
Person memory, 68, 251, 276
Pollyanna-principe, 264
Positiviteitseffect, 273, 274
Prestatie-motivatie, 106
Primacy-effect, 19, 151, 254-256, 259, 261, 263

Prime, priming, 43, 72, 73, 156, 172, 184, 188, 213, 216, 221, 352, 353
  van affect, 303, 386
Projectie,
  defensieve, 314
Prospecttheorie, 329-331, 333, 335, 336, 354
Prototype, 26, 149, 258
Pseudo-informatie, 221, 222, 233, 247
Pygmalion-effect, 189

Racisme,
  modern, 247, 248
Reactie- en antwoordtijden, 55, 116, 211, 217, 351
Rebound-effect, 245, 312-315
Relevantie,
  hedonische, 87, 88, 124
Representatie,
  mentaal, 14, 28, 51, 52, 68, 326
Representativiteitsheuristiek, 338-340, 343

Saillantie, 125, 135, 136, 141, 168, 225, 392
Savings-effect, 60, 122, 123
Schema('s), 13, 26-28, 143-193, 205, 220, 260, 292, 326, 337, 345, 393
  causale, 94, 95, 159
  complexiteit van, 164
  expert-, 164, 179, 205
  zelf-, 152, 153, 157, 162, 172, 173, 177, 192, 202, 206, 260, 278
Scripts, 26, 147, 148, 160, 162, 163, 167-169, 172-174, 176, 182, 183, 186, 187
Sekse,
  -categorisatie, 54
  -discriminatie, 223-225, 244, 246, 248
  -rol, 151
  -stereotypen, 150, 224, 225, 227, 228
  -stereotypering, 299
Seksisme,
  modern, 247

Self-fulfilling prophecy, 16, 188-191, 234, 277
Self-serving bias (zelfdienende vertekening), 137, 141
Semantische differentiaal, 71, 253
Simulatieheuristiek, 380
Sociale identiteit(-stheorie), 202, 207
Spontaneous trait inference (STI), 54, 115, 118-122, 127, 129, 294, 300, 301
Stemming, 43, 370, 374, 384, 386, 389, 390, 393-395
Stereotypen, 28, 39, 40, 47, 73, 74, 118, 143, 149, 150, 158, 159, 160, 162-164, 189, 195-248, 251, 274, 279, 284, 294, 305, 307-309, 338-340, 388
  activatie van, 209-218, 246, 299-301, 311
  effecten van, 40, 41, 47, 167, 171-174, 176, 178, 180, 184-189, 203, 219-227
  en attributie, 174-175, 219
  gebruik van, (zie ook stereotypering), 219-227
  onderdrukken van, 244-246, 300, 313, 318
  sekse-, 150, 224, 225, 227, 228
  toegankelijkheid van, 214
  -verandering, 235-248
Stereotypering, stereotyperen, 185, 196, 209, 213, 218, 220, 221, 233, 234, 244, 251, 259, 285, 288, 299, 301, 318
  sekse-, 299
Stroop-taak, 266
Subliminaal, 43, 49, 210, 213, 216, 297, 301-303
  priming, 50, 216
  waarneming, 33
Subtypering, 239-241, 251

Terror management, 391, 392

Toegankelijk(heid), toegankelijk construct, 119, 134, 136, 155-158, 162, 167, 170-172, 174, 179, 184, 188, 213, 214, 312, 314, 351, 352, 386, 387
   chronisch, 294, 296, 301
   stereotypen, 214

Utiliteit, 328, 329, 336, 362

Validiteit, 35
   ecologische, 35, 36
   experimentele, 35-37
Vertekening, 29
   correspondentie, 24, 41, 42, 45, 124-131, 139, 141, 259, 272, 277, 283, 284, 388
   duurzaamheids-, 399-401
   egocentrische, 138
   zelf-dienende, 137, 141
Voorbewust, 49, 294, 296, 304, 308
Vooroordeel, 29, 149, 216, 217, 246, 248

Zelf, 153, 162, 202, 205
   -attributie, zelfwaarneming, 107-115, 131, 388
      van emotie, 112-115, 377
   -beeld, 18, 101, 103, 141, 152, 153, 192, 193, 202, 206, 280
   -bewustzijn, 42, 317, 318
   -presentatie, 278-284, 373
   -regulatie, 310, 311, 316-318, 371
   -schema, 152, 153, 157, 162, 172, 173, 177, 192, 202, 206, 260, 278
   -schematisch, 152, 157
   -waardering, 43, 102, 135, 138, 141, 153, 203, 385, 391
   -waarneming, zie zelfattributie

Over de auteurs

Henk Aarts is sociaal-psycholoog. Van 1991 tot 1995 was hij als assistent in opleiding werkzaam bij de vakgroep Sociale Psychologie van de Katholieke Universiteit Nijmegen. Daar verrichtte hij onderzoek naar de gewoonte-aspecten van vervoerskeuzes, waarop hij in 1995 promoveerde. Momenteel werkt hij als universitair hoofddocent bij de vakgroep Sociale en Organisatiepsychologie (UL). Specifiek thema in zijn onderzoek is de automatische invloed van de omgeving op gedrag.

Ap Dijksterhuis studeerde in 1993 af als sociaal-psycholoog. In 1996 promoveerde hij cum laude aan de Katholieke Universiteit Nijmegen op een proefschrift over stereotypen-activatie. Bij deze universiteit is hij blijven werken als onderzoeker in dienst van de Koninklijke Nederlandse Academie voor Wetenschappen (KNAW). Sinds kort werkt hij als universitair hoofddocent bij de vakgroep Sociale Psychologie van de UvA. Hij is geïnteresseerd in de vraag in hoeverre menselijk gedrag onbewust en automatisch tot stand komt. Dit thema bestudeert hij op verschillende manieren, bijvoorbeeld door onderzoek naar de directe relatie tussen waarneming en gedrag: het automatisch imiteren van dingen die men ziet of waar men aan denkt.

Ad van Knippenberg promoveerde in 1978 aan de Rijksuniversiteit Leiden op een proefschrift over de waarneming van verschillen tussen groepen. Daarna werkte hij als onderzoeker en docent aan de Rijksuniversiteit Groningen. Zijn onderzoek was voornamelijk gericht op intergroepsrelaties en sociale identiteit. In 1989 werd hij benoemd tot hoogleraar Sociale Psychologie aan de Katholieke Universiteit Nijmegen. Sindsdien geeft hij leiding aan een groep onderzoekers die allen zeer actief zijn op het gebied van de cognitieve sociale psychologie.

Roos Vonk promoveerde in 1990 aan de Rijksuniversiteit Leiden op een onderzoek naar persoonswaarneming. Sindsdien doet ze nog steeds onderzoek naar verschillende aspecten van de vraag hoe mensen zich een indruk vormen van anderen. Meer recent bestudeert ze ook de manier waarop mensen zichzelf aan anderen presenteren. Naast wetenschappelijke vakpublicaties schreef ze een populair-wetenschappelijk boek over deze onderwerpen, *De eerste indruk*. Als docent gaf ze geruime tijd de cursus Cognitieve Sociale Psychologie, hetgeen aanleiding was tot het schrijven van dit boek. Sinds 1998 werkt ze bij de Katholieke Universiteit Nijmegen, waar ze in 2000 werd benoemd tot hoogleraar. Ze doet onderzoek op het gebied van verschillende onderwerpen binnen de cognitieve sociale psychologie en geeft onder meer de cursus Inleiding in de Sociale Psychologie aan eerstejaars psychologie-studenten.

Marcel Zeelenberg studeerde Psychologische Functieleer aan de Universiteit Leiden. In 1996 promoveerde hij in de Sociale Psychologie aan de Universiteit van Amsterdam op onderzoek naar de economische psychologie van spijt. Na postdoc-posities aan de TU Eindhoven en de University of Sussex is hij thans als hoogleraar sociale psychologie aan de Katholieke Universiteit Brabant. Hij publiceert nationaal en internationaal over zijn onderzoek naar emoties en beslissingen en de toepassingen daarvan op het gebied van Consumentengedrag.